Vectorworks
passo a passo

João Gaspar

1ª Edição
ProBooks

São Paulo
2012

Gaspar, João
        Vectorworks passo a passo/ João Alberto da
Motta Gaspar - São Paulo : ProBooks, 2012.
        398 p. : il. . 24,5 cm

        ISBN 978-85-61453-10-7

        1. Computação Gráfica 2. Vectorworks I. Título.

                                        CDD 006.0000

Índice para catálogo sistemático:
1. Vectorworks : Computação Gráfica : Programas
        : Processamento de Dados   006.0000

Vectorworks
passo a passo

João Gaspar

http://www.livrovectorworks.com.br
telefone (11) 3814 8145

ao seu Gaspar, dona Maria, Malu, à Marina, ao Gabriel e a toda a minha família
ao Alexandre e a todos os que participam ou já participaram da Rede AEC Pro
a todos os meus amigos

Vectorworks passo a passo

texto e coordenação
João Gaspar

capa
Alexandre Villares

revisão
Ricardo Jensen

diagramação
Erick Silva

colaboração
Beatriz Faria

Bruno Cunha

Daniel de Matos

Diego Quattrone

Fábio Tutibachi

Fernando Setoguchi

Gabriel Maia

Marco Braga

Mariana Suzuki

Melissa Moojen

Ulisses Sardão

Introdução

O uso de computadores na criação e documentação de projetos é cada vez mais necessário nos dias de hoje. Um projeto feito em computador pode ser reproduzido, copiado e alterado quantas vezes forem necessárias. É possível trabalhar à distância, enviar e receber projetos via internet para clientes, fornecedores e prestadores de serviço, entre outros, ampliando as possibilidades de trabalho. Também podemos criar e visualizar projetos em três dimensões, usando recursos para a modelagem de objetos, além de várias outras técnicas disponíveis nos mais diversos programas existentes hoje no mercado.

O Vectorworks é um software CAD (*Computer Aided Design*, Desenho Auxiliado por Computador) profissional e completo para a criação e documentação de projetos nas mais diversas áreas, como arquitetura, engenharia civil, mecânica, desenho industrial e design de interiores, por exemplo. Sua interface, baseada em ícones e com ajuda em tempo real, torna o aprendizado do programa mais simples do que de outros programas CAD. Este livro pretende mostrar passo a passo como desenvolver projetos completos em 2D e 3D, plantas, perspectivas, cortes, tabelas e muitas outras informações totalmente integradas ao desenho, que aumentam a produtividade e reduzem os custos do projeto para escritórios e profissionais liberais.

como usar este livro

Os capítulos deste livro foram estruturados para proporcionar um aprendizado de alta qualidade. Acreditamos que todas as informações podem ser encontradas rapidamente, tanto em uma primeira leitura quanto em uma consulta posterior. Para facilitar o entendimento e a localização das informações, acompanhe as descrições a seguir.

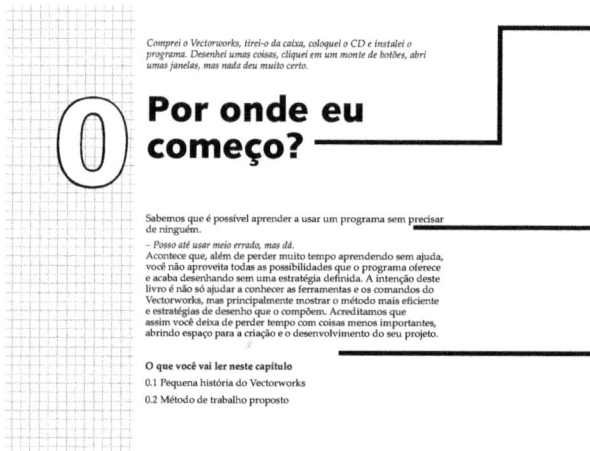

início de um capítulo

Comprei o Vectorworks, tirei-o da caixa, coloquei o CD e instalei o programa. Desenhei umas coisas, cliquei em um monte de botões, abri umas janelas, mas nada deu muito certo.

0 Por onde eu começo?

Sabemos que é possível aprender a usar um programa sem precisar de ninguém.

– Posso até usar meio errado, mas dá.

Acontece que, além de perder muito tempo aprendendo sem ajuda, você não aproveita todas as possibilidades que o programa oferece e acaba desenhando sem uma estratégia definida. A intenção deste livro é não só ajudar a conhecer as ferramentas e os comandos do Vectorworks, mas principalmente mostrar o método mais eficiente e estratégias de desenho que o compõem. Acreditamos que assim você deixa de perder tempo com coisas menos importantes, abrindo espaço para a criação e o desenvolvimento do seu projeto.

O que você vai ler neste capítulo
0.1 Pequena história do Vectorworks
0.2 Método de trabalho proposto

O **título** do capítulo sempre faz parte de uma proposta de trabalho ou de uma dúvida sobre o programa e serve de gancho para as explicações do capítulo.

Este texto responde à pergunta do **título** e expõe em linhas gerais o que será explicado adiante.

Esta é a lista dos tópicos a serem abordados no capítulo. Esses tópicos estarão sempre na parte superior das páginas para facilitar a sua localização.

tópicos e procedimentos

4.1 Mover

Existem muitos métodos para mover qualquer objeto pelo desenho, e quase todos eles partem do princípio de que um ou mais objetos já estejam selecionados.

como mover um ou mais objetos com o mouse
1. Selecione um ou mais objetos para movimentar com a ferramenta **Seleção** (*Selection*) **X**.
2. Clique e arraste (com o cursor em formato de cruz) sobre o ponto de algum objeto selecionado que vai servir de referência para a movimentação. Solte o botão quando chegar ao lugar desejado.
3. Se quiser definir valores para a movimentação, **não solte o botão do mouse**, aperte **TAB** e digite-os nos campos **L** (comprimento) e **A** (ângulo). Em seguida aperte **Enter** e clique para confirmar a movimentação.

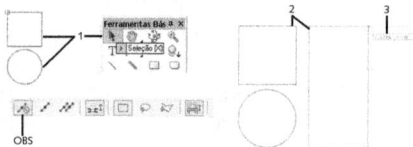

OBS Se o cursor ficar alternando entre o formato de cruz e a diagonal, dificultando a movimentação do objeto, você deverá clicar no botão indicado para desabilitar o **Modo de Escala Interativa** (*Interactive Scaling Mode*).

como mover um ou mais objetos em uma distância predefinida
1. Selecione um ou mais objetos para movimentar com a ferramenta **Seleção** (*Selection*) **X**.
2. Vá ao menu **Modificar/Mover/Mover...** (*Modify/Move/Move...*) **Ctrl+M**.

Este é o título do **tópico**. Logo depois dele vem um pequeno texto que ilustra o que será discutido adiante.

Cada **tópico** é composto por uma série de **procedimentos**. Cada **procedimento** indica como realizar uma operação e quase sempre é acompanhado por imagens das telas do programa.

Quando necessário, alguns **procedimentos** exibirão também **observações** que chamam a atenção para variações no **procedimento** e outras dicas importantes.

OBS Este livro foi escrito a partir da versão para PC do Vectorworks. Na plataforma Macintosh, algumas ferramentas e menus podem estar apresentados de uma forma um pouco diferente.

como usar o material disponível no site

A Rede AEC Pro (*www.redeaecpro.com.br*) criou um site exclusivo para este livro, com um fórum para a comunicação entre os leitores, além de um cadeno de exercícios e arquivos para que você treine o que foi explicado em cada capítulo. Para aproveitar o material disponível no site:

1. Vá ao endereço *http://www.livrovectorworks.com.br*.

2. Preencha o formulário com seu nome e e-mail.

3. Depois de cadastrado, clique neste link para baixar o Caderno de Exercícios.

4. Clique neste link para ter acesso ao fórum de discussão.

5. O Caderno de Exercícios está disponível para download em formato .pdf. Os arquivos que contêm os exercícios propostos para cada capítulo estão disponíveis em formato .zip. Existe um arquivo .zip para cada capítulo do livro, e você pode fazer o download desses arquivos clicando diretamente em cada link.

6. É recomendável, mas não obrigatório, que você crie uma pasta para guardar todos os seus arquivos. Não se esqueça de descompactar os arquivos .zip, usando o WinZip ou o próprio descompactador do Windows, antes de começar a trabalhar. Se estiver usando um Mac, use um programa como o Stuffit Expander para descompactar os exercícios.

Se alguma orientação acima não estiver de acordo com o que está publicado em nosso site no momento da compra deste livro, por favor entre em contato pelo e-mail *livro@livrovectorworks.com.br*, que lhe daremos uma nova indicação de como ter acesso ao material.

www.**livrovectorworks**.com.br   ılı ProBooks

onde obter ajuda

A seguir, apresentamos algumas indicações de sites e outras publicações que podem ajudar a melhorar os seus conhecimentos sobre o programa:

1. Para mais informações sobre o uso do Vectorworks, visite o site *http://www.nemetschek.net*.

2. O maior fórum de usuários de Vectorworks na internet está no site *http://www.vectorworking.com*.

3. Também vale a pena visitar o Planet Vectorworks, blog oficial do programa: *http://planet.vectorworks.net/*.

4. Para ver tutoriais em vídeo, além de trabalhos feitos com o Vectorworks, acesse *http://www.youtube.com* e digite Vectorworks no campo de busca.

Sumário

Comprei o Vectorworks, tirei-o da caixa, coloquei o CD e instalei o programa. Desenhei umas coisas, cliquei em um monte de botões, abri umas janelas, mas nada deu muito certo.

0 Por onde eu começo?

Sabemos que é possível aprender a usar um programa sem precisar de ninguém.

– Posso até usar meio errado, mas dá.

Acontece que, além de perder muito tempo aprendendo sem ajuda, você não aproveita todas as possibilidades que o programa oferece e acaba desenhando sem uma estratégia definida. A intenção deste livro é não só ajudar a conhecer as ferramentas e os comandos do Vectorworks, mas principalmente mostrar o método mais eficiente e estratégias de desenho que o compõem. Acreditamos que assim você deixa de perder tempo com coisas menos importantes, abrindo espaço para a criação e o desenvolvimento do seu projeto.

O que você vai ler neste capítulo

0.1 Pequena história do Vectorworks

0.2 Método de trabalho proposto

0.1 Pequena história do Vectorworks

O Vectorworks é um software CAD que surgiu em 1985 com o nome MiniCAD+ e só funcionava na plataforma Macintosh. Criado para ser uma alternativa simples e barata aos outros programas da área, o MiniCAD cresceu apostando preferencialmente no mercado de AEC (arquitetura, engenharia e construção civil).

Por causa disso, o programa se tornou cada vez mais especializado e deixou de ser apenas um "desenhador de linhas", oferecendo ferramentas direcionadas para o seu público. A maneira de usar o programa também evoluiu, e a sua estrutura atual sugere um método de trabalho bastante interessante, explicado neste livro.

Em 1997 surgiu o MiniCAD 7, que também funcionava para Windows, ampliando em muito a base de clientes do software.

Em 2000, a empresa que produzia o Vectorworks (a Diehl Graphsoft) foi comprada por uma empresa alemã de tecnologia, a Nemetschek AG. A atual subsidiária tem o nome de Nemetschek Vectorworks Inc.

A nova proprietária do programa apostou na segmentação do Vectorworks para várias áreas do mercado. Surgiram assim as atuais versões Architect (para o mercado de arquitetura), Landmark (paisagismo e modelagem de terrenos), Spotlight (cenografia e iluminação para espetáculos), Machine Design (mecânica), além do Renderworks (para a geração de imagens fotorrealísticas).

Além dessas versões, existem o Vectorworks Fundamentals (com as ferramentas básicas do programa) e o Vectorworks Designer (com todas as ferramentas de todos os módulos citados acima).

No Brasil, a CadTec, empresa que faz a distribuição do software, comercializa uma versão própria, baseada no Vectorworks Fundamentals, com a adição de algumas ferramentas específicas para o mercado nacional.

0.2 Método de trabalho proposto

O método proposto aqui é uma mistura da observação da rotina de trabalho de vários estudantes, profissionais e escritórios de arquitetura e design com as estratégias criadas por quem criou o Vectorworks. Sugerimos que ele seja seguido até ser completamente compreendido. Assim que você se sentir mais à vontade com o programa, naturalmente começará a ajustá-lo à sua maneira de trabalhar. A organização deste livro leva em conta esse método, descrito a seguir:

1. **ajustes iniciais**: para entender a interface de trabalho do programa e configurar o Vectorworks para que funcione da maneira mais correta.

2. **desenho básico**: para desenhar retângulos, círculos, ovais, polígonos e outras formas elementares e combinar esses elementos para criar novos objetos.

3. **ferramentas de pintura e edição**: para que você possa colorir, tracejar, preencher, hachurar, rotacionar, duplicar, espelhar, copiar, aumentar, diminuir...

4. **elementos arquitetônicos**: para construir paredes, criar pisos e telhados, inserir portas, janelas e outros objetos que estão nas bibliotecas do Vectorworks.

5. **desenho 3D**: esferas, cubos, cones, extrusões, varreduras, operações com sólidos, curvas e superfícies NURBS, todas as ferramentas e técnicas para criar qualquer forma em três dimensões.

6. **organização**: como criar e remover objetos das bibliotecas, classificar objetos, criar e remover andares e montar maquetes.

7. **documentação e montagem de pranchas**: como fazer elevações, cortes e perspectivas e montar pranchas para apresentar um projeto completo.

Quando eu abro o Vectorworks, aparecem uma tela branca, umas paletas, um retângulo no meio e mais nada. Tudo que eu tento desenhar fica esquisito, acho que até fora do tamanho... Eu preciso saber como fazer os

ajustes iniciais no Vectorworks!

Quando você vai fazer um projeto usando papel e lápis, a primeira escolha é o tamanho da folha que vai usar. Essa escolha depende da escala de projeto que será adotada. Na hora de desenhar, pensamos nas medidas em metros, mas uma parte do mundo usa o sistema imperial (pés e polegadas), e algumas especialidades adotam outros sistemas de medida. Tais escolhas são feitas natural e rapidamente, de acordo com o desejo e o costume de quem desenha. Os ajustes iniciais podem ser guardados para que você não tenha de fazê-los toda vez que usar o programa.

O que você vai ler neste capítulo

1.1 Criar um novo documento, abrir, salvar e fechar

1.2 Configurar unidades

1.3 Tamanho da impressão

1.4 Escala

1.5 Ajustes gerais do programa e do documento

1.6 Criar gabaritos

1.1 Criar um novo documento, abrir, salvar e fechar

Você tem duas opções ao começar: criar um arquivo ou trabalhar com um já existente.

para criar um novo documento

1. Vá ao menu **Arquivo/Novo...** (*File/New…*) **Ctrl+N**.

2. Escolha entre **Criar Documento em Branco** (*Create Blank Document*), que abre um arquivo vazio com as configurações originais do Vectorworks, ou **Usar Documento Gabarito** (*Use Document Template)*, para usar um arquivo existente como base para o desenvolvimento de um novo projeto. Mais adiante você vai aprender como fazer um gabarito.

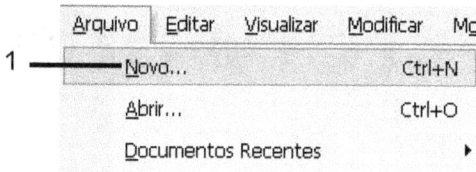

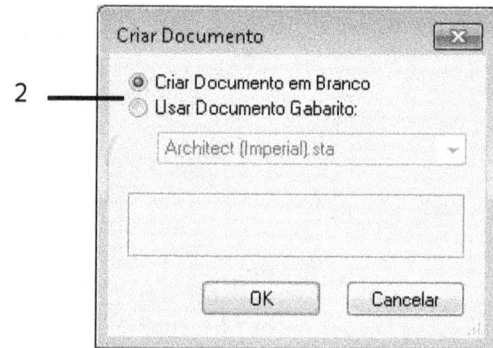

para abrir um documento

1. Vá ao menu **Arquivo/Abrir...** (*File/Open…*) **Ctrl+O**, indicando na sequência o nome do arquivo a ser aberto.

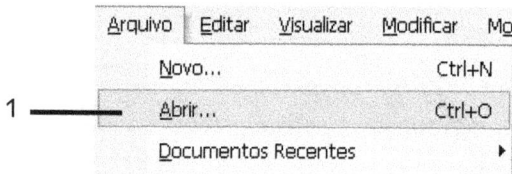

usando mais de um arquivo simultaneamente

O Vectorworks permite a abertura de mais de um arquivo ao mesmo tempo (útil para a cópia de elementos entre eles, por exemplo). O controle de visibilidade é feito através do menu **Janelas** (*Window*), que apresenta uma lista com os nomes dos arquivos abertos no momento. Um *check mark* indica qual é o arquivo ativo. Para trocar o ativo, clique sobre o arquivo desejado.

para salvar um documento

1. Vá o menu **Arquivo/Salvar** (*File/Save*) **Ctrl+S**.

2. Se for a primeira vez que o arquivo será salvo, o Vectorworks pedirá o nome do arquivo (**a**) e a sua localização no computador (**b**). Clique em **Salvar** (*Save*) (**c**) para salvar o arquivo.

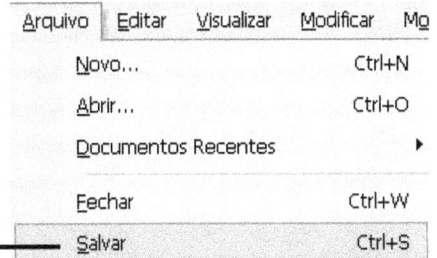

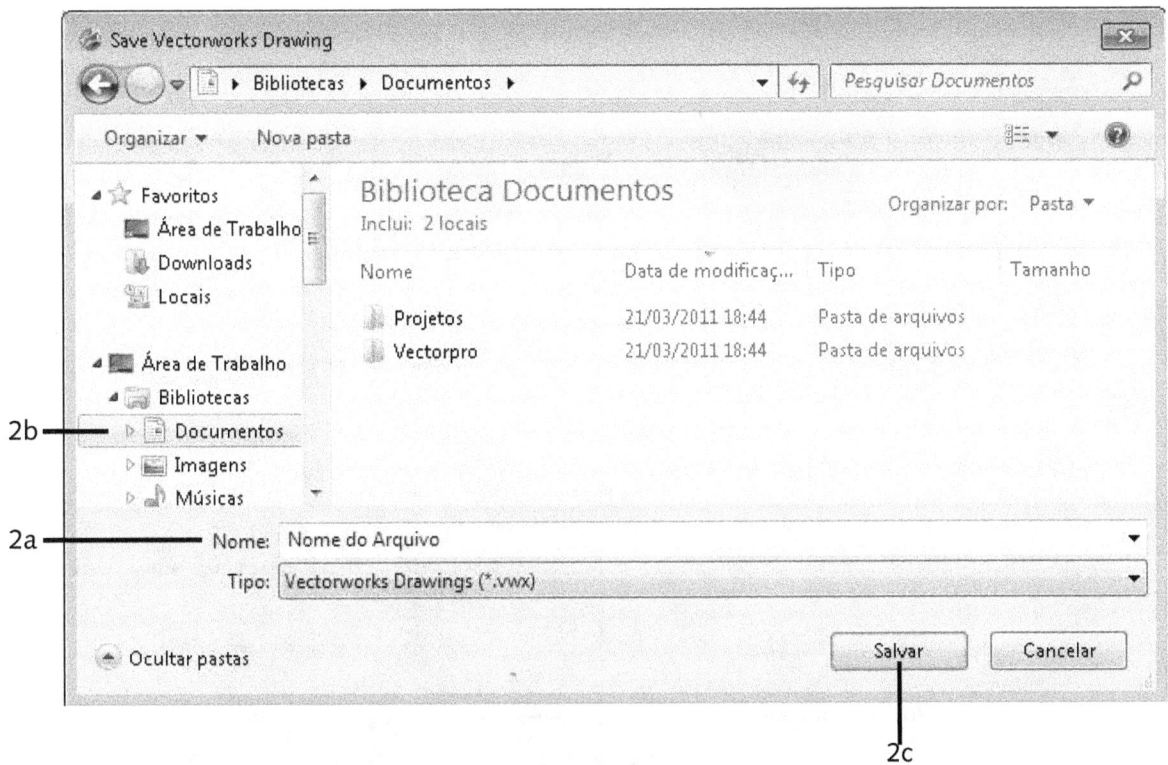

3. Se não for a primeira vez, o Vectorworks o gravará com o mesmo nome com que foi criado e no mesmo lugar.

4. Para salvar o documento com outro nome e/ou colocá-lo em outro local do computador, vá ao menu **Arquivo/Salvar Como...** (*File/Save As...*).

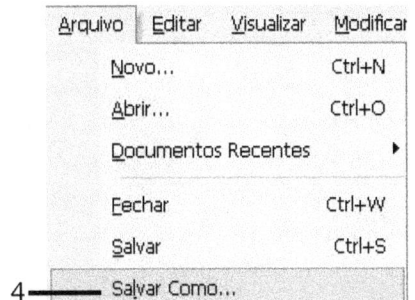

para fechar um documento

1. Vá ao menu **Arquivo/Fechar** (*File/Close*) **Ctrl+W**.
   Caso o arquivo não tenha sido salvo, o Vectorworks
   perguntará se você quer salvá-lo. O Vectorworks
   nunca fechará seu arquivo sem salvá-lo (a não ser que
   seja a sua intenção).

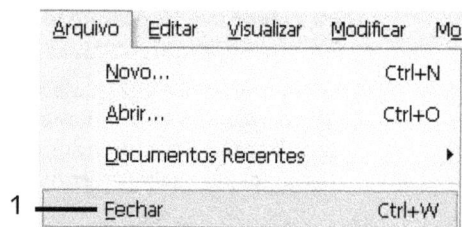

Arquivo	Editar	Visualizar	Modificar	Mo
Novo...				Ctrl+N
Abrir...				Ctrl+O
Documentos Recentes				▶
1 — Fechar				Ctrl+W

para encerrar o programa

1. Use o comando de menu **Arquivo/Sair** (*File/Quit*)
   Alt+F4/Ctrl+Q.

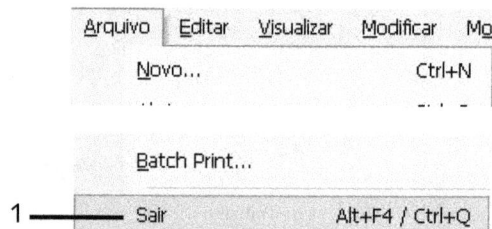

Arquivo	Editar	Visualizar	Modificar	Mo
Novo...				Ctrl+N
Batch Print...				
1 — Sair				Alt+F4 / Ctrl+Q

2. Se existir algum arquivo aberto
   que ainda não foi salvo, o
   Vectorworks abrirá uma janela,
   que pergunta se você deseja salvá-
   lo.

3. Se todos os arquivos abertos
   estiverem salvos, o Vectorworks
   será encerrado imediatamente.

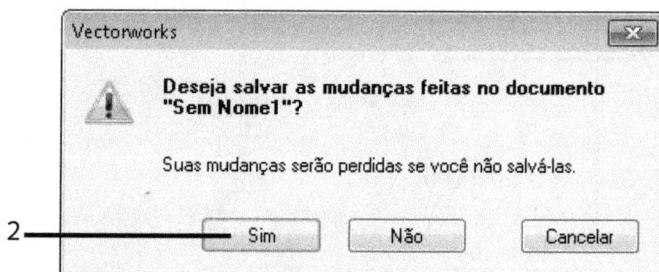

Vectorworks

⚠ **Deseja salvar as mudanças feitas no documento "Sem Nome1"?**

Suas mudanças serão perdidas se você não salvá-las.

2 — [Sim]   [Não]   [Cancelar]

1.2 Configurar unidades

O sistema de unidades do Vectorworks é dividido em duas partes. **Cotas e Visualização Gerais** (*General Display and Dimensions*) cuida de como as medidas vão aparecer em todos os painéis do programa e nas cotas impressas do desenho; e **Cotas Duplas** (*Dual Dimensions*) configuram um segundo sistema de medição que pode ser usado no desenho, simultaneamente às **Cotas Primárias**.

para configurar o Display Geral e Cotas

1. Vá ao menu **Arquivo/ Ajustes do Documento/ Unidades...** (*File/ Document Settings/ Units...*).

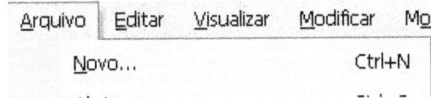

2. Na janela que se abre, escolha **Cotas e Visualização Gerais** (*General Display and Dimensions*).

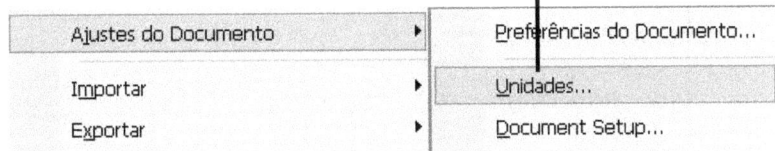

3. No campo **Unidades** (*Units*), escolha as unidades do programa (metros, centímetros, polegadas, etc.).

4. Clique em **Mostrar Sigla da Unidade** (*Show Unit Mark*) se quiser que o indicador **m** apareça nas janelas do programa e nas cotas do desenho.

5. Clique em **Mostrar Separador de Milhar nas Medidas das Cotas** (*Show Thousands Separators in Dimension Text*), se quiser que as cotas com valores acima de 1000 sejam mostradas com um **.** (ponto) nos milhares.

6. Escolha o tipo de **Arredondamento** (*Rounding Style*) (geralmente, escolhemos o **Decimal**).

7. Escolha a **Precisão de Arredondamento** (*Rounding Precision*), que é o número de casas decimais mostradas nas janelas do programa. Perceba que este controle não altera o tamanho real dos objetos, apenas arredonda o numeral na última casa selecionada. Assim, se uma linha tem o tamanho real de **1.322m** e o arredondamento escolhido é de uma casa decimal (**0.1**), o Vectorworks vai mostrar, nas janelas e paletas, o numeral **1.3m**.

8. A **Base de Arredondamento decimal** (*Decimal rounding base*) regula o incremento da última casa mostrada nos painéis e janelas do programa:

   – Se o arredondamento é de uma casa (**0.1**) e a Base é **1**, os números mostrados são **0.0, 0.1, 0.2,** e assim por diante;
   – Se o arredondamento é de uma casa (**0.1**) e a Base é **2.5**, os números mostrados são **0.0, 0.25, 0.5,** e assim por diante;
   – Se o arredondamento é de uma casa (**0.1**) e a Base é **5**, os números mostrados são **0.0, 0.5, 1.0,** e assim por diante.

9. Para regular o incremento da última casa nas cotas impressas, ajuste o valor em **Base de Arredondamento de cota** (*Dimension Rounding Base*). Se quiser que este valor acompanhe o valor dado no item 7, clique no botão de corrente.

10. As **Opções Decimais** (*Decimal Options*) fazem o Vectorworks preencher automaticamente os **Zeros à Esquerda** e **à Direita** (*Leading* e *Trailing Zeros*) dos números mostrados na tela. Desse modo, um valor de **.1** passa a ser mostrado como **0.10** (caso o arredondamento esteja em **0.01**).

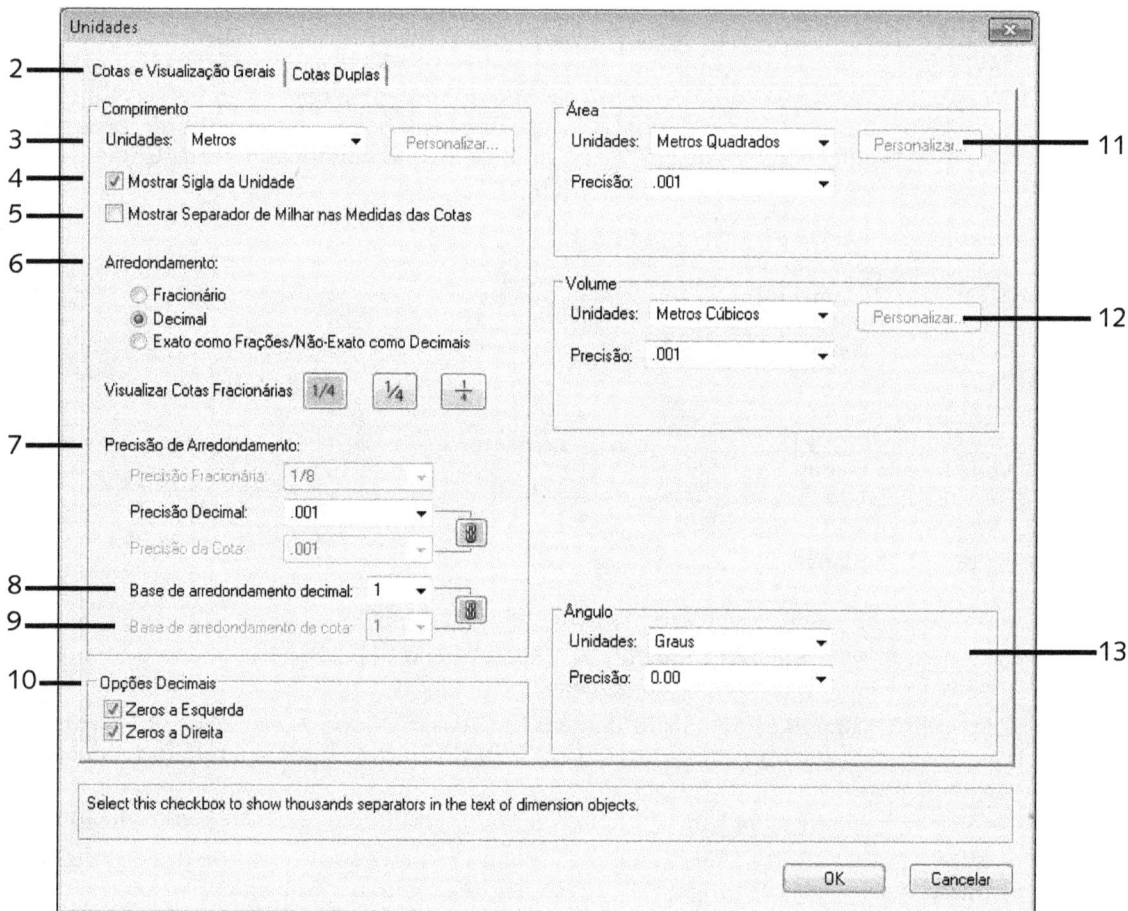

11. Escolha as unidades e a precisão para as unidades de área do Vectorworks.

12. Escolha as unidades e a precisão para os valores de volume.

13. Escolha as unidades e a precisão para os ângulos.

configuração das Cotas Duplas

As **Cotas Duplas** (*Dual Dimensions*) são configuradas como as cotas do painel anterior. Para usar este tipo de cota no desenho, é preciso usar um padrão de cotas que aceite os dois sistemas. Mais detalhes sobre este assunto estão no item **7.2 Como usar e editar cotas**, na pág. **171**.

1.3 Tamanho da impressão

Toda vez que o Vectorworks é aberto, aparece um retângulo vazio na janela de desenho. Esse retângulo representa a área de impressão (que pode ser composta de uma ou mais folhas, como veremos adiante). Quando pensamos em escolher um tamanho de impressão, vemos que existem duas possibilidades: fazer um ajuste que funcione em uma impressora local (do trabalho ou de casa) ou escolher um formato para imprimir em uma gráfica.

para escolher um tamanho que funcione na impressora local

1. Vá ao menu **Arquivo/Configurar Página...** (*File/ Page Setup...*) **Ctrl+Alt+P**.

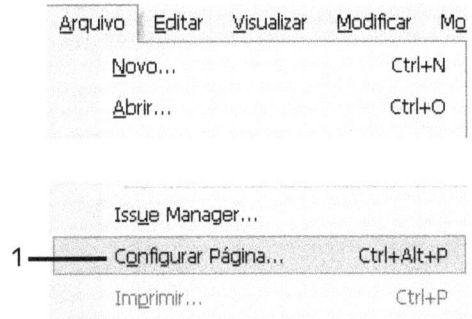

Arquivo	Editar	Visualizar	Modificar	Mo
Novo...			Ctrl+N	
Abrir...			Ctrl+O	
Issue Manager...				
1 —— Configurar Página...			Ctrl+Alt+P	
Imprimir...			Ctrl+P	

2. Na janela que se abre, escolha **Configurar Impressora...** (*Printer Setup...*).

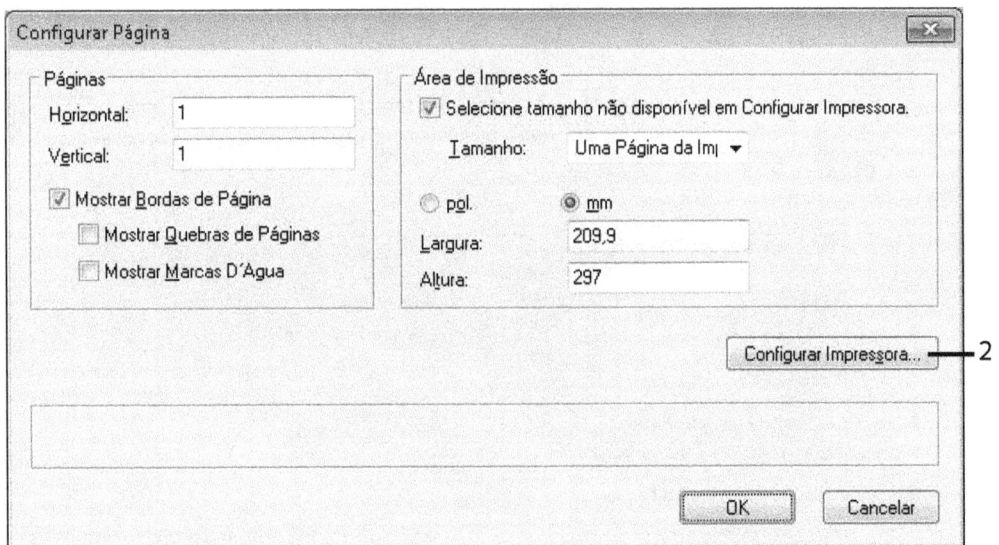

Configurar Página

Páginas
Horizontal: 1
Vertical: 1
☑ Mostrar Bordas de Página
☐ Mostrar Quebras de Páginas
☐ Mostrar Marcas D'Água

Área de Impressão
☑ Selecione tamanho não disponível em Configurar Impressora.
Tamanho: Uma Página da Imp ▾
○ pol.   ◉ mm
Largura: 209,9
Altura: 297

Configurar Impressora... ——2

OK   Cancelar

3. Escolha o tamanho do papel que a sua impressora usa (por exemplo, **A4**).

4. Determine a orientação [**Retrato** (*Portrait*) ou **Paisagem** (*Landscape*)] (**a**) e clique em **OK** (**b**).

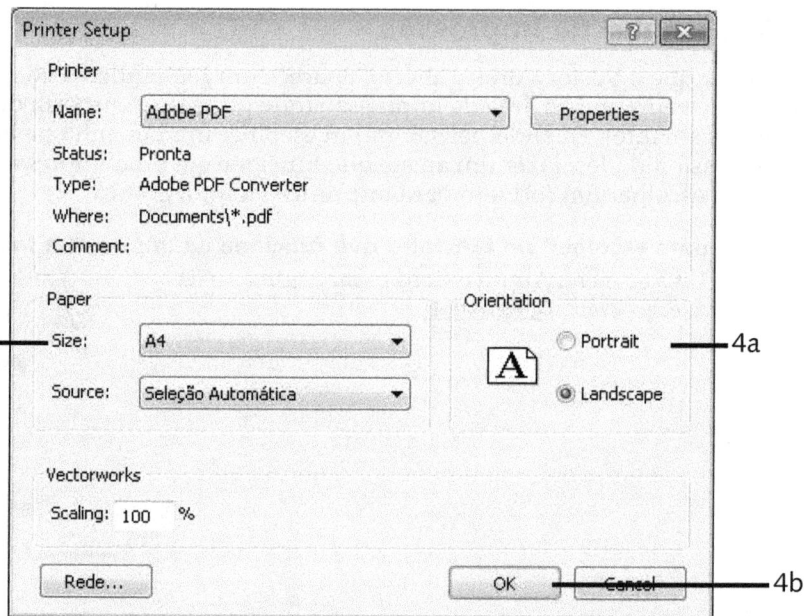

5. Escolha quantas páginas (na **Horizontal** e na **Vertical**) serão usadas para imprimir o desenho. Para usar uma página só, coloque o valor **1** nos dois campos.

6. A caixa **Mostrar Bordas de Página** (*Show page boundary*) ativa e desativa a visibilidade da área de impressão, e é recomendável que não seja desativada.

7. Se você escolher mais de uma página na opção acima, pode querer ver no desenho onde estão as divisões entre as folhas. Para isso, ative a caixa **Mostrar Quebras de Páginas** (*Show page breaks*).

8. Se o seu arquivo possuir uma marca-d'água (que geralmente aparece nas versões educacionais do Vectorworks), desligue a caixa **Mostrar Marcas D'Água** (*Show watermarks*) para que não apareça na tela (saiba que elas continuam a aparecer na impressão do seu documento).

9. Clique em **OK** e observe o resultado.

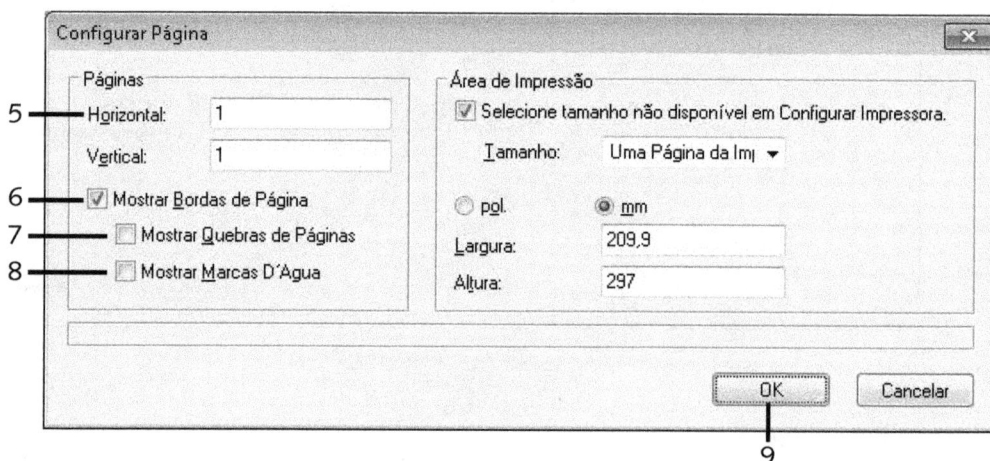

para escolher um formato que será impresso em uma gráfica

1. Vá ao menu **Arquivo/Configurar Página...** (*File/Page Setup...*) **Ctrl+Alt+P**.

2. Clique na caixa **Selecione tamanho não disponível em Configurar Impressora** (*Choose size unavailable in printer setup*).

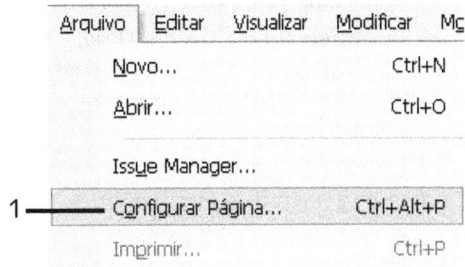

3. Escolha o tamanho da área de impressão (por exemplo, **A1**, **A2**, etc.).

4. A caixa **Mostrar Bordas de Página** (*Show page boundary*) ativa e desativa a visibilidade da área de impressão e por isso **não** deve ser desativada.

5. Desative a caixa **Mostrar Quebras de Páginas** (*Show page breaks*).

6. Clique em **OK** e observe o resultado.

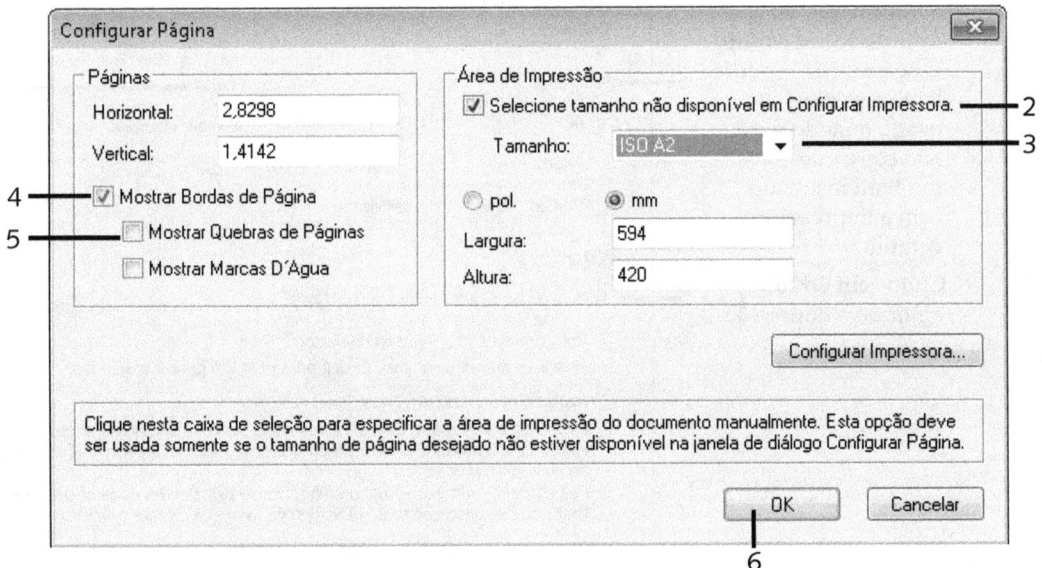

OBS Quando você escolhe um formato diferente do utilizado na sua impressora local, os campos **Horizontal** e **Vertical** podem apresentar valores estranhos (1.0508 e 1.4322, por exemplo). Tais valores são calculados automaticamente e representam quantas páginas da sua impressora local teriam de ser usadas para montar uma folha do tamanho que você quer. Como nesse caso a intenção não é imprimir localmente, você pode ignorar esses valores.

para imprimir um arquivo na impressora local

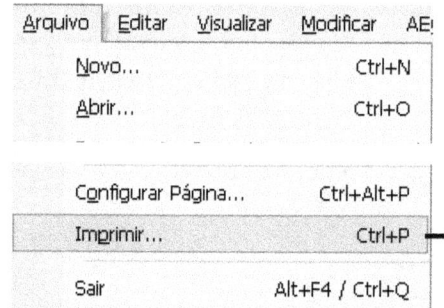

1. Vá ao menu **Arquivo/Imprimir...** (*File/Print...*) **Ctrl+P**.

2. Escolha qual impressora você vai usar para imprimir o desenho (se você tiver mais de uma impressora conectada ou uma impressora virtual PDF instalada).

3. Em **Intervalo de Páginas** (*Print Range*), escolha imprimir todas as folhas (**Todas**/*All*), algumas folhas (**Páginas**/*Pages*) ou a vista atual do desenho (**Vista Atual**/*Current View*).

4. Escolha quantas **Cópias** (*Copies*) quer imprimir.

5. Defina qual o grau de opacidade para as camadas e classes que serão impressas.

6. Clique nesta caixa para imprimir preenchimentos feitos com **Padrões** (*Patterns*) da mesma maneira como aparecem na tela, no momento da impressão. Isso pode deixar a impressão mais lenta.

7. Se você ativar esta caixa, o Vectorworks vai converter toda a informação de impressão em *bitmap*. Esse processo é muito lento e só deve ser usado quando você não consegue obter um bom resultado com a impressão comum.

8. Clique em **OK** e aguarde a impressão.

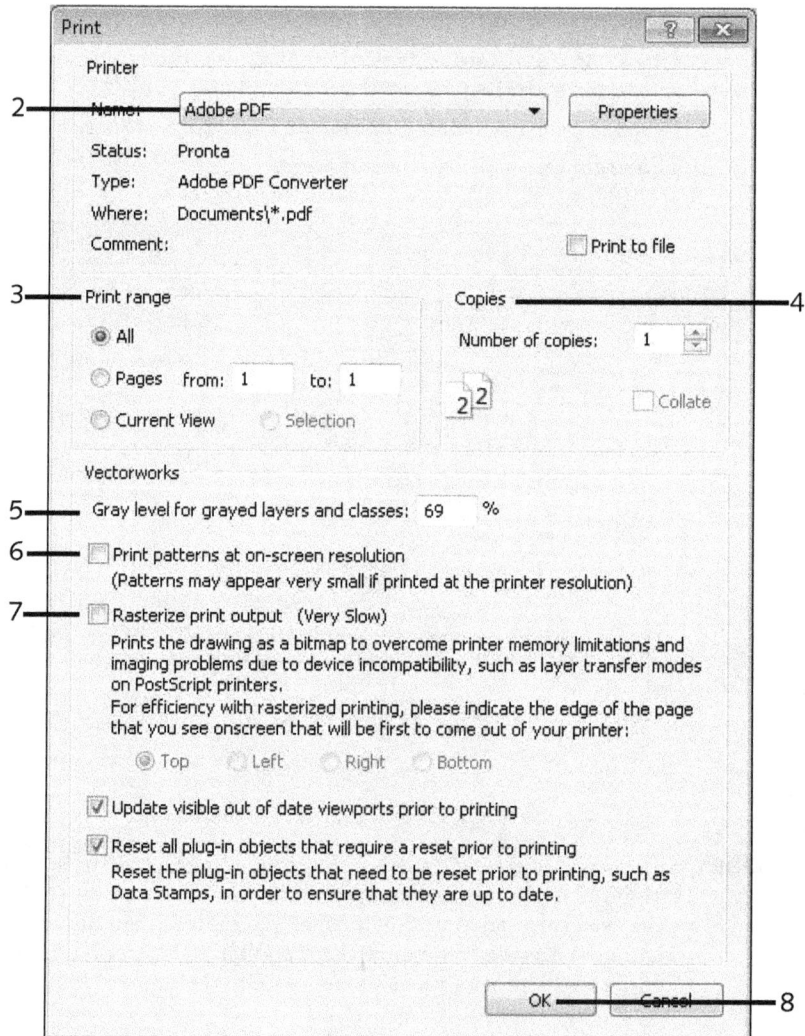

1.4 Escala

Depois de configurar o tamanho da área de impressão (item **1.3**), você precisa dizer que escala será usada para desenhar. Você pode alterá-la a qualquer momento, se o seu trabalho não couber mais na área de impressão. O importante é notar que a relação entre o desenho e o tamanho da impressão é mostrada automaticamente o tempo todo.

para configurar a escala

1. Clique com o botão direito do mouse em uma área vazia do desenho e, em seguida, escolha a opção **Escala da Camada Ativa...** (*Active Layer Scale...*).

2. Na janela que se abre, escolha a escala, clicando na opção preferida:

   a. Se quiser uma escala diferente das opções-padrão, digite o valor no campo **Escala Papel** (*Paper Scale*). Se quiser **1:75**, digite apenas **75**;

   b. Ative a caixa **Todas as Camadas** (*All Layers*) para que a escala escolhida seja usada em todas as camadas do projeto;

   c. Ative **Escalar Texto** (*Scale Text*) se existirem textos na sua camada, para que eles aumentem ou diminuam de tamanho com o desenho.

3. Clique em **OK** para confirmar.

Selecionar Tudo	Ctrl+A
Colar	Ctrl+V
Escala da Camada Ativa...	
Preferências do Documento...	

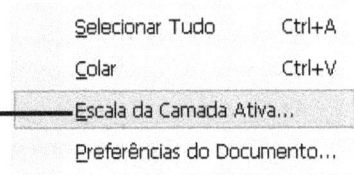

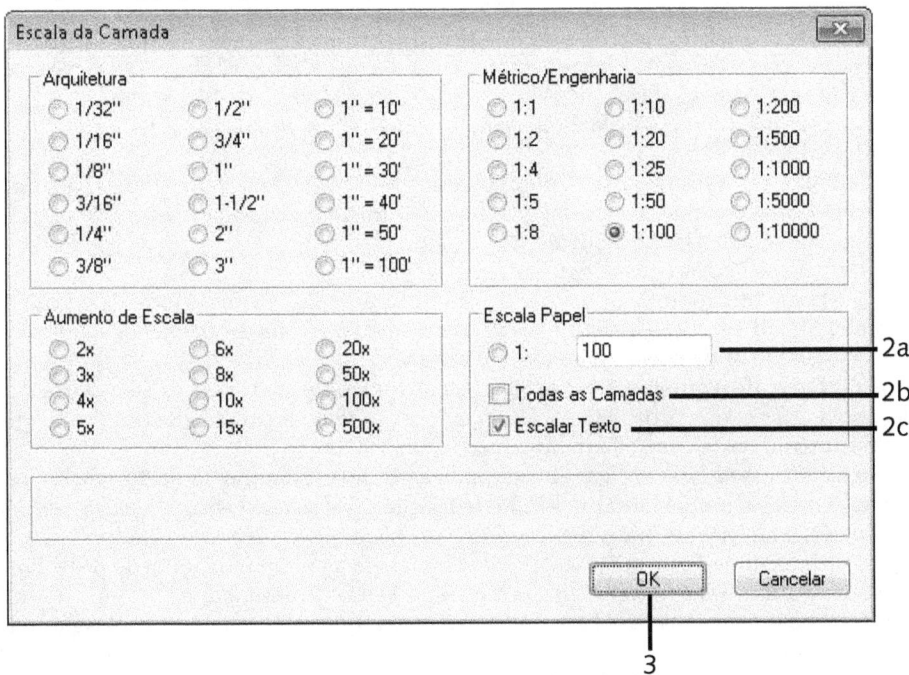

OBS1 As escalas indicadas em **Arquitetura** (*Imperial*) são usadas pelos arquitetos americanos; não devemos usá-las.

OBS2 As opções existentes em **Aumento de Escala** (*Enlargement*) são úteis para quem trabalha com projeto de produtos ou de objetos muito pequenos. A escolha 2x, por exemplo, mostra o seu desenho duas vezes maior do que o tamanho real.

1.5 Ajustes gerais do programa e do documento

Os ajustes mostrados a seguir têm a intenção de facilitar o uso do Vectorworks no dia a dia. Mesmo se você for um novo usuário do programa, já poderá perceber como estes ajustes são importantes para aumentar a produtividade do trabalho.

o que são e como usar os botões de ajuste de preferências

1. Clique no botão indicado para abrir o menu que liga e desliga os botões de preferências.

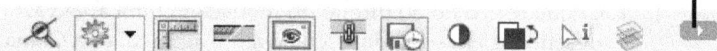

2. Escolha os botões de preferências que você quer que apareçam na barra de modos. Perceba que, depois de exibi-los, ainda será necessário clicar sobre cada um deles para que sejam ativados:

2a √ Junção Autom. de Paredes
2b √ Auto-salvar
2c √ Preto e Branco Apenas
2d √ Fundo Preto
2e √ Data Bar and Edit Group Options
2f √ Esconder Detalhes
2g √ Mostrar Dicas de Aquisição
2h √ Exibir Grade
2i √ Mostrar Outros Objetos Durante Modo de Edição
2j √ Show Page Boundary
2k √ Mostrar Réguas
2l √ Usar Cores das Camadas
2m √ Aproxim. Espessura de Linha
2n — Preferências do Documento...
2o — Preferências do Vectorworks...

a. **Junção Autom. de Paredes** (*Auto Join Walls*): Comando que permite a junção de paredes automaticamente;

b. **Auto-salvar** (*Autosave*): Faz com que o Vectorworks salve automaticamente o seu arquivo de acordo com o intervalo definido na janela **Preferências do Vectorworks/Auto-salvar** (*Vectorworks Preferences/Autosave*);

c. **Preto e Branco Apenas** (*Black and White Only*): Faz com que todos os desenhos sejam mostrados em preto e branco;

d. **Fundo Preto** (*Black Background*): Coloca o fundo da janela de desenho em preto;

e. **Opções da Barra de Dados e Edição de Grupo** (*Data Bar and Edit Group Options*): Liga e desliga o botão que controla as opções de visualização da barra de dados e de edição de grupos;

f. **Esconder Detalhes** (*Hide Details*): Viewports que tenham a sua escala menor ou igual à desse ajuste não irão mostrar os componentes das paredes;

g. **Mostrar Dicas de Aquisição** (*Acquisition Hints*): Mostra pequenas dicas ao lado do cursor indicando bordas e quinas de objetos. Útil para ser usado no lugar das dicas de texto que tradicionalmente aparecem ao lado do cursor;

h. **Exibir Grade** (*Show Grid*): Mostra ou esconde a grade de desenho do Vectorworks;

i. **Mostrar Outros Objetos Durante Modo de Edição** (*Show Other Objects While in Edit Modes*): Mostra ou esconde objetos que não pertencem ao objeto que está sendo editado;

j. **Mostrar Margem da Folha** (*Show Page Boundary*): Liga a margem da folha de desenho;

k. **Mostrar Réguas** (*Show Rulers*): Liga as réguas na janela de desenho;

l. **Usar Cores das Camadas** (*Use Layer Colors*): Faz com que cada camada use obrigatoriamente apenas uma cor;

m. **Aproxim. Espessuras de Linha** (*Zoom Line Thickness*): Liga a apresentação das linhas com espessura na janela de desenho;

n. **Preferências do Documento...** (*Document Preferences...*): Comanda as preferências do arquivo ativo;

o. **Preferências do Vectorworks...** (*Vectorworks Preferences...*): Controla as preferências do Vectorworks, válidas para qualquer documento aberto, como parâmetros de visibilidade das ferramentas, controles de tempo e uso do programa, etc.

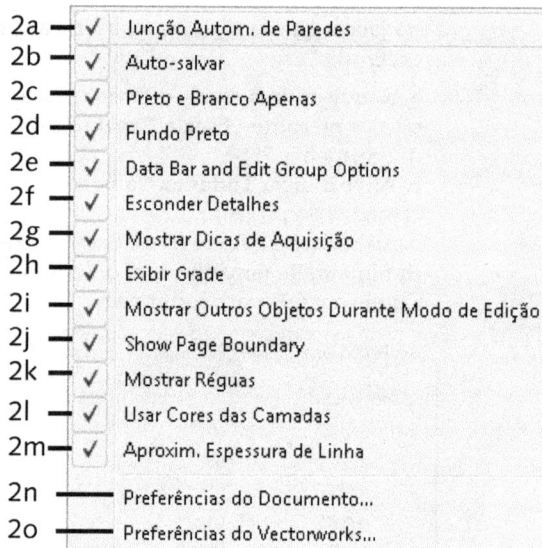

como ajustar as opções do botão Opções da Barra de Dados

O botão **Opções da Barra de Dados** (*Data Bar Options*) dá acesso a controles fundamentais para o funcionamento da Barra de Dados (que é o campo onde são digitados medidas e ângulos de linhas, retângulos e outros objetos, durante a criação destes).

1. Para ajustar o botão **Opções da Barra de Dados** (*Data Bar Options*) é necessário ativá-lo, a partir do menu de botões de preferências.

2. Veja nas imagens abaixo, em português (**a**) e inglês (**b**), quais opções devem estar ligadas, segundo nossa recomendação. Com o passar do tempo você vai descobrir quais ajustes são mais adequados ao seu uso.

2a —— Usar Barra de Dados flutuante
   ✓ Usar Barra de Dados flutuante apenas quando a tecla tab for pressionada
   Não usar a Barra de Dados flutuante - exibir os campos na Barra de Dados fixa

   Permitir entrada de dados pelo teclado numérico para ativação instantânea da Barra de Dados
   ✓ Não permitir entrada de dados pelo teclado numérico para ativação instantânea da Barra de Dados
   Não permite ativação instantânea da Barra de Dados

   Exibir apenas campos primários na barra de dados
   ✓ Exibir campos primários e secundários na barra de dados
   Exibir campos primários, secundários e posição do cursor na barra de dados

   ✓ Ativar campos não exibidos quando pressionar Tab no último campo
   Não ativar campos não exibidos quando pressionar Tab no último campo

   ✓ Exibir a barra de dados flutuante abaixo das dicas do SmartCursor
   Exibir a barra de dados flutuante acima das dicas do SmartCursor

   ✓ Exibir botão Sair do Grupo grande
   Exibir botão Sair do Grupo pequeno

   <Esc><Esc> sai do grupo
   ✓ <Esc><Esc> não sai do grupo

2b —— Use floating data bar
✔ Use floating data bar only when tab key is pressed
Do not use floating data bar - show data bar fields on fixed data bar

Allow numeric keypad entry for instant data bar activation
✔ Do not allow numeric keypad entry for instant data bar activation
Do not allow instant data bar activation

Show only primary fields on data bar
✔ Show primary and secondary fields on data bar
Show primary, secondary, and cursor location fields on data bar

✔ Auto cycle to non-displayed fields when tabbing past last field
Do not auto cycle to non-displayed fields when tabbing past last field

✔ Show floating data bar below SmartCursor cues
Show floating data bar above SmartCursor cues

✔ Use large exit group button
Use small exit group button

<Esc><Esc> exits group
✔ <Esc><Esc> does not exit group

1.6 Criar gabaritos

Ao começar um desenho, você pode usar como ponto de partida um arquivo com as configurações básicas definidas. Esse desenho pré-configurado é conhecido como gabarito.

Você pode ter vários gabaritos, com carimbos, espessuras de linha e uma série de outras propriedades predefinidas. Quando abrir o Vectorworks pela primeira vez, o desenho em branco que aparece é um gabarito usado pelo programa chamado **Default.sta** (ou **Vectorworks Default**, na plataforma Mac).

para salvar um arquivo como gabarito

1. Configure um arquivo de desenho em branco (ou aproveite um existente).

2. Vá ao menu **Arquivo/Salvar como Gabarito...** (*File/ Save as Template...*). Salve esse arquivo na pasta de gabaritos do Vectorworks (...\Vectorworks\2011\ Templates).

3. Você pode dar o nome que quiser para seu gabarito, como "A3 c/ margem e carimbo" ou "A1 prefeitura", etc. Para salvar um arquivo como gabarito de abertura do programa, siga os passos **1**, **2** e **3** anteriores, mas dê a ele o nome **Default.sta**, se estiver usando um PC/Windows, ou **Vectorworks Default**, no Mac.

4. Clique em **Salvar** (*Save*) para confirmar.

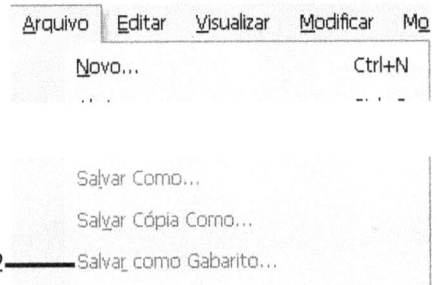

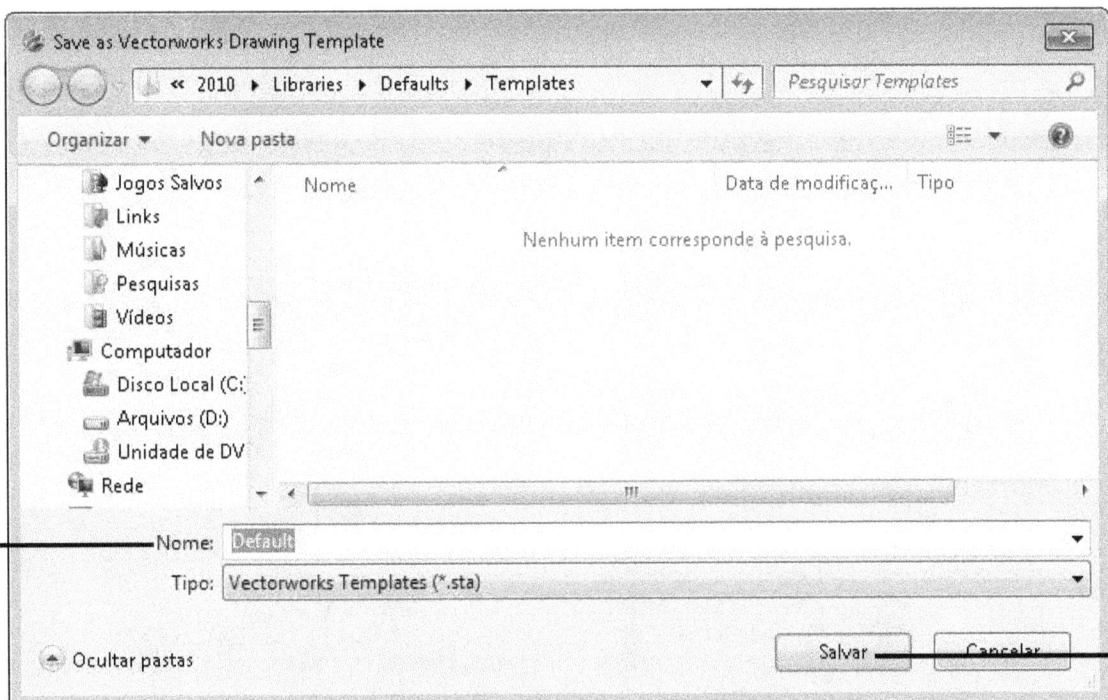

Ok, está tudo configurado, mas, antes de desenhar de verdade, preciso aprender a ver os desenhos e saber selecionar e apagar o que eu fiz. Quer dizer, tudo aquilo que é necessário para

2

visualizar e selecionar objetos

Você pode fazer a maior parte das operações de seleção e visualização de desenhos usando apenas o mouse. Para algumas opções, existem atalhos de teclado que ajudam na operação dos comandos. Em todos os casos, é preciso sempre prestar atenção no modo como o cursor do mouse se apresenta. A aparência do cursor na tela indica qual operação o Vectorworks está executando no momento.

O que você vai ler neste capítulo

2.1 Visualização básica do desenho

2.2 Planos de desenho e visualização básica em 3D

2.3 Técnicas de seleção de objetos

2.4 Uso dos pontos inteligentes e atrações (auxiliares de desenho)

2.1 Visualização básica do desenho

O Vectorworks possui uma série de ferramentas e atalhos de mouse e teclado para que você veja seu desenho da maneira como quiser. As técnicas de visualização mais comuns e eficientes serão mostradas a seguir. Algumas dessas ferramentas são específicas para uso com objetos tridimensionais e serão comentadas no próximo item.

para aproximar e afastar usando o mouse (Zoom In e Zoom Out)

1. Role a rodinha do mouse (*click wheel*) para a frente ou para trás. Você pode executar essa operação a qualquer momento e durante qualquer comando do programa.

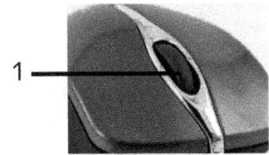

opções para fazer um deslocamento de vista (Pan)

1. Clique e arraste a rodinha do mouse (*click wheel*) para se deslocar lateralmente pelo desenho. Você pode fazer isso a qualquer momento durante o programa.

2. Aperte e mantenha pressionada a barra de espaço do teclado e clique e arraste com o botão esquerdo do mouse para realizar o deslocamento.

3. Na paleta **Ferramentas Básicas** (*Basic*), clique na ferramenta **Deslocamento de Vista** (*Pan*) **H**. Na sequência, clique e arraste o mouse para efetuar o deslocamento da vista.

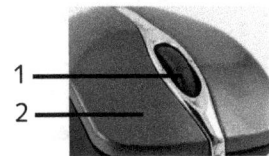

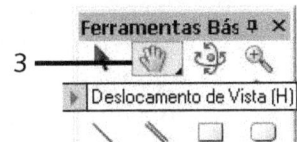

para aproximar uma determinada área do desenho

1. Na paleta **Ferramentas Básicas** (*Basic*), clique na ferramenta **Zoom C**.

2. Clique no canto superior esquerdo da região que você quer aproximar.

3. Mova o cursor até o canto inferior direito da região de aproximação e clique novamente.

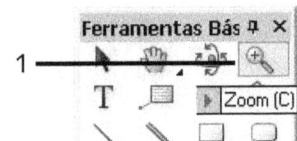

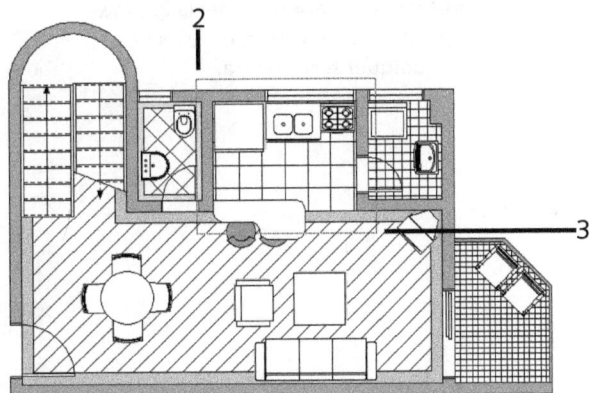

OBS Ao fazer um duplo clique no botão da ferramenta **Zoom C**, o Vectorworks automaticamente aproxima o desenho em 2x a partir do centro da tela.

opções na barra de visualização

1 2 3   4 — 150%
500%
200%
150%
100%
75%
50%
25%
10%

1. Vá à barra de visualização e clique no botão **Enquadrar Página** (*Fit to Page*) **Ctrl+4** para encaixar na tela a área da página, que deve ter sido configurada no menu **Arquivo/Configurar Página...** (*File/Page Setup...*) **Ctrl+Alt+P**.

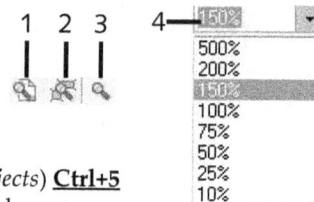

2. Vá à barra de visualização e clique em **Enquadrar Objetos** (*Fit to Objects*) **Ctrl+5** para mostrar todos os objetos que estão no desenho (nas camadas e classes ativas). Se estiver com um ou mais objetos selecionados, **Enquadrar Objetos** vai mostrar somente estes.

3. Vá à barra de visualização e clique no botão **Aproximar** (*Zoom*) **Ctrl+1** para aproximar o desenho em 2x. Se você apertar a tecla **Alt** e clicar no mesmo botão, o desenho será afastado em 2x. O mesmo efeito de afastamento é conseguido pelo atalho **Ctrl+2**.

4. Você pode digitar um fator de aproximação no campo **Zoom Atual** (*Current Zoom*) para alterar a vista do desenho.

para obter um zoom rápido (lupa de atração)

Se você precisar observar rapidamente uma área do desenho muito de perto:

1. Mova o cursor até a área que quer aproximar.

2. Aperte a tecla **Z** e perceba que a área foi rapidamente ampliada e toda a volta da janela de desenho ficou acinzentada. Você pode apertar a tecla **Z** mais vezes para aproximar mais o desenho.

3. Assim que você clicar na janela, com a ferramenta de seleção ou qualquer outra, o zoom desaparecerá. Você pode voltar a apertar a tecla **Z** toda vez que quiser, durante a execução de qualquer ferramenta.

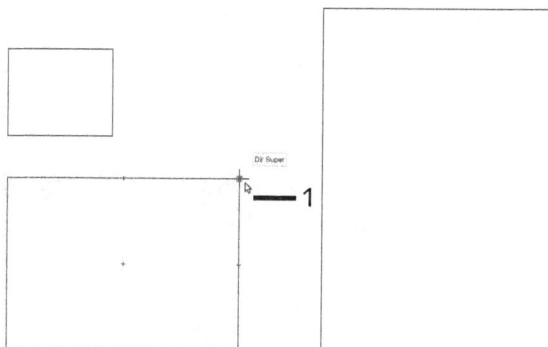

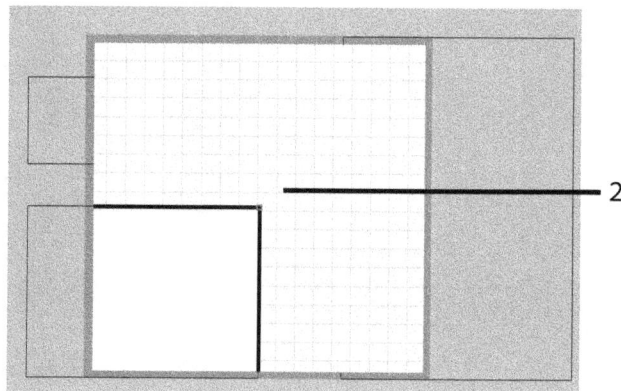

2.2 Planos de desenho e visualização básica em 3D

Para que a criação e o desenvolvimento de projetos sejam bem feitos, é preciso aprender como lidar com os planos de desenho do Vectorworks. A partir da versão 2012, todos os objetos 2D podem ser criados e editados em qualquer um deles.

o que são e como usar os planos de desenho

Toda vez que você cria um objeto (um retângulo, um círculo, uma parede, etc.), o Vectorworks tem que apoiá-lo em um plano de desenho. Existem quatro tipos de planos de desenho no programa, que atendem a diferentes objetivos:

1. **Plano da Camada** (*Layer Plane*): É o principal tipo de plano de desenho do Vectorworks. Para ver como ele funciona, siga o procedimento abaixo:

    a. Crie um arquivo novo e mude, na barra indicada, a vista atual para **Topo/Planta** (*Top/Plan*);
    b. Clique na barra indicada para definir o **Plano da Camada** (*Layer Plane*) como plano ativo de desenho;
    c. Desenhe um objeto 2D qualquer (como um retângulo, por exemplo);

    d. Clique na barra indicada e mude a vista para **Isométrica Direita** (*Right Isometric*); observe que o objeto desenhado passa a ser visto na projeção isométrica – o que quer dizer que ele passa a ser projetado em 3D;

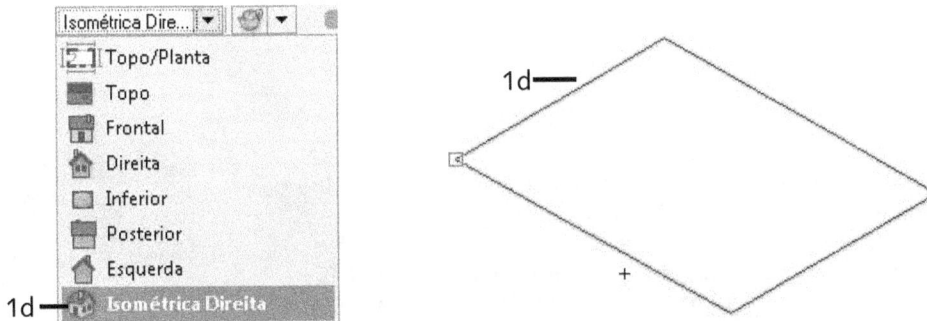

    e. Desenhe um ou mais retângulos e perceba que eles são automaticamente criados no plano de desenho da camada, em vista isométrica;
    f. Para voltar a ver o desenho de cima, clique na barra indicada e escolha a vista **Topo/Planta** (*Top/Plan*).

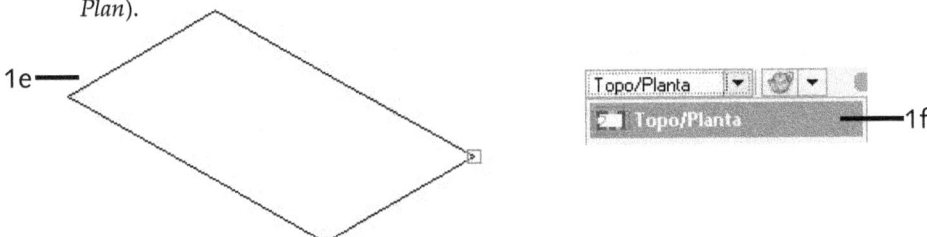

2. **Plano da Tela** (*Screen Plane*): É o tipo de plano de desenho tradicional do Vectorworks. Para ver como ele funciona, siga o procedimento abaixo:

a. Crie um arquivo novo e mude, na barra indicada, a vista atual para **Topo/Planta** (*Top/Plan*);
b. Clique na barra indicada para definir o **Plano de Tela** (*Screen Plane*) como plano ativo do desenho;
c. Desenhe um objeto 2D qualquer (como um retângulo, por exemplo);

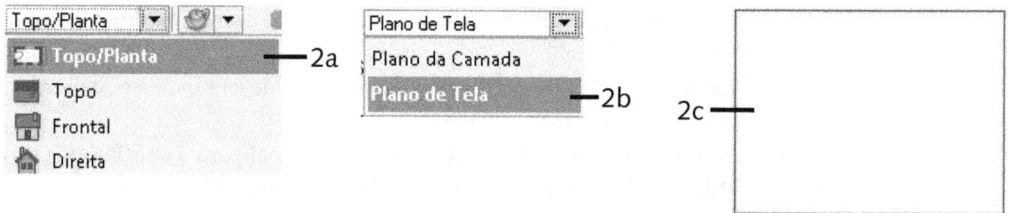

d. Clique na barra indicada e mude a vista para **Isométrica Direita** (*Right Isometric*); observe que o objeto desenhado não muda de posição – o que quer dizer que não está projetado em 3D;
e. Para voltar a trabalhar vendo o projeto de cima, clique na barra indicada e escolha a vista **Topo/Planta** (*Top/Plan*).

3. **Planos de Trabalho** (*Working Planes*): Um plano de trabalho é um tipo de plano de desenho determinado por você. Geralmente um plano de trabalho é escolhido tendo como referência a geometria 3D de um objeto já desenhado. É possível criar um ou mais planos de trabalho e armazená-los na paleta **Planos de Trabalho** (*Working Planes*).

4. **Plano Automático** (*Automatic*): Este tipo de plano de desenho surgiu na versão 2012 do Vectorworks. Com esse plano ativado, você pode usar automaticamente qualquer face de qualquer objeto 3D existente como referência para desenhar seu próximo objeto, 2D ou 3D. Para ver como isso funciona, siga o procedimento abaixo:

a. Crie um arquivo novo e mude, na barra indicada, a vista atual para **Topo/Planta** (*Top/Plan*);
b. Clique na barra indicada para definir o **Plano da Camada** (*Layer Plane*) como plano ativo de desenho;
c. Desenhe um objeto 2D qualquer (como um retângulo, por exemplo);

d. Clique na barra indicada e mude a vista para **Isométrica Direita** (*Right Isometric*); observe que o objeto desenhado passa a ser visto na projeção isométrica – o que quer dizer que ele passa a ser projetado em 3D;

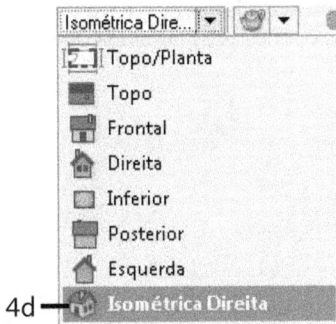

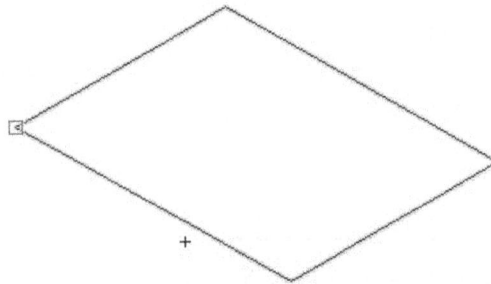

e. Na paleta **Modelagem 3D** (*3D Modeling*), clique na ferramenta **Empurra/Puxa** (*Push/Pull*), clique na face do retângulo desenhado, mova o cursor para criar um volume e clique para confirmar;

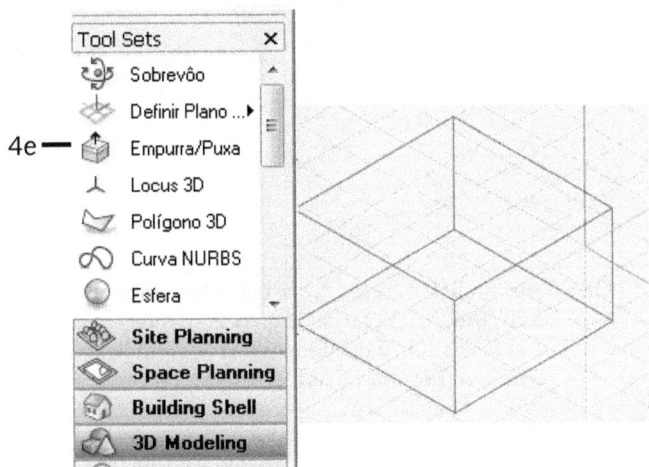

f. Escolha uma ferramenta de desenho 2D da paleta **Ferramentas Básicas** (*Basic*), como o **Círculo** (*Circle*), por exemplo;

g. Na barra de modos, clique na barra indicada e escolha a opção **Automático** (*Automatic*);

h. Mova o cursor sobre as faces do volume criado no item **e**; perceba que é possível desenhar o círculo diretamente sobre a superfície do volume.

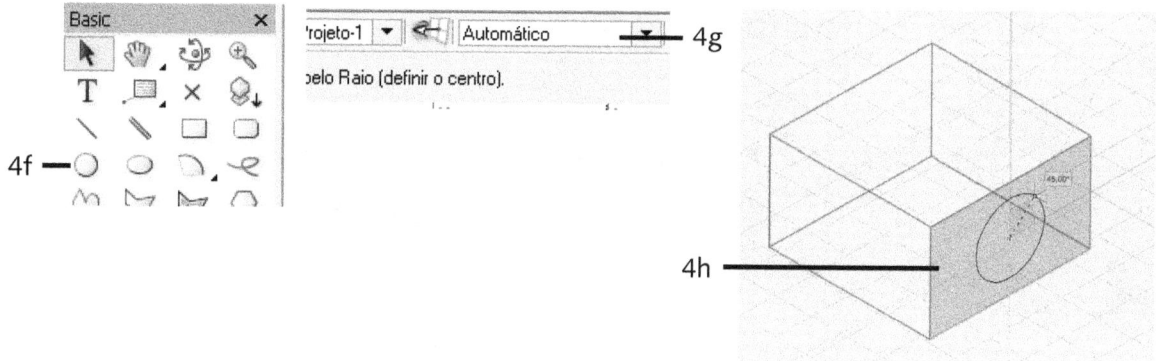

como usar as vistas automáticas

Para usar as ferramentas de desenho explicadas na sequência deste livro, é preciso saber como alterar a vista 3D do programa. Existem diversas maneiras de fazer isso, mas, para o começo do trabalho com objetos 3D, recomendamos que você use as opções programadas de vistas automáticas.

1. Na barra de visualização, clique no botão indicado.

2. Clique na vista automática que desejar.

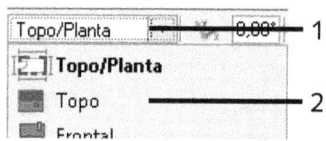

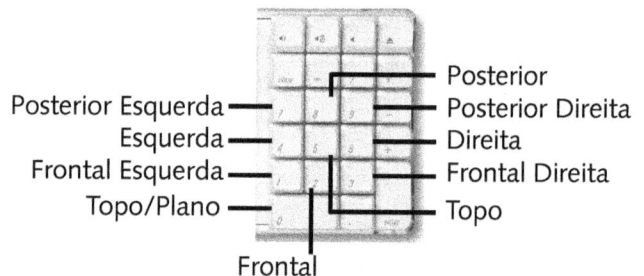

> **OBS** Você pode ter acesso às vistas automáticas principais usando o teclado numérico do seu computador. As teclas 2, 4, 6 e 8 se referem às elevações (**Frontal**, **Esquerda**, **Posterior** e **Direita**), e as teclas 1, 3, 5 e 7 dão acesso às isométricas (**Frontal Esquerda**, **Posterior Esquerda**, **Posterior Direita** e **Frontal Direita**). A tecla 5 mostra a vista **Topo**, e a 0, a vista **Topo/Planta**.

2.3 Técnicas de seleção de objetos

Quando você seleciona algum objeto, podem aparecer ao redor dele pequenos pontos azuis, chamados de alças, além de um contorno laranja, confirmando a seleção. Existem várias maneiras de selecionar um ou mais objetos ao mesmo tempo.

o que são pontos lógicos

O Vectorworks identifica automaticamente os pontos lógicos (extremos, centros) de qualquer objeto 2D, possibilitando a partir deles a realização de movimentos e de mudanças nos objetos. Para isso, use a ferramenta **Seleção** (*Selection*) **X**. Depois de selecionado um objeto, o cursor pode apresentar os seguintes modos:

1. **Modo de seleção/movimentação de um objeto:** Coloque o cursor sobre um objeto e perceba que ele assume a forma de uma seta branca. Você pode então clicar e arrastar o objeto para outro lugar.

2. **Modo de seleção/movimentação de mais de um objeto:** Se você selecionar mais de um objeto com a tecla **Shift** pressionada, o cursor assume a forma de uma seta cinza, para indicar que mais de um objeto está selecionado.

3. **Modo de movimentação a partir de um ponto lógico:** Quando você aproximar o cursor de um ponto lógico de um objeto, ele assumirá a forma de uma cruz. Clique e arraste para levá-lo para outro lugar.

4. **Modo de deformação:** Se você clicar em um objeto e depois aproximar o cursor de um ponto lógico dele, o cursor alternará entre a cruz e um ícone em diagonal. Clique quando o cursor estiver em diagonal para mudar o tamanho dele. Não é necessário manter o botão do mouse apertado.

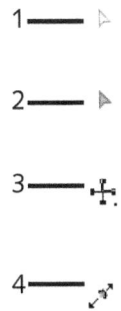

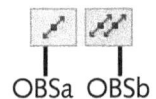

OBSa OBSb

OBS O comportamento acima é observado se, na barra de modos, o botão **Escala Interativa Individual** (*Single Object Interactive Scale*) (**a**) ou o botão **Escala Interativa Múltipla** (*Unrestricted Interative Scale*) estiver acionado (**b**).

para entender os modos do cursor

Tudo o que acontece durante o trabalho com o Vectorworks se reflete nos vários modos como o cursor se apresenta para o usuário. Portanto, é muito importante saber o que significam esses modos, facilitando o uso do programa. Os principais modos do cursor são os seguintes:

a. **Cursor de seleção:** Este cursor só aparece quando é escolhida a ferramenta seleção;
b. **Cursor de ferramenta:** Este cursor mostra que uma ferramenta está escolhida e sendo executada.

Além da ferramenta em uso, são mostrados mais dois desenhos, que indicam o que vai acontecer quando você clicar em algum objeto que esteja próximo a essas áreas. Observe:

1. Este é o ponteiro do cursor.
2. Esta é a **Região de Seleção** (*selection box*). É a área de referência para que o cursor efetivamente selecione ou aja sobre um objeto.
3. Esta é a **Região de Atração** (*snap box*). Toda vez que esta área estiver sobre um ponto lógico, ele será destacado; esta área também tem efeito sobre novos objetos, que serão criados com referência no ponto destacado por esta área (mesmo que não esteja dentro da área de seleção).

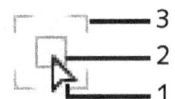

para selecionar um ou mais objetos (método com Shift)

1. Na paleta **Ferramentas Básicas** (*Basic*), clique na ferramenta **Seleção** (*Selection*) **X**.

2. Clique no objeto para selecioná-lo. Se tentar clicar em um objeto e as alças não aparecerem, é porque provavelmente este objeto tem um preenchimento transparente. Tente então clicar sobre uma linha do objeto desejado;

3. Aperte e mantenha pressionada a tecla **Shift** e, com a mesma ferramenta, clique em mais objetos.

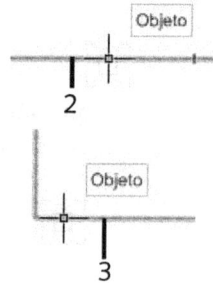

para selecionar um ou mais objetos (método com cerca de seleção)

1. Na paleta **Ferramentas Básicas** (*Basic*), clique na ferramenta **Seleção** (*Selection*) **X**.

2. Na barra de modos, escolha a opção de cerca desejada: **Retangular** (*Rectangular*) (**a**), **Laço** (*Lasso*) (**b**) ou **Poligonal** (*Polygonal*) (**c**).

3. Clique no ponto de início da cerca de seleção (normalmente é um lugar vazio no desenho). Se nesse ponto houver algum objeto, aperte e mantenha pressionada a tecla **Shift** antes de efetuar a seleção, para que o Vectorworks não selecione o objeto abaixo do cursor. Dependendo do tipo da cerca, faça o seguinte:

a. Para cerca retangular, mova o cursor na direção da diagonal oposta e clique para delimitar a área de seleção.
b. Para cerca com laço, clique e arraste o botão esquerdo do mouse para marcar a área de seleção. Os objetos serão selecionados assim que você soltar o botão.
c. Para cerca poligonal, dê um clique para cada vértice da área de seleção. Dê um duplo clique no ponto em que desejar terminar a seleção.

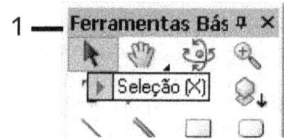

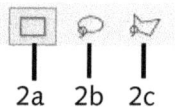

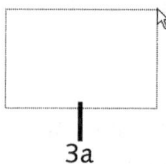

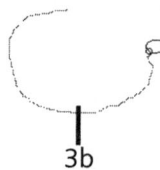

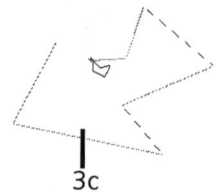

para desselecionar objetos

Existem duas maneiras de desselecionar objetos:

1. Clique, com a ferramenta **Seleção** (*Selection*) **X**, numa área vazia do desenho.

2. Aperte a tecla **X** duas vezes; essa tecla é o atalho para a ferramenta **Seleção** (*Selection*).

outras operações com seleção de objetos

1. Para selecionar todos os objetos visíveis no momento, vá ao menu **Editar/Selecionar Tudo** (*Edit/Select All*) **Ctrl+A**.

2. O comando **Selecionar Objetos Conectados** (*Select Connected Objects*) faz a seleção de diversos tipos de objetos 2D (linhas, polígonos, e polilinhas abertas, arcos, etc.) que têm suas extremidades conectadas.

Editar	Visualizar	Modificar	Modelar	AEC
Desfazer				Ctrl+Z
Refazer				Ctrl+Y
1 —— Selecionar Tudo				Ctrl+A
2 —— Selecionar Objetos Conectados				
3 —— Inverter Seleção				
4 —— Seleção Anterior				
Selecionar Plano de Trabalho				

3. Você pode inverter a seleção de um ou mais objetos no menu **Editar/Inverter Seleção** (*Edit/Invert Selection*). Essa operação pode ser útil sempre que você precisar selecionar todos os objetos, **exceto** alguns.

4. É possível conseguir a seleção anterior usando o menu **Editar/Seleção Anterior** (*Edit/Previous Selection*) imediatamente após a mudança de seleção.

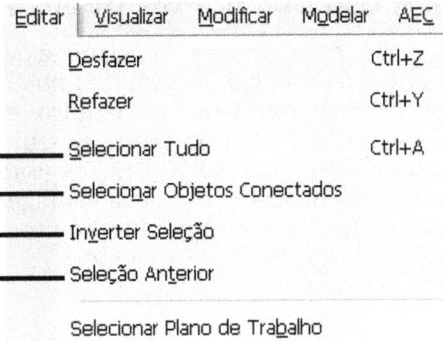

2.4 Uso dos pontos inteligentes e atrações (auxiliares de desenho)

Muitas vezes, durante a criação de desenhos e projetos, adotamos alguns princípios que vão nortear o desenvolvimento do trabalho. Daí surge a ideia do uso de guias, malhas, linhas perpendiculares, tangentes e outros elementos que servirão de referência para a execução do desenho final. O Vectorworks possui várias ferramentas, como os pontos de atração do cursor inteligente e também as **Atrações** (*Snapping*), que fazem exatamente esse papel, nos auxiliando na produção do desenho, com a vantagem de diminuir e até eliminar linhas provisórias de construção que poderiam ser esquecidas no projeto.

para que e como usar os pontos do cursor inteligente

Você pode indicar até três pontos de referência (chamados de pontos do cursor inteligente) simultaneamente, para a partir daí descobrir seus pontos médios e outros alinhamentos e então desenhar novos objetos. Acompanhe o exemplo abaixo:

1. Mova o cursor e mantenha-o alguns segundos sobre o primeiro ponto de referência. Um quadrado vermelho deve aparecer, indicando que o ponto foi identificado.

2. Mova o cursor para outro ponto de referência e mantenha-o sobre ele por alguns segundos. Uma nova identificação deve aparecer (**a**). Neste momento, um novo indicador também aparece, identificando o ponto médio entre o primeiro e o segundo ponto (**b**).

3. Mova o cursor para o terceiro ponto de referência, para que mais uma identificação surja (**a**). Veja que um novo indicador de ponto médio também aparece, relacionado com o segundo e o terceiro ponto (**b**).

Ao continuar a buscar novos pontos de referência, perceba que o mais recente substitui o mais antigo. Faça alguns testes para descobrir o que você consegue fazer a partir das referências e alinhamentos criados por estes pontos.

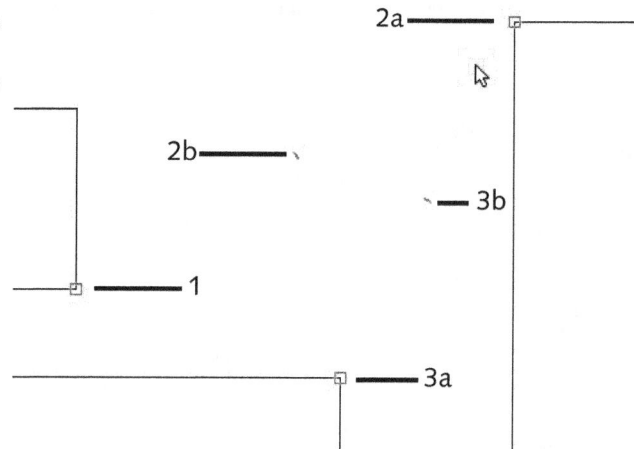

como ajustar o cursor inteligente

1. Vá ao menu **Organizar/Ajustes do SmartCursor...** (*Tools/SmartCursor Settings...*) <u>**Ctrl+8**</u>.

2. Na janela que se abre, clique em **Geral** (*General*) e ajuste as opções de acordo com a sua preferência:

a. **Exibir Dicas do SmartCursor** (*Show SmartCursor Cues*): Ative esta caixa para ver pequenos textos que indicam o tipo de atração entendida pelo cursor inteligente. Se esta opção estiver desligada, as atrações continuam funcionando, mas os textos não aparecem;

b. **Mostrar Pontos de Atração** (*Show Snap Points*): Ative esta caixa para que o Vectorworks mostre Pontos de Atração;

c. **Aprox. Espessuras na Lupa de Atração** (*Zoom Line Thickness in Snap Loupe*): Faz com as espessuras de linha sejam mostradas durante o uso da Lupa de Atração (Snap Loupe);

d. **Atrair com a Borda da Página** (*Snap to Combined Page Area*): Ative esta caixa para fazer com que as bordas externas das páginas sejam entendidas como pontos de atração;

e. **Atrair com Bordas de Quebras de Página** (*Snap to Individual Pages*): Com esta caixa ativada, todos os encontros de páginas serão entendidos como pontos de atração;

f. **Ignorar Pontos de Atração Fora do Plano Atual** (*Ignore Non-planar Snaps in Planar Contexts*): Ative esta caixa para fazer com que o cursor seja atraído apenas por pontos coplanares ao plano de trabalho ativo.

g. **Aparências das Dicas Interativas...** (*Interactive Appearance Settings...*): Abre uma nova janela para você configurar a aparência de todas as dicas que podem surgir na sua tela.

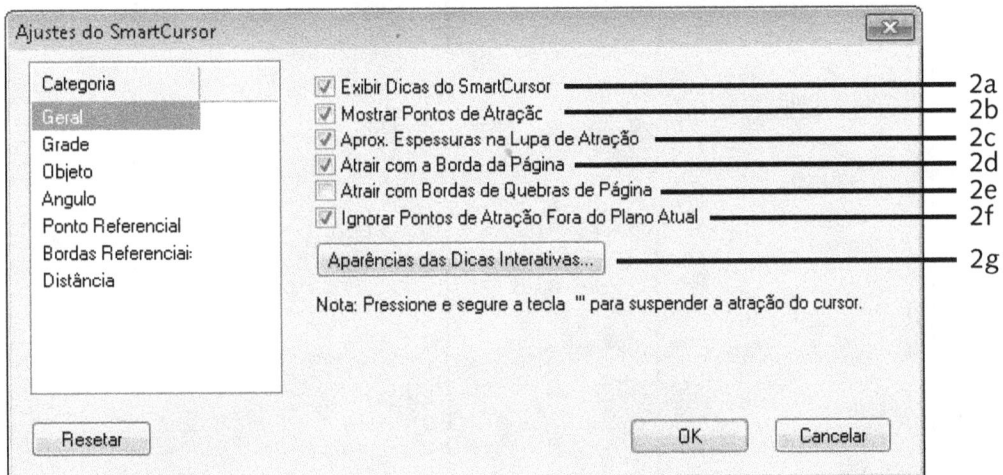

para que serve e como usar a paleta Atrações (Snapping)

A paleta **Atrações** (*Snapping*) possui botões que ligam e desligam várias dicas do cursor inteligente. Você vai poder saber quando o seu cursor estiver exatamente sobre um centro ou extremo de linha, uma determinada posição na grade do desenho, um encontro de linhas e muito mais.

1. Ligando o **Atrair à Grade** (*Snap to Grid*) **A**, você passa a desenhar tendo como referência uma grade. Para configurá-la, dê um duplo clique no botão ou vá ao menu **Organizar/Ajustes do SmartCursor...** (*Tools/SmartCursor Settings...*) e clique no botão **Grade** (*Grid*):

    a. **Grade de Atração** (*Snap Grid*): Define, nos campos X e Y, o valor mínimo de "pulo do mouse", restringindo a produção do desenho às coordenadas determinadas nesses campos;

    b. **Grade de Referência** (*Reference Grid*): Define, nos campos X e Y, valores que o programa usa para desenhar uma grade azul, que serve apenas de referência, não tendo relação com a grade de alinhamento;

    c. **Opções de Grade** (*Grid Options*): Ativa e desativa as opções de mostrar ou imprimir as linhas de grade;

    d. **Eixos da Grade 3D** (*3D Grid Axis*): Permite mostrar somente o eixo Z ou todos os eixos em vistas 3D.

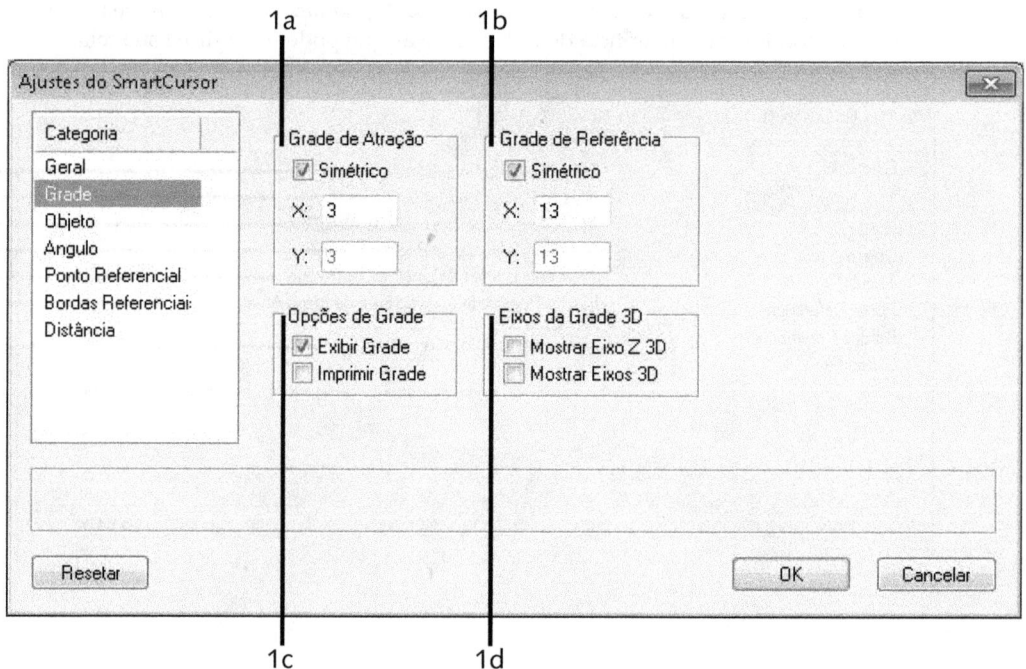

2. **Atrair a Objeto** (*Snap to Object*): Permite o reconhecimento automático de extremos e centros de linhas, retângulos, círculos e polígonos fechados, além dos extremos de arcos e polígonos abertos, quando o cursor está nas proximidades de tais pontos. Para configurar esta atração, dê um duplo clique no botão ou vá ao menu **Organizar/Ajustes do SmartCursor...** (*Tools/SmartCursor Settings....*) **Ctrl+8** e clique em **Objeto** (*Object*):

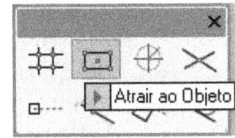

a. **Extremo** (*End Point*): Aciona a atração dos extremos dos objetos;
b. **Ponto Médio em Borda** (*Mid Point of Edge*): Liga a atração dos pontos médios de linhas e bordas de objetos;
c. **Ponto Central** (*Center Point*): Ativa a atração dos pontos centrais de retângulos e círculos, entre outros.
d. **Pontos Quadrantes** (*Quadrant Points*): Ativa a atração dos pontos quadrantes dos objetos;
e. **Ponto de Inserção** (*Insertion Point*): Liga a atração dos pontos de incerção de símbolos e objetos paramétricos;
f. **Vértice** (*Vertex*): Ativa a atração dos vértices de polígonos e polilinhas, entre outros;
g. **Ponto Mais Próximo em Borda** (*Nearest Point on Edge*): Ativa a atração a qualquer ponto da borda de um objeto.

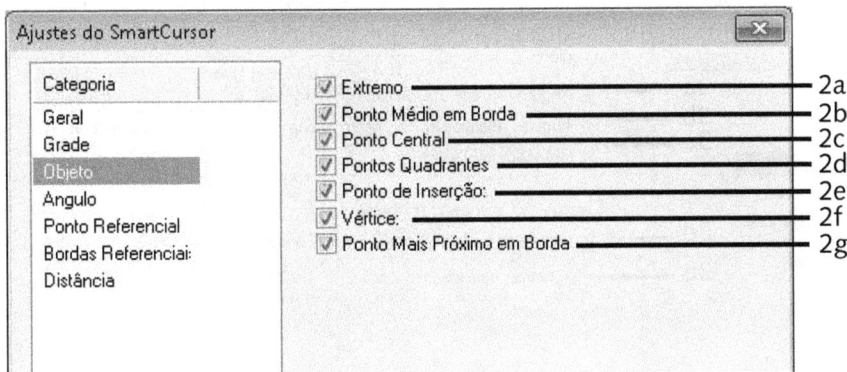

3. **Atração Angular** (*Snap to Angle*) **S**: Permite a identificação dos eixos vertical e horizontal e de linhas perpendiculares, entre outras possibilidades descritas a seguir. Para configurar, dê um duplo clique no botão ou vá ao menu **Organizar/Ajustes do SmartCursor...** (*Tools/SmartCursor Settings....*) **Ctrl+8** e clique em **Ângulo** (*Angle*):

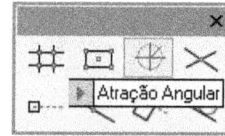

a. **Ângulos a Partir dos Eixos** (*Angles From Axes*): Liga a opção de alinhamento a 30, 60 e 45 graus. Vale também para seus correspondentes complementares e suplementares;
b. **Ângulos relativos ao segmento prévio** (*Angles relative to prior segment*): Ative para mostrar dicas de ângulos em relação ao segmento que você acabou de desenhar;
c. **Rotação do Plano** (*Plan Rotation*): Ative esta caixa para que as atrações funcionem caso o plano de desenho seja rotacionado;
d. **Ângulo do Sistema Alternativo de Coordenadas** (*Alternate Coordinate System at angle*): Digite um valor alternativo para a atração ao ângulo; este valor é informado pelo cursor inteligente (quando você estiver desenhando) através da dica **Alt**;
e. **Linhas de Extensão** (*Extension Lines*): Quando o cursor estiver em uma posição que define um alinhamento angular entre si e outro ponto de referência.

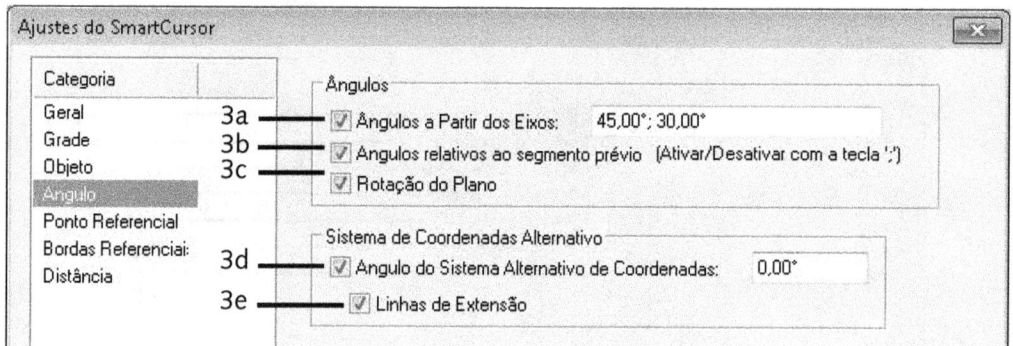

4. O **Alinhar à Intersecção** (*Snap to Intersection*) **W** faz com que o programa identifique cruzamentos entre linhas, linha-borda de objeto e objetos. Quando o mouse estiver sobre qualquer uma dessas situações, a dica **Objeto/Objeto** (*Object/Object*) aparecerá. Não há nenhuma configuração extra para esta atração.

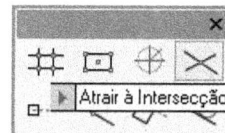

5. Com o alinhamento a **Linhas de Extensão** (*Smart Points*) **D**, o programa consegue traçar linhas-guia (apresentadas de forma tracejada) a partir de pontos inteligentes, como vemos na descrição abaixo. Para configurar a atração, dê um duplo clique no botão ou vá ao menu **Organizar/Ajustes do SmartCursor**...(*Tools/SmartCursor Settings*...) e clique em **Ponto Referencial** (*Smart Point*):

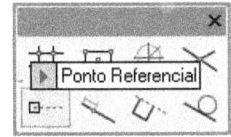

a. **Extensões Horizontais/Verticais** (*Horizontal/Vertical Extensions*): Traça linhas de extensão na horizontal ou vertical a partir de um ponto inteligente e um objeto. Nesse momento, a dica de tela **Alin H** aparecerá;

b. **Linhas de Extensão** (*Extension Lines*): Cria uma linha de extensão horizontal, vertical ou em ângulo entre um ponto desejado e a posição atual do cursor, **durante** a execução de uma ferramenta;

c. **Atrair com linha entre Pontos Referenciais** (*Snap to line between Smart Points*): Ative esta caixa para que linhas de referência apareçam conectando pontos referenciais;

d. **Ativar extensões a partir de Pontos Referenciais próximos** (*Alow extensions from nearby Smart Points*): Clique para que as extensões de linha apareçam automaticamente a partir de pontos referenciais próximos ao mouse;

e. **Ativar Ponto Referencial se o Mouse Parar por** (*Acquire Smart Point if the mouse stops for*): Faz com que o Vectorworks acione o ponto referencial de acordo com o intervalo de tempo em que o mouse fica parado em um mesmo lugar;

f. **Ativar Datum se o mouse parar por** (*Set Datum if the mouse stop for*): Liga a opção de **Datum**, que traz temporariamente a origem do sistema de coordenadas para o ponto desejado. A tecla **G** é usada para definir esse ponto manualmente;

g. **Deslocamento do Datum** (*Datum Offset*): Informa quando o cursor estiver a certa distância de um ponto definido como datum.

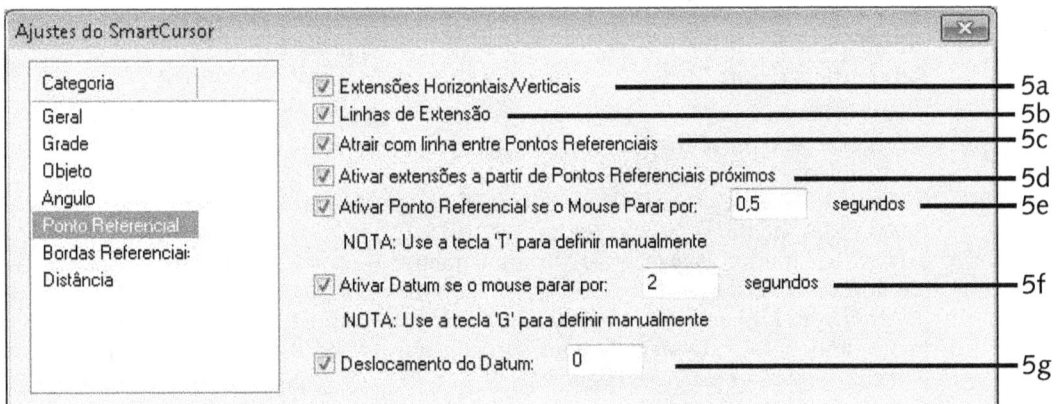

6. O **Atrair por Distância** (*Snap to Distance*) **E**: Informa quando você está a certa distância (1/6, por exemplo) do início ou fim de uma linha ou borda de um objeto. Para configurar a atração, dê um duplo clique no botão ou vá ao menu **Organizar/Ajustes do SmartCursor**... (*Tools/SmartCursor Settings*...) e clique em **Distância** (*Distance*):

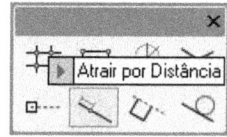

a. Os campos **Fração** (*Fraction*) e **Porcentagem** (*Percent*) trabalham da mesma maneira, a partir do tamanho total do segmento;
b. O campo **Distância** (*Distance*) utiliza um valor que independe do comprimento do segmento (informa quando o cursor estiver a uma distância de 2m, por exemplo);
c. O campo **Múltiplas Divisões** (*Multiple Divisions*) torna múltiplas essas referências (1/6, 2/6, 3/6, etc.).

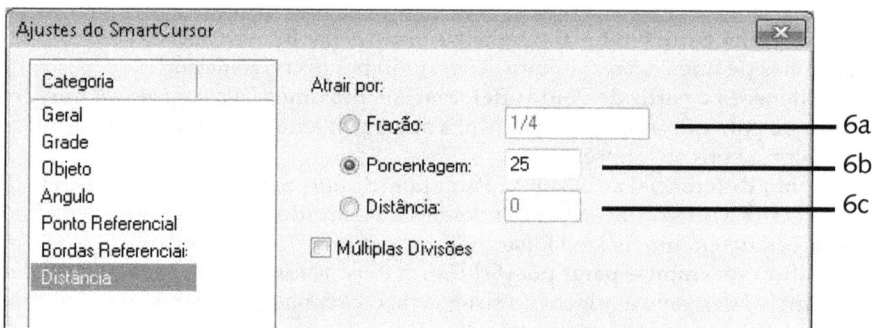

7. O **Bordas Referenciais** (*Smart Edge*) **F** faz com que o Vectorworks passe a identificar e traçar linhas de extensão a partir de linhas ou bordas de polígonos, tornando simples o reconhecimento de cruzamentos entre a extensão de dois polígonos ou linhas, entre outros. Para configurar a atração, dê um duplo clique no botão ou vá ao menu **Organizar/Ajustes do SmartCursor**... (*Tools/SmartCursor Settings*...) e clique em **Bordas Referenciais** (*Smart Edge*):

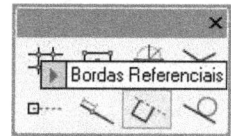

a. **Ativar Borda se o Mouse Parar por** (*Acquire Edge if mouse follow edge for*): Identifica a borda a ser usada como referência quando se repousa o cursor sobre ela. A tecla **T** define a(s) borda(s) manualmente;
b. **Atrair à Bissetriz** (*Snap to Bisector*): Informa quando o cursor estiver colocado na bissetriz de duas bordas identificadas anteriormente;
c. **Dist. de Atração** (*Snap to Offset*): Informa quando o cursor estiver a certa distância da borda identificada anteriormente;
d. **Atrair com Linhas de Extensão** (*Snap to Extension Lines*): Faz o alinhamento da(s) borda(s) com linhas de extensão que saem de pontos inteligentes, na horizontal, vertical ou em ângulo (se as Atrações angulares estiverem ligadas).

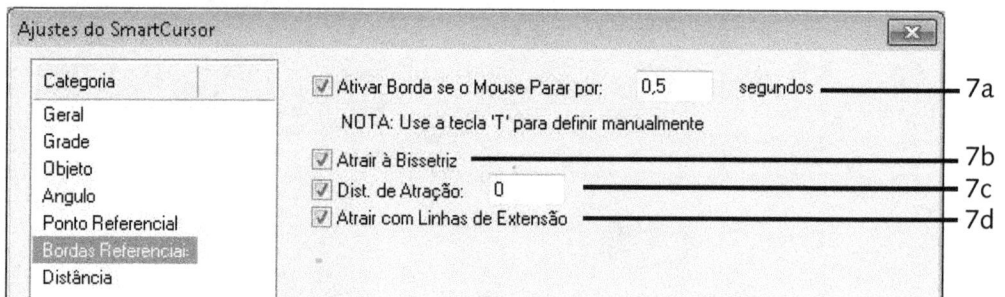

8. A **Atração Tangencial** (*Constrain Tangent*) <u>R</u> funciona de duas maneiras, sempre a partir de uma circunferência ou oval já desenhada. No primeiro modo é desenhada uma linha ou polígono a partir da borda da circunferência, que sempre sairá tangente a esta. A segunda maneira é desenhar uma linha ou polígono que saem de um ponto e chegam à circunferência pela sua tangente.

*Muito bem, já entendi o funcionamento básico do programa, como
seleciono objetos e navego pelo desenho. O próximo passo é saber quais são
e como devo utilizar as*

3 ferramentas básicas de desenho

O Vectorworks oferece uma grande quantidade de ferramentas
para projetar. Além das ferramentas clássicas de desenho, você
pode usar comandos que combinam e recortam uns objetos de
outros. Todos os objetos podem ser criados e editados com
precisão; também podem ganhar volume, transformando-se em
objetos 3D.

O que você vai ler neste capítulo

3.1 Considerações iniciais sobre ferramentas de desenho 2D e 3D

3.2 Linhas

3.3 Retângulos

3.4 Círculos

3.5 Ovais

3.6 Arcos

3.7 Polígonos

3.8 Polígonos regulares

3.9 Polilinhas

3.1 Considerações iniciais sobre ferramentas de desenho 2D e 3D

As ferramentas que estão descritas neste capítulo fazem parte do que se convencionou chamar de desenho 2D. Na versão 2010 do Vectorworks foi introduzido o conceito de Planos de Camada, que permite o uso das ferramentas 2D em planos projetados em 3D.

A partir da versão 2012, no entanto, qualquer ferramenta de desenho do Vectorworks pode ser usada em qualquer plano de desenho, aumentando muito as possibilidades de criação e edição de objetos. Na prática, isso faz com que qualquer ferramenta do Vectorworks possa ser usada sempre em 3D (com exceção de objetos AEC, como paredes e lajes).

Mesmo assim, resolvemos manter neste livro as ferramentas separadas em 2D e 3D. Isso não altera o entendimento de como usá-las (por parte de quem tem as versões 2010 em diante) e atende corretamente os leitores que usam as versões mais antigas do programa.

3.2 Linhas

como desenhar uma linha simples

1. Na paleta **Ferramentas Básicas** (*Basic*), clique na **Linha** (*Line*) **2**.

2. Na barra de modos, escolha entre *Line Mode* (**a**) ou *Line From Center Mode* (**b**).

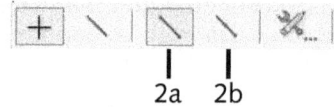

3. Se você escolheu a opção *Line Mode*:

   a. Clique no ponto em que deseja começar a linha;
   b. Mova o cursor na direção que você quer dar à linha. Se quiser dar um valor exato ao comprimento, aperte **TAB** e digite o valor. Em seguida aperte **Enter**;
   c. Mova o cursor para confirmar a direção da linha e clique para finalizar.

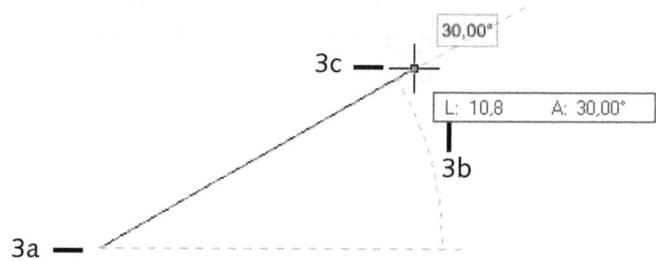

4. Se você escolheu a opção *Line From Center Mode*:

   a. Clique no ponto que será o centro da linha;
   b. Mova o cursor em uma das direções que você quer dar à linha. Se quiser dar um valor exato ao comprimento, aperte **TAB** e digite o valor. Em seguida aperte **Enter**;
   c. Mova o cursor para confirmar a direção da linha e clique para finalizar.

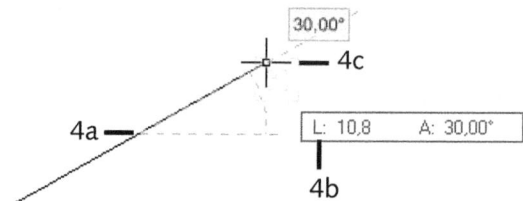

para desenhar uma linha dupla

1. Na paleta **Ferramentas Básicas** (*Basic*), clique na ferramenta **Linhas Duplas** (*Double Line*) **Alt + 2**.

2. Na barra de modos, clique no botão de preferências de linha dupla e faça os seguintes ajustes:

a. **Separação** (*Separation*): É a distância entre as linhas;
b. **Dist. Controle** (*Control Offset*): É a distância, a partir do início de uma das linhas, que será usada como referência de controle na criação da linha dupla;
c. **Opções** (*Options*): Define se as linhas duplas serão ou não convertidas em polígonos depois de sua criação;
d. **Componentes...** (*Components...*): Abre janelas de configuração de componentes de linha dupla, que funcionam como polígonos dentro de outros.
3. Clique em **OK** para fechar a janela.

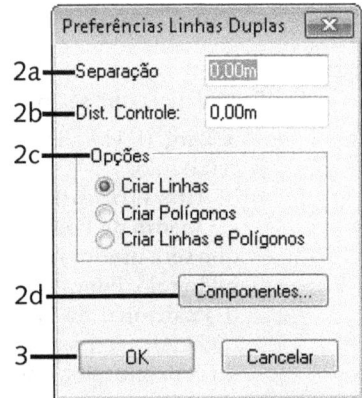

4. Clique no ponto em que deseja começar a linha dupla.

5. Escolha o modo de criação de linha dupla (eixo externo, eixo central, eixo interno ou personalizado), clicando no botão relacionado, na barra de modos.

6. Mova o cursor na direção que você quer dar à linha dupla. Se quiser dar um valor exato ao comprimento, aperte **TAB** e digite o valor. Em seguida aperte **Enter**.

7. Mova o cursor para confirmar a direção da linha dupla e clique para finalizar.

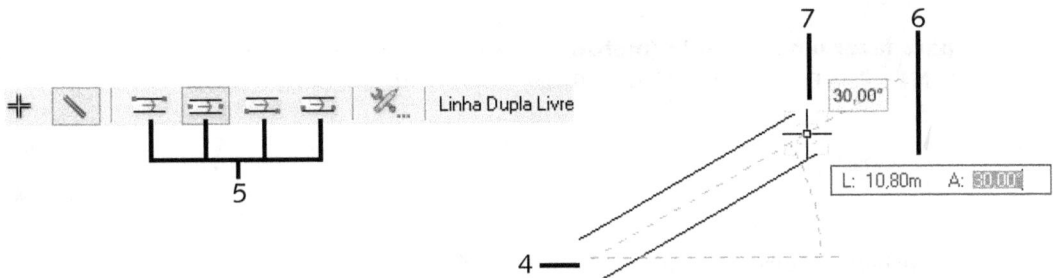

OBS Se durante a execução da ferramenta de linha dupla (isto é, depois do primeiro clique no item **4**) for necessária a mudança no modo de criação da linha, você poderá alterá-lo pressionando a tecla **I**.

3.3 Retângulos

para fazer um retângulo (método com dois cliques no botão)

1. Na paleta **Ferramentas Básicas** (*Basic*), clique duas vezes no **Retângulo** (*Rectangle*) **4**.

2. Na janela que se abre, faça os seguintes ajustes:

a. **Larg.** (*Width*): Digite o valor para a largura do retângulo;
b. **Altura** (*Height*): Digite o valor do comprimento;
c. **Quadro de Posição** (*Box Position*): Clique no ponto que será usado como referência para a inserção do retângulo. Funciona quando o item **d** está ativado;
d. **Posicionar no Próximo Clique** (*Position at next click*): Ativa o posicionamento do retângulo pelo do próximo clique do mouse, depois de fechar esta janela.

3. Clique em **OK** para fechar a janela.

4. Clique no ponto em que você quer inserir o retângulo.

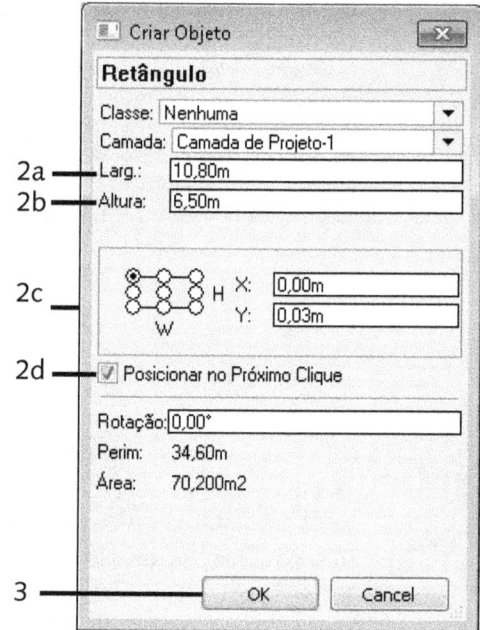

para fazer um retângulo (método com TAB)

1. Na paleta **Ferramentas Básicas** (*Basic*), clique no **Retângulo** (*Rectangle*) **4**.

2. Na barra de modos, escolha a opção **Retângulo** (*Rectangle*).

Modo Retângulo (defina o canto do Retângulo).

3. Clique no ponto em que deseja começar o retângulo.

4. Mova o cursor na direção que você quer dar a ele. Se quiser definir valores para os lados do retângulo, aperte **TAB** e digite-os nos campos **±X** e **±Y**. Em seguida aperte **Enter**.

5. Mova o cursor para confirmar a direção do retângulo e clique para finalizar.

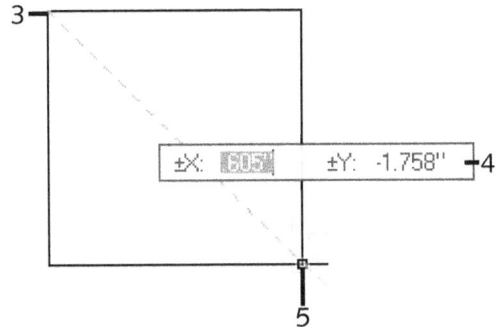

±X: [605]   ±Y: -1.758"

outras opções de criação de retângulo

1. **Retângulo pelo centro** (*Rectangle by Center Mode*):

   a. Clique no ponto que será o centro do retângulo:
   b. Mova o cursor na direção do extremo do retângulo e clique para confirmar.

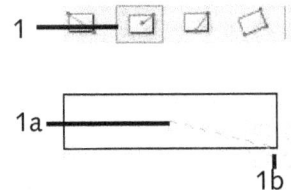

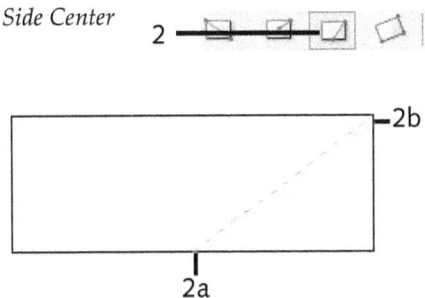

2. **Retângulo pelo centro lateral e canto oposto** (*Rectangle by Side Center and Opposite Corner Mode*):

   a. Clique no ponto que será o centro lateral do retângulo:
   b. Mova o cursor na direção do extremo do retângulo e clique para confirmar.

3. **Retângulo Inclinado** (*Rotated Rectangle Mode*):

   a. Clique no ponto em que deseja começar o retângulo:
   b. Mova o cursor na direção que você quer dar a ele e clique para confirmar;
   c. Mova o cursor na direção que você quer dar ao segundo lado e clique para finalizar.

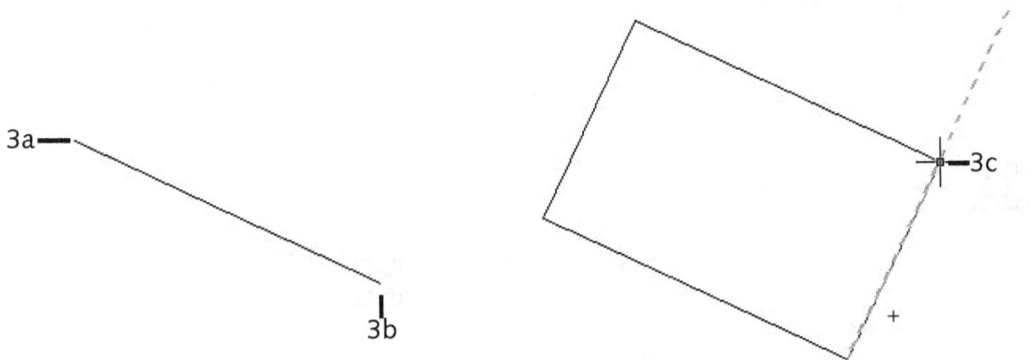

como fazer um retângulo arredondado

1. Na paleta **Ferramentas Básicas** (*Basic*), clique no **Retângulo Arredondado** (*Rounded Rectangle*) <u>**Alt+4**</u>.

2. Na barra de modos, escolha entre **pelo Contorno** (*by Box*) (**a**) ou **por Largura e Altura** (*by Width and Height*) (**b**).

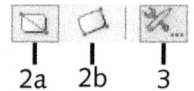

3. Também na barra de modos, clique no botão de preferências do retângulo arredondado e faça os seguintes ajustes:

   a. **Estilos de Cantos** (*Corner Styles*): Defina se você quer os cantos simétricos ou proporcionais;
   b. **Diâmetros dos Cantos** (*Corner Diameters*): Digite o diâmetro de arredondamento dos cantos.

4. Clique em **OK** para fechar a janela.

5. Se você escolheu a opção **pelo Contorno** (*by Box*), siga a descrição abaixo. Se não, vá ao item **6**.

   a. Clique no ponto em que deseja começar o retângulo arredondado;
   b. Mova o cursor na direção que você quer dar a ele. Se quiser definir valores para os lados do retângulo, aperte **TAB** e digite-os nos campos **±X** e **±Y**. Em seguida aperte **Enter**;
   c. Mova o cursor para confirmar a direção do retângulo e clique para finalizar.

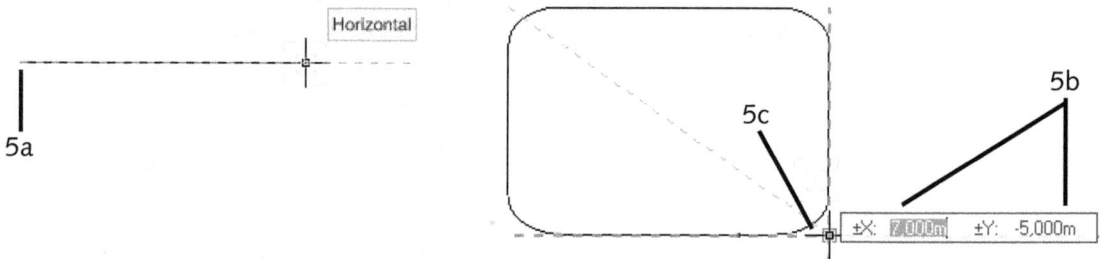

6. Se você escolheu a opção **por Largura e Altura** (*by Width and Height*):

   a. Clique no ponto em que deseja começar o retângulo;

   b. Mova o cursor na direção que você quer dar a ele; se quiser definir um valor para o ângulo de inclinação, aperte **TAB** e digite-o no campo **A**. Em seguida aperte **Enter**;

   c. Mova o cursor na direção que você quer dar a ele. Se quiser definir valores para os lados do retângulo, aperte **TAB** e digite-os nos campos **±X** e **±Y**. Em seguida aperte **Enter**;

   d. Mova o cursor para confirmar a direção do retângulo e clique para finalizar.

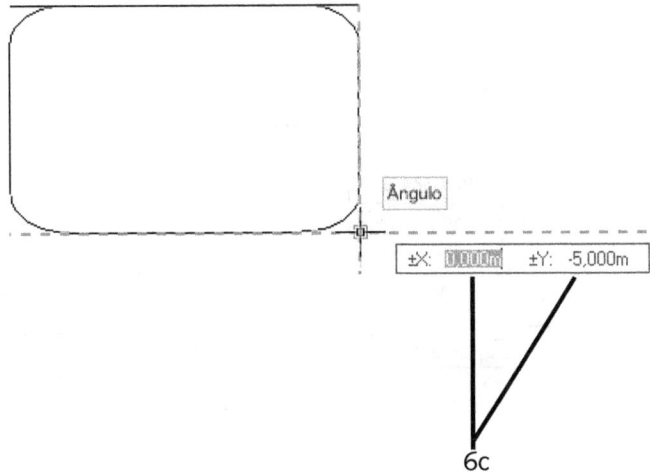

3.4 Círculos

para fazer um círculo pelo raio (método com dois cliques no botão)

1. Na paleta **Ferramentas Básicas** (*Basic*), clique duas vezes no **Círculo** (*Circle*) **6**.

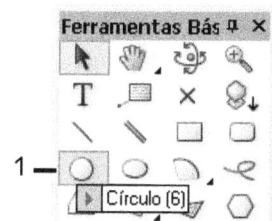

2. Na janela que se abre, faça os seguintes ajustes:

   a. **Centrar no Próx. Clique** (*Center at Next Click*): Ative este ajuste sempre que quiser centralizar o círculo logo após clicar em **OK** nesta janela;
   b. **Raio** (*Radius*): Digite um valor para o raio do círculo;
   c. **Diâmetro** (*Diameter*): Digite um valor para o diâmetro. Funciona em coordenação com o item **b**;
   d. **Varredura** (*Sweep*): Digite um valor para a varredura do círculo. Se você colocar um valor menor que 360 graus, será criado um arco.

3. Clique em **OK** para fechar a janela.

4. Clique no ponto de inserção do círculo.

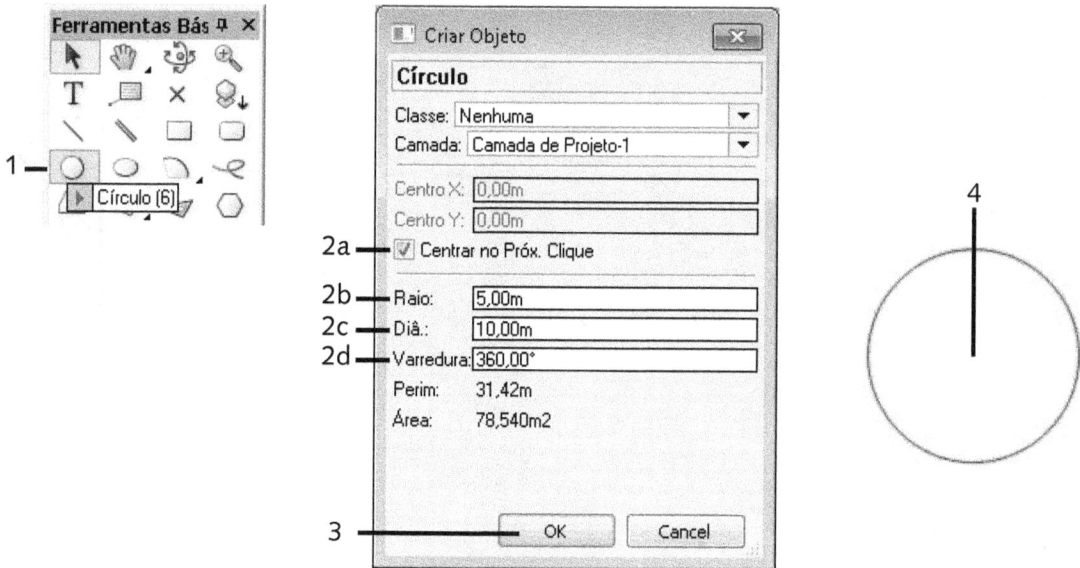

para fazer um círculo pelo raio (método com TAB)

1. Na paleta **Ferramentas Básicas** (*Basic*), clique no **Círculo** (*Circle*) **6**.

2. Na barra de modos, escolha a opção **Círculo pelo Raio** (*Circle by Radius*).

3. Clique no ponto em que deseja começar o círculo.

4. Mova o cursor na direção que você quer dar a ele. Se quiser definir o raio do círculo, aperte **TAB** e digite-o nos campos **L** (comprimento) e **A** (ângulo). Em seguida aperte **Enter**.

5. Mova o cursor para confirmar a direção do círculo e clique para finalizar.

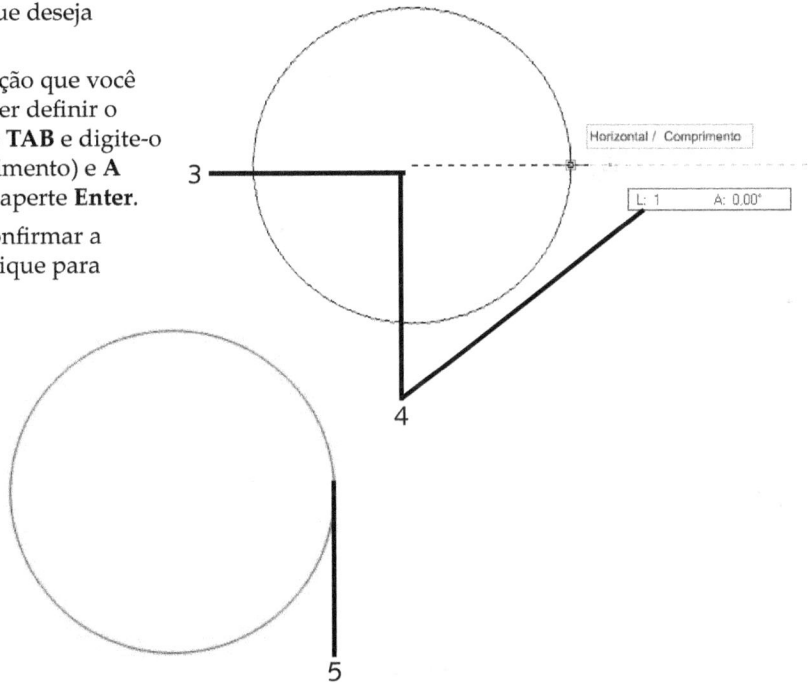

outras opções de criação de círculos

1. **Círculo pelo Diâmetro** (*Circle by Diameter*):

   a. Clique no ponto em que deseja começar o círculo;
   b. Mova o cursor na direção que você quer dar a ele e clique para finalizar.

2. **Círculo por Três Pontos** (*Circle by Three Points*):

   a. Clique no ponto em que deseja começar o círculo;
   b. Mova o cursor na direção do segundo ponto e clique para confirmar;
   c. Mova o cursor para indicar o terceiro ponto e finalizar o círculo.

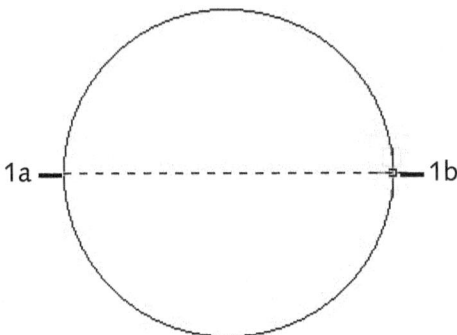

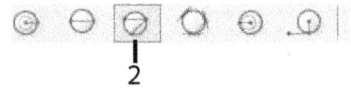

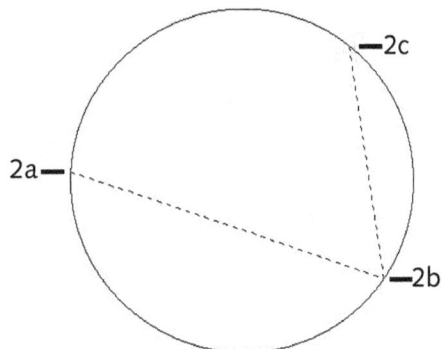

3. **Círculo Tangente a Três Linhas** (*Circle from Three Lines*):

   a. Construa três linhas que servirão de base para o círculo;

   b. Selecione a opção **Círculo Tangente a Três Linhas**;

   c. Selecione as três linhas;

   d. Mova o cursor para descobrir quais possíveis círculos podem ser feitos tangencialmente às três linhas e clique para confirmar.

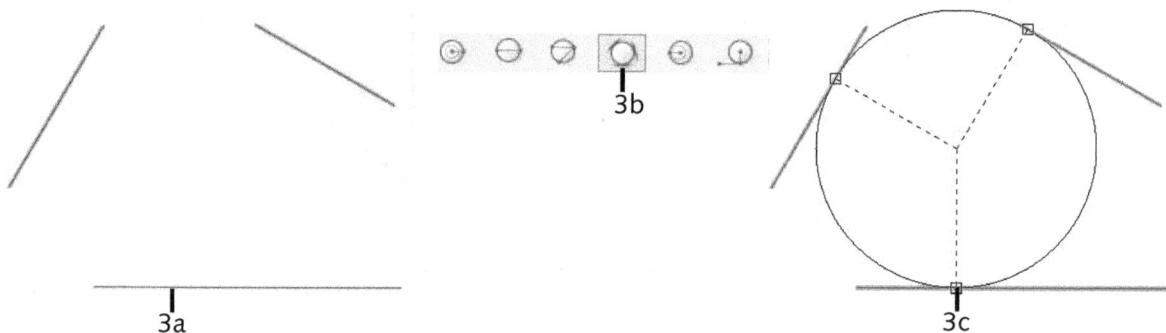

3b

3a

3c

4. **Círculo por Ponto e Centro** (*Circle by Point and Center*):

   a. Clique no ponto em que deseja começar o círculo;

   b. Mova o cursor até o ponto que será o centro do círculo e clique para finalizar.

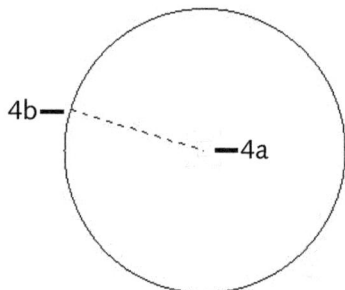

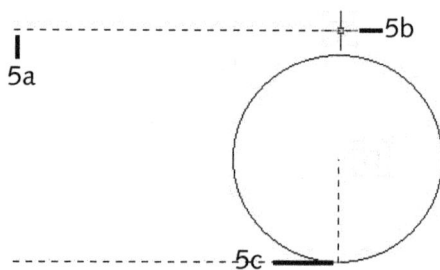

5. **Círculo pela Tangente e Centro** (*Circle by Tangent and Center*):

   a. Clique no ponto em que deseja começar o círculo;

   b. Mova e trace a reta que será a tangente do círculo desejado;

   c. Mova o cursor até o ponto que será o centro do círculo e clique para finalizar.

4

5

4b

4a

5a

5b

5c

> **OBS** Não se esqueça de que você pode definir valores para distâncias e ângulos de inclinação em todos os passos de criação de arcos, apertando **TAB** e digitando os valores desejados nos campos **L** (comprimento) e **A** (ângulo).

3.5 Ovais

para fazer uma oval (método com dois cliques no botão)

1. Na paleta **Ferramentas Básicas** (*Basic*), clique duas vezes na **Oval**.

2. Na janela que se abre, faça os seguintes ajustes:

   a. **Largura** (*Width*): Digite o valor para a largura da oval;

   b. **Altura** (*Height*): Digite o valor do comprimento;

   c. **Quadro de Posição** (*Box Position*): Clique no ponto que será usado como referência para a inserção da oval. Funciona quando o item **d** está ativado;

   d. **Posicionar no Próximo Clique** (*Position at next click*): Ativa o posicionamento da oval pelo próximo clique do mouse, depois de fechar esta janela;

   e. **Rotação** (*Rotation*): Escolha o ângulo de rotação para a oval.

3. Clique em **OK** para fechar a janela.

4. Clique no ponto em que você quer inserir a oval.

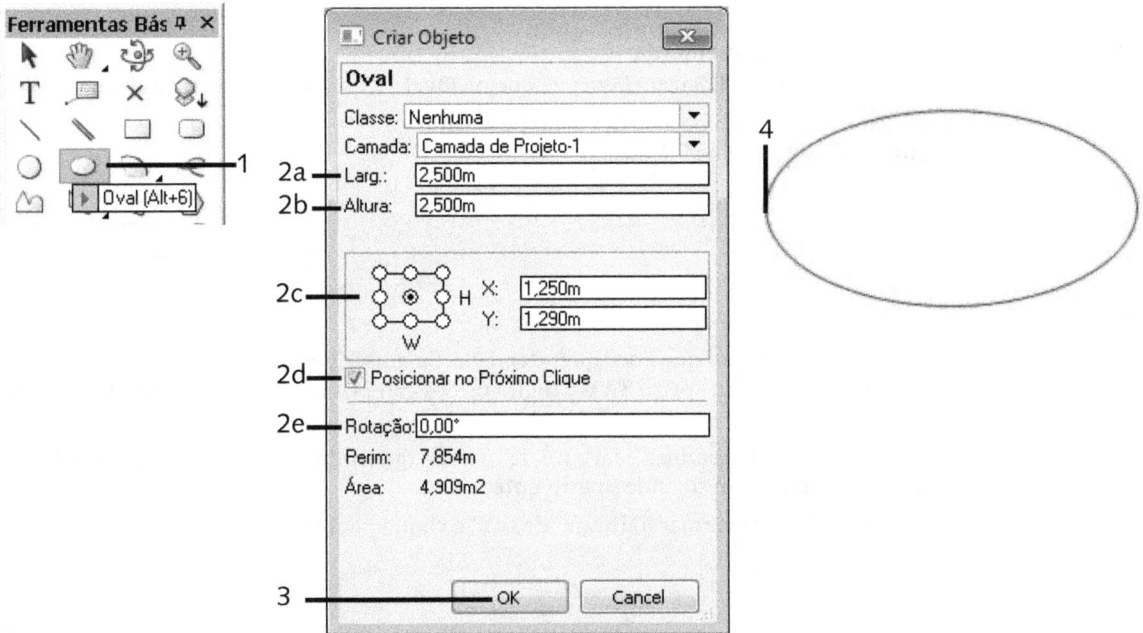

para fazer uma oval (método com TAB)

1. Na paleta **Ferramentas Básicas** (*Basic*), clique na **Oval**.

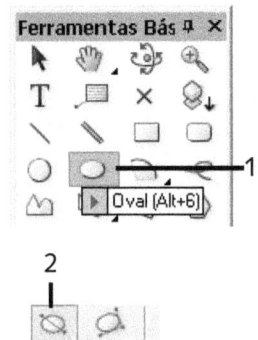

2. Na barra de modos, escolha a opção **Oval Inscrita** (*Oval by Box*).

3. Clique no ponto em que deseja começar a oval.

4. Mova o cursor na direção que você quer dar a ele. Se quiser definir valores exatos para os eixos da oval, aperte **TAB** e digite-os nos campos **±X** e **±Y**. Em seguida aperte **Enter**.

5. Mova o cursor para confirmar a direção da oval e clique para finalizar.

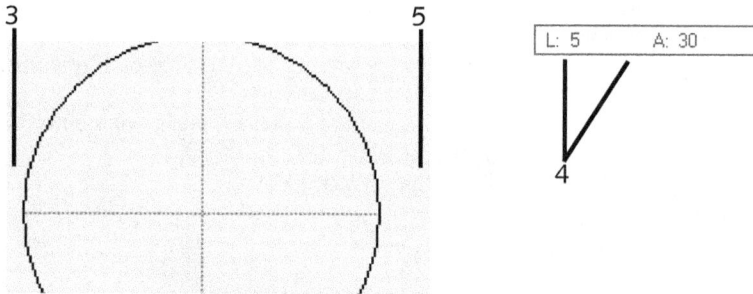

como fazer uma oval inclinada

1. Na paleta **Ferramentas Básicas** (*Basic*), clique na **Oval**.

2. Na barra de modos, escolha a opção **Oval pela Altura e Largura** (*Oval by Height and Width*).

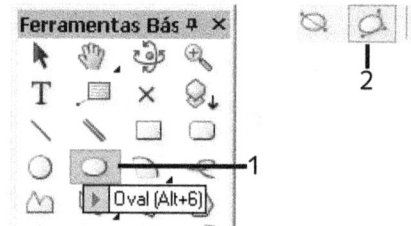

3. Clique no ponto em que deseja começar a oval.

4. Mova o cursor na direção que você quer dar a ela. Se quiser definir valores para o primeiro lado e o ângulo de inclinação, aperte **TAB** e digite-os nos campos **L** (comprimento) e **A** (ângulo). Em seguida aperte **Enter**.

5. Mova o cursor para determinar a largura da oval. Se quiser definir um valor, aperte **TAB** e digite-o no campo **L**. Em seguida aperte **Enter**.

6. Mova o cursor para confirmar a direção da oval e clique para finalizar.

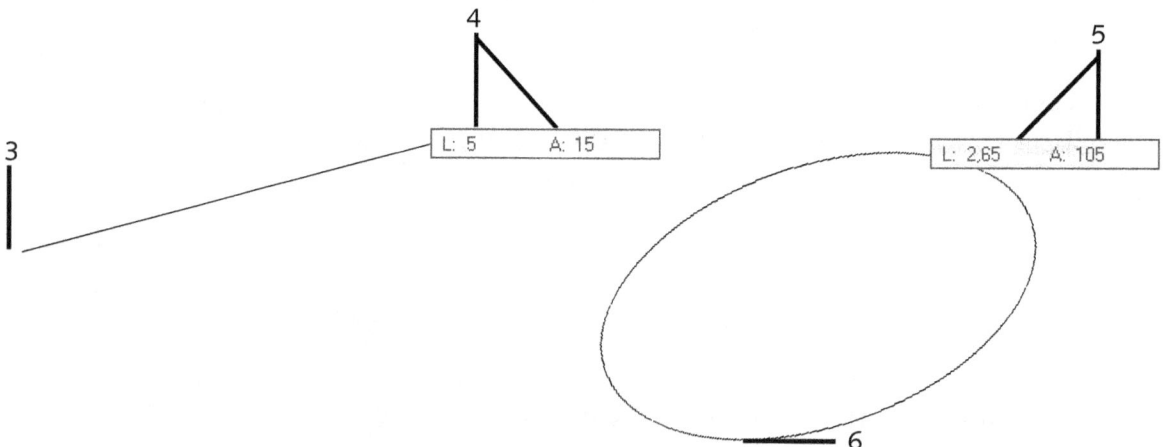

3.6 Arcos

como fazer um arco por centro e raio

1. Na paleta **Ferramentas Básicas** (*Basic*), clique no **Arco** (*Arc*) **3**.

2. Na barra de modos, escolha a opção **Arco pelo Raio** (*Arc by Radius*).

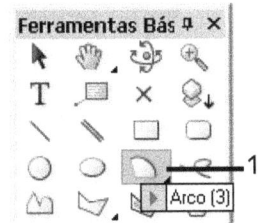

3. Clique no ponto que será o centro do raio.

4. Mova o cursor na direção que você quer dar a ele. Se quiser definir valores para o raio e o ângulo de inclinação, aperte **TAB** e digite-os nos campos **L** (comprimento) e **A** (ângulo). Em seguida aperte **Enter** e clique para confirmar o ponto.

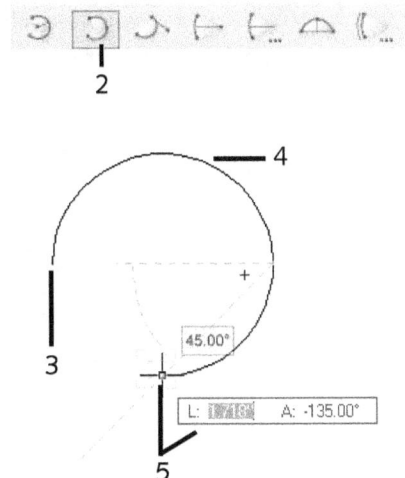

5. Mova o cursor na direção da abertura do arco. Se quiser digitar um valor, aperte **TAB** e digite-o no campo **Varredura** (*Sweep*). Em seguida aperte **Enter** e clique para confirmar o ponto.

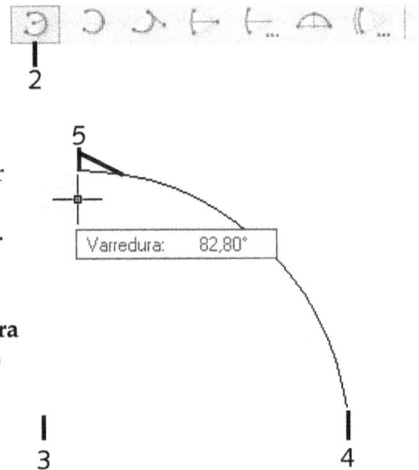

como fazer um arco por três pontos

1. Na paleta **Ferramentas Básicas** (*Basic*), clique no **Arco** (*Arc*) **3**.

2. Na barra de modos, escolha a opção **Arco por Três Pontos** (*Arc by Three Points*).

3. Clique no ponto de início do arco.

4. Mova o cursor na direção do segundo ponto. Se quiser definir valores para a distância do próximo ponto e o ângulo de inclinação, aperte **TAB** e digite-os nos campos **L** (comprimento) e **A** (ângulo). Em seguida aperte **Enter** e clique para confirmar o ponto.

5. Mova o cursor na direção do terceiro ponto. Se quiser definir valores para a distância do próximo ponto e o ângulo de inclinação, aperte **TAB** e digite-os nos campos **L** (comprimento) e **A** (ângulo). Em seguida aperte **Enter** e clique para confirmar o ponto.

outras opções de criação de arcos

1. **Arco por tangente** (*Arc by Tangent*):

   a. Clique no ponto de início do arco;
   b. Mova o cursor para indicar a reta suporte da tangente. Clique para confirmar o ponto;
   c. Mova o cursor para indicar a direção do arco. Clique para confirmar o ponto.

2. **Arco por dois pontos e centro** (*Arc by Two Points and Center*):

   a. Clique no ponto de início do arco;
   b. Mova o cursor para determinar o diâmetro do arco. Clique para confirmar o ponto;
   c. Mova o cursor para indicar o centro do arco. Clique para confirmar o ponto.

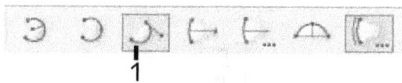

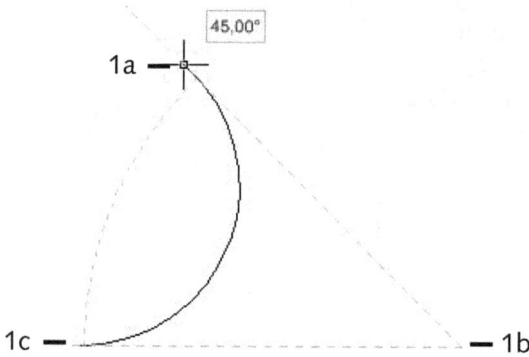

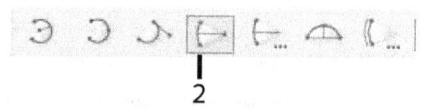

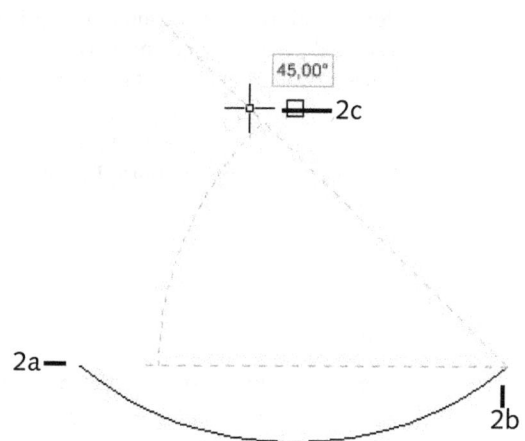

3. **Arco por dois pontos e raio** (*Arc by Two Points and Radius*):

   a. Clique no ponto de início do arco;
   b. Mova o cursor para definir o diâmetro do arco. Clique para confirmar o ponto;
   c. Em seguida uma janela se abre, e você deve digitar o valor para o raio do arco. Clique em **OK** para confirmar.

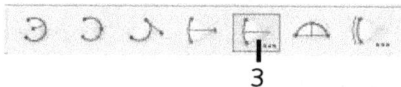

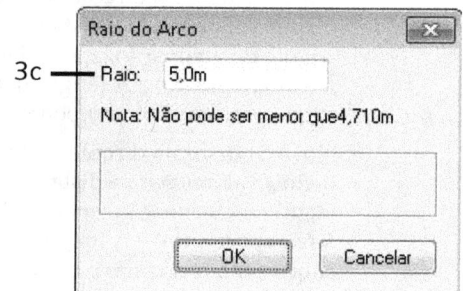

4. Arco por dois pontos e um ponto no arco (*Arc by Two Points and Point on Arc*):

    a. Clique no ponto de início do arco;

    b. Mova o cursor para determinar o outro extremo do arco. Clique para confirmar o ponto;

    c. Mova o cursor para indicar um ponto que pertence ao arco. Clique para confirmar o ponto.

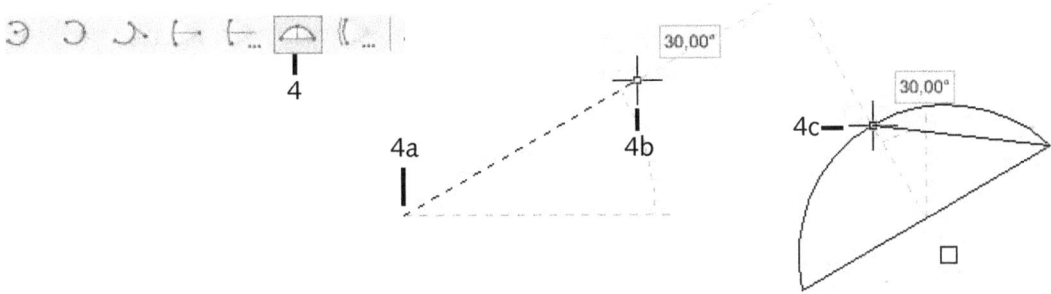

5. Arco pelo comprimento de arco e comprimento de corda (*Arc by Arc Length and Chord Length*):

    a. Clique no ponto de início do arco;

    b. Mova o cursor para determinar a corda (ou o comprimento do arco). Clique para confirmar o ponto;

    c. Na janela que se abre, ajuste: **Compr. do Arco** (*Arc Length*): O comprimento do arco criado aparece neste campo; **Especificar Compr. da Corda** (*Specify Chord Length*): Clique na caixa para alterar o comprimento da corda, digitando um valor no campo **Compr. da Corda** (*Chord Length*);

    d. Clique em **OK** para confirmar a criação do arco.

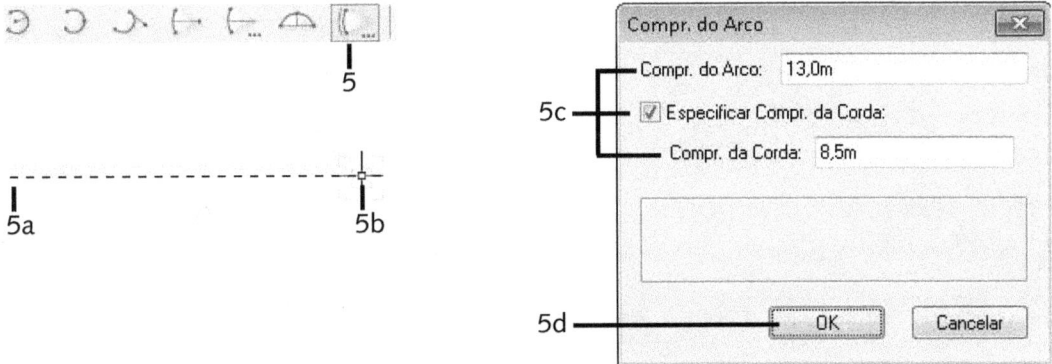

6. **Arco (Quadrante):**

a. Clique e segure o botão do mouse na ferramenta **Arco** (*Arc*). Em seguida, clique no **Arco (Quadrante)** (*Quarter Arc*);

b. Clique no ponto de início do arco;

c. Mova o cursor para determinar o outro extremo do arco. Clique para confirmar o ponto.

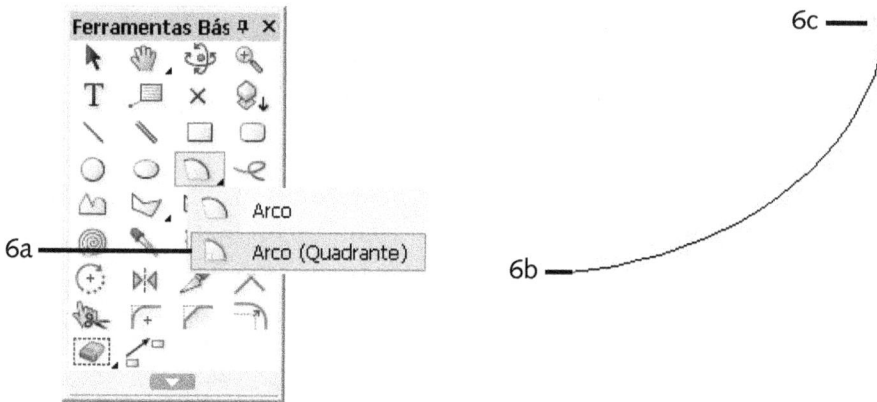

OBS Não se esqueça de que você pode definir valores para distâncias e ângulos de inclinação em todos os passos de criação de arcos, apertando **TAB** e digitando os valores desejados nos campos **L** (comprimento) e **A** (ângulo).

3.7 Polígonos

como criar um polígono simples

1. Na paleta **Ferramentas Básicas** (*Basic*), clique no **Polígono Simples** (*Polygon*) **8**.

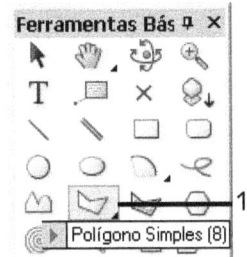

2. Na barra de modos, escolha a opção **Criar Polígono de Vértices** (*Create Polygon from Vertices*).

3. Clique no ponto de início do polígono.

4. Mova o cursor na direção do segundo ponto. Se quiser definir valores para a distância do próximo ponto e o ângulo de inclinação, aperte **TAB** e digite-os nos campos **L** (comprimento) e **A** (ângulo). Em seguida aperte **Enter** e clique para confirmar o ponto.

5. Repita o passo **4** para todos os lados do polígono. Para encerrar o polígono (aberto), faça um duplo clique no ponto final dele (**a**) e, para encerrar o polígono fechado, clique no seu ponto inicial (**b**).

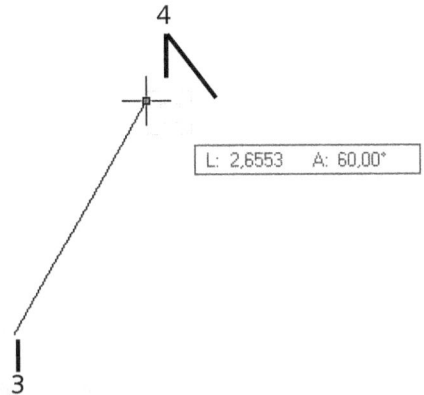

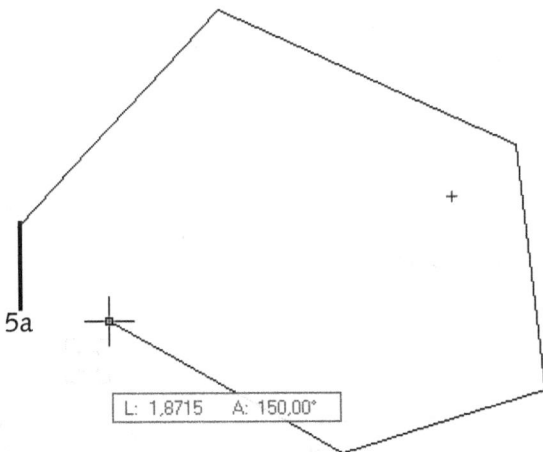

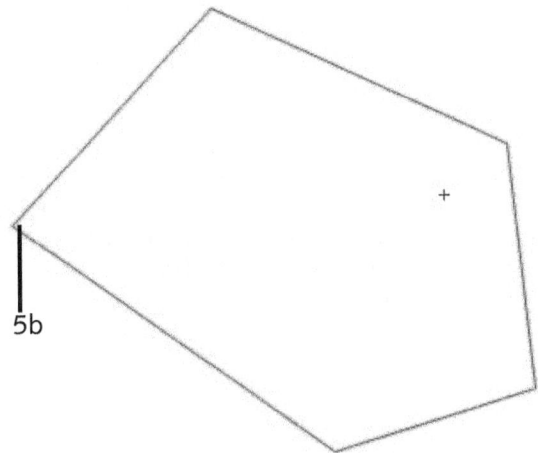

OBS1 Delete/backspace desfaz o último segmento.

OBS2 ESC retorna ao início do uso da ferramenta.

OBS3 Se você apertar a Barra de Espaço, ativará temporariamente o deslocamento (pan).

OBS4 Aperte a tecla **X** para voltar à ferramenta **Seleção** (*Selection*), cancelando a ação.

como criar um polígono a partir de um espaço interno

Este modo de operação é muito útil quando você precisa criar um
  polígono a partir de um espaço delimitado por arestas de outros
  polígonos e/ou paredes.

1. Na paleta **Ferramentas Básicas** (*Basic*), clique no **Polígono Simples**
   (*Polygon*) **8**.

2. Na barra de modos, escolha a opção **Criar Polígono do Limite Interno**
   (*Create Polygon from Inner Boundary*).

3. Clique dentro do espaço que dará origem ao polígono.

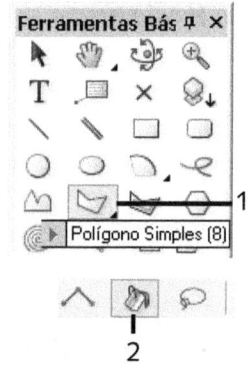

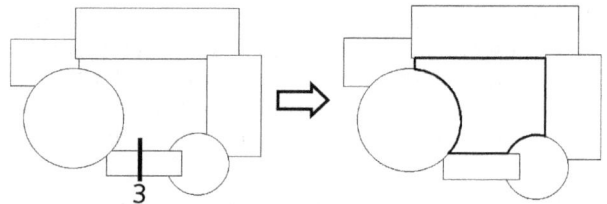

como criar um polígono a partir de uma área externa

Este modo de operação é interessante porque permite criar um polígono
  a partir de todos os limites externos formados por polígonos e/ou
  paredes.

1. Na paleta **Ferramentas Básicas** (*Basic*), clique no **Polígono Simples**
   (*Polygon*) **8**.

2. Na barra de modos, escolha a opção **Criar Polígono(s) do Limite
   Externo** (*Create Polygon(s) from Outer Boundary*).

3. Clique e arraste o mouse para delimitar a área usada como referência
   para a criação do(s) polígono(s).

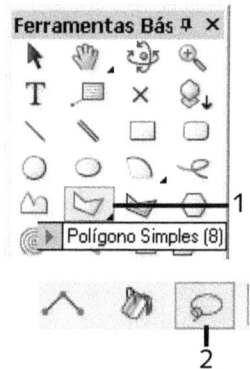

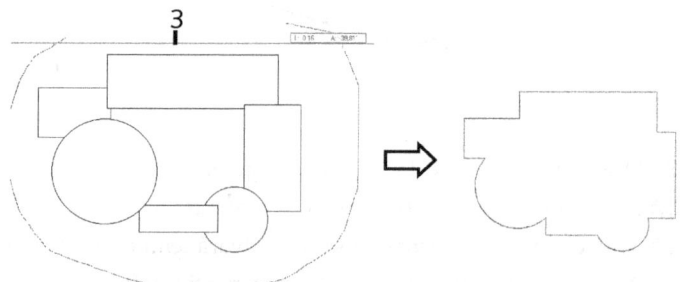

para desenhar um polígono duplo

1. Na paleta **Ferramentas Básicas** (*Basic*), clique no **Polígono Duplo** (*Double Polygon*) **Alt + 8**.

2. Na barra de modos, clique no botão de preferências de linha dupla e faça os seguintes ajustes:

   a. **Separação** (*Separation*): É a distância entre as linhas;

   b. **Dist. Controle** (*Control Offset*): É a distância que será usada como referência de controle na criação do polígono duplo a partir do início de uma das linhas;

   c. **Opções** (*Options*): Define se o polígono duplo será convertido ou não em polígonos depois de sua criação;

   d. **Componentes...** (*Components...*): Abre janelas de configuração de componentes de linha dupla, que funcionam como polígonos dentro de outros.

3. Clique em **OK** para fechar a janela.

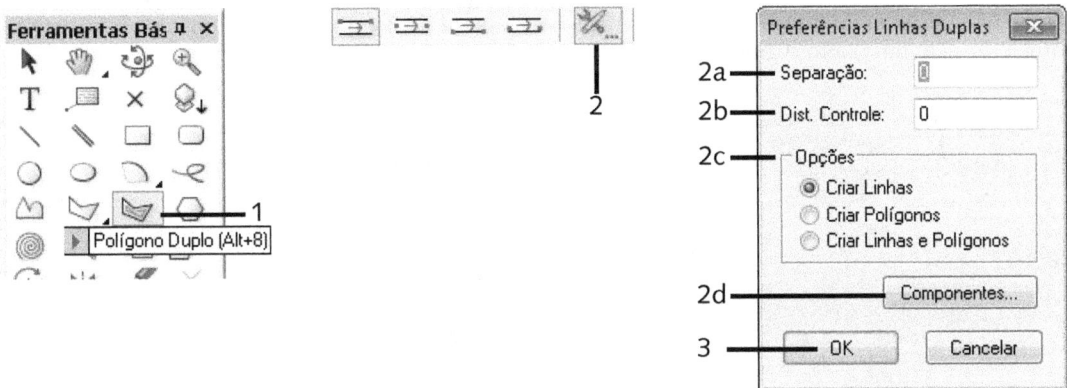

4. Clique no ponto em que deseja começar o polígono duplo.

5. Escolha o modo de criação de polígono duplo (eixo externo, eixo central, eixo interno ou personalizado) clicando no botão relacionado, na barra de modos.

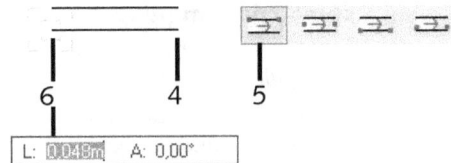

6. Mova o cursor na direção que você quer dar ao polígono duplo. Se quiser dar um valor ao comprimento do vértice, aperte **TAB** e digite-o. Em seguida aperte **Enter**.

7. Repita o passo **6** para todos os lados do polígono. Para encerrar o polígono (aberto), faça um duplo clique no seu ponto final (**a**) e, para encerrar o polígono fechado, clique no ponto inicial (**b**).

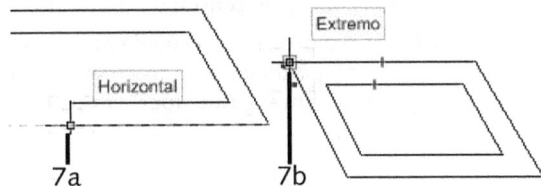

OBS Se durante a execução da ferramenta de polígono duplo (isto é, depois do primeiro clique) for necessária a mudança no modo de criação da linha, será possível alterá-lo pressionando a tecla **I**.

3.8 Polígonos regulares

como criar um polígono inscrito

1. Na paleta **Ferramentas Básicas** (*Basic*), clique no **Polígono Regular** (*Regular Polygon*).

2. Na barra de modos, escolha a opção **Polígono Inscrito** (*Inscribed Polygon*).

3. Clique no botão indicado para abrir as preferências.

4. Na janela que se abre, escolha o número de lados.

5. Clique no ponto central do polígono.

6. Mova o cursor na direção do vértice do polígono. Se quiser definir valores para a distância do próximo ponto e o ângulo de inclinação, aperte **TAB** e digite-os nos campos **L** (comprimento) e **A** (ângulo). Em seguida aperte **Enter** e clique para confirmar o ponto.

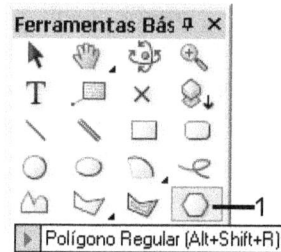

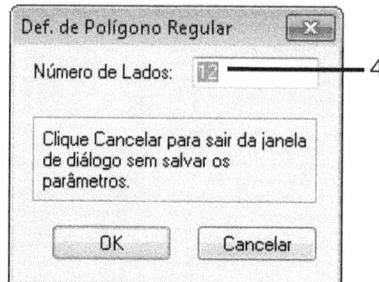

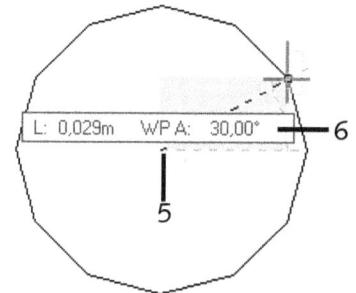

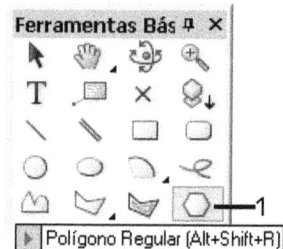

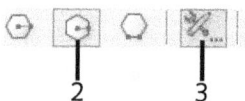

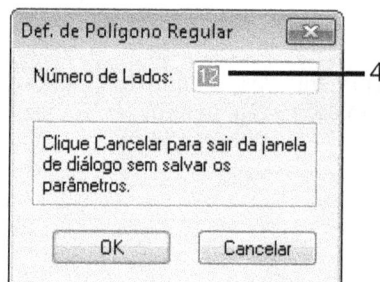

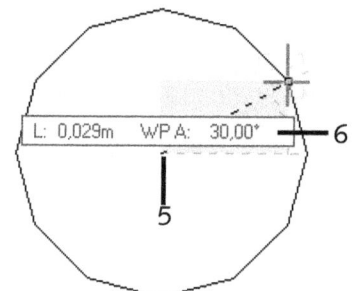

como criar um polígono circunscrito

1. Na paleta **Ferramentas Básicas** (*Basic*), clique no **Polígono Regular** (*Regular Polygon*).

2. Na barra de modos, escolha a opção **Polígono Circunscrito** (*Circumscribed Polygon*).

3. Clique no botão indicado para abrir as preferências.

4. Na janela que se abre, escolha o número de lados.

5. Clique no ponto central do polígono.

6. Mova o cursor na direção da aresta do polígono. Se quiser definir valores para a distância do próximo ponto e o ângulo de inclinação, aperte **TAB** e digite-os nos campos **L** (comprimento) e **A** (ângulo). Em seguida aperte **Enter** e clique para confirmar o ponto.

como criar um polígono definido por um lado

1. Na paleta **Ferramentas Básicas** (*Basic*), clique no **Polígono Regular** (*Regular Polygon*).

2. Na barra de modos, escolha a opção **Polígono Definido pelos Lados** (*Edge-Drawn Polygon*).

3. Clique no botão indicado para abrir as preferências.

4. Na janela que se abre, escolha o número de lados.

5. Clique no ponto inicial do primeiro lado polígono.

6. Mova o cursor na direção do lado do polígono. Se quiser definir valores para a distância do próximo ponto e o ângulo de inclinação, aperte **TAB** e digite-os nos campos **L** (comprimento) e **A** (ângulo). Em seguida aperte **Enter** e clique para confirmar o ponto.

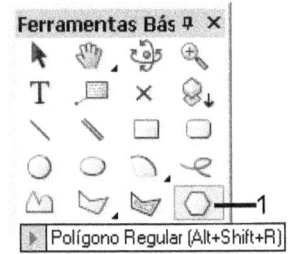

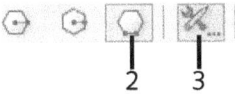

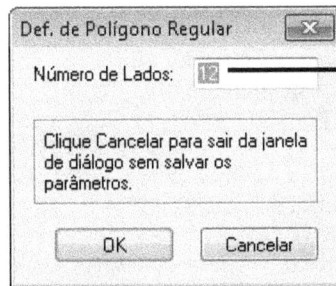

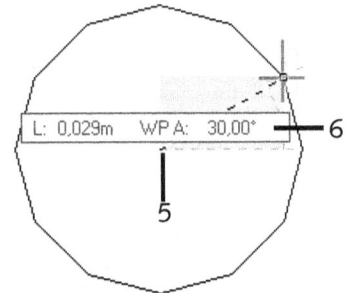

Ferramentas Bás

Polígono Regular (Alt+Shift+R)

Def. de Polígono Regular

Número de Lados: 12 — 4

Clique Cancelar para sair da janela de diálogo sem salvar os parâmetros.

OK   Cancelar

L: 0,029m   WP A: 30,00° — 6

3.9 Polilinhas

A polilinha é um objeto que pode ter cantos vivos e arredondados. Você pode alternar os vértices durante a construção do próprio objeto, com a ferramenta **Polilinha**.

como desenhar uma polilinha

1. Na paleta **Ferramentas Básicas** (*Basic*), clique na **Polilinha** (*Polyline*) **5**.

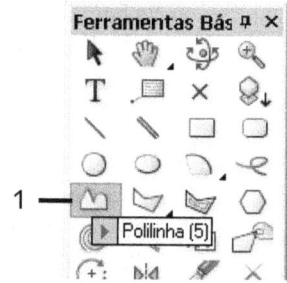

2. Na barra de modos, escolha entre as opções:

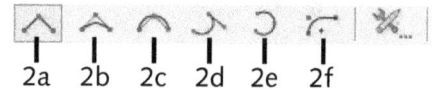

a. **Polilinha por Vértices** (*Polyline by Corner Point*): Tem o mesmo efeito prático que a criação de um polígono, todos os vértices são formados por cantos vivos;

b. **Polilinha Bézier** (*Polyline by Bézier Control Point*): A curva gerada por um vértice Bézier se caracteriza por nunca ser desenhada sobre o próprio vértice;

c. **Polilinha Cúbica** (*Polyline by Cubic Spline Point*): A curva criada a partir de um vértice cúbico passa obrigatoriamente por esse vértice;

d. **Polilinha por Arcos Tangentes** (*Polyline by Tangent Arc*): A polilinha é criada por uma sucessão de arcos tangentes;

e. **Polilinha por Ponto no Arco** (*Polyline by Point on Arc*): A polilinha é criada por vários **Arcos por 2 pontos e ponto no Arco** (um novo modo presente na ferramenta **Arco**);

f. **Polilinha por Arcos** (*Polyline by Arc Point*): A curva desenhada por um vértice por arcos é produto de um raio de arredondamento, como na ferramenta **Filete** (*Fillet*) **7**.

3. Clique no ponto de início da polilinha.

4. Mova o cursor na direção do segundo ponto. Se quiser definir valores para a distância do próximo ponto e o ângulo de inclinação, aperte **TAB** e digite-os nos campos **L** (comprimento) e **A** (ângulo). Em seguida aperte **Enter** e clique para confirmar o ponto.

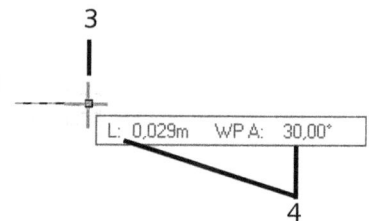

5. Se quiser alterar o tipo do próximo vértice a ser criado, clique em algum dos botões da barra de modos.

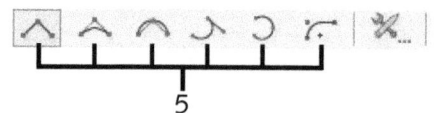

6. Repita os passos **4** e **5** para todos os lados da polilinha. Para encerrar a polilinha (aberta), faça um duplo clique no seu ponto final (**a**) e, para encerrar a polilinha fechada, clique no ponto inicial (**b**).

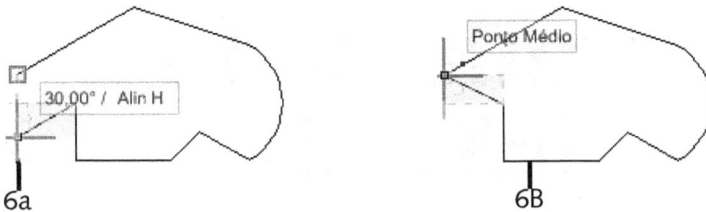

6a

6B

OBS1 Delete/backspace desfaz o último segmento.

OBS2 ESC retorna ao início do uso da ferramenta.

OBS3 Se você apertar a Barra de Espaço, ativará temporariamente o deslocamento (pan).

OBS4 Aperte a tecla **X** para voltar à ferramenta **Seleção** (*Selection*), cancelando a ação.

Agora eu sei tudo sobre desenhar objetos com as ferramentas tradicionais, mas existem formas que eu só posso criar se conhecer quais são as

4 técnicas de edição de objetos

O Vectorworks tem ferramentas de edição muito versáteis. Você pode usar as ferramentas clássicas (chanfro, filete, offset, rotação, espelhamento) para editar os vértices diretamente, assim como criar novos objetos por adição, recorte, e outras operações que envolvem superfícies.

O que você vai ler neste capítulo

4.1 Mover

Existem muitos métodos para mover qualquer objeto pelo desenho, e quase todos eles partem do princípio de que um ou mais objetos já estejam selecionados.

como mover um ou mais objetos com o mouse

1. Selecione um ou mais objetos para movimentar com a ferramenta **Seleção** (*Selection*) **X**.

2. Clique e arraste (com o cursor em formato de cruz) sobre o ponto de algum objeto selecionado que vai servir de referência para a movimentação. Solte o botão quando chegar ao lugar desejado.

3. Se quiser definir valores para a movimentação, **não solte o botão do mouse**, aperte **TAB** e digite-os nos campos **L** (comprimento) e **A** (ângulo). Em seguida aperte **Enter** e clique para confirmar a movimentação.

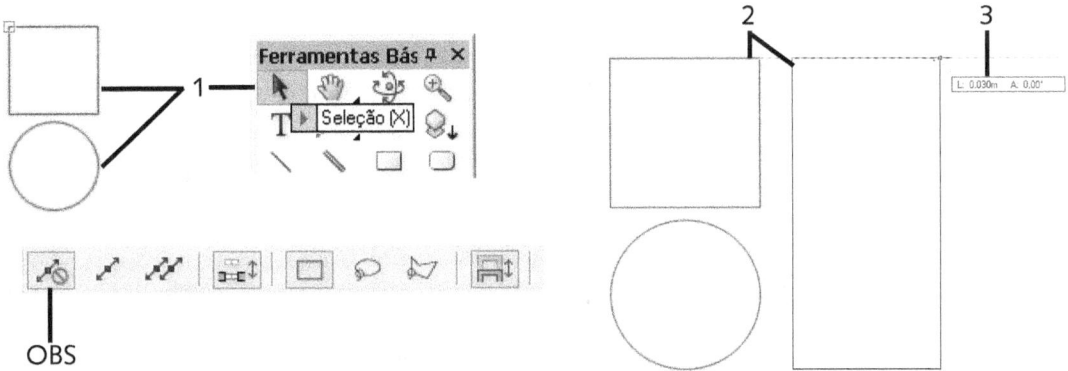

> **OBS** Se o cursor ficar alternando entre o formato de cruz e a diagonal, dificultando a movimentação do objeto, você deverá clicar no botão indicado para desabilitar o **Modo de Escala Interativa** (*Interactive Scaling Mode*).

como mover um ou mais objetos em uma distância predefinida

1. Selecione um ou mais objetos para movimentar com a ferramenta **Seleção** (*Selection*) **X**.

2. Vá ao menu **Modificar/Mover/Mover...** (*Modify/Move/Move...*) **Ctrl+M**.

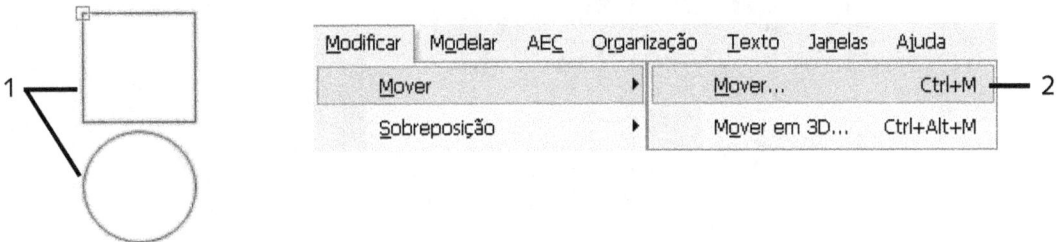

3. Na janela que se abre, especifique quanto você quer mover na horizontal e na vertical, pelos campos **Desloc. em X** (*X Offset*) (**a**) e **Desloc. em Y** (*Y Offset*) (**b**).

4. Clique em **OK** para finalizar a movimentação.

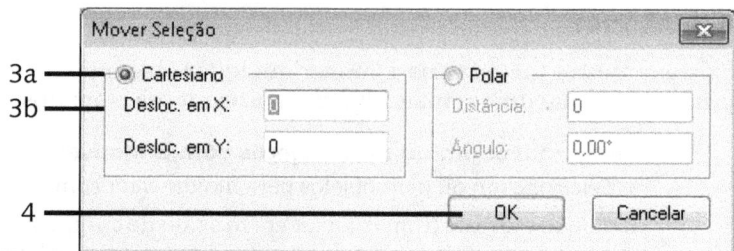

como mover um objeto usando uma referência externa

1. Selecione um ou mais objetos para movimentar com a ferramenta **Seleção** (*Selection*) **X**.

2. Na paleta **Ferramentas Básicas** (*Basic*), clique em **Mover por Pontos** (*Move by Points*) **Shift+M**.

3. Na barra de modos, clique no botão **Modo Mover** (*Move Mode*).

4. Também na barra de modos, clique no botão de preferências e configure:

   a. **Número de Cópias** (*Number of Duplicates*): Coloque o valor 1;
   b. Não ative o campo **Reter** (*Retain*).

5. Clique em **OK** para confirmar o ajuste.

6. Clique no ponto que vai servir de referência para a movimentação e, em seguida, mova o cursor para indicar a direção.

7. Se quiser definir valores para a movimentação, aperte **TAB** e digite-os nos campos **L** (comprimento) e **A** (ângulo). Em seguida aperte **Enter** e clique para confirmar a movimentação.

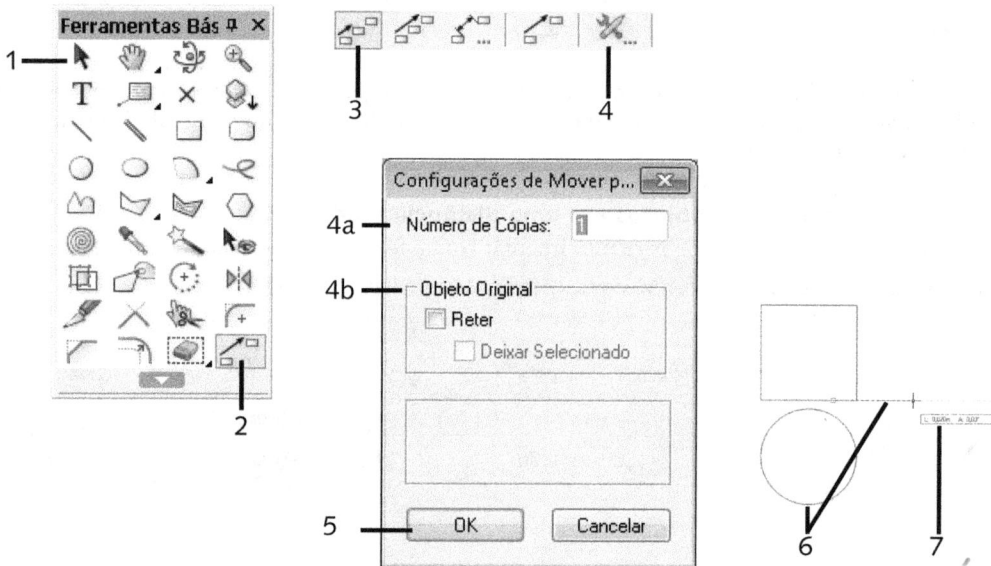

para mover sutilmente um objeto

1. Para mover sutilmente um ou mais objetos selecionados, você pode usar a combinação de teclas Shift + setas cursoras.

> **OBS** Nunca use esse recurso quando quiser alinhar um objeto a outro (por exemplo, um móvel encostado na parede). Para fazer isso, use a ferramenta **Seleção** (*Selection*) **X** com o cursor em forma de cruz.

4.2 Escalar

Existem três maneiras de escalar um objeto (proporcionalmente ou não): com o mouse, clicando e arrastando determinados pontos lógicos do objeto; pela paleta **Info de Objetos** (*Object Info*) **Ctrl+I**, mudando os valores correspondentes ao tamanho do objeto e pelo menu **Modificar/Escalar Objetos** (*Modify/Scale Objects*).

para escalar um ou mais objetos com o mouse

1. Selecione um ou mais objetos para escalar com a ferramenta **Seleção** (*Selection*) **X**.

2. Na barra de modos, escolha entre **Escala Interativa Individual** (*Single Object Interative Scaling*) (**a**) para escalar um objeto ou **Escala Interativa Múltipla** (*Multiple Object Interative Scaling*) (**b**) para escalar vários objetos.

3. Clique (com o cursor em formato diagonal) sobre o ponto que vai servir de base para a modificação.

4. Se quiser inserir valores para a modificação, aperte **TAB** e digite-os nos campos **L** (comprimento) e **A** (ângulo). Em seguida aperte **Enter** e clique para confirmar a escala.

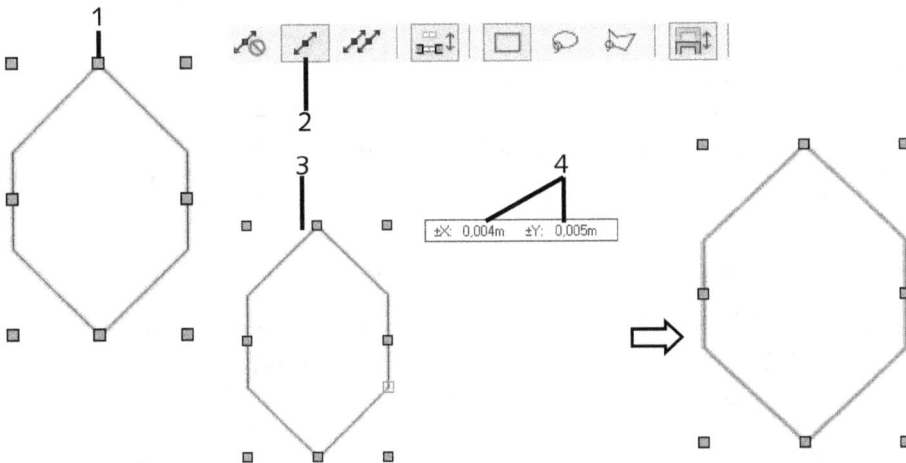

para escalar um objeto pela paleta Info de Objetos (Object Info)

1. Selecione um objeto para escalar com a ferramenta **Seleção** (*Selection*) **X**.

2. Vá ao menu **Janelas/Paletas/Info de Objetos** (*Window/Palettes/Object Info*) **Ctrl+I**.

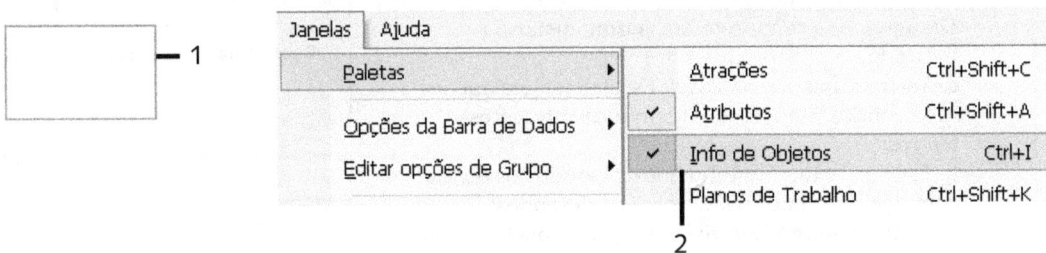

3. Digite os novos valores correspondentes à altura e ao comprimento total do objeto nos campos:

   a. **Larg.** e **Altura** (*Width* e *Height*) para retângulos e ovais;
   b. Campos **±X** e **±Y** para linhas, polígonos e polilinhas;
   c. **Raio** e **Dia.** (*Radius* e *Dia.*) para círculos.

4. Observe a modificação no objeto assim que a alteração do valor for confirmada.

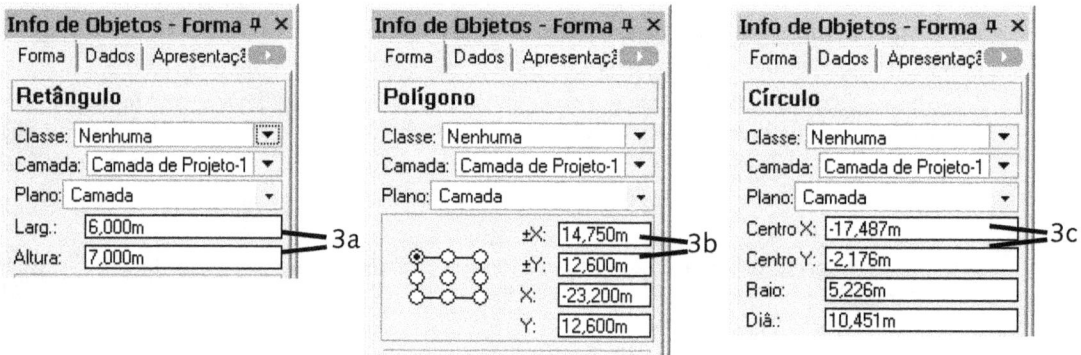

para escalar um objeto pelo menu superior

1. Selecione um objeto para escalar com a ferramenta **Seleção** (*Selection*) **X**.

2. Vá ao menu **Modificar/Escalar Objetos...** (*Modify/Scale Objects...*).

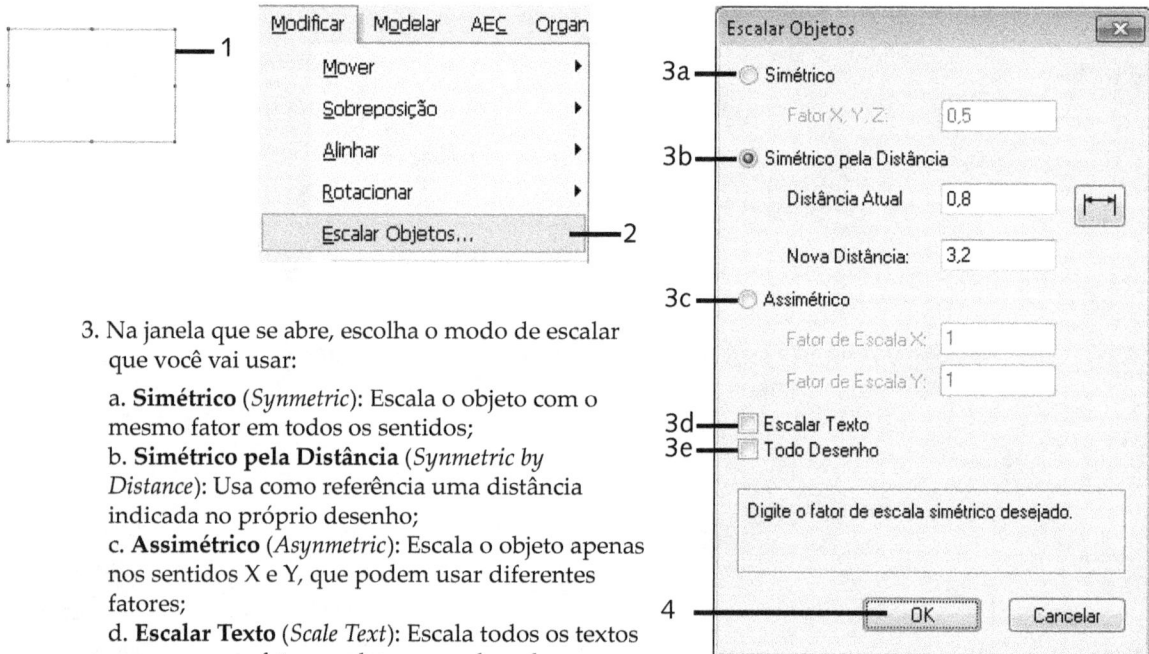

3. Na janela que se abre, escolha o modo de escalar que você vai usar:

   a. **Simétrico** (*Synmetric*): Escala o objeto com o mesmo fator em todos os sentidos;
   b. **Simétrico pela Distância** (*Synmetric by Distance*): Usa como referência uma distância indicada no próprio desenho;
   c. **Assimétrico** (*Asynmetric*): Escala o objeto apenas nos sentidos X e Y, que podem usar diferentes fatores;
   d. **Escalar Texto** (*Scale Text*): Escala todos os textos com o mesmo fator usado para os desenhos;
   e. **Todo Desenho** (*Entire Drawing*): Escala todos os desenhos em todas as camadas. Cuidado, pois esta opção pode requerer muito do desempenho do computador quando o arquivo for muito grande.

4. Clique em **OK** e observe a modificação do objeto.

4.3 Rotacionar

para rotacionar um objeto em um ângulo predefinido

1. Selecione um objeto para rotacionar com a ferramenta **Seleção** (*Selection*) **X**.

2. Vá ao menu **Modificar/Rotacionar/Rotação...** (*Modify/Rotate/Rotate...*).

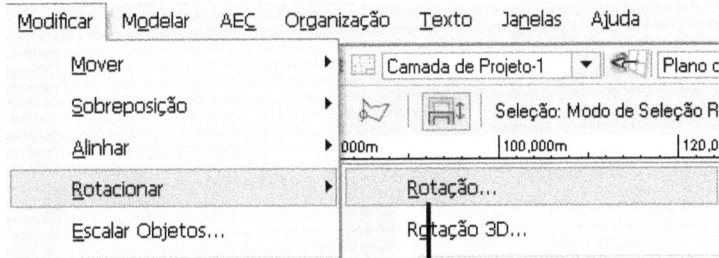

3. Na janela que se abre, digite o ângulo de rotação em **Ângulo** (*Angle*).

4. Clique em **OK** e perceba que o objeto foi rotacionado.

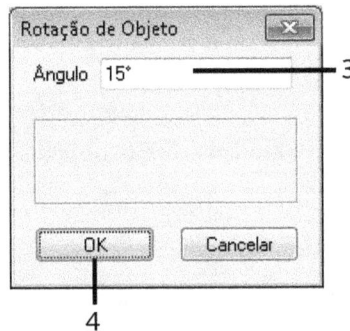

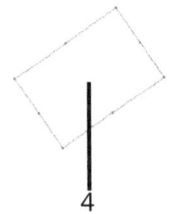

para rotacionar um objeto usando uma referência do desenho

1. Selecione um ou mais objetos que você quer rotacionar com a ferramenta **Seleção** (*Selection*) **X**.

2. Na paleta **Ferramentas Básicas** (*Basic*), clique em **Rotação** (*Rotate*) **Alt+=**.

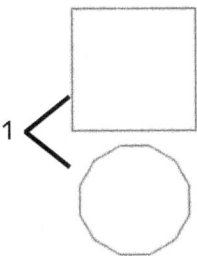

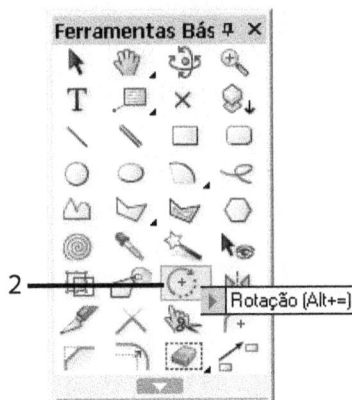

3. Na barra de modos, clique no botão **Rotação** (*Rotate*).

4. Clique no ponto que será o centro da rotação.

5. Mova o cursor para determinar a linha de referência da rotação. Se quiser definir valores para criar a linha, aperte **TAB** e digite-os no campo **A** (ângulo). Em seguida aperte **Enter** e clique para confirmar.

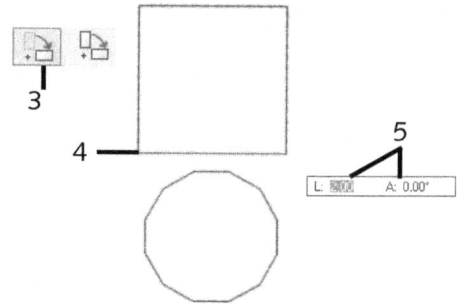

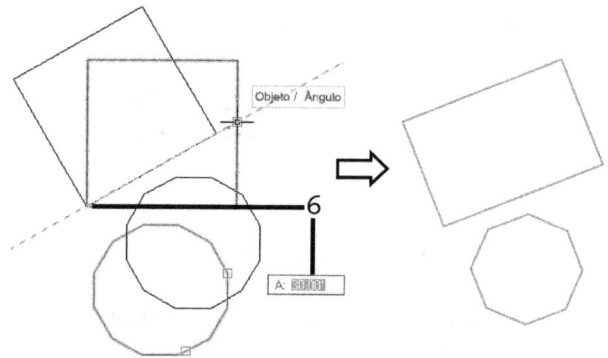

6. Mova o cursor para rotacionar o objeto. Se quiser definir um valor para a rotação, aperte **TAB** e digite-o no campo **A** (ângulo). Em seguida aperte **Enter** e clique para confirmar.

outros modos para rotacionar objetos

1. Você pode rotacionar um ou mais objetos em 90 graus, para a esquerda ou para a direita, usando o menu **Modificar/Rotacionar/Rotação 90° Esquerda Ctrl+L** ou **Rotação 90° Direita** (*Modify/Rotate/Rotate Left 90* ou *Rotate Right 90*) **Ctrl+Shift+R**.

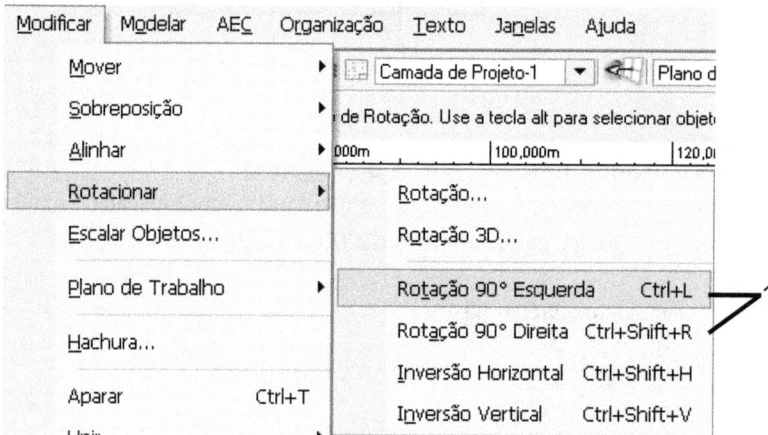

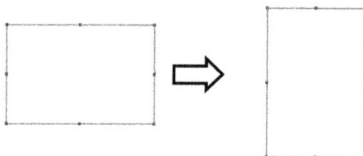

4.4 Espelhamento

para espelhar um objeto usando uma referência do desenho

1. Selecione um ou mais objetos que você quer espelhar com a ferramenta **Seleção** (*Selection*) **X**.

2. Na paleta **Ferramentas Básicas** (*Basic*), clique em **Espelhamento** (*Mirror*) =.

3. Na barra de modos, clique no botão **Espelhar** (*Mirror*) (**a**). Se quiser criar uma cópia espelhada do(s) objeto(s) selecionado(s) (como mostrado no exemplo abaixo), clique em **Duplicar e Espelhar** (*Duplicate and Mirror*) (**b**).

4. Clique no ponto que será o início da linha de referência do espelhamento.

5. Mova o cursor para dar a direção da linha. Se quiser definir valores, aperte **TAB** e digite-os nos campos **L** (comprimento) e **A** (ângulo). Em seguida aperte **Enter** e clique para confirmar.

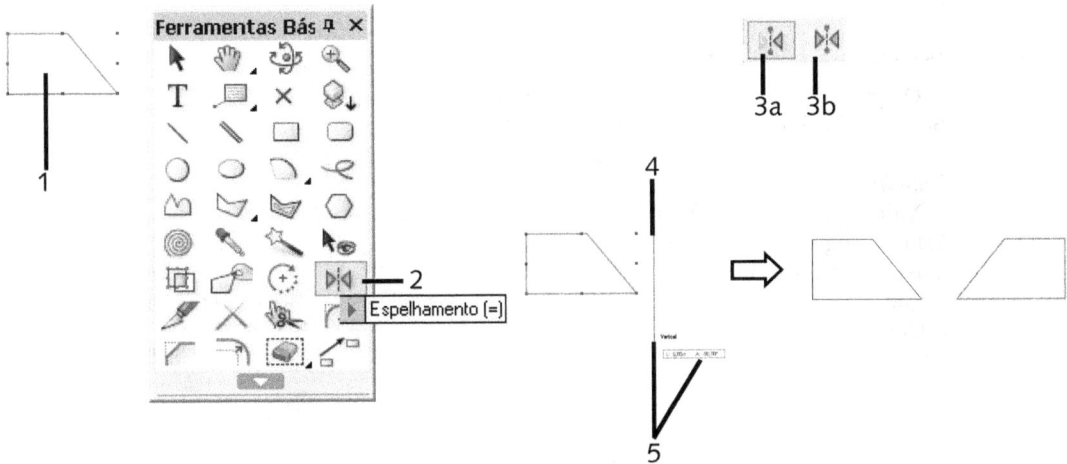

para inverter o desenho de um objeto

1. Você pode inverter um ou mais objetos horizontal ou verticalmente pelo menu **Modificar/ Rotacionar/Inversão Horizontal** <u>**Ctrl+Shift+H**</u> ou **Inversão Vertical** <u>**Ctrl+Shift+V**</u> (*Modify/Rotate/ Flip Horizontal* ou *Flip Vertical*).

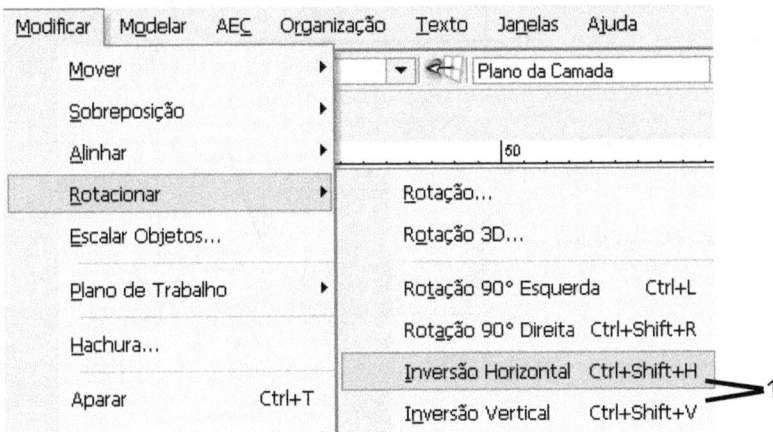

4.5 Chanfro e filete

para fazer um chanfro em um objeto

1. Na paleta **Ferramentas Básicas** (*Basic*), clique no **Chanfro** (*Chamfer*) **Alt+7**.

2. Na barra de modos, escolha entre os três modos de chanfro, descritos a seguir:

   a. **Chanfro Simples** (*Chamfer*): Cria uma linha baseada nas distâncias indicadas para o chanfro e não corta o objeto a ser chanfrado;
   b. **Chanfrar e Dividir** (*Chamfer and Split*): Efetua o chanfro e mantém as linhas originais no desenho;
   c. **Chanfrar e Aparar** (*Chamfer and Trim*): Efetua o chanfro e apaga as linhas remanescentes do objeto.

3. Também na barra de modos, clique no botão de preferências e ajuste as configurações do chanfro:

   a. **Opções** (*Options*): Escolha o critério para chanfrar, entre **Primeira e Segunda Linhas** (*First and Second Lines*), **Primeira Linha e Ângulo** (*First Line and Angle*) e **Comprimento da Linha de Chanfro** (*Chamfer Line Length*);
   b. **Valores de Chanfro** (*Chamfer Values*): Regule estes campos para ajustar o chanfro de acordo com a opção escolhida em **a**;
   c. Clique em **OK** para confirmar os ajustes.

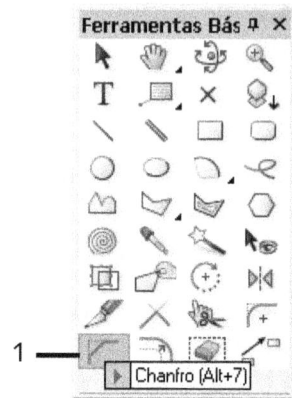

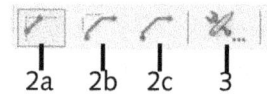

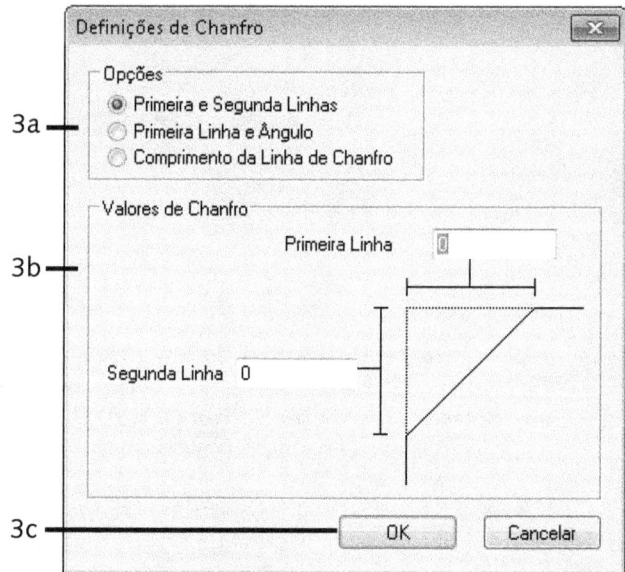

4. Clique em qualquer ponto de um dos lados a serem chanfrados (não se deve clicar no canto do objeto).

5. Clique em qualquer ponto do outro lado e observe o chanfro feito no objeto.

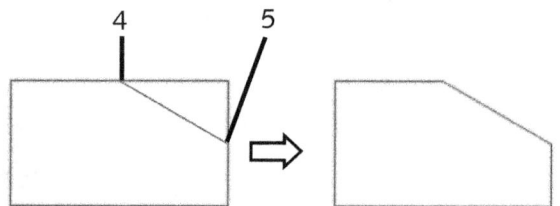

para filetar

1. Na paleta **Ferramentas Básicas** (*Basic*), clique no **Filete** (*Fillet*) **7**.

2. Na barra de modos, escolha entre os três modos de filete, descritos a seguir:

a. **Filete Simples** (*Fillet*): Cria um arco baseado no raio indicado para o filete e não corta o objeto a ser filetado;
b. **Filetar e Dividir** (*Fillet and Split*): Efetua o filete e mantém o arco original no desenho;
c. **Filetar e Aparar** (*Fillet and Trim*): Efetua o filete e apaga o arco remanescente do objeto.

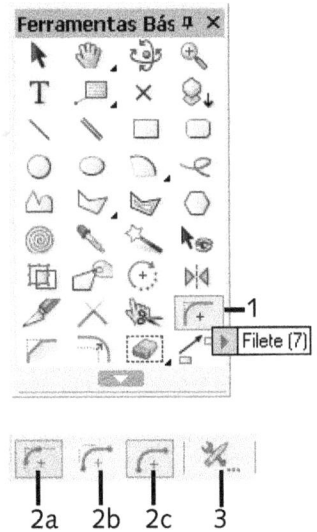

3. Também na barra de modos, clique no botão de preferências e ajuste as configurações do **Raio do Filete** (*Fillet Radius*).

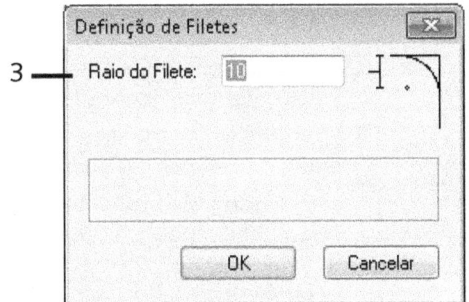

4. Clique em qualquer ponto de uma das arestas a serem filetadas (não se deve clicar no canto do objeto).

5. Clique em qualquer ponto da outra aresta e observe o filete feito no objeto.

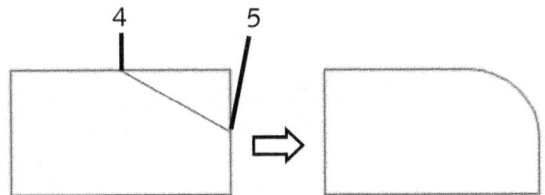

4.6 Deslocamento (Offset)

O comando **Deslocamento** (*Offset*) cria um objeto que tem todos os lados desenhados a partir da mesma distância dos lados de um objeto de referência. No Vectorworks, você pode usar linhas, polígonos, polilinhas e até mesmo paredes (entre outros objetos) como referência.

para criar objetos com o Deslocamento

1. Na paleta **Ferramentas Básicas** (*Basic*), clique no **Deslocamento** (*Offset*) **Shift+-**.

2. Na barra de modos, configure o modo de operação da ferramenta:

   a. **Deslocamento por Distância** (*Offset by Distance*): Modo de operação que depende das configurações do item **5** para deslocar o objeto;

   b. **Deslocamento ao Ponto** (*Offset by Point*): Desloca o objeto usando como referência o clique do mouse.

3. Também na barra de modos, clique em: **(a)** **Duplicar e Deslocar**/ *Duplicate and Offset* (que cria um objeto novo com o deslocamento) ou em **(b)** **Deslocar Objeto Original**/ *Offset Original Object* (que desloca o próprio objeto).

4. Mais uma vez na barra de modos, configure a distância a ser deslocada.

5. Por último, na barra de modos, clique no botão de preferências para fazer os ajustes:

   a. **Deslocar pela Linha de Centro** (*Offset from Center Line*): Usa a linha central da parede como referência para deslocar uma parede;

   b. **Deslocar pela Borda mais Próxima** (*Offset from Nearest Edge*): Usa a borda mais próxima do cursor como referência para deslocar uma parede;

   c. **Suavizar Cantos** (*Smooth Corners*): Arredonda automaticamente bordas nos deslocamentos de objetos com cantos vivos;

   d. **Fechar Curvas** (*Close Open Curves*): Ative esta caixa para que o Vectorworks feche automaticamente as curvas geradas pelo comando deslocamento;

   e. Clique em **OK** para confirmar os ajustes.

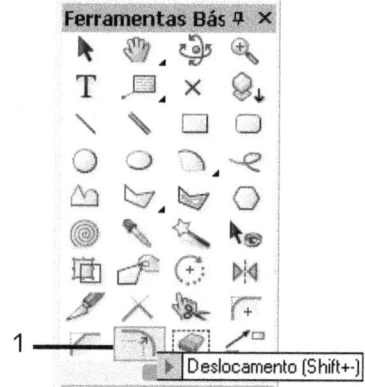

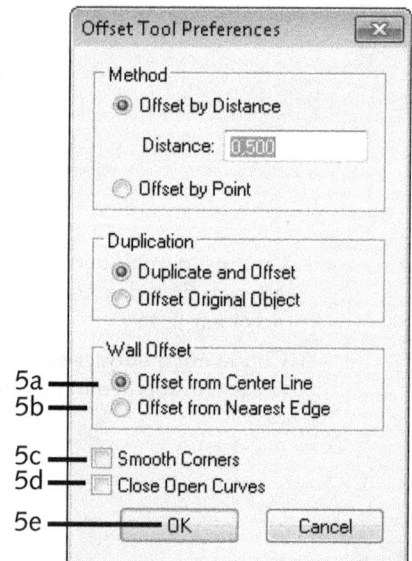

> **OBS** Os outros ajustes desta janela são os mesmos dos botões da barra de modos, e qualquer escolha que você fizer neste painel influenciará as opções da barra de modos.

6. Clique em qualquer ponto do objeto e mova o cursor na direção do deslocamento. Se escolheu o modo **Deslocamento por Distância** (*Offset by Distance*) na barra de modos, aperte **TAB** e digite o valor no campo **A** (ângulo). Em seguida aperte **Enter** e clique para confirmar.

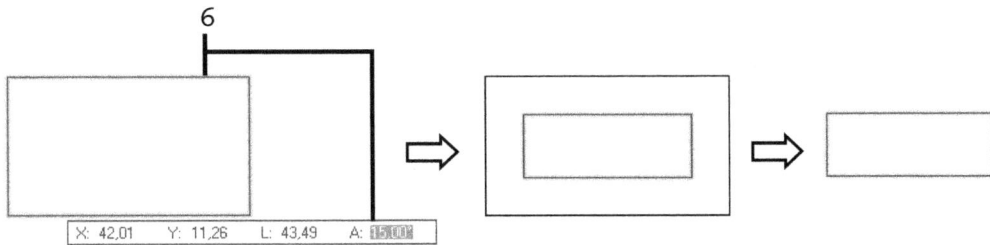

4.7 Edição de vértices em objetos

como mover um vértice de um objeto

1. Faça um duplo clique no objeto que será editado ou, na paleta **Ferramentas Básicas** (*Basic*), selecione a ferramenta **Remodelagem** (*Reshape*).

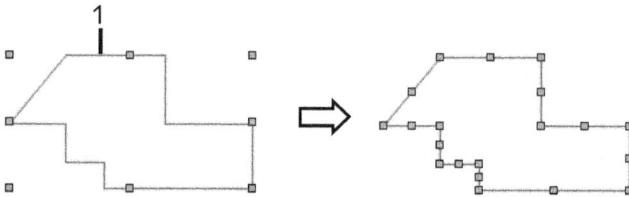

2. Na barra de modos, clique no botão **Mover Vértices do Polígono** (*Move Polygon Handles*).

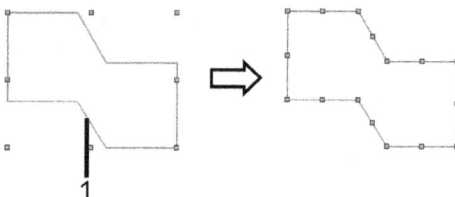

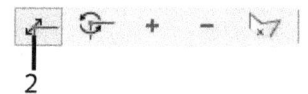

3. Clique na alça que será editada.

4. Mova o cursor para deslocar o ponto. Se quiser inserir valores para a movimentação, aperte **TAB** e digite nos campos **L** (comprimento) e **A** (ângulo). Em seguida aperte **Enter** e clique para confirmar.

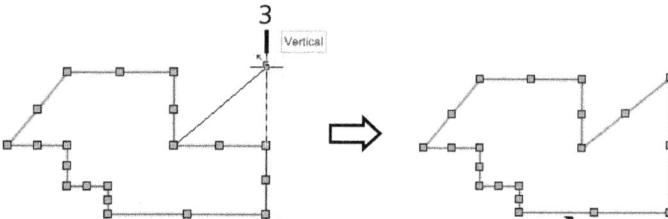

para mover mais de um vértice ao mesmo tempo

1. Selecione o objeto que será editado fazendo um duplo clique com a ferramenta **Seleção** (*Selection*) **X**. Observe que surgirão alças de edição em todos os vértices do objeto.

2. Na barra de modos, clique no botão **Mover Vértices do Polígono** (*Move Polygon Handles*).

3. Faça uma cerca de seleção em volta das alças que você quer mover (**a**). Se quiser, poderá manter a tecla **Alt** apertada enquanto faz a cerca, para realizar uma seleção com laço (**b**).

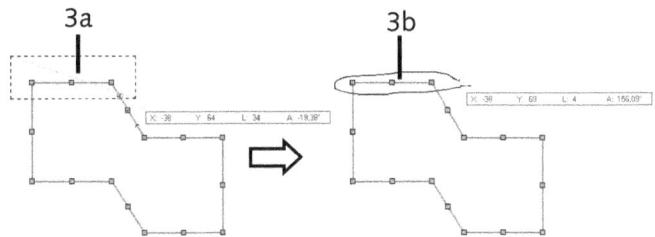

4. Mova o cursor para deslocar o ponto. Se quiser inserir valores para a movimentação, aperte **TAB** e digite nos campos **L** (comprimento) e **A** (ângulo). Em seguida aperte **Enter** e clique para confirmar.

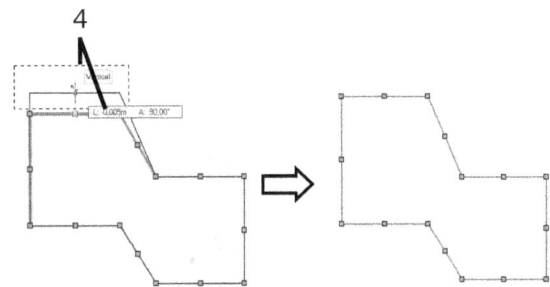

como alterar o tipo do vértice de um objeto

1. Selecione o objeto que será editado fazendo um duplo clique com a ferramenta **Seleção** (*Selection*) **X**. Observe que surgirão alças de edição em todos os vértices do objeto.

2. Na barra de modos, clique no botão **Mudar Vértice** (*Change Vertex*).

3. Também na barra de modos, escolha o tipo de vértice que substituirá o atual:

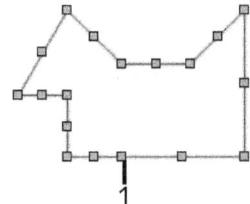

a. **Polilinha por Vértices** (*Polyline by Corner Point*): O vértice é formado por um canto vivo;

b. **Polilinha Bézier** (*Polyline by Bézier Control Point*): A curva gerada por um vértice Bézier nunca passa sobre o próprio vértice;

c. **Polilinha Cúbica** (*Polyline by Cubic Spline Point*): A curva criada a partir desse vértice passa obrigatoriamente por ele;

d. **Polilinha por Arcos** (*Polyline by Arc Point*): A curva desenhada por esse vértice é produto de um raio de arredondamento, como na ferramenta **Filete** (*Fillet*) **7**.

4. Clique na alça a ser editada e observe a mudança efetuada.

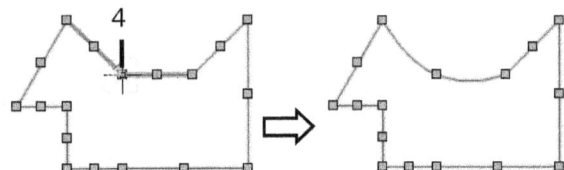

para adicionar um vértice em um objeto

1. Selecione o objeto que será editado fazendo um duplo clique com a ferramenta **Seleção** (*Selection*) X. Observe que surgirão alças de edição em todos os vértices do objeto.

2. Na barra de modos, clique no botão **Adicionar Vértice** (*Add Vertex*).

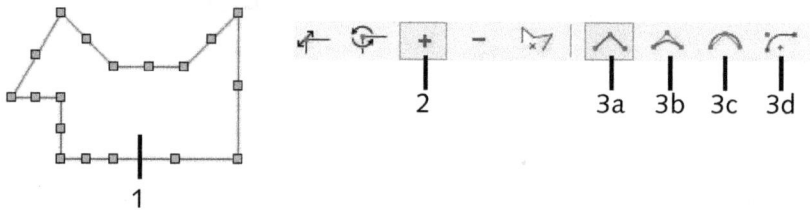

3. Também na barra de modos, escolha o tipo de vértice que será adicionado:

   a. **Polilinha por Vértices** (*Polyline by Corner Point*): O vértice é formado por um canto vivo;
   b. **Polilinha Bézier** (*Polyline by Bézier Control Point*): A curva gerada por um vértice Bézier nunca passa sobre o próprio vértice;
   c. **Polilinha Cúbica** (*Polyline by Cubic Spline Point*): A curva criada a partir desse vértice passa obrigatoriamente por ele;
   d. **Polilinha por Arcos** (*Polyline by Arc Point*): A curva desenhada por esse vértice é produto de um raio de arredondamento, como na ferramenta **Filete** (*Fillet*) **Z**.

4. Clique em uma alça do objeto (não é possível criar um novo vértice a partir de qualquer ponto de uma linha do objeto).

5. Mova o cursor para deslocar o novo vértice. Se quiser inserir valores para a movimentação, aperte **TAB** e digite nos campos **L** (comprimento) e **A** (ângulo). Em seguida aperte **Enter** e clique para confirmar.

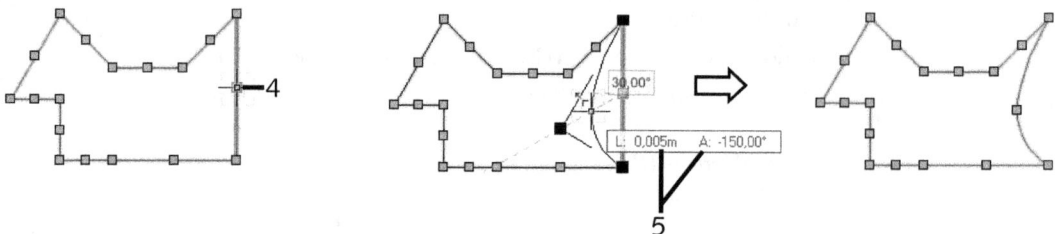

outras opções de edição de vértices

1. para retirar um vértice de um objeto:

    a. Na barra de modos, clique no botão **Apagar Vértice** (*Delete Vertex*);

    b. Clique no vértice que você quer apagar. Perceba que o objeto inteiro é afetado.

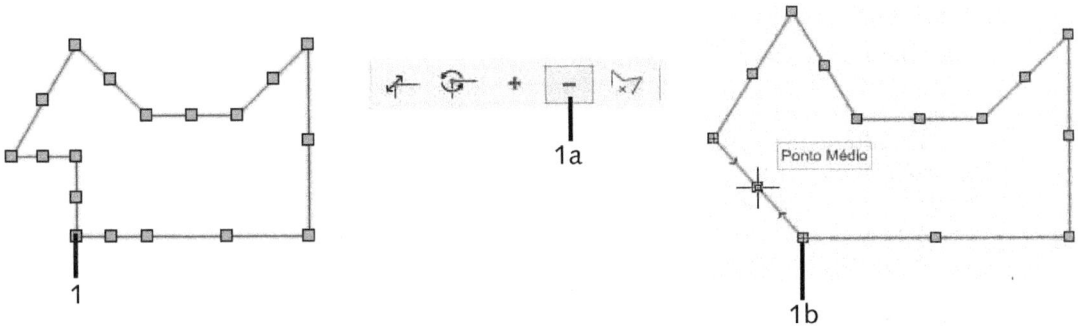

2. como esconder ou mostrar bordas de um polígono ou polilinha:

    a. Na barra de modos, clique no botão **Esconder ou Mostrar Bordas** (*Hide or Show Edges*);

    b. Clique na alça central da(s) borda(s) que você quer esconder ou mostrar. Observe que o objeto continua sendo único, mesmo se você tiver escondido várias de suas arestas.

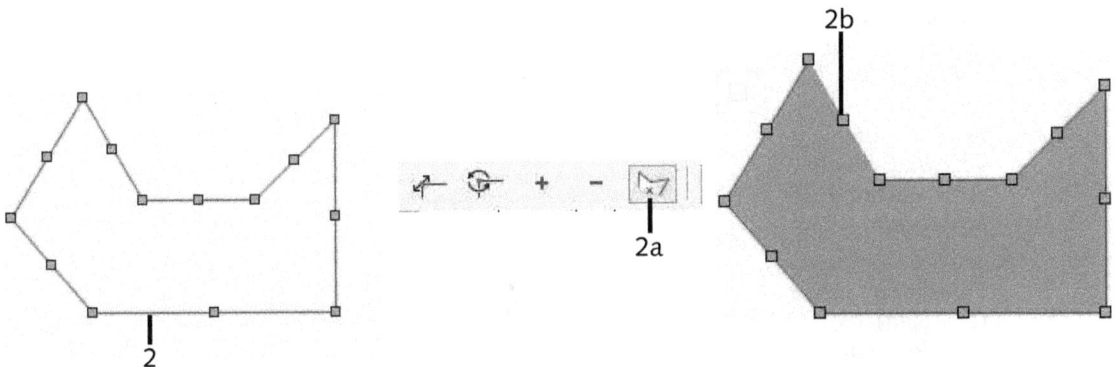

4.8 Dividir e conectar

como dividir um objeto

1. Na paleta **Ferramentas Básicas** (*Basic*), clique em **Dividir** (*Split*) **L**.

2. Na barra de modos, escolha entre os três modos de divisão, descritos a seguir:

    a. **Dividir ao Ponto** (*Point Split*): Divide um objeto em dois com um clique. Útil para dividir linhas e paredes;

    b. **Dividir na Linha** (*Line Split*): Divide um objeto ou mais com dois cliques, formando uma linha;

    c. **Aparar** (*Line Trim*): Funciona como o **Dividir na Linha**, mas um terceiro clique define o lado do desenho que será mantido.

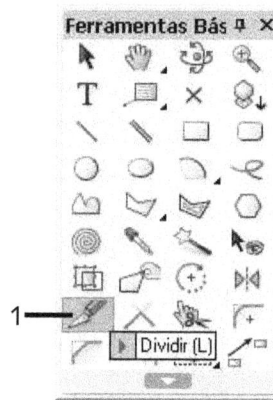

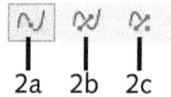

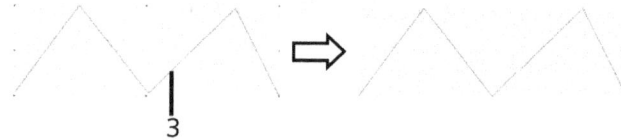

OBS No exemplo acima, a figura foi movimentada para melhor visualização.

3. Se tiver escolhido o modo **Dividir ao Ponto** (*Point Split*), clique no ponto do polígono que você quer dividir para concluir a ferramenta.

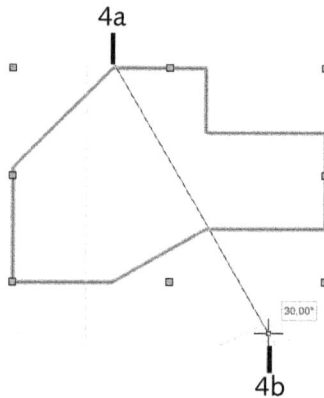

4. Se você escolheu o **Dividir na Linha** (*Line Split*), faça um clique para definir o ponto inicial da linha de corte (**a**) e outro para indicar o fim da linha de corte (**b**).

5. Para o modo **Aparar** (*Line Trim*), clique no ponto inicial da linha de corte (**a**), clique no ponto final da linha de corte (**b**), mova o cursor na direção do corte e clique mais uma vez (**c**).

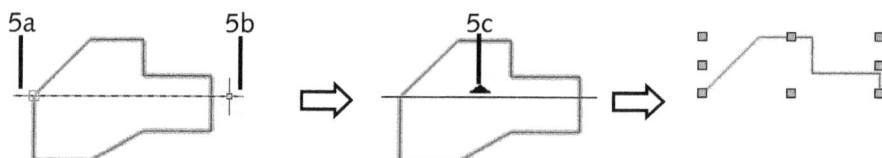

como conectar um objeto a outro

1. Na paleta **Ferramentas Básicas** (*Basic*), clique em **Conectar/Combinar** (*Connect/Combine*) <u>**Alt+L**</u>.

2. Na barra de modos, escolha entre os três modos de conexão, descritos a seguir:

    a. **Conectar Objeto Único** (*Single Object Connect*): Faz com que o objeto que foi clicado primeiro seja estendido até o segundo objeto clicado (ou a projeção deste);

    b. **Conectar 2 Objetos** (*Dual Object Connect*): Faz com que os dois objetos clicados se estendam (ou encolham, se for o caso) até atingirem um ponto em comum;

    c. **Combinar 2 Objetos** (*Dual Object Connect*): Faz o mesmo que o **Conectar 2 Objetos** e ainda transforma os dois objetos em um;

    d. **Conexão de Múltiplos Objetos** (*Multiple Object Connect*): Faz com que múltiplos objetos sejam estendidos até um outro objeto clicado posteriormente (ou a projeção deste).

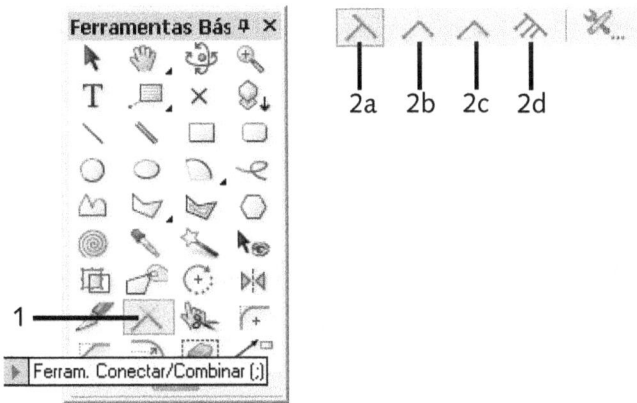

3. Para as opções **a**, **b** e **c**, a operação é a mesma: você precisa clicar no primeiro objeto e, na sequência, no segundo objeto. Para a opção **d**, você precisa clicar primeiro no objeto que será limite e na posteriormente clicar nos outros objetos que serão estendidos até ele.

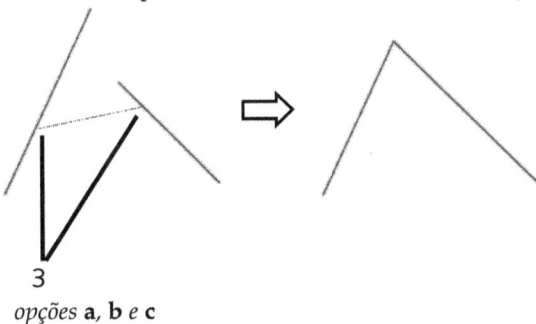

opções **a**, **b** *e* **c**

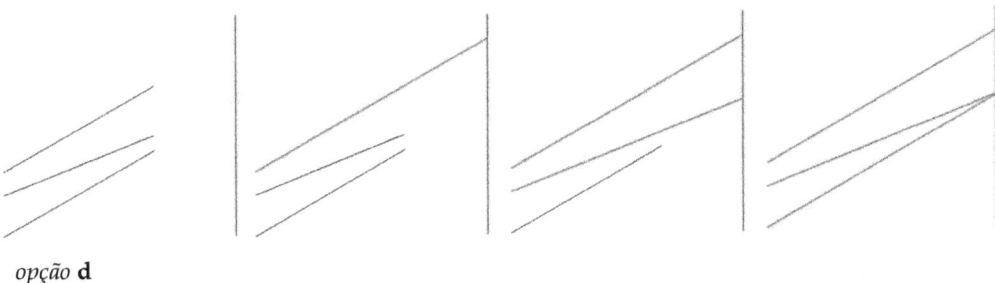

opção **d**

4.9 Compor e decompor

como criar um objeto com a ferramenta Compor

1. Selecione dois ou mais objetos com a ferramenta **Seleção** (*Selection*) **X**. Lembre-se de que esses objetos devem ter extremidades coincidentes em pelo menos um ponto.

2. Vá ao menu **Modificar/Compor** (*Modify/Compose*).

3. Observe que os objetos se transformaram em um só.

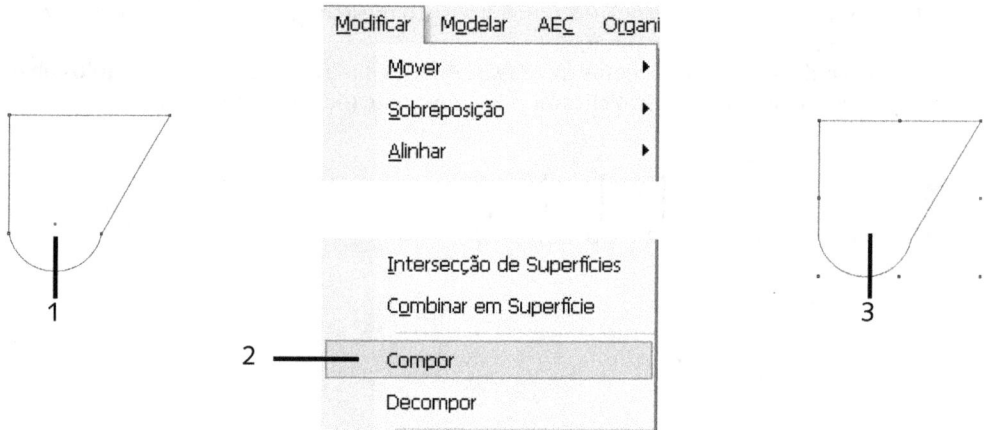

como decompor um objeto

1. Selecione o objeto que você quer decompor com a ferramenta **Seleção** (*Selection*) **X**.

2. Vá ao menu **Modificar/Decompor** (*Modify/Decompose*).

3. Observe que o objeto foi decomposto em vários outros.

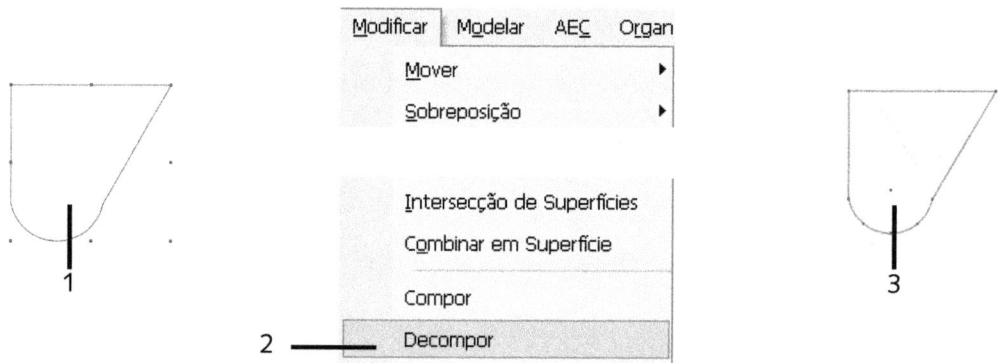

4.10 Sobreposição

Os objetos desenhados no Vectorworks podem ser organizados quanto à sua visibilidade, através de comandos simples que alteram a ordem em que eles aparecem. Existem quatro maneiras de modificar a ordem dos objetos usando o menu **Modificar/Sobreposição...** (*Modify/Send...*).

para enviar um objeto à frente dos outros

1. Na paleta **Ferramentas Básicas** (*Basic*), clique na ferramenta **Seleção** (*Selection*) **X**.

2. Selecione o objeto que você quer enviar à frente dos outros.

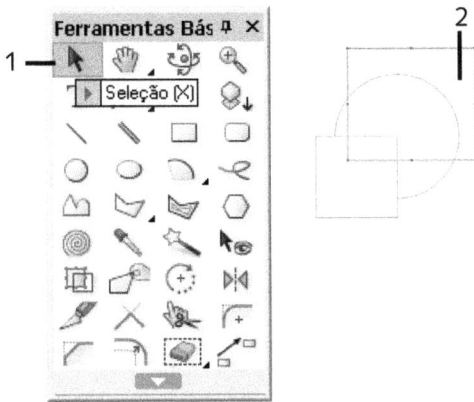

3. Vá ao menu **Modificar/Sobreposição/Enviar para Frente** (*Modify/Send/Send to Front*) **Ctrl+F**.

4. Observe que o objeto foi enviado para a frente.

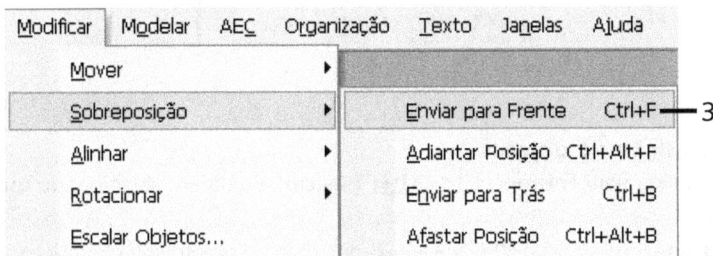

para enviar um objeto para trás dos outros

1. Na paleta **Ferramentas Básicas** (*Basic*), clique na ferramenta **Seleção** (*Selection*) **X**.

2. Selecione o objeto que você quer mandar para trás dos outros.

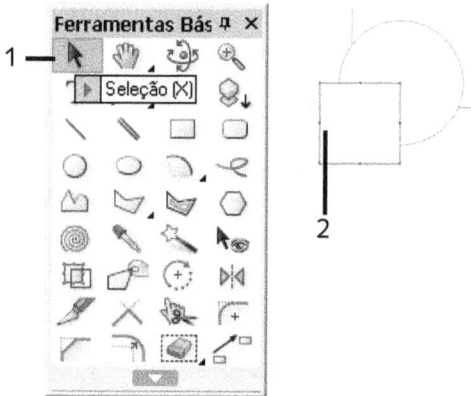

3. Vá ao menu **Modificar/Sobreposição/Enviar para Trás** (*Modify/Send/Send to Back*) **Ctrl+B**.

4. Observe que o objeto foi enviado para trás.

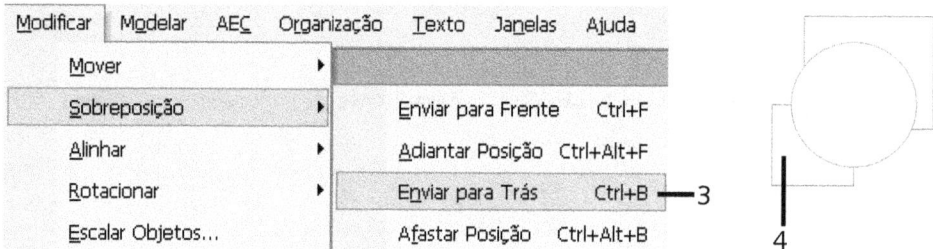

outras opções de sobreposição de objetos

1. O comando **Adiantar Posição** (*Send Forward*) **Ctrl+Alt+F** posiciona o objeto selecionado um nível acima na lista de objetos.

2. O comando **Afastar Posição** (*Send Backward*) **Ctrl+Alt+B** posiciona o objeto selecionado um nível abaixo na lista de objetos.

4.11 Operações com superfícies

para criar um objeto por adição de superfícies

1. Selecione dois ou mais objetos com a ferramenta **Seleção** (*Selection*) **X**. Lembre-se de que eles devem se tocar ou se sobrepor em pelo menos um trecho.

2. Vá ao menu **Modificar/Adicionar Superfícies** (*Modify/Add Surface*).

3. Observe que os objetos se tornaram um só.

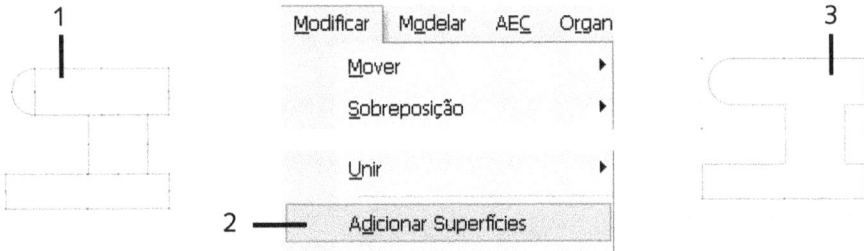

como usar um objeto para recortar outro

1. Selecione dois ou mais objetos com a ferramenta **Seleção** (*Selection*) **X**. Lembre-se de que eles devem se sobrepor em pelo menos um trecho.

2. Vá ao menu **Modificar/Recortar Superfícies** (*Modify/Clip Surface*).

3. Observe que o objeto de cima foi usado como molde para recortar o que estava embaixo.

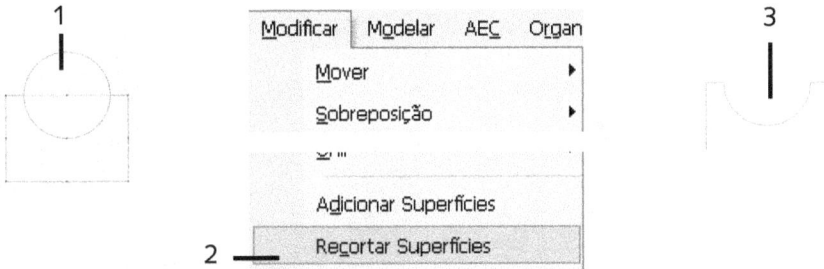

para criar novos objetos a partir da área comum entre dois ou mais objetos

1. Selecione dois ou mais objetos com a ferramenta **Seleção** (*Selection*) **X**. Lembre-se de que eles devem se sobrepor em pelo menos um trecho.

2. Vá ao menu **Modificar/Intersecção de Superfícies** (*Modify/Intersect Surface*).

3. Observe que um novo objeto foi criado, correspondente à área comum dos objetos selecionados.

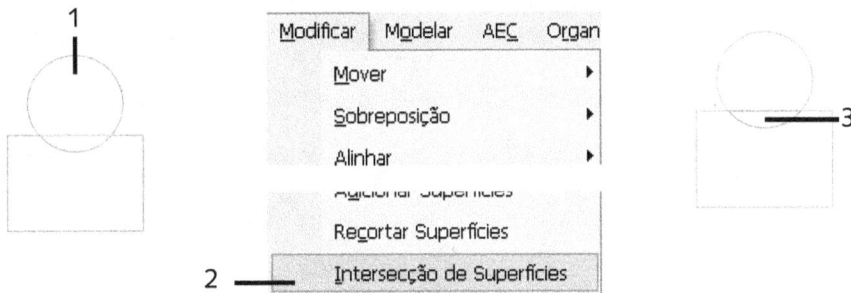

como criar novas superfícies a partir de um espaço vazio entre objetos

1. Selecione dois ou mais objetos com a ferramenta **Seleção** (*Selection*) **X**. Lembre-se de que eles devem estar posicionados de maneira a permitir a formação de diferentes figuras a partir dos seus limites.

2. Vá ao menu **Modificar/Combinar em Superfície** (*Modify/Combine into Surface*).

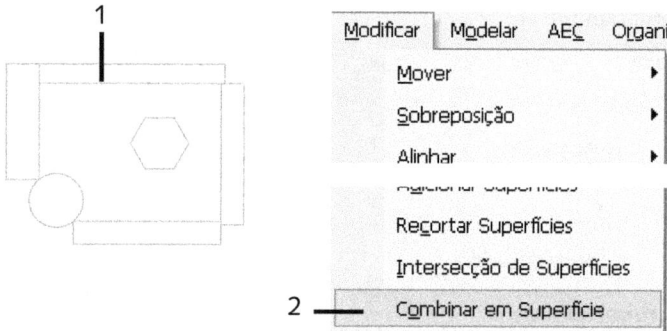

3. Um ícone com aparência de balde surgirá. Posicione-o dentro da área delimitada e clique. O novo objeto aparecerá.

4. Observe que um novo objeto foi criado, correspondente ao limite dado pelos objetos selecionados.

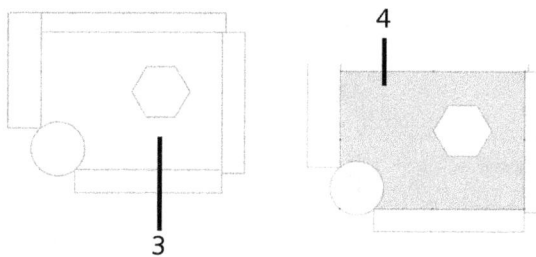

4.12 Alinhamento e distribuição

para alinhar ou distribuir objetos

1. Selecione dois ou mais objetos com a ferramenta **Seleção** (*Selection*) **X**.
2. Vá ao menu **Modificar/Alinhar/Alinhar/Distribuir...** (*Modify/Align/Align/Distribute...*) **Ctrl+=**.

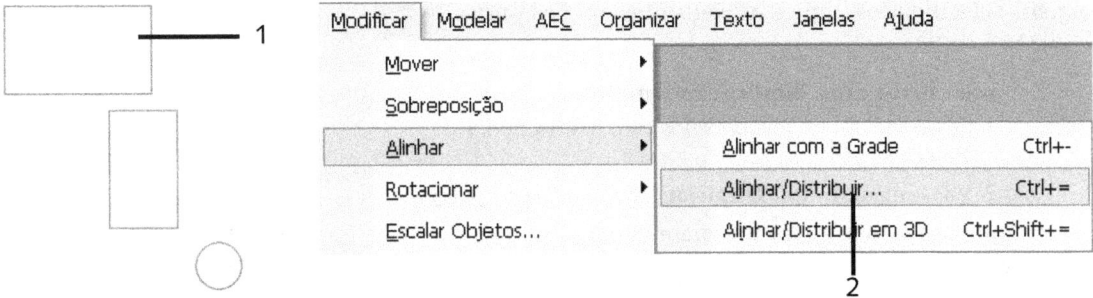

3. Na janela que se abre, escolha as opções de alinhamento de acordo com o seu interesse:

   a. Ativa o alinhamento de objetos de acordo com o eixo vertical do desenho;
   b. Ativa a distribuição de objetos referenciada pelo eixo vertical do desenho;
   c. Alinha ou distribui os objetos de acordo com seus lados esquerdos;
   d. Alinha ou distribui os objetos de acordo com seus centros verticais;
   e. Alinha ou distribui os objetos de acordo com seus lados direitos;
   f. Distribui igualmente o espaço horizontal existente entre os objetos selecionados;
   g. Ativa o alinhamento de objetos de acordo com ao eixo horizontal do desenho;
   h. Ativa a distribuição de objetos referenciada pelo eixo horizontal do desenho;
   i. Alinha ou distribui os objetos de acordo com seus topos;
   j. Alinha ou distribui os objetos de acordo com seus centros horizontais;
   k. Alinha ou distribui os objetos de acordo com suas bases;
   l. Distribui igualmente o espaço vertical existente entre os objetos selecionados.
4. Clique em **OK** e observe o resultado do alinhamento (na figura mostrada ao lado, foi usado o alinhamento definido pelos botões indicados em **3a** e **3d**).

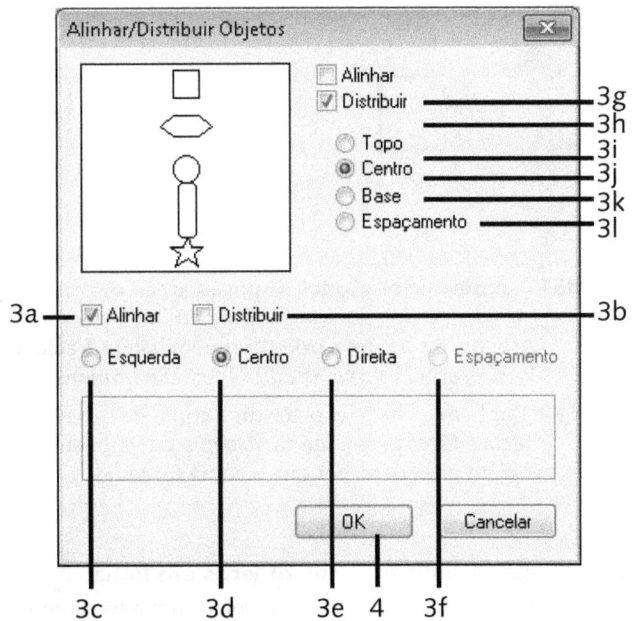

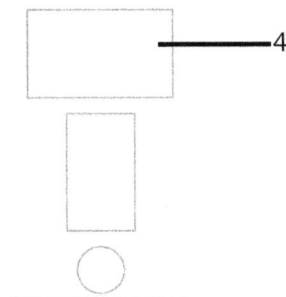

4.13 Técnicas de duplicação

Além de usar os conhecidos comandos **Editar/Copiar** (*Edit/Copy*) **Ctrl+C**, **Editar/Cortar** (*Edit/Cut*) **Ctrl+X** e **Editar/Colar** (*Edit/Paste*) **Ctrl+V**, existentes em muitos programas, o Vectorworks possui outras maneiras de copiar ou duplicar objetos. Partindo de um ou mais objetos selecionados, temos as seguintes opções para realizar a cópia:

para fazer uma duplicação simples

1. Selecione um ou mais objetos com a ferramenta **Seleção** (*Selection*) **X**.
2. Vá ao menu **Editar/Duplicar** (*Edit/Duplicate*) **Ctrl+D**.
3. Observe que os objetos foram duplicados.

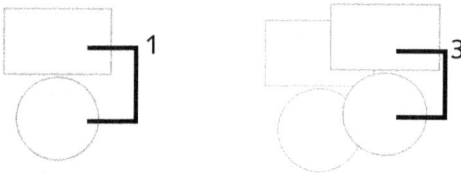

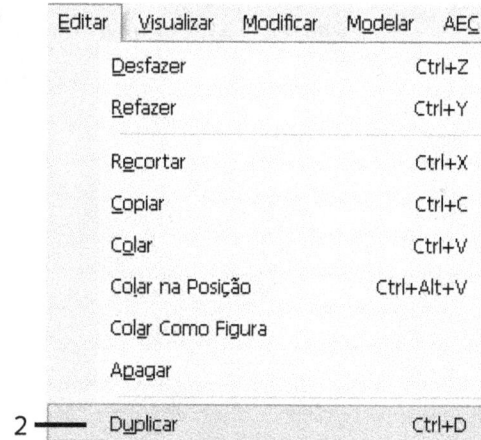

OBS1 Geralmente os objetos duplicados são colocados à direita e acima dos objetos originais. Se você quiser que eles fiquem sobrepostos aos originais, desative a opção correspondente em **Organizar/Ajustes do Vectorworks/Preferências do Vectorworks/Edição/Duplicar Deslocado** (*Tools/Options/Vectorworks Preferences/Edit/Offset Duplications*).

OBS2 Também é possível fazer uma cópia de um objeto clicando sobre ele com a tecla **Ctrl** (no Mac, a tecla é **Opt**) pressionada. A cópia é criada em cima do original. Podemos em seguida mover o objeto para perceber que a cópia foi feita.

para duplicar vários objetos em linha

1. Selecione um ou mais objetos com a ferramenta **Seleção** (*Selection*) **X**.
2. Vá ao menu **Editar/Matriz de Duplicação...** (*Edit/Duplicate Array...*) **Ctrl+Shift+Alt+D**.

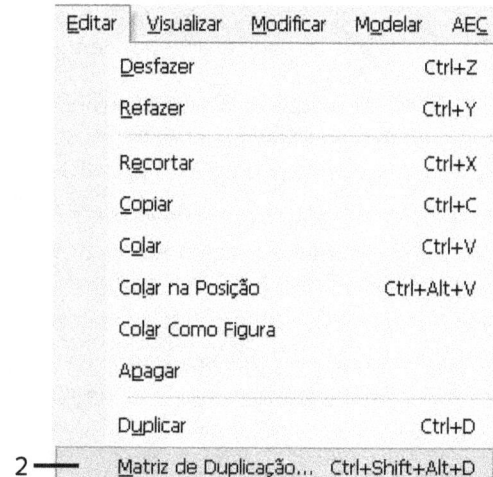

Matriz de Duplicação

Forma   Matriz Linear ▼

3a — Número de Cópias: 30

3b — Posição da Primeira Cópia Definida

⦿ Deslocamento Cartesiano

X: 10   Y: 20   Z: 1,5

○ Deslocamento Polar

r: 0   θ: 0,00°   Z: 0

○ Próximo Clique do Mouse e Z: 0

Medidas Relativas ao: Active Layer Plane ▼

☐ Escalar Cópias ——— 3c

Escala X: 1

Escala Y: 1

Escala Z: 1

☑ Rotacionar Cópias ——— 3d

Ângulo   45,00°

Objeto Original ——— 3e

☑ Reter

☑ Deixar Selecionado

Offset amount in the Z direction (or K direction for 3D Working Plane Linear Duplication). Note that this value must be 0 if only duplicating Screen objects

OK   Cancelar

4

4

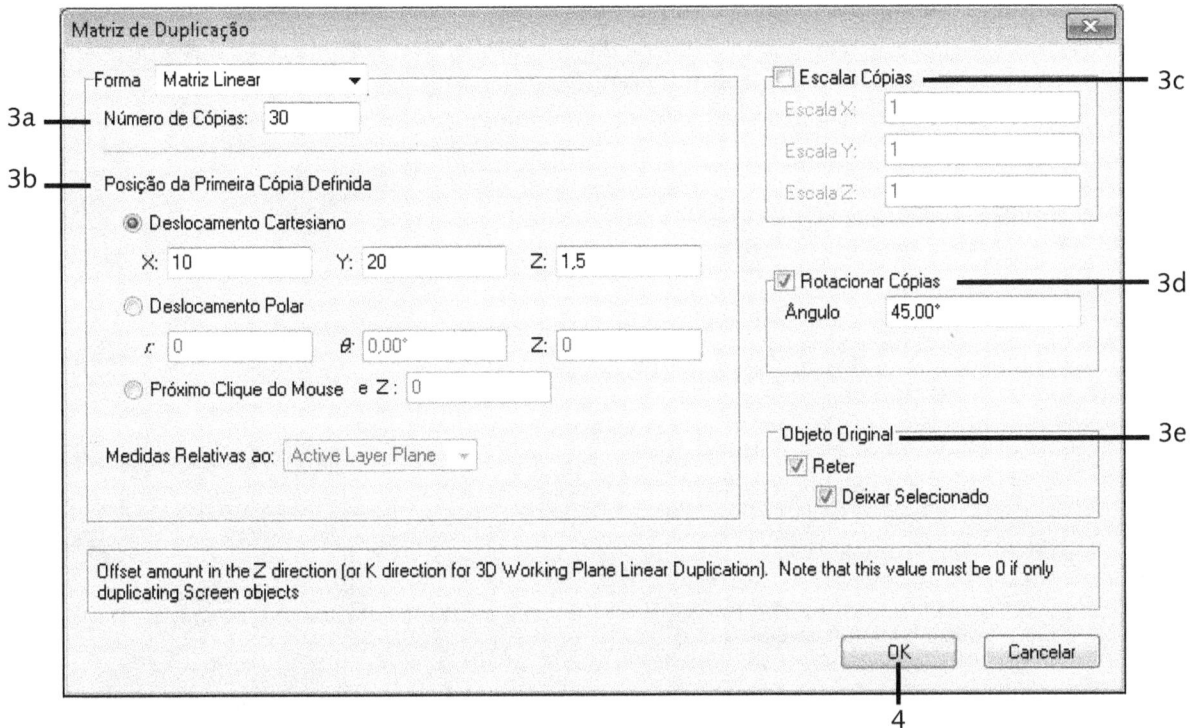

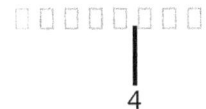

3. Na janela que se abre, escolha no campo **Forma** (*Shape*) a opção **Matriz Linear** (*Linear Array*):

   a. **Número de Cópias** (*Number of Copies*): Digite quantas cópias você quer, excluindo o objeto original;

   b. **Posição da Primeira Cópia Definida por** (*First Duplicate's Position Determined by*): Você vai escolher o critério de posicionamento da primeira cópia entre **Deslocamento Cartesiano** (*Cartesian Offset*), **Deslocamento Polar** (*Polar Offset*) e **Próximo Clique do Mouse** (*Next Mouse Click*). Também escolha se as medidas serão relativas ao **Plano de Chão** (*Ground Plane*) ou ao **Plano de Trabalho** (*Working Plane*);

   c. **Escalar Cópias** (*Resize Duplicates*): Digite os fatores de escala em **X** e **Y** para criar cópias com tamanhos diferentes do original;

   d. **Rotacionar Cópias** (*Rotate Duplicates*): Digite o valor do ângulo de giro das cópias, tendo como referência o centro geométrico do objeto;

   e. **Objeto Original** (*Original Object*): Escolha se você quer manter o objeto original em **Reter** (*Retain*) e se quer **Deixar Selecionado** (*Leave Selected*) depois de executar a duplicação.

4. Clique em **OK** para confirmar a duplicação.

para duplicar objetos ao longo de um caminho

1. Para executar esse comando é necessário um polígono ou uma polilinha, para servir de referência de caminho (**a**), e um objeto a ser duplicado (**b**).

2. Vá ao menu **Editar/Duplicar ao Longo do Caminho**... (*Edit/Duplicate Along Path...*).

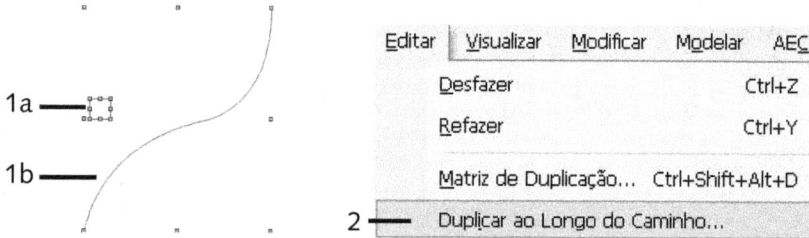

3. Na janela que se abre a seguir:

   a. **Selecione um objeto caminho** (*Select a Path object*): Clique nas setas << Ant. e Próx >> para escolher o objeto que será a referência para a duplicação.

   b. **Posicionar Cópia** (*Duplicate Placement*): Escolha se o critério de posicionamento será dado por uma **Distância Fixa** (*Fixed Distance*) ou se a referência será o **Número de Cópias** (*Number of Copies*);

   c. **Desloc. Inicial** (*Start Offset*): Escolha como será dada a distância entre o primeiro objeto a ser colocado e o início do polígono usado como referência. Você pode optar por uma **Distância** (*Distance*) exata ou pelo **Próximo Clique** (*Next Click*).

4. **Tangente ao caminho** (*Tangent to path*): Clique para manter os objetos duplicados sempre tangente ao caminho.

5. **Prévia** (*Preview*): Clique se quiser prever como a duplicação será executada.

6. Clique em **OK** para que a duplicação ocorra.

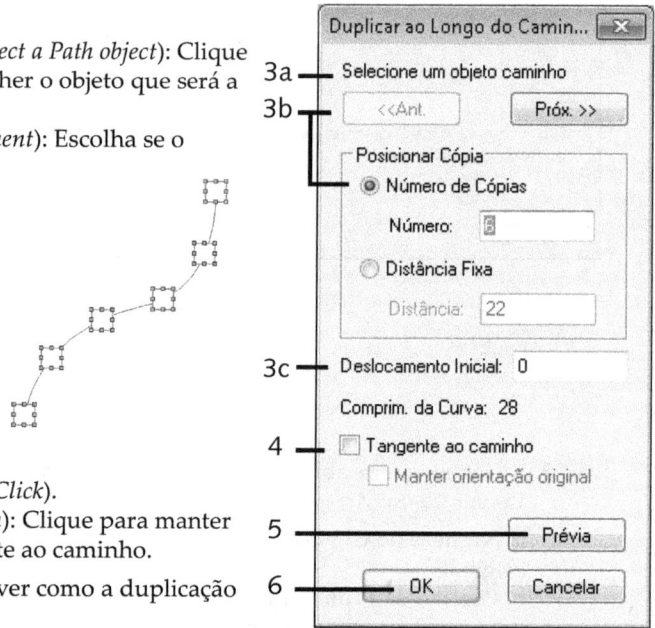

outras opções interessantes

1. Os comandos **Copiar** (*Copy*) **Ctrl+C** (**a**) e **Colar** (*Paste*) **Ctrl+V** (**b**) são muito úteis para transferir um objeto entre arquivos diferentes de Vectorworks. Esses arquivos devem estar abertos.

2. Quando você quiser copiar um objeto para outra camada ou arquivo, mantendo a cópia na mesma posição do original (ou seja, a cópia é colocada na mesma posição em relação às réguas que aparecem na janela de desenho), vá ao menu **Editar/Colar na Posição** (*Edit/Paste in Place*) **Ctrl+Alt+V**.

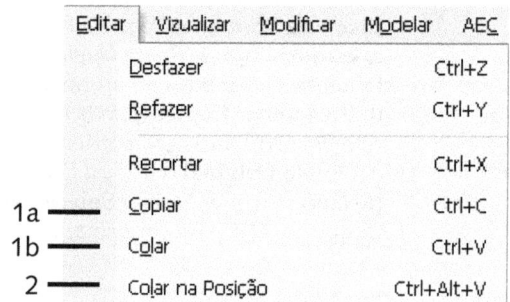

4.14 Travar e destravar

O comando **Travar** é bastante útil quando você precisa usar objetos como referência para desenhar novos objetos. Os objetos de referência são travados para que você não os movimente nem os apague acidentalmente.

para travar

1. Selecione um ou mais objetos para travar com a ferramenta **Seleção** (*Selection*) **X**.

2. Vá ao menu **Modificar/Travar** (*Modify/Lock*).

3. Perceba que os objetos foram travados (as alças azuis desaparecem e o objeto apresenta um contorno cinza quando selecionado).

como destravar

1. Selecione um ou mais objetos travados com a ferramenta **Seleção** (*Selection*) **X**.

2. Vá ao menu **Modificar/Destravar** (*Modify/Unlock*).

3. Observe que os objetos foram destravados.

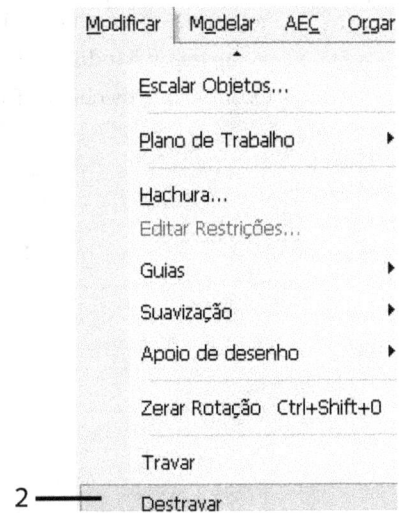

4.15 Agrupar e desagrupar

Um grupo pode conter vários objetos (e até mesmo outros grupos) com a intenção de auxiliar o desenvolvimento do projeto. Você pode ter dentro de um mesmo arquivo quantos grupos forem necessários, sendo que os objetos pertencentes a um deles podem ser desagrupados a qualquer momento, mantendo suas características originais.

para criar um grupo

1. Selecione um ou mais objetos para agrupar com a ferramenta **Seleção** (*Selection*) **X**.

2. Vá ao menu **Modificar/Agrupar** (*Modify/Group*) **Ctrl+G**.

3. Perceba que o grupo foi criado.

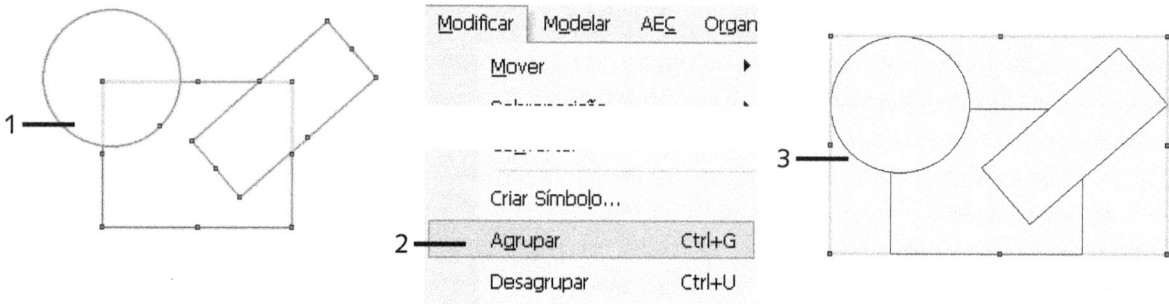

> **OBS** Para editar objetos dentro de um grupo, vá ao menu **Modificar/Editar Grupo** (*Modify/Edit Group*) **Ctrl+[**. Você também pode fazer um duplo clique para entrar no grupo. Para sair da edição de um grupo e voltar ao desenho, vá ao menu **Modificar/Sair do Grupo** (*Modify/Exit Group*) **Ctrl+]**.

como desagrupar

1. Selecione um ou mais objetos para desagrupar com a ferramenta **Seleção** (*Selection*) **X**.

2. Vá ao menu **Modificar/Desagrupar** (*Modify/Ungroup*) **Ctrl+U**.

3. Observe que os objetos foram desagrupados.

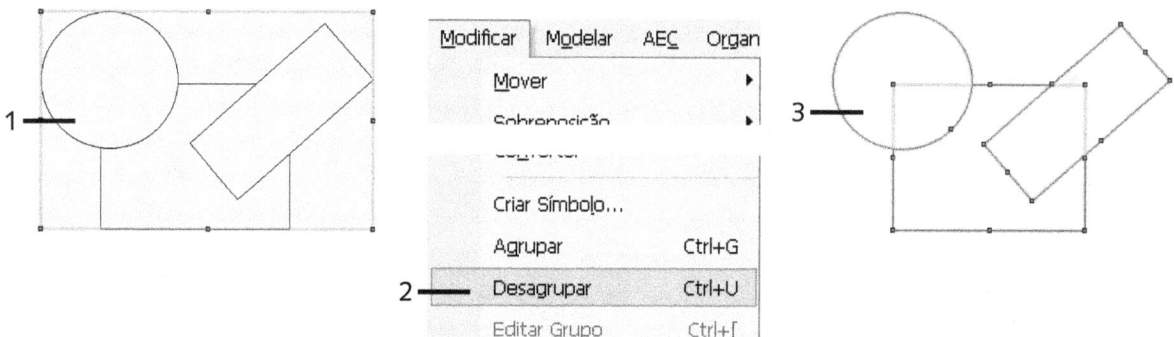

Consigo criar e editar todas as formas básicas que quero. Mas agora preciso usar ferramentas que desenhem diretamente em 3D e também dar volume aos objetos que já fiz. Quero saber como

5 desenhar e editar objetos 3D

As ferramentas de criação de objetos 3D sólidos, a partir das ferramentas básicas, ou então de extrusões e varreduras, estão diretamente ligadas à maneira como você visualiza o projeto no Vectorworks. Esses sólidos 3D podem interagir através de processos como adição, subtração e intersecção.

O que você vai ler neste capítulo

5.1 Objetos 3D primitivos

5.2 Criação de objetos 3D a partir de objetos 2D

5.3 Operações com sólidos

5.4 Operações complementares

5.1 Objetos 3D primitivos

Para facilitar o trabalho de modelagem, o Vectorworks traz algumas ferramentas que nos auxiliam na criação de volumes 3D simples, como cones, paralelepípedos e esferas. Esses objetos podem ser criados tendo preferencialmente como referência o **Plano da Camada** (*Layer Plane*) ou um **Plano Automático** (*Automatic*).

como criar um hemisfério

1. Na paleta **Modelagem 3D** (*3D Modeling*), clique na ferramenta **Hemisfério** (*Hemisphere*) **Ctrl+Shift+3**.

2. Na barra de modos, escolha o tipo de hemisfério que você quer criar: **Pelo Raio** (*by Radius*) (**a**), **Pelo Diâmetro** (*by Diameter*) (**b**) e **Pelo Raio Superior** (*by Up Radius*) (**c**).

3. **Pelo Raio** (*by Radius*):

   a. Clique para definir o centro;
   b. Mova o cursor para definir o raio. Se quiser definir um valor para ele, aperte **TAB** e digite-o no campo **Raio** (*Radius*). Em seguida, aperte **Enter** e clique para confirmar o ponto.

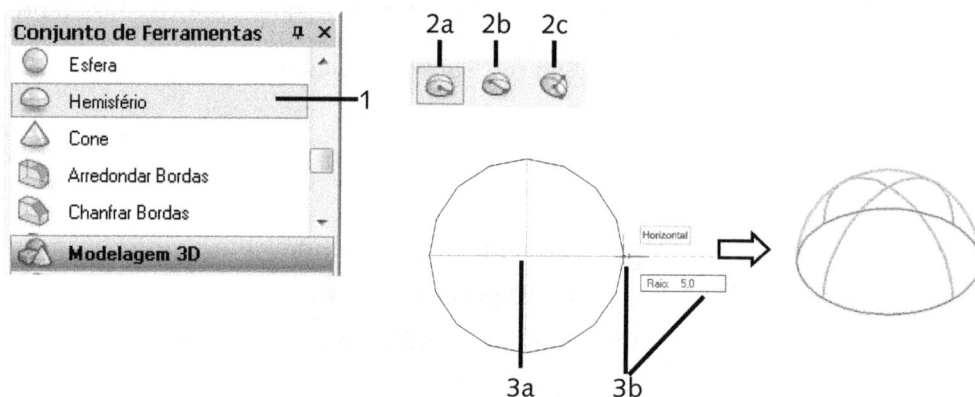

4. **Pelo Diâmetro** (*by Diameter*):

   a. Clique onde quer começar o hemisfério;
   b. Mova o cursor para determinar o diâmetro. Se quiser definir um valor, aperte **TAB** e digite-o no campo **Raio** (*Radius*). Em seguida, aperte **Enter** e clique para confirmar o ponto.

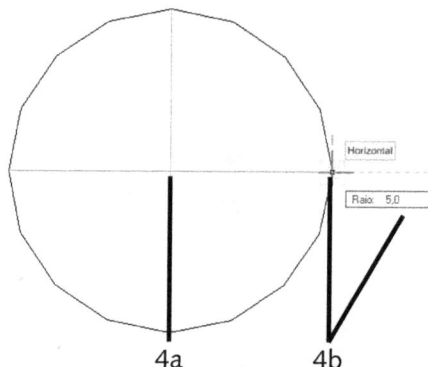

5. **Pelo Raio Superior** (*by Up Radius*):

   a. Clique onde será o centro;
   b. Mova o cursor para definir o raio do hemisfério pela sua cúpula. Se quiser definir um valor, aperte **TAB** e digite-o no campo **Raio** (*Radius*). Em seguida, aperte **Enter** e clique para confirmar o ponto. Bom para a criação de hemisférios a partir de vistas laterais.

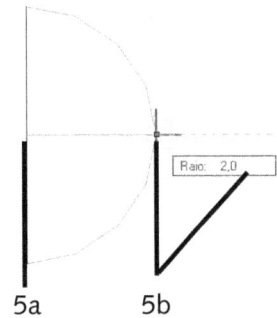

5a   5b

para fazer uma esfera

1. Na paleta **Modelagem 3D** (*3D Modeling*), clique na ferramenta **Esfera** (*Sphere*) <u>**Shift+3**</u>.

2. Na barra de modos, escolha o tipo de esfera que você quer criar: **Pelo Raio** (*by Radius*) (**a**), **Pelo Diâmetro** (*by Diameter*) (**b**) e **Pelo Centro e Raio** (*by Center and Radius*) (**c**).

3. **Pelo Raio** (*by Radius*):

   a. Clique para definir o centro;
   b. Mova o cursor para confirmar o raio da esfera. Se quiser definir um valor, aperte **TAB** e digite-o no campo **Raio** (*Radius*). Em seguida, aperte **Enter** e clique para confirmar o ponto.

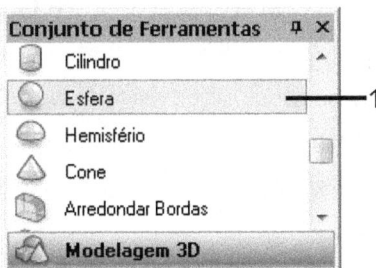

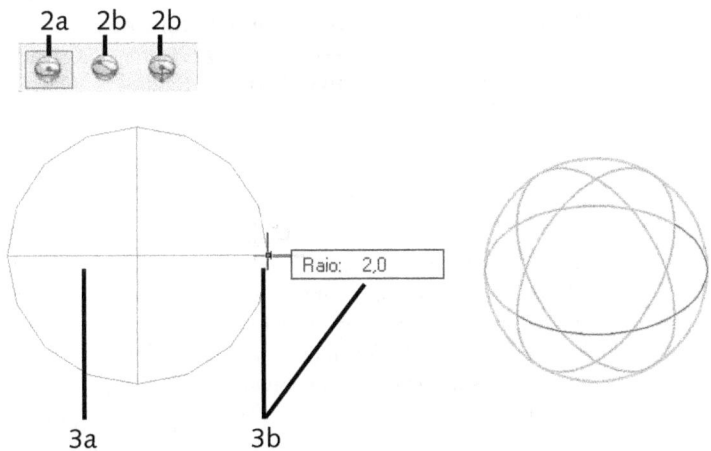

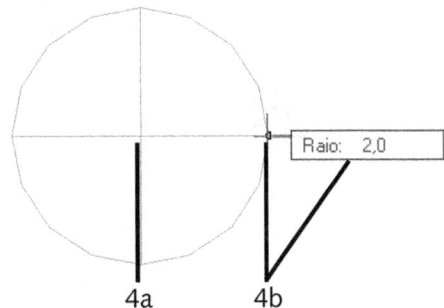

2a   2b   2b

3a   3b

4. **Pelo Diâmetro** (*by Diameter*):

   a. Clique onde quer começar a esfera;
   b. Mova o cursor para definir o diâmetro. Se quiser definir um valor, aperte **TAB** e digite-o no campo **Raio** (*Radius*). Em seguida, aperte **Enter** e clique para confirmar o ponto.

4a   4b

5. **Pelo Centro e Raio** (*by Center and Radius*):

a. Clique para definir a projeção do centro da esfera em relação ao plano de trabalho;

b. Mova o cursor para definir a posição do centro da esfera em relação ao eixo **Z**. Se quiser definir valores para a posição do centro, aperte **TAB** e digite-os nos campos X', Y' e Z'. Em seguida, aperte **Enter** e clique para confirmar o ponto;

c. Mova o cursor para determinar o raio da esfera. Se quiser definir um valor, aperte **TAB** e digite no campo **Raio** (*Radius*). Em seguida, aperte **Enter** e clique para confirmar o ponto.

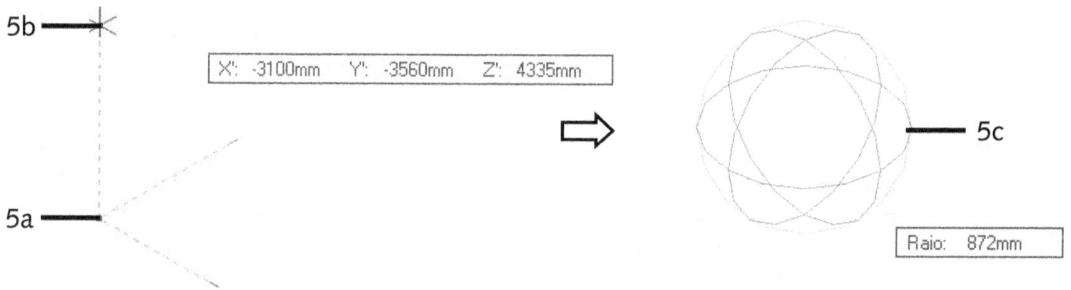

5b

| X': -3100mm | Y': -3560mm | Z': 4335mm |

5c

5a

Raio: 872mm

como fazer um cone

1. Na paleta **Modelagem 3D** (*3D Modeling*), clique na ferramenta **Cone** (*Cone*).

2. Na barra de modos, escolha o tipo de cone que você quer criar: **por Raio e Altura** (*by Radius and Height*) (**a**) e **por Raio e Ponta** (*by Radius and Tip*) (**b**).

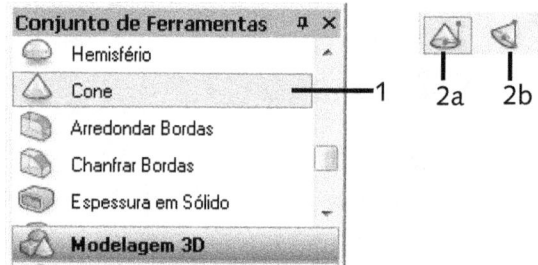

Conjunto de Ferramentas

- Hemisfério
- Cone
- Arredondar Bordas
- Chanfrar Bordas
- Espessura em Sólido

Modelagem 3D

1

2a   2b

3. **Por Raio e Altura** (*by Radius and Height*): Clique para localizar o centro do cone (**a**); Mova o cursor e clique onde quer definir o raio (**b**); Mova o cursor e clique mais uma vez para indicar a altura do cone (**c**).

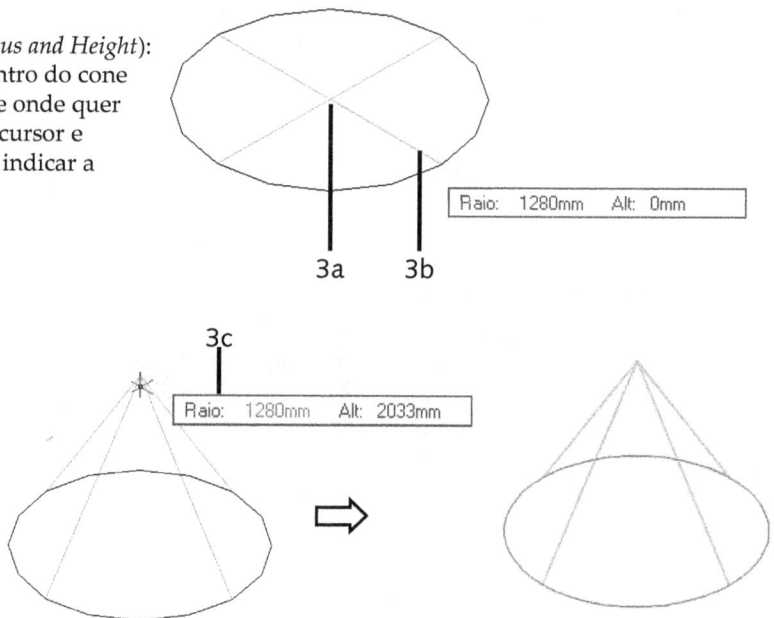

| Raio: 1280mm | Alt: 0mm |

3a   3b

3c

| Raio: 1280mm | Alt: 2033mm |

4. **Por Raio e Ponta** (*by Radius and Tip*): Clique onde você quer definir o centro do cone (**a**); mova o cursor e clique para confirmar o raio do cone (**b**); mova o cursor em direção a alguma aresta de qualquer objeto 3D e perceba que o cone vai ser criado nessa direção. Clique para confirmar (**c**). Esse modo só funciona se você usar uma vista isométrica.

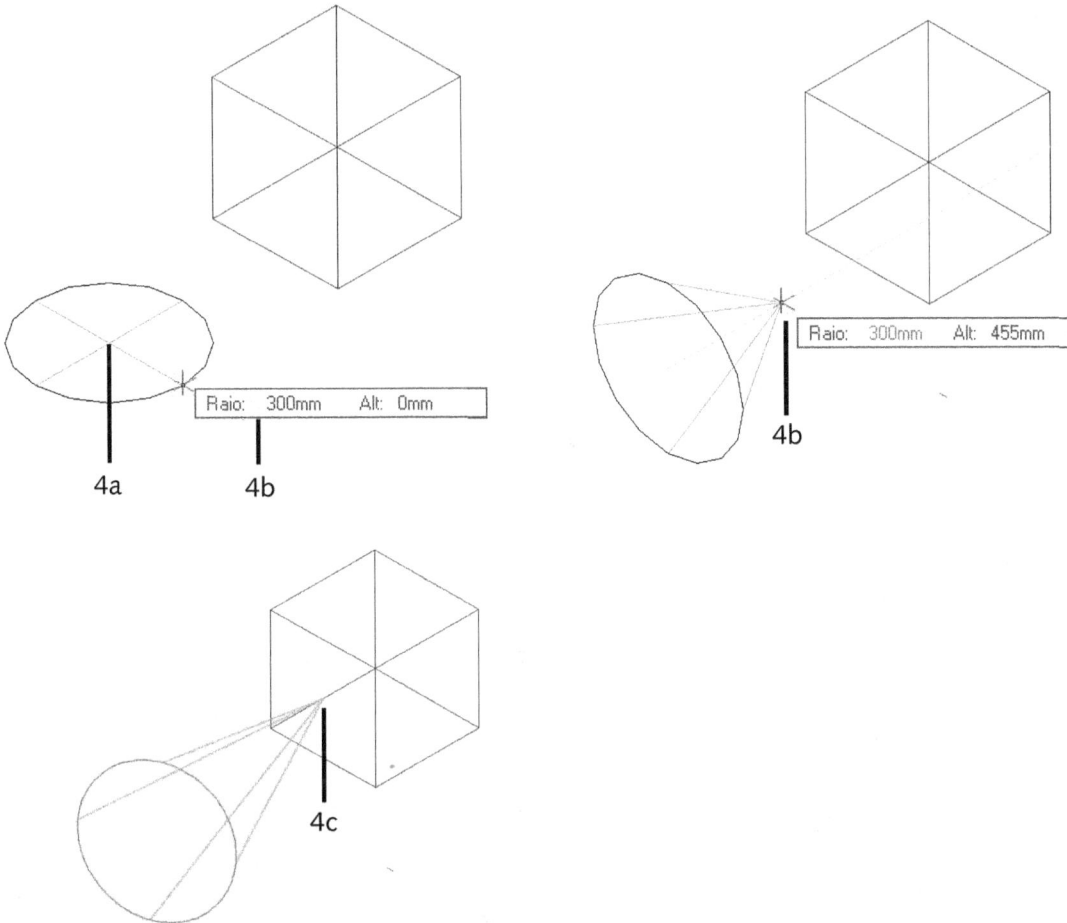

como fazer um polígono 3D sem espessura

1. Na paleta **Modelagem 3D** (*3D Modeling*), clique na ferramenta **Polígono 3D** (*3D Polygon*).

2. Clique onde você quer começar a desenhar o polígono 3D.

3. Mova o cursor para definir a aresta do polígono e clique para confirmar.

4. Repita o procedimento para cada aresta que você quer criar.

5. Se quiser finalizar o polígono aberto, faça um duplo clique em seu ponto final. Para concluir o polígono fechado, clique no ponto de início.

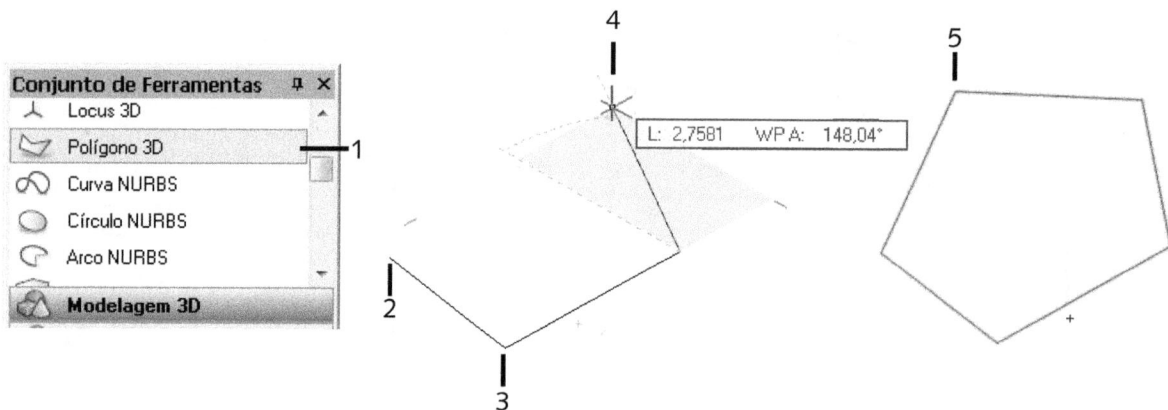

5.2 Criação de objetos 3D a partir de objetos 2D

Os principais comandos para criar objetos em 3D no Vectorworks, até a versão 2011, são a **Extrusão** (*Extrude*) e a **Varredura** (*Sweep*). Tais comandos utilizam um ou mais objetos 2D para criar um objeto 3D e podem ser orientados de acordo com a vista no momento do uso do comando, como veremos a seguir. A partir da versão 2012, objetos criados por extrusão podem ser criados usando objetos 2D que podem estar em qualquer plano de desenho e a ferramenta **Empurra/Puxa** (*Push/Pull*).

para fazer um objeto por extrusão

O processo de extrusão de um objeto faz com que ele ganhe volume a partir de sua forma original em 2D. Geralmente o comando de extrusão é usado para a criação de objetos como pilares, perfis, tubos, etc.

1. Na barra de visualização, clique na barra indicada para escolher o plano de desenho que lhe for mais conveniente. Escolha entre:

a. **Plano da Camada** (*Layer Plane*), em que o objeto está apoiado no plano principal do programa e será extrudado para baixo ou para cima deste plano;
b. **Plano da Tela** (*Screen Plane*), em que o objeto 2D aparece sempre colado à tela e será extrudado na direção da vista escolhida no momento (este é o modo tradicional e era o único possível até a versão 2009 do Vectorworks);
c. Um plano de trabalho, que pode ser algum salvo anteriormente ou um que você acabou de criar. Neste caso, o objeto será desenhado no plano e extrudado perpendicularmente a ele.

2. Desenhe o perfil com as ferramentas 2D (como retângulo, círculo, arco, polígono ou polilinha).

3. Selecione o perfil e vá ao menu **Modelar/Extrusão...** (*Model/Extrude...*) **Ctrl+E**.

4. Na janela que se abre, digite o valor para a criação do volume no campo **Extrusão** (*Extrude*).

5. Clique em **OK** (**a**) e observe a criação do objeto extrudado, mudando a vista atual ou usando a ferramenta de **Sobrevoo** (*Flyover*) **Shift+C** (**b**).

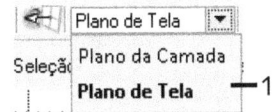

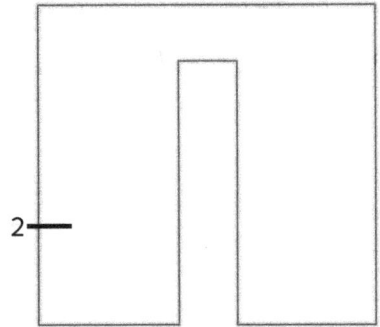

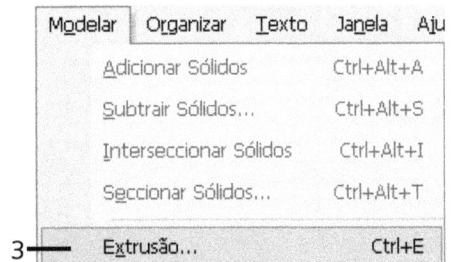

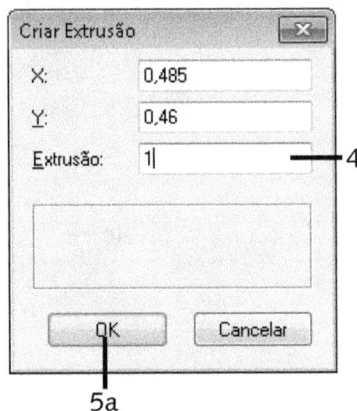

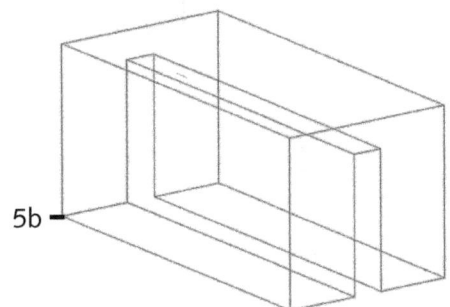

para editar uma extrusão

Você pode editar as dimensões de uma extrusão pela paleta **Info de Objetos** (*Object Info*) <u>**Ctrl+I**</u>, mas, se quiser alterar o seu perfil, siga o procedimento abaixo:

1. Na paleta **Ferramentas Básicas** (*Basic*), escolha a ferramenta **Seleção** (*Selection*) <u>**X**</u>.

2. Faça um duplo clique sobre alguma linha do objeto que você quer editar.

3. Clique na barra indicada e mude a vista para **Topo/Planta** (*Top/Plan*) (**a**); observe que o objeto passa a ser mostrado de frente para a tela (**b**).

4. Edite-o como quiser (**a**) e depois clique no botão **Sair da Extrusão** (*Exit Extrude*), no canto superior direito da janela de desenho (**b**). Observe que a mudança foi aplicada em toda a extrusão (**c**).

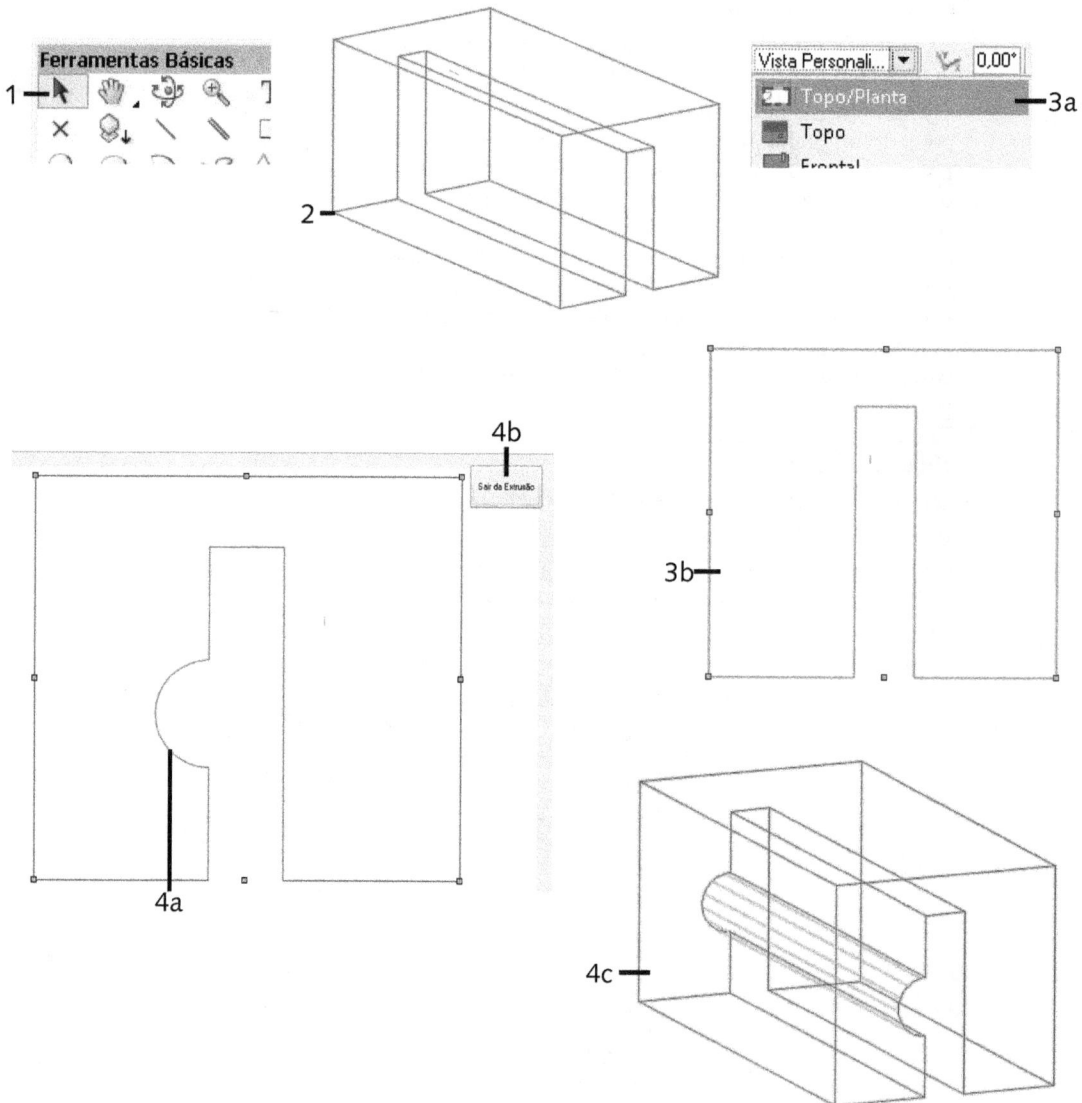

o que é e como fazer uma extrusão múltipla

A extrusão múltipla é usada para fazer objetos em 3D que possuam seções variáveis.

1. Na barra de visualização, clique na barra indicada para escolher o plano de desenho que lhe for mais conveniente. Escolha entre:

   a. **Plano da Camada** (*Layer Plane*), em que os objetos estarão apoiados no plano principal do programa e serão extrudados para baixo ou para cima deste plano;
   b. **Plano da Tela** (*Screen Plane*), em que os objetos 2D aparecem sempre colados à tela e serão extrudados na direção da vista escolhida no momento (este é o modo tradicional e era o único possível até a versão 2009);
   c. Um plano de trabalho, que pode ser algum salvo anteriormente ou um que você acabou de criar. Neste caso, os objetos serão desenhados no plano e extrudados perpendicularmente a ele.

2. Desenhe dois (ou mais) polígonos, que serão as seções da extrusão.

3. Vá ao menu **Modelar/Extrusão Múltipla...** (*Model/Multiple Extrude...*) **Ctrl+Alt+E**.

4. Na janela que se abre, digite o valor para a criação do volume no campo **Extrusão** (*Extrude*); se mais de dois polígonos estiverem selecionados, o Vectorworks irá dividir igualmente o valor total pelo número de seções existentes.

5. Clique em **OK** (**a**) e observe a criação do objeto extrudado, mudando a vista atual ou usando a ferramenta de **Sobrevoo** (*Flyover*) **Shift+C** (**b**).

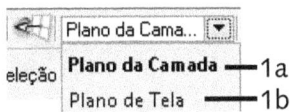

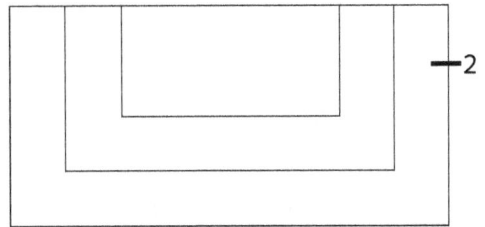

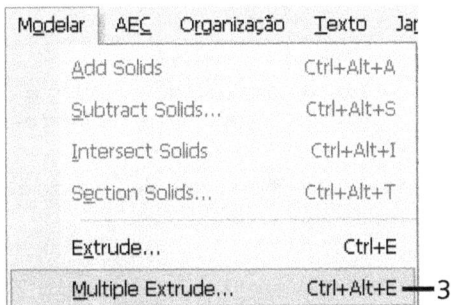

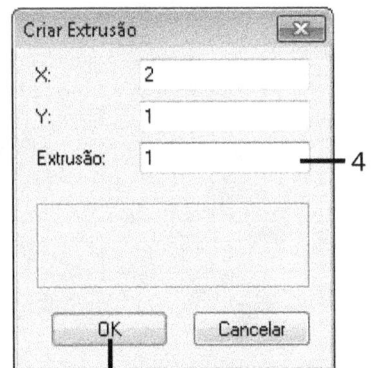

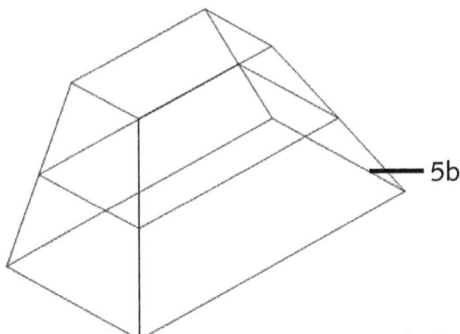

para editar uma extrusão múltipla

Você pode editar as dimensões de uma extrusão múltipla pela paleta **Info de Objetos** (*Object Info*) **Ctrl+I**, mas, se quiser alterar os seus perfis, siga o procedimento abaixo:

1. Com a ferramenta **Seleção** (*Selection*) **X**, faça um duplo clique sobre alguma linha do objeto que você quer editar.

2. Clique na barra indicada e mude a vista para **Topo/Planta** (*Top/Plan*); observe que os objetos passam a ser mostrados de frente para a tela.

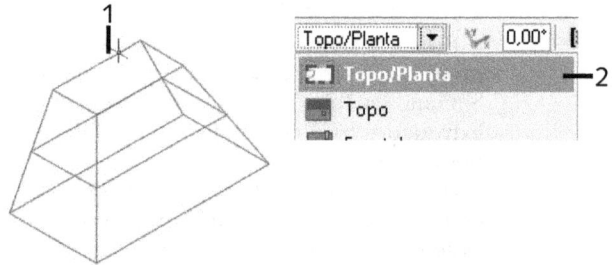

3. Edite-os como quiser. Se você alterar a ordem de sobreposição deles, isso também será refletido na extrusão múltipla.

4. Clique no botão **Finalizar Múltiplos Extrusão Perfis** (*Exit Multiple Extrude Profiles*) **Ctrl+Alt+E** (**a**), no canto superior direito da janela de desenho. Observe que a mudança foi aplicada em todo o objeto (**b**).

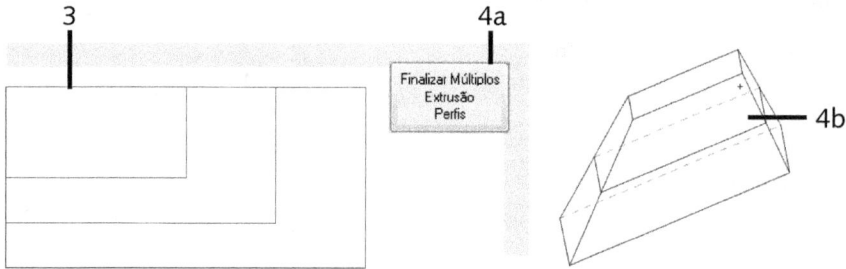

como criar uma extrusão por caminho

A partir de dois objetos, um que faz o papel de perfil e outro entendido como caminho, o Vectorworks cria um sólido que é produto do perfil extrudado seguindo o caminho escolhido. Vamos observar o exemplo abaixo:

1. Na barra de visualização, clique na barra indicada para escolher o plano de desenho que lhe for mais conveniente para o objeto-perfil e/ou o objeto-caminho. Escolha entre:

   a. **Plano da Camada** (*Layer Plane*), em que o objeto está apoiado no plano principal do programa;
   b. **Plano da Tela** (*Screen Plane*), em que o objeto 2D aparece sempre colado à tela (este é o modo tradicional e era o único possível até a versão 2009 do Vectoworks);
   c. Um plano de trabalho, que pode ser algum salvo anteriormente ou um que você acabou de criar.

2. Desenhe dois objetos: um retângulo (que será o perfil) (**a**) e um polígono, ou polilinha (que servirá de caminho) (**b**).

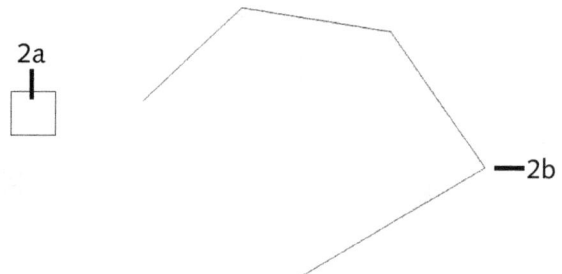

3. Selecione os objetos e vá ao menu **Modelar/Extrusão por Caminho** (*Model/Extrude Along Path*) **Ctrl+Alt+X**.

4. Na janela que se abre, clique nos botões indicados para definir qual objeto servirá de caminho.

5. Clique em **OK** (**a**) e observe o objeto criado (**b**).

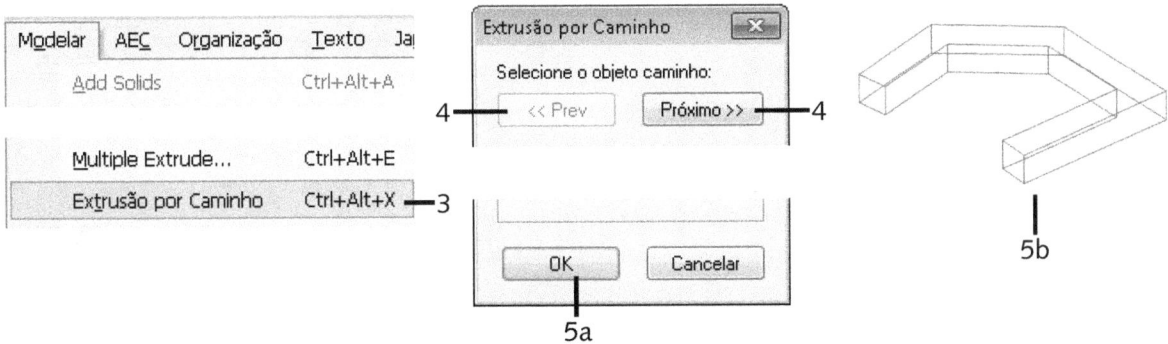

para editar uma extrusão por caminho

Você pode editar uma extrusão por caminho pela paleta **Info de Objetos** (*Object Info*) **Ctrl+I**, mas, para alterar o perfil ou o caminho, siga o procedimento abaixo:

1. Com a ferramenta **Seleção** (*Selection*) **X**, faça um duplo clique sobre alguma linha do objeto que você quer editar.

2. Na janela que se abre, escolha qual elemento você quer editar: o **Caminho**/*Path* (**a**) ou o **Perfil**/*Profile* (**b**).

3. Clique na barra **Clique Duplo** (*Double Click*) para escolher qual ação será executada toda vez que um duplo clique for dado em uma extrusão por caminho: **Edita o Caminho** (*Edit Path*) (**a**), **Edita o Perfil** (*Edit Profile*) (**b**) ou **Exibe esta Janela** (*Show this Dialog*) (**c**).

4. Clique em **OK** para editar o objeto.

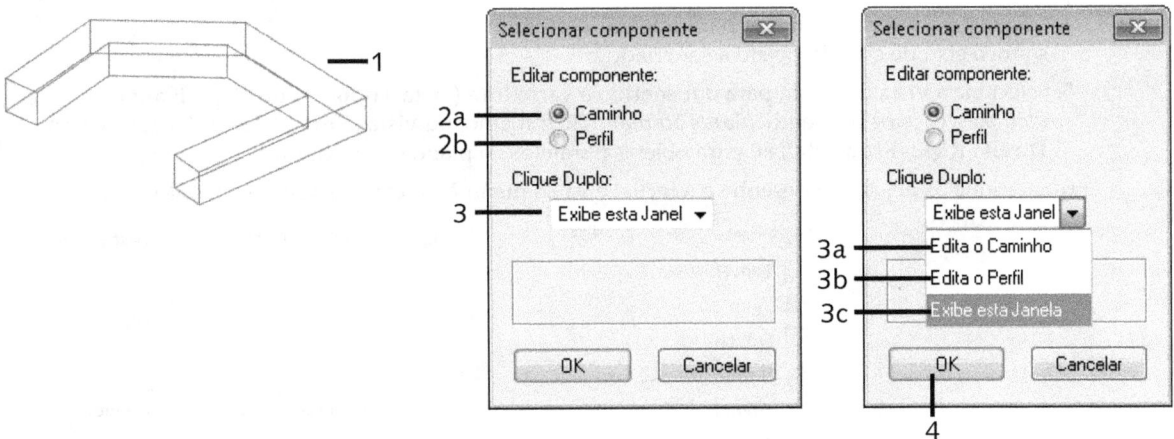

5. Edite o objeto e depois clique no botão **Sair Extrusão Caminho** (*Exit Extrude Path*) <u>**Ctrl+Alt+E**</u>, no canto superior direito da janela de desenho, para sair da edição. Observe que a extrusão por caminho foi alterada.

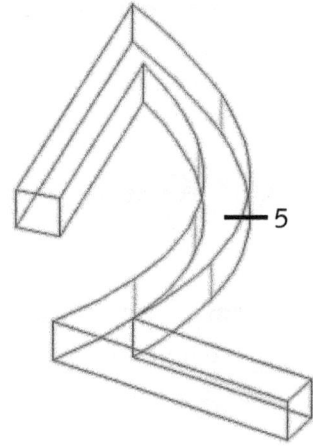

como criar um objeto usando varredura

A varredura utiliza um ou mais objetos 2D para criar um volume a partir do giro destes em torno de um eixo. Com essa ferramenta podemos criar objetos como vasos, taças, seções de cone e toroides (*donuts*), entre outros:

1. Na barra de visualização, clique na barra indicada para ativar a opção **Plano de Tela** (*Screen Plane*), que faz com que os objetos 2D sempre estejam orientados de acordo com a vista do observador.

2. Desenhe o perfil desejado com as ferramentas 2D (retângulo, círculo, arco, polígono, polilinha, etc.).

3. Na paleta **Ferramentas Básicas** (*Basic*), clique na ferramenta **Locus 0**.

4. Clique para inserir um locus, para orientar o programa sobre o eixo de giro do objeto a ser criado.

5. Selecione a vista desejada para dar sentido à varredura (vista **Topo**/*Top* ou **Topo/Planta** *Top/Plan* para objetos perpendiculares ao plano de trabalho, ou vistas **Frontal**/*Front*, **Posterior**/*Back*, **Direita**/*Right*, **Esquerda**/*Left* para objetos paralelos ao plano de trabalho).

6. Selecione os objetos (o desenho e o locus) e vá ao menu **Modelar/Varredura...** (*Model/Sweep...*) <u>**Ctrl+Alt+W**</u>.

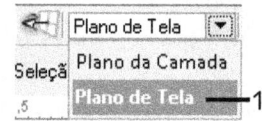

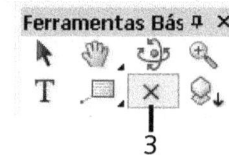

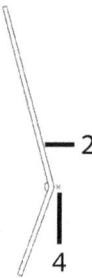

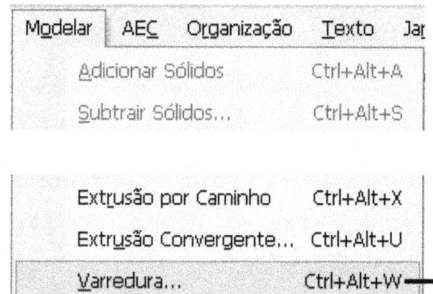

7. Na janela que se abre, configure os campos:

a. **Altura** (*Height*): Altura do objeto a ser utilizado como base para a varredura;

b. **Raio** (*Radius*): Distância entre o centro do objeto e o centro do raio de varredura;

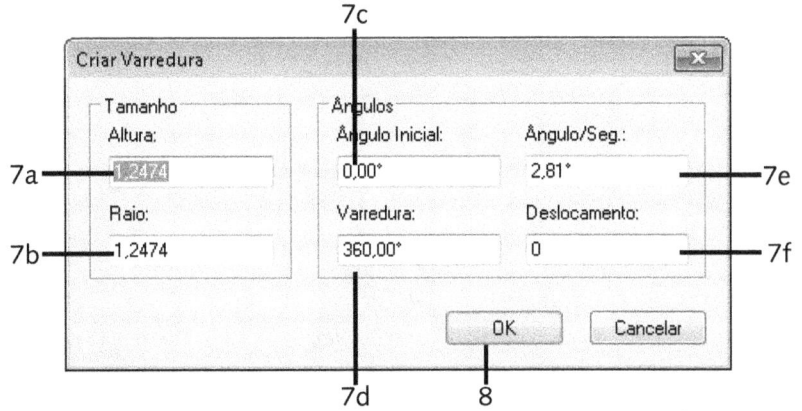

c. **Ângulo Inicial** (*Start Angle*): Valor que define o começo da varredura;

d. **Varredura** (*Arc Angle*): Valor que define o fim da varredura;

e. **Ângulo/Seg.** (*Seg Angle*): Valor que determina a segmentação da varredura;

f. **Deslocamento** (*Pitch*): Determina a diferença de altura entre o começo da varredura (ângulo 0°) e o ponto onde a varredura teria 360°. Ideal para a construção de espirais em 3D.

8. Clique em **OK**.

9. Observe a criação da varredura, mudando a vista atual ou usando a ferramenta **Sobrevoo** (*Flyover*) **Shift+C** (**b**).

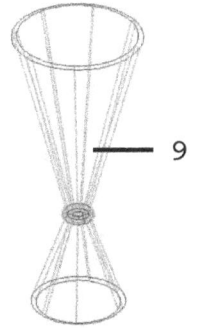

para editar uma varredura

Você pode alterar vários ajustes da varredura pela paleta **Info de Objetos** (*Object Info*) **Ctrl+I**. Para alterar o desenho do perfil de uma varredura, siga o procedimento abaixo:

1. Com a ferramenta **Seleção** (*Selection*) **X**, faça um duplo clique sobre alguma linha do objeto que você quer editar.

2. Clique na barra indicada e mude a vista para **Topo/Planta** (*Top/Plan*); observe que o objeto passa a ser mostrado de frente para a tela.

3. Edite-o como quiser.

4. Clique no botão **Sair da Varredura** (*Exit Sweep*) (**a**), no canto superior direito da janela de desenho. Observe que a mudança foi aplicada em toda a varredura (**b**).

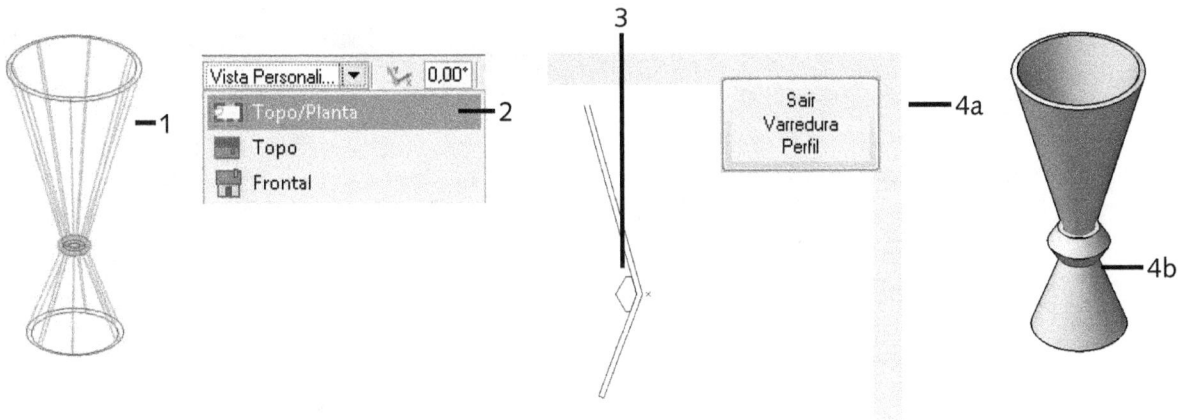

como criar uma extrusão convergente

Uma extrusão convergente é um objeto 3D extrudado, com inclinação definida, a partir de um objeto 2D ou 3D que funcione como perfil. Para criar uma extrusão convergente:

1. Na barra de visualização, clique no botão indicado para escolher o plano de desenho que lhe for mais conveniente. Escolha entre:

   a. **Plano da Camada** (*Layer Plane*), em que o objeto está apoiado no plano principal do programa e será extrudado para baixo ou para cima deste plano;
   b. **Plano de Tela** (*Screen Plane*), em que o objeto 2D aparece sempre colado à tela e será extrudado na direção da vista escolhida no momento (este é o modo tradicional e era o único possível até a versão 2009 do Vectoworks);
   c. Um plano de trabalho, que pode ser algum salvo anteriormente ou um que você acabou de criar. Neste caso, o objeto será desenhado no plano e extrudado perpendicularmente a ele.

2. Selecione o objeto que deverá ser extrudado.

3. Vá ao menu **Modelar/Extrusão Convergente...** (*Model/Tapered Extrude...*) **Ctrl+Alt+U**.

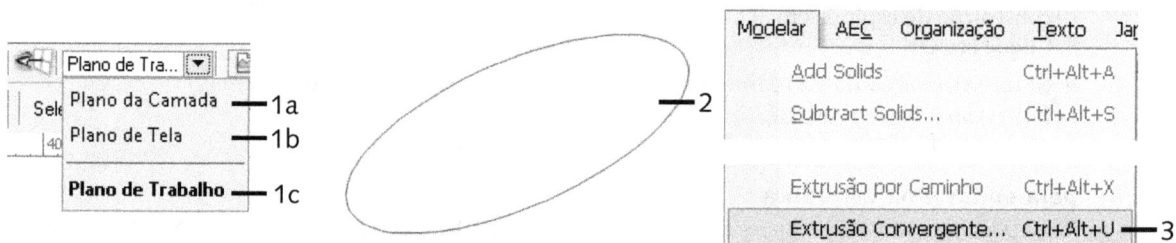

4. Na janela que se abre, defina:

   a. **Altura (Z)** [*Height* (Z)]: Altura da extrusão;
   b. **Ângulo de Convergência** (*Taper Angle*): Ângulo da extrusão.

5. Clique em **OK** (**a**) para gerar a extrusão convergente (**b**).

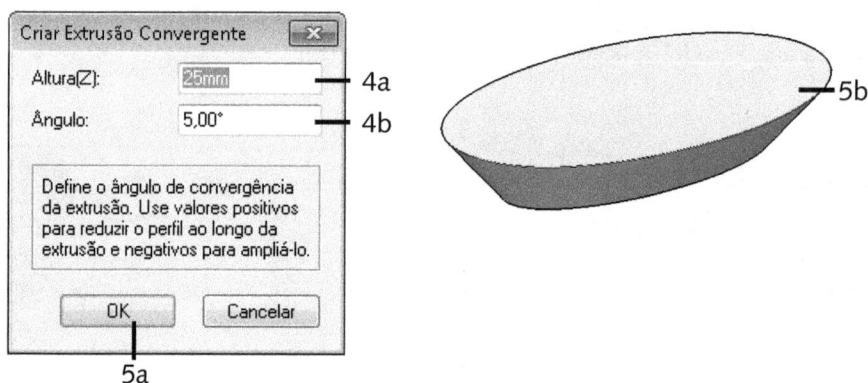

para editar uma extrusão convergente

Você pode alterar a rotação, o ângulo e a altura da extrusão convergente pela paleta **Info de Objetos** (*Object Info*) **Ctrl+I**. Para alterar o perfil da extrusão convergente, siga o procedimento abaixo:

1. Com a ferramenta **Seleção** (*Selection*) **X**, faça um duplo clique sobre alguma linha do objeto que você quer editar.

2. Clique na barra indicada e mude a vista para **Topo/Planta** (*Top/Plan*); observe que o objeto passa a ser mostrado de frente para a tela.

3. Edite-o como quiser.

4. Clique no botão **Sair do Perfil** (*Exit Profile*) (**a**), no canto superior direito da janela de desenho. Observe que a mudança foi aplicada na extrusão convergente (**b**).

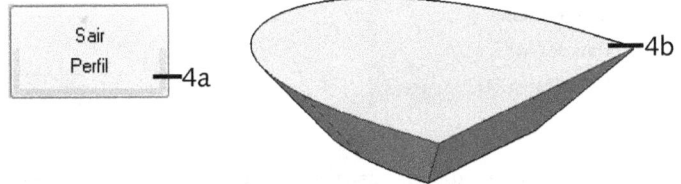

para criar volumes a partir de objetos 2D com a ferramenta Empurra/Puxa (Push/Pull)

A ferramenta **Empurra/Puxa** (*Push/Pull*) pode ser usada para transformar qualquer objeto 2D em um volume – desde que esteja associado ao **Plano da Camada** (*Layer Plane*). Para testar o uso da ferramenta:

1. Selecione um objeto 2D qualquer (**a**) e verifique, na paleta **Info de Objetos** (*Obj Info*), que ele está associado ao **Plano da Camada** (*Layer Plane*) (**b**).

2. Coloque o observador em uma posição que faça o objeto ser visto em isométrica ou em perspectiva; no exemplo foi usada a vista **Isométrica Direita** (*Right Isometric*).

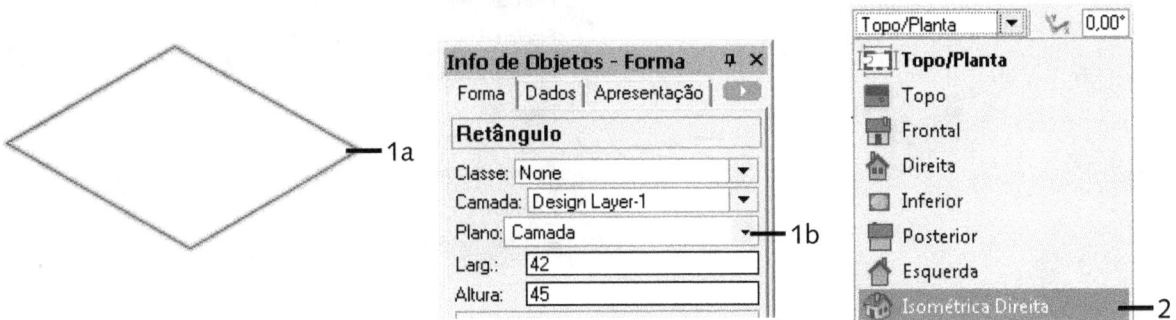

3. Na paleta **Modelagem 3D** (*3D Modeling*), clique na ferramenta **Empurra/Puxa** (*Push/Pull*).

4. Na barra de modos, clique em **Modo Extrusão de Face** (*Extrude Face Mode*).

5. Mova o cursor sobre o objeto 2D até que apareça pré-selecionado (**a**). Em seguida, clique na face e mova o cursor para criar o volume; se quiser dar um valor ao volume, aperte **TAB** e digite-o (**b**), em seguida aperte **Enter**.

6. Clique para terminar a criação do volume.

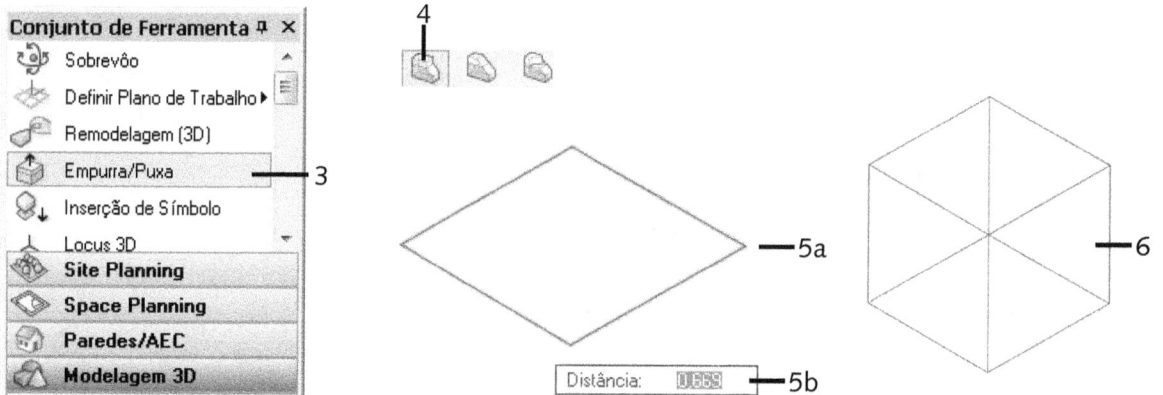

como e quando usar os modos Extrusão de Face e Mover Face

A ferramenta **Empurra/Puxa** (*Push/Pull*) é muito versátil. Você pode usá-la para alterar o tamanho de volumes já criados:

1. Os volumes deste exemplo foram criados a partir de retângulos chanfrados e estão sendo observados a partir de uma vista isométrica.

2. Selecione a ferramenta **Empurra/Puxa** (*Push/Pull*) (**a**) e, em seguida, clique no primeiro botão da barra de modos, o **Modo Estrusão de Faces** (*Extrude Face Modes*) (**b**).

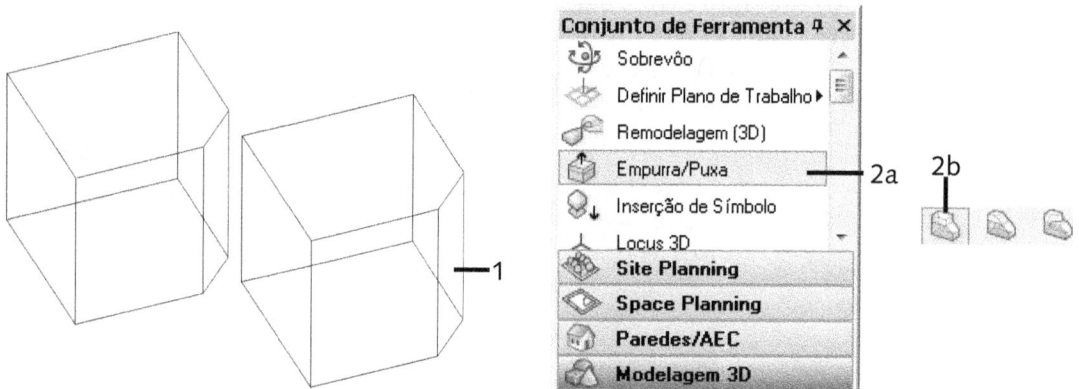

3. Clique em uma das faces frontais (**a**) e mova o cursor pora modificar o volume. Clique para confirmar (**b**).

4. Clique no segundo botão da barra de modos, o **Modo Mover Face** (*Move Face Mode*).

5. No objeto ao lado, clique na mesma face usada no item **3a** e mova o cursor para alterar o volume. Clique para confirmar (**b**). Observe que, enquanto o primeiro modo aumenta ou diminui o volume no sentido perpendicular à face escolhida, o segundo modo movimenta a face selecionada, ajustando o volume e a própria face simultaneamente.

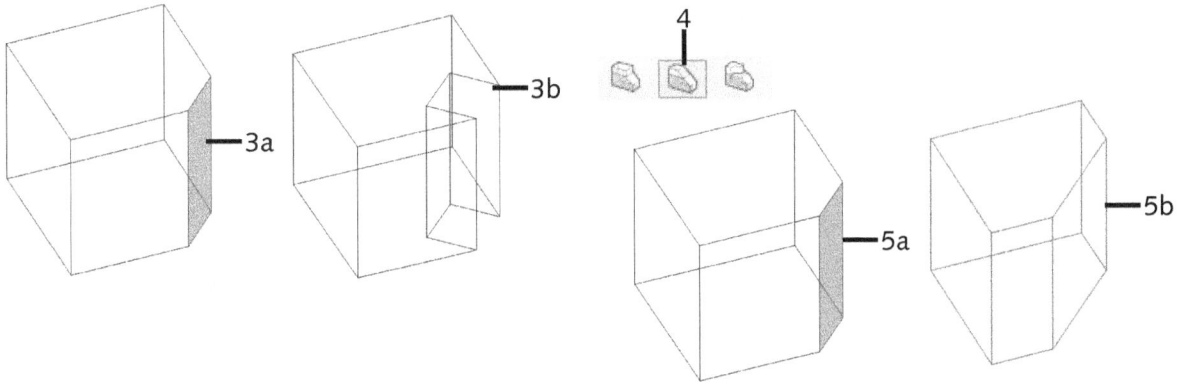

o modo Sub-Face

O modo Sub-Face permite que você consiga alterar um volume usando qualquer objeto 2D como referência. No exemplo a seguir, você vai ver como usar um círculo 2D para recortar um pedaço de um volume.

1. Coloque o observador em uma vista isométrica, para facilitar a visualização das faces.

2. Na paleta **Modelagem 3D** (*3D Modeling*), clique em **Definir Plano de Trabalho** (*Set Working Plane*) (**a**). Na barra de modos, escolha a opção **Face Planar** (*Planar Face*) (**b**).

3. Mova o cursor sobre as faces até colocar o plano de trabalho na posição desejada; em seguida, clique onde você quer posicionar o centro do plano de trabalho.

4. Desenhe um círculo com o centro coincidente a uma quina do objeto e defina seu tamanho como preferir.

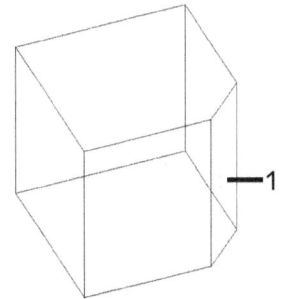

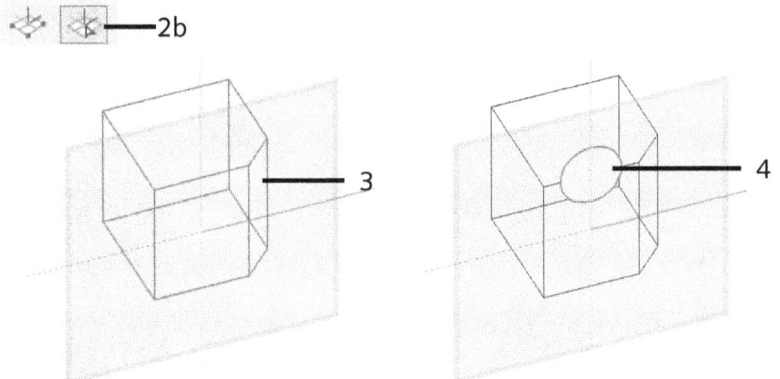

5. Na paleta **Modelagem 3D** (*3D Modeling*), clique na ferramenta **Empurra/Puxa** (*Push/Pull*) (**a**). Na barra de modos, clique em **Modo Sub-Face** (*Sub-Face Mode*) (**b**).

Conjunto de Ferramenta

- Sobrevôo
- Definir Plano de Trabalho ▶
- Remodelagem (3D)
- Empurra/Puxa — 5a
- Inserção de Símbolo
- Locus 3D
- **Site Planning**
- **Space Planning**
- **Paredes/AEC**
- **Modelagem 3D**

5b

6. Mova o cursor sobre o círculo até que ele fique pré-selecionado e clique para confirmar sua seleção (**a**). Mova o cursor sobre o volume até que esteja pré-selecionado e clique para confirmar (**b**).

7. Mova o cursor sobre a face do círculo até que esteja pré-selecionado e clique (**a**). Mova o cursor até a outra ponta do objeto e clique para concluir a operação, retirando um pedaço do volume (**b**).

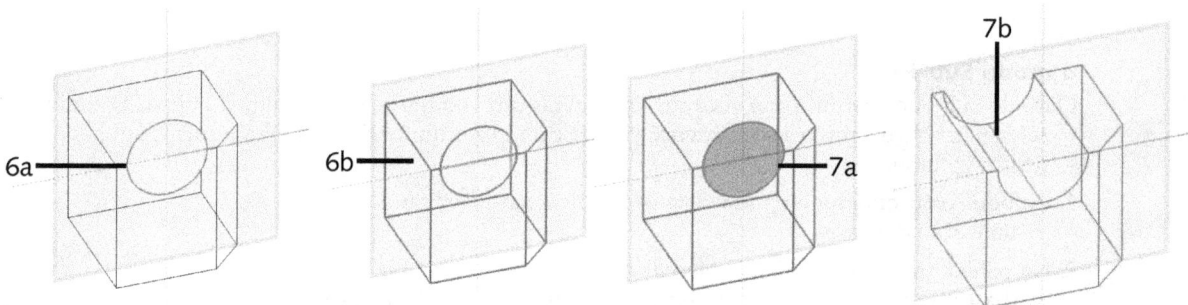

6a   6b   7a   7b

OBS Se, no item **7**, você levar o cursor para o lado oposto ao do exemplo, o Vectorworks vai criar um volume tendo o círculo como base e adicionar ao volume existente.

5.3 Operações com sólidos

Os tipos de sólidos gerados pelo Vectorworks (extrusões, varredura e volumes 3D) são apenas a primeira maneira de criação de objetos 3D. Para a criação de objetos 3D mais complexos (como objetos com furos, composições com volumes diferentes, por exemplo) existem comandos que realizam a adição e subtração desses sólidos.

como adicionar sólidos

1. Selecione dois ou mais objetos com a ferramenta **Seleção** (*Selection*) **X**. Lembre-se de que esses objetos devem se sobrepor em pelo menos um trecho.

2. Vá ao menu **Modelar/Adicionar Sólidos** (*Model/Add Solids*) **Ctrl+Alt+A**.

3. Observe que os objetos se tornaram um só.

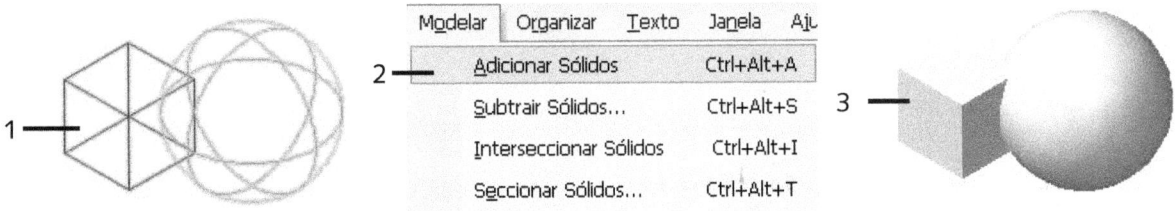

como fazer uma subtração de sólidos

1. Selecione dois ou mais objetos com a ferramenta **Seleção** (*Selection*) **X**. Lembre-se de que esses objetos devem se sobrepor em pelo menos um trecho.

2. Vá ao menu **Modelar/Subtrair Sólidos...** (*Model/Subtract Solids...*) **Ctrl+Alt+S**.

3. Na janela que se abre, escolha pelas setas qual volume irá sofrer a subtração (**a**) e depois clique em **OK** (**b**).

4. Observe que os objetos se tornaram um só.

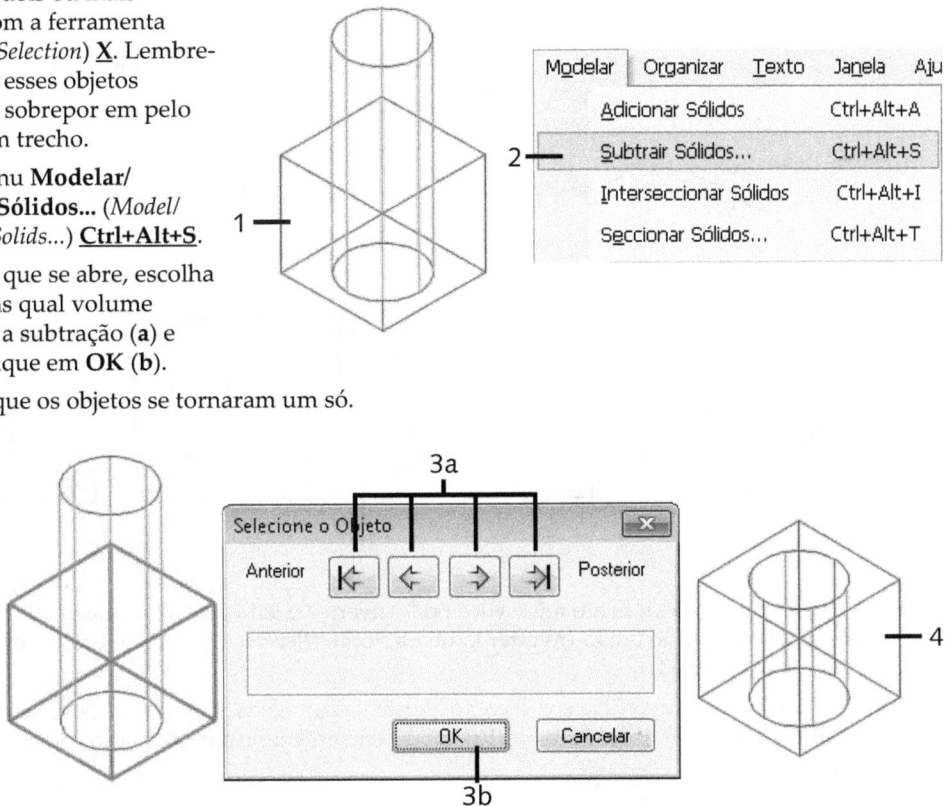

criar um sólido por intersecção

1. Selecione dois ou mais objetos com a ferramenta **Seleção** (*Selection*) **X**. Lembre-se de que estes objetos devem se sobrepor em pelo menos um trecho.

2. Vá ao menu **Modelar/Interseccionar Sólidos** (*Model/Intersect Solids*) **Ctrl+Alt+I**.

3. Observe que um novo objeto foi criado a partir dos dois volumes.

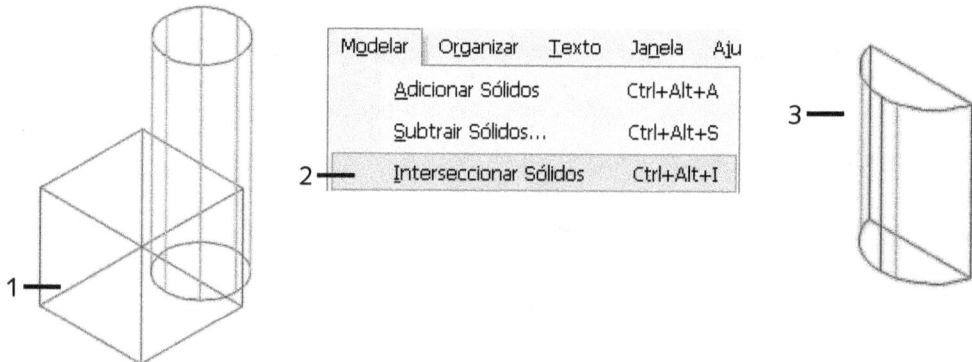

como fazer uma seção de sólidos

1. Selecione o sólido ou superfície a ser seccionada e a superfície de corte.

2. Vá ao menu **Modelar/Seccionar Sólidos...** (*Model/Section Solids...*) **Ctrl+Alt+T**.

3. Na janela que se abre, escolha pelas setas (**a**) o objeto a ser usado como superfície de corte. Clique em **OK** (**b**).

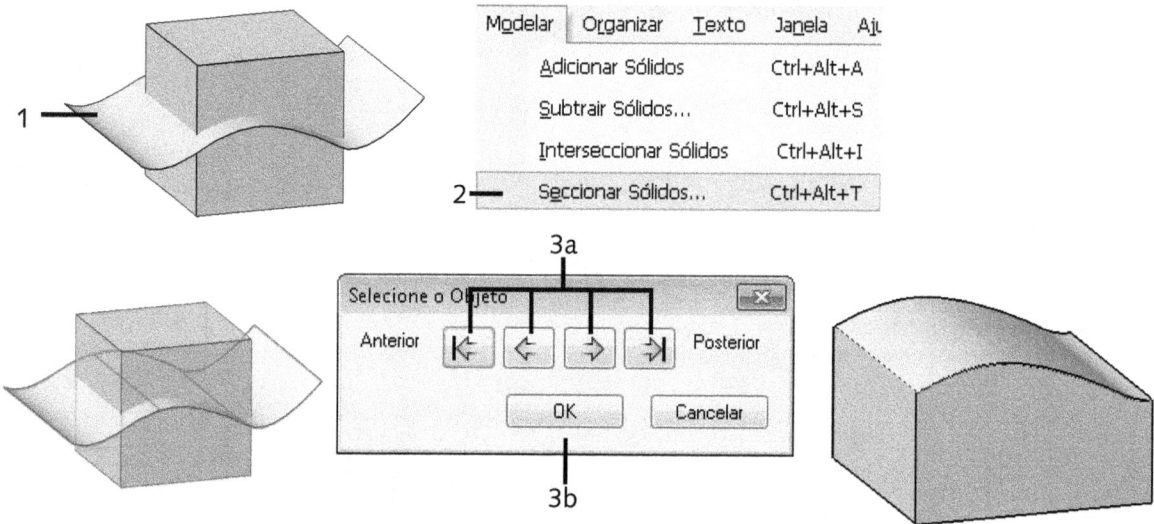

OBS1 Depois de a seção ter sido feita, você pode inverter o lado que foi seccionado. Para isso, selecione o objeto e clique no botão **Inverter Lado da Seção** (*Reverse Section Side*), na paleta **Info de Objetos** (*Object Info*) **Ctrl+I**.

OBS2 Para criar uma superfície curva como a vista nas imagens acima, você pode usar a ferramenta **Polilinha** (*Polyline*), deixar o objeto sem preenchimento e depois usar o comando **Extrusão** (*Extrude*).

para que e como converter em sólido genérico

Toda vez que você realizar operações com sólidos (extrusão, varredura, soma, subtração, etc.), o Vectorworks guarda os objetos originais, para que você possa reeditá-los no futuro. Por isso, um objeto que sofreu muitas alterações pode guardar dentro de si um histórico muito longo e complexo, dificultando sua edição ou até mesmo sua movimentação pelo desenho. Assim, uma vez que o histórico de um sólido 3D não é mais necessário, você pode transformá-lo em um sólido genérico. Para isso:

1. Selecione o sólido e vá ao menu **Modificar/Converter/Converter em Sólido Genérico** (*Modify/Convert/Convert to Generic Solids*).

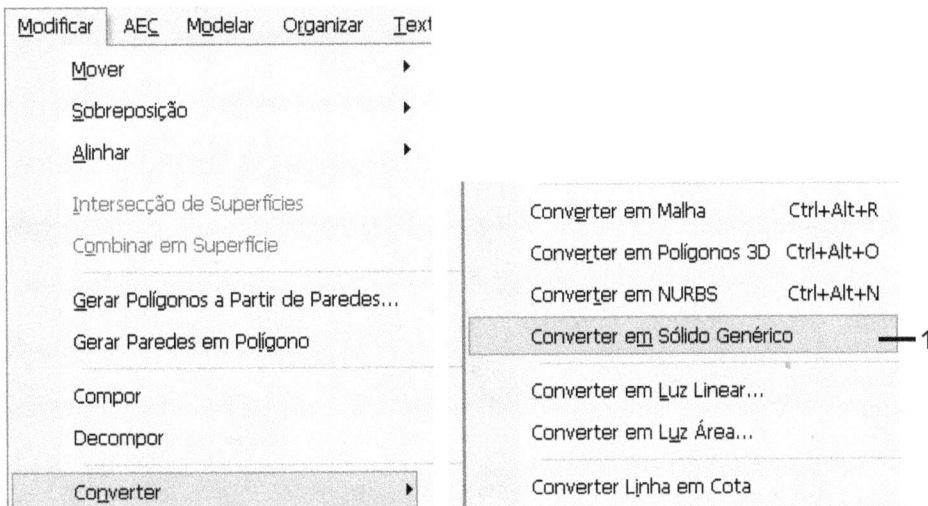

2. Uma janela se abre, avisando que o objeto não poderá mais ser editado por ter se tornado um sólido genérico. Clique em **Sim**.

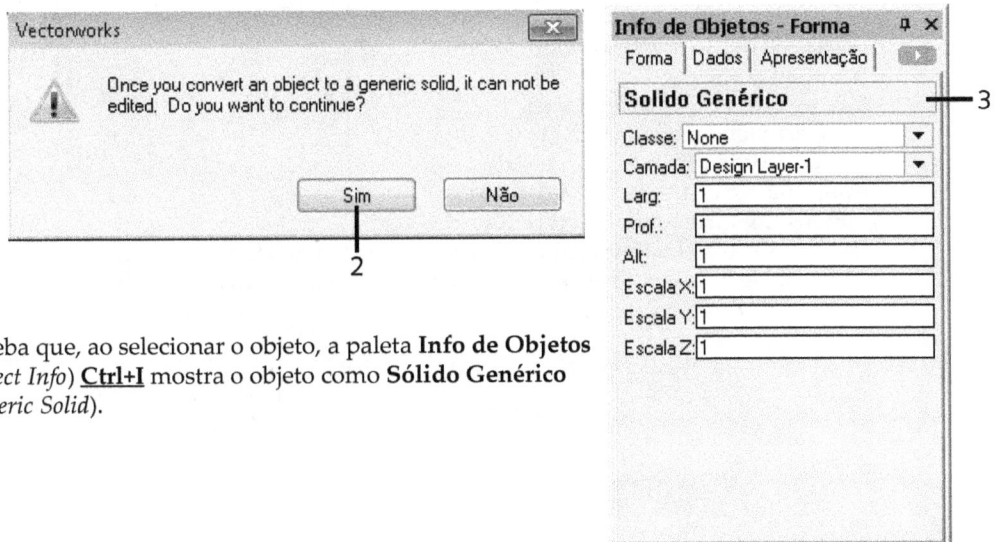

3. Perceba que, ao selecionar o objeto, a paleta **Info de Objetos** (*Object Info*) **Ctrl+I** mostra o objeto como **Sólido Genérico** (*Generic Solid*).

5.4 Operações complementares

como arredondar bordas de um sólido 3D

A ferramenta **Arredondar Bordas** (*Fillet Edge*) transforma as bordas (ou cantos) retas de um sólido 3D em bordas arredondadas.

1. Na paleta **Modelagem 3D** (*3D Modeling*), clique na ferramenta **Arredondar Bordas** (*Fillet Edge*) **Shift+F**.
2. Clique no botão de preferências, na barra de modos.

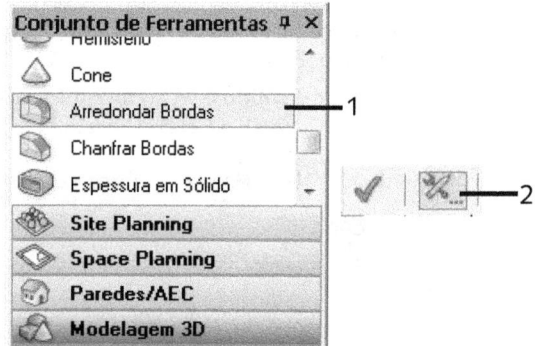

3. Determine os parâmetros.

a. **Raio Constante** (*Constant Radius*): Faz o arredondamento com um valor único de raio para todo o comprimento da borda;
b. **Raio** (*Radius*): Valor do raio para o arredondamento constante;
c. **Selecionar Entidades Tangentes** (*Select Tangent Entities*): Permite que o arredondamento seja feito na borda selecionada e em todas as bordas tangencialmente conectadas a ela;
d. **Selecionar Faces** (*Select Faces*): Selecione todas as bordas de faces conectadas à borda clicada em **5**;
e. **Selecionar Todas as Bordas** (*Select All Edges*): Clique para selecionar todas as bordas do objeto a ser escolhido no passo **5**;
f. **Raio Variável** (*Variable Radius*): Faz o arredondamento variando o raio de acordo com porcentagens do comprimento da borda, definidos nos campos **Comprimento** (*Length*) e **Raio** (*Radius*). O botão **Definir** (*Set*) confirma os valores digitados, o botão **Apagar** (*Delete*) apaga uma definição da lista, e o **Reverter** (*Reverse*) inverte o sentido do arredondamento.

4. Clique em **OK** para confirmar os parâmetros.

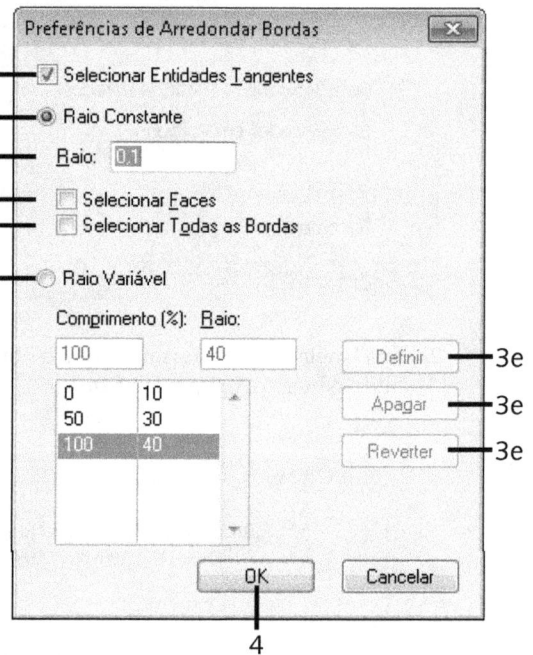

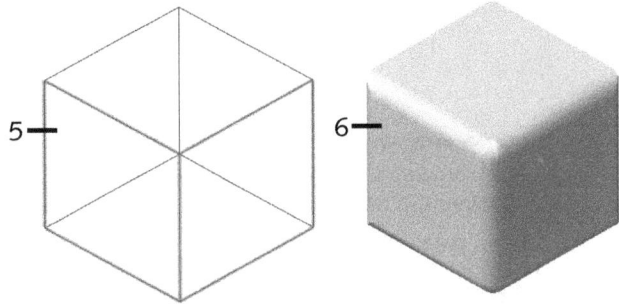

5. Clique na borda desejada. Ela será destacada com uma linha grossa vermelha.

6. Aperte **Enter** e veja o resultado.

como chanfrar bordas de um sólido 3D

A ferramenta **Chanfrar Bordas** (*Chamfer Edge*) transforma as bordas retas de um sólido 3D em bordas chanfradas.

1. Na paleta **Modelagem 3D** (*3D Modeling*), clique na ferramenta **Chanfrar Bordas** (*Chamfer Edge*) <u>**Shift+J**</u>.

2. Clique no botão de preferências, na barra de modos.

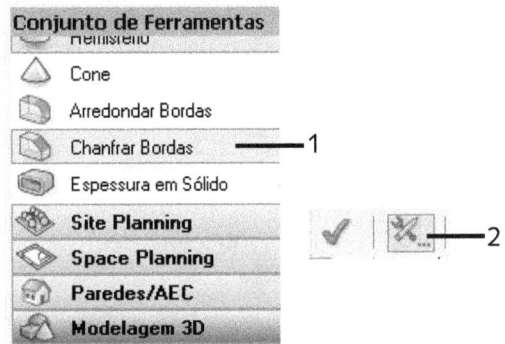

3. Determine os parâmetros:

a. **Recuo** (*Setback*): Determina o recuo da borda para a criação do chanfro;

b. **Selecionar Entidades Tangentes** (*Select Tangent Entities*): Permite que o chanfro seja feito na borda selecionada e em todas as bordas tangencialmente conectadas a ela;

c. **Selecionar Faces** (*Select Faces*): Chanfra toda uma face do sólido 3D;

d. **Selecionar Todas as Bordas** (*Select all Edges*): Chanfra todas as bordas do sólido 3D.

4. Clique em **OK** para confirmar os parâmetros.

5. Clique na borda desejada. Ela será destacada com uma linha grossa vermelha.

6. Aperte **Enter** e veja o resultado.

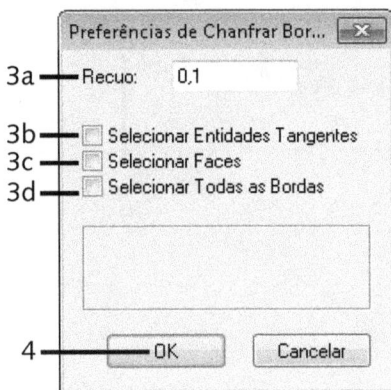

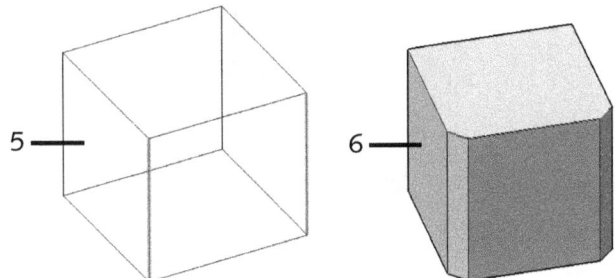

como criar espessura em sólidos

A ferramenta **Espessura em Sólidos** (*Shell Solid*) cria uma casca (ou revestimento) nas faces de um objeto sólido. A espessura poderá ser aplicada tanto fora como dentro das faces do objeto.

1. Na paleta **Modelagem 3D** (*3D Modeling*), clique na ferramenta **Espessura em Sólido** (*Shell Solid*) **Shift+G**.

2. Clique no botão de preferências, na barra de modos:

   a. **Lado** (*Shell*): A opção **Interno** (*Inside*) cria uma espessura (ou parede) interior à face do sólido 3D ou superfície NURBS, e a opção **Externo** (*Outside*) cria uma espessura (ou parede) externa;
   b. **Espessura** (*Thickness*): Determine qual será a espessura (ou parede) a ser aplicada na face do sólido 3D ou superfície NURBS. A distância é calculada a partir da borda da face selecionada;
   c. **Selecionar Entidades Tangentes** (*Select Tangent Entities*): Permite que a espessura seja feita na borda selecionada e em todas as bordas tangencialmente conectadas a ela.

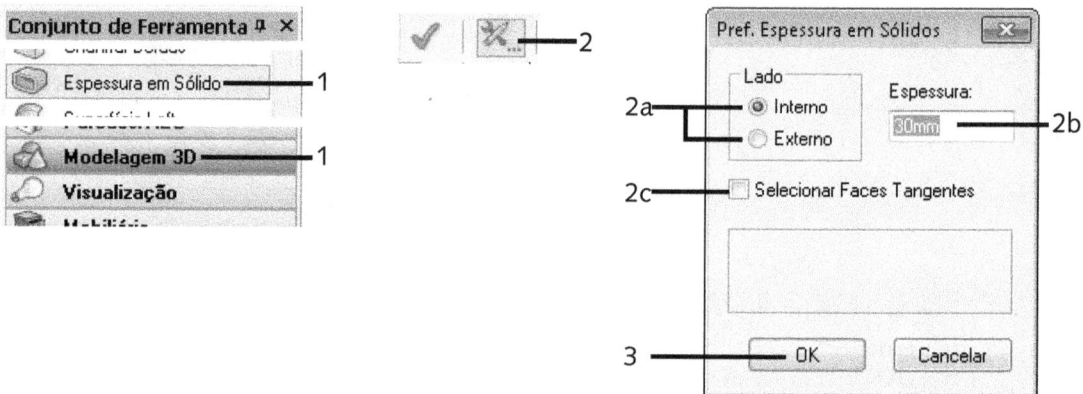

3. Clique em **OK** para confirmar.
4. Clique na face do objeto sólido em que você deseja aplicar a espessura. A face selecionada do objeto será destacada.
5. Pressione **Enter** para executar a operação.

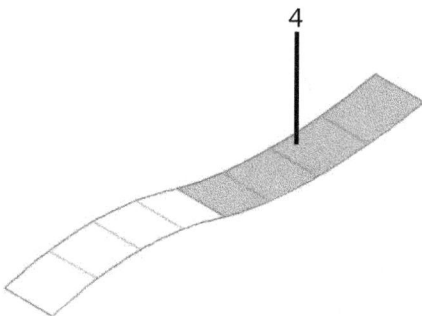

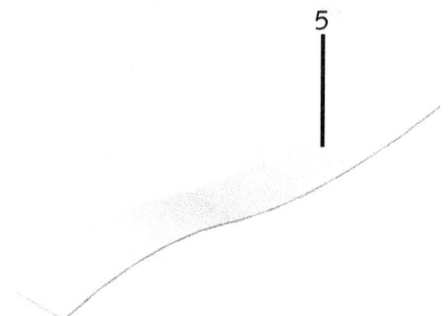

Já sei tudo sobre desenhar e editar objetos 2D e 3D. Acho que está na hora de aprender a desenhar elementos arquitetônicos, como

6 paredes, pisos, pilares e telhados

O Vectorworks tem ferramentas muito práticas de construção de objetos de arquitetura em 3D. As paredes, por exemplo, são criadas com altura e espessura e se ajustam automaticamente quando unidas ou separadas. Os pisos, pilares e telhados são criados facilmente a partir de objetos 2D, tornando muito simples o processo de construção tridimensional de projetos de arquitetura convencionais.

O que você vai ler neste capítulo

6.1 Como desenhar paredes

6.2 Junções e quebras em paredes

6.3 Como escolher e criar estilos de paredes

6.4 Para alterar o desenho 3D de uma parede

6.5 Outros ajustes de paredes

6.6 Como criar e editar um piso

6.7 Como criar uma laje

6.8 Como escolher e criar estilos de lajes

6.9 Como editar lajes

6.10 Como criar e editar um pilar

6.11 Como criar e editar um telhado

6.1 Como desenhar paredes

como criar paredes retas

1. Na paleta **Parede** (*Walls*), clique na ferramenta **Parede** (*Wall*) **9**.
2. Na barra de modos, clique no botão de preferências.

3. Na aba **Definições** (*Definition*), configure o campo **Espessura Total** (*Overall Thickness*) com a espessura que você quer usar na parede.
4. Clique na opção **Editar Atributos da Parede...** (*Edit Wall Attributes...*):

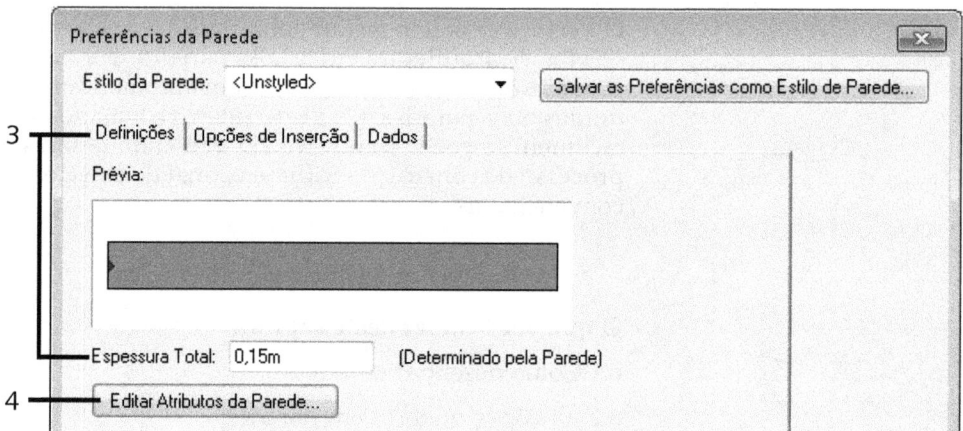

a. **Preenchimento** (*Fill*): Defina o tipo de preenchimento que a parede terá;

b. **Opacidade** (*Opacity*): Defina se o preenchimento da parede será opaco ou terá algum grau de transparência;

c. **Pen** (*Pen*): Defina o tipo e espessura de traço da parede.

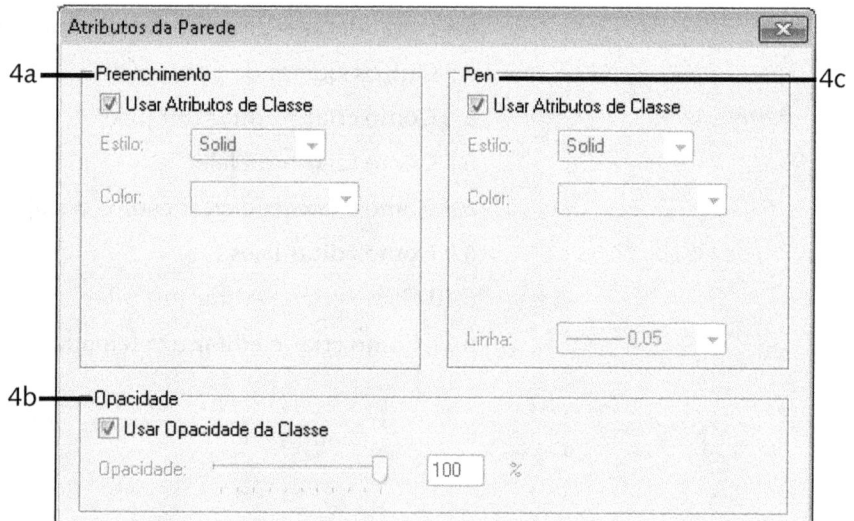

5. Na aba **Opções de Inserção** (*Insertion Options*):

a. **Altura** (*Height*): Defina a altura da parede.

b. **Ref. Topo** (*Top Bound*): Escolha qual será o ponto de referência para a movimentação automática do topo da parede.

c. **Desloc. Topo** (*Top Offset*): Esse valor é a diferença entre o valor digitado em **Altura** (*Height*) e o valor relacionado à opção escolhida em **Ref. Topo** (*Top Bound*). Se você alterar o valor desta caixa, vai automaticamente alterar o valor do campo **Altura** (*Height*).

d. **Ref. Base** (*Bot Bound*): É o ponto de referência para a movimentação automática da base da parede.

e. **Desloc. Base** (*Bot Offset*): Digite um valor se quiser alterar a cota de base da parede, em relação ao valor **Layer Elevation** da camada ativa.

f. **Fechamentos** (*Caps*): Indique o tipo de fechamento usado quando a parede terminar sem encostar em nenhuma outra;

g. **Classe** (*Class*): Escolha em qual classe as paredes serão colocadas depois de criadas;

h. **Dist. Linha Controle** (*Control Offset*): Indique a distância a partir de um dos lados da parede que será usada como referência para a execução da ferramenta de paredes.

6. Clique em **OK** para confirmar os ajustes.

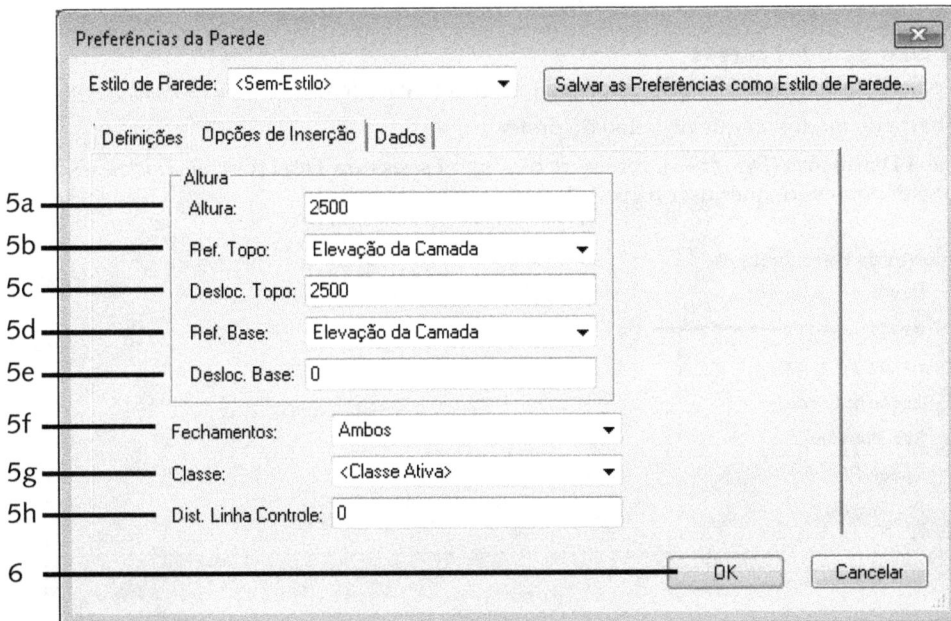

7. Na barra de modos, escolha o modo de alinhamento usado no momento da criação da parede (eixo externo, eixo central, eixo interno ou personalizado, definido pelo item **5e**).

8. Execute a ferramenta da mesma maneira como é feito um polígono. Para a parede terminar sem encostar em nenhuma outra, dê duplo clique. Se a parede terminar encostando em outra já existente, dê um clique.

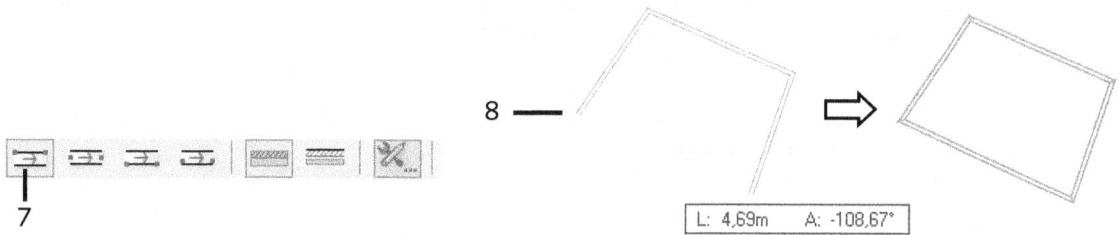

8 —

L: 4,69m   A: -108,67°

7

OBS Se durante a execução da ferramenta de paredes (isto é, depois do primeiro clique) for necessária a mudança no modo de criação da parede, é possível alterá-lo pressionando a tecla **U**. Também se pode executar a parede com medidas exatas.

como criar paredes curvas

1. Na paleta **Paredes/AEC** (*Walls*), clique na ferramenta **Parede Curva** (*Round Wall*) **Alt+9**.

2. Na barra de modos, clique no botão de preferências.

3. Na aba **Definições** (*Definition*), configure o campo **Espessura Total** (*Overall Thickness*) com a espessura que você quer usar na parede.

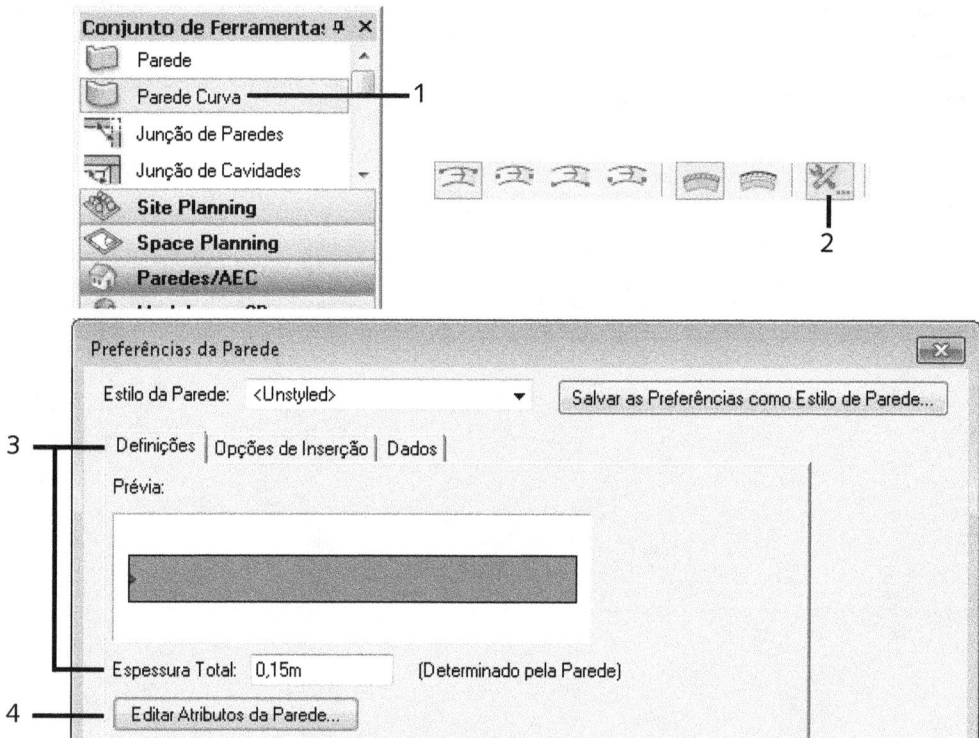

Conjunto de Ferramenta ↴ ✕

Parede

Parede Curva ——— 1

Junção de Paredes

Junção de Cavidades

Site Planning

Space Planning

Paredes/AEC

2

Preferências da Parede

Estilo da Parede: <Unstyled>   ▼   Salvar as Preferências como Estilo de Parede...

3 ┤— Definições | Opções de Inserção | Dados

Prévia:

Espessura Total: 0,15m   (Determinado pela Parede)

4 ——— Editar Atributos da Parede...

4. Clique na opção **Editar Atributos da Parede...** (*Edit Wall Attributes...*):

a. **Preenchimento** (*Fill*): Defina o tipo de preenchimento que a parede terá;
b. **Opacidade** (*Opacity*): Defina se o preenchimento da parede será opaco ou terá algum grau de transparência;
c. **Pen** (*Pen*): Defina o tipo e espessura de traço da parede.

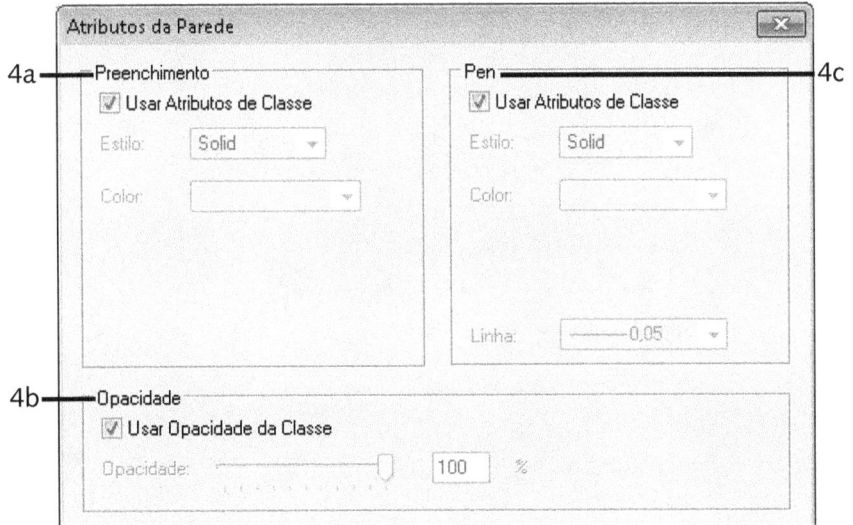

4a — **Preenchimento**
Usar Atributos de Classe
Estilo: Solid
Color:

4c — **Pen**
Usar Atributos de Classe
Estilo: Solid
Color:
Linha: 0,05

4b — **Opacidade**
Usar Opacidade da Classe
Opacidade: 100 %

Atributos da Parede

5. Na aba **Opções de Inserção** (*Insertion Options*):

a. **Altura** (*Height*): Defina a altura da parede.
b. **Ref. Topo** (*Top Bound*): Escolha qual será o ponto de referência para a movimentação automática do topo da parede.
c. **Desloc. Topo** (*Top Offset*): Esse valor é a diferença entre o valor digitado em **Altura** (*Height*) e o valor relacionado à opção escolhida em **Ref. Topo** (*Top Bound*). Se você alterar o valor desta caixa, vai automaticamente alterar o valor do campo **Altura** (*Height*).
d. **Ref. Base** (*Bot Bound*): É o ponto de referência para a movimentação automática da base da parede.
e. **Desloc. Base** (*Bot Offset*): Digite um valor se quiser alterar a cota de base da parede, em relação ao valor **Layer Elevation** da camada ativa.
f. **Fechamentos** (*Caps*): Indique o tipo de fechamento usado quando a parede terminar sem encostar em nenhuma outra;
g. **Classe** (*Class*): Escolha em qual classe as paredes serão colocadas depois de criadas;
h. **Dist. Linha Controle** (*Control Offset*): Indique a distância a partir de um dos lados da parede que será usada como referência para a execução da ferramenta de paredes.
6. Clique em **OK** para confirmar os ajustes.

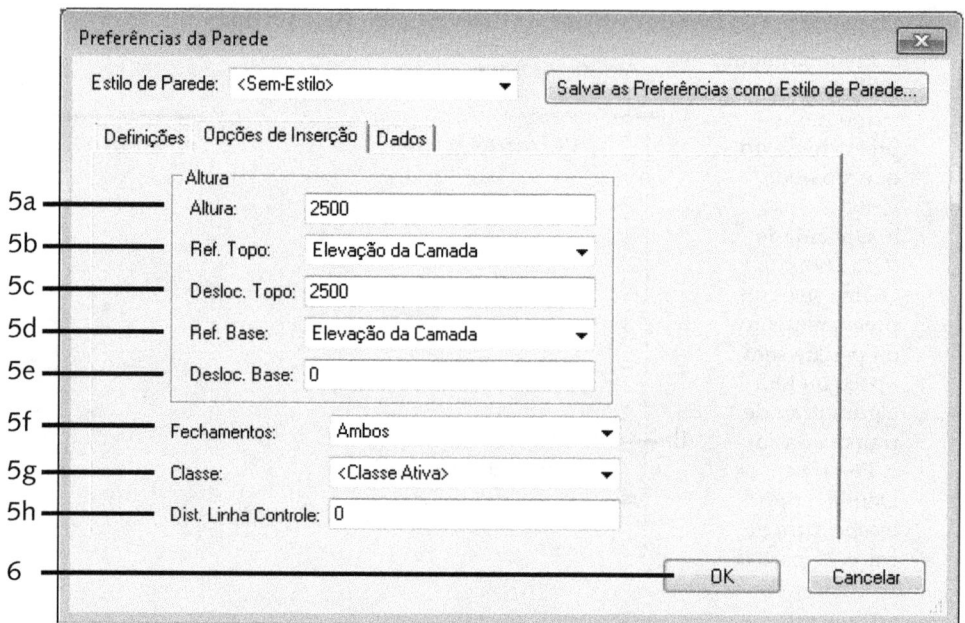

5a — Altura: 2500
5b — Ref. Topo: Elevação da Camada
5c — Desloc. Topo: 2500
5d — Ref. Base: Elevação da Camada
5e — Desloc. Base: 0
5f — Fechamentos: Ambos
5g — Classe: <Classe Ativa>
5h — Dist. Linha Controle: 0
6 — OK / Cancelar

7. Na barra de modos, escolha o modo de alinhamento usado no momento da criação da parede (eixo externo, eixo central, eixo interno ou personalizado).

8. Também na barra de modos, escolha o modo de construção da parede curva. Observe que os modos são os mesmos da construção de arcos, portanto a execução das paredes curvas é análoga à dos arcos (ver item **3.5 Arcos**, na pág. **64**).

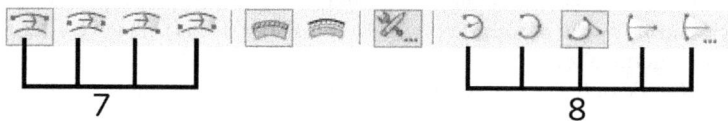

OBS Se durante a execução da ferramenta de paredes (isto é, depois do primeiro clique) for necessária a mudança no modo de criação da parede, você poderá alterá-lo pressionando a tecla **U**. Também pode executar a parede com medidas exatas.

para criar paredes a partir de um polígono

1. Use a ferramenta **Seleção** (*Selection*) **X** para selecionar o polígono de referência.

2. Vá ao menu **Modificar/Converter/Objects from Polyline...** (*Modify/ Objects from Polyline...*) e configure a janela que se abre da seguinte maneira:

   a. **Object Type** (*Object Type*): Clique na barra e escolha a opção **Paredes** (*Walls*);

   b. **Deslocamento** (*Offset*): Define se a parede será criada em relação à borda interna, central ou externa ou à uma distância personalizada do polígono selecionado;

   c. **Custom Offset** (*Custom Offset*): Defina um valor de alinhamento (que não seja central, esquerda ou direita) para a criação das paredes. Essa opção só fica habilitada se, no item **b**, a opção personalizada for escolhida;

   d. **Delete Source Poly** (*Delete Source Poly*): Apaga o polígono usado como referência para a criação das paredes.

3. Clique em **OK** para confirmar os ajustes.

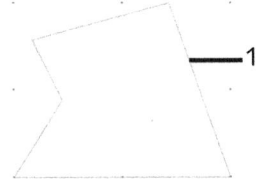

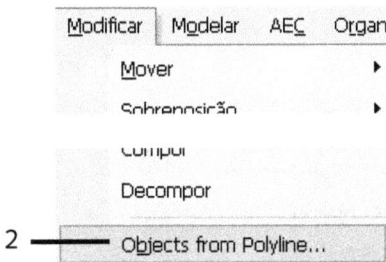

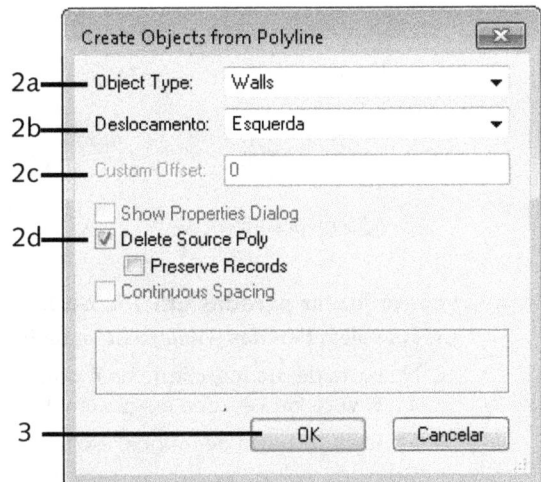

OBS Se o polígono usado for resultante da soma de outros retângulos e polígonos, as paredes criadas serão interrompidas nas junções dos retângulos e polígonos originais.

6.2 Junções e quebras em paredes

como juntar rapidamente duas paredes
1. Use a ferramenta **Seleção** (*Selection*) **X** para selecionar duas paredes que irão se juntar.
2. Vá ao menu **Modificar/Unir/Juntar** (*Modify/Join/Join*) **Ctrl+J** e perceba que as paredes foram conectadas.

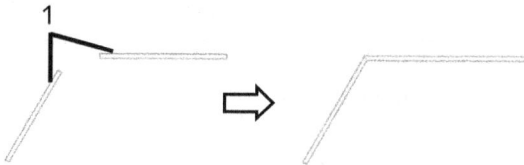

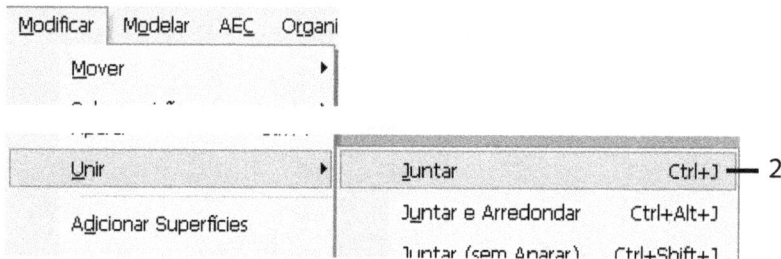

como juntar paredes em T, L ou X
1. Na paleta **Paredes** (*Walls*), clique na ferramenta **Junção de Paredes** (*Wall Join*).
2. Na barra de modos, clique no modo de junção mais apropriado (**T**, **L** ou **X**). Nas imagens dos itens **4** e **5**, você vai ver uma junção em **T**.
3. Também na barra de modos, escolha se a junção será feita sem fechamento (**a**) ou com fechamento (**b**).

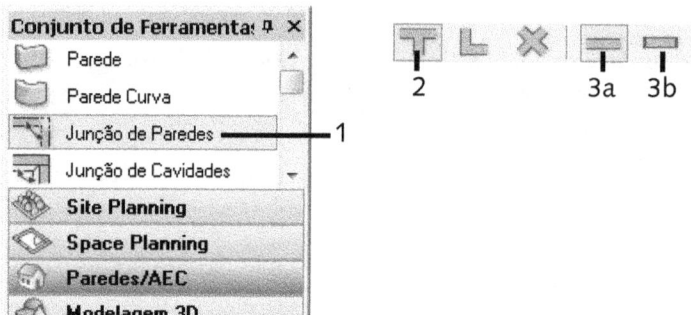

4. Clique em qualquer ponto da primeira parede que será conectada. Não é preciso clicar na ponta da parede.

5. Clique na segunda parede para concluir a junção. Se você escolheu a junção com fechamento, ele será feito da primeira parede clicada para a segunda parede.

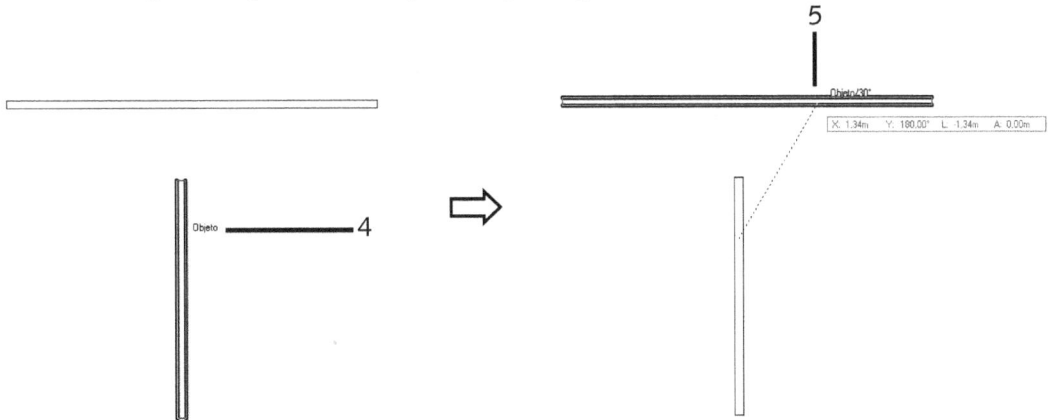

como corrigir paredes que aparecem mal desenhadas

1. Na paleta **Paredes** (*Walls*), clique na ferramenta **Correção de Quebras em Paredes** (*Remove Wall Breaks*).

2. Clique e arraste o cursor para fazer uma área em volta da cerca que precisa ser corrigida.

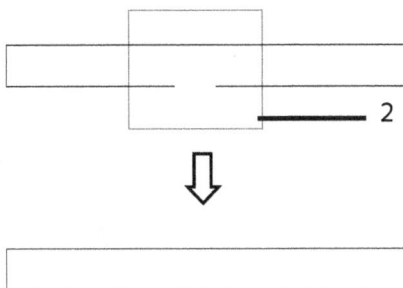

6.3 Como escolher e criar estilos de paredes

como escolher um estilo de parede

1. Na paleta **Paredes** (*Walls*), clique na ferramenta **Parede** (*Wall*) **9**.

2. Na barra de modos, escolha o **Estilo de Parede** (*Wall Style*), clicando na barra indicada.

3. Continue usando a ferramenta de parede normalmente.

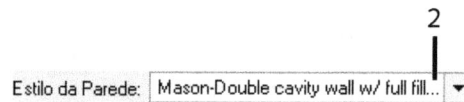

como criar um estilo de parede

1. Na paleta **Paredes** (*Walls*), clique na ferramenta **Parede** (*Wall*) **9**.

2. Na barra de modos, clique no botão de preferências.

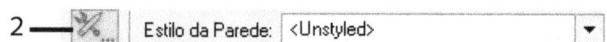

3. Na aba **Definições** (*Definition*), configure os campos:

    a. **Editar Atributos da Parede...** (*Edit Wall Attributes...*): Clique para editar os atributos de preenchimento e traço da parede. Só é efetivo para paredes formadas por apenas um componente;

    b. **Componentes** (*Components*): Mostra a lista de componentes internos da parede;

    c. **Novo...** (*New...*): Abre a janela de criação e configuração de componentes de parede;

    d. **Editar...** (*Edit...*): Depois de ter selecionado um componente de parede na lista (em **b**), clique neste botão para editá-lo, alterando sua espessura, classe, atributos gráficos e mais;

    e. **Remover** (*Delete*): Depois de ter selecionado um componente de parede na lista (em **b**), clique neste botão para apagá-lo;

    f. #: Clique e arraste um número nesta lista, para alterar a ordem em que os componentes aparecem na parede.

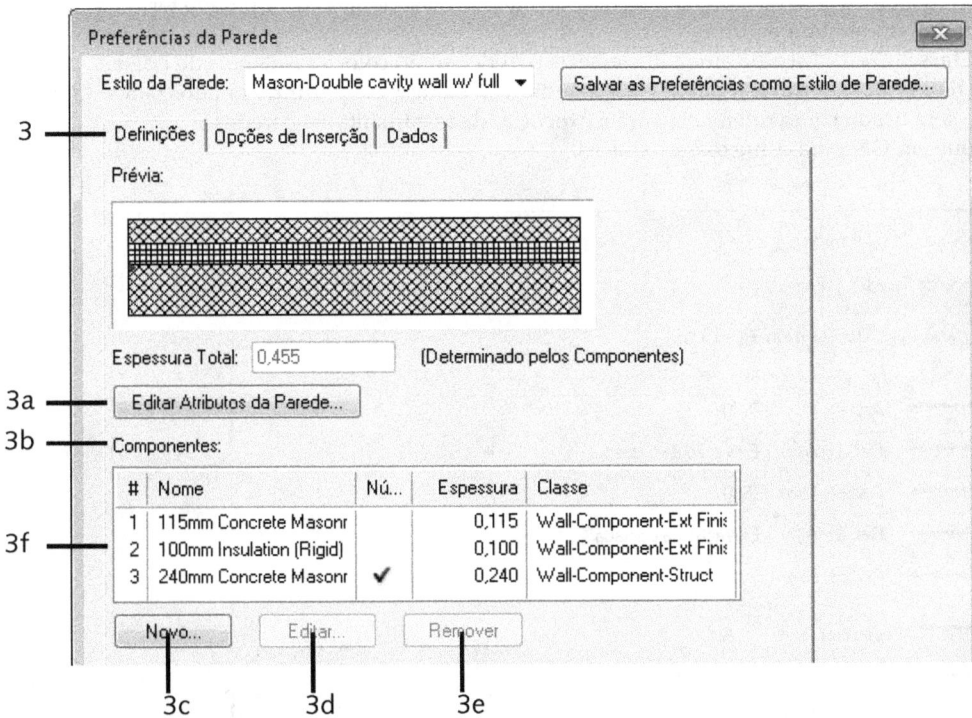

4. Na aba **Opções de Inserção** (*Insertion Options*):

a. **Altura** (*Height*): Defina a altura da parede.

b. **Ref. Topo** (*Top Bound*): Escolha qual será o ponto de referência para a movimentação automática do topo da parede.

c. **Desloc. Topo** (*Top Offset*): Esse valor é a diferença entre o valor digitado em **Altura** (*Height*) e o valor relacionado à opção escolhida em **Ref. Topo** (*Top Bound*). Se você alterar o valor desta caixa, vai automaticamente alterar o valor do campo **Altura** (*Height*).

d. **Ref. Base** (*Bot Bound*): É o ponto de referência para a movimentação automática da base da parede.

e. **Desloc. Base** (*Bot Offset*): Digite um valor se quiser alterar a cota de base da parede, em relação ao valor **Layer Elevation** da camada ativa.

f. **Fechamentos** (*Caps*): Indique o tipo de fechamento usado quando a parede terminar sem encostar em nenhuma outra;

g. **Classe** (*Class*): Escolha em qual classe as paredes serão colocadas depois de criadas;

h. **Dist. Linha Controle** (*Control Offset*): Indique a distância a partir de um dos lados da parede que será usada como referência para a execução da ferramenta de paredes.

5. Clique em **OK** para confirmar os ajustes.

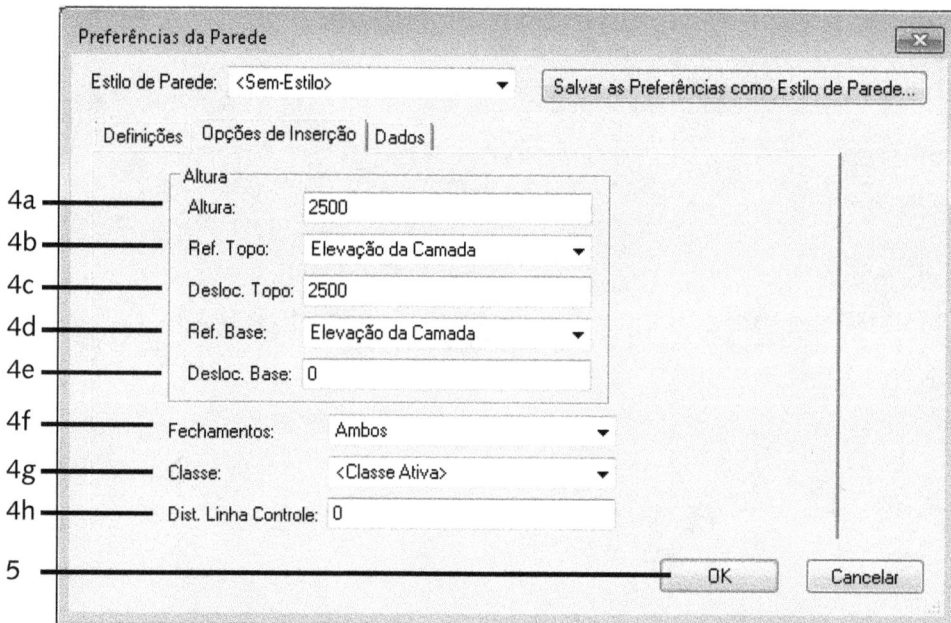

6. Na aba **Dados** (*Data Fields*), você pode usar os diversos campos para preencher anotações técnicas sobre o estilo de parede que será criado.

7. Clique em **Salvar as Preferências como Estilo de Parede...** (*Save Preferences as Wall Style...*), e uma janela se abrirá.

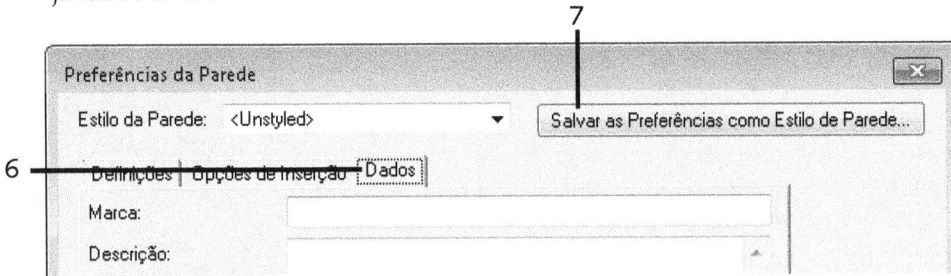

8. Escreva um nome para o estilo (**a**) e clique em **OK** (**b**).

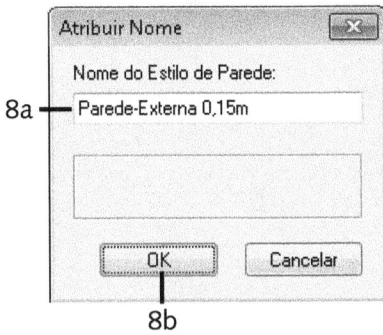

9. Clique em **OK** para sair da janela.

OBS Se você tiver o Renderworks instalado, verá uma aba a mais na janela de preferências, chamada **Texturas** (*Texture*).

6.4 Para alterar o desenho 3D de uma parede

Quando você constrói um modelo 3D de uma casa, muitas vezes precisa modificar o desenho de uma ou mais paredes para que estas acompanhem a inclinação das águas do telhado. Você vai aprender a modificar, alterar e retirar vértices de uma parede 3D.

como mover um vértice de uma parede 3D

1. Na barra de visualização, clique na barra indicada e escolha uma vista 3D; por exemplo, a **Isométrica Esquerda** (*Left Isometric*).

2. Faça um duplo clique com a ferramenta **Seleção** (*Selection*) **X** em qualquer linha da parede que você quer alterar.

3. Na barra de modos, escolha o modo **Remodelagem de Paredes 3D** (*Reshape 3D Walls*) **Shift+2**.

4. Clique no vértice desejado e mova o cursor para alterar a posição. Se quiser definir valores para a movimentação, aperte **TAB** e digite-os nos campos **Fundo** (*Bottom*) e **Topo** (*Top*). Em seguida aperte **Enter** e clique para confirmar.

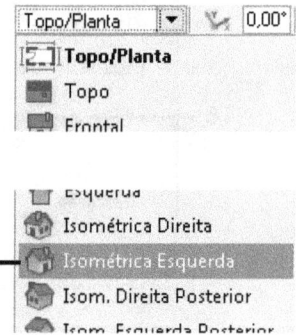

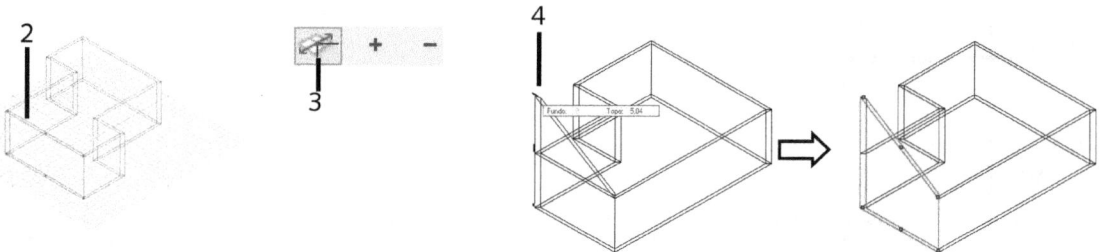

como adicionar um vértice de uma parede 3D

1. Na barra de visualização, clique na barra indicada e escolha uma vista 3D; por exemplo, a **Isométrica Esquerda** (*Left Isometric*).

2. Faça um duplo clique com a ferramenta **Seleção** (*Selection*) **X** na parede que você quer alterar.

3. Na barra de modos, escolha o modo **Adicionar Vértices em Paredes 3D** (*Add 3D Wall Peaks*).

4. Clique no vértice desejado e mova o cursor para criar o vértice. Se quiser definir valores, aperte **TAB** e digite-os nos campos **Dist 1**, **Dist 2** e **Z** (*Top*). Em seguida aperte **Enter** e clique para confirmar.

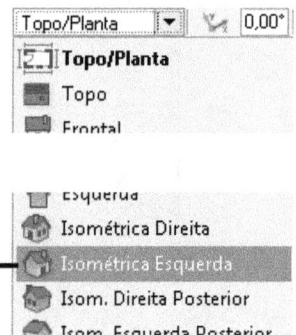

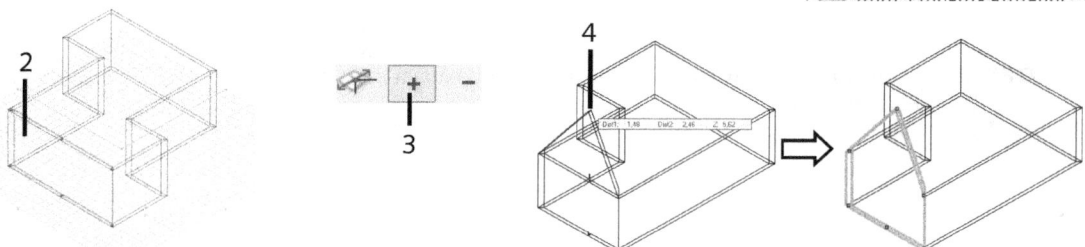

para retirar um vértice de uma parede 3D

1. Na barra de visualização, clique na barra indicada e escolha uma vista 3D; por exemplo, a **Isométrica Esquerda** (*Left Isometric*).
2. Faça um duplo clique com a ferramenta **Seleção** (*Selection*) <u>X</u> na parede que você quer alterar.
3. Na barra de modos, escolha o modo **Remover Vértices de Paredes 3D** (*Delete 3D Wall Peaks*).
4. Clique no vértice que você quer retirar e observe o resultado.

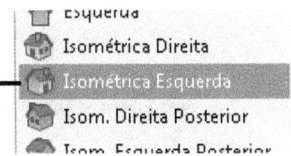

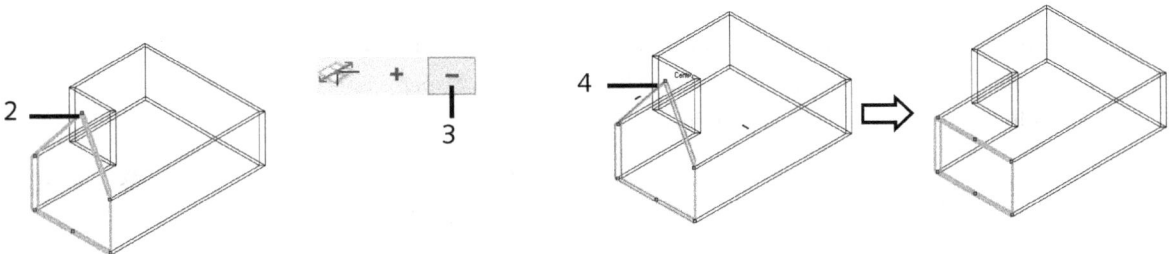

OBS Não é possível retirar os quatro vértices que ficam na base e no topo das paredes.

6.5 Outros ajustes de paredes

como mover paredes sem desfazer junções

1. Clique na ferramenta **Seleção** (*Selection*) **X**.

2. Na barra de modos, ative o botão **Modo de Paredes Conectadas** (*Enable Connected Walls Mode*), se já não estiver ativado.

3. Clique sobre a parede a ser movida e **não solte** o botão do mouse.

4. Aperte **TAB**, digite o valor desejado na barra de dados e aperte **Enter**.

5. Solte o botão do mouse, e a parede será movida.

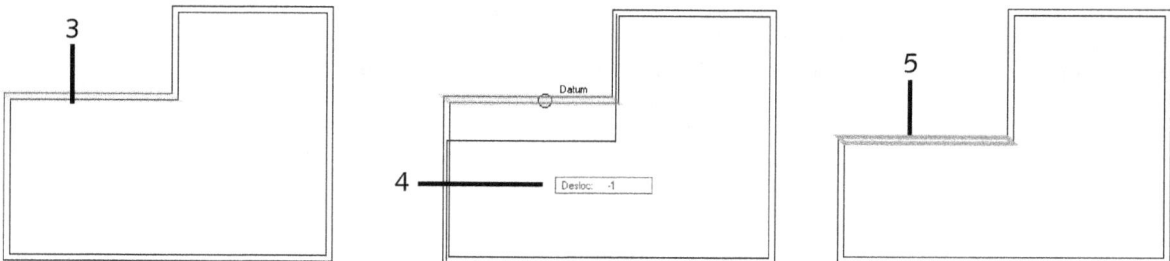

a parede e a paleta Info de Objetos (Object Info) <u>Ctrl+I</u>

Algumas mudanças em paredes podem ser feitas diretamente pela paleta **Info de Objetos** (*Object Info*) <u>Ctrl+I</u>:

1. **Classe** (*Class*): Altera a classe da parede.
2. **Camada** (*Layer*): Permite mudar a parede de camada.
3. **Estilo** (*Style*): Altera o estilo da parede.
4. **Espessura** (*Thick*): Espessura da parede, sempre alterada com relação ao seu eixo central.
5. **Altura** (*Height*): Altera a altura da parede.
6. **Ref. Topo** (*Top Bound*): Escolha qual será o ponto de referência para a movimentação automática do topo da parede.
7. **Desloc. Topo** (*Top Offset*): Esse valor é a diferença entre o valor digitado em **Altura** (*Height*) e o valor relacionado à opção escolhida em **Ref. Topo**. Se você alterar o valor desta caixa, vai automaticamente alterar o valor do campo **Altura** (*Height*).
8. **Ref. Base** (*Bot Bound*): É o ponto de referência para a movimentação automática da base da parede.
9. **Desloc. Base** (*Bot Offset*): Digite um valor se quiser alterar a cota de base da parede, em relação ao valor **Layer Elevation** da camada ativa.
10. **Fechamentos** (*Caps*): Fecha o extremo inicial, final ou os dois extremos da parede.
11. **Atributos** (*Attr:*): Se a sua parede não estiver ligada a nenhum estilo (item **3**) e se você tiver algum fechamento habilitado (item **7**), esta barra permite que você escolha se as linhas de fechamento da parede usam os atributos dela ou de seus componentes mais externos.
12. **Componentes...** (*Cavities...*): Abre o menu de configuração de componentes.
13. **Inverter lados** (*Reverse Sides*): Inverte o sentido de criação da parede.

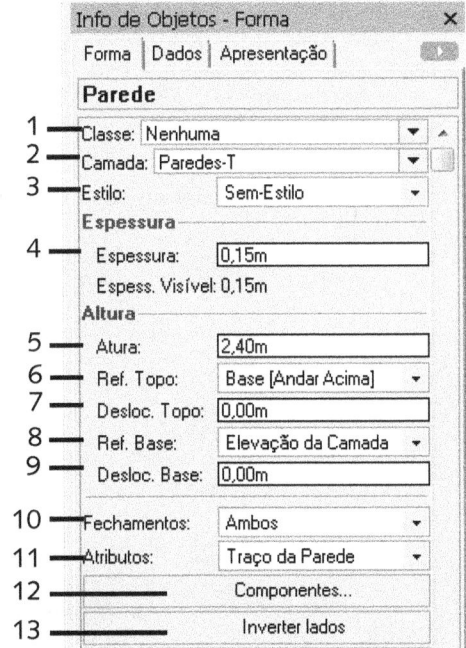

6.6 Como criar e editar um piso

O comando **Piso** (*Floor*) transforma um objeto 2D em um objeto 3D com espessura, além de colocá-lo numa determinada cota em relação ao desenho.

como criar um piso

1. Desenhe um objeto 2D que represente a planta do piso.
2. Selecione o objeto e vá ao menu **AEC/Piso...** (*Model/AEC/Floor...*):

   a. Digite o valor de cota de assentamento do piso, o **Z Inferior** (*Bottom Z*);

   b. Digite a espessura da laje em **Espessura** (*Thickness*).
3. Clique em **OK** para confirmar a criação do piso.

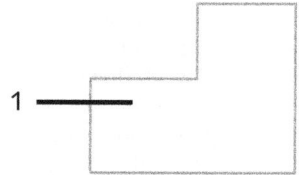

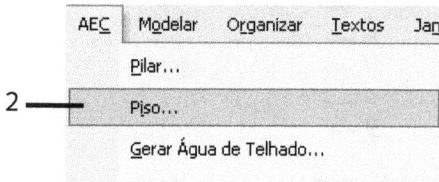

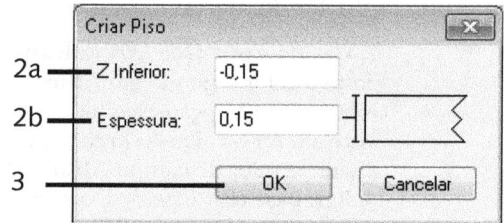

OBS Lembre-se de que a cota de acabamento do piso não é pedida pela janela de criação de pisos. A cota acabada é consequência da soma da cota de assentamento com a espessura, ou seja:
Cota Acabada = Z Inferior + Espessura.

como editar um piso

1. Faça um duplo clique com a ferramenta **Seleção** (*Selection*) **X** no piso que você quer alterar.
2. Você entrou no modo de edição do piso. Agora você pode usar todas as técnicas listadas abaixo para editar o polígono-origem (veja item **4.7 Edição de vértices em objetos**, na pág. 86):

   a. Faça um duplo clique no polígono e edite os vértices;

   b. Desenhe outros objetos 2D e use as ferramentas de edição de superfícies (adicionar, recortar, interseccionar e combinar) (veja item **4.11 Operações com superfícies**, na pág. 95);

   c. Use as ferramentas **Compor** e **Decompor**.
3. Para sair da edição do piso, clique no botão **Concluído** (*Done*), para voltar à edição do seu projeto.

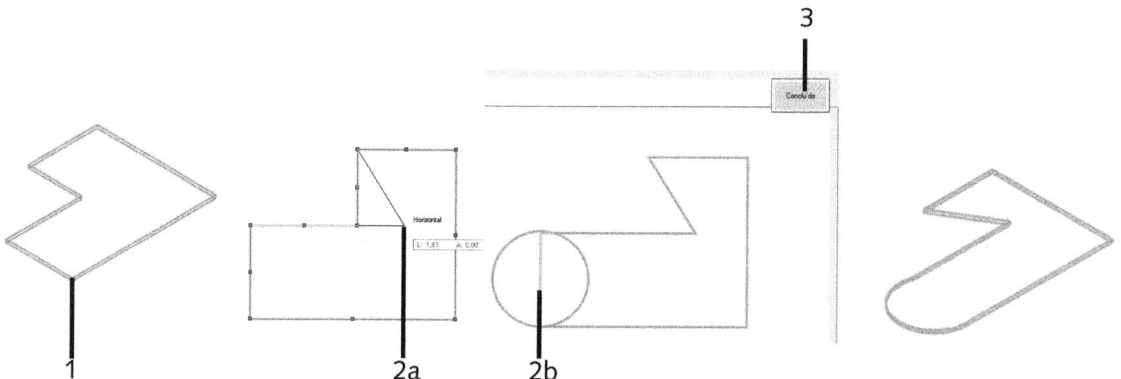

6.7 Como criar uma laje

Essa ferramenta só está disponível para quem usa o Vectorworks Architect e Designer. À primeira vista o objeto laje se parece muito com o piso, mas existem algumas diferenças importantes:

– O objeto laje pode ser conectado às paredes. Quando isso acontece, ao mover uma parede, a laje será alterada automaticamente.

– Uma laje pode ser composta por vários componentes, que representam os diversos sistemas que compõem sua estrutura. Esses componentes podem aparecer nos cortes realizados com o comando **Criar Viewport de Seção** (*Create Viewport Section*).

– Uma laje pode ser composta por vários componentes, que representam os diversos sistemas que a compõem. Assim, você pode ter componentes para o revestimento, o contrapiso, a parte estrutural (feita com madeira, aço, concreto ou qualquer outro material), etc.

– Você pode guardar o ajuste de uma laje em um **Estilo** (*Style*). Esse estilo pode ser transferido para outros arquivos, usando **Administrador de Recursos** (*Resource Browser*).

para criar uma laje

1. Na paleta **Paredes/AEC** (*Building Shell*), clique na ferramenta **Laje** (*Slab*).

2. Na barra de modos, clique no botão de preferências.

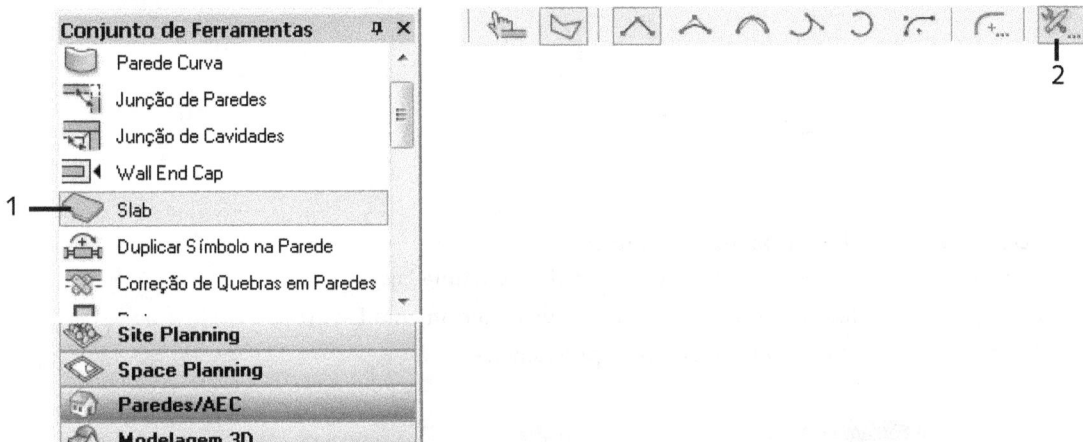

3. Na janela que se abre, clique na linha indicada (**a**) para selecionar o único componente de laje existente; em seguida clique na opção **Editar...** (*Edit...*) (**b**).

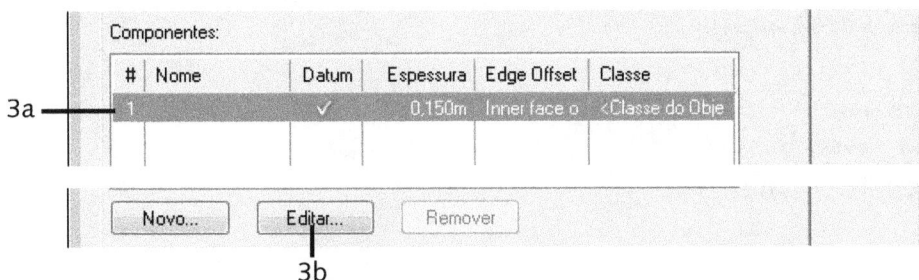

4. Para ver como editar este componente, determinando a espessura da laje e outros ajustes, veja o item **6.8 Como escolher e criar estilos de lajes**, na pág. 149.

5. Clique em **OK** para continuar os ajustes.

6. Clique em **OK** para confirmar as preferências.

7. Na barra de modos, clique no botão **Polyline Entry Mode** (*Polyline Entry Mode*) (**a**); a seguir, escolha entre um dos tipos de construção oferecidos (**b**). Em seguida, execute a ferramenta da mesma maneira como é feito um polígono (**c**).

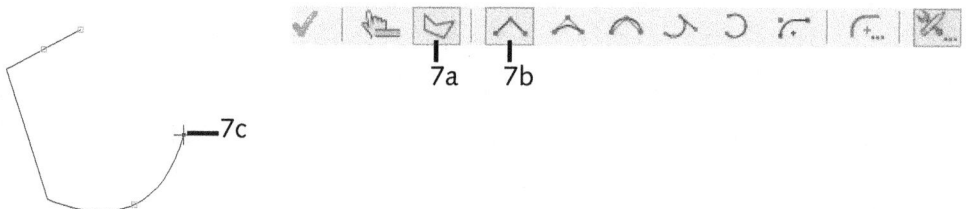

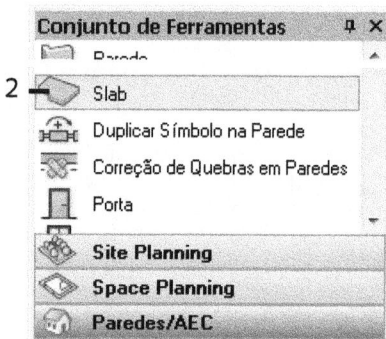

como criar uma laje a partir de paredes

1. Abra um arquivo que contém paredes que definem uma laje.

2. Na paleta **Paredes/AEC** (*Building Shell*), clique na ferramenta **Laje** (*Slab*).

3. Na barra de modos, clique no botão de preferências.

4. Na janela que se abre, clique em **Novo...** (*New...*) (**a**) para criar um novo componente de laje. Se preferir, selecione um componente pronto na lista (**b**) e, em seguida, clique em **Editar...** (*Edit...*) (**c**) para modificá-lo.

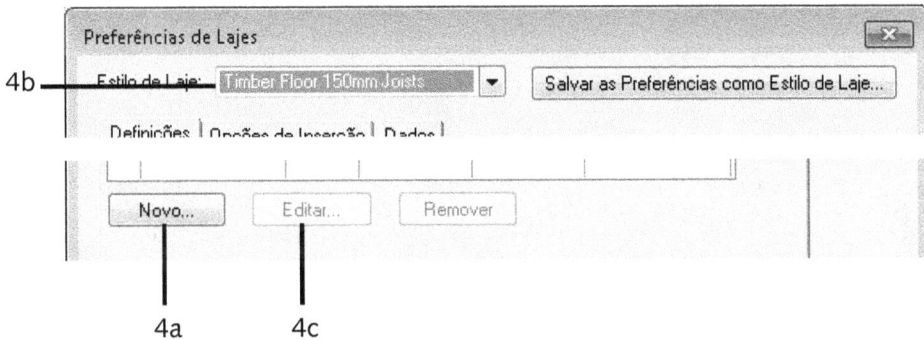

4b —

4a   4c

5. Para ver como editar este componente, determinando a espessura da laje e outros ajustes, veja o item **6.8 Como escolher e criar estilos de lajes**, na pág. 149.

6. Clique em **OK** para continuar os ajustes.

6

7. Clique em **OK** para confirmar as preferências.

7

8. Na barra de modos, clique no botão **Picked Walls Mode** (*Picked Walls Mode*) (**a**). Em seguida, clique em todas as paredes que definem a laje (**b**); aperte **Enter** ou clique no botão indicado para confirmar (**c**).

8c   8a

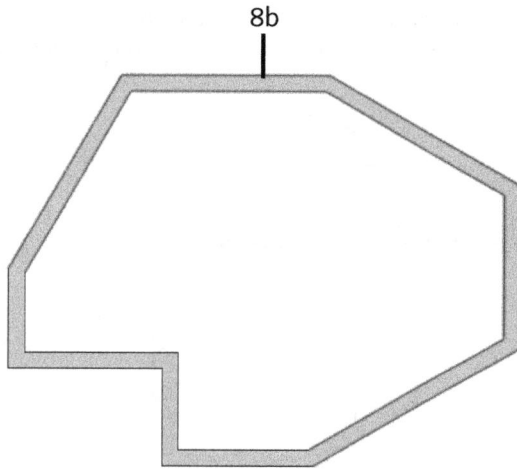

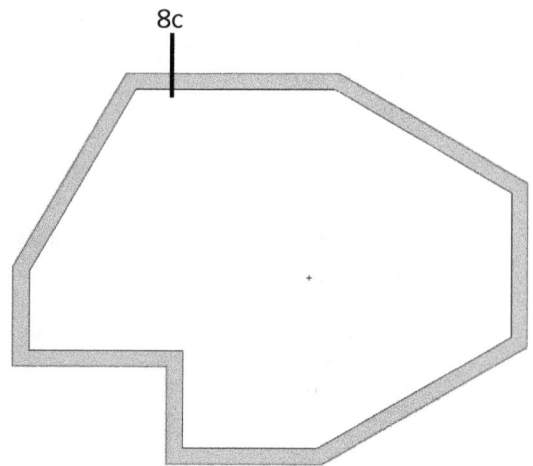

como transformar um objeto 2D em laje

1. Selecione o objeto 2D desejado.
2. Vá ao menu **Modificar/Converter/Objetcts from Polyline...** (*Modify/Convert/Objects from Polyline...*).

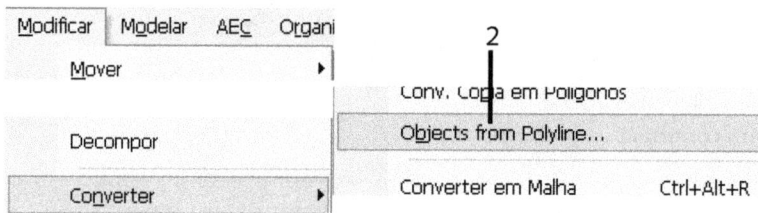

3. Na janela que se abre:

   a. Escolha **Laje** (*Slab*);
   b. Clique em **Delete Source Poly** (*Delete Source Poly*), para apagar o objeto 2D usado como referência para criar a laje;
   c. Clique em **OK** para conferir a criação da laje.

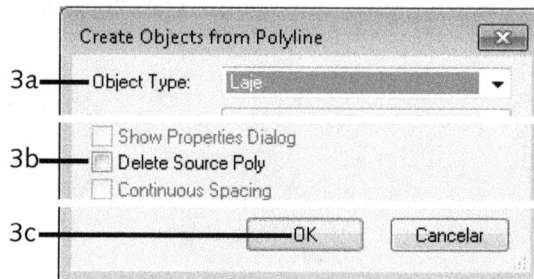

6.8 Como escolher e criar estilos de lajes

como escolher um estilo de laje

1. Na paleta **Paredes/AEC** (*Building Shell*), clique na ferramenta **Laje** (*Slab*).

2. Na barra de modos, escolha o **Estilo de Laje** (*Slab Style*), clicando na barra indicada.

3. Continue usando a ferramenta de laje normalmente.

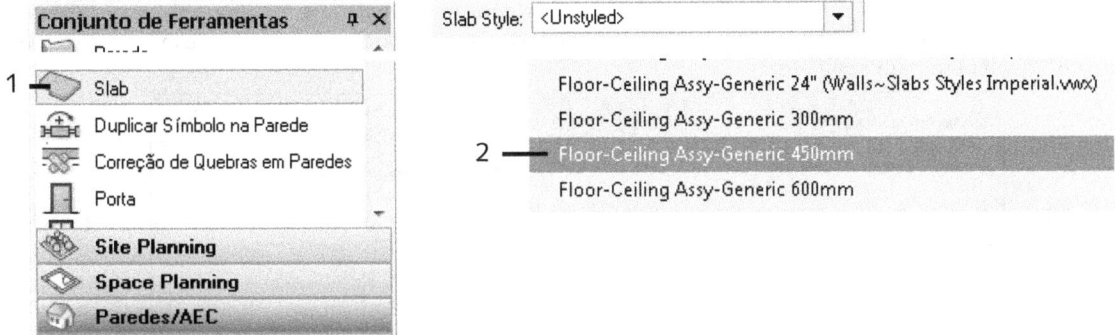

como criar um estilo de laje

1. Na paleta **Paredes/AEC** (*Building Shell*), clique na ferramenta **Laje** (*Slab*).

2. Na barra de modos, clique no botão de preferências.

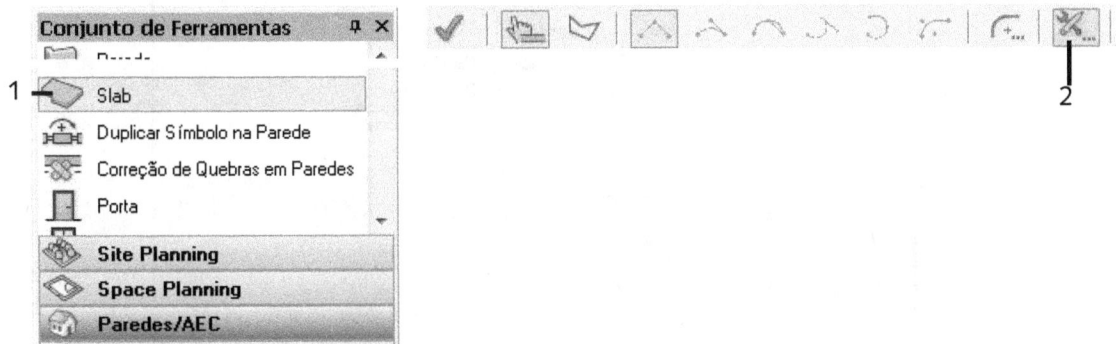

3. Na aba **Definições** (*Definition*), configure os campos:

a. **Editar Atributos de Lajes...** (*Edit Slab Attributes...*): Clique para editar os atributos de preenchimento e traço, no que dizem respeito ao desenho da laje em 2D;
b. **Componentes** (*Components*): Mostra a lista de componentes internos da laje;
c. **Novo...** (*New...*): Abre a janela de criação e configuração de componentes de laje;
d. **Editar...** (*Edit...*): Depois de ter selecionado um componente de laje na lista (em **b**), clique neste botão para editá-lo, alterando sua espessura, classe, atributos gráficos e mais. Para saber detalhes, veja o item **Como editar os atributos de um componente de laje**, na pág. 153;
e. **Remover** (*Delete*): Depois de ter selecionado um componente de laje na lista (em **b**), clique neste botão para apagá-lo.

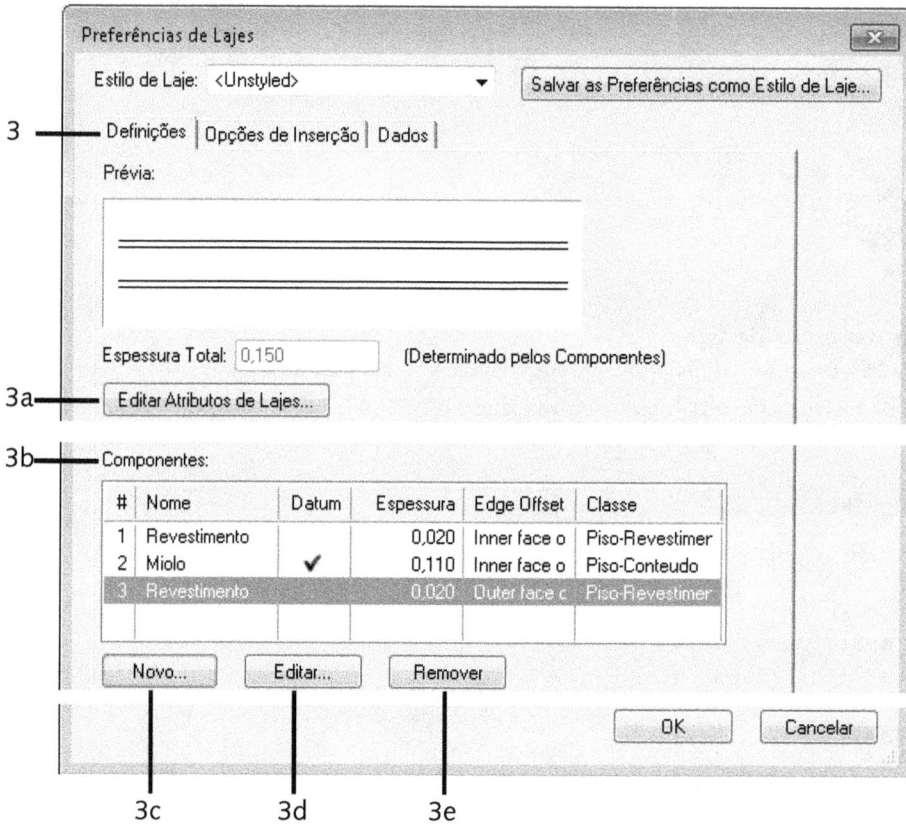

4. Na aba **Opções de Inserção** (*Insertion Options*), configure:

a. **Datum Ref Z da Camada** (*Datum LayerZ Ref*): É a referência que será usada para a definição da cota de partida da laje, chamada de **Layer Elevation**, que é a cota de início da camada onde a laje está.

b. **Datum Desloc. do Z da Camada** (*Datum Offset from Layer Z*): Digite um valor a ser adotado como cota de posicionamento da laje, em relação à altura de referência (Z) da camada. Lembre-se de que a laje é sempre desenhada para baixo do valor de referência;

c. **Classe** (*Class*): Escolha em qual classe a laje será colocada depois de criada.

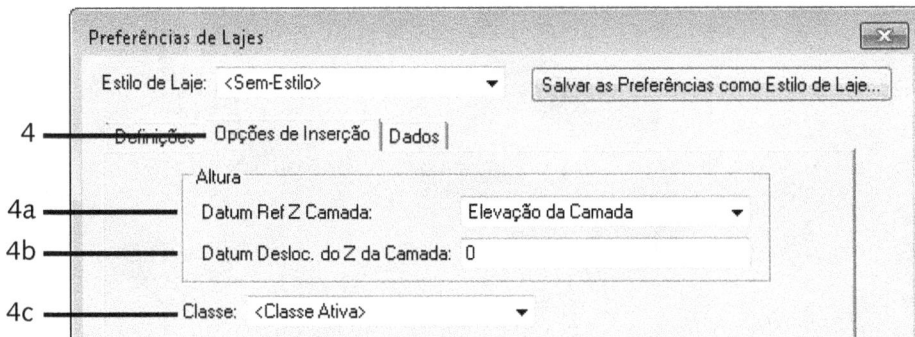

5. Clique em **Salvar as Preferências como Estilo de Laje...** (*Save Preferences as Slab Style...*), e uma janela se abrirá.

6. Escreva um nome para o estilo (**a**) e clique em **OK** (**b**).

7. Clique em **OK** para sair da janela.

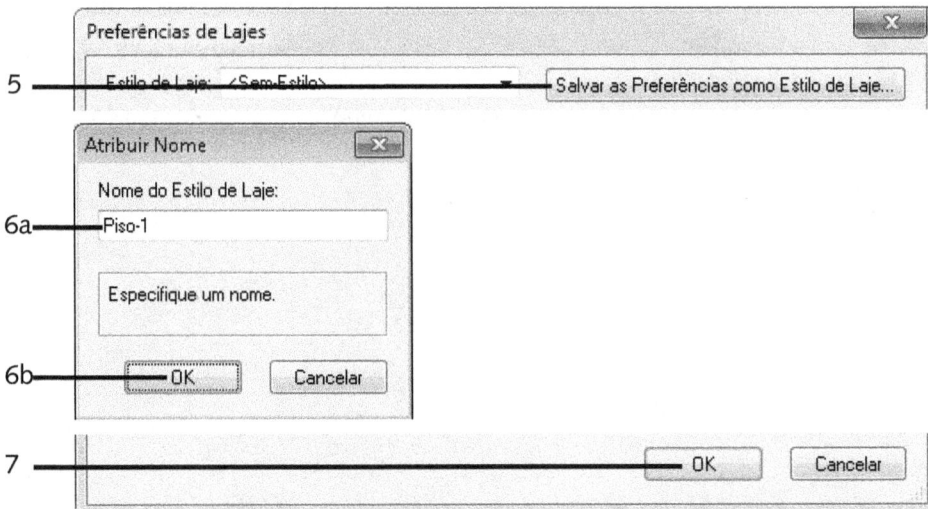

6.9 Como editar lajes

como modificar uma laje a partir de paredes

A operação descrita a seguir funcionará somente se a sua laje estiver presa às paredes. Para conferir se a sua laje está de acordo com este critério:

1. Selecione a laje e, na paleta **Info de Objetos** (*Object Info*), verifique se a barra **Bounding** (*Bounding*) está com a opção **Auto-Bounded** (*Auto-Bounded*) escolhida:

2. Clique e arraste (**a**) qualquer parede reta na direção desejada e, ao soltar, perceba que a laje vai ser refeita para acompanhar a parede que se moveu (**b**).

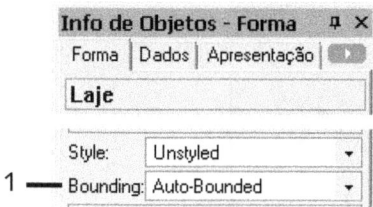

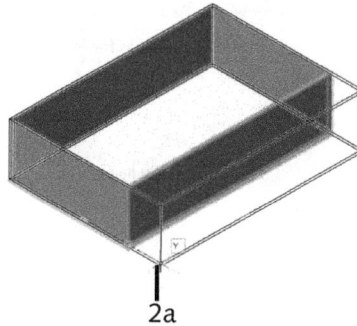

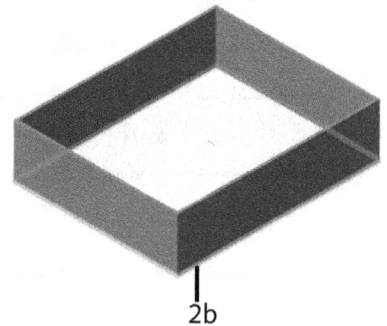

2a   2b

OBS Esta operação de modificação de lajes não funciona com paredes curvas.

outras maneiras de editar uma laje

Existem duas outras maneiras principais de editar uma laje: usando a ferramenta **Remodelagem** (*Reshape*) ou fazendo operações de superfície entre a laje e um objeto:

1. Para editar a laje com a ferramenta **Remodelagem** (*Reshape*), siga as instruções do item **4.7 Edição de vértices em objetos**, na pág. 86.

2. Para saber quais operações de superfícies podem ser feitas e como usá-las, veja o item **4.11 Operações com superfícies**, na pág. 95.

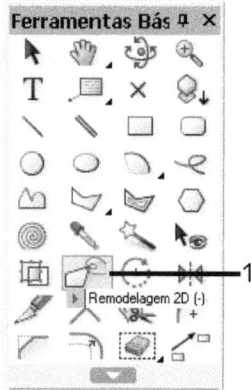

como editar os atributos de um componente de laje

1. Na janela **Editar Atributos de Lajes** (*Slab Component Attributes*), configure os campos:

a. **Nome** (*Name*): Dê um nome ao estilo da laje;

b. **Classe** (*Class*): Clique na barra para escolher a classe em que a laje será criada;

c. **Espessura** (*Width*): Digite um valor para a espessura da laje;

d. **Desloc. da Borda** (*Name*): Clique na barra **Auto-Bound** para definir se a laje vai se conectar automaticamente na parede-limite. Digite um valor em **Manual** para determinar uma distância de separação entre laje e parede, ainda que sincronizadas.

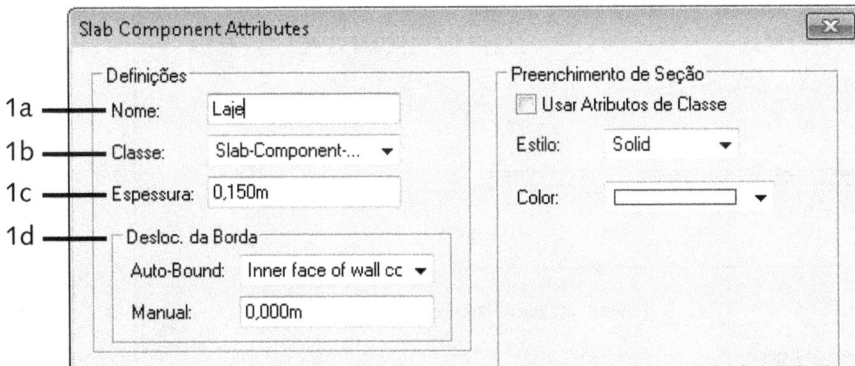

2. **Preenchimento de Seção** (*Section Fill*), configure os campos:

a. **Usar Atributos de Classe** (*Use Class Attributes*): Ative a caixa se quiser que o preenchimento deste componente de laje seja o mesmo da classe em que está inserido;

b. **Estilo** (*Style*): Escolha o estilo gráfico do preenchimento deste componente de laje;

c. **Color** (*Color*): Escolha a cor ou outro atributo derivado da opção definida no item **b** anterior.

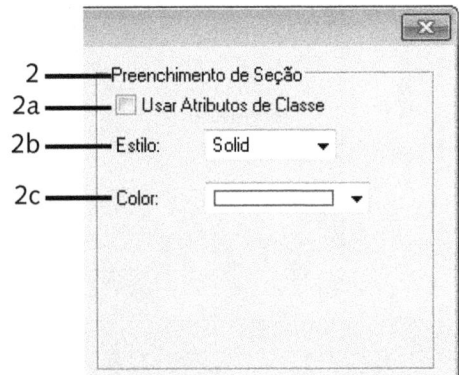

3. **Section Pen** (*Section Pen*), configure os campos:

a. **Usar Atributos de Classe** (*Use Class Attributes*): Clique se quiser que a linha deste componente de laje siga o atributo definido pela classe em que está inserido;

b. **Estilo** (*Style*): Escolha o estilo gráfico do traço aplicado a esse componente de laje;

c. **Color** (*Color*): Escolha a cor de traço.

d. **Linha** (*Line*): Escolha a espessura da linha.

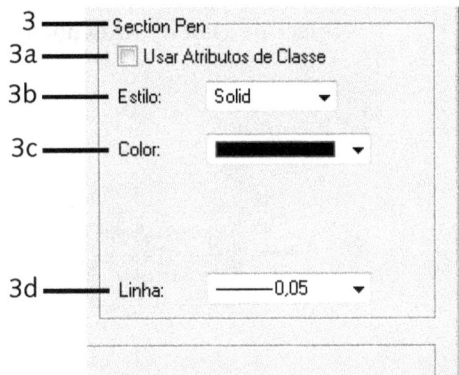

para que usar as ferramentas de operações de superfícies nos componentes de uma laje

Você pode usar as ferramentas de operações de superfícies em componentes de laje, com o objetivo de criar nervuras e outras peças estruturais que acompanham a laje. Para isso:

1. Crie uma laje que seja composta por pelo menos dois componentes. Neste exemplo, a laje é composta por um componente de 2,5cm (contrapiso), um de 5cm (mesa) e outro de 40cm (nervura).

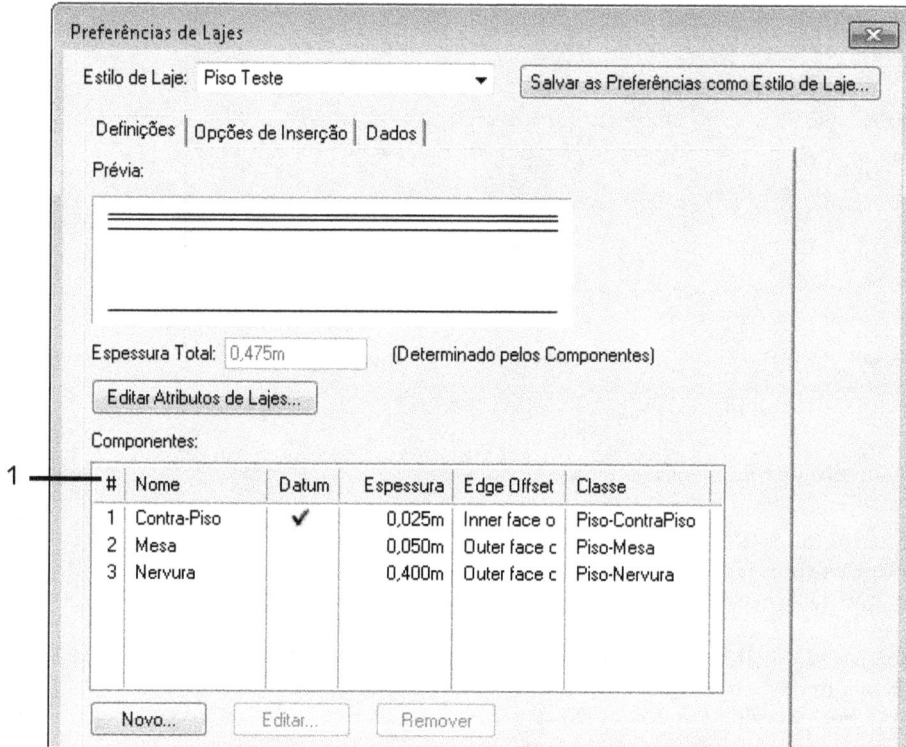

2. Faça o desenho (composto por um ou mais objetos) que será usado como referência para criar as nervuras.

3. Selecione a laje e os desenhos de referência e vá ao menu **Modificar/Recortar Superfícies** (*Modify/ Clip Surfaces*)

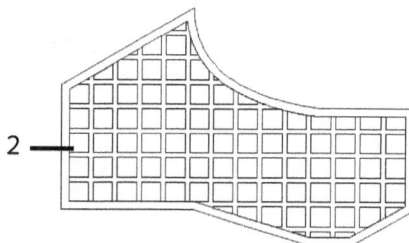

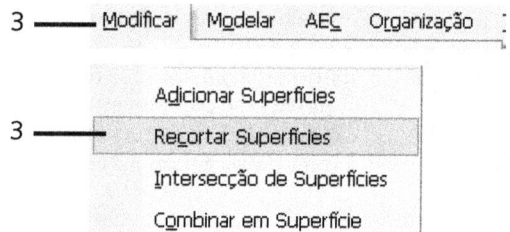

4. Na janela que se abre, escolha entre:

a. **Apply shape to entire slab** *(Apply shape to entire slab)*: Faz com que os desenhos de referência recortem todo os componentes da laje;

b. **Apply shape to selected components of slab** *(Apply shape to selected components of slab)*: Clique para escolher qual componente da laje receberá a operação de recorte de superfícies (no exemplo, o componente **Nervura**);

c. Clique em **OK** para confirmar.

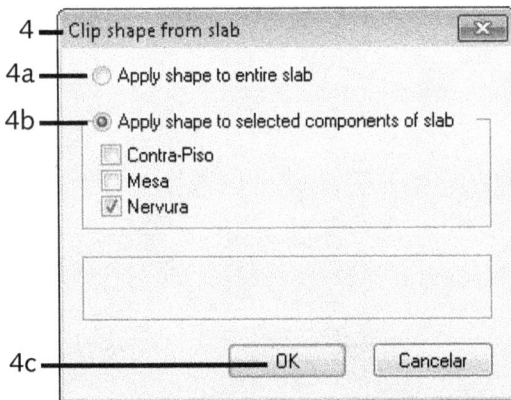

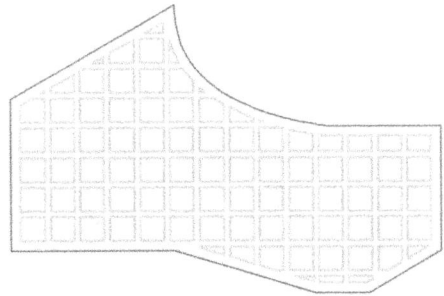

6.10 Como criar e editar um pilar

Um pilar é um objeto 3D criado a partir do seu desenho em planta. Além de ser um objeto tridimensional, o pilar pode ser conectado a paredes (com a ferramenta de junção) para resolver vários tipos de encontros entre paredes.

como criar um pilar

1. Desenhe um objeto 2D que represente o pilar.

2. Selecione-o e vá ao menu **AEC/Pilar...** (*Model/AEC/Pillar...*).

3. Na janela que se abre, digite um valor para a **Altura (Z)** [*Height* (Z)] do pilar.

4. Clique em **OK** para confirmar a criação do pilar.

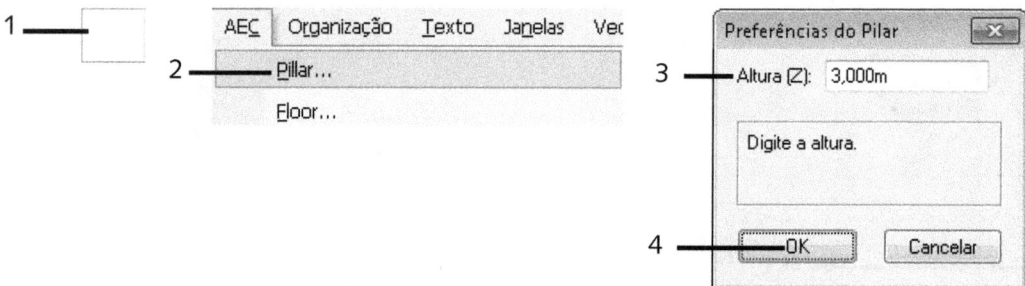

como editar um pilar

1. Faça um duplo clique com a ferramenta **Seleção** (*Selection*) **X** no pilar que você quer alterar.

2. Você entrou no modo de edição do pilar. Agora você pode escolher qualquer uma entre as técnicas listadas abaixo para editar o polígono-origem:

   a. Faça um duplo clique no polígono e edite os vértices;
   b. Desenhe outros objetos 2D e use as ferramentas de edição de superfícies (adicionar, recortar, interseccionar e combinar);
   c. Use as ferramentas **Compor** (*Compose*) e **Decompor** (*Decompose*).

3. Para sair da edição do pilar, clique no botão **OK** para voltar à edição do seu projeto.

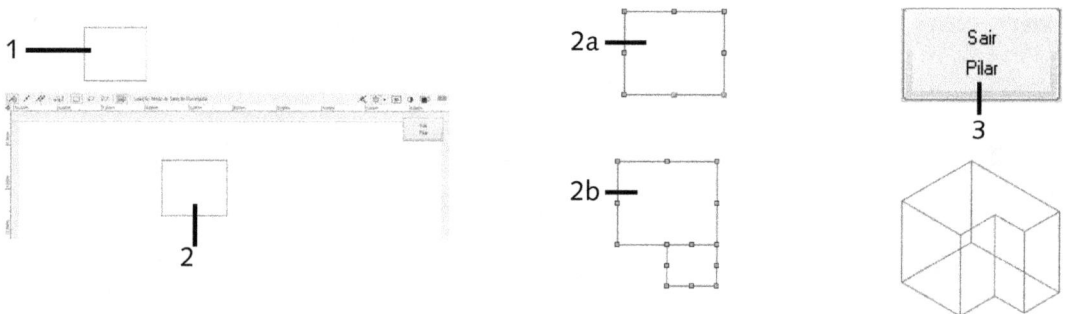

6.11 Como criar e editar um telhado

como criar um telhado usando um polígono ou paredes como referência

1. Desenhe o objeto de referência (pode ser um polígono ou paredes) e selecione-o com a ferramenta **Seleção** (*Selection*) **X**.

2. Vá ao menu **AEC/Gerar Telhados** (*Model/AEC/Create Roof...*):

a. **Perfil do Beiral** (*Eave Profile*): Define o tipo de acabamento do telhado (Reto/*Square*, Duplo/*Double*, Horizontal/*Horizontal* ou Vertical/*Vertical*);

b. **Espessura** (*Thickness*): Define a espessura do telhado;

c. **Encaixe do Apoio** (*Bearing Inset*): Define a distância horizontal entre a parte de baixo do telhado e a borda do polígono-base;

d. **Inclinação** (*Roof Pitch*): Define o ângulo de inclinação do telhado;

e. **Altura do Apoio** (*Bearing Height*): Define a altura entre o chão e a linha de projeção do telhado, a partir da borda do polígono-base;

f. **Balanço do Beiral** (*Eave Overhang*): Define o tamanho do beiral a partir da borda do polígono-base;

g. **Camada** (*Layer*): Permite criar uma nova camada para colocar o telhado a ser criado;

h. **Classe** (*Class*): Permite criar uma nova classe para colocar o telhado a ser criado;

i. **Criar Acessórios...** (*Create Accessories...*): Clique nesta janela para criar acessórios para o telhado, como bordas, sofito e forro;

j. **Reter Objetos Originais** (*Retain Original Objects*): Ative esta caixa para manter o(s) objeto(s) de referência no desenho.

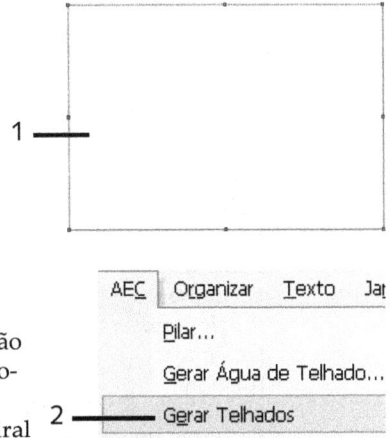

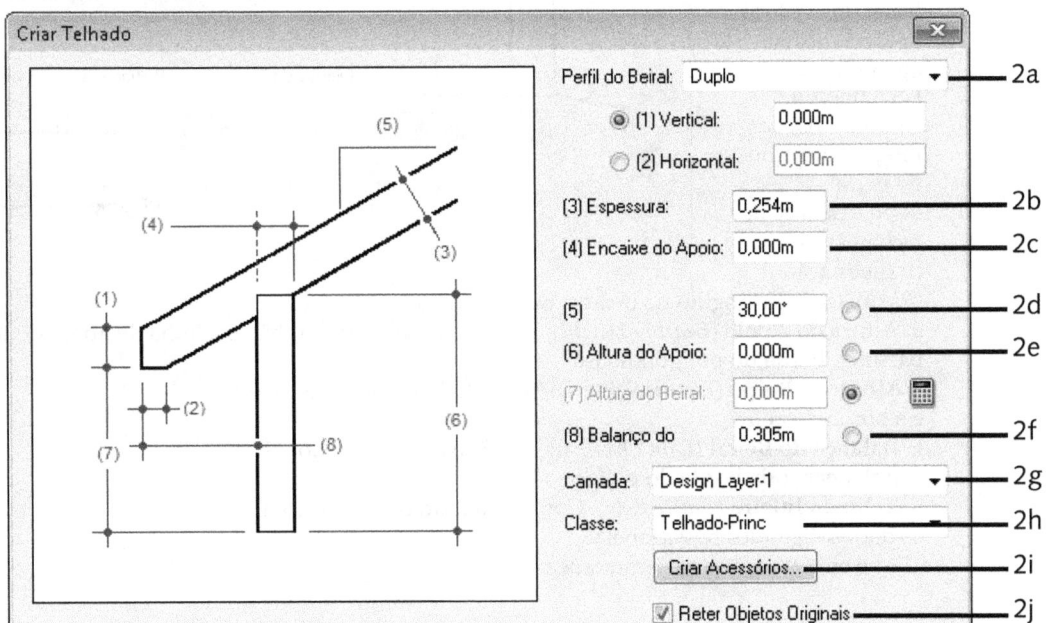

3. Clique em **OK** e observe o telhado pronto.

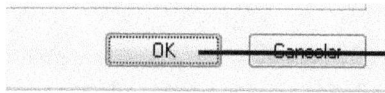

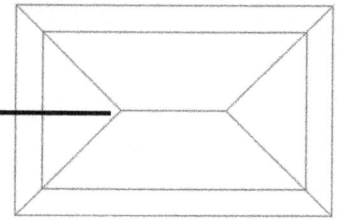

como editar um telhado

1. Selecione o telhado e clique sobre a alça com o cursor em forma de mão. Modifique os parâmetros da janela como desejar:

a. **Forma da Borda do Telhado** (*Roof Edge Shape*): Escolha entre **Beiral Inclinado** (*Eave*), **Fechamento** (*Gable*) e **Fechamento com Beiral** (*Dutch Hip*);

b. **Balanço do Fechamento** (*Gable Overhang*): Esta opção funciona apenas com o **Fechamento com Beiral** e se refere à projeção do fechamento depois de sua face;

c. **Recuo do Fechamento** (*Gable Inset*): Esta opção funciona apenas com o **Fechamento com Beiral** e se refere à projeção do beiral depois da face do fechamento;

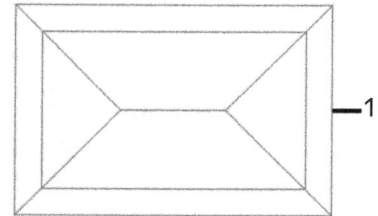

d. **Inclinação** (*Pitch*): Define o ângulo de inclinação do telhado;

e. **Altura do Apoio** (*Bearing Height*): Define a altura entre o chão e a linha de apoio do telhado a partir da borda do polígono-base;

f. **Altura do Beiral** (*Eave Height*): Define a distância entre o chão e a borda do beiral;

g. **Balanço do Beiral** (*Eave Overhang*): Define o tamanho do beiral a partir da borda do polígono-base;

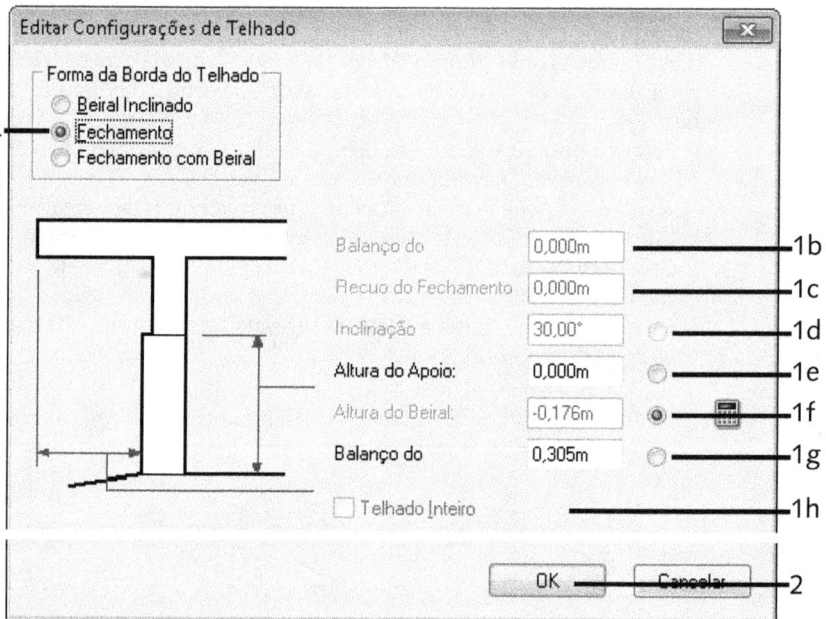

h. **Telhado Inteiro** (*Entire Roof*): Configura todo o telhado com os dados digitados nessa janela.

2. Clique em **OK** e observe a mudança efetuada.

como criar águas e estruturas de telhado independentes

Para a criação em 3D de um telhado não convencional, parte-se de um desenho 2D das águas que compõem o telhado. Você pode criar esse desenho usando as ferramentas 2D comuns, como retângulos, polígonos e polilinhas. Uma boa dica é desenhar as águas de telhado com objetos que tenham preenchimento semitransparente, para que seja possível visualizar as paredes. Crie a planta de cobertura com vários polígonos e/ou retângulos:

1. Selecione uma água e vá ao menu **AEC/Gerar Água de Telhado...** (*Model/AEC/Roof Face...*), que apresentará as seguintes opções:

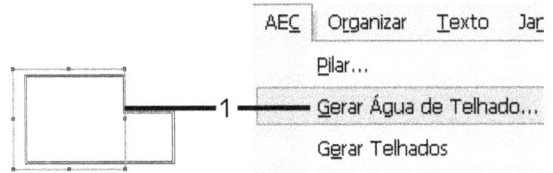

a. **Inclinação do Telhado** (*Roof Slope*): Escolha o critério de inclinação: **Ângulo** (*Angle*), que define a inclinação do telhado a partir do ângulo entre a água e a superfície; **Altura por Comprimento** (*Rise over Run*), que define a inclinação através da relação altura-comprimento (porcentagem); e **Altura pelo Seg. Clique** (*2nd Click Height*), que ajusta a inclinação pelo próximo clique do mouse;

b. **Perfil do Beiral** (*Edge Miter*): Determina o tipo de acabamento da água de telhado. Escolha entre **Vertical, Horizontal, Duplo** (*Double*) e **Quadrado** (*Square*);

c. **Perfil de Recortes** (*Hole Miter*): Determina o tipo de acabamento nas áreas onde o telhado é recortado. Escolha **Vertical** ou **Quadrado** (*Square*);

d. **Eixo Z** (*Axis Z*): Define a altura por onde será criado o eixo da água de telhado. Geralmente é dada a altura em que a água do telhado encontra a face externa da parede onde está apoiada;

e. **Espessura** (*Thickness*): Define a espessura do telhado.

2. Clique em **OK** para confirmar os ajustes e fechar a janela.

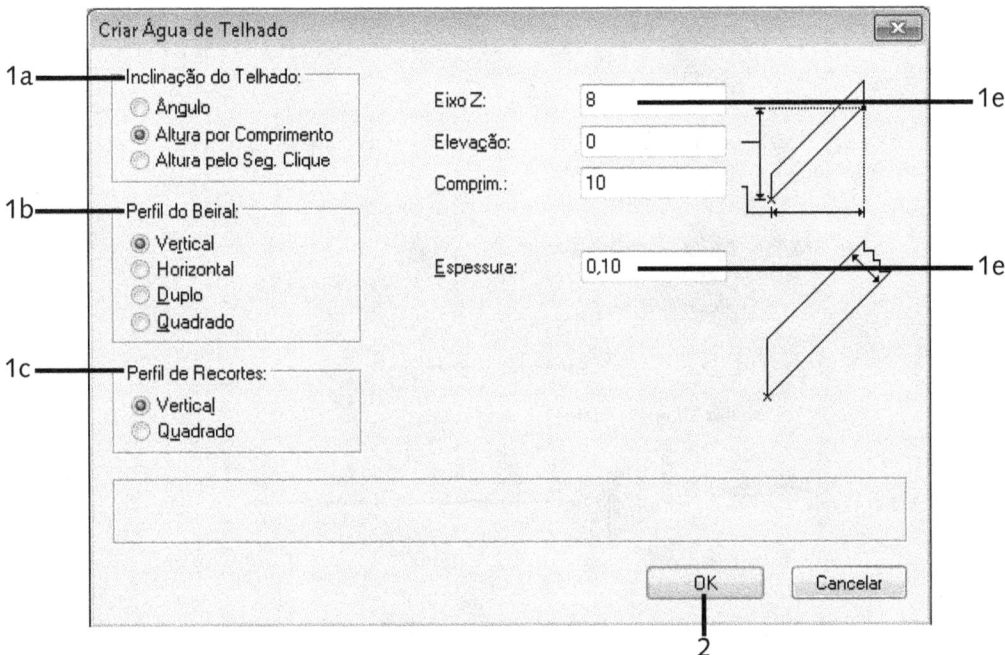

3. Faça um duplo clique para determinar o eixo de apoio da água do telhado. A altura de apoio foi definida pelo **Eixo Z** (*Axis Z*).

4. Mova o cursor e clique para determinar onde a água de telhado vai subir.

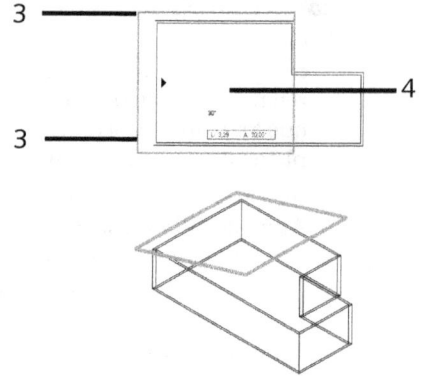

como criar claraboias e mansardas

O Vectorworks possui um curioso recurso que permite a criação de mansardas e claraboias de maneira muito fácil.

1. Vá ao menu **Janelas/Paletas/Administrador de Recursos** (*Windows/Palettes/Resource Browser*) **Ctrl+R**.

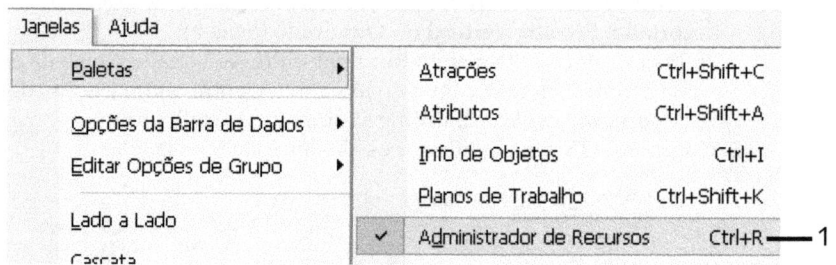

2. Clique na barra indicada para escolher o arquivo que contém o símbolo de referência desejado (de preferência uma janela).

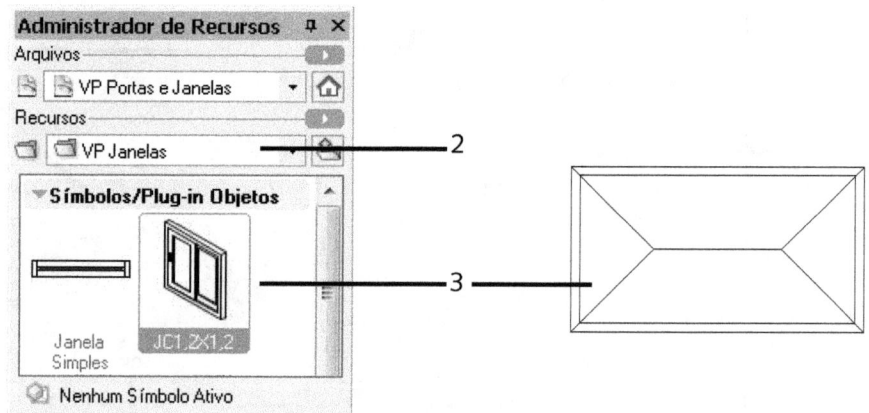

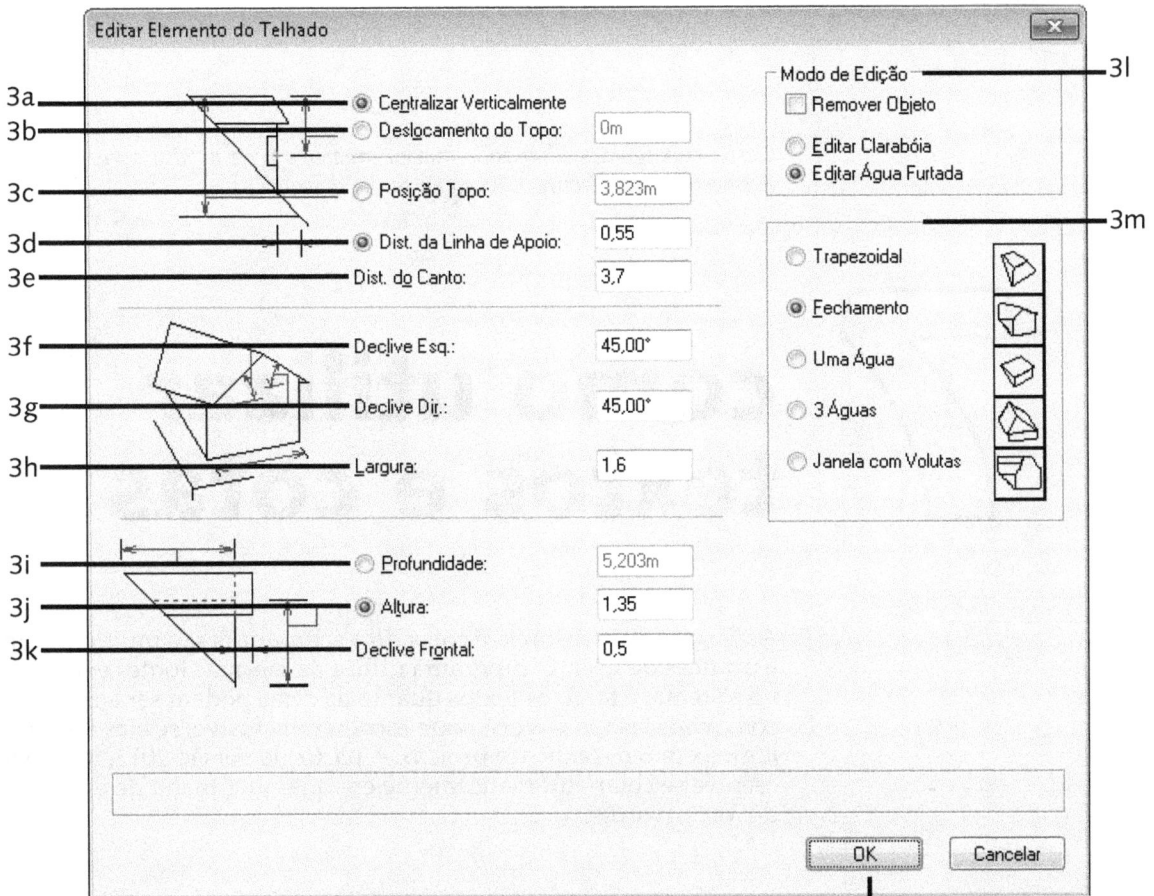

3. Clique e arraste o símbolo de referência para cima do telhado, criado com a ferramenta **Gerar Telhados** (*Create Roof*). Na janela que se abre, configure as opções:

a. **Centralizar Verticalmente** (*Center Vertically*): Alinha verticalmente o ponto central do símbolo com o centro da mansarda a ser criada;

b. **Deslocamento do Topo** (*Offset from Top*): Posiciona o símbolo verticalmente a uma distância do topo da mansarda;

c. **Posição Topo** (*Height Offset*): Distância entre o ponto mais baixo do telhado e o ponto mais alto da mansarda. Relaciona-se com os campos descritos em **i** e **j**;

d. **Dist. da Linha de Apoio** (*Building Line Offset*): Distância entre o ponto mais externo do telhado e o começo da mansarda;

e. **Dist. do Canto** (*Offset from Corner*): Determina a distância entre o extremo lateral do telhado e o centro do símbolo usado como base para a mansarda;

f. **Declive Esq.** (*Left Slope*): Inclinação da água esquerda da mansarda;

g. **Declive Dir.** (*Right Slope*): Inclinação da água direita da mansarda;

h. **Largura** (*Width*): Largura da mansarda;

i. **Profundidade** (*Depth*): Profundidade da mansarda. Relaciona-se com os campos descritos em **c** e **j**;

j. **Altura** (*Height*): Altura da mansarda. Relaciona-se com os campos descritos em **c** e **i**;

k. **Declive Frontal** (*Overhang*): Define o balanço da cobertura da mansarda;

l. **Modo de Edição** (*Edit Mode*): Escolha se você quer editar o objeto como **Claraboia** (*Skylight*) ou **Água-Furtada** (*Dormer*). Também possui a opção **Remover Objeto** (*Remove Object*) para retirar esse elemento do telhado;

m. Define o tipo de mansarda a ser usada.

4. Clique em **OK** para confirmar a criação da mansarda.

Certo, consigo desenhar tudo que eu preciso e fazer as alterações necessárias no desenho. Agora eu tenho de saber

7

como utilizar textos e cotas

As ferramentas de texto e cotas do Vectorworks são muito simples e práticas de usar. O programa utiliza as mesmas fontes existentes no sistema, e tanto os textos quanto as cotas podem ser ajustados com medidas reais. Você pode escolher, inclusive, se eles escalam junto com o desenho do projeto. A partir da versão 2012, você pode escrever e cotar automaticamente em qualquer plano de desenho do Vectorworks.

O que você vai ler neste capítulo

7.1 Criação e edição de textos

7.2 Como usar e editar cotas

7.1 Criação e edição de textos

As ferramentas de edição de texto do Vectorworks nos permitem trabalhar de maneira semelhante a um editor comum. Lembre-se de que as fontes utilizadas em um projeto devem ser mandadas com o arquivo, quando este for impresso em uma gráfica ou em outro computador. Se não for possível, você pode converter as fontes usadas em polilinhas ou exportar o desenho no formato PDF (saiba mais no item **13.3 Exportação em formato PDF**, na pág. **341**).

como escrever um texto comum

1. Na paleta **Ferramentas Básicas** (*Basic*), clique na ferramenta **Texto** (*Text*) **1**.

2. Na barra de modos, escolha o **Texto Horizontal** (*Horizontal Text*).

3. Clique onde você quer começar a escrever o texto.

4. Escreva o que quiser; para finalizar, clique na ferramenta **Seleção** (*Selection*) **X** ou tecle **ESC** ou **Enter** do teclado numérico.

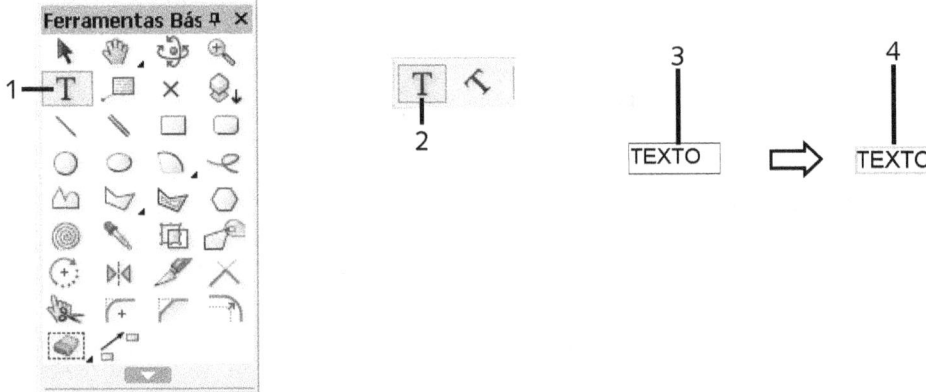

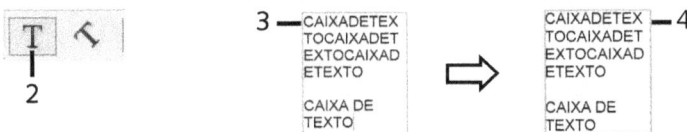

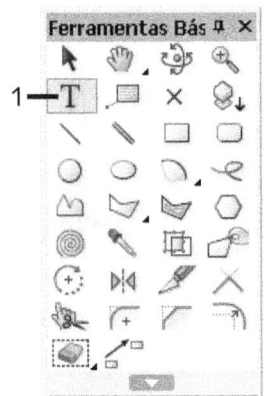

como criar uma caixa de texto

Quando você usa o texto comum (explicado no item anterior), não há limite para o fim do parágrafo, ou seja, o texto vai correr a tela inteira até que você digite **Enter** para mudar de linha. Para que um texto mude de linha automaticamente, você pode usar um artifício chamado caixa de texto.

1. Na paleta **Ferramentas Básicas** (*Basic*), clique na ferramenta **Texto** (*Text*) **1**.

2. Na barra de modos, escolha o **Texto Horizontal** (*Horizontal Text*).

3. Clique onde você quer começar a escrever o texto e **não solte o botão do mouse**; arraste o cursor no sentido inferior direito e solte o botão quando o tamanho da caixa for o desejado.

4. Escreva o que quiser; para finalizar, clique na ferramenta **Seleção** (*Selection*) **X** ou tecle **ESC** ou **Enter** do teclado numérico.

como criar uma caixa de texto rotacionada

1. Na paleta **Ferramentas Básicas** (*Basic*), clique na ferramenta **Texto** (*Text*) **1**.

2. Na barra de modos, escolha o **Texto Rotacionado** (*Rotated Text*).

3. Clique onde você quer começar a escrever o texto e **não solte o botão do mouse**. Arraste o cursor na direção de rotação e solte o botão para confirmar a primeira dimensão da caixa.

4. Mova o cursor para determinar a segunda dimensão da caixa e clique para confirmar.

5. Escreva o que quiser; para finalizar, clique na ferramenta **Seleção** (*Selection*) **X** ou tecle **ESC** ou **Enter** do teclado numérico.

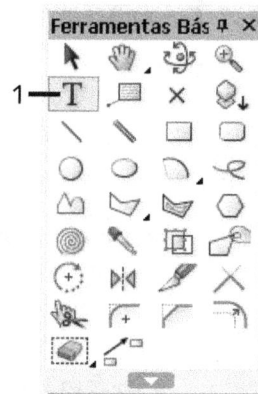

para editar um texto

1. Para editar um texto já escrito, clique sobre ele com a ferramenta **Texto** (*Text*) **1** novamente ou clique duas vezes sobre o texto com a ferramenta **Seleção** (*Selection*) **X**.

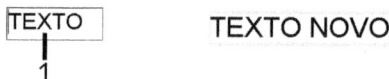

para alterar tamanho, estilo e fonte do texto

1. Na paleta **Ferramentas Básicas** (*Basic*), clique na ferramenta **Texto** (*Text*) **1**.

2. Se quiser alterar todo o texto de uma caixa, clique uma vez sobre ela (**a**); se quiser alterar apenas um trecho da caixa de texto, faça um duplo clique para entrar e, em seguida, clique e arraste para marcar o texto que será alterado (**b**).

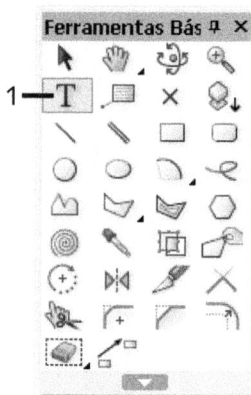

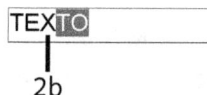

3. Vá ao menu **Textos** (*Text*) e altere as características que quiser, pelos submenus.

4. Você também pode alterar o texto através dos controles na paleta **Info de Objetos** (*Object Info*) **Ctrl+I**.

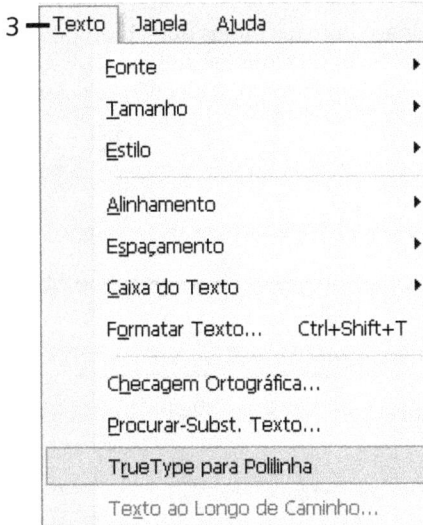

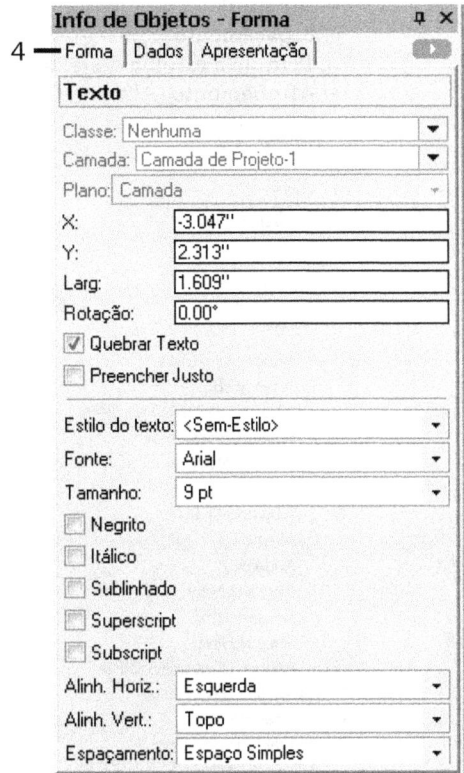

5. Se preferir fazer várias alterações de uma só vez, use o menu **Textos/Formatar Texto...** (*Text/Format Text...*) **Ctrl+Shift+T**:

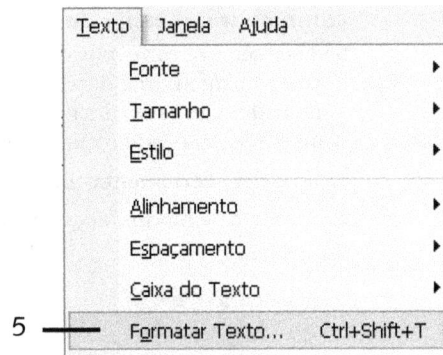

a. **Fonte** (*Font*): Escolhe a fonte para o(s) bloco(s) selecionado(s);
b. **Tamanho** (*Size*): Tamanho do corpo do texto. É recomendável que esse tamanho seja configurado com as unidades em **mm** (e não em *points,* como é o normal em programas de texto e editoração);
c. **Espaçamento** (*Spacing*): Define o espaço entre as linhas do(s) bloco(s) selecionado(s);
d. Permite a escolha do texto: **Normal** (*Plain*) ou **Com Estilo** (*Styled*);
e. **Alinhamento** (*Alignment*): Altera o alinhamento do(s) bloco(s) selecionado(s).

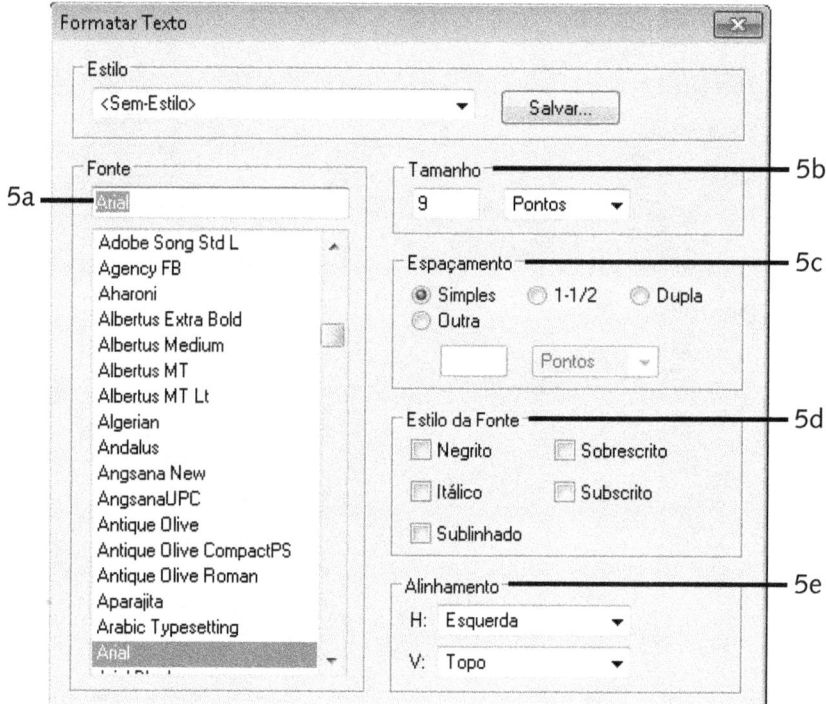

como criar um estilo de texto

Se você sempre escreve textos com determinados tipos de fontes e tamanhos (para título do desenho, memorial descritivo, número de carimbo e outros), pode achar interessante criar estilos de texto. Um estilo de texto é um ajuste predefinido que pode ser aplicado a um texto já escrito, ou então ser usado como padrão para a criação de futuros textos. Para criar um estilo de texto:

1. Na paleta **Ferramentas Básicas** (*Basic*), clique na ferramenta **Texto** (*Text*) **1**.

2. Na barra de modos, clique na barra indicada (**a**) e, em seguida, escolha **Novo...** (*New...*) (**b**).

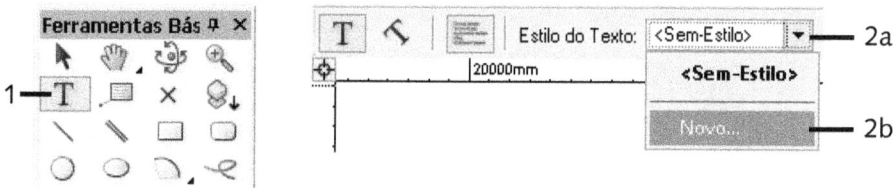

3. Na janela que se abre, defina como você quer o estilo do texto (veja as explicações dos campos no item anterior). Dê um nome ao estilo do texto (**a**) e depois clique em **OK** para confirmar (**b**).

4. Se quiser confirmar este estilo de texto como padrão, clique na barra indicada (**a**) e, em seguida, escolha o estilo desejado (**b**).

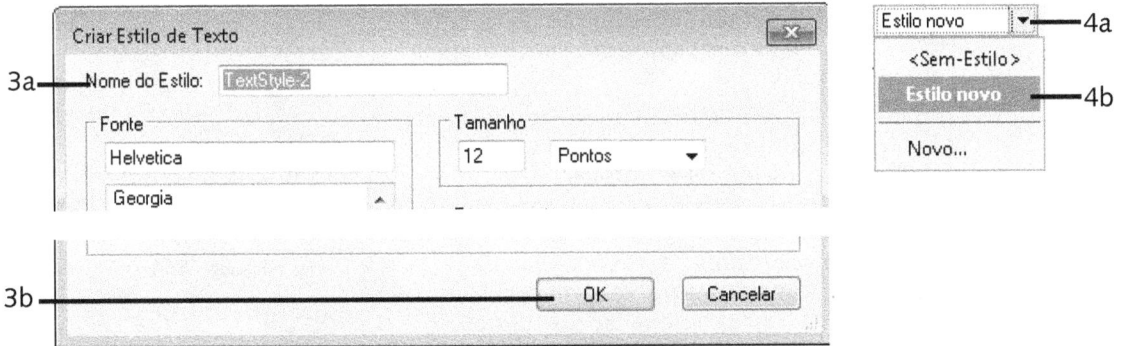

como aplicar um estilo de texto a um texto já escrito

1. Selecione o texto que receberá o estilo.

2. Na paleta **Info de Objetos** (*Object Info*) **Ctrl+L**, clique na barra **Estilo do texto** (*Text Style*) e escolha o estilo a ser aplicado (**a**). Observe a mudança feita no texto selecionado (**b**).

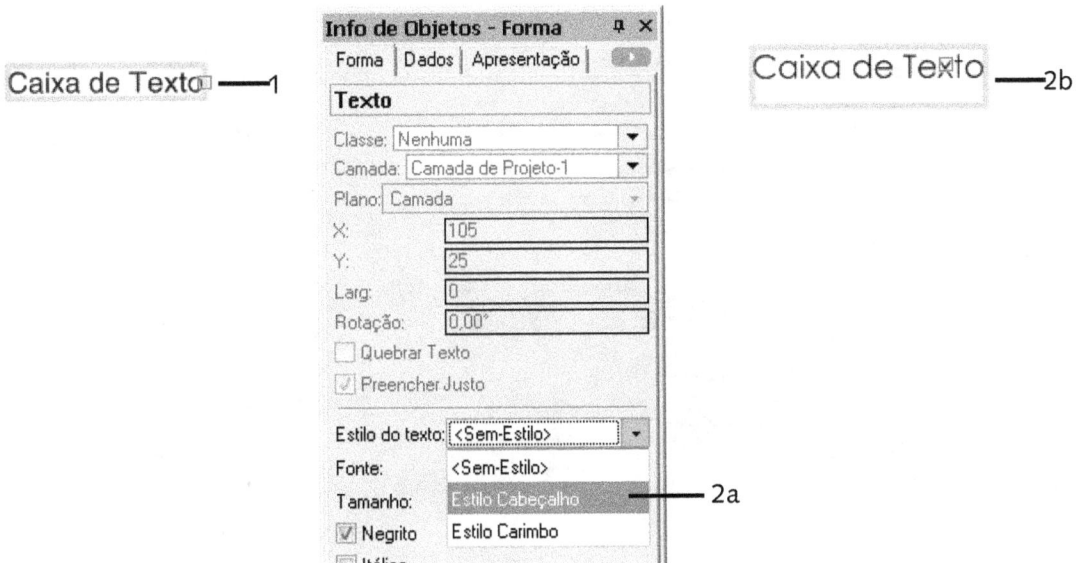

como encontrar/substituir um texto

Você pode selecionar um ou mais blocos de texto para encontrar e/ou substituir palavras, recurso extremamente útil quando trabalha com grandes quantidades de texto.

1. Vá ao menu **Textos/Procurar-Subst. Texto...** (*Text/Find-Replace Text...*) e configure os parâmetros para encontrar e/ou substituir o texto:

a. **Procurar Próxima...** (*Find Next...*): Encontra o texto definido em **e**, de acordo com os critérios em **f** e **g**;
b. **Subst. Próxima...** (*Replace Next...*): Substitui o texto definido em **e** pelo digitado em **h**, na próxima ocorrência;
c. **Subst. Tudo Selecionado...** (*Replace All Selected...*): Substitui o texto definido em **e** pelo digitado em **h** em todos os blocos previamente selecionados e de acordo com os critérios em **f** e **g**;
d. **Subst. Tudo** (*Replace All*): Substitui o texto definido em **e** pelo digitado em **h** em todos os blocos de texto e de acordo com os critérios em **f** e **g**;
e. **Texto Procurado** (*Find String*): Digite aqui o texto a ser encontrado;
f. **Opções** (*Options*): Permite a procura em **Camada Ativa**/*Active Layer Only*, **Todas as Camadas**/*All Layers*, **Camadas Visíveis**/*Visible Layers Only* e também ativa a opção **Sensível a Caixa**/*Case Sensitive*;
g. Define se a busca procurará nos **Objetos Texto**/*Text Objects*, **Campos/Registros**/*Record Fields* ou **Planilhas**/*Worksheets*;
h. **Substituir com:** (*Replace With:*): Escreva aqui o texto que substituirá o texto digitado em **e**.

2. Clique em **Procurar-Subst.** (*Find-Replace*) para efetuar a busca e/ou substituição.

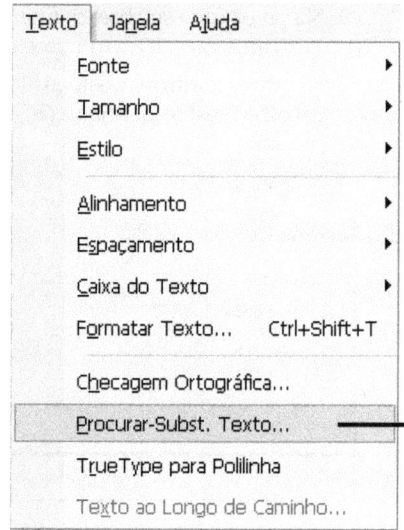
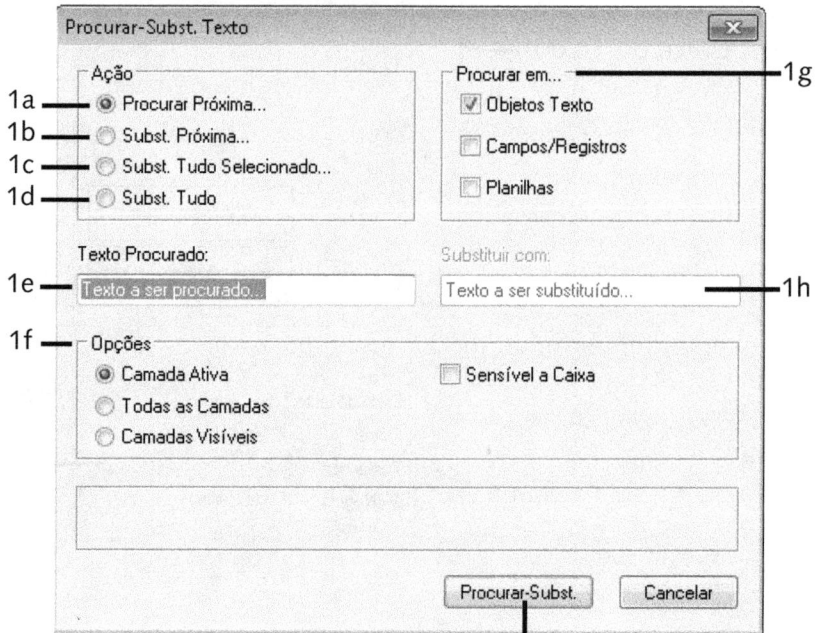

para usar a ferramenta de correção ortográfica

1. Sem nenhum objeto selecionado, vá ao menu **Textos/ Checagem Ortográfica...** (*Text/Check Spelling...*). Aparece uma janela com as seguintes opções de busca:

   a. **Blocos de Texto** (*Text Blocks*): Procura entre os blocos de texto do arquivo;

   b. **Símbolos** (*Symbols*): Procura textos dentro de símbolos;

   c. **Registros** (*Records*): Procura dentro de registros de bancos de dados;

   d. **Planilhas** (*Worksheets*): Procura textos nas planilhas do arquivo;

   e. **Viewports**: Procura dentro dos viewports do arquivo.

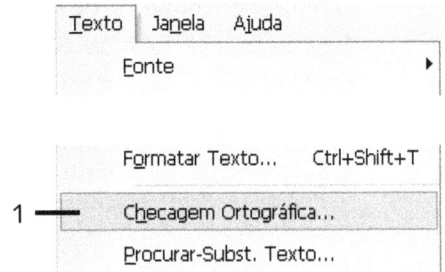

2. Depois de definir os critérios de busca, aperte **OK** e uma nova janela se abrirá, com os seguintes campos:

   a. Mostra o início do bloco de texto que receberá a correção ortográfica;

   b. **Fora do Dicionário** (*Not in Dictionary*): Mostra uma palavra não encontrada no dicionário usado;

   c. **Sugestões** (*Suggestions*): Mostra sugestões para a alteração da palavra mostrada em **b**;

   d. **Mudar** (*Change*): Substitui a palavra mostrada em **b** pela sugestão escolhida em **c**;

   e. **Mudar Todas** (*Change All*): Substitui a palavra mostrada em **b** pela sugestão escolhida em **c** em todos os blocos de texto selecionados;

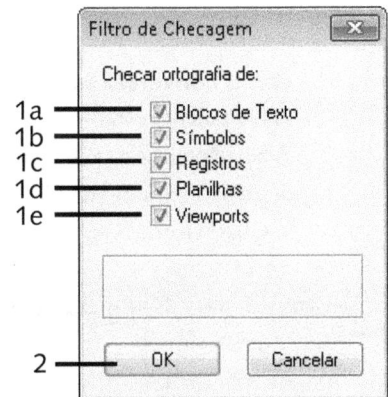

   f. **Ignorar** (*Ignore*): Ignora a sugestão de alteração da palavra mostrada em **b**, fazendo o corretor buscar a próxima palavra;

   g. **Ignorar Todas** (*Ignore All*): Ignora a sugestão de alteração da palavra mostrada em **b** para todas as repetições dessa palavra nos blocos de texto selecionados, fazendo o corretor buscar a próxima palavra;

   h. **Aprender** (*Learn*): Adiciona a palavra mostrada em **b** ao dicionário;

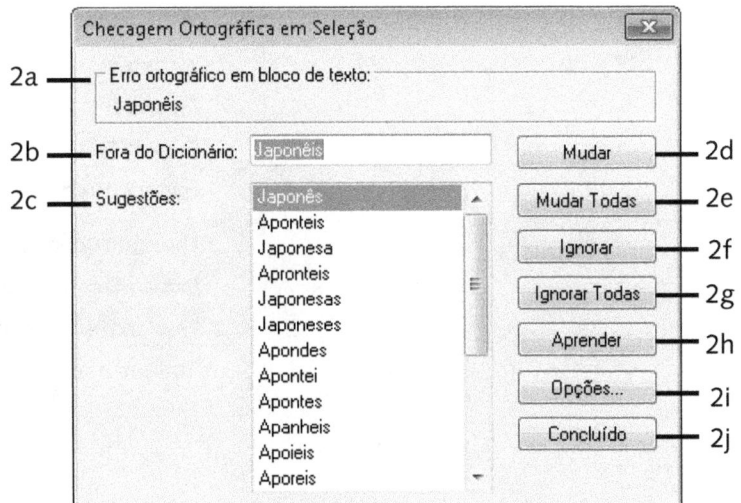

   i. **Opções...** (*Options...*): Configura opções de busca e pode aparecer antes da janela principal, caso nenhum bloco de texto seja selecionado: **Palavras Título** (*Capitalized words*), **Palavras Somente em Maiúsculas** (*Words in all caps*), **Palavras com Maiúsculas e Minúsculas** (*Words with mixed case*) e **Palavras com Números** (*Words with numbers*);

   j. Clique em **Concluído** (*Done*) para finalizar.

por que converter fontes em polilinhas

O recurso de conversão de fontes em polilinhas pode ser usado nos seguintes momentos:

1. **Quando você quiser enviar o arquivo a uma gráfica**: Pode ser que não haja interesse de mandar as fontes usadas no documento para a gráfica. Nesse caso, a conversão para polilinhas pode ser feita, mas cuidado: em alguns casos, a conversão altera levemente as proporções e o desenho das letras, tornando necessária a rediagramação dos textos.

2. **Se quiser alterar atributos**: Se existe algum texto que você gostaria de preencher com atributo **Padrão** (*Pattern*), **Hachura** (*Hatch*), **Mosaico** (*Tile*), **Gradiente** (*Gradient*) ou **Imagem** (*Image*), ou ainda com o contorno de uma cor e o preenchimento de outra, a solução também é converter o texto em polilinha.

como converter fontes em polilinhas

1. Na paleta **Ferramentas Básicas** (*Basic*), clique na ferramenta **Seleção** (*Selection*) X.

2. Selecione a caixa de texto a ser convertida.

3. Vá ao menu **Textos/TrueType para Polilinha** (*Text/TrueType to Polyline*).

4. Observe que o texto foi transformado em um grupo e cada letra foi convertida em uma polilinha.

7.2 Como usar e editar cotas

como inserir uma cota simples, horizontal ou vertical

1. Na paleta **Cotas/Anotações** (*Dims/Notes*), clique na ferramenta **Cota Linear** (*Constrained Linear Dimension*) **N**.

2. Na barra de modos, escolha a **Cota Linear Horizontal/Vertical** (*Constrained Linear Mode*).

3. Clique no primeiro ponto a ser medido.

4. Clique no segundo ponto a ser medido.

5. Mova o cursor para posicionar a linha de chamada e clique mais uma vez.

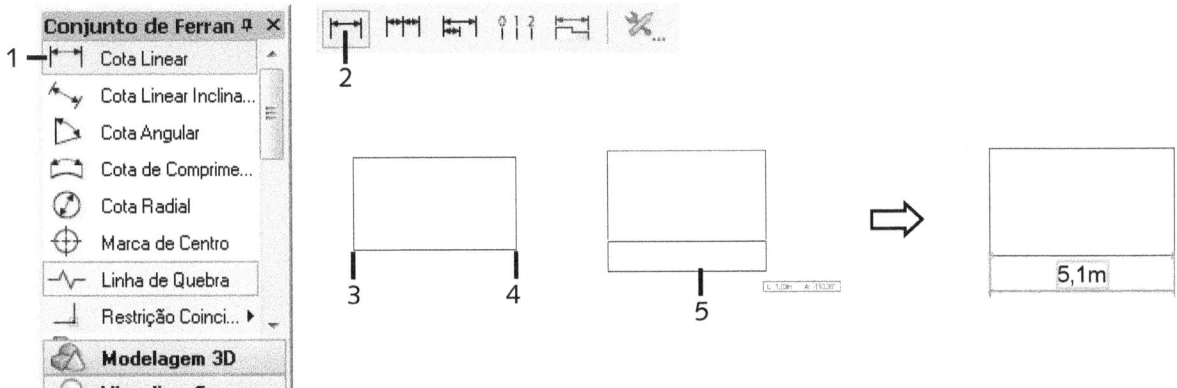

como inserir cotas em sequência, na horizontal ou vertical

1. Na paleta **Cotas/Anotações** (*Dims/Notes*), clique na ferramenta **Cota Linear** (*Constrained Linear Dimension*) **N**.

2. Na barra de modos, escolha a **Cota Hor/Ver Sequencial** (*Constrained Chain*).

3. Clique no primeiro ponto a ser medido.

4. Clique no segundo ponto a ser medido.

5. Mova o cursor para posicionar a linha de chamada e clique mais uma vez.

6. Mova o cursor e clique onde será colocada a próxima cota.

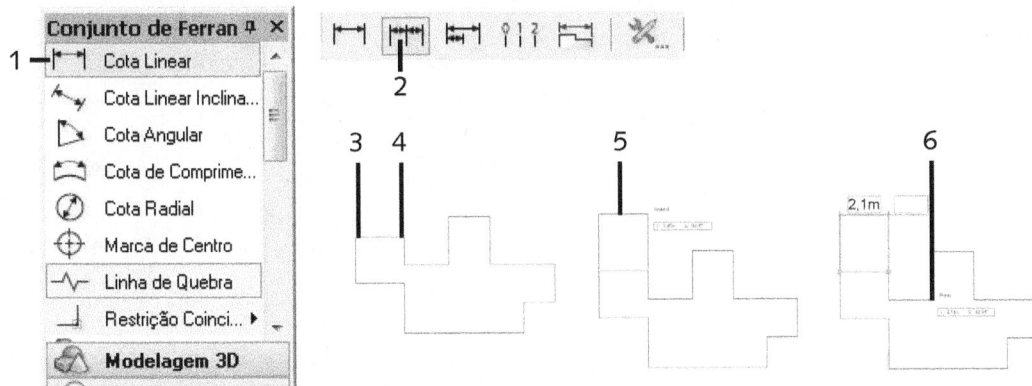

7. Repita o passo **6** tantas vezes quantas você quiser colocar novas cotas. Para terminar de cotar, faça um duplo clique no último ponto a ser cotado.

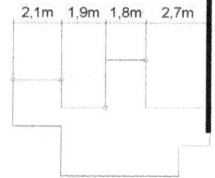

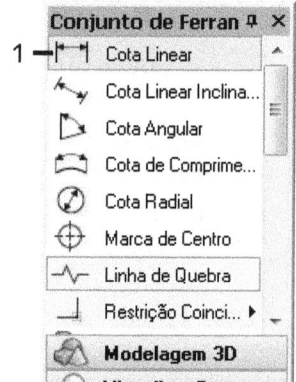

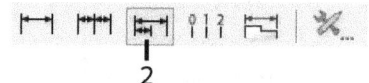

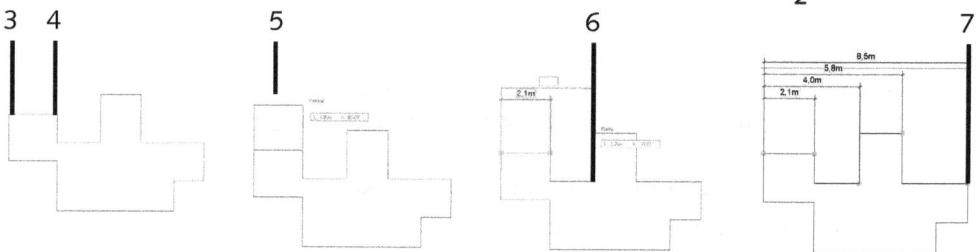

como inserir cotas que têm a mesma base na horizontal ou vertical

1. Na paleta **Cotas/Anotações** (*Dims/Notes*), clique na ferramenta **Cota Linear** (*Constrained Linear Dimension*) **N**.

2. Na barra de modos, escolha a **Cota Hor/Ver Mesma Base** (*Constrained Base-Line*).

3. Clique no primeiro ponto a ser medido.

4. Clique no segundo ponto a ser medido.

5. Mova o cursor para posicionar a linha de chamada e clique mais uma vez.

6. Mova o cursor e clique onde será colocada a próxima cota.

7. Repita o passo **6** tantas vezes quantas você quiser colocar novas cotas. Para terminar de cotar, faça um duplo clique no último ponto a ser cotado.

como inserir cotas para elevações (ordenadas)

1. Na paleta **Cotas/Anotações** (*Dims/Notes*), clique na ferramenta **Cota Linear** (*Constrained Linear Dimension*) **N**.

2. Na barra de modos, escolha a **Cota Ordenada** (*Ordinate Mode*).

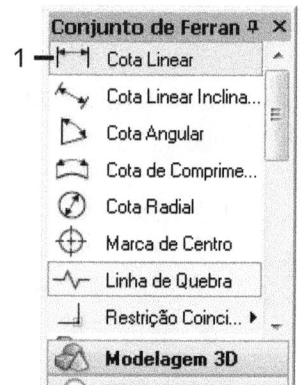

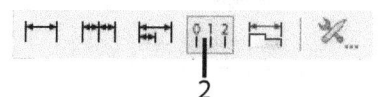

3. Clique no primeiro ponto a ser medido.

4. Clique no ponto em que você quer posicionar a indicação da elevação. O Vectorworks automaticamente coloca o valor **0** nessa cota.

5. Mova o cursor para posicionar a nova cota e clique mais uma vez.

6. Repita o passo **5** tantas vezes quantas você quiser colocar novas cotas. Para terminar de cotar, faça um duplo clique no último ponto a ser cotado.

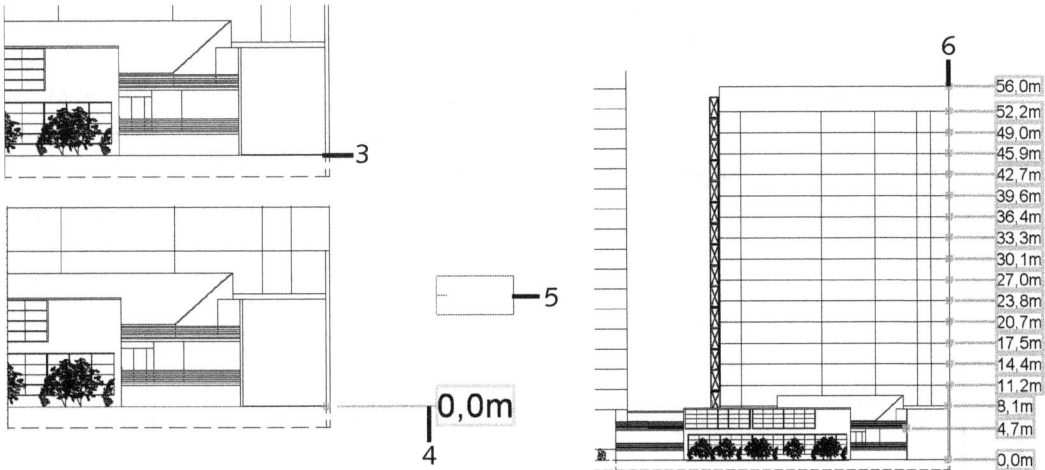

como inserir cotas inclinadas

1. Na paleta **Cotas/Anotações** (*Dims/Notes*), clique na ferramenta **Cota Linear Inclinada** (*Unconstrained Linear Dimension*) **M**.

2. Na barra de modos, escolha a **Cota Linear** (*Unconstrained Linear*).

3. Clique no primeiro ponto a ser medido.

4. Clique no segundo ponto a ser medido.

5. Mova o cursor para posicionar a linha de chamada e clique mais uma vez.

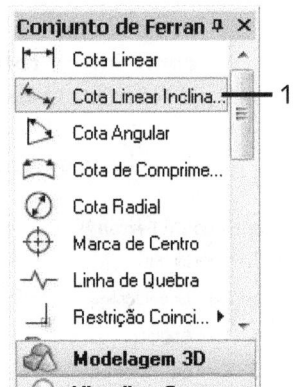

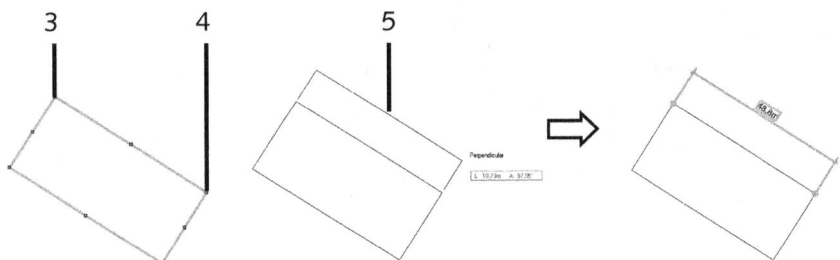

como inserir cotas inclinadas em sequência

1. Na paleta **Cotas/Anotações** (*Dims/Notes*), clique na ferramenta **Cota Linear Inclinada** (*Unconstrained Linear Dimension*) **M**.

2. Na barra de modos, escolha a **Cota Inclinada Sequencial** (*Unconstrained Chain*).

3. Clique no primeiro ponto a ser medido.

4. Clique no segundo ponto a ser medido.

5. Mova o cursor para posicionar a linha de chamada e clique mais uma vez.

6. Mova o cursor e clique onde será colocada a próxima cota.

7. Repita o passo **6** tantas vezes quantas quiser colocar novas cotas. Para terminar de cotar, faça um duplo clique no último ponto a ser cotado.

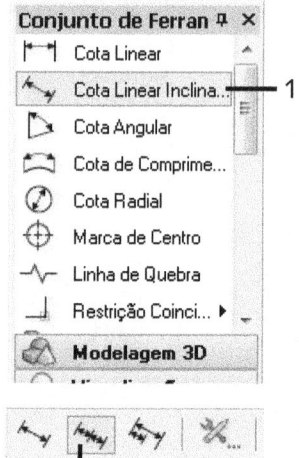

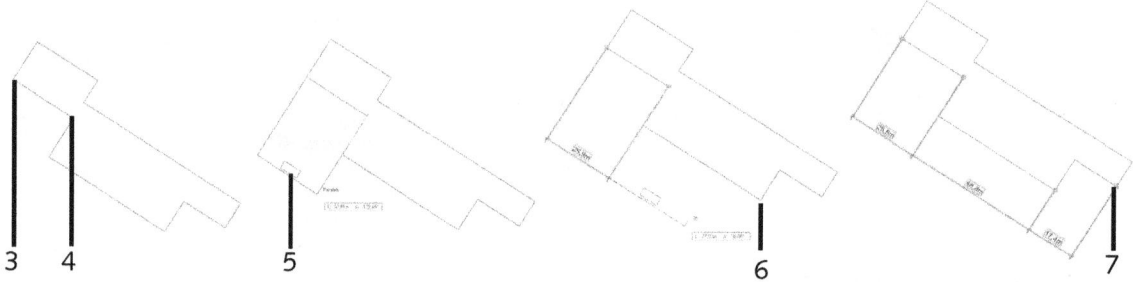

como inserir cotas inclinadas que têm a mesma base

1. Na paleta **Cotas/Anotações** (*Dims/Notes*), clique na ferramenta **Cota Linear Inclinada** (*Unconstrained Linear Dimension*) **M**.

2. Na barra de modos, escolha a **Cota Inclinada Mesma Base** (*Unconstrained Base-Line*).

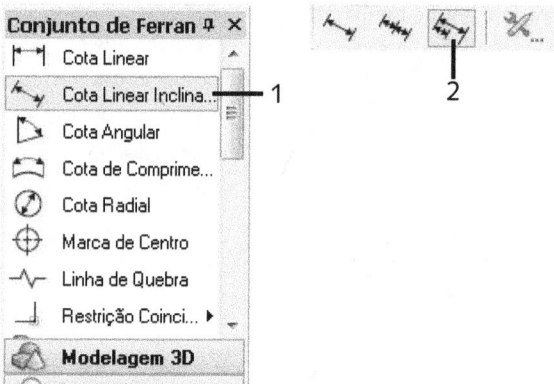

3. Clique no primeiro ponto a ser medido.

4. Clique no segundo ponto a ser medido.

5. Mova o cursor para posicionar a linha de chamada e clique mais uma vez.

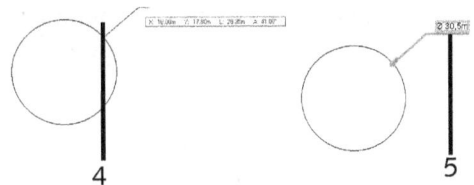

6. Mova o cursor e clique onde será colocada a próxima cota.

7. Repita o passo **6** tantas vezes quantas quiser colocar novas cotas. Para terminar de cotar, faça um duplo clique no último ponto a ser cotado.

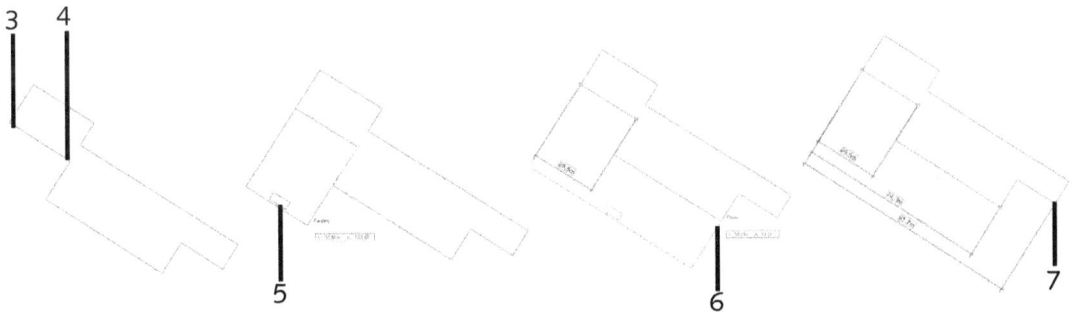

como cotar círculos e arcos

1. Na paleta **Cotas/Anotações** (*Dims/ Notes*), clique na ferramenta **Cota Radial** (*Radial Dimension*).

2. Na barra de modos, escolha a opção de cota que mais lhe agrada:

   a. **Cota Diametral Interna** (*Interior Diametral Dimension*): Faz uma linha dentro do círculo ou arco e mostra o valor referente ao diâmetro;

   b. **Cota Diametral Externa** (*Exterior Diametral Dimension*): Faz uma linha de chamada para fora do círculo ou arco e mostra o valor do diâmetro;

   c. **Cota Radial Interna** (*Interior Radial Dimension*): Faz uma linha dentro do círculo ou arco e mostra o valor referente ao raio;

   d. **Cota Radial Externa** (*Exterior Radial Dimension*): Faz uma linha de chamada para fora do círculo ou arco e mostra o valor do raio.

3. Também na barra de modos, escolha se o valor da dimensão será colocado à esquerda (**a**) ou à direita (**b**) da linha de chamada.

4. Clique na borda do círculo.

5. Mova o cursor para posicionar a linha de chamada e clique mais uma vez.

como cotar ângulos

1. Na paleta **Cotas/Anotações** (*Dims/Notes*), clique na ferramenta **Cota Angular** (*Angular Dimension*).

2. Na barra de modos, escolha a opção de cota que mais lhe agrada:

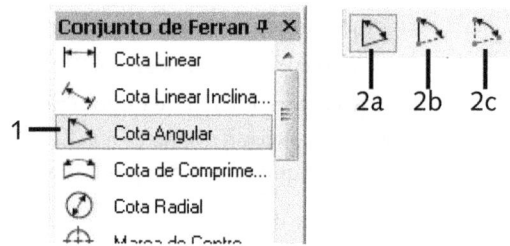

a. **Angular a partir de Dois Objetos** (*Angular Dimension from Two Objects*): Faça um clique em cada objeto, mova o cursor e depois clique para posicionar a cota;

b. **Angular entre Linha de Referência e Objeto** (*Angular Dimension from Object and Reference Line*): Faça dois cliques para definir uma linha de referência e o terceiro clique na aresta do objeto; o quarto clique define a posição da cota;

c. **Angular entre Duas Linhas de Referência** (*Angular Dimension from Two Reference Lines*): Faça dois cliques para cada linha de referência, mova o cursor e clique para posicionar a cota.

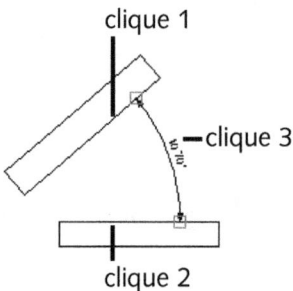

clique 1

clique 3

clique 2

2a – a partir de Dois Objetos

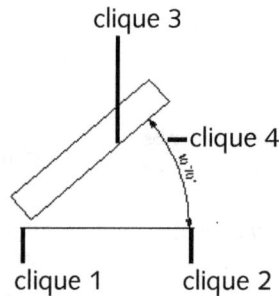

clique 3

clique 4

clique 1   clique 2

2b – Linha de Referência e Objeto

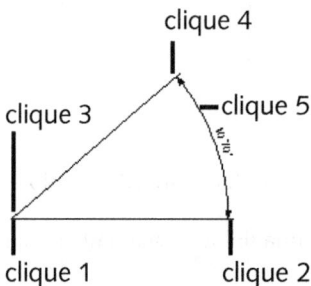

clique 4

clique 3   clique 5

clique 1   clique 2

2c – Duas Linhas de Referência

alterando as características de uma cota

Depois que uma cota é colocada no desenho, ela pode sofrer modificações, que são feitas pela paleta **Info de Objetos** (*Object Info*) **Ctrl+I**:

a. **Classe** (*Class*): Altera a classe da cota;

b. **Camada** (*Layer*): Permite mudar a cota de camada;

c. **Plano** (*Plane*): É o comprimento da cota, tem o mesmo valor da referência cotada;

d. **Cota Padrão** (*Dim Std*): Escolhe a família a que pertence a cota;

e. **Dist. Cota** (*Dim Off*): É a distância entre o objeto cotado e a cota;

f. **Setas Internas** (*Arrows Inside*): Coloca as setas indicativas da cota fora ou dentro da linha de chamada. Funciona apenas em algumas famílias;

g. **Visíveis** (*Visible*): Liga ou desliga a visibilidade das linhas de chamada da cota;

h. **Sobrescrever** (*Override*): Permite que você altere o tamanho de uma ou das duas linhas de chamada da cota;

i. **Dist. Texto** (*Text Off*): Distância entre a cota e o seu texto;

j. **Rot. Texto** (*Text Rot*): Define se o texto está na vertical, horizontal ou alinhado;

k. **Auto Posicionar Texto** (*Auto Position Text*): Coloca o texto no centro da cota, caso tenha sido movido;

l. **Virar Texto** (*Flip Text*): Inverte a posição do texto em relação à cota;

m. **Texto em Caixa** (*Box Text*): Coloca um retângulo em volta do texto da cota;

n. **Linha de Chamada** (*Leader Line*): Acresenta uma linha de chamada à cota, que acompanha o texto da cota para onde quer que você mova-o;

o. **Precisão** (*Prec*): Regula o arredondamento da cota. Usado quando o arredondamento da cota escolhida deve ser diferente do padrão do documento;

p. **Mostrar Valor da Cota** (*Show Dim Value*): Mostra ou esconde o valor real da cota;

q. **Prefixo** e **Sufixo** (*Leader* e *Trailer*): Permite a inserção de textos adicionais antes e depois do valor real da cota;

r. **Tolerância** (*Tol*): Insere valores de tolerância para a cota selecionada.

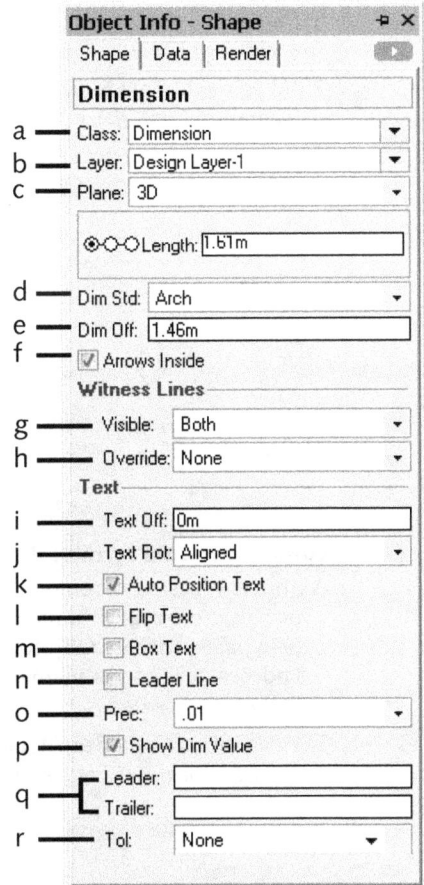

para alterar textos em cotas

Além da execução de cotas como essas, também é
   possível alterar os atributos de texto dessas cotas. Para
   isso:

1. Selecione uma ou mais cotas, com a ferramenta **Seleção**
   (*Selection*) **X**.

2. Vá ao menu **Textos** (*Text*) e altere a **Fonte** (*Font*) (**a**), o
   Tamanho (*Size*) (**b**), o **Estilo** (*Style*) (**c**), entre outros.

3. Se preferir, pode usar o menu **Textos/Formatar Texto...**
   (*Text /Format Text*)... **Ctrl+Shift+T**.

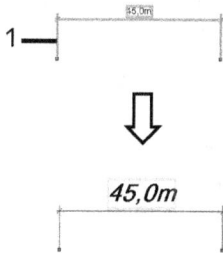

como criar uma família de cotas personalizada

Algumas vezes percebemos a necessidade de alterar alguns parâmetros de dimensionamento, como
   por exemplo retirar linhas de chamada, entre outros. Muitas modificações não podem ser feitas
   pela paleta **Info de Objetos** (*Object Info*) **Ctrl+I**, e por isso o Vectorworks possui o recurso de
   Padrões de Dimensionamento, para você poder criar uma ou mais famílias de cotas que atendam
   às suas necessidades.

1. Vá ao menu **Organizar/Ajustes do Documento/Preferências do Documento...** (*File/Document
   Settings/Document Preferences...*).

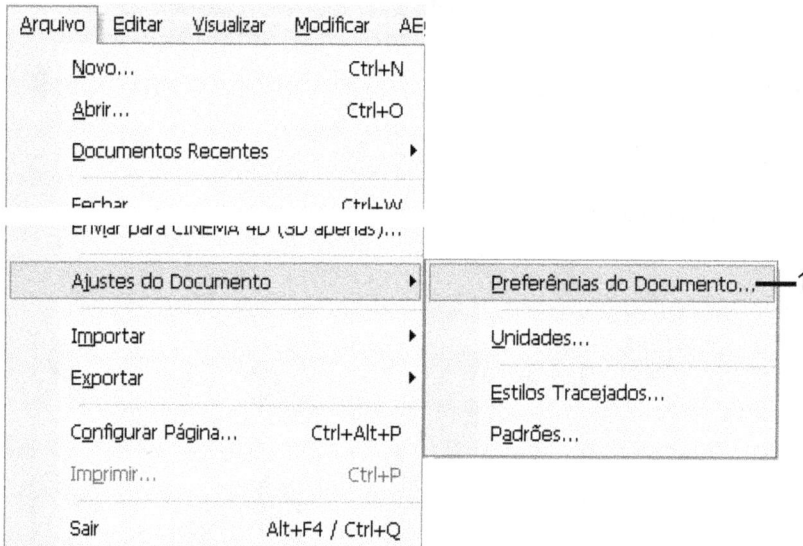

2. Na janela que se abre, escolha a segunda aba, chamada **Cotas** (*Dimensions*). Nela, podemos alterar os seguintes parâmetros:

  a. **Cotas Associativas** (*Associate Dimensions*): Ativa o uso de dimensões associadas a objetos;

  b. **Associar Automaticamente** (*Auto Associate*): Associa a cota automaticamente ao objeto que está mais à frente, quando o ponto a ser cotado é coincidente a dois ou mais objetos;

  c. **Criar Cotas na Classe Cotas** (*Create Dimensions in Dimension Class*): Ativa e desativa a colocação automática das cotas na classe **Cotas**. Se desativado, coloca as cotas desenhadas na classe ativa;

  d. **Padrão de Cota** (*Dimension Standards*): Permite escolher qual o padrão de dimensionamento a ser usado pelo documento ativo. Através do botão **Personalizar...** (*Custom...*) você pode criar os seus próprios padrões;

  e. **Espess. de Traços em Dimens**. (*Dimension Slash*): Define a espessura das linhas de apoio (diagonais) de chamada.

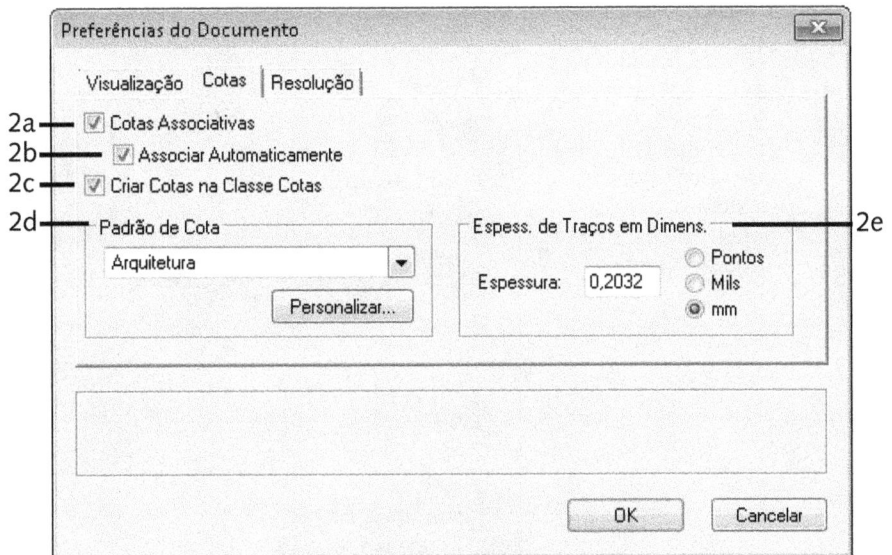

3. Se você clicar na barra **Padrão de Cota** (*Dimension Standards*), vai perceber que o Vectorworks já traz alguns padrões, retirados de normas de vários países. Os padrões prontos não podem ser alterados e são estes:

Arquitetura (*Arch*): Padrão americanos de arquitetura;
ASME (*American Society of Mechanical Engineers*): Sociedade Americana de Engenheiros Mecânicos;
BSI (*British Standards Institute*): Instituto Britânico de Normas;
DIN: Norma alemã;
ISO (*International Standards Organization*): Organização Internacional de Normas;
JIS: Norma japonesa;
SIA: Sistema Internacional de Unidades;
ASME Dual Lado a Lado (*ASME Dual SideBySide*): Norma americana de engenharia mecânica, com sistema duplo de medidas dispostas lado a lado;

ASME Dual Sobrepostas (*ASME Dual Stacked*): Norma americana de engenharia mecânica, com sistema duplo de medidas dispostas uma acima da outra.

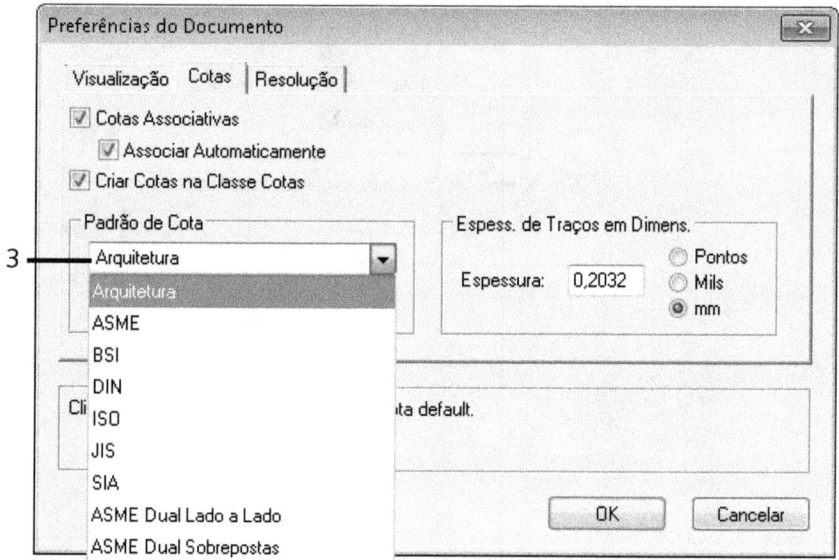

4. Clique no botão **Personalizar**... (*Custom...*) para abrir uma nova janela, com as seguintes opções:

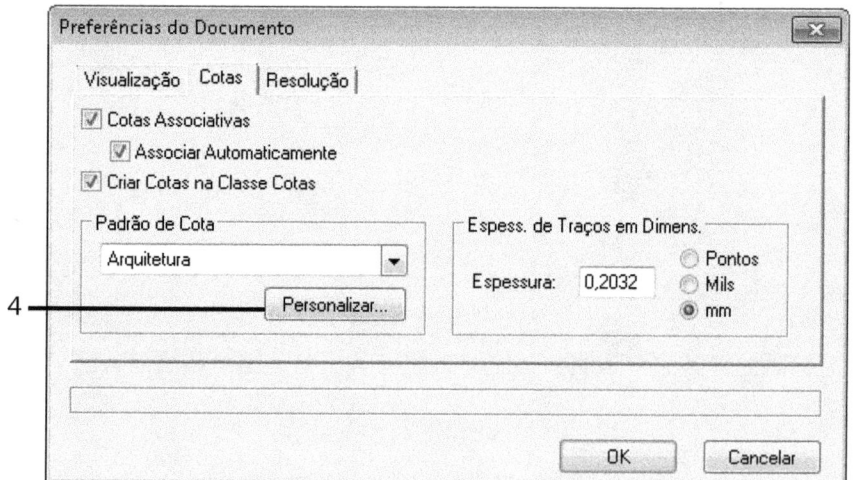

a. **Novo...** (*New...*): Cria um novo padrão de dimensionamento;
b. **Apagar** (*Delete...*): Apaga um padrão de dimensionamento;
c. **Editar...** (*Edit...*): Edita um padrão de dimensionamento;
d. **Renomear...** (*Rename...*): Renomeia um padrão de dimensionamento;
e. **Importar...** (*Import...*): Importa um padrão de dimensionamento de outro arquivo de Vectorworks;
f. **Substituir...** (*Replace...*): Substitui um padrão de dimensionamento por outro.

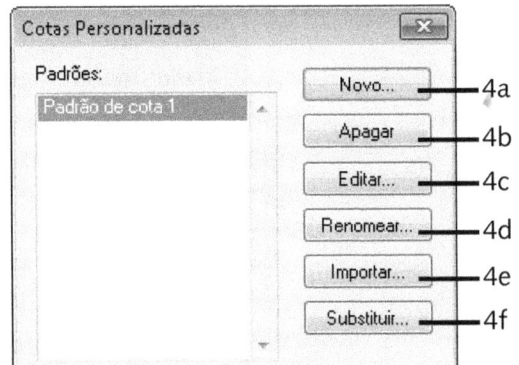

5. Clique no botão **Novo...** (*New...*) da janela comentada anteriormente (**a**), em seguida, dê o nome ao novo padrão a ser criado. Depois de nomear, é preciso clicar no botão **Editar...** (*Edit...*) (**b**).

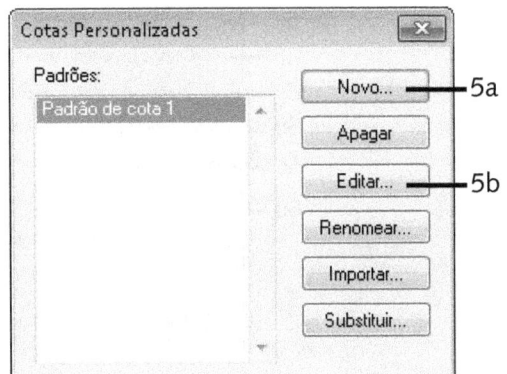

6. Abrirá a janela **Cotas Personalizadas** (*Custom Dimension*):

a. Define os padrões de cotas verticais, horizontais e inclinadas;
b. **Marcadores Lineares** (*Linear Markers*): Permite a escolha do tipo de marcador linear usado na extremidade das linhas de chamada;
c. **Outros Marcadores** (*Other Markers*): Determina o tipo de marcador para cotas circulares, em ângulo e marcas de centro;
d. **Marcador de Linha Guia** (*Leader Line Marker*): Determina o tipo de marcador para linhas-guia;
e. **Linhas de Chamada** (*Witness Lines*): Ativa e desativa as linhas de chamada;
f. **Linhas Chamada com Compr. Fixo** (*Fixed Witness Line Lenght*): Define uma distância fixa entre os pontos cotados e as linhas de chamada;
g. **Cotas Sempre Internas** (*Dimensions Always Inside*): Coloca o valor das dimensões sempre entre as linhas de chamada;
h. **Números Formato SIA** (*SIA Format Numbers*): Coloca todos os números no formato SIA (Security Industry Association, organização que representa as empresas de segurança americanas);
i. **Alinhar Texto Vertical à Esquerda** (*Align Vertical of Text Left*): O valor da dimensão é colocado sempre à esquerda das cotas verticais;
j. Parâmetros de cotas circulares e angulares: Define o espaço entre a linha de indicação e o texto que informa o raio ou o diâmetro de um arco ou circunferência;
k. Campos que definem a aparência das linhas que formam uma marca de centro;

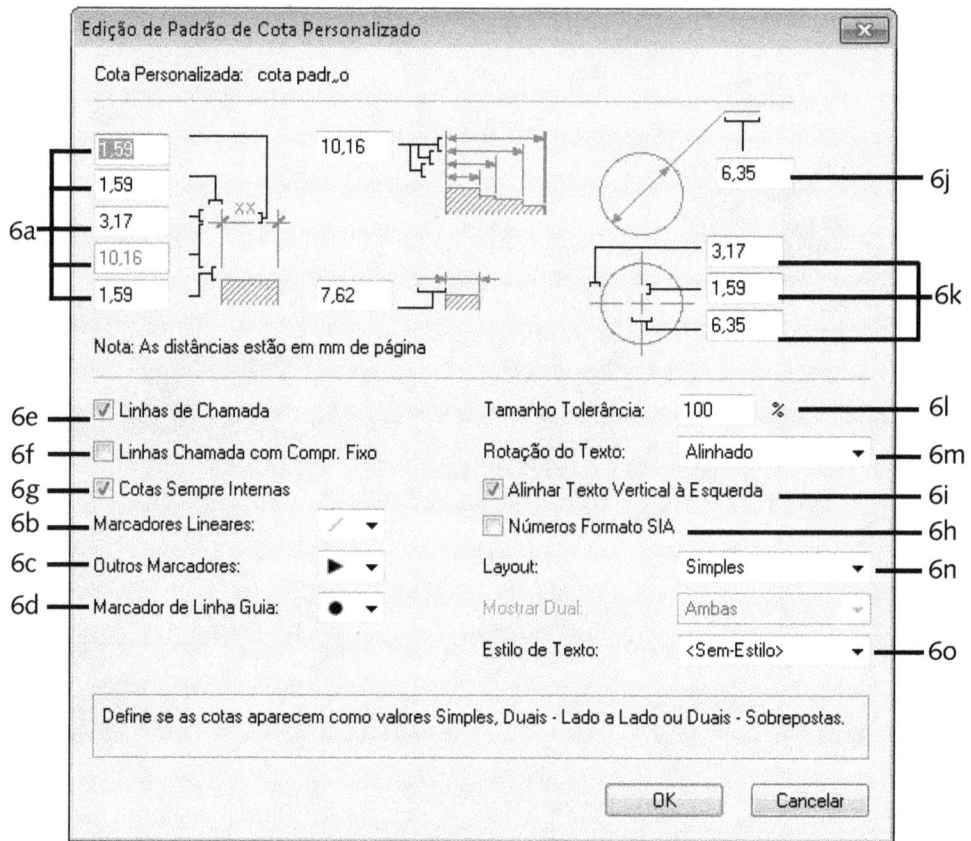

l. **Tamanho Tolerância** (*Tolerance Size*): Define o percentual do tamanho do texto que indica a tolerância em relação ao texto que dá o valor da cota;

m. **Rotação do Texto** (*Text Rotation*): Determina como aparecerá o texto com dimensões inclinadas;

n. **Layout:** Permite mostrar cotas simples ou em sistema duplo;

o. **Estilo de Texto** (*Text Style*): Permite que você escolha um estilo de texto para a cota.

Mesmo com tudo desenhado, textos e cotas colocadas, a aparência do projeto ainda pode ser melhor. Quero mudar as espessuras de linhas, os preenchimentos, enfim,

ajustar os atributos gráficos dos objetos

O Vectorworks é capaz de regular vários atributos de um objeto: a espessura e o estilo do traço, o tipo e a transparência do preenchimento. Você também vai aprender como usar e gerenciar as cores do programa para deixar a aparência do seu projeto mais sofisticada.

O que você vai ler neste capítulo

8.1 Como pintar um objeto

8.2 Ajustes na linha de contorno dos objetos

8.3 Como gerenciar cores

8.4 Ajustando os outros atributos

8.1 Como pintar um objeto

preenchimento sólido: como escolher uma cor e pintar

O preenchimento sólido pinta a parte interna de um objeto 2D com uma cor que você pode escolher pela paleta **Atributos** (*Attributes*) **Ctrl+Shift+A**. O preenchimento de áreas (grandes ou pequenas) não aumenta o tamanho do arquivo nem diminui o desempenho do computador. Para usar o preenchimento:

1. Selecione um ou mais objetos com a ferramenta **Seleção** (*Selection*) **X**.
2. Vá ao menu **Janelas/Paletas/Atributos** (*Window/Palettes/Attributes*) **Ctrl+Shift+A**.
3. Clique na barra indicada (**a**) e escolha a opção **Sólido** (*Solid*) (**b**).
4. Clique nesta barra para ativá-la (**a**) e clique na cor que você quer usar como pintura (**b**).

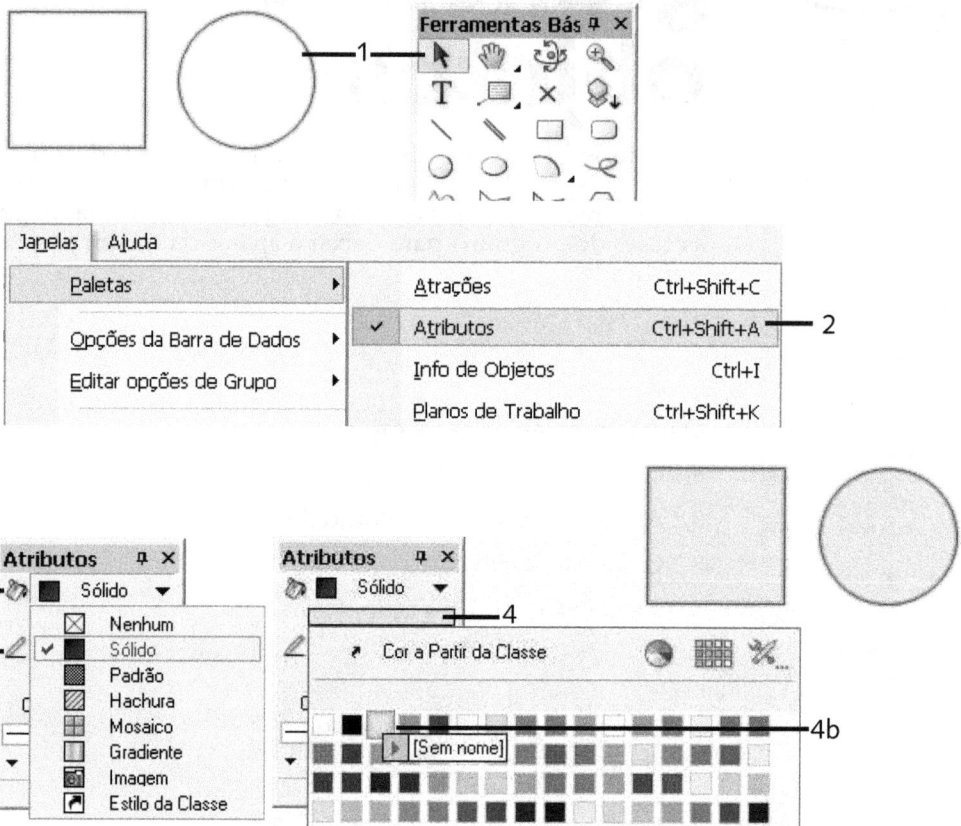

> **OBS** Além das cores que aparecem automaticamente, você pode escolher outras cores a partir de diferentes paletas. Veja mais sobre isso no item **8.3 Como gerenciar cores,** na pág. 198.

> **OBS2** Se você estiver com um objeto selecionado, a cor será imediatamente aplicada a ele (como preenchimento ou contorno). Se você não estiver selecionando nenhum objeto, a cor escolhida se torna o padrão para o desenho de novos objetos.

como e quando usar o preenchimento-padrão (pattern)

O preenchimento-padrão é composto por um padrão de desenho (semelhante a uma hachura) e duas cores. Você pode escolher esses parâmetros na paleta **Atributos** (*Attributes*) **Ctrl+Shift+A**. É importante lembrar que não há como controlar a escala dos padrões e que às vezes o tamanho mostrado na tela fica diferente do tamanho impresso. Por isso, recomendamos cautela no uso deles, para que você não tenha surpresas desagradáveis ao imprimir o seu projeto. O preenchimento com padrões (grandes ou pequenos) não aumenta o tamanho do arquivo nem diminui o desempenho do computador:

1. Selecione um ou mais objetos com a ferramenta **Seleção** (*Selection*) **X**.

2. Vá ao menu **Janelas/Paletas/Atributos** (*Window/Palettes/Attributes*) **Ctrl+Shift+A**.

3. Clique na barra indicada (**a**) e escolha a opção **Padrão** (*Pattern*) (**b**).

4. Clique no botão indicado para abrir a lista de tipos de padrões.

5. Clique para escolher o padrão de preenchimento.

6. Clique nestes botões para definir a cor de frente (**a**) e a cor de fundo (**b**) de preenchimento.

> **OBS** Além das cores que aparecem automaticamente, você pode escolher outras cores a partir de diferentes paletas. Veja mais sobre isso no item **8.3 Como gerenciar cores,** na pág. 198.

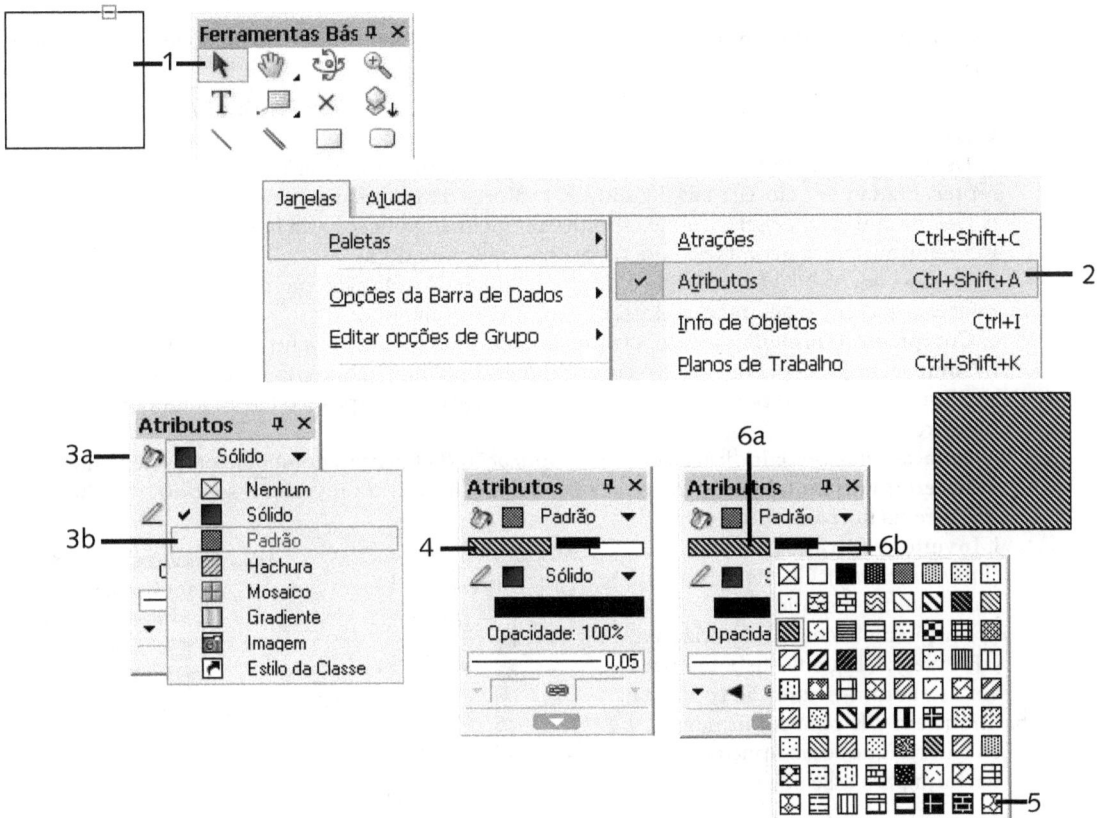

como pintar um objeto com uma hachura

1. Selecione um ou mais objetos com a ferramenta **Seleção** (*Selection*) **X**.

2. Vá ao menu **Janelas/Paletas/Atributos** (*Window/Palettes/Attributes*) **Ctrl+Shift+A**.

3. Clique nesta barra para escolher a hachura (**a**). Em seguida, escolha entre as opções disponíveis (**b**).

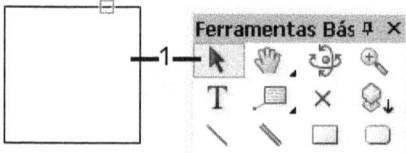

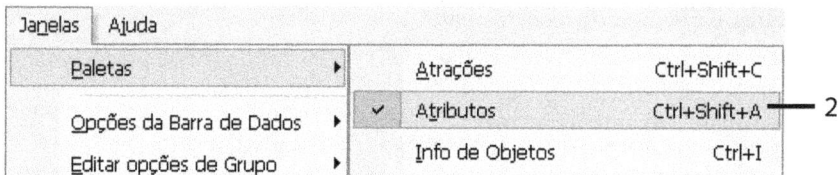

4. Para regular o modo como a hachura vai preencher o objeto, clique no botão indicado e configure a janela a seguir:

a. Escolha a hachura a ser aplicada dentre as disponíveis na paleta **Atributos** (*Attributes*) **Ctrl+Shift+A**;
b. **Usar Mapeamento Local** (*Use Local Mapping*): Clique para fazer com que a hachura seja representada por valores reais, ligados aos valores definidos nos itens **e** e **f**;
c. **Desloc. em X** (*X Offset*): Define o ponto de início da aplicação da hachura no eixo X. O valor 0 é referente ao centro geométrico do(s) objeto(s) selecionado(s);
d. **Desloc. em Y** (*Y Offset*): Define o ponto de início da aplicação da hachura no eixo Y. O valor 0 é referente ao centro geométrico do(s) objeto(s) selecionado(s);
e. **Compr. em I** (*I Length*): Indica o comprimento total da hachura no sentido horizontal;
f. **Compr. em J** (*J Length*): Indica o comprimento total da hachura no sentido vertical;
g. Clique neste botão para fazer com que os valores dos campos **e** e **f** se mantenham proporcionais;
g. **Rotação** (*Rotation*): Indica a direção de aplicação da hachura no(s) objeto(s) selecionado(s).
h. **Inverter horizontalmente** (*Invert horizontally*): Clique para inverter o sentido de aplicação da hachura na horizontal;
i. **Inverter verticalmente** (*Invert vertically*): Clique para inverter o sentido de aplicação da hachura na horizontal;
j. **Preview**: Clique neste botão para ver as alterações antes de confirmar.

5. Clique em **OK** para confirmar os valores que serão aplicados à hachura para esse objeto.

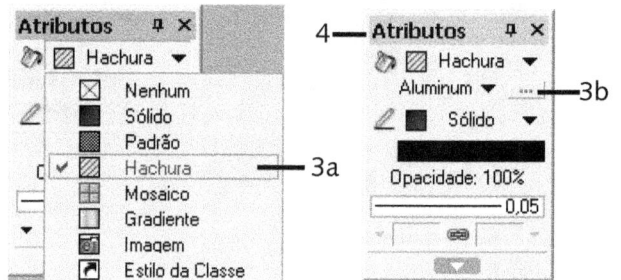

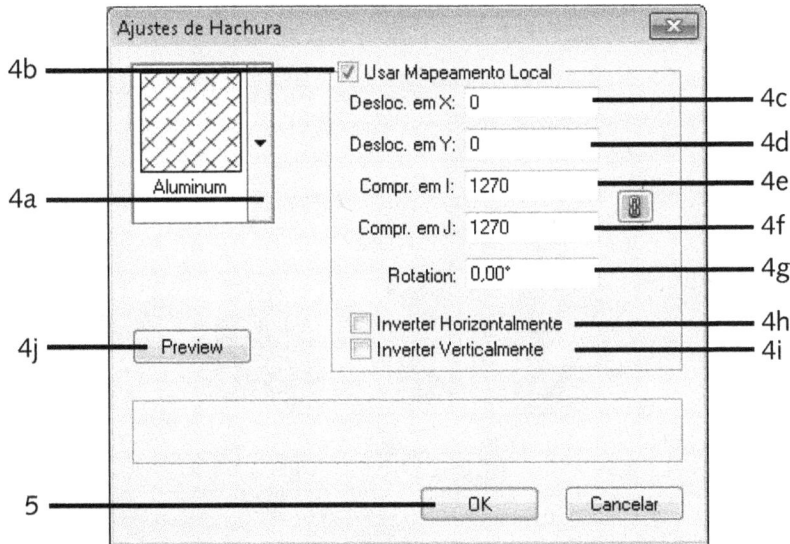

como pintar um objeto com um mosaico

1. Selecione um ou mais objetos com a ferramenta **Seleção** (*Selection*) **X**.

2. Vá ao menu **Janelas/Paletas/Atributos** (*Window/Palettes/ Attributes*) **Ctrl+Shift+A**.

3. Clique nesta barra para escolher o mosaico (**a**). Em seguida, escolha entre as opções disponíveis (**b**).

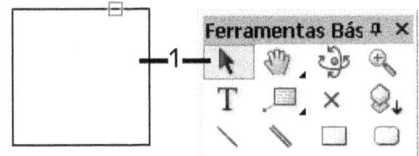

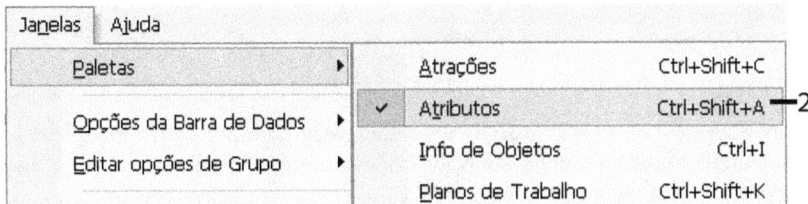

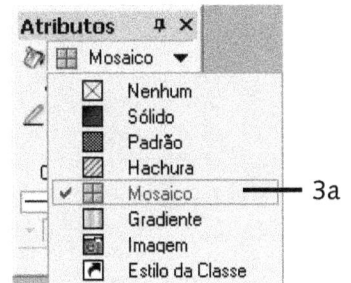

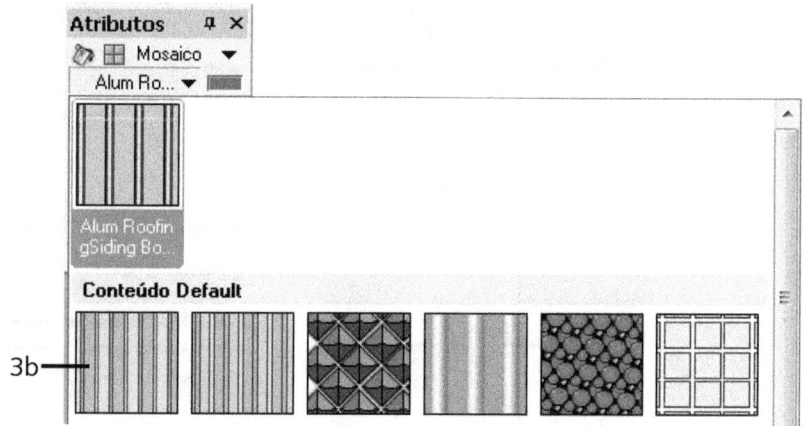

4. Para regular como
o mosaico vai preencher
o objeto, clique no botão
indicado e configure a
janela a seguir:

a. Escolha o mosaico a
ser aplicado dentre os
disponíveis na paleta
Atributos (*Attributes*)
Ctrl+Shift+A;
b. **Usar Mapeamento Local**
(*Use Local Mapping*): Clique
para fazer com que o
mosaico seja representado
por valores reais, ligados
aos valores definidos nos
itens **e** e **f**;
c. **Desloc. em X** (*X Offset*):
Define o ponto de início da
aplicação do mosaico no
eixo X. O valor 0 é referente ao centro geométrico do(s) objeto(s) selecionado(s);
d. **Desloc. em Y** (*Y Offset*): Define o ponto de início da aplicação do mosaico no eixo Y. O valor 0 é
referente ao centro geométrico do(s) objeto(s) selecionado(s);
e. **Compr. em I** (*I Length*): Indica o comprimento total do mosaico no sentido horizontal;
f. Clique neste botão para fazer com que os valores dos campos **e** e **g** se mantenham
proporcionais;
g. **Compr. em J** (*J Length*): Indica o comprimento total do mosaico no sentido vertical;
h. **Rotação** (*Rotation*): Indica a direção de aplicação do mosaico no(s) objeto(s) selecionado(s);
i. **Inverter horizontalmente** (*Invert horizontally*): Clique para inverter o sentido de aplicação do
mosaico na horizontal;
j. **Inverter verticalmente** (*Invert vertically*): Clique para inverter o sentido de aplicação do mosaico
na horizontal;
k. **Preview**: Clique neste botão para ver as alterações antes de confirmar.
5. Clique em **OK** para confirmar os valores que serão aplicados ao mosaico para esse objeto.

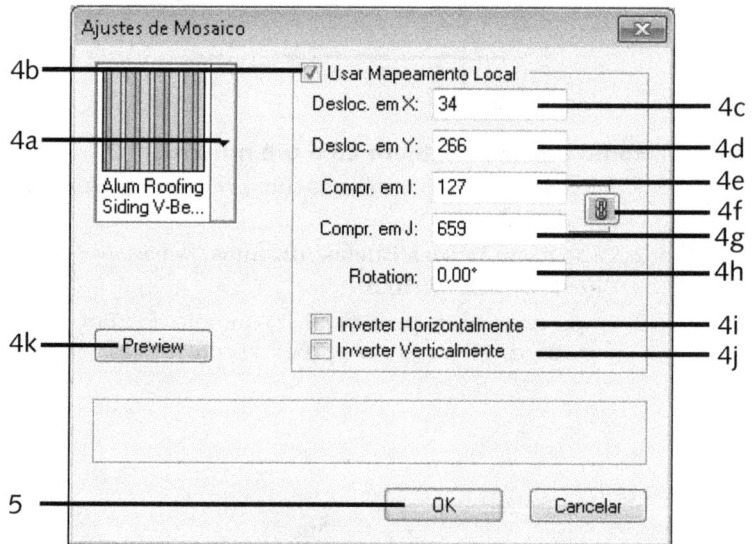

qual a diferença entre hachura e mosaico?

Se você já experimentou aplicar hachuras e mosaicos aos objetos do Vectorworks, percebeu que o resultado final é muito parecido.

Por que o programa tem esses dois modos de preenchimento?
   Na verdade, o preenchimento com hachura existe há muito tempo no Vectorworks, e o preenchimento em mosaico é uma novidade da versão 2011.

Qual a diferença entre os dois modos?
   A diferença está no modo como se cria uma hachura ou um mosaico. A criação de hachuras no Vectorworks nunca foi realmente fácil de ser feita, e por isso os desenvolvedores do programa optaram por criar uma maneira inteiramente nova e mais fácil de usar e aplicar esse tipo desenho; a ele deram o nome de mosaico.

Se o modo hachura é mais complicado e o modo mosaico é melhor e faz a mesma coisa, por que manter os dois?
   Assim como outras ferramentas e comandos antigos do programa, as hachuras deverão ser mantidas para garantir que arquivos antigos continuem a abrir sem problemas no Vectorworks 2011.

Entendi, mas o que fazer? Usar hachuras ou mosaicos?
   Como você vai ver neste livro, recomendamos o uso dos dois tipos. Porém, se você estiver em dúvida sobre criar uma hachura ou um mosaico, fique com a segunda opção.

como pintar um objeto com gradiente

Um gradiente é criado sempre a partir do **Administrador de Recursos** (*Resource Browser*) **Ctrl+R**. Entretanto, o modo como ele é aplicado em um objeto é definido pela paleta **Atributos** (*Attributes*) **Ctrl+Shift+A**:

1. Selecione um ou mais objetos com a ferramenta **Seleção** (*Selection*) **X**.

2. Vá ao menu **Janelas/Paletas/Atributos** (*Window/Palettes/Attributes*) **Ctrl+Shift+A**.

3. Clique na barra indicada e escolha a opção **Gradiente** (*Gradient*).

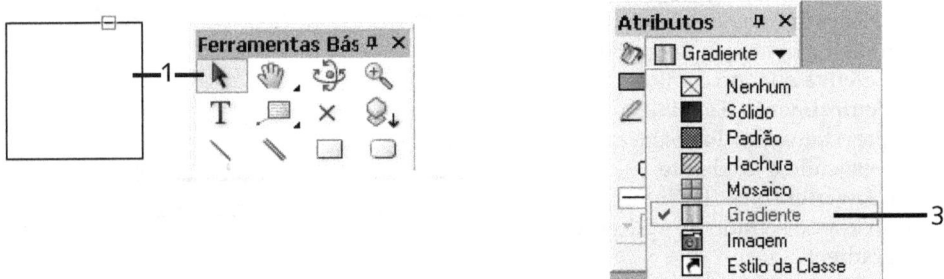

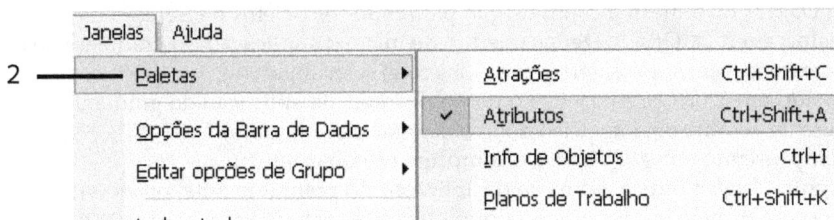

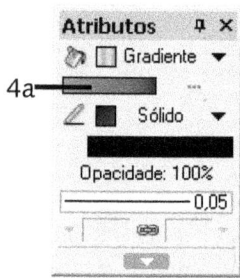

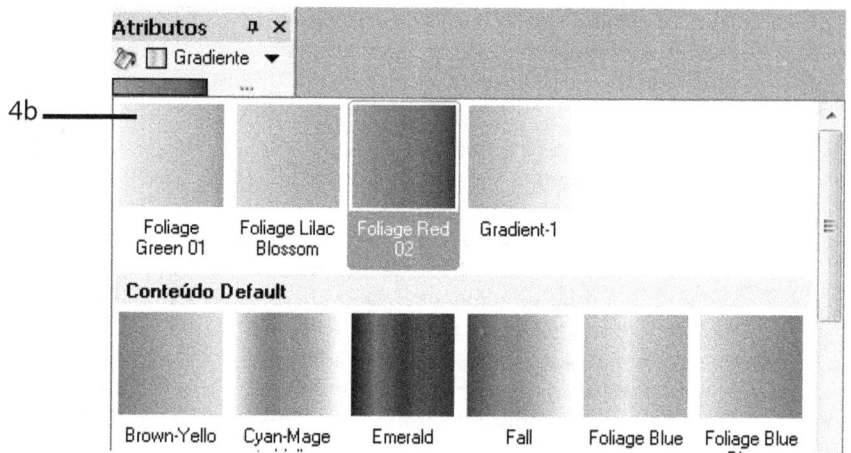

4. Clique nesta barra para escolher o gradiente (**a**). Em seguida, escolha entre as opções disponíveis (**b**).

5. Para regular o modo como o gradiente preenche o objeto, clique no botão indicado e configure a janela a seguir:

a. Escolha o gradiente a ser aplicado dentre os disponíveis na paleta **Administrador de Recursos** (*Resource Browser*) **Ctrl+R**;

b. **Repetir** (*Repeat*): Clique para repetir a aplicação do gradiente. É efetiva quando o valor **Comprimento** (*Length*) é menor que o tamanho do objeto que está recebendo o gradiente;

c. **Inverter** (*Invert*): Clique para inverter o sentido de aplicação do gradiente;

d. **Preview**: Clique neste botão para ver as alterações antes de confirmar;

e. **Aplicar em** (*Apply to*): Permite usar as configurações de maneira idêntica para **Cada Objeto** (*Each Object*), ou a mesma configuração para todos os objetos da **Seleção** (*Selection*);

f. **Desloc. em X** (*X Offset*): Define o ponto de início da aplicação do gradiente no eixo X. O valor 0 é referente ao centro geométrico do(s) objeto(s) selecionado(s);

g. **Desloc. em Y** (*Y Offset*): Define o ponto de início da aplicação do gradiente no eixo Y. O valor 0 é referente ao centro geométrico do(s) objeto(s) selecionado(s);

h. **Comprimento** (*Length*): Indica o comprimento do gradiente;

i. **Ângulo** (*Angle*): Indica a direção de aplicação do gradiente no(s) objeto(s) selecionado(s).

6. Clique em **OK** para confirmar os valores que serão aplicados ao gradiente para esse objeto.

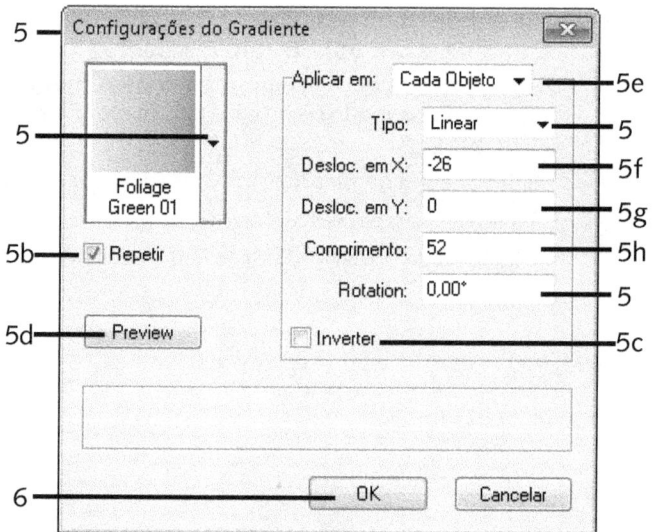

> **OBS1** Aprenda a criar um gradiente no item **criando um novo gradiente**, na pág. 218.
>
> **OBS2** Você pode alterar também o tamanho e o posicionamento de um gradiente usando a ferramenta **Editar Gradiente/Imagem** (*Atribute Mapping Tool*). Saiba mais na pág. 193.

como preencher um objeto com uma imagem bitmap

Você pode usar qualquer imagem do seu computador como preenchimento de um objeto 2D. Uma imagem é trazida para o Vectorworks por meio de um Recurso de Imagem. Um Recurso de Imagem é criado sempre a partir do **Administrador de Recursos** (*Resource Browser*) **Ctrl+R**. Entretanto, a maneira como essa imagem é aplicada em um objeto é definida pela paleta **Atributos** (*Attributes*) **Ctrl+Shift+A**:

1. Selecione um ou mais objetos, com a ferramenta **Seleção** (*Selection*) **X**.

2. Vá ao menu **Janelas/Paletas/Atributos** (*Window/Palettes/Attributes*) **Ctrl+Shift+A**.

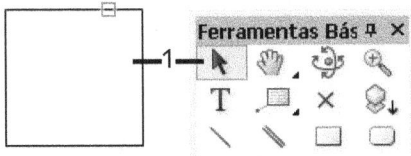

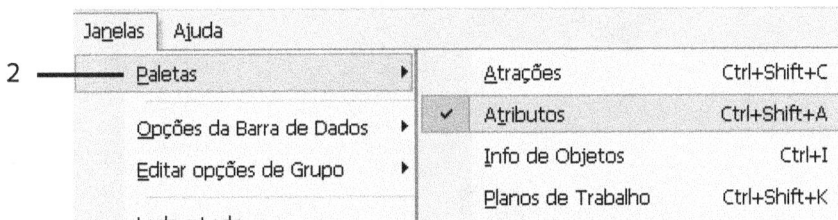

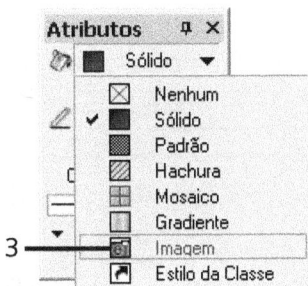

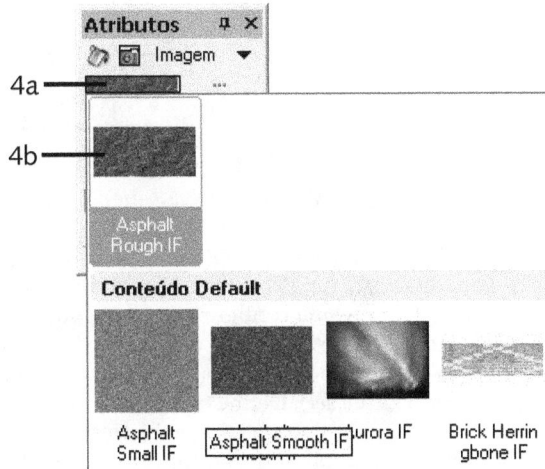

3. Clique na barra indicada e escolha a opção **Imagem** (*Image*).

4. Clique nesta barra para escolher a imagem (**a**). Em seguida, escolha a imagem entre as opções disponíveis (**b**).

5. Para regular o modo como a imagem preenche o objeto, clique no botão indicado e configure a janela a seguir:

a. Escolha a imagem a ser aplicada dentre as disponíveis na paleta **Administrador de Recursos** (*Resource Browser*) **Ctrl+R**;

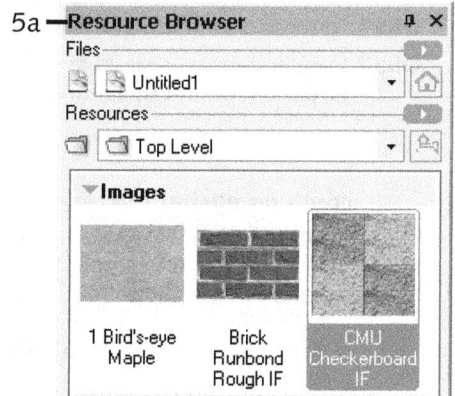

5a — **Resource Browser**

b. **Repetir** (*Repeat*): Repete a aplicação da imagem. É efetiva quando o valor **Comprimento** (*Length*) é menor que o tamanho do objeto que está recebendo a imagem;
c. **Inverter Horizontalmente** (*Mirror*): Reverte, na horizontal, o sentido de aplicação da imagem;
d. **Inverter Verticalmente** (*Flip*): Reverte, na vertical, o sentido de aplicação da imagem;

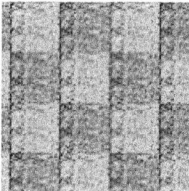

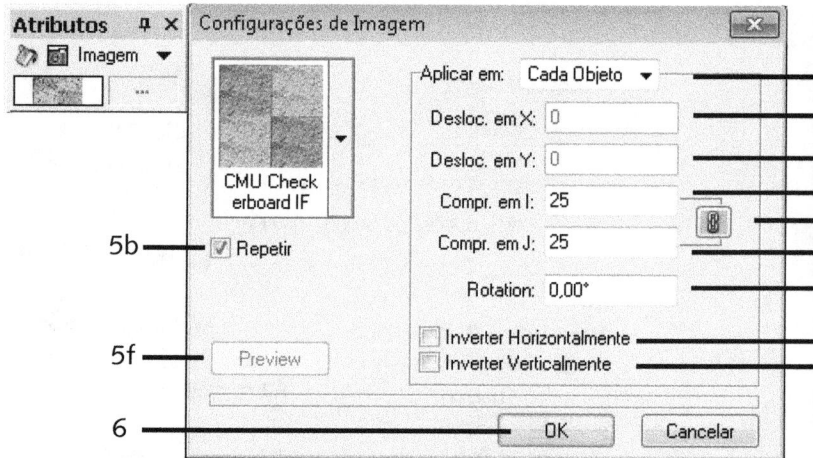

e. **Manter Proporção** (*Mantain Aspect Ratio*): Clique neste botão para manter a proporção da imagem selecionada;
f. **Preview** (*Preview*): Clique neste botão para ver as alterações antes de confirmar;
g. **Aplicar em** (*Apply to*): Permite usar as configurações de maneira idêntica para **Cada Objeto** (*Each Object*) ou a mesma configuração para todos os objetos da **Seleção** (*Selection*);
h. **Desloc. em X** (*X Offset*): Define o ponto de início da aplicação da imagem no eixo X. O valor 0 é referente ao centro geométrico do(s) objeto(s) selecionado(s);
i. **Desloc. em Y** (*Y Offset*): Define o ponto de início da aplicação da imagem no eixo Y. O valor 0 é referente ao centro geométrico do(s) objeto(s) selecionado(s);
j. **Compr. em I** (*I Length*): Indica o comprimento total da imagem no sentido horizontal;
k. **Compr. em J** (*J Length*): Indica o comprimento total da imagem no sentido vertical;
l. **Ângulo** (*Angle*): Indica a direção de aplicação da imagem no(s) objeto(s) selecionado(s).
6. Clique em **OK** para confirmar os valores que serão aplicados à imagem para esse objeto.

outro modo de regular o posicionamento de hachuras, mosaicos, gradientes e imagens

Podemos ajustar a aplicação de uma imagem ou gradiente em um objeto usando a ferramenta **Editar Gradiente/Imagem** (*Attribute Mapping Tool*):

1. Selecione o objeto que terá o gradiente ou imagem ajustada com a ferramenta **Seleção** (*Selection*) **X**.

2. Na paleta **Ferramentas Básicas** (*Basic*), escolha a ferramenta **Editar Gradiente/Imagem** (*Attribute Mapping Tool*) **Alt+A**.

3. Perceba que, sobre um trecho da imagem ou do gradiente, aparecerão algumas alças (**a**), que você pode usar para mover, redimensionar (**b**) e rotacionar (**c**) a imagem ou o gradiente aplicado.

4. Clique novamente na ferramenta **Seleção** (*Selection*) **X** para terminar a edição da aplicação do gradiente ou imagem.

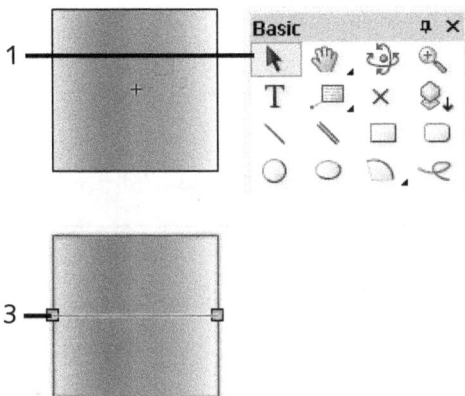

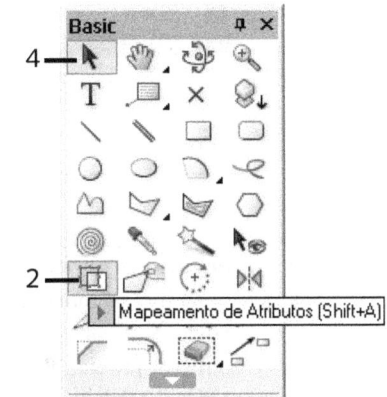

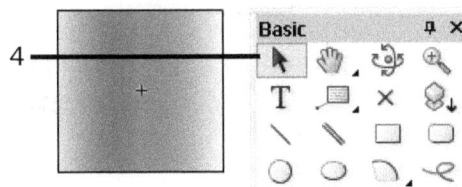

para controlar a opacidade de um objeto

1. Selecione um ou mais objetos (que podem ter qualquer tipo de preenchimento) com a ferramenta **Seleção** (*Selection*) **X**.

2. Vá ao menu **Janelas/Paletas/Atributos** (*Window/Palettes/Attributes*) **Ctrl+Shift+A**.

3. Clique no botão indicado e, na janela que se abre, configure os seguintes itens:

 a. **Opacidade** (*Opacity*): Clique no controle e deslize para regular a opacidade. Se preferir, digite um valor no campo ao lado;

 b. **Usar Opacidade da Classe** (*Use Class Opacity*): Clique para que o objeto assuma o critério de opacidade da classe a que pertence.

4. Clique em **OK** e observe a mudança efetuada.

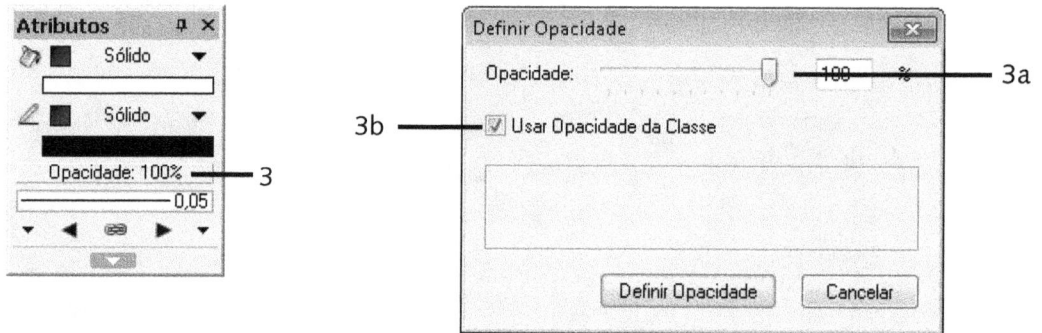

para retirar o preenchimento de um objeto

1. Selecione um ou mais objetos com a ferramenta **Seleção** (*Selection*) **X**.

2. Vá ao menu **Janelas/Paletas/Atributos** (*Window/Palettes/Attributes*) **Ctrl+Shift+A**.

3. Clique na barra indicada e escolha a opção **Nenhum** (*None*).

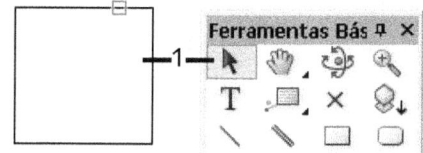

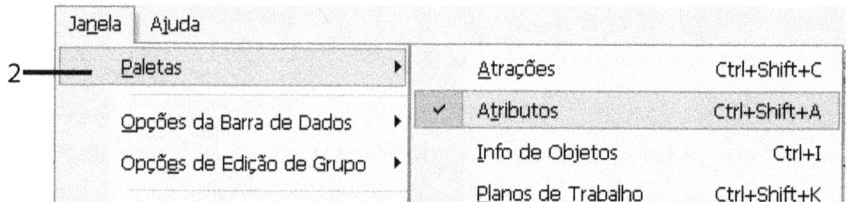

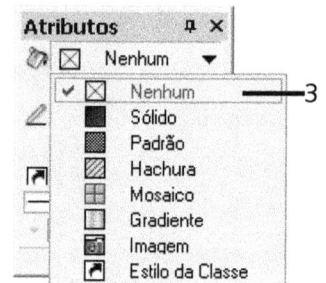

OBS Só é possível selecionar um objeto sem preenchimento através das bordas dele.

8.2 Ajustes na linha de contorno dos objetos

como alterar a cor do contorno

1. Selecione um ou mais objetos com a ferramenta **Seleção** (*Selection*) **X**.

2. Vá ao menu **Janelas/Paletas/Atributos** (*Window/Palettes/Attributes*) **Ctrl+Shift+A**.

3. Clique na barra indicada (**a**) e escolha a opção **Sólido** (*Solid*) (**b**).

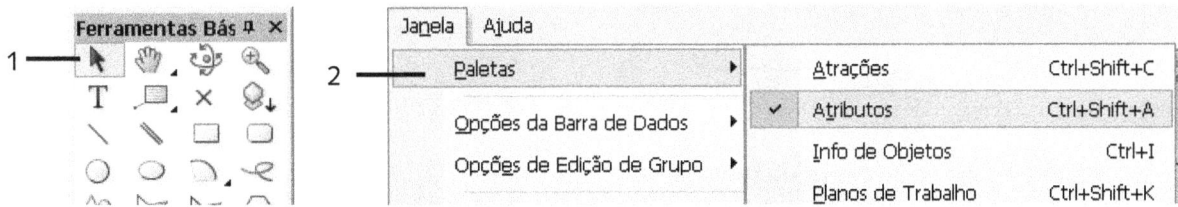

4. Clique nesta barra (**a**) e clique na cor que você quer usar no contorno (**b**).

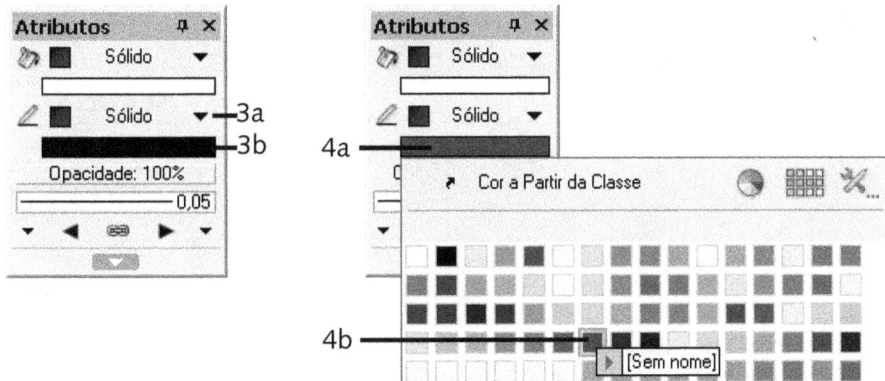

como alterar a espessura e o tracejado do contorno

1. Selecione um ou mais objetos com a ferramenta **Seleção** (*Selection*) **X**.

2. Vá ao menu **Janelas/Paletas/Atributos** (*Windows/Palettes/Attributes*) **Ctrl+Shift+A**.

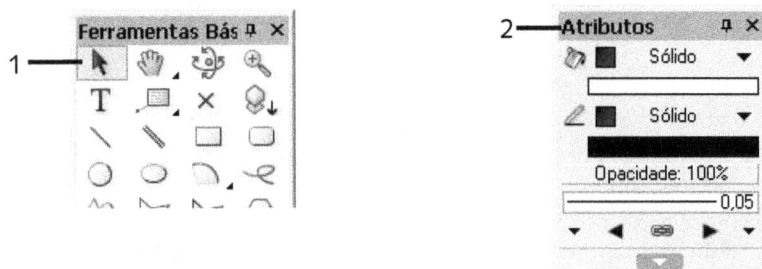

3. Clique na barra indicada (**a**) e escolha a opção **Tracejado** (*Dashed*) (**b**).

4. Clique nesta barra (**a**) para escolher a espessura do traço (**b**) e o tipo de tracejado (**c**).

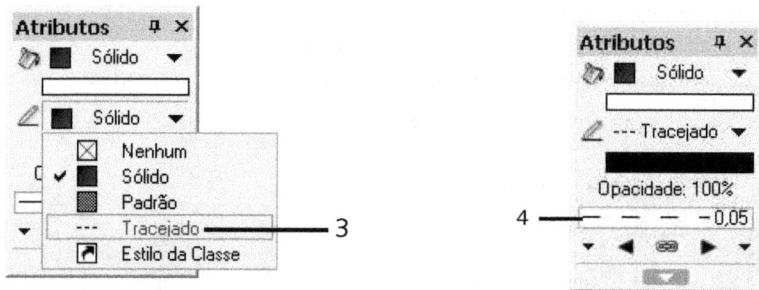

para retirar o contorno de um objeto

1. Selecione um ou mais objetos com a ferramenta **Seleção** (*Selection*) **X**.

2. Vá ao menu **Janelas/Paletas/Atributos** (*Window/Palettes/Attributes*) **Ctrl+Shift+A**.

3. Clique na barra indicada (**a**) e escolha a opção **Nenhum** (*None*) (**b**).

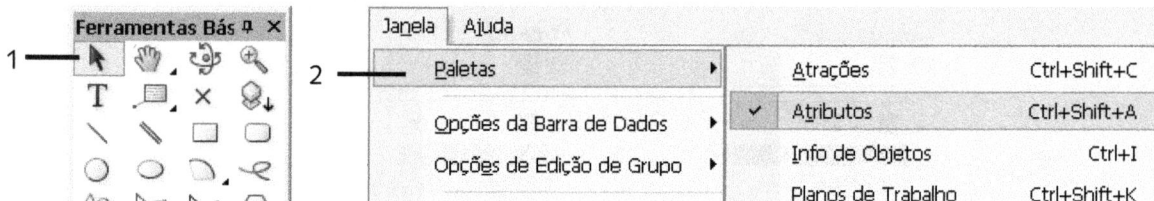

OBS1 Só é possível selecionar um objeto sem contorno através do preenchimento dele.

OBS2 Aprenda a criar um recurso de imagem no item **como preencher um objeto com uma imagem bitmap**, pág. 191.

OBS3 Você pode alterar também o tamanho e o posicionamento de uma imagem usando a ferramenta **Editar Gradiente/Imagem** (*Atribute Mapping Tool*). Saiba mais na pág. 193.

como usar setas indicadoras em linhas e polígonos abertos

1. Desenhe uma linha ou um polígono aberto e selecione-o com a ferramenta **Seleção** (*Selection*) **X**.

2. Vá ao menu **Janelas/Paletas/Atributos** (*Window/Palettes/Attributes*) **Ctrl+Shift+A**.

3. Clique nos botões indicados (**a** ou **b**) e clique novamente para escolher o tipo de seta indicadora (**c**).

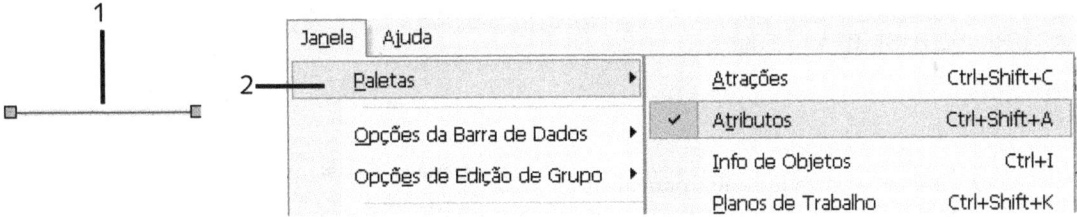

4. Clique no botão indicado se quiser que as duas extremidades do objeto sejam configuradas ao mesmo tempo.

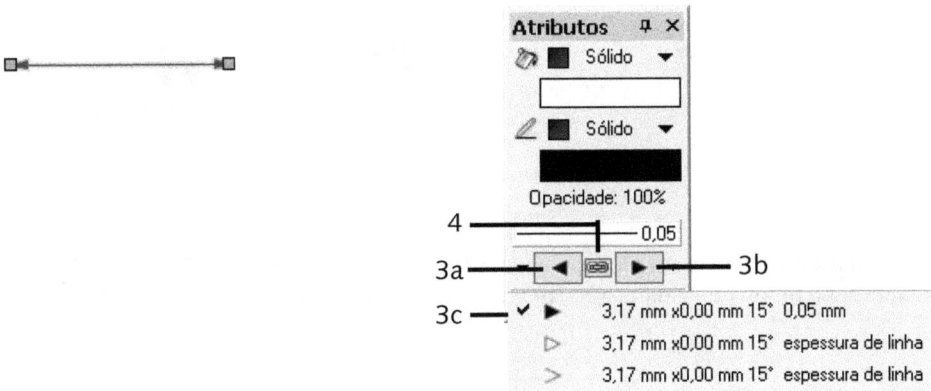

8.3 Como gerenciar cores

como escolher uma cor de uma paleta de cores

1. Vá ao menu
   Janelas/Paletas/
   Atributos
   (*Window/Palettes/*
   Attributes)
   Ctrl+Shift+A.

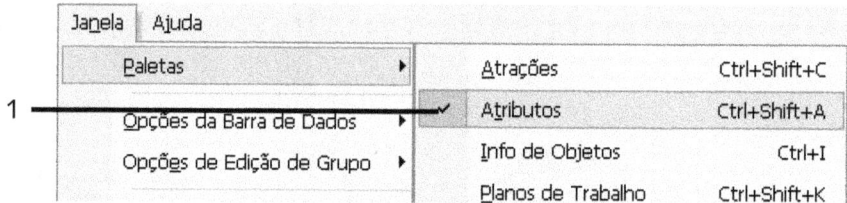

Janela	Ajuda		
Paletas ▶		Atrações	Ctrl+Shift+C
Opções da Barra de Dados ▶		✓ Atributos	Ctrl+Shift+A
Opções de Edição de Grupo ▶		Info de Objetos	Ctrl+I
		Planos de Trabalho	Ctrl+Shift+K

2. Clique na barra indicada para abrir a janela de cores.

3. Clique no botão **Escolher Cor** (*Pick Color*), e uma nova janela se abrirá.

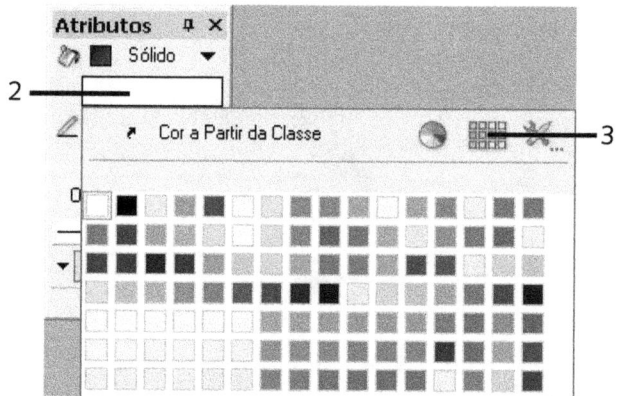

4. Escolha a paleta de cores, do lado esquerdo da janela (**a**). Na parte superior direita, você pode alternar o modo de visualização (**b**) entre **Lista de Cores** (*Color List*) e **Grade de Cores** (*Color Grid*).

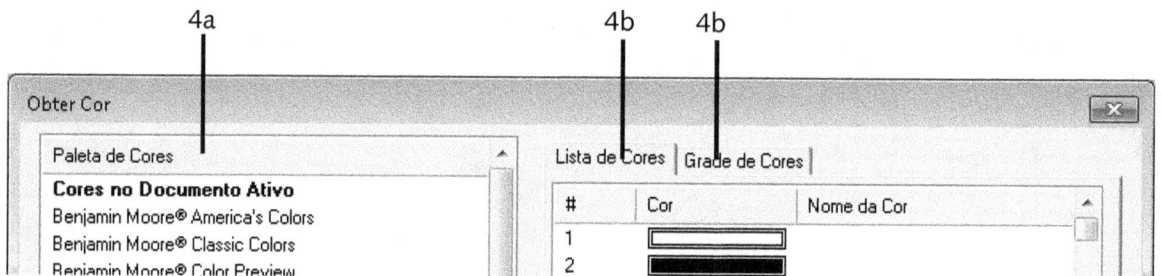

4a   4b   4b

Obter Cor			
Paleta de Cores	Lista de Cores	Grade de Cores	
Cores no Documento Ativo	#	Cor	Nome da Cor
Benjamin Moore® America's Colors	1		
Benjamin Moore® Classic Colors	2		
Benjamin Moore® Color Preview			

5. Clique na cor que você quer usar (**a**) e, em seguida, clique em **OK** (**b**).

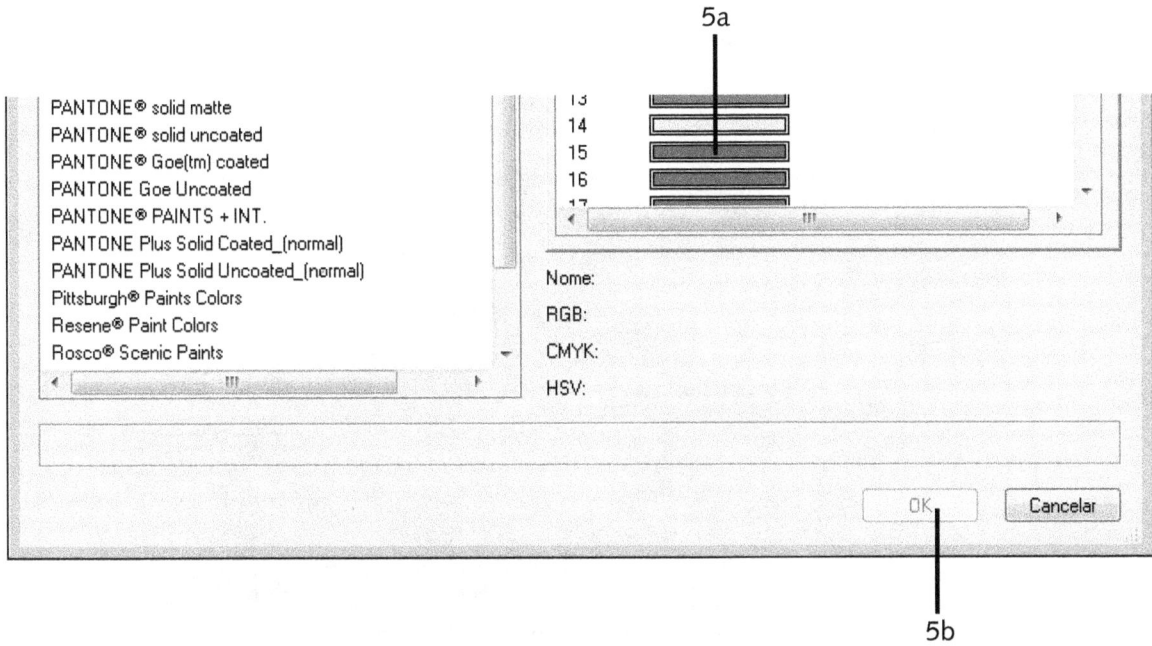

5a

| PANTONE® solid matte |
| PANTONE® solid uncoated |
| PANTONE® Goe(tm) coated |
| PANTONE Goe Uncoated |
| PANTONE® PAINTS + INT. |
| PANTONE Plus Solid Coated_(normal) |
| PANTONE Plus Solid Uncoated_(normal) |
| Pittsburgh® Paints Colors |
| Resene® Paint Colors |
| Rosco® Scenic Paints |

13
14
15
16
17

Nome:

RGB:

CMYK:

HSV:

OK   Cancelar

5b

como escolher uma cor que não está em uma paleta de cores

1. Vá ao menu **Janelas/Paletas/Atributos** (*Window/Palettes/Attributes*) **Ctrl+Shift+A**.

2. Clique na barra indicada para abrir a janela de cores.

3. Clique no botão **Standard Color Picker**, e uma nova janela se abrirá.

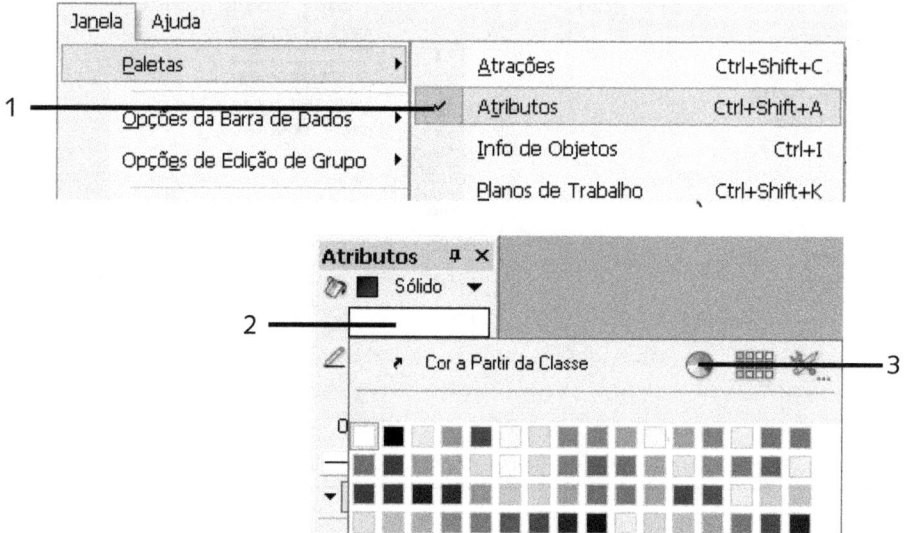

4. Você pode escolher uma das **Cores básicas** (**a**) ou então selecionar uma cor clicando em (**b**) e (**c**).

5. Clique em **OK** para confirmar a cor.

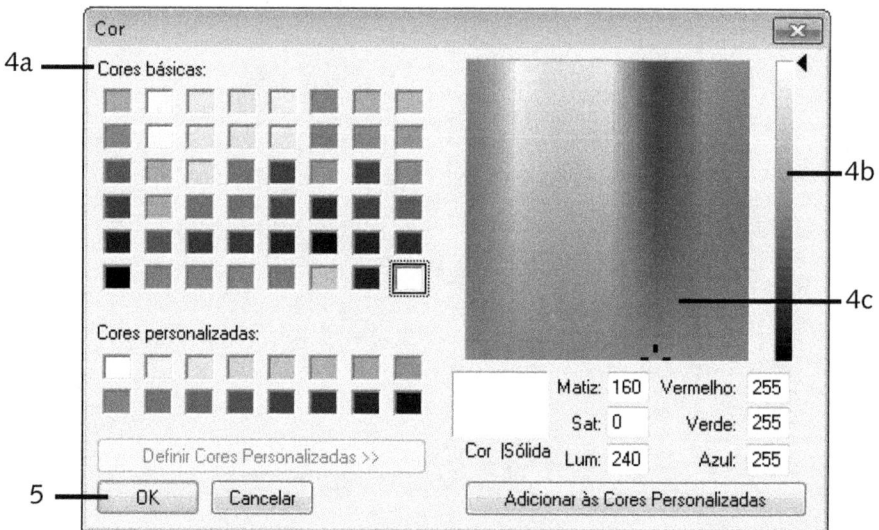

> **OBS** Se você estiver com um objeto selecionado, a cor será imediatamente aplicada a ele (como preenchimento ou contorno). Se você não estiver selecionando nenhum objeto, a cor escolhida se tornará o padrão para o desenho de novos objetos.

8.4 Ajustando os outros atributos

Existem quatro tipos de atributos-padrão que podem ser alterados: **Estilos de Setas** (*Arrow Heads*) e **Espessuras de Linha** (*Line Thickness*), que estão ligados ao Vectorworks (isto é, os ajustes valem para todos os arquivos usados neste Vectorworks), e os **Estilos Tracejados** (*Dash Styles*) e **Padrões** (*Patterns*), cujas configurações pertencem ao documento.

como alterar estilos de setas

1. Vá ao menu **Organizar/Ajustes do Vectorworks/Estilos de Marcadores ...** (*Tools/Options/Edit Marker List ...*).

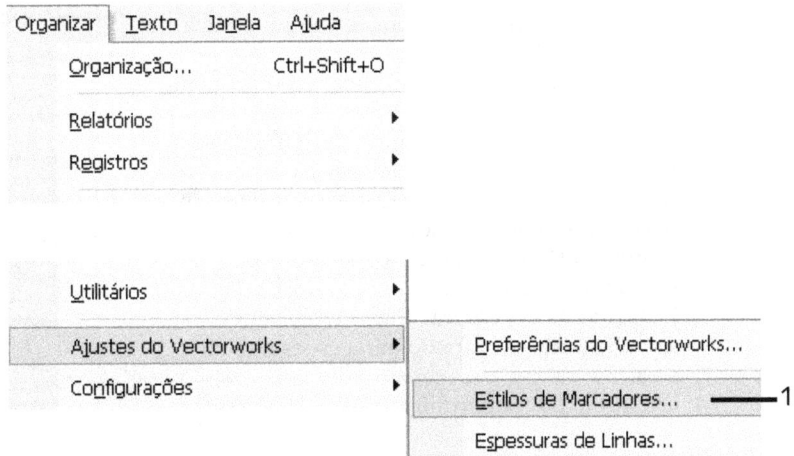

2. Na janela que se abre, configure:

a. Clique no estilo de seta que você for editar quando clicar no botão indicado em **c**;
b. **Novo...** (*New...*): Abre a janela de criação de estilos de seta;
c. **Editar...** (*Edit...*): Abre a janela de edição para a alteração da seta escolhida em **a**;
d. **Apagar...** (*Delete...*): Apaga o estilo de seta selecionado em **a**.

3. Se você clicou em **Novo...** (*New...*) ou **Editar...**
(*Edit...*) da janela acima, a janela de edição de
estilos de seta vai se abrir:

a. Apresenta um **Preview** da seta indicada;

b. **Tipo de Seta** (*Shape*): Define qual será a forma
da seta;

c. **Preench.** (*Fill*): Escolhe o tipo de
preenchimento que será usado na seta;

d. **Base** (*Base*): Altera o desenho da base da seta
(apenas em determinadas formas).

e. **Ângulo** (*Angle*): Determina o ângulo da seta
(apenas em determinadas formas);

f. **Comprimento** (*Length*): Define o comprimento
da seta;

g. **Largura** (*Width*): Determina a largura da seta
(apenas em determinadas formas);

h. **Meia Marca** (*Half Tick*): Corta a seta ao meio, e
você pode escolher o lado esquerdo ou direito;

i. **Inverter** (*Invert*): Reverte o marcador para a
configuração anterior;

j. **Opções de Espessura** (*Thickness Options*):
Escolha o critério para definir a espessura da
seta.

4. Clique em **OK** para confirmar o ajuste da seta.

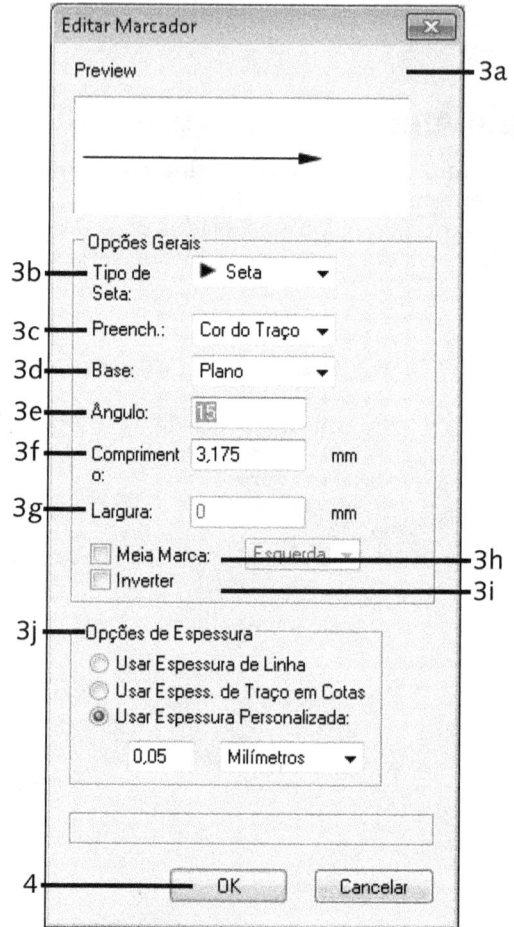

como ajustar as espessuras de linha

1. Vá ao menu **Organizar/Ajustes do Vectorworks/Espessuras de Linhas...** (*Tools/Options/Line
Thickness...*).

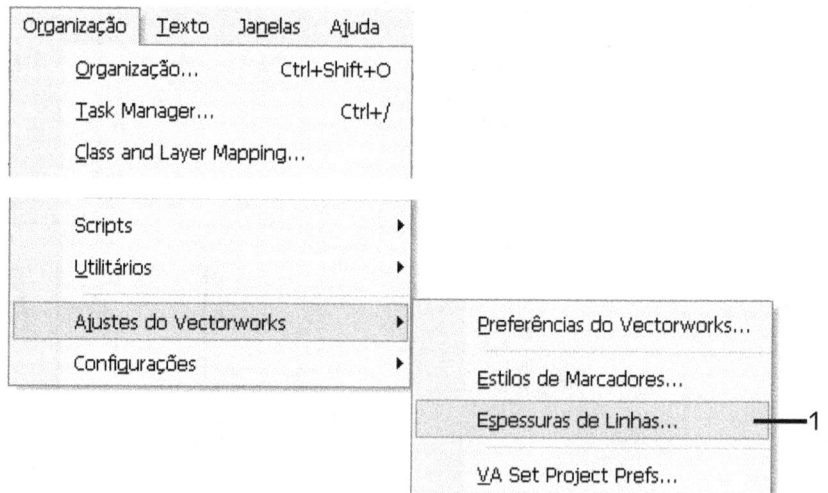

2a

	Atual	Novo
#1:	0,05	0,05
#2:	0,13	0,13
#3:	0,18	0,18
#4:	0,25	0,25
#5:	0,35	0,35
#6:	0,50	0,50
#7:	0,70	0,70
#8:	1,00	1,00
#9:	1,40	1,40
#10:	2,00	2,00

Espessuras de Linhas Padrão

O valor máximo aceitável é de 6.48 mm

2b — Unidades
- Pontos
- Mils
- mm

OK   Cancelar

2. Na janela que se abre:

a. Configure até dez diferentes espessuras-padrão digitando os valores correspondentes nos campos. A ordem crescente não é necessária, mas desejável;
b. **Unidades** (*Units*): Define qual unidade será a referência para a escolha das espessuras-padrão.

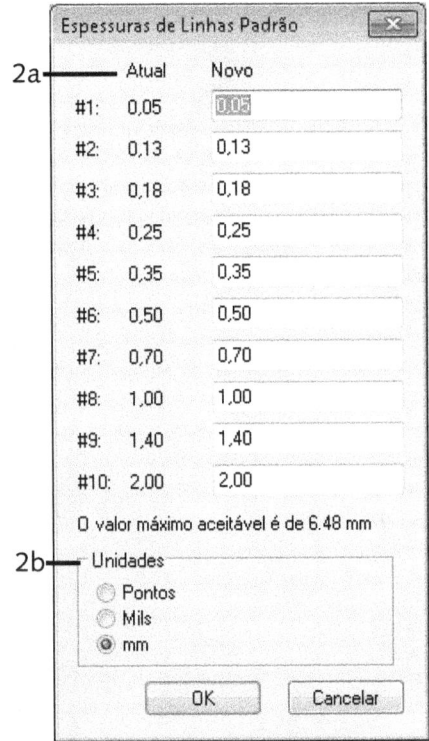

como editar os padrões de preenchimento

1. Vá ao menu
Arquivo/Ajustes do Documento/ Padrões... (*File/ Document Settings/ Patterns...*).

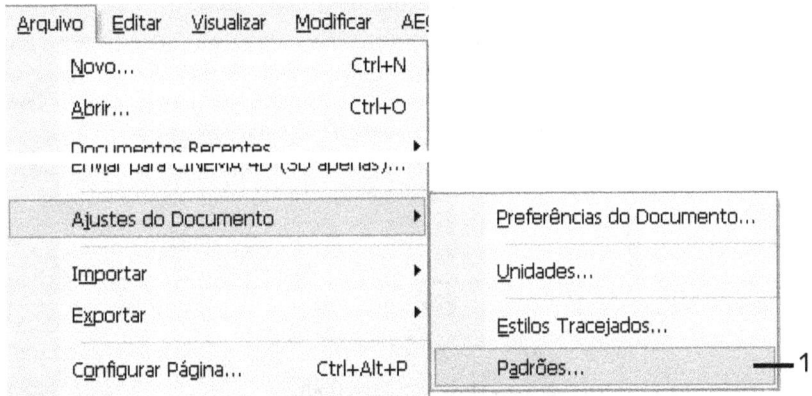

Arquivo Editar Visualizar Modificar AE

Novo...   Ctrl+N
Abrir...   Ctrl+O
Documentos Recentes ▶
Enviar para CINEMA 4D (3D apenas)...

Ajustes do Documento ▶

Importar ▶
Exportar ▶

Configurar Página...   Ctrl+Alt+P

Preferências do Documento...
Unidades...
Estilos Tracejados...
Padrões... —— 1

2. Na janela que se abre, configure:

a. Clique no padrão que você for editar, quando clicar no botão indicado em **b**;
b. Clique nos quadrados desta janela para alterar o padrão;
c. Esta janela serve para visualizar o padrão criado.
3. Clique em **OK** para confirmar o ajuste.

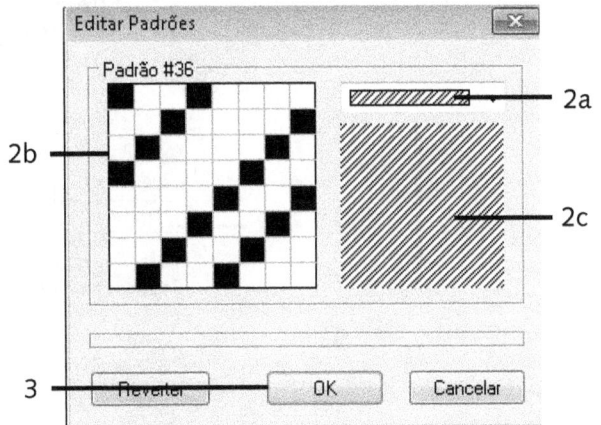

Editar Padrões — Padrão #36 — 2a — 2b — 2c

3 Reverter OK Cancelar

como alterar tracejados

1. Vá ao menu **Arquivo/Ajustes do Documento/Estilos Tracejados ...** (*File/Document Settings/Dash Styles...*).

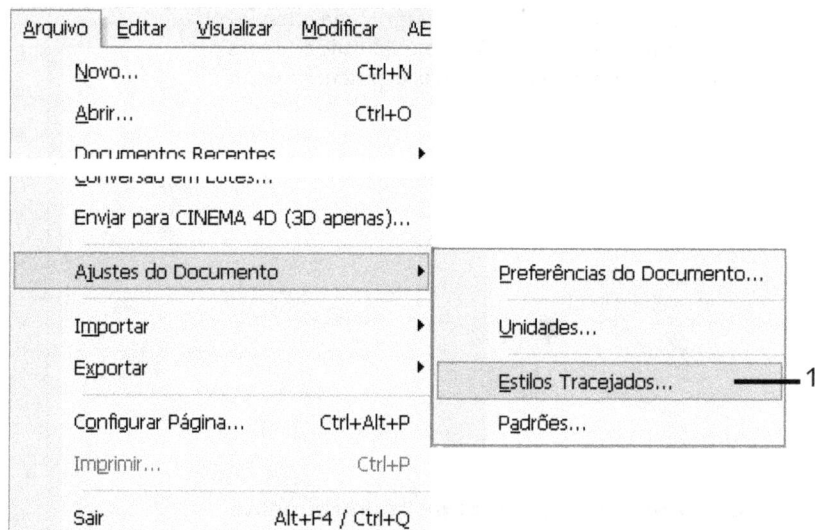

2. Na janela que se abre, configure:

    a. Clique no estilo de seta que você for editar, quando clicar no botão indicado em **c**;
    b. **Novo...** (*New...*): Abre a janela de criação de estilos de seta;
    c. **Editar...** (*Edit...*): Abre a janela de edição para a alteração da seta escolhida em **a**;
    d. **Apagar...** (*Delete...*): Apaga o estilo de seta selecionado em **a**.

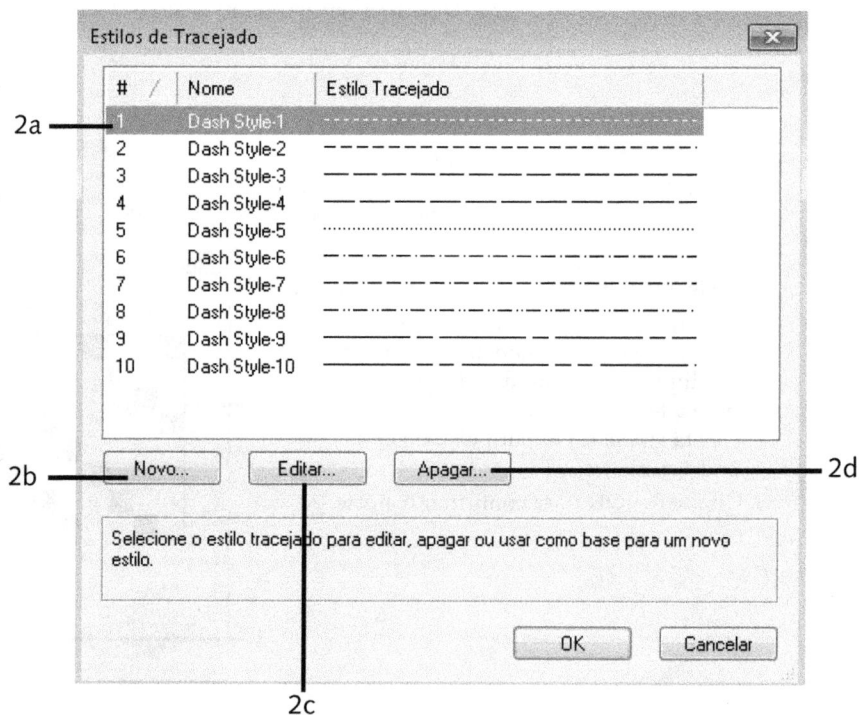

3. Se você clicou em **Novo...** (*New...*) ou **Editar...** (*Edit...*) da janela acima, a janela de edição de estilos de seta vai se abrir:

a. Use os pontos de controle (retângulos brancos) para definir quantos segmentos diferentes irão compor a linha, assim como a proporção entre esses segmentos. Para criar um novo segmento, clique no retângulo branco mais à direita e arraste-o para a esquerda do campo;

b. Clique nas setas para escolher qual segmento do tracejado você quer editar;

c. **Comprimento dos Traços** (*Line Length*): Comprimento da linha, dentro do segmento, em mm;

d. **Comprimento do Vão** (*Gap Length*): É o espaço entre a linha do segmento atual e o começo do próximo segmento;

e. **Escalar com espessura de linha** (*Scale with Line Thickness*): Possibilita escalar o tracejado de acordo com a espessura de linha usada.

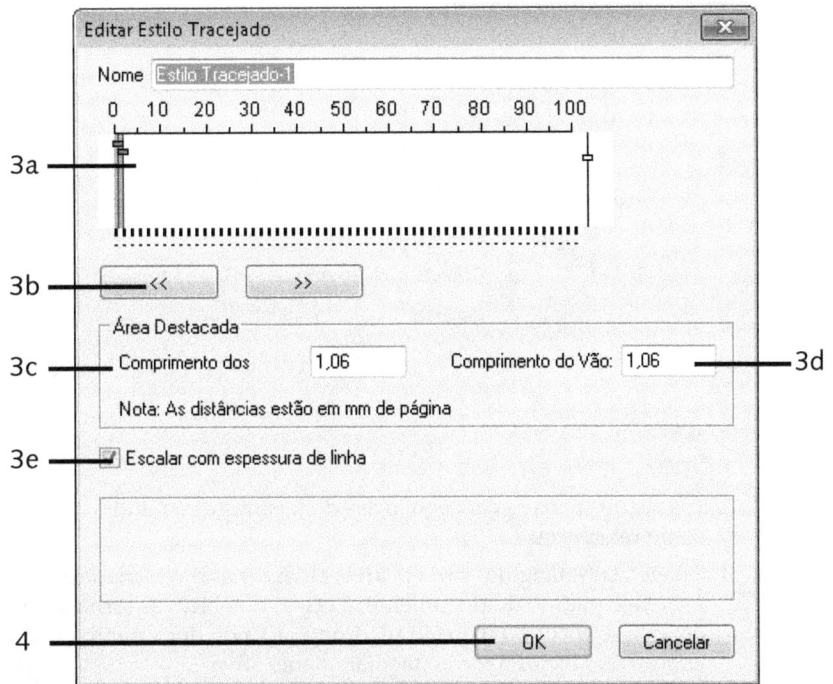

o que é e como criar um objeto similar (create similar object) – para a configuração Architect

O comando **Criar Objeto Similar** (*Create Similar Object*) faz com que o Vectorworks use os atributos do objeto selecionado como padrão para a criação de novos objetos do mesmo tipo.

Em alguns casos (como símbolos e objetos paramétricos), este comando também duplica o objeto selecionado. O funcionamento deste comando é muito simples:

1. Clique com o botão direito do mouse sobre o objeto-referência e use o **Criar Objeto Similar** (*Create Similar Object*).

2. Em seguida, crie o novo objeto.

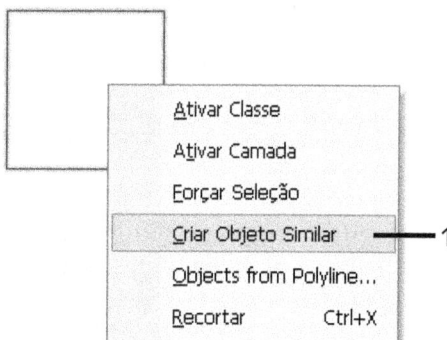

Veja a seguir quais as consequências do uso deste comando, dependendo do tipo de objeto usado como referência:

1. Objeto 2D (retângulo, círculo, arco, etc.): Ao usar o comando, os atributos gráficos do objeto se tornam o padrão do documento; a classe do objeto se torna a classe ativa do documento; a camada em que se encontra o objeto se torna a ativa do documento (se já não for); a ferramenta usada na criação do objeto se torna imediatamente ativa.

2. Ferramenta Texto: Todas as consequências listadas acima ocorrerão. Além disso, todos atributos específicos de texto (tipo de fonte, tamanho, estilo, alinhamento, etc.) também se tornarão o padrão do documento.

3. Símbolo: A ferramenta de inserção de símbolos é ativada e uma nova cópia fica pronta para ser inserida; a classe do objeto se torna a classe ativa do documento; a camada em que se encontra o objeto se torna a ativa do documento (se já não for).

4. Objeto Paramétrico: Uma nova cópia fica pronta para inserção; todos os ajustes feitos para este objeto se tornam o padrão para a criação de novos; a classe do objeto se torna a classe ativa do documento; a camada em que se encontra o objeto se torna a ativa do documento (se já não for).

Meu projeto ficou bacana, mas tem muita coisa que faço repetidas vezes, como o desenho de um piso quadriculado ou alterações no desenho de uma cama. Preciso saber quais são os

recursos para aumentar a produtividade

Hachuras, gradientes, imagens e símbolos: esses quatro itens são organizados pelo programa sob a forma de recursos. Os três primeiros dizem respeito ao preenchimento de objetos, enquanto o símbolo é um recurso composto por objetos. Existem outros recursos no programa que atendem a necessidades específicas e não serão abordados neste capítulo.

O que você vai ler neste capítulo

9.1 O que são e como usar os recursos

9.2 Criação e edição de hachuras, mosaicos, gradientes e imagens

9.3 Como criar e trabalhar com símbolos

9.4 Como utilizar objetos paramétricos

9.1 O que são e como usar os recursos

O Vectorworks dá o nome de recurso (*resource*) a todo elemento (desenho, imagem, planilha, etc.) que complementa o projeto. Esses elementos ajudam a agilizar vários processos de construção do projeto, e você pode usar o mesmo recurso (o desenho de um móvel, por exemplo) em projetos diferentes.

quais são os recursos?

Existem 16 tipos de recursos no Vectorworks. São eles:

1. **Gradiente** (*Gradient*): É um padrão de cores em estilo dégradé.
2. **Hachura** (*Hatch*): É um padrão de linhas organizadas de modo a representar um objeto de construção (azulejo, tijolo) ou algum outro item que se repete no projeto (areia, grama, madeira, etc.).
3. **Imagem** (*Image*): Imagem importada para o Vectorworks para servir de preenchimento em objetos 2D.
4. **Formato de Registro** (*Record Format*): É uma espécie de etiqueta que você pode criar para adicionar informações técnicas a um objeto do desenho. Essas informações podem ser listadas em um recurso chamado **Planilha** (*Worksheet*).
5. **Fundo Renderworks** (*Renderworks Background*): Imagem usada como fundo, quando você pede uma apresentação na qualidade Renderworks.
6. **Estilo Renderworks** (*Renderworks Style*): Salva ajustes personalizados ligados a uma apresentação com Renderworks.
7. **Textura Renderworks** (*Renderworks Texture*): Imagem importada para ser usada como revestimento de objetos 3D.
8. **Estilo Sketch** (*Sketch Style*): Cada estilo sketch é a gravação de um ajuste de apresentação em **Linhas Escondidas** (*Hidden Line*).
9. **Estilo de laje** (*Slab Style*): Cada estilo de laje guarda informações sobre o desenho de uma laje. O Estilo de laje ativo é automaticamente aplicado à ferramenta **Laje** (*Slab*), no momento do seu uso.
10. **Pasta de Símbolos** (*Symbol Folder*): É uma pasta para guardar símbolos. Ajuda a organizar projetos que tem muitos símbolos.
11. **Estilo de texto** (*Text Style*): Guarda ajustes personalizados para textos (fonte, tamanho, etc.).
12. **Mosaico** (*Tile*): É um padrão criado por objetos 2D, organizadas de modo a representar um objeto de construção (azulejo, tijolo) ou algum outro item que se repete no projeto. Similar à Hachura, mais fácil de criar do que ela.
13. **VectorScript**: É uma sequência de instruções escritas em VectorScript, a linguagem de programação do Vectorworks.
14. **Paleta de Script** (*VectorScript Palette*): Organiza os vários Scripts que você pode ter em um documento.
15. **Estilo de Parede** (*Wall Style*): Cada estilo de parede guarda informações sobre o desenho de uma parede. O Estilo de Parede ativo é automaticamente aplicado à ferramenta **Parede** (*Wall*) **9**, no momento do seu uso.
16. **Planilha** (*Worksheet*): Você pode usar uma planilha para coletar informações sobre os objetos que estão no desenho. Essas planilhas podem ser incluídas no próprio desenho ou exportadas para outros programas.

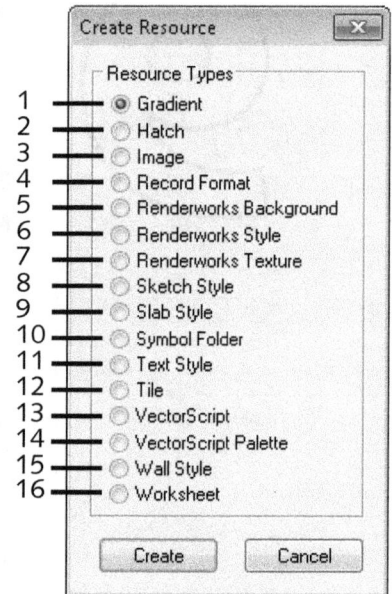

onde estão os recursos

Os recursos são elementos que sempre pertencem a um documento (ou arquivo). Para verificar que recursos existem no seu documento ativo, ou em outros documentos, faça o seguinte:

1. Vá ao menu **Janelas/Paletas/Administrador de Recursos** (*Window/Palettes/Resource Browser*) <u>Ctrl+R</u>.

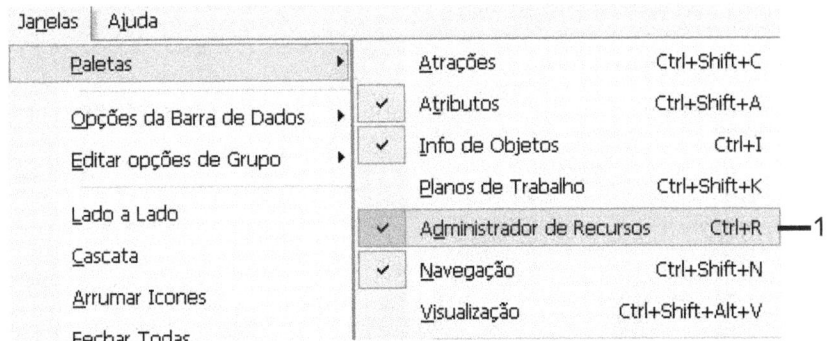

2. Clique no botão indicado (**a**) para ver os recursos do seu arquivo ativo, mostrados na janela indicada em **b**. Clique na barra indicada em **c** para ver recursos existentes em outros arquivos. Os arquivos que aparecem nesta barra são chamados de **Favoritos** (*Favorites*).

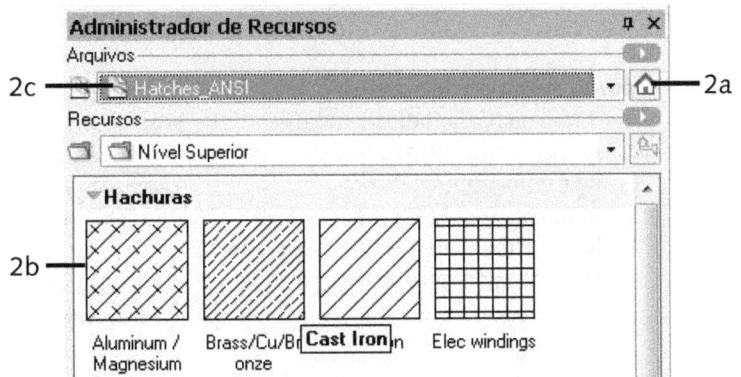

como adicionar um arquivo aos favoritos

O Vectorworks vem com vários arquivos repletos de recursos para você usar em seus documentos. No entanto, nem todos (às vezes, nenhum deles) aparecem na barra de favoritos. Para adicionar um arquivo na lista de favoritos:

1. Clique no botão indicado (**a**) e, em seguida, em **Adicionar Novos Favoritos...** (*Add New Favorite Files...*) (**b**).

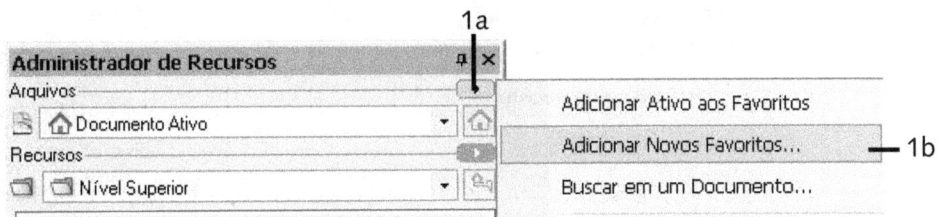

2. Procure a pasta Vectorworks 2011, que pode estar na da pasta Arquivos de Programas (PC) ou Applications (Mac). Abra a pasta.

3. Procure a pasta **Libraries** e abra-a.

4. Cada pasta exibida guarda vários arquivos, que por sua vez contêm recursos que podem ser usados em seu documento. Experimente escolher algum arquivo dessas pastas para observar os recursos existentes nele.

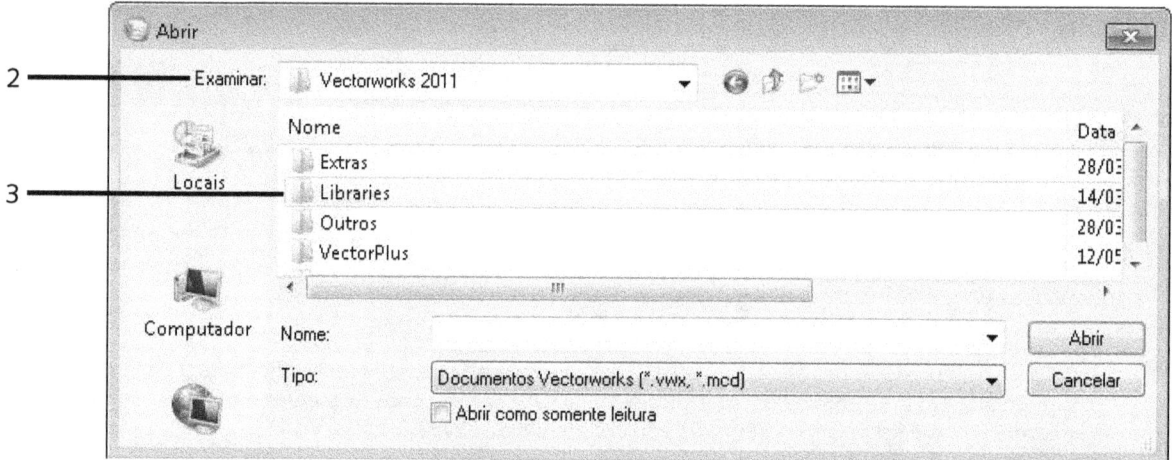

como remover um arquivo favorito

1. Clique na barra indicada (**a**) e em seguida clique no arquivo que você quer remover da lista (**b**).

2. Clique no botão indicado (**a**) e depois clique em **Remover Ativo dos Favoritos** (*Remove Current Favorite*) (**b**).

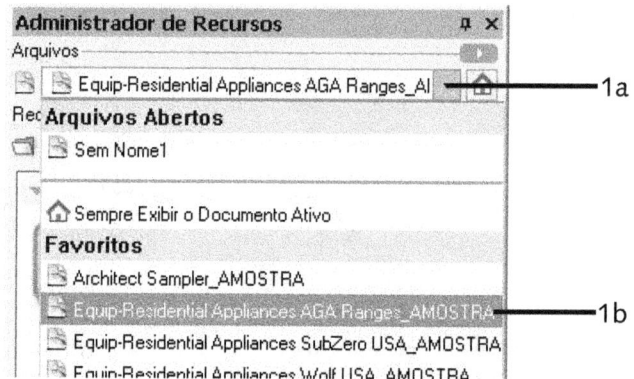

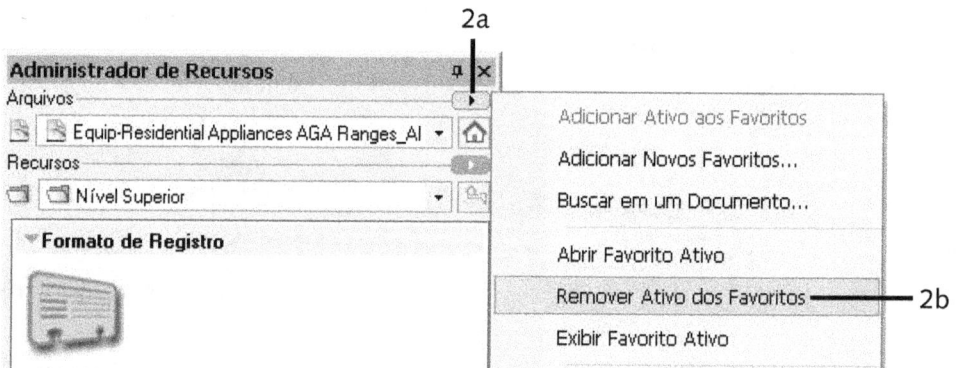

outros ajustes com arquivos favoritos

1. **Adicionar Ativo aos Favoritos** (*Add Current to Favorites*): Coloca o arquivo ativo na lista de favoritos.

2. **Abrir Favorito Ativo** (*Open Current Favorite*): Abre o arquivo favorito na janela de desenho. Isso é útil quando você precisa incluir símbolos em determinado arquivo.

3. **Exibir Favorito Ativo** (*Reveal Current Favorite*): Mostra a pasta do computador que contém o arquivo favorito ativo.

4. **Remover Todos os Favoritos** (*Remove All Favorites*): Apaga todos os arquivos da lista de favoritos (não apaga os arquivos do computador).

5. **Atualizar Favoritos a partir do Disco** (*Refresh Favorites from Disk*): Atualiza a lista de favoritos (útil quando um arquivo favorito tiver sido apagado do computador, mas continuar aparecendo na lista).

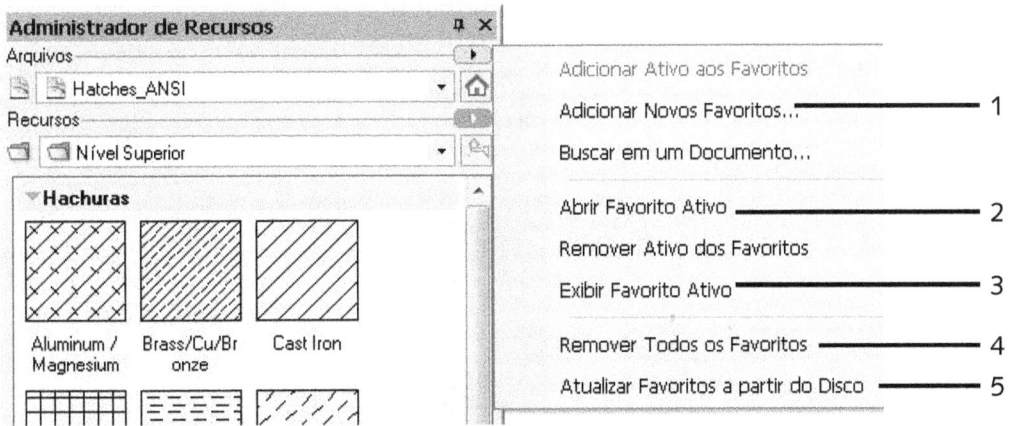

visibilidade dos recursos no arquivo ativo

Existe uma maneira de alterar a vista e o tipo de apresentação de um ou mais recursos que estão no seu arquivo ativo, dentro do **Administrador de Recursos** (*Resource Browser*). Para isso:

1. Vá ao menu **Janelas/Administrador de Recursos** (*Windows/Resource Browser*).

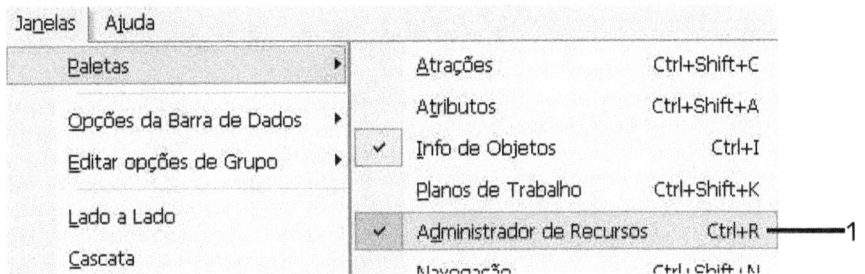

2. Clique na barra indicada (**a**) e depois clique em **Sempre Exibir o Documento Ativo** (*Always Display Active Document*) (**b**), para exibir os recursos do documento em uso neste momento.

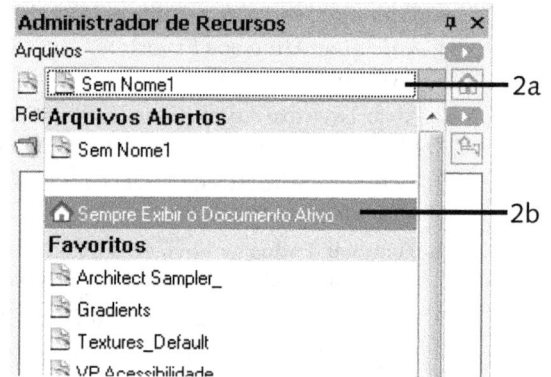

3. Selecione um ou mais objetos localizados na área **Símbolos/Objetos Plug-ins** (*Symbols/Plug-in Objects*).

4. Clique na seta indicada (**a**) e mova o cursor até o item **Def. Vista do Preview** (*Set Thumbnail View*) (**b**); depois, mova o cursor e clique na opção que achar melhor (**c**).

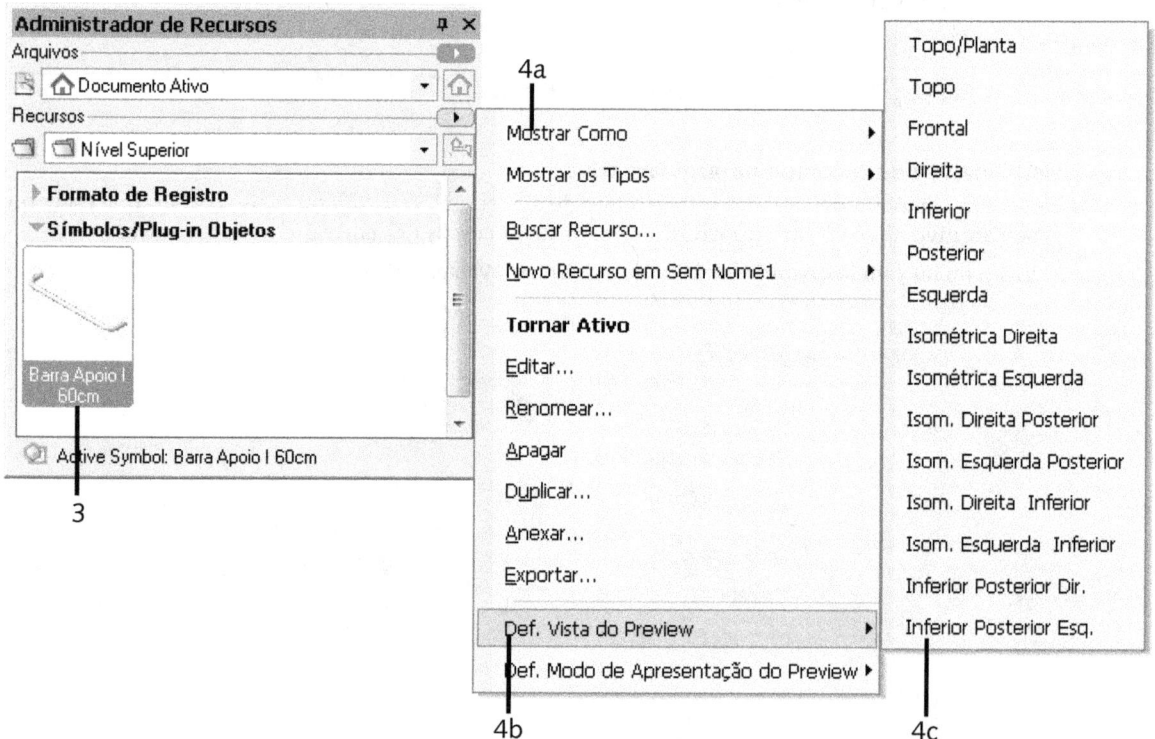

5. Para definir o tipo de apresentação, mova o cursor até o item **Def. Modo de Apresentação do Preview** (*Set Thumbnail Render Mode*) (**a**); mova o cursor novamente e escolha entre as opções **Aramado** (*Wireframe*) (**b**), **OpenGL** (**c**) ou **Linhas Escondidas** (*Hidden Line*) (**d**).

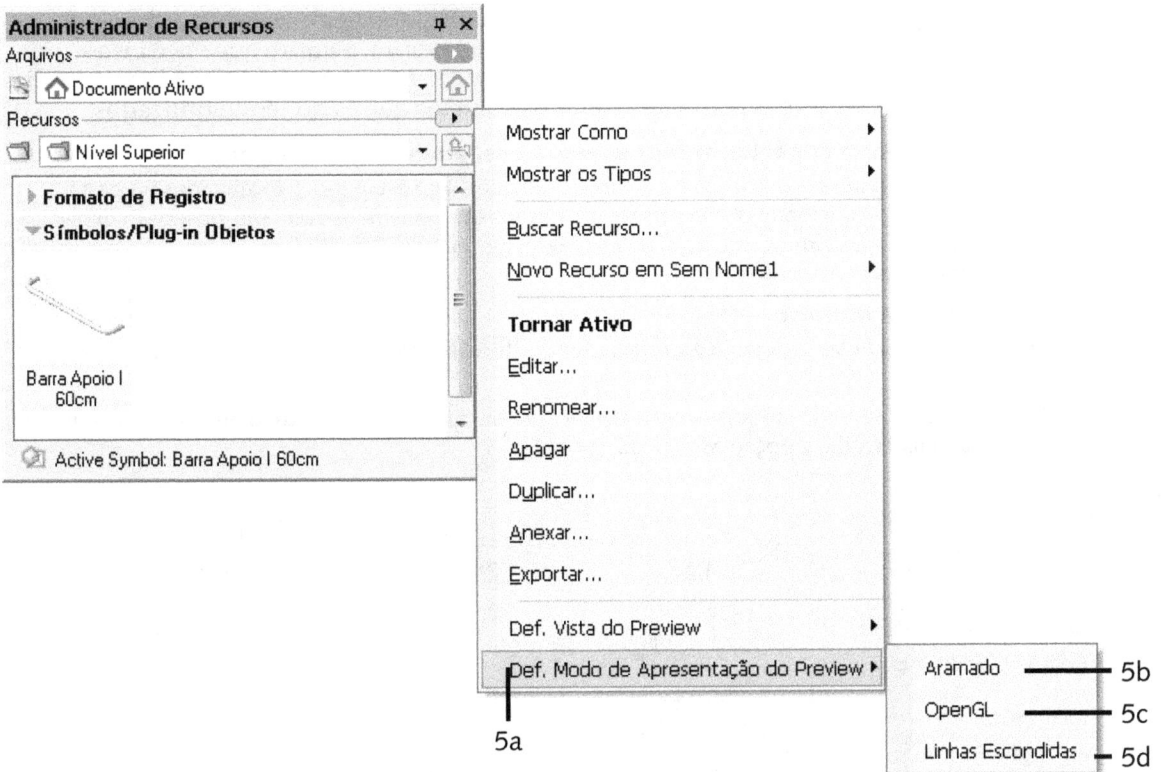

9.2 Criação e edição de hachuras, mosaicos, gradientes e imagens

Hachuras, mosaicos, gradientes e imagens são tipos de atributos gráficos armazenados e gerenciados pelo Vectorworks sob a forma de recursos. Cada atributo citado acima é guardado como um recurso, que fica dentro de um arquivo de desenho, que pode ser o seu arquivo de trabalho atual ou algum outro, adicionado na barra como favorito. Sempre que você insere um atributo no seu projeto, o recurso relacionado a ele é armazenado no arquivo. Dessa forma, cada projeto do Vectorworks sempre traz consigo todos os recursos que estão sendo utilizados.

como encontrar e importar hachuras, mosaicos, gradientes e imagens

O Vectorworks tem vários arquivos com esses recursos, que estão todos localizados na pasta **Libraries**. Para adicionar em favoritos os arquivos que contêm os recursos, observe a explicação do item **Como adicionar um arquivo aos favoritos**, na pág. 209. Você encontra esses recursos tamém na paleta **Atributos**.

como criar um mosaico

1. Vá ao menu **Janelas/Paletas/Administrador de Recursos** (*Window/Palettes/Resource Browser*) **Ctrl+R**.

2. Clique no botão indicado (**a**); mova o cursor sobre a opção **Novo Recurso em...** (*New Resource in...*) (**b**) e depois escolha a opção **Mosaico...** (*Tile...*) (**c**).

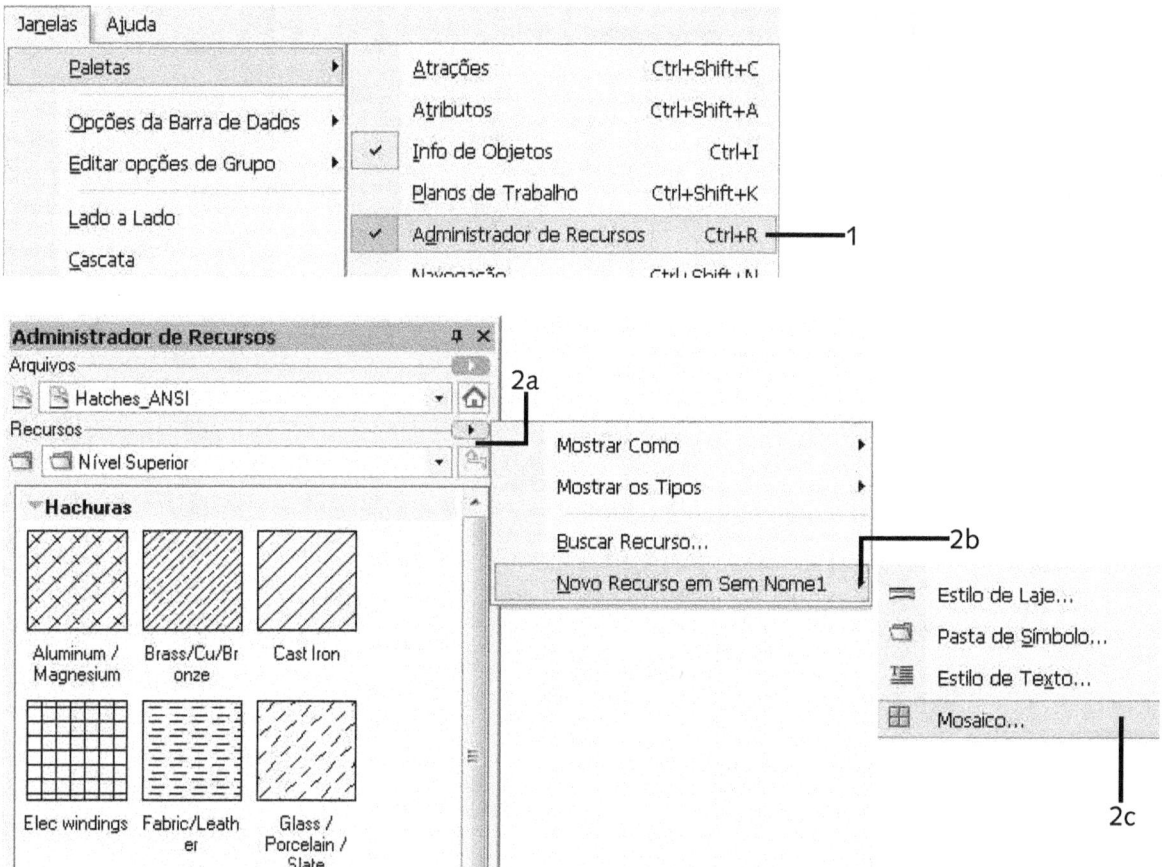

3. Uma nova janela se abre, e você pode configurar os seguintes itens do mosaico:

a. **Nome** (*Name*): Dê um nome ao seu mosaico;

b. **Unidades** (*Units*): Escolha se o mosaico terá o seu tamanho atrelado à **Página** (*Page*), o que significa que sua aparência não se altera com mudanças na escala do desenho, ou **Globais** (*Global*), para que o mosaico acompanhe a escala dos objetos em que está aplicado.

c. **Rotacionar** (*Rotate*): Defina se o seu mosaico será rotacionado conforme a orientação de paredes em que estiver aplicado, em na **Parede** (*in Wall*); e/ou se acompanhará a rotação dos símbolos em que for aplicado, em em **Símbolo** (*in Symbol*);

d. **Preenchim. de Fundo** (*Background Fill*): Clique para ativar uma cor de preenchimento de fundo do seu mosaico; escolha a cor clicando na barra ao lado.

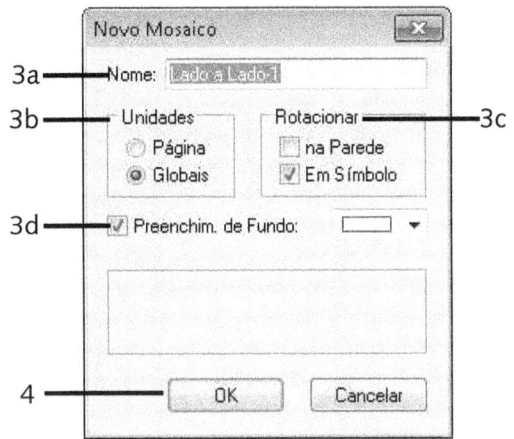

4. Clique em **OK** para confirmar e para dar o início ao desenho do mosaico.

5. Observe que a janela de desenho é apresentada com uma marcação laranja ao redor, indicando que você está na área de desenho mosaico:

a. Desenhe um retângulo que vai servir de baliza para o mosaico. Repare que, ao terminar de desenhar o retângulo, o Vectorworks mostra clones desse objeto (em cinza), mostrando como seria o resultado final do mosaico;

b. Clique e arraste uma extremidade de qualquer clone cinza até respectiva extremidade do retângulo original para corrigir a repetição do mosaico;

c. Crie, dentro do retângulo, o desenho do mosaico que você quer, utilizando sempre objetos 2D;

d. Se você não quiser que o retângulo de referência seja parte do mosaico, apague-o.

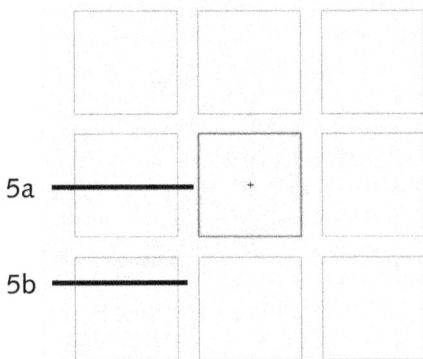

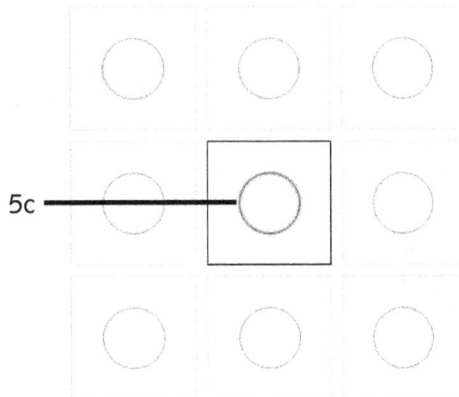

6. Clique em **Sair Mosaico** (*Exit Tile*) para confirmar a criação dele.

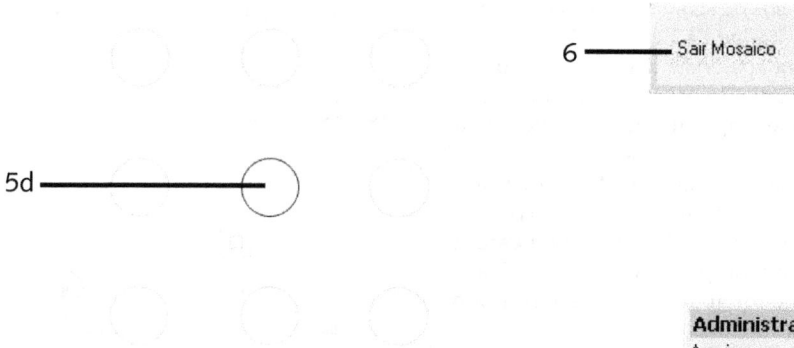

6 ————— Sair Mosaico

5d —————

7. Veja na paleta **Administrador de Recursos** (*Resource Browser*), que o mosaico está salvo na área de recursos do seu arquivo.

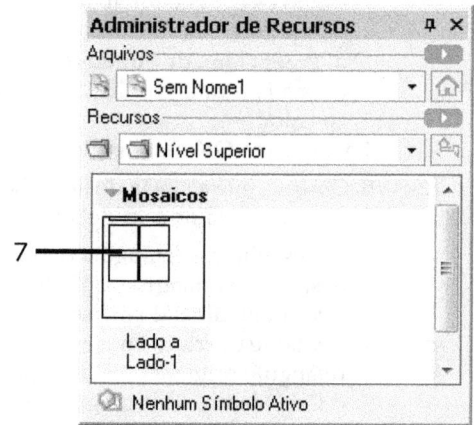

Administrador de Recursos   ⊓ ✕
Arquivos
 Sem Nome1
Recursos
 Nível Superior
▼ **Mosaicos**
7 —————
Lado a
Lado-1
 Nenhum Símbolo Ativo

8. Para aplicar o mosaico a um objeto, selecione-o (**a**) e, em seguida, dê um duplo clique no desenho do mosaico que está na paleta **Administrador de Recursos** (*Resource Browser*) (**b**). Você pode clicar também sobre o desenho do mosaico e arrastá-lo em cima do objeto para fazer a aplicação.

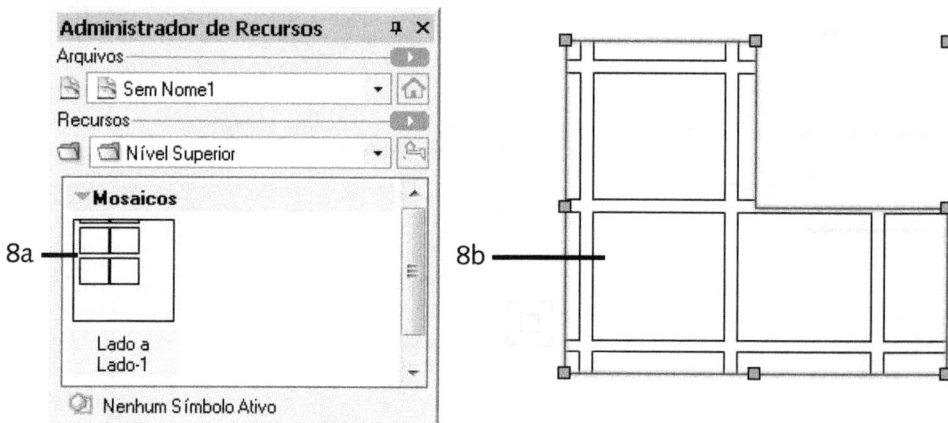

Administrador de Recursos   ⊓ ✕
Arquivos
 Sem Nome1
Recursos
 Nível Superior
▼ **Mosaicos**
8a —————
Lado a
Lado-1
 Nenhum Símbolo Ativo

8b —————

para modificar um mosaico

1. Se você sabe qual é o nome do mosaico que quer modificar, localize-o na paleta **Administrador de Recursos** (*Resource Browser*) (**a**); em seguida, clique com o botão direito do mouse sobre ele e escolha a opção **Editar...** (*Edit...*) (**b**).

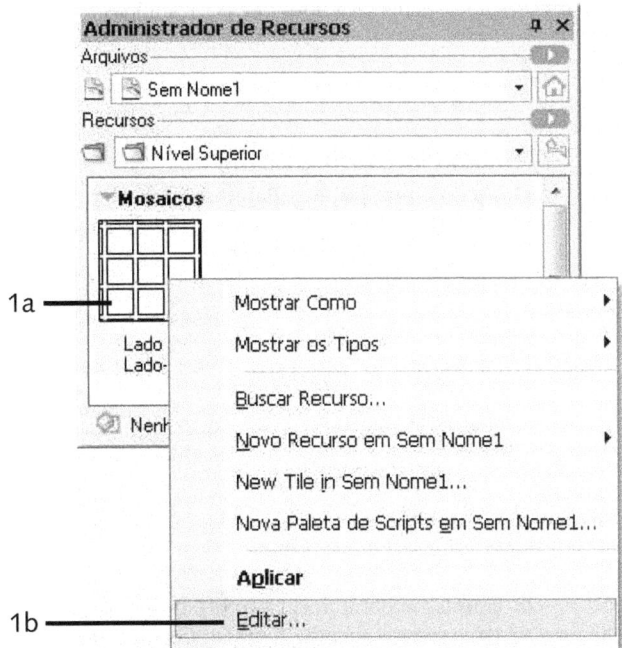

2. Na janela que se abre, escolha entre:

a. **Geometria** (*Geometry*): Escolha esta opção para editar o desenho do mosaico. Modifique o mosaico como quiser e depois clique em **Sair Mosaico** (*Exit Tile*);

b. **Configurações** (*Settings*): Esta opção faz com que a janela de configuração do mosaico volte a ser mostrada, para que você possa mudar o nome, a cor do fundo e outros ajustes do mosaico.

3. Clique em **OK** para confirmar a escolha feita no item **2**.

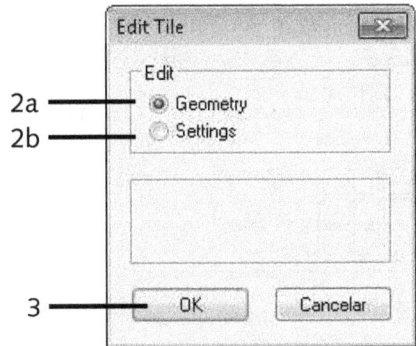

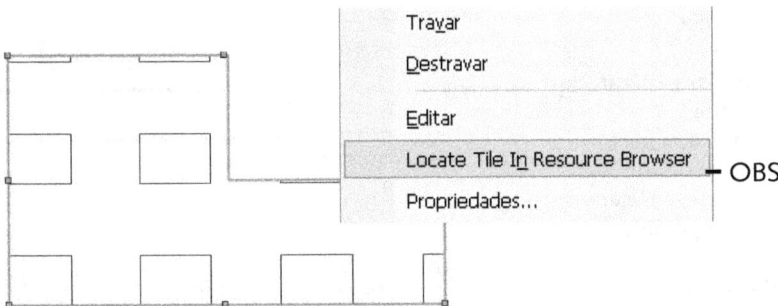

> **OBS** Se você quer editar um mosaico aplicado a um objeto mas não sabe o nome dele, clique com o botão direito do mouse sobre o objeto e escolha **Localizar Mosaico no Administrador de Recursos** (*Locate Tile in Resource Browser*) (**a**); em seguida, clique com o botão direito do mouse sobre o mosaico e escolha a opção **Editar...** (*Edit...*) (**b**).

criando um novo gradiente

1. Vá ao menu **Janelas/Paletas/Administrador de Recursos** (*Window/Palettes/Resource Browser*) **Ctrl+R**.

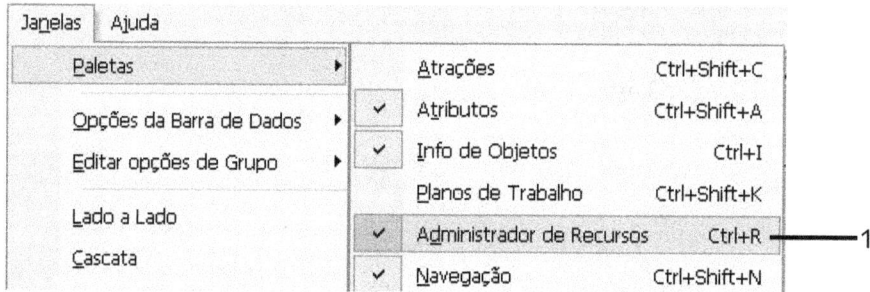

2. Clique no botão indicado (**a**); mova o cursor sobre a opção **Novo Recurso em...** (*New Resource in...*) (**b**) e depois escolha a opção **Gradiente**... (*Gradient...*) (**c**).

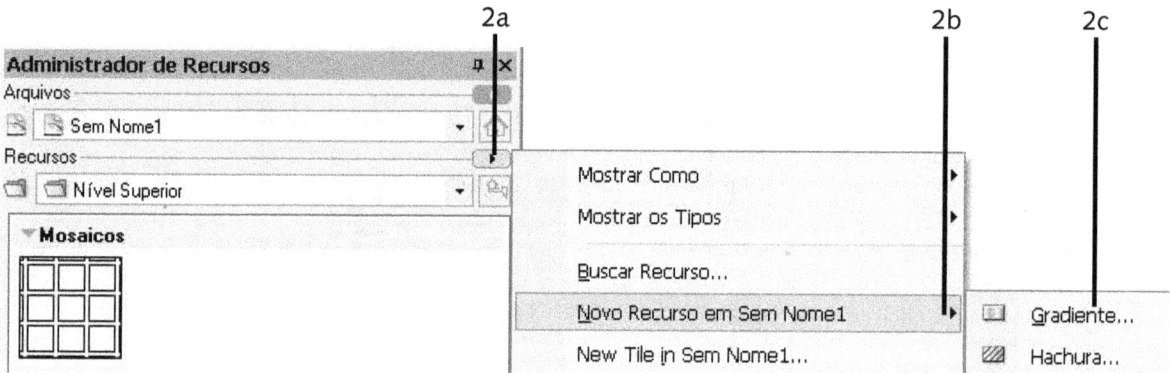

3. Na janela que se abre, escolha:

a. **Nome** (*Name*): Dê um nome ao novo gradiente;
b. Faça um duplo clique sobre qualquer um dos controles para alterar a cor;
c. Deslize os controles para alterar a aparência do gradiente;
d. Clique na região indicada para inserir um novo controle de cor. Para retirar o controle, basta clicar nele e arrastá-lo para longe da barra de cores;
e. Os controles **Cor** (*Color*) e **Posição** (*Position*) também servem para regular os controles que definem o gradiente.

4. Clique em **OK** para confirmar a criação do gradiente.

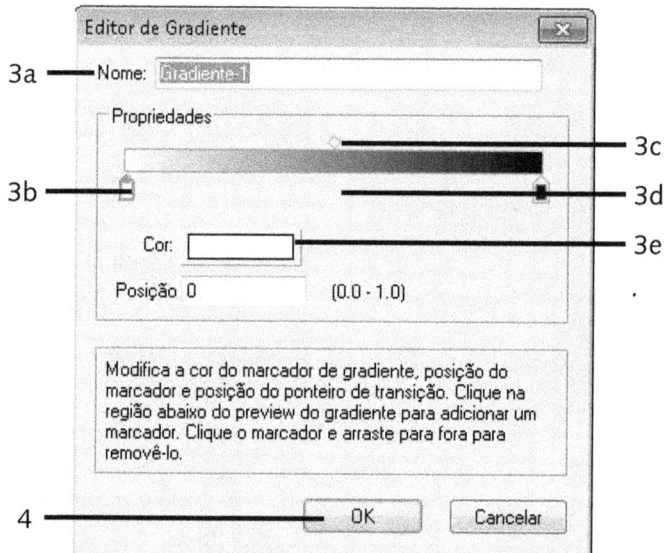

5. Veja na paleta **Administrador de Recursos** (*Resource Browser*) que o gradiente está salvo na área de recursos do seu arquivo.

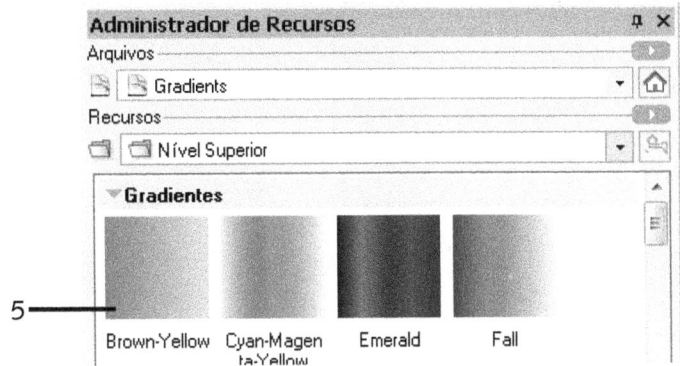

6. Para aplicar o gradiente a um objeto, selecione-o (**a**) e, em seguida, dê um duplo clique no desenho do gradiente que está na paleta **Administrador de Recursos** (*Resource Browser*) (**b**). Você pode clicar também sobre o desenho do gradiente e arrastá-lo em cima do objeto para fazer a aplicação.

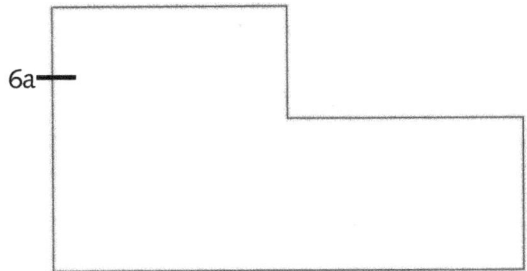

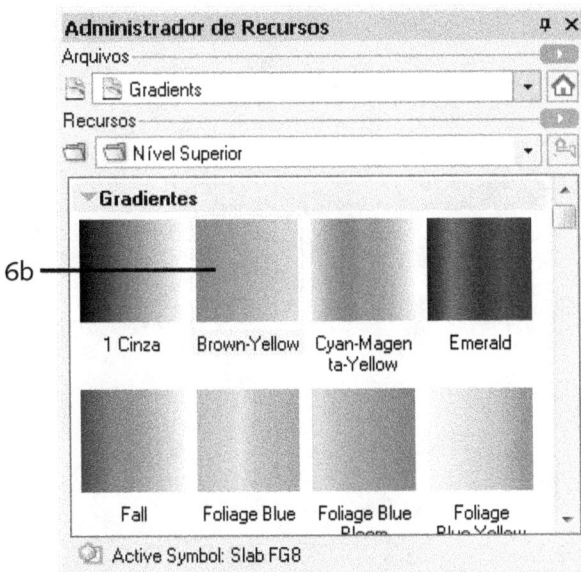

OBS Para fazer algum ajuste na configuração de um gradiente, consulte o item **como pintar um objeto com gradiente**, na pág. **189**.

criando um novo recurso a partir de uma imagem

1. Vá ao menu **Janelas/Paletas/Administrador de Recursos** (*Window/Palettes/Resource Browser*) **Ctrl+R**.

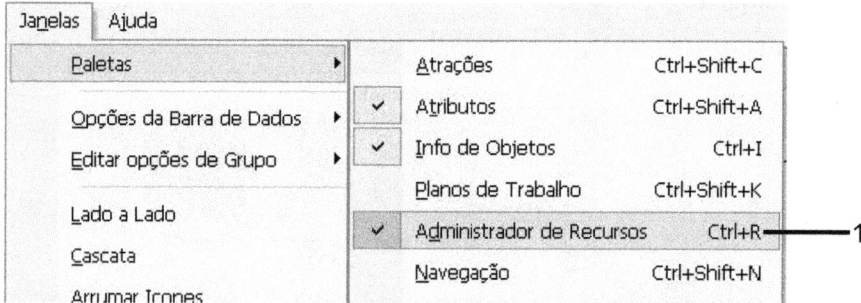

2. Clique no botão indicado (**a**). mova o cursor sobre a opção **Novo Recurso em...** (*New Resource in...*) (**b**) e depois escolha a opção **Imagem...** (*Image...*) (**c**).

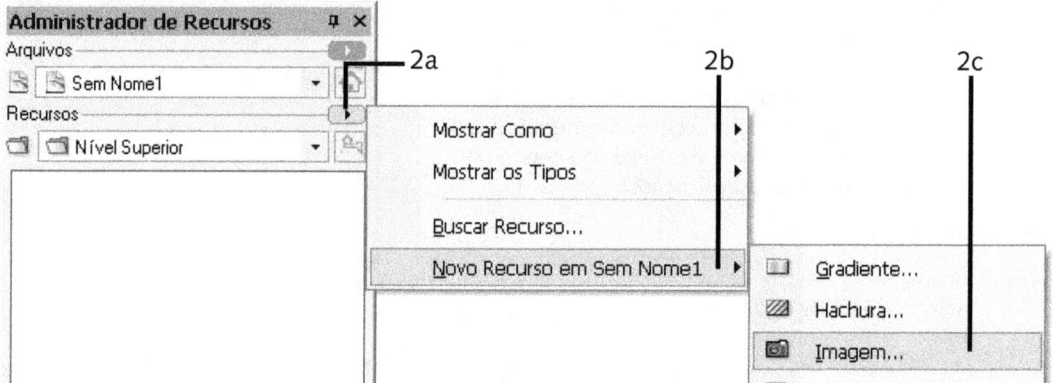

3. Na nova janela, localize o arquivo de imagem que quer importar (**a**) e depois clique em **Abrir** (**b**).

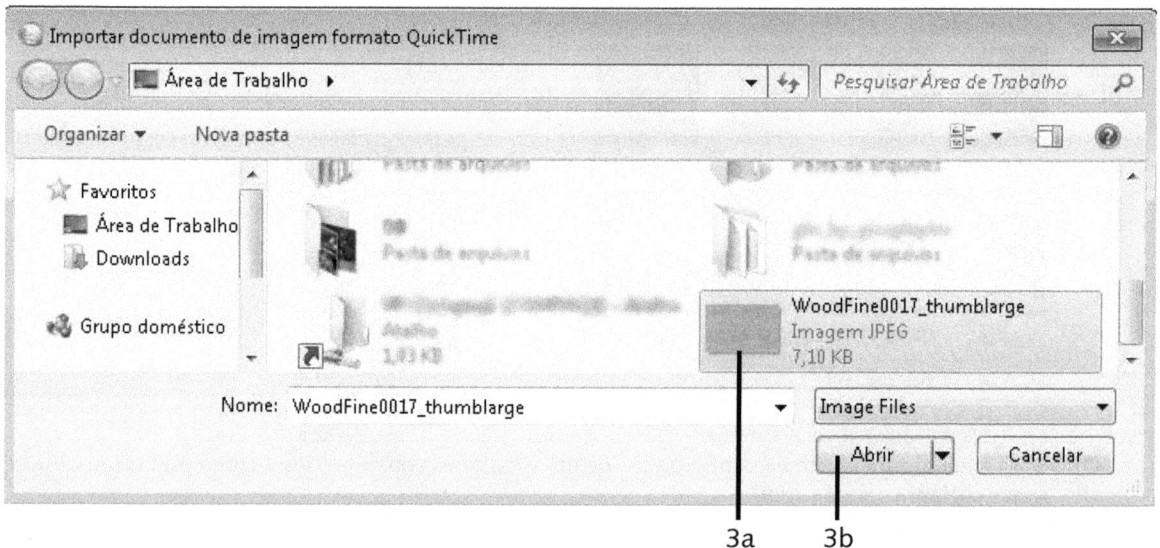

4. Nesta janela, você deve escolher:

a. **Método de Compressão** (*Compression Method*): Formato de compressão da imagem dentro do seu projeto;

b. **Referenciar** (*Reference*): Ative esta caixa se não quiser que o Vectorworks guarde a imagem dentro do arquivo. Dessa maneira, o programa precisará saber como encontrá-lo toda vez que seu projeto for aberto. Esses ajustes são feitos nos itens indicados em **c**, **d**, **e** e **f**;

c. **Caminho Absoluto** (*Absolute Path*): Faz com que o Vectorworks procure a imagem sempre no mesmo lugar em que foi encontrada na primeira vez que foi importada;

d. **Caminho relativo ao documento atual** (*Path relative to current document*): Faz o Vectorworks procurar a imagem a partir da sua posição, no computador, em relação ao documento;

e. **Salvar cache da referência no disco** (*Save referenced cache to disk*): Salva uma versão menor da sua imagem no documento;

f. **Automaticamente atualizar referências desatualizadas durante a abertura do arquivo** (*Automatically update reference file open*): Esta opção faz com que o documento procure automaticamente todas as imagens referenciadas assim que for aberto.

5. Clique em **OK** para confirmar a criação da imagem.

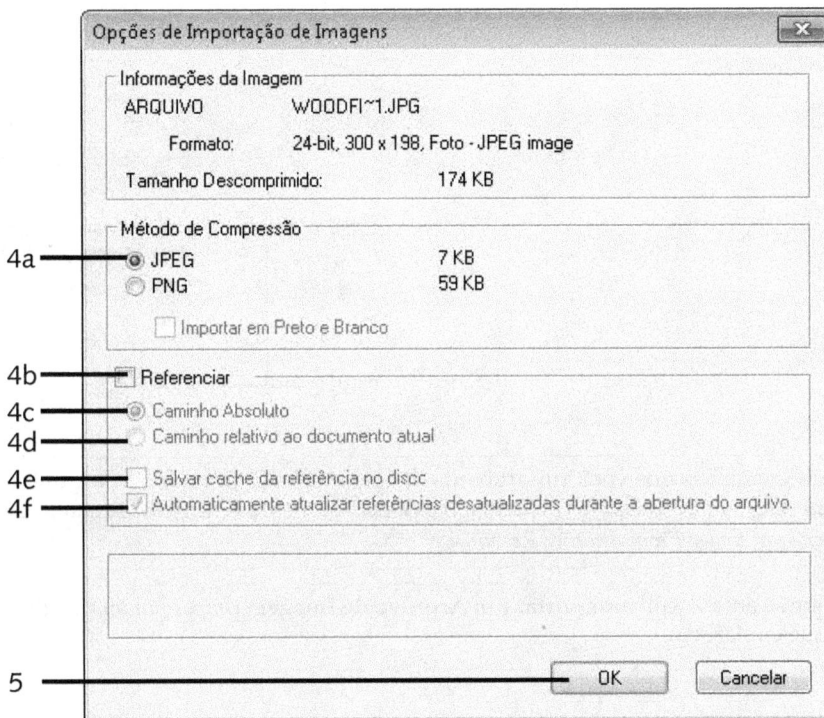

6. Veja na paleta **Administrador de Recursos** (*Resource Browser*) que a imagem está salva na área de recursos do seu arquivo.

7. Para aplicar a imagem a um objeto, selecione-a (**a**) e, em seguida, dê um duplo clique no desenho da imagem que está na paleta **Administrador de Recursos** (*Resource Browser*) (**b**). Você pode clicar também sobre o desenho da imagem e arrastá-la em cima do objeto para fazer a aplicação.

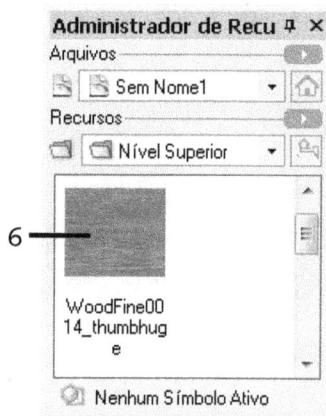

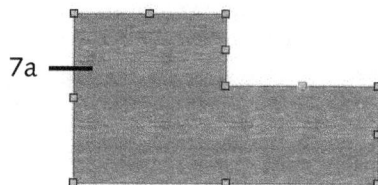

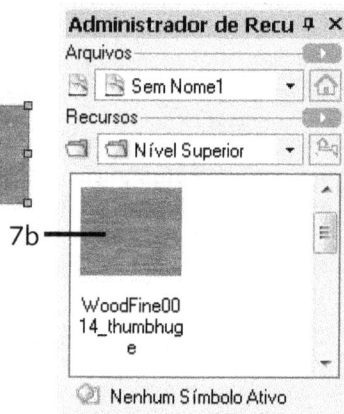

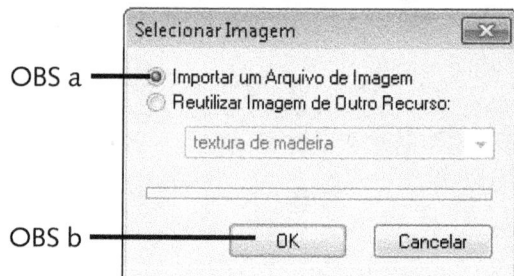

OBS A partir da segunda vez que você importa uma imagem, aparece uma janela perguntando se quer **Importar um Arquivo de Imagem** (*Import an Image File*) ou se vai **Reutilizar Imagem de Outro Recurso** (*Reuse an Image From Another Resource*).

OBS Na janela que se abre, escolha **Importar um Arquivo de Imagem** (*Import an Image File*) (**a**) e em seguida clique em **OK** (**b**).

9.3 Como criar e trabalhar com símbolos

Um símbolo é um objeto criado a partir de um ou mais elementos de desenho, como se fosse um grupo. Porém os símbolos têm algumas características especiais:

- São atualizáveis automaticamente, o que quer dizer que, quando você altera um símbolo, todas as suas cópias no mesmo documento são igualmente alteradas.
- Podemos inserir símbolos (como portas e janelas) em paredes. O Vectorworks automaticamente abre o vão necessário para a inserção desses objetos.
- Os símbolos feitos em um documento podem ser utilizados em outros documentos.
- Os símbolos podem ser contados em tabelas, para orçamento ou simples quantificação. Veja detalhes sobre quantificação de objetos no **Capítulo 12 – Planilhas e bancos de dados do projeto**, na pág. 308.

como criar um símbolo comum

1. Para criar um símbolo, primeiro é necessário que seja feito o seu desenho (por exemplo, o desenho de uma porta ou de um conjunto de mesa com cadeiras).

2. Selecione os objetos para criar o símbolo e vá ao menu **Modificar/Criar Símbolo...** (*Modify/Create Symbol...*).

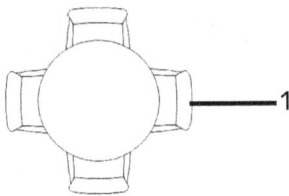

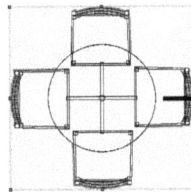

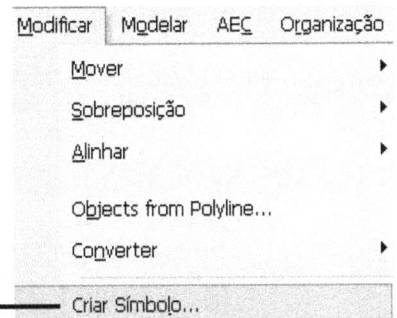

3. Na janela que se abre, configure:

a. **Nome** (*Name*): Dê um nome ao seu símbolo;

b. **Ponto de Inserção** (*Insertion Point*): Escolha se o ponto de inserção do seu símbolo será criado a partir do **Centro Plano Projeção** (*Plan Projection Center*) ou do **Próximo Clique de Mouse** (*Next Mouse Click*);

c. **Unidades** (*Units*): Escolha se o símbolo terá suas medidas ligadas ao tamanho da **Página** (*Page*) ou será atrelado às unidades **Globais** (*Global*);

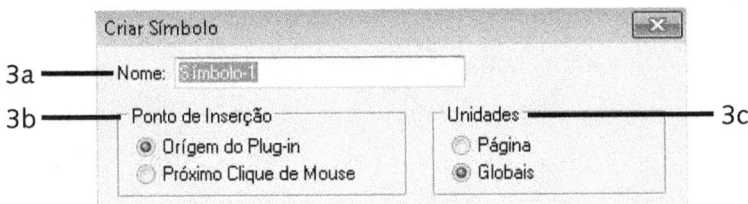

d. **Inserir em Paredes** (*Insert in Walls*): Ative esta caixa se quiser que o símbolo seja inserido em paredes; depois, escolha se esta inserção será feita **Sobre a Linha Central** (*On Line Center*) ou **Na Borda** (*On Edge*). Defina também como serão as **Quebras de Parede** (*Wall Breaks*);

e. **Trocar Original por Exemplar** (*Leave Instance in Place*): Esta opção coloca uma cópia do símbolo no mesmo lugar onde o original foi desenhado. Com esta opção desligada, o desenho original desaparece, e o símbolo poderá ser recuperado pela paleta **Administrador de Recursos** (*Resource Browser*) **Ctrl+R**;

f. **Mudar os Objetos 2D do Plano da Camada para Plano de Tela** (*Change 2D Objects from Layer Planne to Screen Plane*): Ative esta caixa para fazer com que todos os objetos 2D que estão atualmente ligados ao plano da camada passem para o plano da tela. Isso é particularmente útil quando você está criando símbolos híbridos.

g. **Converter em Grupo** (*Convert to Group*): Faz com que, depois de inserido, este símbolo se torne um grupo.

h. **Associar a** (*Assign To*): Coloca o símbolo criado imediatamente na **Classe Ativa** (*Active Class*) ou em uma outra classe; definida em **Classe Personalizada** (*Custom Class*).

4. Clique em **OK**.

5. Se você estiver com o objeto selecionado, observe que o nome dele agora aparece na paleta **Info de Objetos** (*Object Info*) **Ctrl+I**.

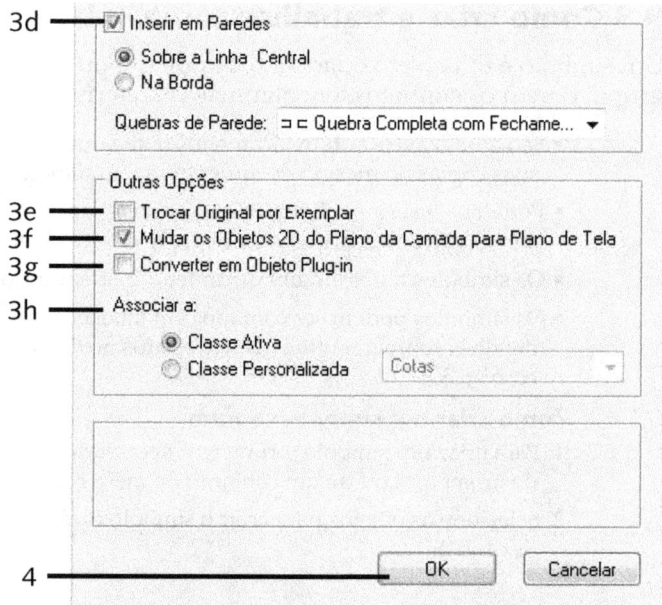

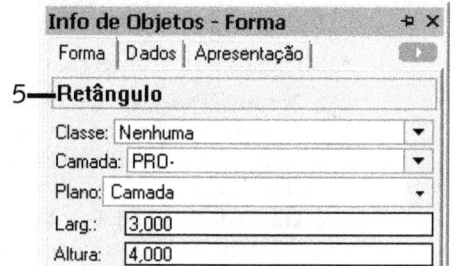

> **OBS** Para localizar o símbolo na biblioteca do seu arquivo, veja o item **Localizando os símbolos no arquivo ativo**, na pág. **228**.

como criar símbolos de portas e janelas

Para desenhar portas e janelas, é preciso, além do desenho normal do objeto, ensinar ao Vectorworks qual é o ponto de referência para inserção dele. Faça como mostrado a seguir:

1. Faça o desenho da porta ou janela como quiser.

2. Na paleta **Ferramentas Básicas** (*Basic*), clique na ferramenta **Linha** (*Line*) (**a**); crie a linha de acordo com o desenho ao lado, clicando em **b** e **c**.

3. Selecione todos os objetos que compõem o símbolo, não é necessário selecionar a linha.

4. Vá ao menu **Modificar/Criar Símbolo...** (*Modify/Create Symbol...*).

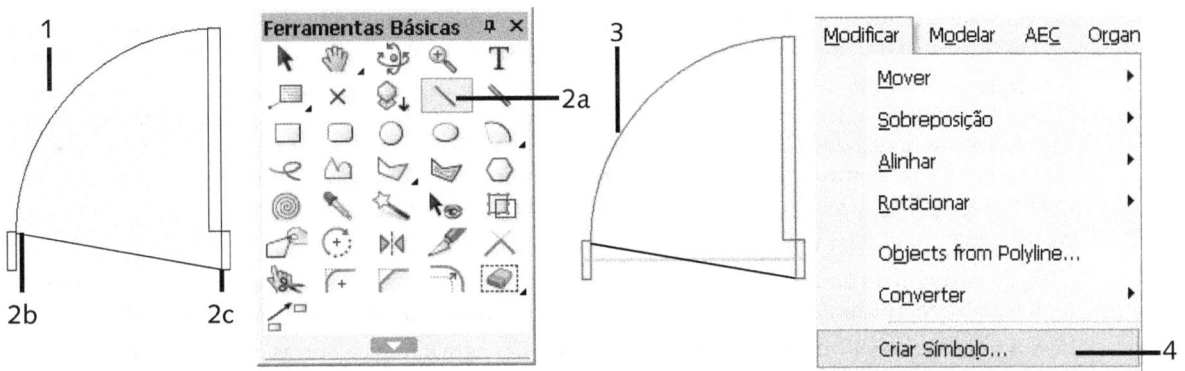

5. Na janela que se abre, configure:

a. Em **Ponto de Inserção** (*Insertion Point*), clique em **Próximo Clique de Mouse** (*Next Mouse Click*);
b. Em **Unidades** (*Units*), clique em **Globais** (*Global*);
c. Ative a caixa **Inserir em Paredes** (*Insert in Walls*)
d. Escolha a opção **Sobre a Linha Central** (*On Line Center*);
e. Na barra **Quebras de Parede** (*Wall Breaks*), escolha a opção **Quebra Completa com Fechamento** (*Full break with caps*);
f. No quadro **Outras Opções** (*Other Options*), ative a caixa **Mudar os Objetos 2D do Plano da Camada para o Plano de Tela** (*Change 2D Objects from Layer Plane to Screen Plane*);
g. Em **Associar a** (*Assign To*), escolha entre a opção que mais lhe agrada.

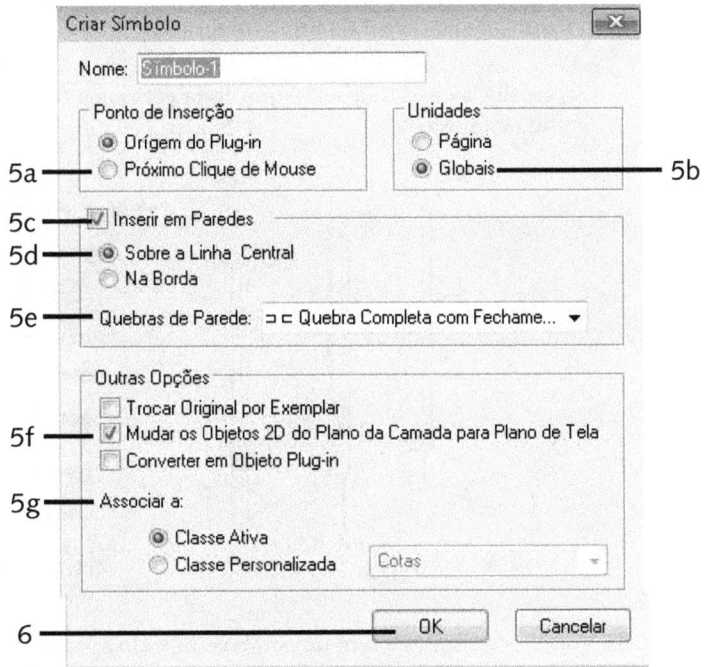

6. Clique em **OK** para confirmar os dados da janela.

7. Leve o cursor (em forma de alvo) ao centro da linha e clique.

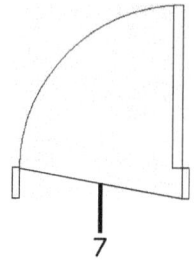

o que são e para que servem os símbolos híbridos

Nem sempre um objeto desenhado em 3D tem uma aparência correta quando visto de cima. Um exemplo clássico é a **Porta**, que em planta deve aparecer aberta, porém em 3D deveria estar fechada (geralmente desenhamos portas em 3D fechadas para que o corte automático seja feito corretamente).

Chegamos à conclusão, portanto, de que alguns objetos precisam de dois desenhos (um para planta e outro para 3D) para que sejam corretamente representados.

O Vectorworks tem uma enorme biblioteca de objetos (portas, janelas, escadas, etc.) prontos para usar. Tais objetos são chamados de objetos **paramétricos**, e você pode saber mais sobre eles no item **9.4 Como utilizar objetos paramétricos**, na pág. 234. No entanto, em alguns casos pode ser que você não encontre exatamente o objeto que quer na biblioteca; a solução, então, será desenhar o objeto em 2D e 3D, criando o que o programa chama de **símbolo híbrido**.

Veja a seguir como criar um símbolo híbrido do tipo porta:

1. Faça o desenho de uma porta em planta (dois retângulos para os batentes, um para a folha, um arco para identificar a abertura e uma linha para identificar o ponto de inserção da porta).

2. Faça um desenho 3D da mesma porta (uma extrusão para a folha e outras para os batentes e a travessa superior).

3. Alinhe os dois desenhos na vista **Topo/Planta** (*Top/Plan*). Selecione-os e vá ao menu **Modificar/ Criar Símbolo...** (*Modify/Create Symbol...*). Não se esqueça de configurar o símbolo da porta de acordo com o item **5** do tópico anterior.

4. Depois de criado, experimente mudar as vistas. Observe que, em planta, a porta aparece aberta e, em 3D, fechada. Observe que, toda vez que a porta for movida em planta, em 3D ela também muda de posição.

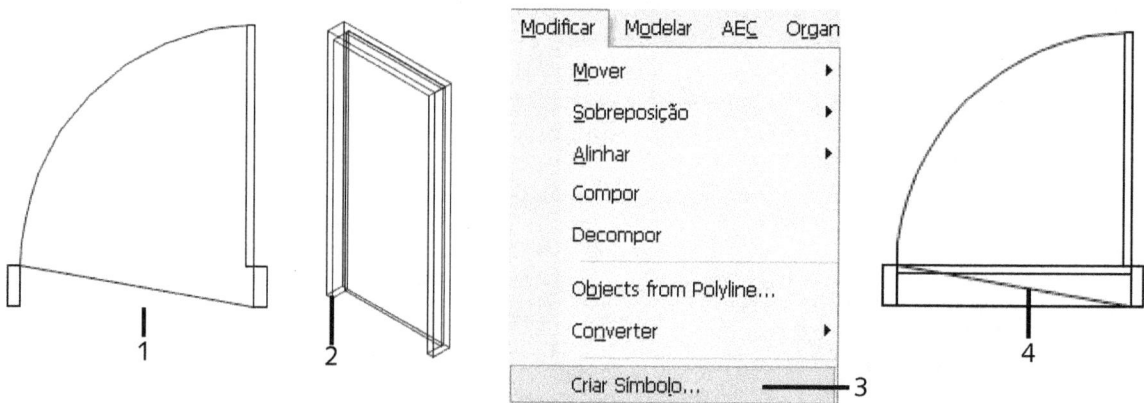

OBS Você pode criar também um símbolo híbrido aproveitando a geometria 2D e 3D de um objeto paramétrico. Para saber como fazer isso, veja o item **Quando e por que explodir um objeto paramétrico para transformar em símbolo**, na pág. 243.

como editar um símbolo a partir da janela de desenho

1. Com a ferramenta **Seleção** (*Selection*) **X**, faça um duplo clique sobre o símbolo que você quer editar.

2. Na janela que se abre, escolha:

   a. **Componente 2D** (*2D Component*): Edita a parte desenhada em 2D do símbolo;

   b. **Componente 3D** (*3D Component*): Edita os componentes 3D do símbolo;

   c. **Componente de Abertura em Parede 3D** (*3D Wall Hole Opening Component*): Edita a geometria que efetua a abertura na parede onde a parte 3D do símbolo é encaixada;

   d. **Clique Duplo** (*Double Click*): Define qual ação será padrão no próximo clique duplo do mouse sobre um símbolo;

   e. Clique em **Use Editar Vista para atualizar o preview na paleta Administrador de Recursos** (*Use the edit view to update the Resource Browser thumbnail preview*), se quiser que a vista do símbolo seja usada como preview dele.

3. Clique em **Editar** (*Edit*): Perceba que o símbolo foi isolado e existe uma espécie de cruz atrás do desenho. Faça um clique no vazio (para desselecionar os objetos) e, em seguida, faça as alterações que quiser.

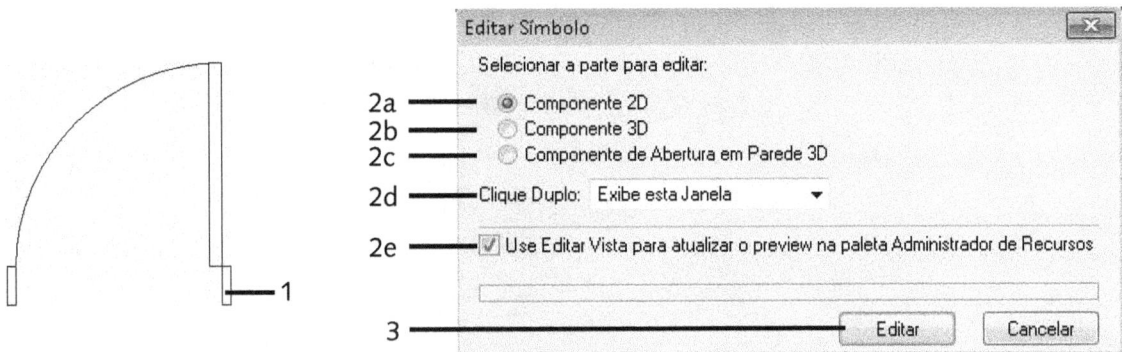

4. Clique no botão **Sair do Símbolo** (*Exit Symbol*), no canto superior direito da janela de desenho.

5. Observe que todas as cópias do símbolo foram alteradas.

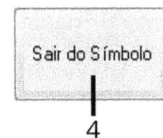

outras maneiras para editar símbolos

Existem outras maneiras para editar um símbolo. São elas:

1. Selecione o símbolo (**a**) e vá ao menu **Modificar/ Editar Símbolo** (*Modify/ Edit Symbol*) **Ctrl+[** (**b**).

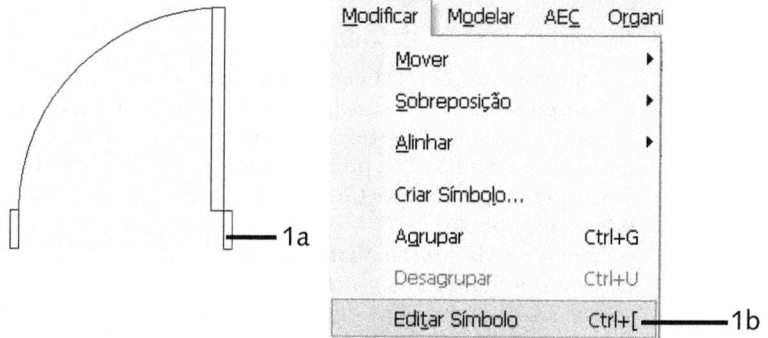

— 1a

| Modificar | Modelar | AEC | Organi |

Mover ▶
Sobreposição ▶
Alinhar ▶

Criar Símbolo...
Agrupar   Ctrl+G
Desagrupar   Ctrl+U
Editar Símbolo   Ctrl+[—— 1b

2. Clique com o botão direito sobre o símbolo na paleta **Administrador de Recursos** (*Resource Browser*) **Ctrl+R** (**a**) e, em seguida, selecione a opção **Editar...** (*Edit...*) (**b**).

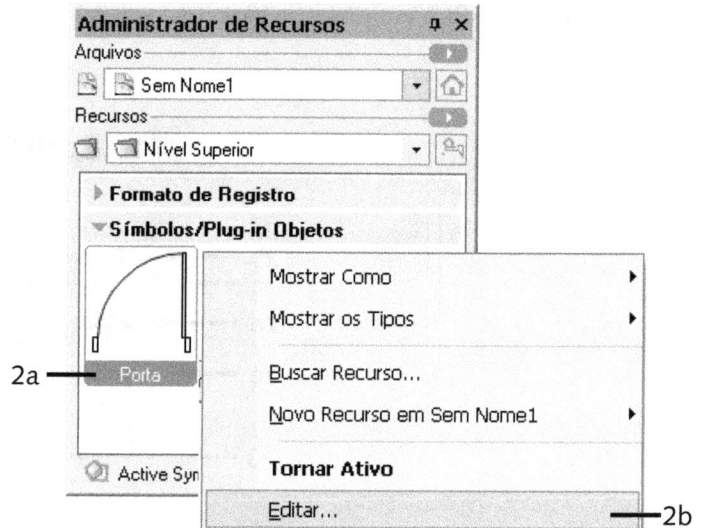

Administrador de Recursos ⊓ ✕
Arquivos
Sem Nome1
Recursos
Nível Superior

▶ **Formato de Registro**
▼ **Símbolos/Plug-in Objetos**

2a —— Porta

Mostrar Como ▶
Mostrar os Tipos ▶

Buscar Recurso...
Novo Recurso em Sem Nome1 ▶

Tornar Ativo
Editar... —— 2b

Active Syn

localizando os símbolos do arquivo ativo

Sempre que criamos um símbolo (cadeiras, mesas, portas, janelas, etc.), o Vectorworks o coloca na área de recursos do arquivo em que estamos trabalhando.

Para descobrir que símbolos existem no arquivo ativo:

1. Vá ao menu **Janelas/Paletas/Administrador de Recursos** (*Window/Palettes/Resource Browser*) **Ctrl+R**.

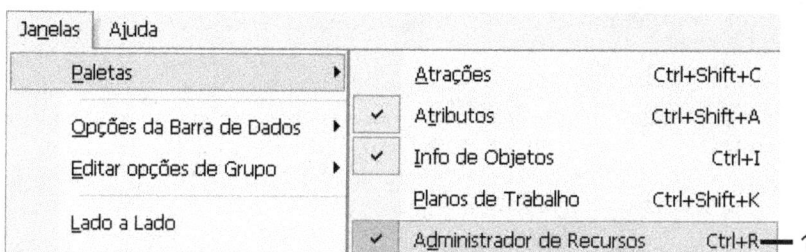

| Janelas | Ajuda |

Paletas ▶
Opções da Barra de Dados ▶
Editar opções de Grupo ▶
Lado a Lado

Atrações   Ctrl+Shift+C
✓ Atributos   Ctrl+Shift+A
✓ Info de Objetos   Ctrl+I
Planos de Trabalho   Ctrl+Shift+K
✓ Administrador de Recursos   Ctrl+R —— 1

2. Clique no botão indicado para que, na sequência, apareçam os recursos existentes no seu arquivo.

3. Use as barras de rolagem para procurar o seu símbolo, caso ele não apareça imediatamente no **Administrador de Recursos** (*Resource Browser*) **Ctrl+R**.

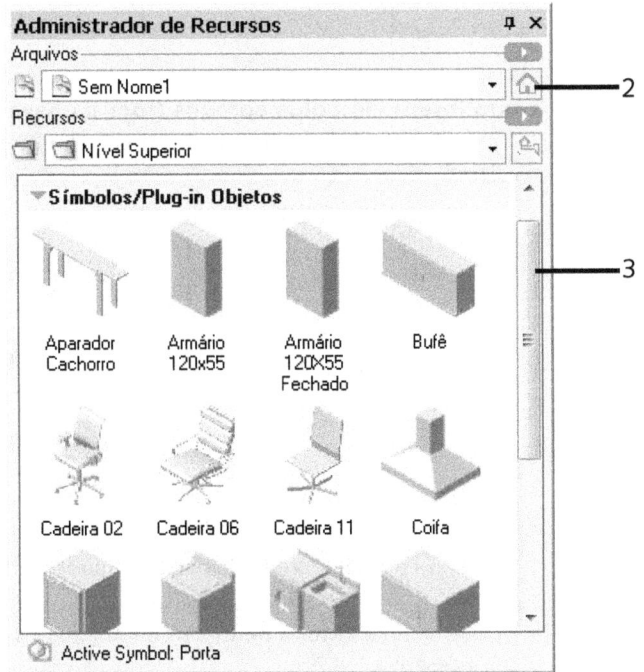

como inserir símbolos comuns (fora da parede)

1. Vá ao menu **Janelas/Paletas/Administrador de Recursos** (*Window/Palettes/Resource Browser*) **Ctrl+R**.

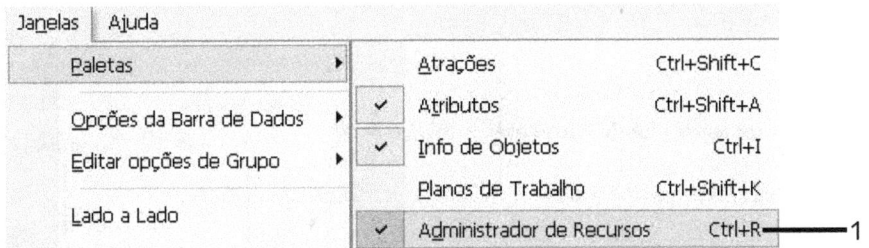

2. Clique na barra indicada para escolher o arquivo que contém o símbolo que você quer inserir (**a**). A área do arquivo que contém símbolos pode ser organizada em pastas. Para procurar o símbolo em uma pasta dentro do arquivo, clique na barra indicada (**b**).

3. Clique sobre o símbolo desejado e arraste-o para a janela de desenho, no lugar em que você quer inseri-lo.

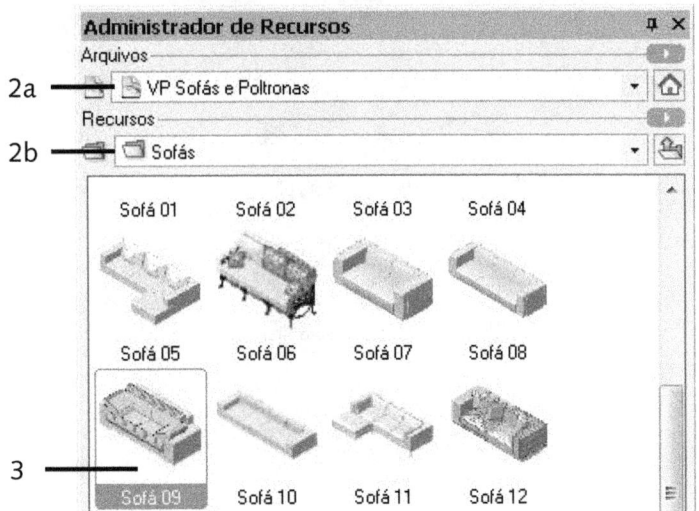

como inserir símbolos comuns (fora da parede) em um lugar determinado

1. Vá ao menu **Janelas/Paletas/Administrador de Recursos** (*Window/Palettes/Resource Browser*) **Ctrl+R**.

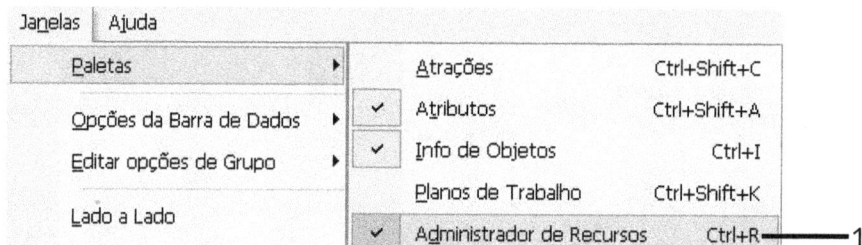

2. No arquivo ativo, localize o símbolo que você quer inserir ou em outro da lista de favoritos.

3. Faça um duplo clique no símbolo que você vai inserir no desenho.

4. Clique no primeiro botão da barra de modos, chamado **Inserção Simples** (*Standard Insertion Mode*).

5. Clique no botão **Modo de Inserção em Paredes** (*Wall Insertion Mode*), o quarto da barra de modos, para desativá-lo.

6. Escolha o botão de alinhamento desejado (entre os quatro últimos) na barra de modos.

7. Clique para inserir o símbolo no desenho.

8. Mova o cursor para indicar a rotação dele, se necessário. Clique novamente para confirmar.

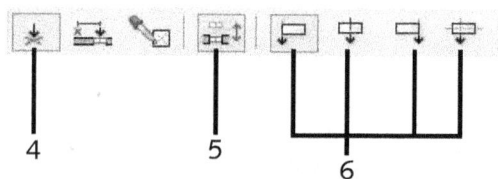

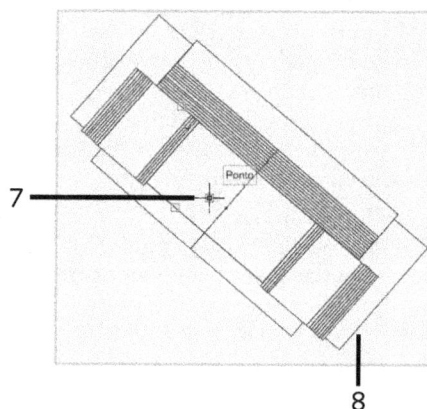

inserindo na parede (portas e janelas) sem ponto de referência

1. Vá ao menu **Janelas/Paletas/Administrador de Recursos** (*Window/Palettes/Resource Browser*) **Ctrl+R**.

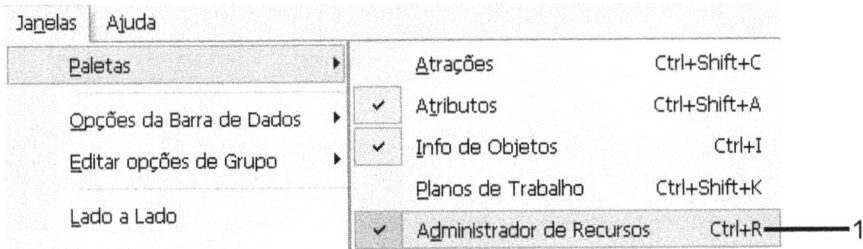

2. No arquivo ativo ou em outro da lista de favoritos, localize o símbolo que você quer inserir.

3. Faça um duplo clique no símbolo que você vai inserir no desenho.

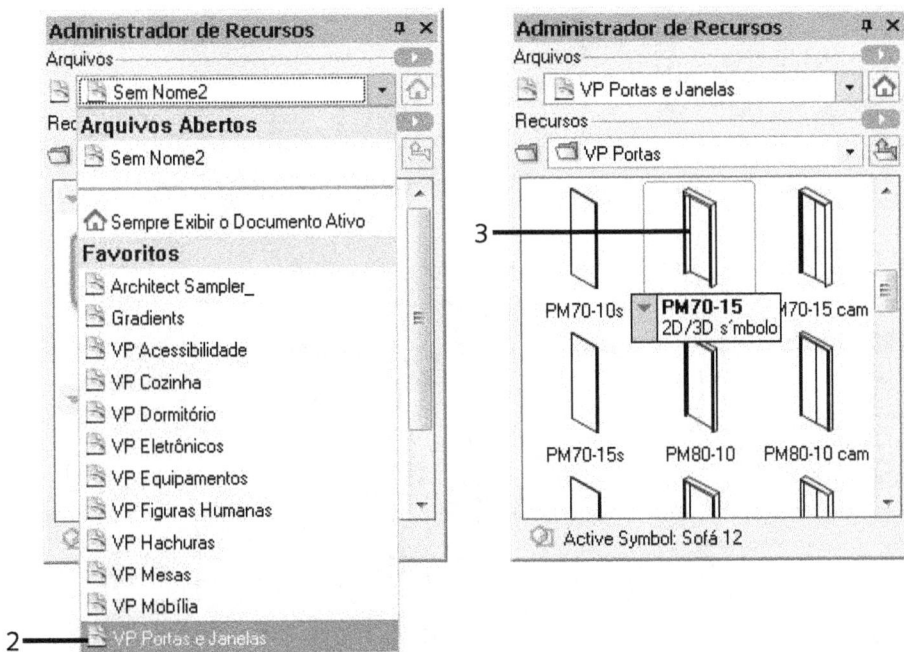

4. Clique no primeiro botão da barra de modos, chamado **Inserção Simples** (*Standard Insertion Mode*).

5. Acione o botão **Modo de Inserção em Paredes** (*Wall Insertion Mode*).

6. Na barra de modos, clique sobre a opção de alinhamento desejada, pegando o objeto pelo lado esquerdo, direito, pelo centro ou pelo ponto de inserção original.

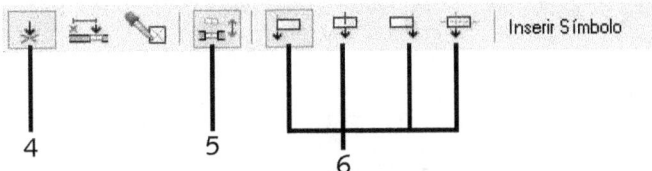

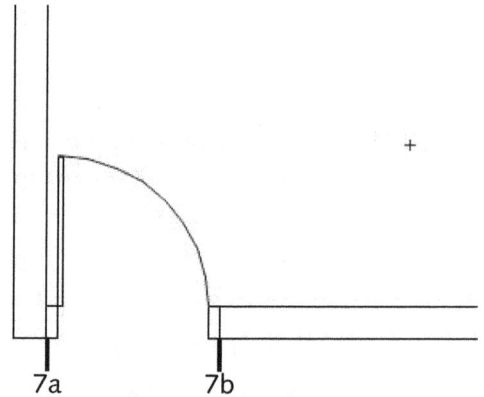

7a   7b

7. Posicione o cursor sobre a parede e dê um clique
(**a**). Mova o símbolo para escolher a orientação e
clique novamente (**b**).

inserindo na parede (portas e janelas) com ponto de referência

1. Vá ao menu **Janelas/Paletas/Administrador de Recursos** (*Window/Palettes/Resource Browser*)
Ctrl+R.

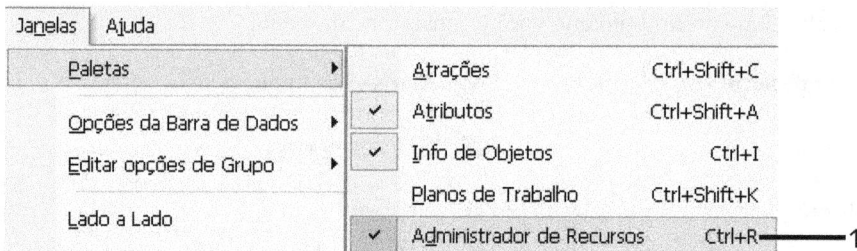

2. No arquivo ativo ou em outro da lista de favoritos, localize o símbolo que você quer inserir.

3. Faça um duplo clique no símbolo que você vai inserir no desenho.

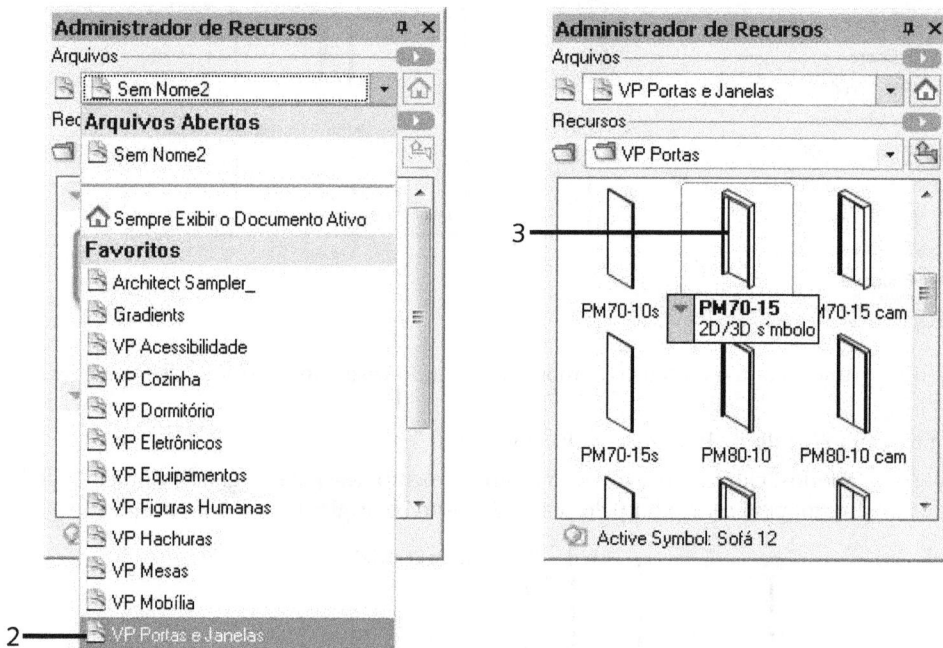

4. Na barra de modos, clique sobre a opção de alinhamento desejada, pegando o objeto pelo lado esquerdo (**a**), direito (**b**), pelo centro (**c**) ou pelo ponto de inserção original (**d**).

5. Acione o botão **Modo de Inserção em Paredes** (*Wall Insertion Mode*).

6. Clique no botão **Definir Ponto de Referência** (*Set Reference Point*).

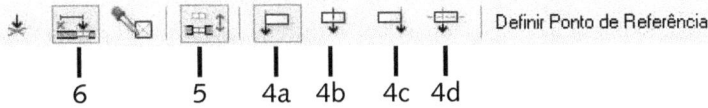

7. Clique no ponto do desenho que é a referência de medida para a inserção do objeto (geralmente, alguma quina de parede).

8. Clique dentro da parede em que o objeto será inserido.

9. Mova o cursor para indicar o sentido de abertura da porta ou da janela. Clique quando encontrar a posição correta.

10. Digite o valor correspondente à distância entre o ponto de referência e o ponto de inserção do objeto (**a**). Clique em **OK** (**b**).

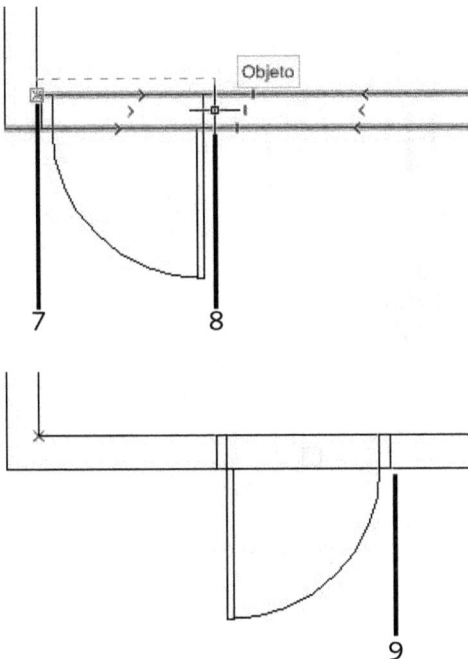

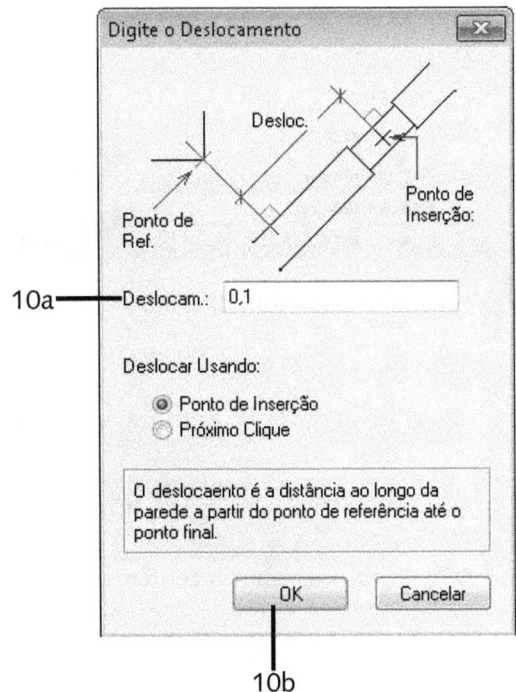

9.4 Como utilizar objetos paramétricos

O Vectorworks possui uma série de ferramentas, chamadas **objetos paramétricos**, que ajudam na criação e edição dos objetos 2D e 3D mais comuns no desenvolvimento de um projeto.

onde estão os objetos paramétricos

Você pode encontrar objetos paramétricos em dois lugares no Vectorworks:

1. Nas paletas de ferramentas do programa, sob a forma de botões.

2. Em arquivos que podem ser inseridos na lista de arquivos favoritos da paleta **Administrador de Recursos** (*Resource Browser*) **Ctrl+R**.

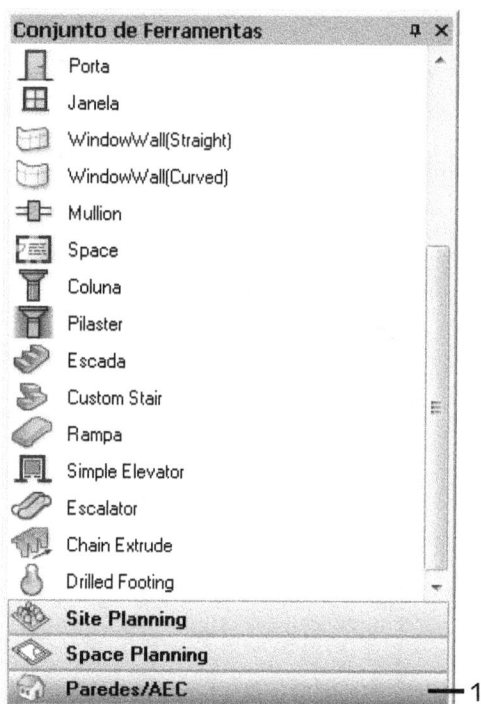

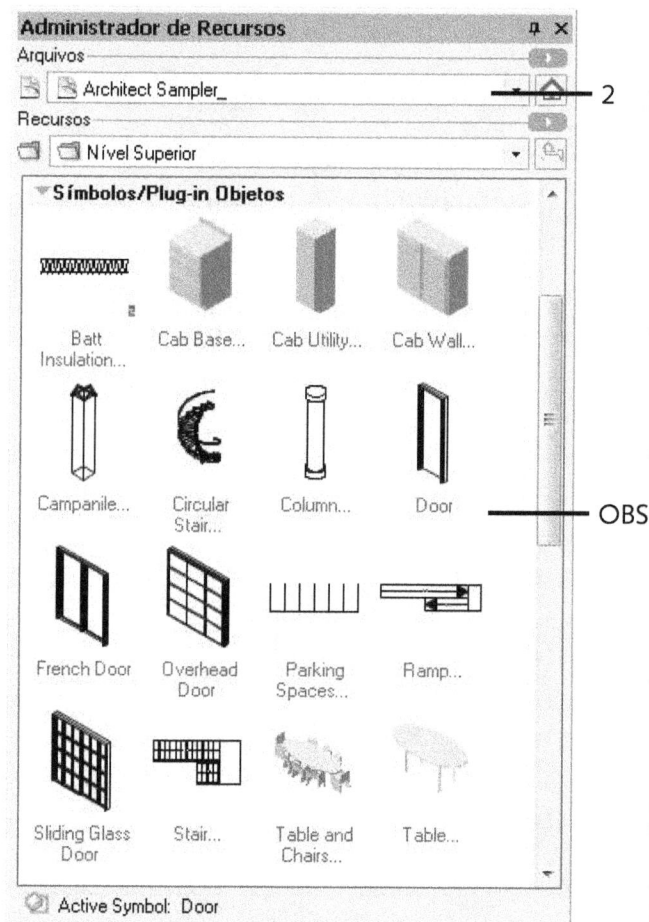

> **OBS** Os objetos paramétricos têm seus nomes escritos em vermelho no **Administrador de Recursos** (*Resource Browser*).

como configurar o objeto paramétrico porta

1. Vá à paleta **Paredes/AEC** (*Building Shell*) (**a**) e clique no botão **Porta** (*Door*) (**b**).

2. Clique no botão indicado na barra de modos para configurar a porta.

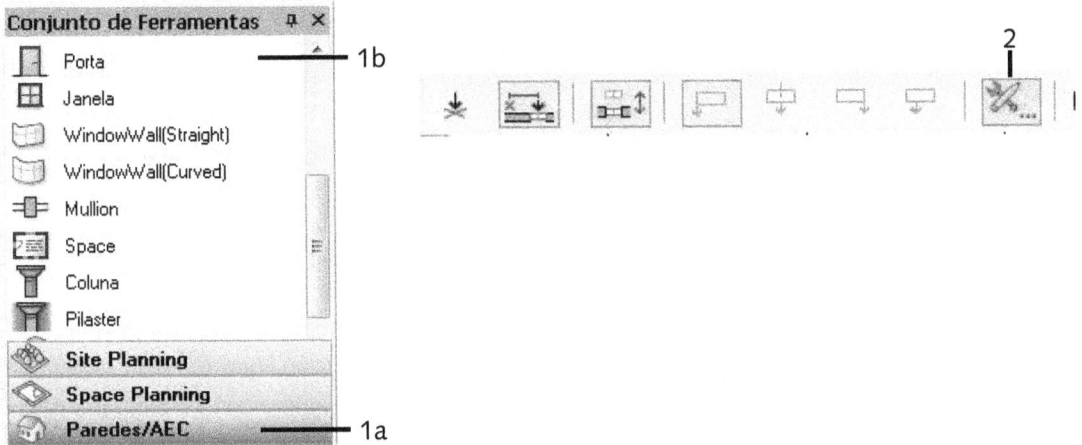

3. Na janela que se abre, configure:

   a. **Geral** (*General*): Contém as opções gerais de configuração da porta, tais como largura, altura e, configuração da folha da porta e aparecimento da bandeira;

   b. **Visualização 2D** (*2D View*): Controla a aparência do objeto (detalhes, espessuras de linhas) quando este for visto em planta;

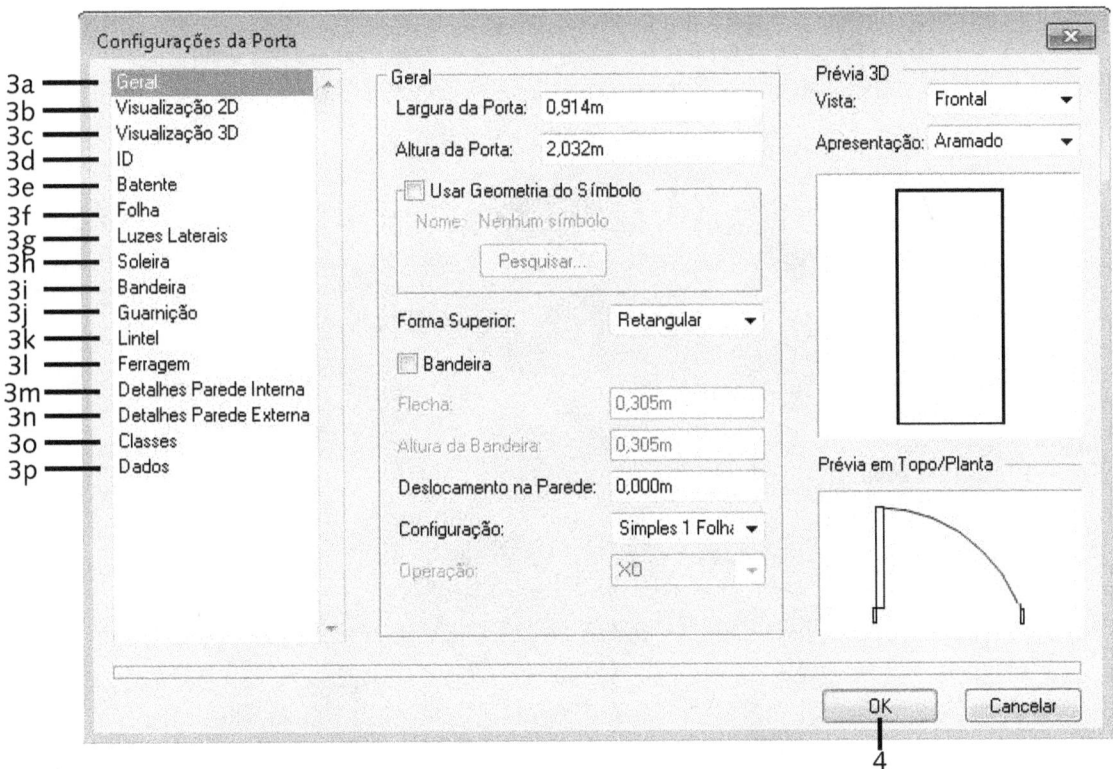

c. **Visualização 3D** (*3D View*): Regula a abertura da porta e o nível de detalhes mostrados quando for vista em 3D;

d. **ID** (*ID Tag*): Contém os campos que definem um código identificador da porta, e também com esse código pode ser mostrado no desenho.

e. **Batente** (*Jamb*): Configura as medidas do batente da porta;

f. **Folha** (*Leaf*): Controla o tipo e a espessura da folha da porta;

g. **Luzes Laterais** (*Lights*): Liga ou desliga e configura as luzes laterais da porta;

h. **Soleira** (*Threshold*): Liga ou desliga e configura a soleira da porta;

i. **Guarnição** (*Transom*): Liga ou desliga e configura as guarnições internas e externas;

j. **Lintel** (*Lintel*): Liga ou desliga e configura o lintel, painel que reveste a porta por dentro e por fora;

k. **Ferragem** (*Hardware*): Liga ou desliga as ferragens da porta;

l. **Detalhes Parede Interna** (*Interior Wall Detail*): Liga ou desliga e configura os detalhes do encaixe da parede interna na porta;

m. **Detalhes Parede Externa** (*Exterior Wall Detail*): Liga ou desliga e configura os detalhes do encaixe da parede externa na porta;

n. **Classes** (*Classes*): Permite configurar as classes dos componentes da porta;

o. **Dados** (*Data*): Permite cadastrar dados relativos aos componentes da porta para posterior contagem em tabelas e geração de orçamentos.

4. Clique em **OK** para confirmar os ajustes da porta.

5. O procedimento de inserção de uma porta paramétrica é o mesmo realizado para a inserção de um símbolo comum na parede. Para isso veja o tópico **inserindo na parede (portas e janelas) sem ponto de referência**, na pág. 231 e siga as instruções do item **4** ao **7**.

como configurar o objeto paramétrico janela

1. Vá à paleta **Paredes/AEC** (*Building Shell*) e clique no botão **Janela** (*Window*).

2. Clique no botão indicado na barra de modos para configurar a janela.

3. Na janela que se abre, configure:

a. **Geral** (*General*): Contém as opções gerais de ajuste da janela, tais como largura, altura, configuração da folha da janela e aparecimento da bandeira;

b. **Visualização 2D** (*2D Visualization*): Controla a aparência do objeto (detalhes, espessuras de linhas) quando este for visto em planta;

c. **Visualização 3D** (*3D Visualization*): Regula a abertura da janela e o nível de detalhes mostrados quando for vista em 3D;

d. **Tag com ID** (*ID Tag*): Contém os campos que definem um código identificador da janela, e também como esse código pode ser mostrado no desenho;

e. **Janela de Canto** (*Corner Window*): Clique para definir se essa janela será usada no canto de uma parede e como esse ajuste será feito;

f. **Batente e Caixilho** (*Jamb and Sash*): Liga e desliga os ajustes de batentes e caixilhos da janela;

g. **Peitoril** (*Sill*): Liga, desliga e ajusta o peitoril da janela;

h. **Bandeira** (*Transom*): Configura os detalhes da bandeira da janela, quando ativada no item **a**;

i. **Guarnição** (*Trim*): Liga ou desliga e configura as guarnições da janela;

j. **Lintel** (*Lintel*): Liga ou desliga e configura o lintel, painel que reveste a janela por dentro e por fora;

k. **Divisões** (*Hardware*): Liga ou desliga as ferragens da janela;

l. **Venezianas Int.** (*Interior Shutters*): Liga ou desliga e configura as venezianas internas;

m. **Venezianas Ext.** (*Exterior Shutters*): Liga ou desliga e configura as venezianas externas;

n. **Detalhes Parede Interna** (*Interior Wall Detail*): Liga ou desliga e configura os detalhes do encaixe da parede interna na janela;

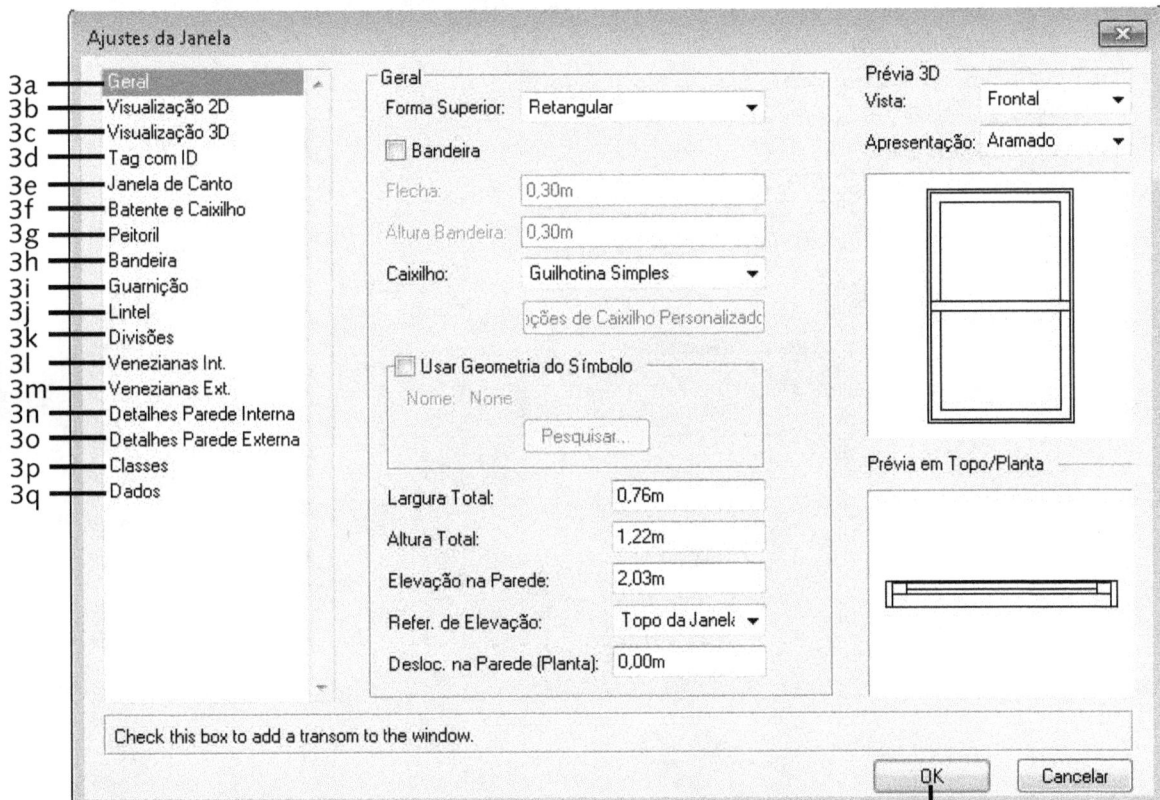

o. **Detalhes Parede Externa** (*Exterior Wall Detail*): Liga ou desliga e configura os detalhes do encaixe da parede externa na janela;

p. **Classes** (*Classes*): Permite configurar as classes dos componentes da janela;

q. **Dados** (*Data*): Permite cadastrar dados relativos aos componentes da janela para posterior contagem em tabelas e geração de orçamentos.

4. Clique em **OK** para confirmar os ajustes da janela.

5. O procedimento de inserção de uma janela paramétrica é o mesmo realizado para a inserção de um símbolo comum na parede. Para isso veja o tópico **inserindo na parede (portas e janelas) sem ponto de referência**, na pág. 231 e siga es instruções do item **4** ao **7**.

objeto paramétrico escada simples

Você encontra o objeto **Escada Simples** na configuração **AEC** brasileira ou **Fundamentals** americana.

1. Vá à paleta **Paredes/AEC** (*Building Shell*) e clique no botão **Escada Simples** (*Simple Stair*).

2. Clique no botão indicado na barra de modos para configurar a escada.

3. Na janela que se abre, configure:

a. **Estilo** (*Style*): Configure o estilo construtivo da escada;

b. **Largura** (*Width*): Defina a largura dos degraus da escada;

c. **Alt. de Piso a Piso** (*Flr - Flr Height*): Digite o valor referente à altura entre o piso acabado de um andar ao outro;

d. **Alt. Max. Espelho** (*Max Riser*): Digite o valor máximo a ser editado como espelho. Esse dado vai influenciar diretamente na quantidade de degraus da escada.

e. **Prof. Piso** (*Tread Depth*) e **Espess. Piso** (*Tread Height*) e **Prof. Bocel** (*Nosing Depth*): Esses campos definem as dimensões do piso de cada degrau da escada;

f. **Tipo** (*Configuration*): Clique para escolher o tipo de escada a ser usada;

g. **Qtd. Degraus até Patamar** (*Landing Tread*): Defina a quantidade de degraus até o patamar, se este estiver escolhido de acordo com o item **3f**;

h. **Dist. entre Lances** (*Separation*): Determine uma distância entre os lances da escada, de acordo com o tipo de escada escolhido em **f;**

i. **Deslocam. 1** (*Offset 1*) e **Deslocam. 2** (*Offset 2*): Determine valores nas direções X e Y que aumentar o tamanho do patamar;

j. **Patamar Intern. Curvo** (*Curved Landing*): Clique para fazer com que o lado externo de um patamar seja curvo;

k. **Espess. Viga Sust.:** (*Stringer Width*): Define a espessura da (s) viga(s) de sustentação, se a escada escolhida em **3f** for tipo **Sem Espelhos;**

l. **Deslocamento do Dormente** (*Stringer Offset*): Define o deslocamento da(s) viga(s) de sustentação da escada com relação a seus limites externos;

m. **Desenhar Quebra da Escada Inferior** (*Draw Lower Stair Break*): Faz, em 2D, o desenho da quebra da escada quando deixa o plano de corte do andar onde está localizada;

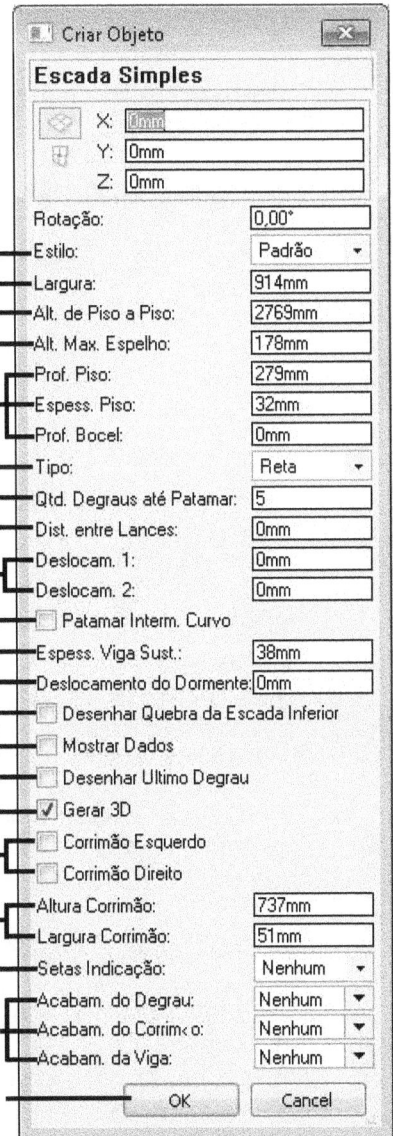

n. **Mostrar Dados** (*Show Data*): Clique para incluir os dados dessa escada;

o. **Desenhar Último Degrau** (*Draw Top Tread*): Ative esta caixa para a sua escada ganhar um degrau ao nível do piso;

p. **Gerar 3D** (*Create 3D*): Clique para ligar ou desligar o desenho 3D associado à escada;

q. **Corrimão Esquerdo** (*Left Rail*) e **Corrimão Direito** (*Right Rail*): Clique nesta caixa para ligar ou desligar o corrimão das escadas;

r. **Altura Corrimão** (*Rail Height*) e **Largura Corrimão** (*Rail Width*): Digite valores para a largura e altura do corrimão;

s. **Setas Indicação** (*Arrows*): Clique para indicar se e como as setas de indicação da escada vão aparecer no desenho;

t. **Acabam. do Degrau** (*Step Finish*), **Acabam. do Corrimão** (*Rail Finish*) e **Acabam. da Viga** (*Stringer Finish*): Escolha, em cada uma das barras, qual classe será associada aos degraus, vigas e corrimãos da escada.

4. Clique em **OK** para confirmar os ajustes da escada.

objeto paramétrico Escada (configuração Architect)

Você encontra o objeto **Escada** (*Stair*) na configuração **Architect** brasileira ou americana.

1. Vá à paleta **Paredes/AEC** (*Building Shell*) e clique no botão **Escada** (*Stair*).

2. Clique no botão indicado na barra de modos para configurar a escada. Na janela que se abre, clique em todas as abas para configurar a janela. A seguir você encontra as principais configurações de acordo com cada aba:

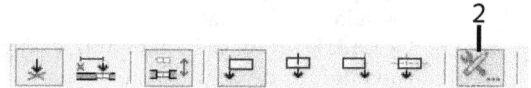

3. Configurações da aba **Geral** (*General*):

a. **Configuração Geral** (*General Configuration*): Escolha se e qual configuração existente de escada servirá de base para a escada que você quer criar;

b. **Ajustes Gerais** (*General Settings*): Defina as configurações gerais da escada, se será criada em 2D ou em 2D e 3D, qual sua classe principal e orientação;

c. **Geometria Geral** (*General Geometry*): Determine as principais medidas da escada (altura da escada, tamanho de degraus e espelho);

d. **Prévia** (*Preview*): Escolha como você quer visualizar a escada que está sendo criada no momento.

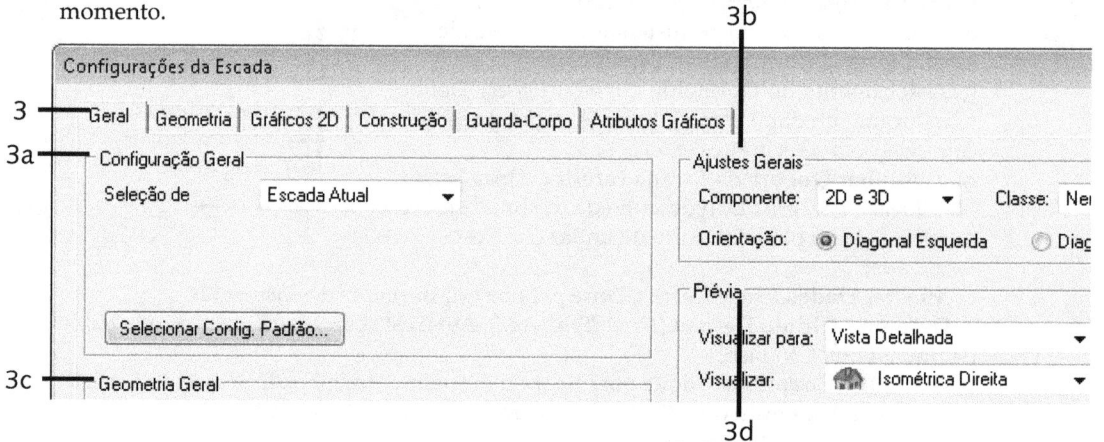

4. Configurações da aba **Geometria** (*Geometry*):

a. **Quadro 1**: Permite alterar todas as medidas básicas da escada, como no item **3b**, com alguns ajustes a mais;

b. **Quadro 2**: Contém opções de configuração dos degraus da escada;

c. **Prévia** (*Preview*): Janela que mostra o resultado dos ajustes feitos nesta aba.

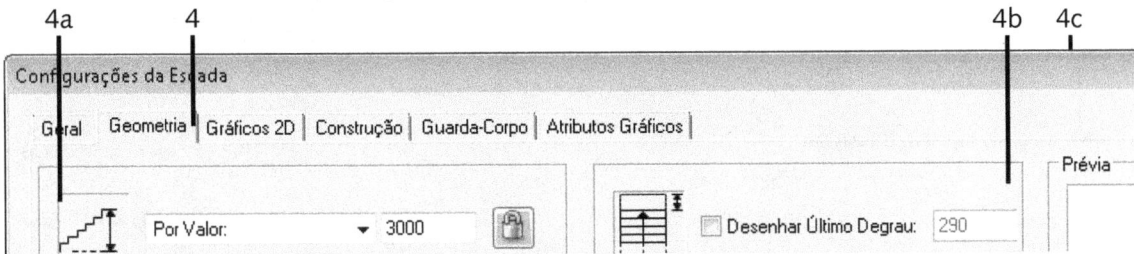

5. Configurações da aba **Gráficos 2D** (*2D Graphics*):

a. **Estilos de Gráficos 2D** (*2D Graphic Styles*): Clique para escolher qual estilo gráfico 2D será aplicado à escada;

b. **Vista (Vista detalhada apenas)** [*View (detailed view only)*]: Escolha o nível de detalhamento em 2D que a escada terá, em escalas de detalhe ou todas as escalas;

c. **Config. da Quebra da Escada** (*Stair Break Settings*): Configure as opções de quebra de escada em 2D;

d. **Andar Inferior/Andar Superior** (*Lower Floor/Upper Floor*): Contém outras opções de configuração de visibilidade 2D da escada;

e. **Prévia** (*Preview*): Janela que mostra o resultado dos ajustes feitos nesta aba.

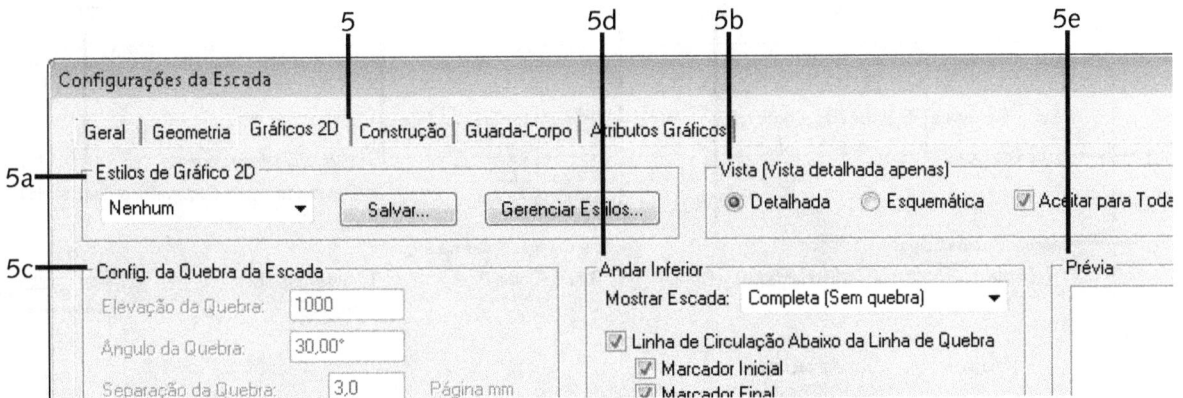

6. Configurações da aba **Construção** (*Construction*):

a. **Estilos de Construção** (*Construction Styles*): Clique para escolher o estilo de contrução que será aplicado à escada;

b. **Vista (Vista detalhada apenas)** [*View (detailed view only)*]: Escolha o nível de detalhamento que a escada terá em escalas de detalhe ou em todas as escalas;

c. **Configurações de Construção** (*Construction Configuration*): Escolha a opção construtiva geral para toda a escada;

d. **Ajustes de Construção** (*Construction Settings*): Configure os detalhes construtivos da estrutura, pisos e outros elementos da escada.

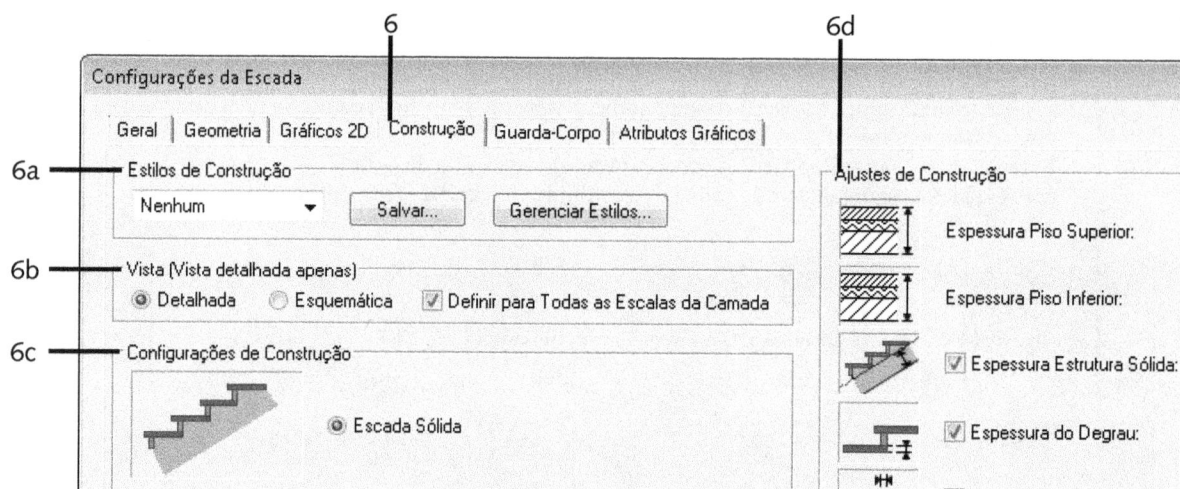

7. Configurações da aba **Guarda-Corpo** (*Railings*):

    a. **Estilos de Guarda-Corpos** (*Railing Styles*): Clique para escolher qual estilo de construção será aplicado à escada;

    b **Vista (Vista detalhada apenas)** [*View (detailed view only)*]: Escolha o nível de detalhamento que a escada terá em escalas de detalhe ou em todas as escalas;

    c. **Mostrar Guarda-Corpos** (*Show Railings*): Liga e desliga o lado esquerdo ou direito do corrimão;

    d. **Aceitar Configurações para** (*Accept Settings for*): Faz com que as configurações de corrimão sejam aplicadas a um ou dois lados da escada;

    e. **Parâmetros** (*Parameter*): Ajusta os parâmetros específicos dos corrimãos;

    f. **Prévia** (*Preview*): Janela que mostra o resultado dos ajustes feitos nesta aba.

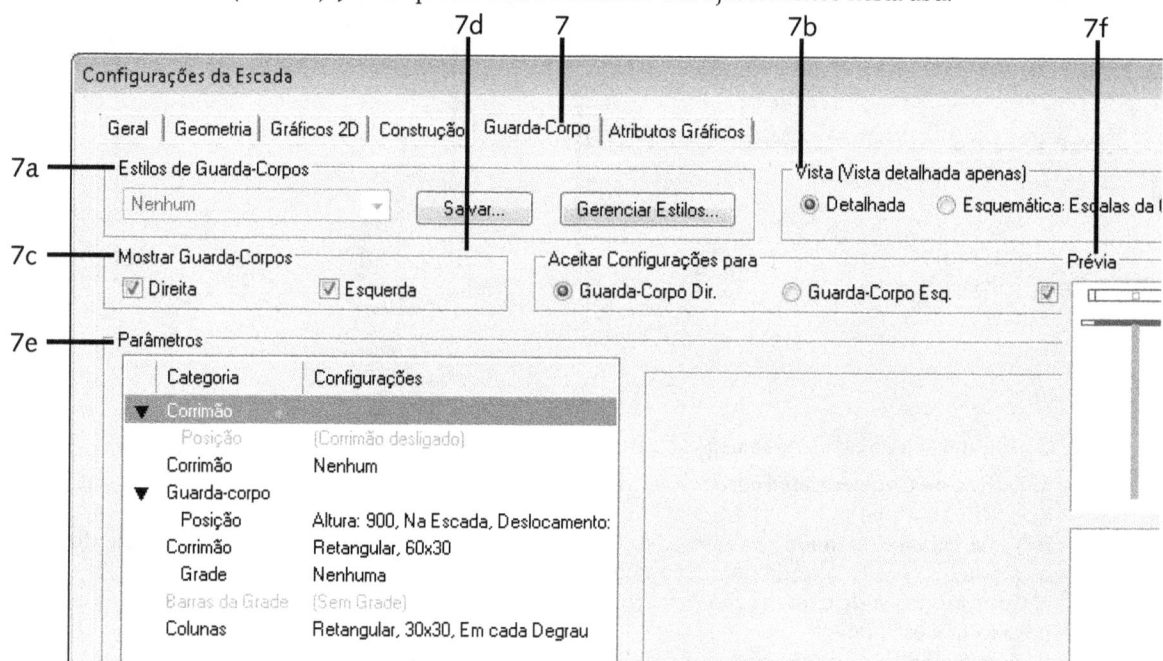

8. Configurações da aba **Atributos Gráficos** (*Graphic Attributes*):

a. **Estilos de Atributos** (*Attributes Styles*): Clique para escolher qual estilo de construção será aplicado à escada;

b. **Vista (Vista detalhada apenas)** [*View (detailed view only)*]: Escolha o nível de detalhamento que a escada terá em escalas de detalhe ou em todas as escalas;

c. **Ajuste dos Atributos Gráficos** (*Graphic Attribute Settings*): Configura as classes e atributos gráficos dos componentes da escada.

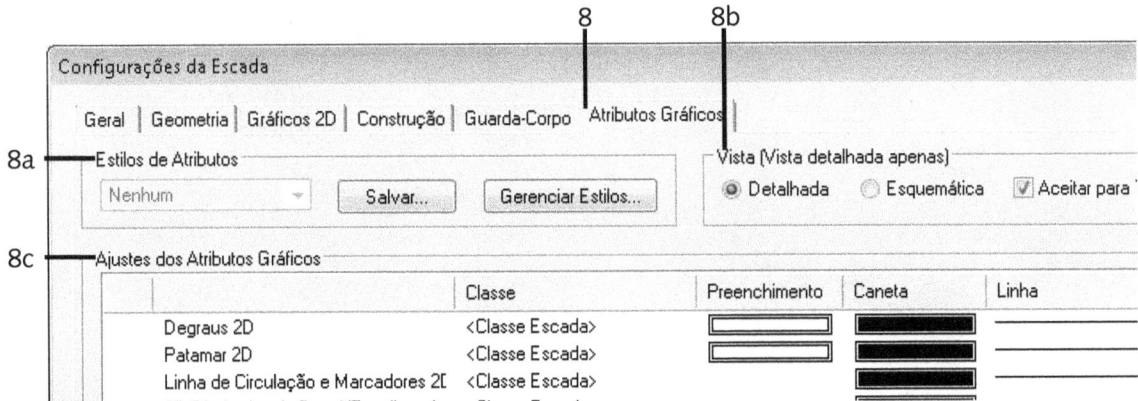

quando e por que explodir um objeto paramétrico para transformar em símbolo

Se você precisar criar um objeto 3D, mas não existir um objeto paramétrico que atenda às suas necessidades, você poderá explodir esse objeto (isto é, transformá-lo em um objeto comum) e então modificar manualmente. Para isso:

1. Escolha o objeto paramétrico que será usado como base e configure-o como quiser.

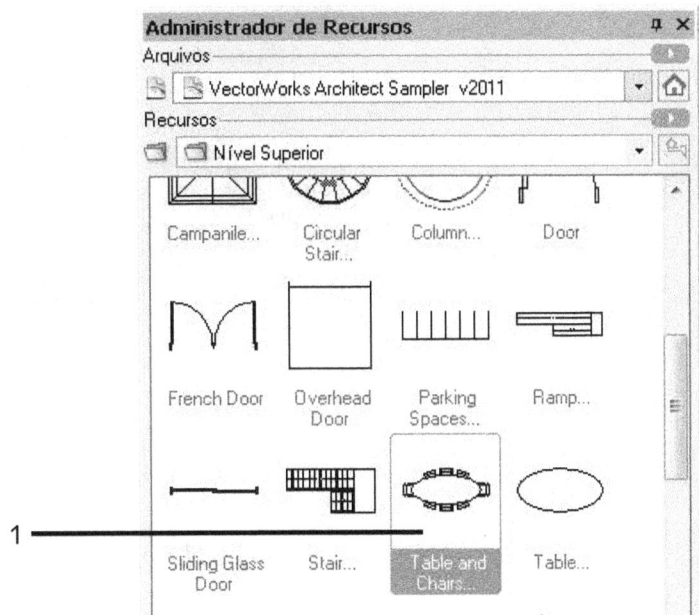

2. Faça uma cópia desse objeto usando, por exemplo, o menu **Editar/Duplicar** (*Edit/Duplicate*) **Ctrl+D**.

3. Na barra de visualização, clique para escolher a vista **Topo/Planta** (*Top/Plan*).

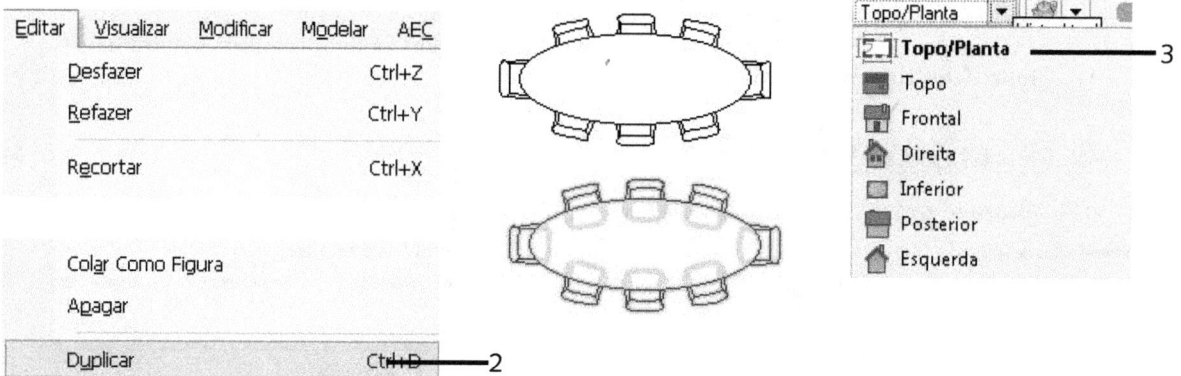

4. Selecione uma das cópias e vá ao menu **Modificar/Converter/Converter em Grupo** (*Modify/Convert/Convert/Convert to Group*) **Ctrl+K**.

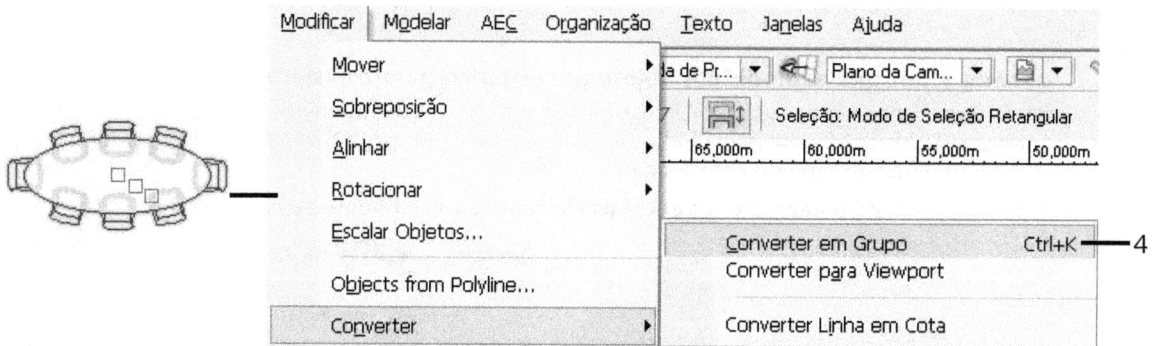

5. Na janela que se abre, escolha a primeira opção: **Não converter subobjetos para grupos** (*Don't convert sub-objects to groups*) (**a**) e clique em **OK** (**b**).

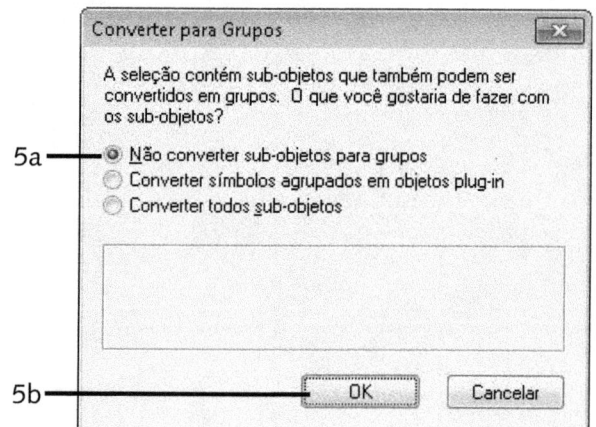

6. Na barra de visualização, clique para escolher alguma vista 3D (por exemplo, a vista **Frontal**/*Front*).

7. Selecione a outra cópia do desenho e repita os itens **4** e **5**.

8. Agora você pode entrar em cada um dos grupos para editar os diferentes desenhos (2D e 3D).

9. Para transformá-los em um único símbolo, você deve colocá-los sobrepostos em vista **Topo/Planta** (*Top/Plan*) e usar o menu **Modificar/Criar Símbolo...** (*Modify/Create Symbol...*).

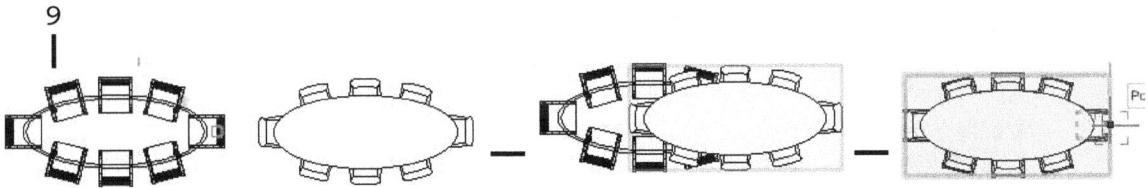

como mover um símbolo em uma parede

1. Selecione o símbolo que você quer mover.

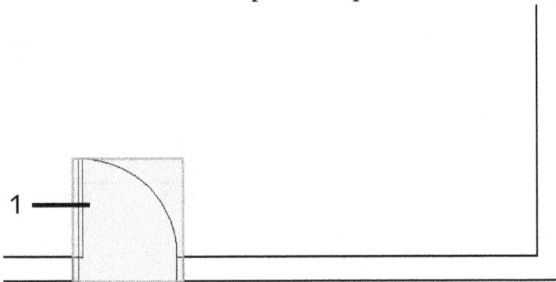

2. Vá ao menu **Modificar/Mover/Mover...** (*Modify/Move/Move...*) **Ctrl+M**. Na janela que se abre, ajuste:

   a. Clique neste botão para indicar o sentido da movimentação;
   b. Digite a distância de movimentação.

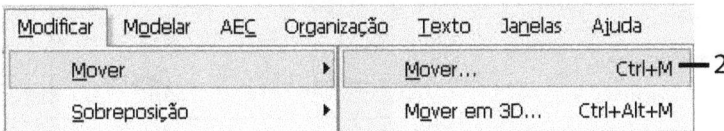

3. Clique em **OK** e observe o resultado.

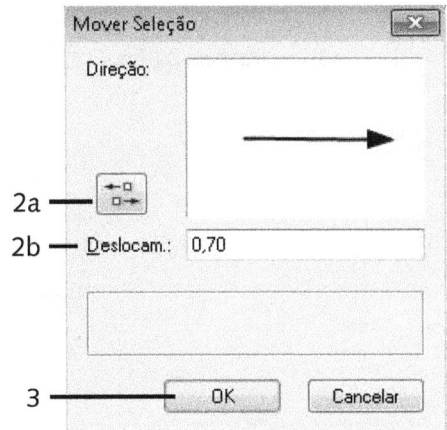

para fazer várias cópias de um símbolo em uma parede
1. Selecione o símbolo que você vai duplicar.

2. Vá ao menu **Editar/Matriz de Duplicação...** (*Edit/Duplicate Array...*) **Ctrl+Alt+Shift+D**. Na janela que se abre, ajuste:

a. Clique neste botão para indicar o sentido da duplicação;
b. Em **Número de Cópias** (*Number of Duplicates*), digite a quantidade de cópias (incluindo o original);
c. Em **Deslocamento entre Cópias** (*Offset Between Duplicates*), defina a distância entre os símbolos (inclua o tamanho do símbolo no cálculo deste valor);
d. Em **Deslocamento Z entre Cópias** (*Z Offset Between Duplicates*), determine a distância entre os símbolos no eixo Z (inclua o tamanho do símbolo neste valor).
3. Clique em **OK** e observe o resultado.

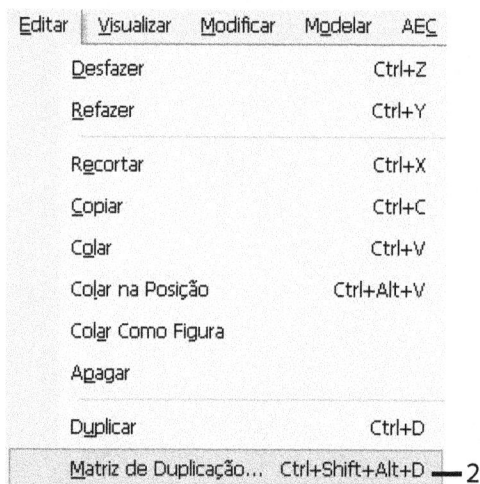

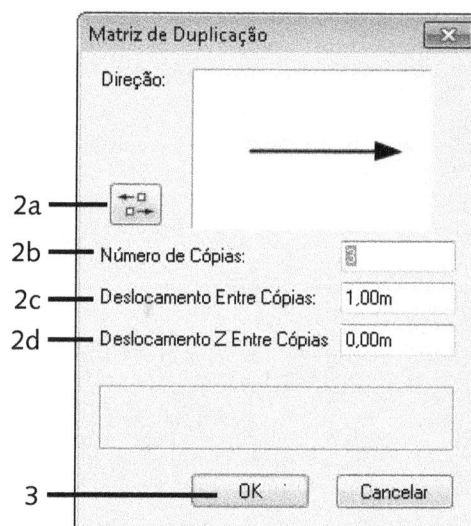

Agora que sei como desenhar e usar os recursos do programa, tenho de criar pranchas que mostrem os andares, elevações, cortes e perspectivas do projeto. Ou seja, preciso

organizar e documentar o projeto

No Vectorworks, você pode criar um projeto inteiro em um arquivo só. Você vai armazenar os vários andares em camadas de projeto para montar um modelo, de onde serão tiradas as perspectivas, elevações e cortes. Todos esses desenhos serão colocados em camadas de folha, em que são feitas as pranchas de documentação do projeto.

O que você vai ler neste capítulo

10.1 Como usar as classes

10.2 Como usar camadas

10.3 Como trabalhar com os andares (versão 2012 em diante)

10.4 Documentação básica em camadas de projeto

10.5 Documentação com viewports

10.6 Como criar vistas 3D e renderizar

10.1 Como usar as classes

O sistema de classes é usado para controlar a visibilidade e os atributos gráficos dos objetos no desenho, segundo a sua natureza. Você pode criar uma classe para cada tipo de desenho existente no projeto (por exemplo, classes para paredes, mobília, elétrica, forros, pisos, hidráulica, etc.). Essa separação ajuda muito quanto temos a intenção de ver e imprimir apenas uma parte do desenho (como, por exemplo, as paredes e a elétrica). Além disso, as classes criadas funcionam em conjunto com as camadas e viewports, explicados mais adiante.

como criar uma classe

1. Vá ao menu **Organizar/Organização...** (*Tools/ Organization...*) **Ctrl+Shift+O**.

2. Na janela que se abre, clique na aba **Classes** (*Classes*).

3. Clique no botão **Nova...** (*New...*).

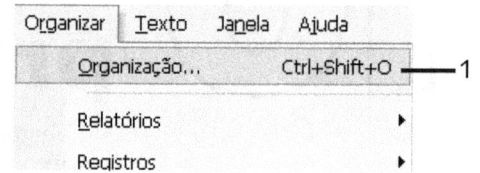

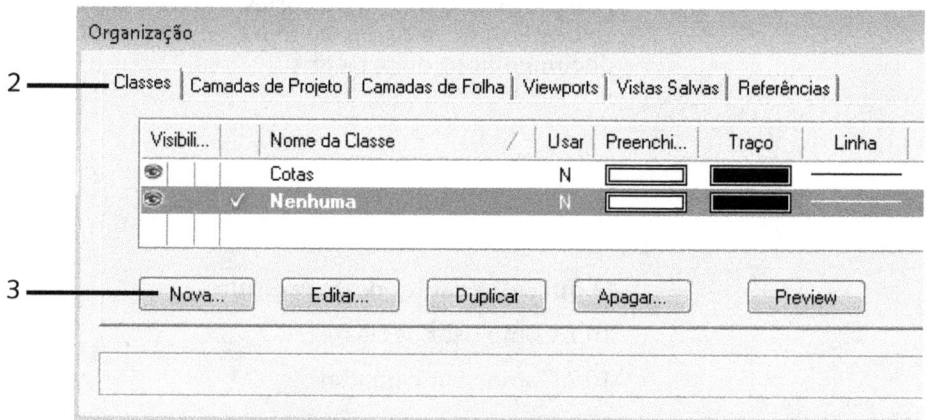

4. Na janela que se abre, escreva em **Nome** (*Name*) o nome que a sua classe terá.

5. Certifique-se de que a caixa **Editar Propriedades Depois da Criação** (*Edit Properties After Creation*) está ligada.

6. Clique em **OK**.

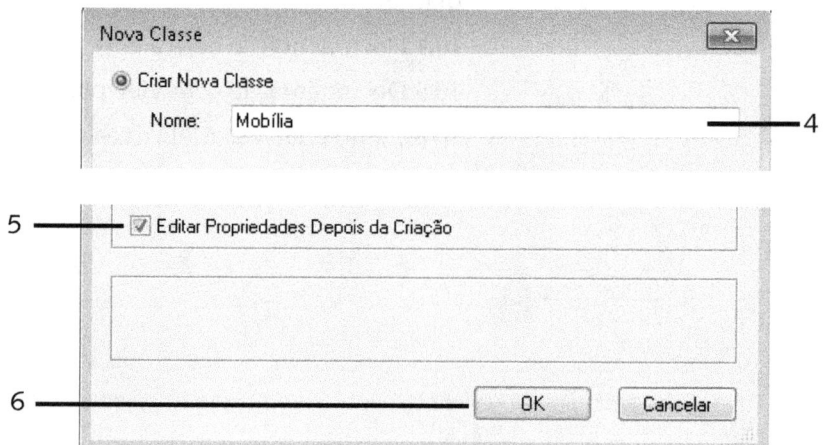

7. Na nova janela, configure os itens a seguir:

a. **Usar na Criação** (*Use at Creation*): Se você clicar nesta caixa, todas as escolhas feitas a seguir serão automaticamente aplicadas aos objetos que receberem esta classe;

b. **Preenchimento** (*Fill*): Altere os ajustes de preenchimento dos objetos que estão nesta classe.

c. **Traço** (*Pen*): Regule os atributos de traço para esta classe;

d. **Opacidade** (*Opacity*): Escolha se e quanto de opacidade esta classe terá;

e. **Paredes, Telhados, Outros** (*Walls, Roofs, Other*): Determine que texturas vão automaticamente preencher os objetos 3D que estão nesta classe. Cada tipo de objeto 3D (paredes, telhados e outros objetos) tem o seu próprio ajuste.

8. Clique em **OK** para confirmar os ajustes desta classe.

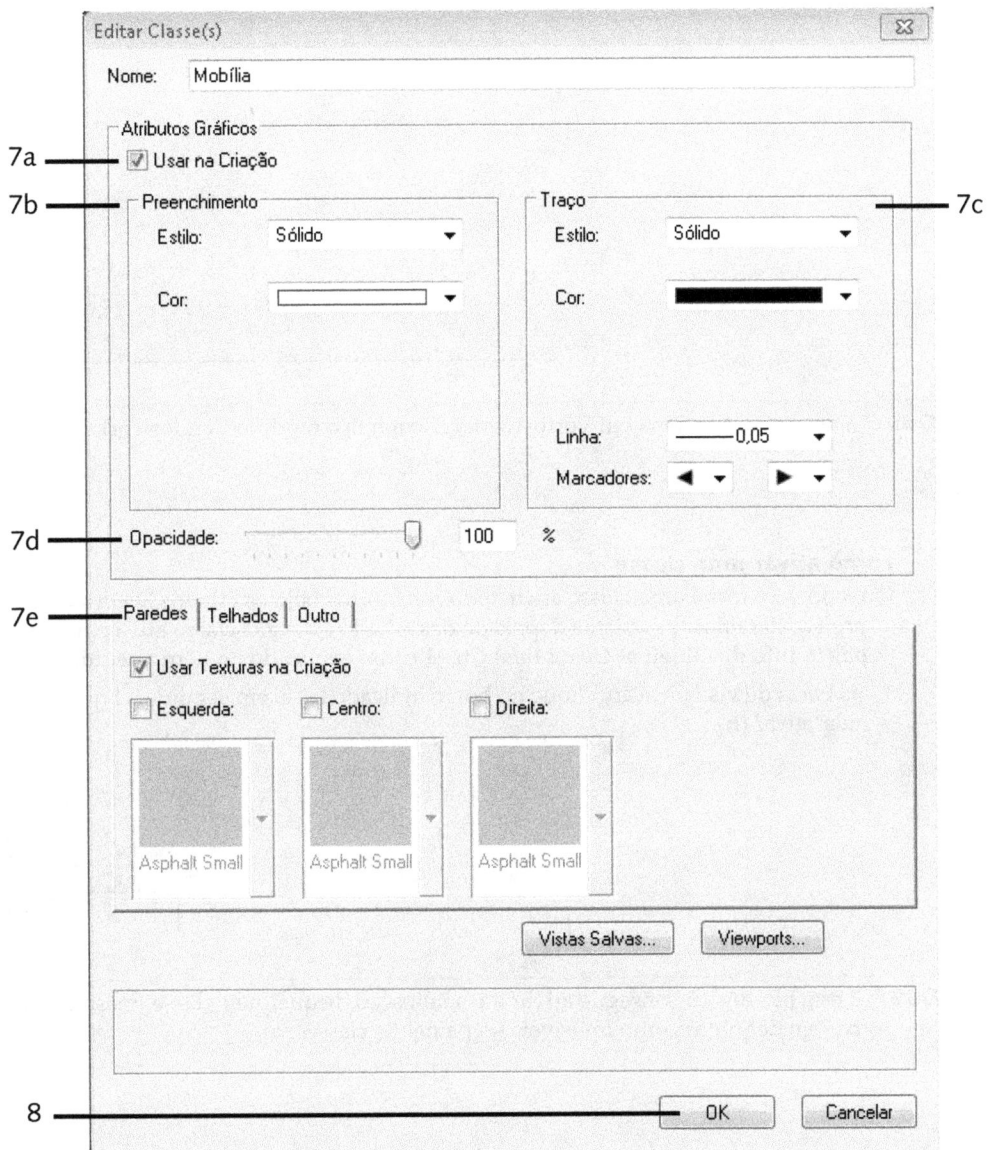

9. Você será levado à janela anterior. Clique em **OK** para confirmar os ajustes

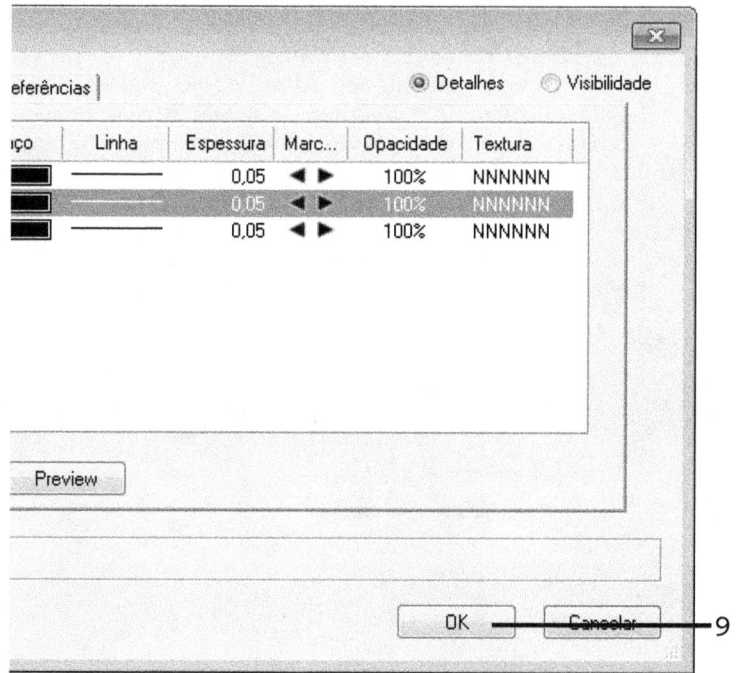

ço	Linha	Espessura	Marc...	Opacidade	Textura
▬	———	0,05	◀ ▶	100%	NNNNNN
▬	———	0,05	◀ ▶	100%	NNNNNN
▬	———	0,05	◀ ▶	100%	NNNNNN

○ Detalhes   ○ Visibilidade

eferências

Preview

OK   Cancelar ——9

OBS O ajuste **7e** só funciona em Vectorworks que tenha o módulo Renderworks instalado.

---

como ativar uma classe

Quando você torna uma classe ativa, todos os futuros objetos criados já pertencerão a ela. Se você prefere classificar os objetos depois de desenhá-los, deixe a classe ativa em **Nenhuma** e use a paleta **Info de Objetos** (*Object Info*) **Ctrl+I** como explicado no item a seguir:

1. Na barra de visualização, clique no botão indicado (**a**) e, em seguida, clique na classe que você quer ativar (**b**).

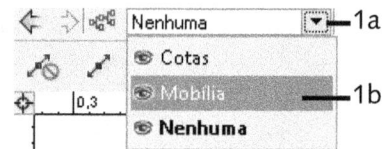

← → ⚙ Nenhuma ▼ ——1a
    👁 Cotas
    👁 Mobília ——1b
    👁 **Nenhuma**

OBS Por esta barra você consegue ativar a visualização de qualquer classe, mesmo aquelas que estiverem definidas como invisíveis no painel de classes.

---

como classificar um objeto comum

1. Selecione o objeto que você quer classificar.

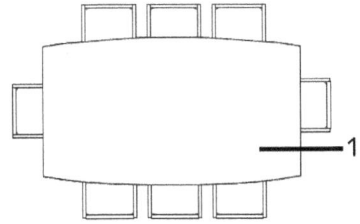

2. Vá ao menu **Janelas/Paletas/Info de Objetos** (*Window/Palettes/Object Info*) **Ctrl+I**.
3. Clique na barra indicada (**a**) e, em seguida, clique na classe desejada (**b**).

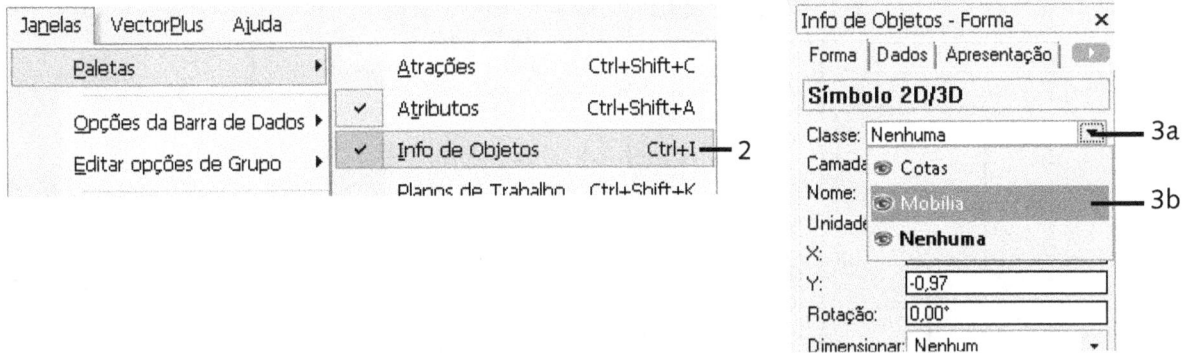

4. Caso esta classe tenha a opção **Usar na Criação** (*Use at Creation*) ativada, uma nova janela se abre para que você escolha se o objeto classificado vai ou não usar os atributos da classe. Você pode pedir também que o Vectorworks execute sempre a ação como foi feita neste momento (**a**). Clique em **Sim** (**b**) para confirmar a ação.
5. Observe que o objeto já está na classe determinada e que também assumiu os atributos da classe (caso você tenha clicado em **Sim** na opção anterior).

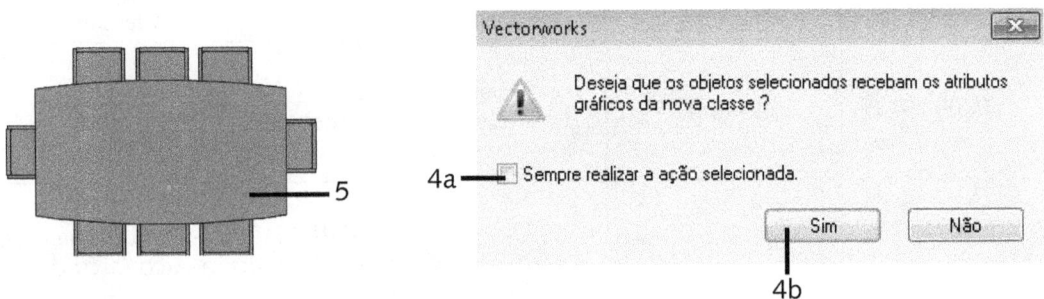

como e por que classificar um símbolo

A classificação de elementos de desenho que compõem um símbolo híbrido é um pouco diferente da normal, já que este objeto é composto por várias partes:

a. O invólucro (ou casca) do símbolo é a estrutura que guarda os desenhos 2D e 3D que o compõem. Ele não é um objeto visível, mas suas propriedades (entre elas a classe) podem ser alteradas pela paleta **Info de Objetos** (*Object Info*) **Ctrl+I**;

b. O desenho 2D, usado para representar o objeto em planta, fica guardado dentro do símbolo, e cada um de seus elementos (quando houver mais de um) pode ser classificado independentemente dos outros, e do invólucro também;

c. O desenho 3D, usado para mostrar o volume do objeto, também pode ter cada um dos seus elementos em classes diferentes entre si, os objetos 2D e o invólucro do símbolo.

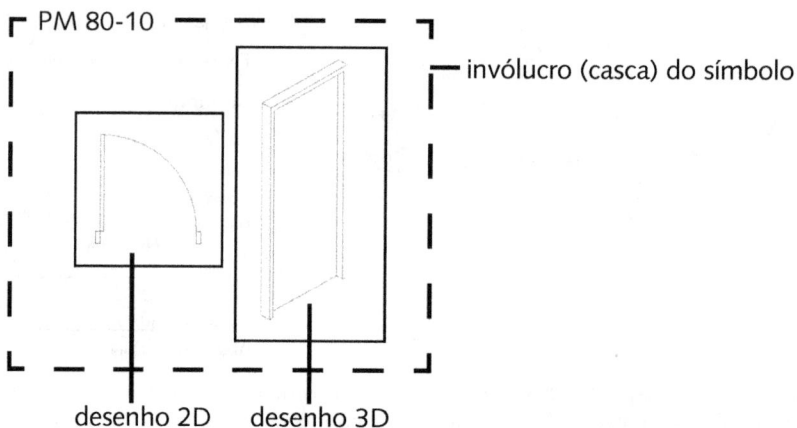

Veja a seguir um exemplo que sugere como classificar as diferentes partes de um símbolo e qual o critério usado nessa classificação:

Porta	Representação Gráfica	Objetivo da Classificação	Sugestão de Classificação
Invólucro	não tem	controlar a visibilidade do símbolo no desenho	Portas
Desenhos 2D		controlar espessuras de linhas para as diferentes partes do objeto	Porta-Porta (folha e batentes) Porta-Arco (arco de abertura)
Desenhos 3D		controlar a aplicação de texturas para uso com o Renderworks ou programas como o Artlantis Studio	Porta-Batentes Porta-Folha Porta-Maçaneta

para alterar as visibilidades de classe

1. Vá ao menu **Visualizar/Opções de Classe/Mostrar/Atrair/Modif. Outras** (*View/Class Options/ Show/Align/Modify Others*) **Ctrl+Shift+Alt+8**. Dessa maneira você garante que todas as classes (que não estiverem invisíveis no painel de classes) apareçam.

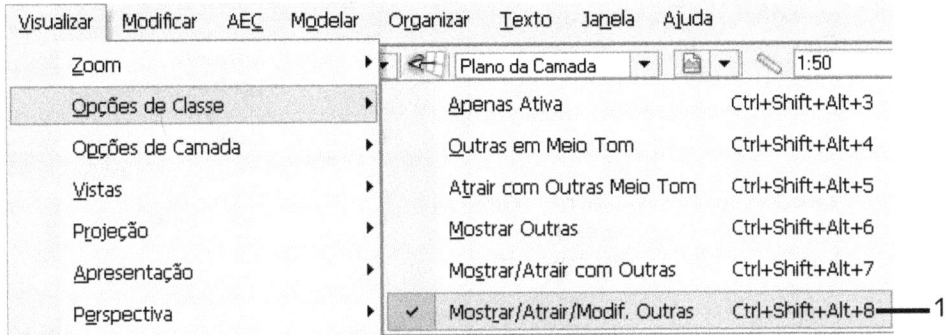

2. Vá ao menu **Organizar/Organização...** (*Tools/ Organization...*) **Ctrl+Shift+O**.

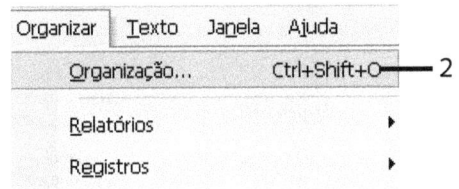

3. Na janela que se abre, clique na aba **Classes** (*Classes*).

4. Clique nos ícones ao lado para definir se você quer que a classe seja **Visível** (*Visible*), **Invisível** (*Invisible*) ou **Tons de Cinza** (*Gray*).

5. Clique em **OK** e perceba as modificações na visualização das classes.

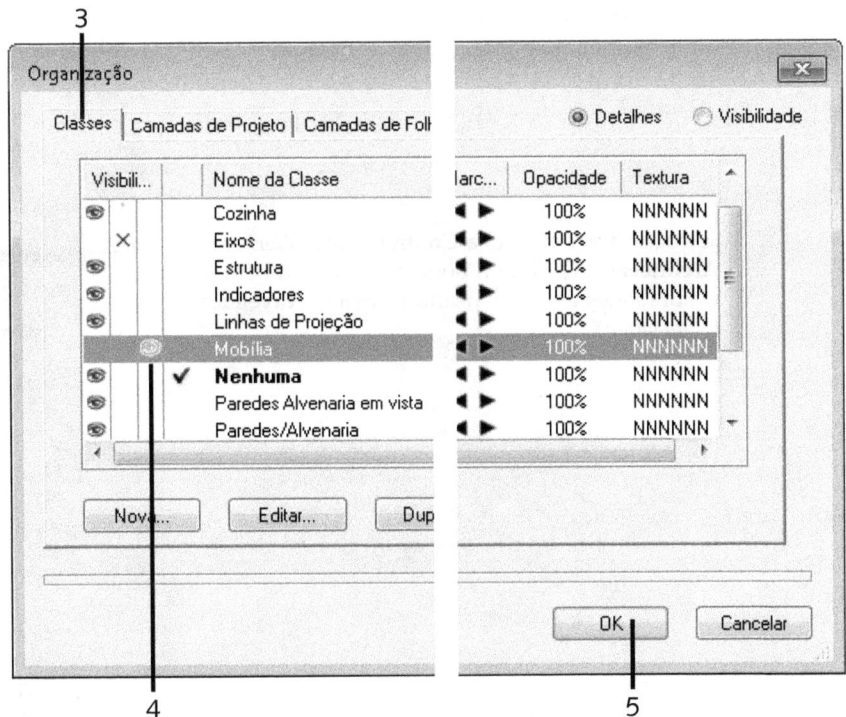

outras opções importantes

1. Para editar uma classe já existente, você pode fazer um duplo clique sobre o seu nome ou selecioná-la e depois clicar em **Editar...** (*Edit...*), no painel **Classes....**

2. Você pode apagar uma classe se clicar sobre ela e, em seguida, clicar no botão **Apagar...** (*Delete...*) (**a**). Na janela que se abre, escolha se você quer apagar os objetos da classe ou se quer transferi-los para outra classe (**b**).

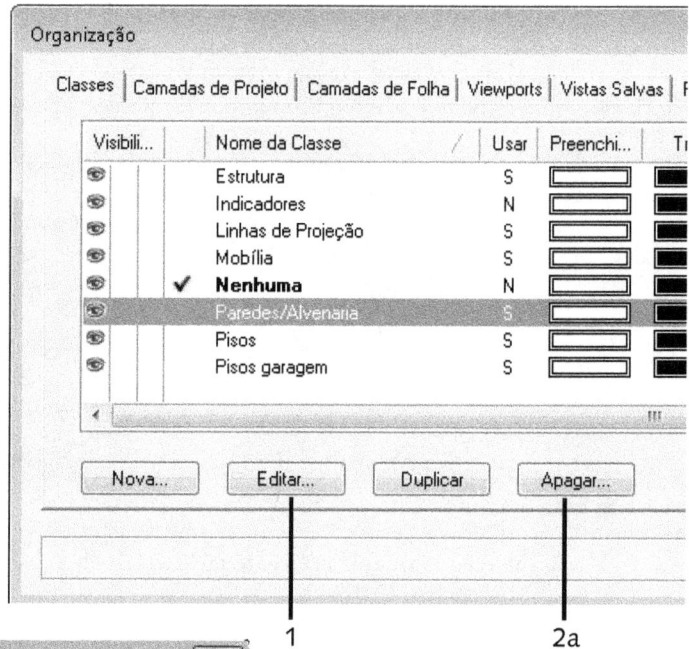

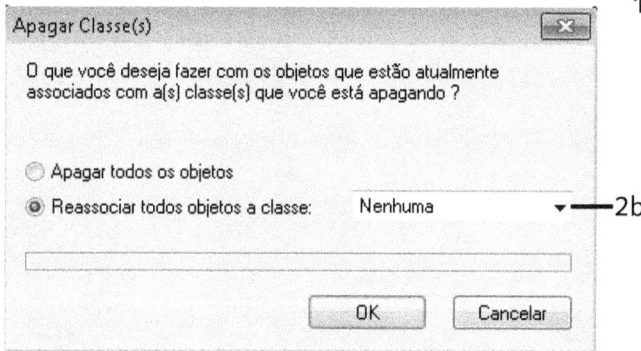

3. Se você estiver usando a **Configuração** (*Workspace*) **Architect** ou **Designer**, poderá alterar também as visibilidades de classe usando a paleta **Navegação** (*Navigation*).

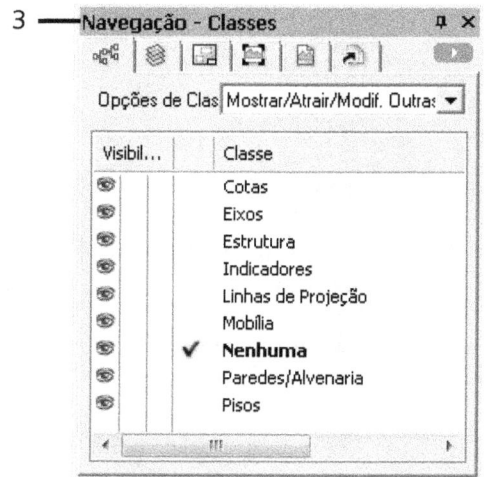

como alterar rapidamente a visibilidade de classes e camadas – para a configuração Architect

A ferramenta **Visibilidade** (*Visibility*) foi criada para que você possa alterar rapidamente a visibilidade de uma classe ou camada, simplesmente clicando em um objeto que pertence a esta classe ou camada. Para isso:

1. Na paleta **Ferramentas Básicas** (*Basic*), clique no botão **Visibilidade** (*Visibility*).

2. Na barra de modos, escolha se você quer trabalhar com **Classes** (**a**) ou **Camadas** (*Layers*) (**b**).

3. Escolha se você quer tornar a classe ou camada do objeto **Visível** (*Visible*) (**a**), **Invisível** (*Invisible*) (**b**) ou **Tons de Cinza** (*Gray*) (**c**).

4. Clique neste botão para configurar o que acontecerá quando você fizer um duplo clique na ferramenta. As opções são:

   a. **Torna todas as classes visíveis** (*Makes all classes visible*);
   b. **Torna todas as camadas visíveis** (*Makes all layers visible*);
   c. **Torna apenas as classes dos objetos selecionados visíveis** (*Makes only the classes of selected objects visible*);
   d. **Torna apenas as camadas dos objetos selecionados visíveis** (*Makes only the layers of selected objects visible*).

5. Clique em **OK** para confirmar.

6. Clique no objeto referência e observe o resultado.

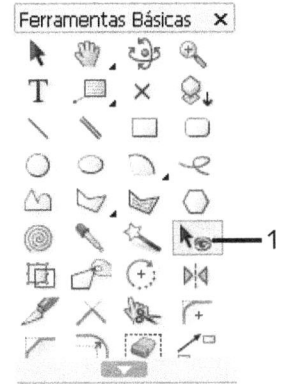

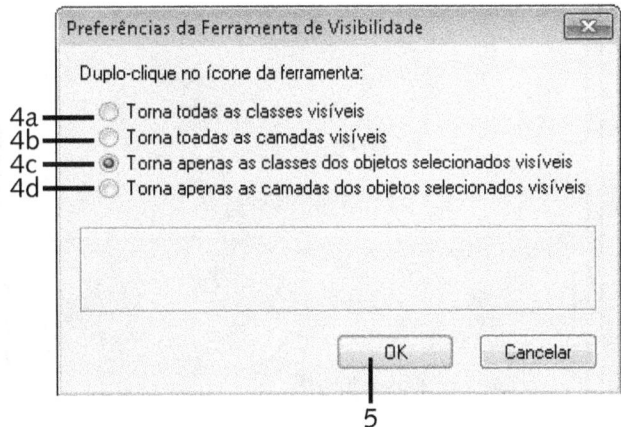

10.2 Como usar camadas

As camadas são elementos muito importantes na organização do projeto. Existem dois tipos de camadas no Vectorworks: **Camadas de Projeto** (*Design Layers*) e **Camadas de Folha** (*Sheet Layers*).

    a. As Camadas de Projeto são os lugares onde você vai criar os seus trabalhos. Em um projeto de arquitetura ou design de interiores, você vai colocar cada pavimento em uma camada. Os desenhos de cada andar, dentro das camadas, devem estar alinhados. A partir daí você vai criar uma ou mais camadas de maquete para a observação do modelo em 3D. Quando algo é alterado em uma camada de projeto, a alteração é refletida imediatamente na camada de maquete. Essa camada também é usada para a obtenção de perspectivas, elevações e cortes automáticos.

    b. As Camadas de Folha são usadas para a montagem das plantas, cortes, fachadas e detalhes, onde são colocados as cotas, legendas, indicações e o carimbo.

Camada **Cobertura**

Camada **Superior**

Camada**Térreo**

Camada **Modelo 3D**

Camada **Folha 1**

Camada **Folha 2**

Camada **Folha 3**

Camada **Folha 4**

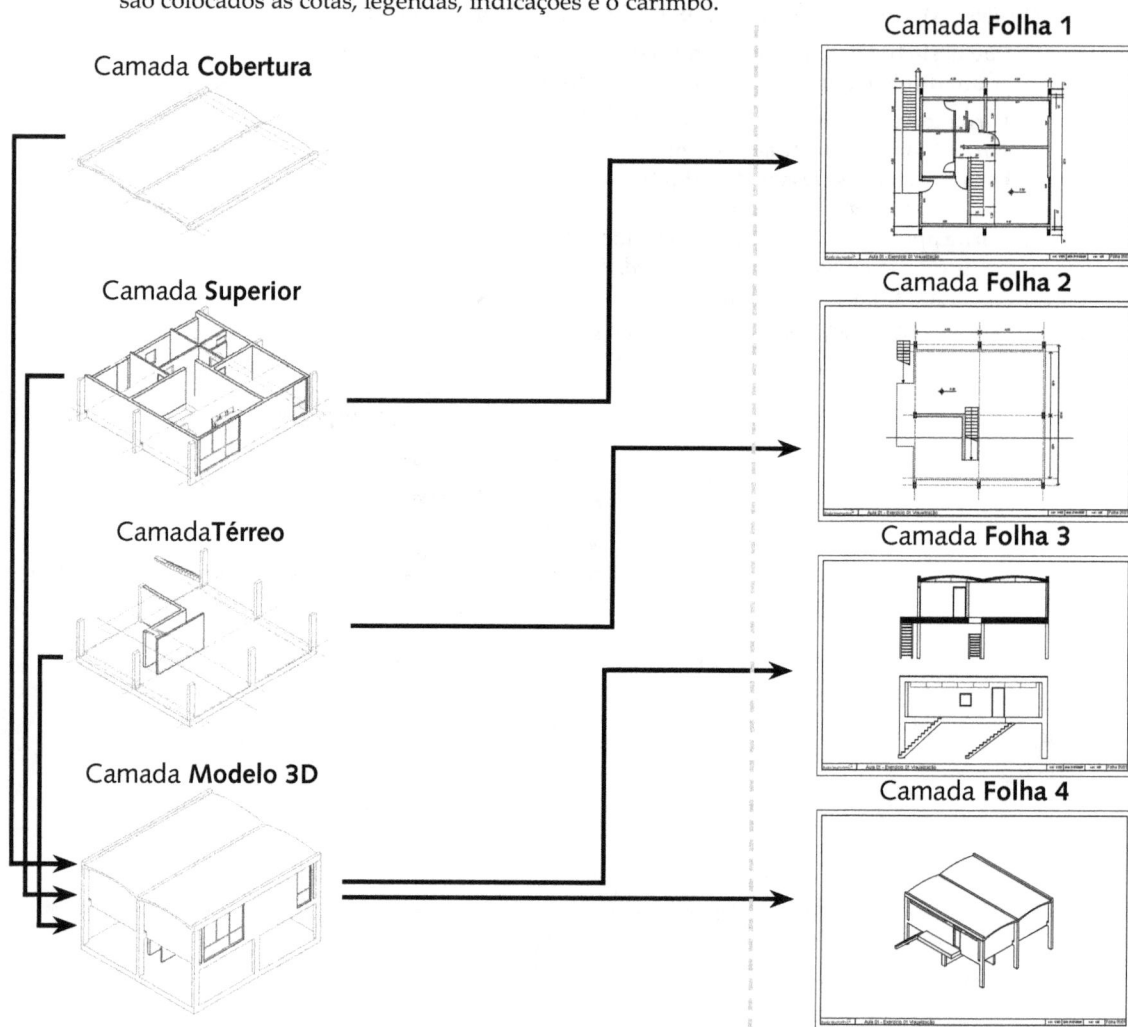

OBS Da versão 2012 em diante, você pode optar também por usar as camadas de projeto em conjunto com os **Andares** (*Stories*), que funcionam como agrupadores dessas camadas, que passam a ser usadas para representar os diferentes elementos da construção que definem um andar.

como criar e configurar uma camada de projeto

1. Vá ao menu **Organizar/Organização**...(*Tools/Organization*...) <u>**Ctrl+Shift+O**</u>.

2. Clique na aba **Camadas de Projeto** (*Design Layers*).

3. Clique no botão **Nova...** (*New...*).

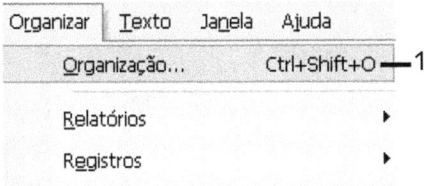

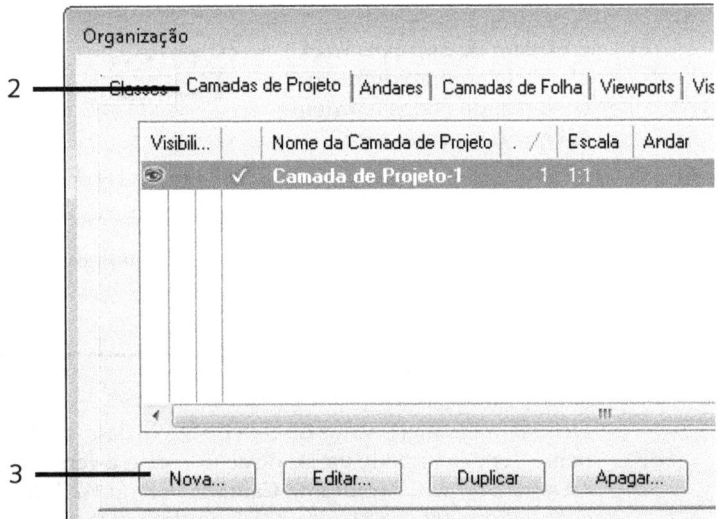

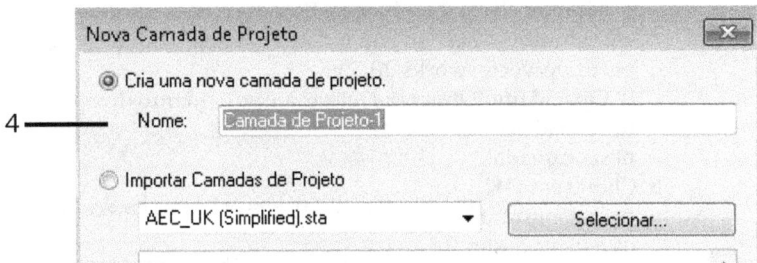

4. Escreva o **Nome** (*Name*) da sua camada.

5. Certifique-se de que a caixa **Editar Propriedades Depois da Criação** (*Edit Properties After Creation*) está ativada.

6. Clique em **OK**.

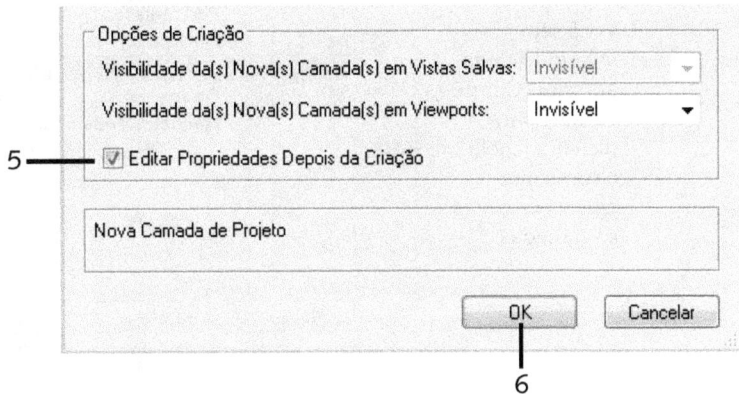

7. Na nova janela, ajuste:

a. **Nome** (*Name*): Para alterar o nome da camada;

b. **Escala...** (*Scale...*): Clique para abrir a janela de configuração de escala;

c. **Ordem de Sobrep.** (*Stack Order*): O número digitado neste campo define a ordem em que esta camada irá aparecer;

d. **Andar** (*Story*): Escolha o andar a que esta camada está vinculada. Escolha **<Nenhum>** <*None*> se não quiser trabalhar com o conceito de andares (esta opção aparece a partir do Vectorworks 2012);

e. **Z** ou **Elevação** (*Z* ou *Elevation*): Escolha o valor da cota de início da camada em relação ao nível 0 do plano de chão (o nome deste item pode variar de acordo com a versão do Vectorworks);

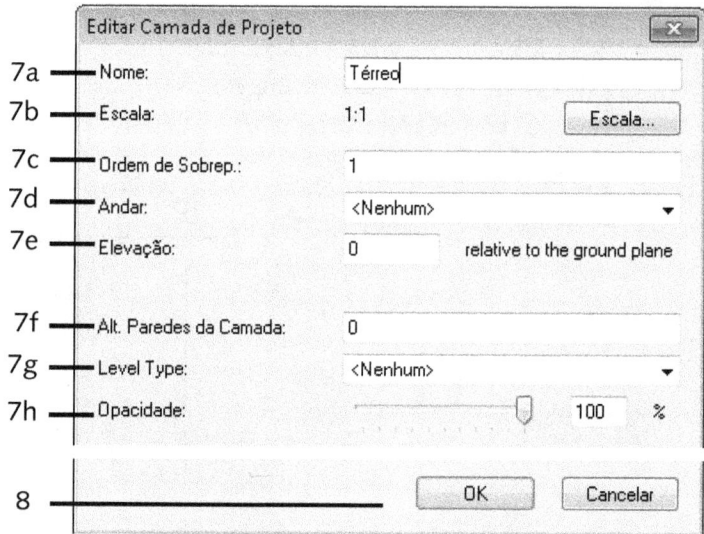

f. **Delta Z** ou **Alt. Paredes da Camada** (± *Z* ou *Wall Height*): Escolha o valor usado automaticamente como altura de paredes para esta camada (o nome deste item pode variar de acordo com a versão do Vectorworks);

g. **Tipo de Nível** (*Level Type*): Escolha o tipo de nível que será vinculado a esta camada. Escolha **<Nenhum>** <*None*> se não quiser trabalhar com o conceito de tipos de nível (esta opção aparece a partir do Vectorworks 2012);

h. **Opacidade** (*Opacity*): Determine se e quanto de opacidade será aplicada a todos os elementos desenhados nesta camada.

8. Clique em **OK** para confirmar os ajustes desta camada.

9. Você será levado à janela anterior. Clique em **OK** para fechar a janela e confirmar os ajustes de todas as camadas.

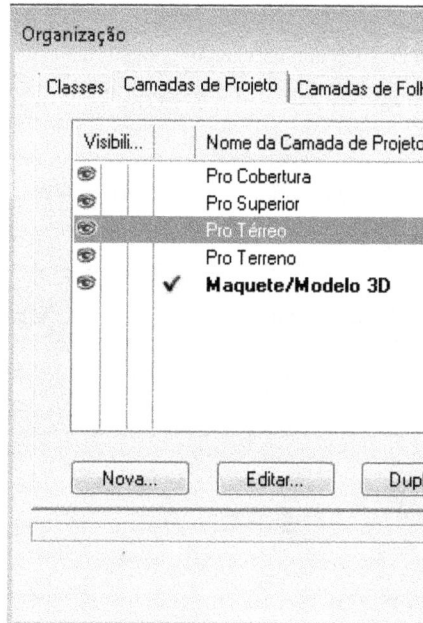

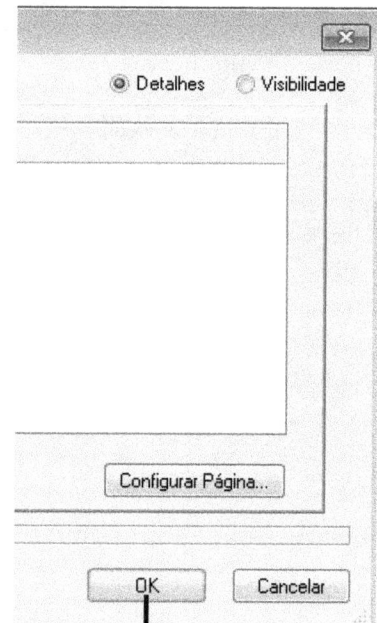

como ativar uma camada de projeto

1. Vá ao menu **Visualizar/Opções de Camada/Apenas Ativa** (*View/Layer Options/Active Only*) **Ctrl+Alt+3** para definir que apenas uma camada será exibida por vez.

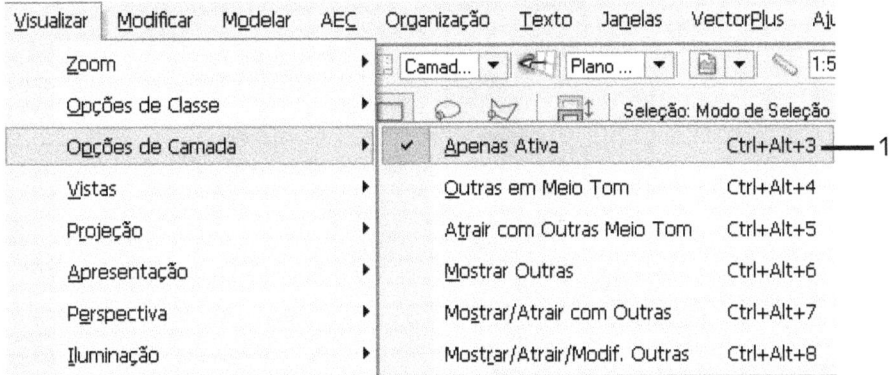

2. Na barra de visualização, clique no botão indicado (**a**) e, em seguida, clique na camada que você quer ativar (**b**).

como criar e configurar uma camada de folha

As camadas de folha podem conter as plantas, cortes, fachadas, elevações e detalhes que serão usados nas pranchas de apresentação do projeto. As camadas de folha sempre estão na escala 1:1, e você vai criar sua margem e carimbo usando essa escala. Para colocar os desenhos de projeto numa camada de folha, utilizamos um recurso chamado viewport, explicado no item **10.5 Documentação com viewports**, na pág. 276. Para criar uma camada de folha:

1. Vá ao menu **Organizar/Organização...** (*Tools/Organization...*) **Ctrl+Shift+O**.

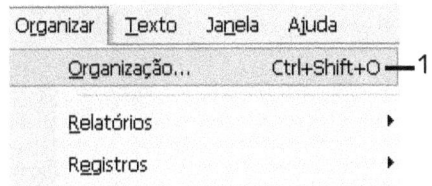

2. Na janela que se abre, clique na aba **Camadas de Folha** (*Sheet Layers*).

3. Clique no botão **Nova...** (*New...*).

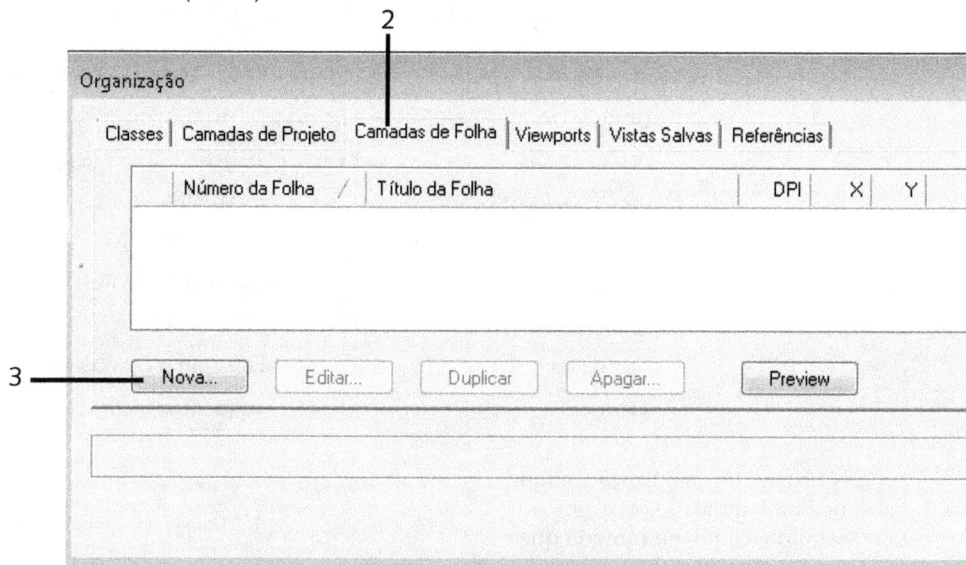

4. **Em Número da Folha** (*Sheet Number*): Digite um código que identifica a sua folha de desenho.

5. Em **Título da Folha** (*Sheet Title*), escreva o nome que a sua camada terá.

6. Certifique-se de que a caixa **Editar Propriedades Depois da Criação** (*Edit Properties After Creation*) está ativada.

7. Clique em **OK**.

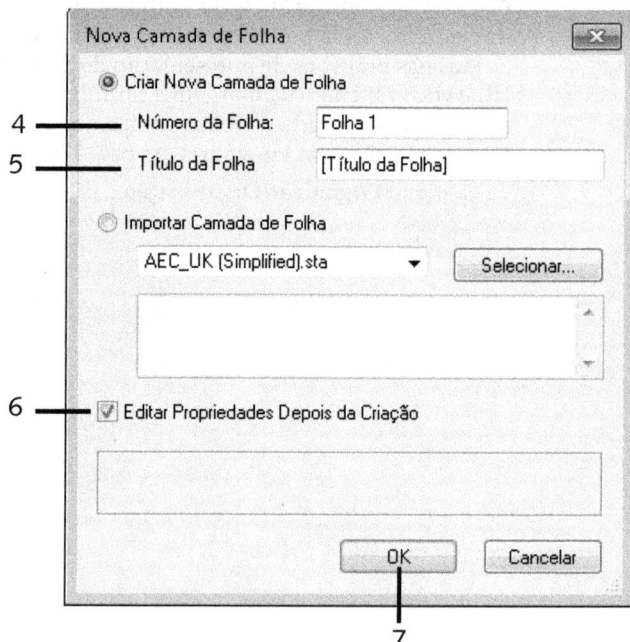

8. Na nova janela, ajuste:

a. **Número da Folha** (*Sheet Number*): Digite um código que identifica a sua folha de desenho.
b. **Título da Folha** (*Sheet Title*): Caso você queira alterar o nome da camada;
c. **DPI**: Resolução (em pontos por polegada) de saída da camada de folha ativa para impressão;
d. **Origem** (*Origin*): Define as coordenadas X e Y do início da folha;
e. **Configurar Página...** (*Print Setup...*): Abre a janela da impressora para configurar a página que será usada na camada de folha ativa.

9. Clique em **OK** para confirmar os ajustes da camada de folha.Você será levado à janela anterior. Clique em **OK** para fechá-la e confirmar os ajustes de todas as camadas.

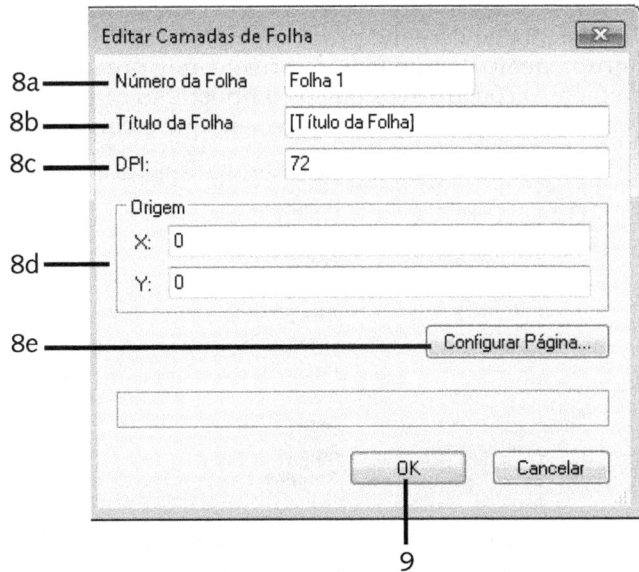

Editar Camadas de Folha

8a — Número da Folha · Folha 1
8b — Título da Folha · [Título da Folha]
8c — DPI: · 72

Origem
8d — X: 0
Y: 0

8e — Configurar Página...

OK   Cancelar

9

OBS Os códigos nos campos **Número da Folha** (*Sheet Number*), comentados nos itens **4** e **8a**, podem ser vinculados a identificadores em viewports, fazendo com que, ao transferir um viewports de folha, o identificador tenha seu código atualizado automaticamente.

10.3 Como trabalhar com os andares (versão 2012 em diante)

No sistema de desenho proposto a partir do Vectorworks 2012, um andar é entendido como um agrupamento de camadas de projeto, que organizam o desenho de acordo com os tipos de elementos construtivos que o compõem no mundo real. Veja a seguir um exemplo de como pode ser a organização de um arquivo em que o conceito de andares é utilizado.

Visibili...		Nome da Camada de Projeto	#	Escala	Andar
👁		Paredes-C	1	1:50	Cobertura
👁		Base-C	2	1:50	Cobertura
👁		Forro-2	3	1:50	Andar 2
👁		Paredes-2	4	1:50	Andar 2
👁		Base-2	5	1:50	Andar 2
👁		Forro-1	6	1:50	Andar 1
👁		Paredes-1	7	1:50	Andar 1
👁		Base-1	8	1:50	Andar 1
👁		Forro-T	9	1:50	Térreo
👁		Base-T	11	1:50	Térreo
👁	✓	**Paredes-T**	10	1:50	Térreo

As camadas de projeto vinculadas a um andar tem a propriedade de se movimentarem no eixo Z, em grupo, toda vez que a cota do andar – chamada pelo programa de Elevação (Elevation) – for alterada. Sempre que houver uma mudança na Elevação de um andar, os outros andares do projeto e seus elementos de desenho, como lajes, paredes, portas, janelas e escadas, podem se ajustar automaticamente, de acordo com configurações escolhidas por você.

Para que o seu trabalho com andares seja feito da forma mais simples e direta possível, você precisa criar e configurar novos elementos de organização do Vectorworks, chamados de **Camadas-Padrão** (*Default Story Layers*) e **Tipos de Nível** (*Level Types*). Acompanhe atentamente a explicação do próximo item.

as camadas-padrão e os tipos de nível

Observe que as camadas de projeto são criadas preferencialmente a partir de **Camadas-padrão** (*Layer Default*). As camadas-padrão devem ser definidas antes do início do projeto e devem ser pensadas de modo a serem úteis a todos os andares que você pretende construir. É possível criar camadas-padrão para fundações, pisos, paredes, forros, cobertura, por exemplo.

As camadas-padrão, por sua vez, podem ser classificadas em um sistema chamado **Tipos de Níveis** (*Level Types*), que servem para facilitar a compreensão da estrutura de desenho utilizada no projeto (quando você observa a janela que mostra a lista de camadas, por exemplo). Cada camada-padrão só pode estar ligada a um tipo de nível. Os tipos de nível devem ser criados seguindo a mesma lógica das camadas-padrão (ou seja, tipos de nível para fundações, pisos, paredes, etc.).

A tabela a seguir é uma sugestão de nomenclaturas para a criação de camadas-padrão e tipos de nível.

Nome	Escala	Level Type
Forro	1:50	Fech. Superiores
Teto	1:50	Coberturas
Base	1:50	Bases
Paredes	1:50	Paredes

como criar tipos de nível

1. Vá ao menu **Organizar/Organização...** (*Tools/Organization...*) **Ctrl+Shift+O**.

2. Na janela que se abre, clique na aba **Camadas de Projeto** (*Design Layers*).

3. Clique no botão **Tipos de Nível...** (*Level Types...*).

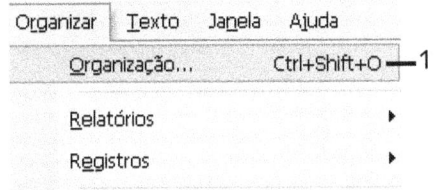

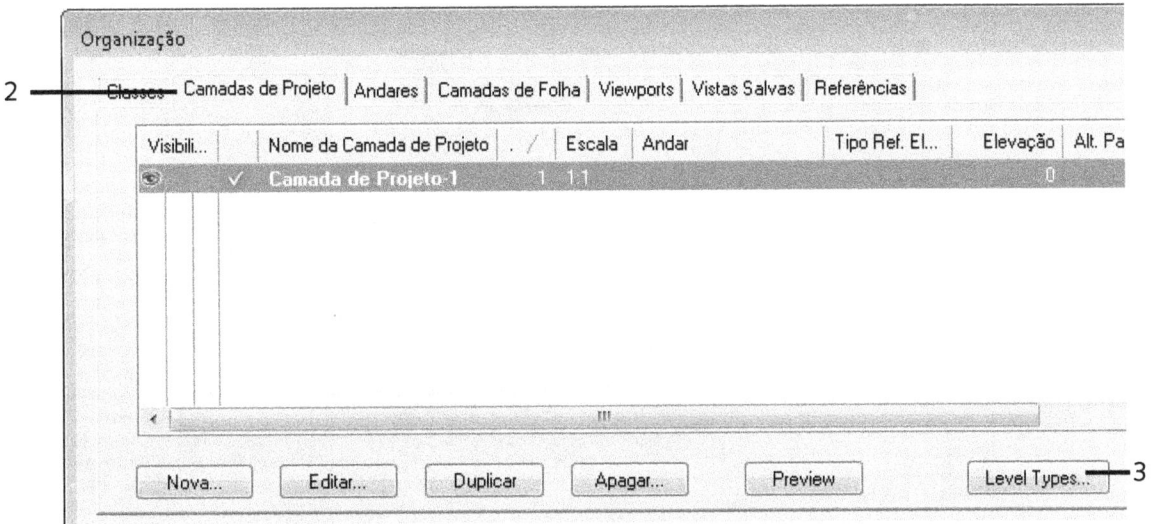

4. Na janela que se abre, clique em **Novo...** (*New...*).

5. Dê um novo para o tipo de nível de você quer criar (**a**) e clique em **OK** (**b**).

6. Repita os passos **4** e **5** para criar outros tipos de nível. Clique em **OK** nesta janela quando terminar.

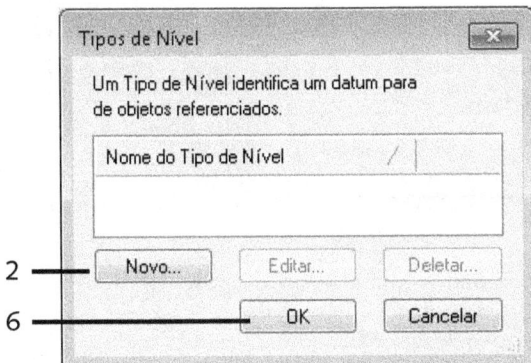

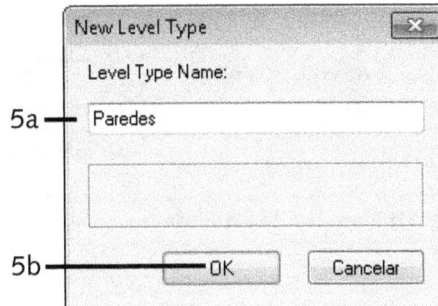

como criar camadas-padrão

1. Vá ao menu **Organizar/Organização...** (*Tools/ Organization...*) **Ctrl+Shift+O**.

2. Na janela que se abre, clique na aba **Andares** (*Stories*).

3. Clique no botão **Camadas default do Andar...** (*Default Story Layers...*).

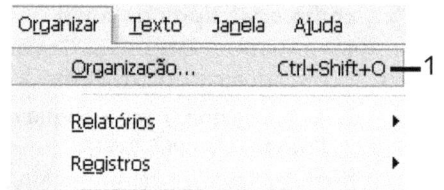

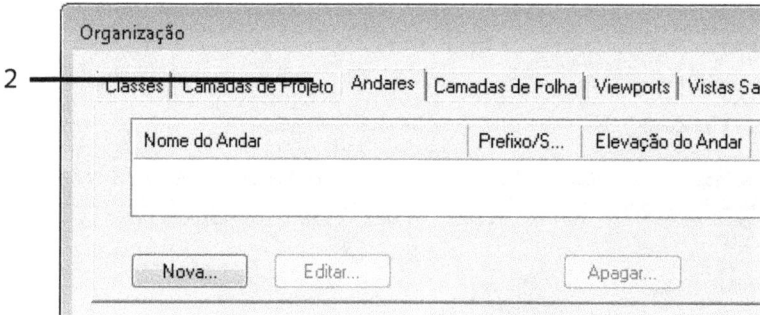

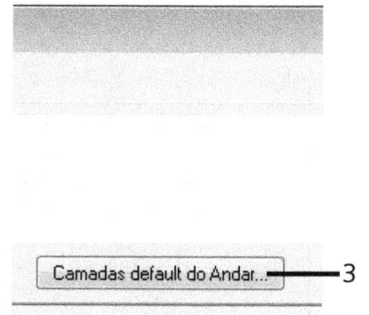

Organizar	Texto	Janela	Ajuda
	Organização...		Ctrl+Shift+O ━ 1
	Relatórios		▶
	Registros		▶

Organização

2 ━ Classes │ Camadas de Projeto │ Andares │ Camadas de Folha │ Viewports │ Vistas Sa

Nome do Andar	Prefixo/S...	Elevação do Andar

[Nova...] [Editar...]   [Apagar...]   [Camadas default do Andar...] ━ 3

4. Na janela que se abre, clique em **Novo...** (*New...*).

5. Na nova janela, configure:

   a. **Nome** (*Name*): Para definir o nome da camada-padrão;

   b. **Escala...** (*Scale...*): Clique para abrir a janela de configuração de escala;

   c. **Elevação** (*Elevation*): Determine a cota desta camada-padrão. Este valor terá uma relação direta com o valor da cota do andar, no momento em que você usar esta camada-padrão para criar uma camada de projeto;

   d. **Alt. Paredes da Camada** (*Wall Height*): Valor que será usado automaticamente para definir as alturas de paredes, quando você usar esta camada-padrão para criar uma camada de projeto;

   e. **Tipo de Nível** (*Level Type*): Escolha o tipo de nível que será relacionado a esta camada-padrão. Todas as camadas de projeto originadas desta camada-padrão serão automaticamente relacionadas a este tipo de nível.

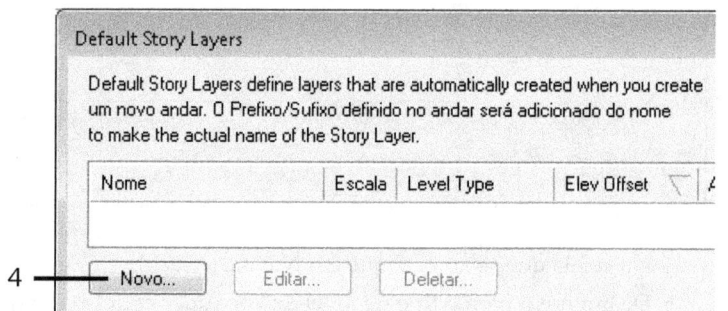

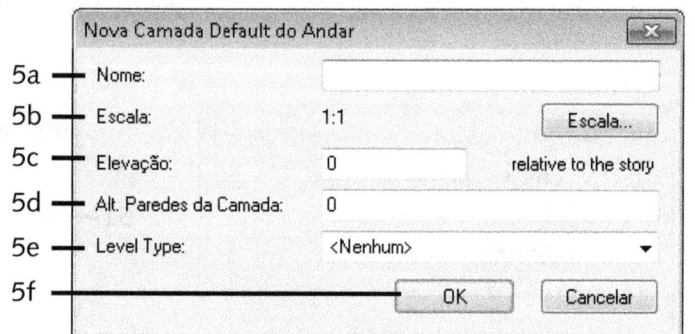

   f. Clique em **OK** para finalizar a configuração desta camada-padrão.

6. Repita os passos **4** e **5** para criar outras camadas-padrão. Clique em **OK** nesta janela para terminar.

Default Story Layers

Default Story Layers define layers that are automatically created when you create um novo andar. O Prefixo/Sufixo definido no andar será adicionado do nome to make the actual name of the Story Layer.

Nome	Escala	Level Type	Elev Offset	A

4 ━ [Novo...]   [Editar...]   [Deletar...]

Nova Camada Default do Andar

5a ━ Nome:		
5b ━ Escala:	1:1	[Escala...]
5c ━ Elevação:	0	relative to the story
5d ━ Alt. Paredes da Camada:	0	
5e ━ Level Type:	\<Nenhum\>	▼
5f ━	[OK]	[Cancelar]

como criar um andar

1. Vá ao menu **Organizar/Organização...** (*Tools/Organization...*) **Ctrl+Shift+O**.

2. Na janela que se abre, clique na aba **Andares** (*Stories*).

3. Clique em **Nova...** (*New...*).

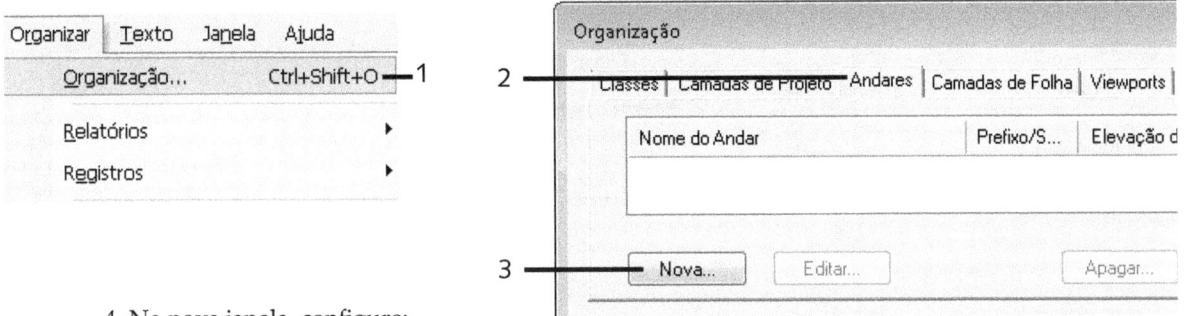

4. Na nova janela, configure:

    a. **Nome** (*Name*): Para definir o nome do andar;

    b. **Nome da Camada...** (*Layer Name...*): Defina um texto que será usado como sufixo ou prefixo para identificar as camadas que pertencem a este andar;

    c. **Elevação do** (*Story Elevation*): Determine a cota deste andar. Todas as camadas que pertencem a ele terão suas cotas de início referenciadas neste valor;

    d. **Create the following layers in story**: Clique no checkbox ao lado de cada camada-padrão que você usar como referência para criar as camadas que vão fazer parte deste andar;

    e. **Edit Default Story Layers**: Clique neste botão quando quiser editar as camadas-padrão;

    f. Clique em **OK** para finalizar a configuração desta camada-padrão.

5. Repita os passos **3** e **4** para criar outras camadas-padrão. Clique em **OK** na janela principal de andares para terminar.

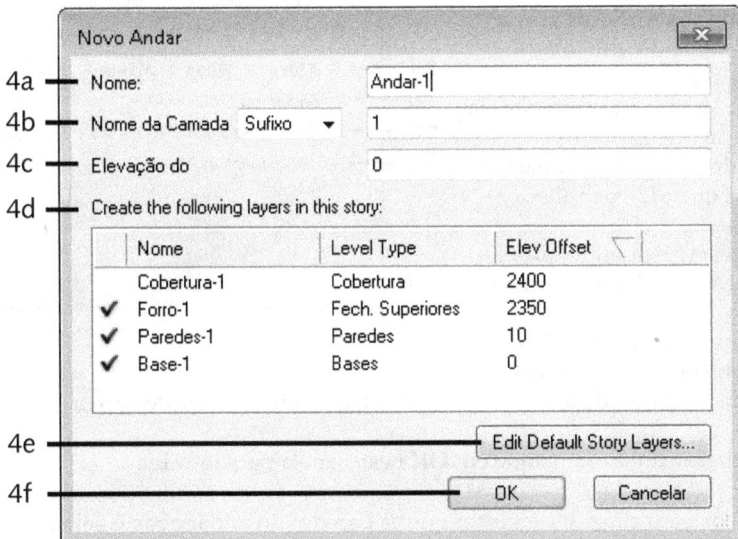

para mudar a elevação de referência de um andar

1. Vá ao menu **Organizar/Organização...** (*Tools/Organization...*) **Ctrl+Shift+O**.

2. Na janela que se abre, clique na aba **Andares** (*Stories*).

3. Faça um duplo clique no nome do andar que você quer editar.

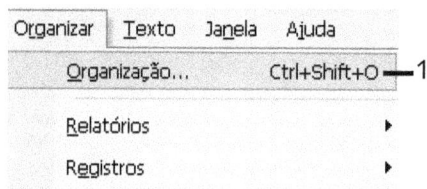

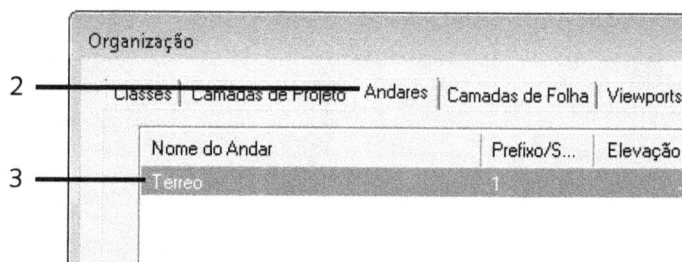

4. Na janela que se abre, altere a elevação de referência no item **Elevação do** (*Story Elevation*).

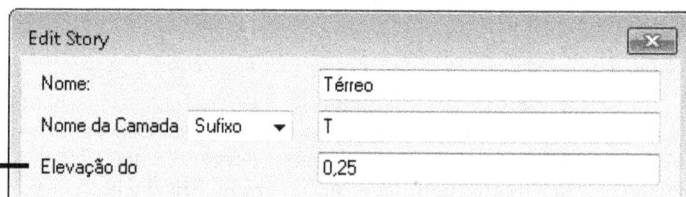

5. Uma nova janela se abre, com as seguintes opções de movimentação de andares.

a. **Move este Andar e todos os Andares acima:** É a opção mais frequente quando você altera a elevação do andar para cima;

b. **Move this Story only:** Movimenta somente este andar, sem alterar as elevações de outros;

c. **Move este Andar e todos os Andares abaixo:** É a opção mais frequente quando você altera a elevação do andar para baixo;

d. **Move todos os Andares:** Use quando quiser mover a elevação de todos os andares de uma só vez.

e. Clique em **OK** para confirmar a alteração da elevação do andar. Perceba que o Vectorworks refaz o posicionamento, na vertical, de todos os andares relacionados de acordo com a opção escolhida.

6. Você é levado de volta à janela anterior. Clique em **OK** nesta janela para terminar.

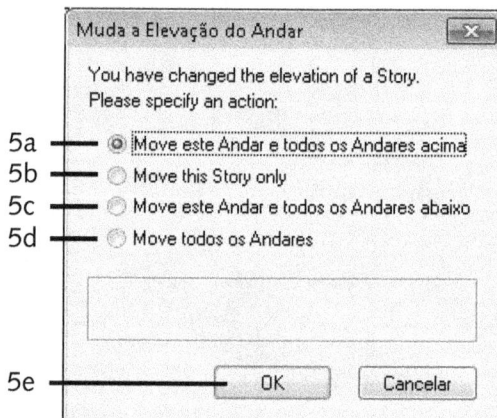

OBS Se, ao movimentar um andar para cima, você quiser que as paredes do andar abaixo sejam alteradas automaticamente, selecione-as e, na paleta **Info de Objetos** (*Obj Info*), vá à opção **Ref. Topo** (*Top Bound*) e escolha a opção relacionada à base do **Andar Acima** (*Story Above*).

10.4 Documentação básica em camadas de projeto

Os procedimentos descritos neste tópico são muito importantes para documentar um projeto. Você vai aprender a copiar o desenho de um andar para o outro, mantendo o alinhamento e visualizar todos os andares de uma só vez, para criar cortes e elevações que podem ser editados normalmente. No item **10.5 Documentação com viewports** você vai ver como fazer os mesmos processos, porém de uma maneira interligada e coordenada, característica dos processos atualmente denominados como BIM (*Building Information Modeling*).

para copiar objetos de uma camada para outra mantendo o alinhamento

Esta é uma boa maneira para criar um novo andar a partir de um andar que já foi desenhado em uma outra camada.

1. Certifique-se de que você está na camada que contém os objetos que você quer copiar e vá ao menu **Editar/Selecionar Tudo** (*Edit/Select All*) **Ctrl+A**.

2. Vá ao menu **Editar/Copiar** (*Edit/Copy*) **Ctrl+C** para fazer uma cópia de todos os objetos na área de transferência.

3. Na barra de visualização, clique no botão indicado para ativar a camada que receberá os objetos.

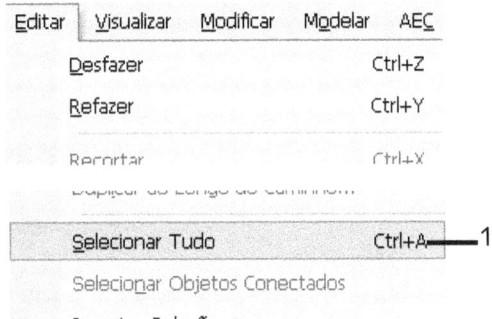

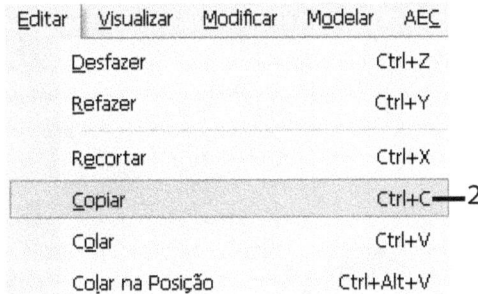

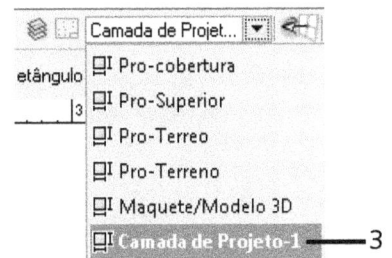

4. Vá ao menu **Editar/Colar na Posição** (*Edit/Paste in Place*) **Ctrl+Alt+V** e observe que os objetos foram colocados na camada, na mesma posição dos originais.

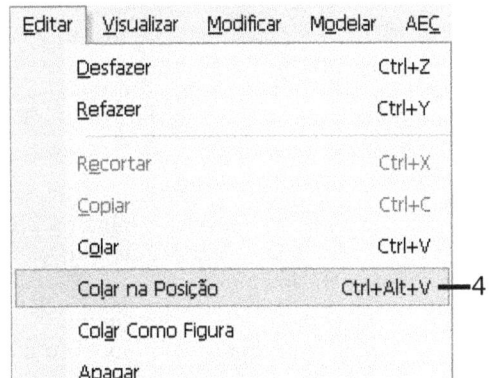

como criar um modelo a partir de várias camadas – Vectorworks Fundamentals

Uma camada de maquete deve ser criada para a montagem do modelo em 3D. É possível, então, observar o projeto inteiro de uma vez só, assim como também é possível cortar o modelo com o recurso de cortes automáticos. Para a criação de uma camada de maquete, faça o seguinte:

1. Crie uma nova camada, que irá receber a maquete.

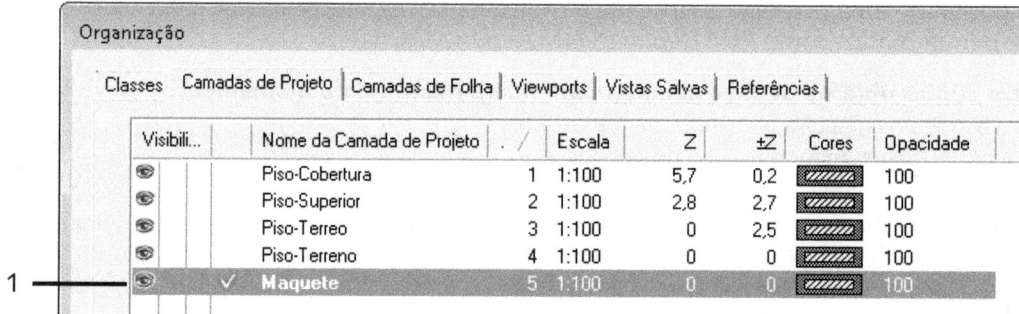

2. Na camada recém-criada, vá ao menu **Visualizar/Associação de Camadas...** (*View/Create Layer Link...*).

3. Na janela que se abre, escolha as camadas de projeto que irão formar o seu modelo (você pode apertar e manter pressionada a tecla **Ctrl** para selecionar as camadas).

4. Clique em **OK** e observe a montagem do seu modelo.

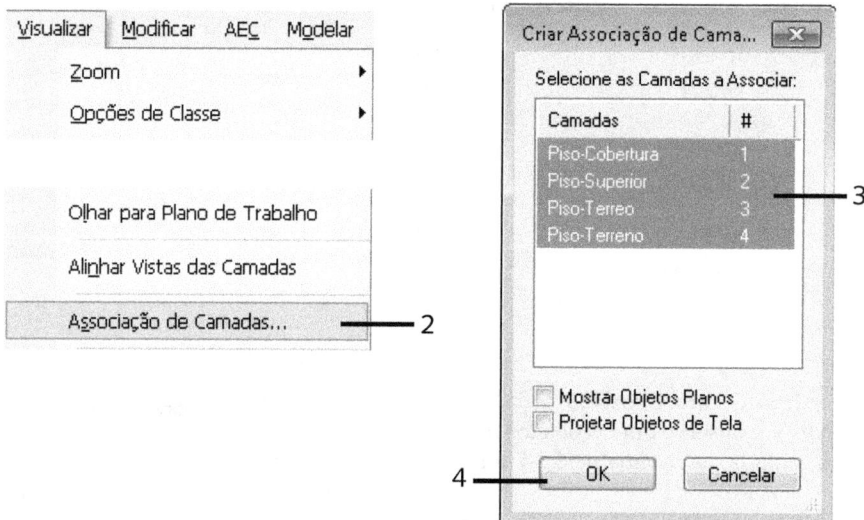

OBS1 Não é recomendável desenhar ou projetar numa camada de modelo. Todas as alterações devem ser executadas nas camadas de projeto, sendo que a camada de modelo será sempre atualizada automaticamente.

OBS2 Você pode criar também um modelo completo usando viewports nas camadas de projeto, como explicado no item **como montar um modelo em uma camada de projeto**, na pág. 280.

como criar uma elevação a partir de um modelo

Você pode criar uma elevação a partir de qualquer camada de projeto. A explicação a seguir leva em consideração que você já desenhou o projeto com um andar em cada camada e criou uma elevação a partir de um modelo

1. Crie uma nova camada de projeto, que irá receber a sua elevação.

2. Vá à camada que contém o seu modelo.

3. Na barra de visualização, clique no botão indicado para escolher a vista a ser documentada (**Frontal**/*Front*, **Posterior**/*Back*, **Esquerda**/*Left* ou **Direita**/*Right*).

4. Vá ao menu **Editar/Selecionar Tudo** (*Edit/Select All*) **Ctrl+A** para selecionar todo o modelo.

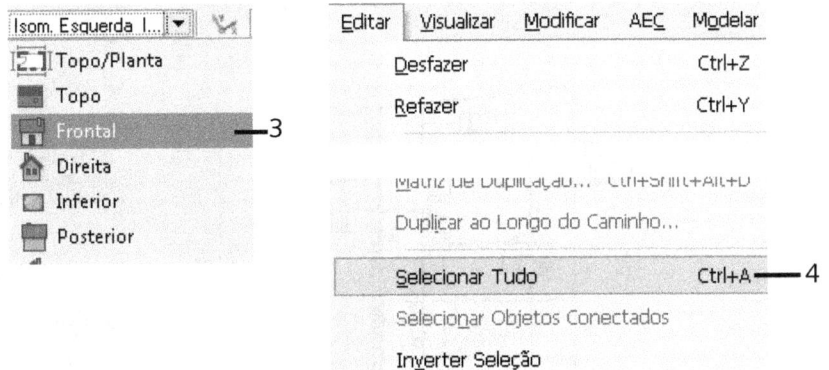

5. Vá ao menu **Modificar/Converter/Conv. Cópia em Linhas** (*Modify/Convert/Convert Copy to Lines*).

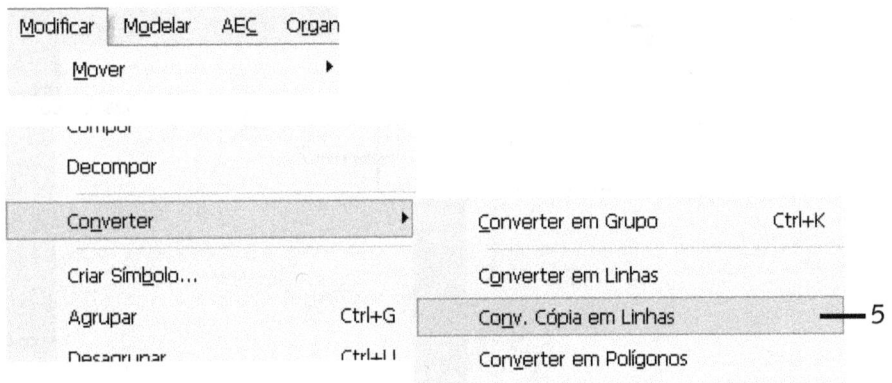

6. Na janela que se abre, escolha **Apresentação em Linhas Escondidas** (*Hidden Line Rendering*). Clique em **OK**.

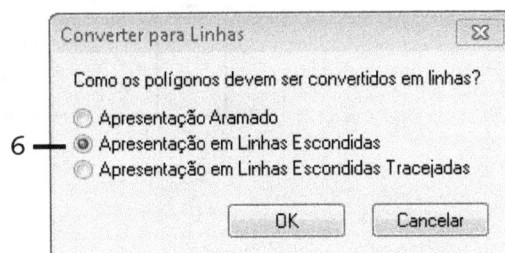

7. Mude a vista atual e observe que o Vectorworks fez uma foto da elevação. Selecione a elevação e, pela paleta **Info de Objetos** (*Object Info*) **Ctrl+I**, coloque-a na camada criada no item **1**.

8. Na barra de visualização, clique no botão indicado para ir à camada que contém a sua elevação.

9. Às vezes o desenho da elevação precisa ser retocado ou corrigido. Se isso for necessário, selecione a elevação (que é um grupo) e vá ao menu **Modificar/Editar Grupo** (*Modify/Edit Group*) **Ctrl+[**.

10. Ajuste-a, cortando ou adicionando linhas e outros objetos 2D e, quando terminar, clique em **Sair do Grupo** (*Exit Group*) **Ctrl+]**.

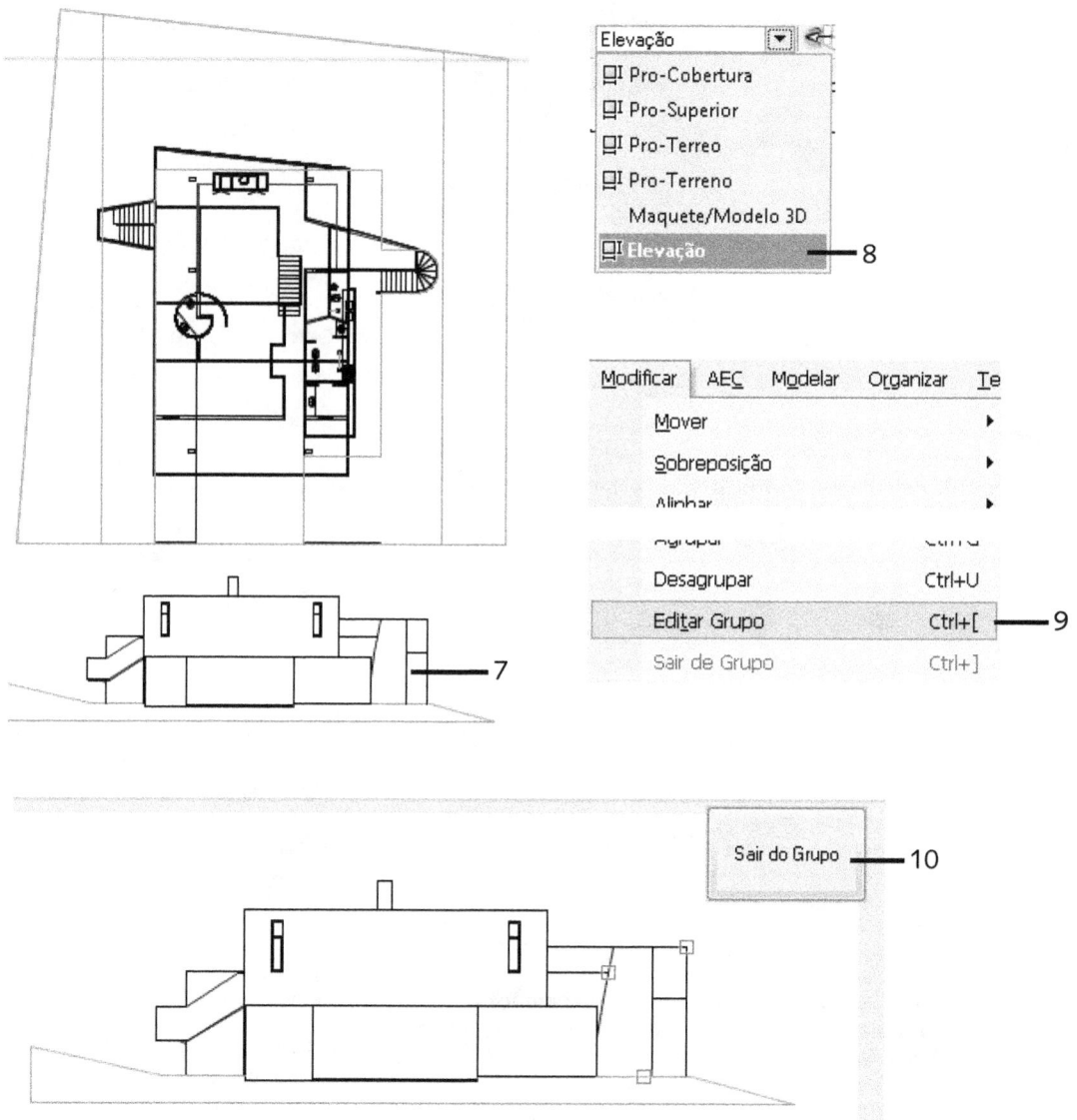

como criar um corte a partir de um modelo – método manual

O corte explicado a seguir é feito em três etapas: na primeira, você vai obter todas as linhas visíveis do corte e do que está além dele; na segunda, apenas as linhas atravessadas pelo corte. Por fim, você vai dar tratamento gráfico aos dois desenhos e colocar um em cima do outro, completando o corte.

1ª Etapa – Corte 3D:

a. Na barra de visualização, clique no botão indicado para escolher a vista **Topo/Planta** (*Top/Plan*);
b. Na paleta **Modelagem 3D** (*3D Modeling*), clique na ferramenta **Locus 3D** (*3D Locus*) **Shift+0**;
c. Clique onde você quer começar a fazer o corte;
d. Vá o menu **Modelar/Seção 3D** (*Model/Cut 3D Section*);
e. Clique onde você quer dar início à linha de corte;
f. Mova o cursor e clique onde a linha de corte será terminada;
g. Mova o cursor novamente e clique para definir qual lado do corte será preservado. O corte é executado e colocado em uma nova camada, sem prejuízo do desenho original;

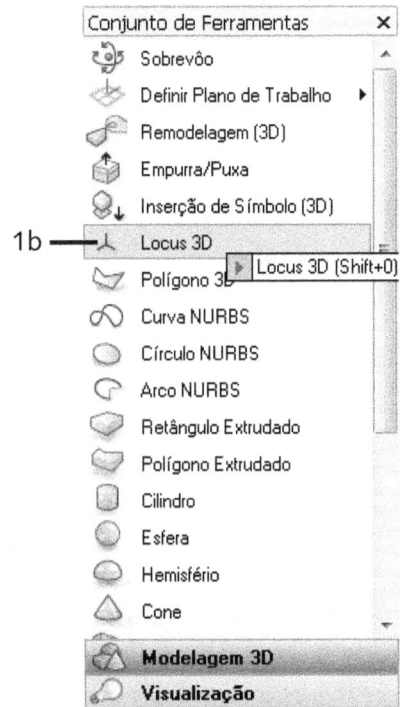

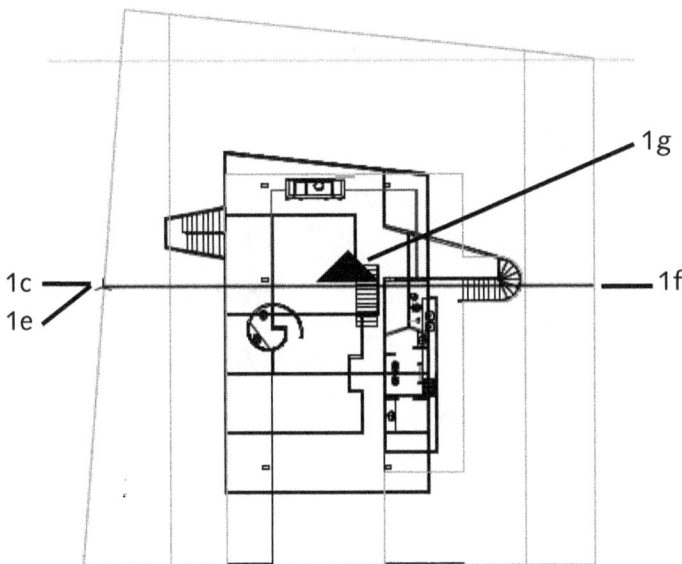

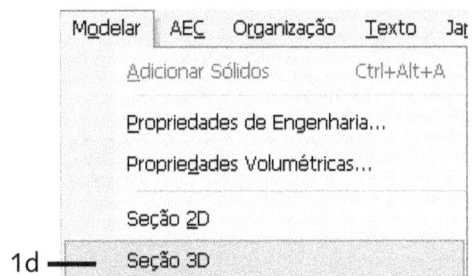

h. Coloque o desenho na vista virada para o corte;
i. Selecione-o e vá ao menu **Modificar/Converter/ Converter em Linhas** (*Modify/Convert/Convert to Lines*). Este comando transforma o corte (que era um objeto 3D) em um objeto 2D;

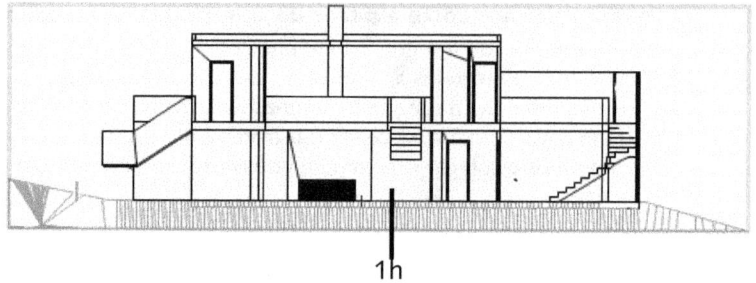

1h

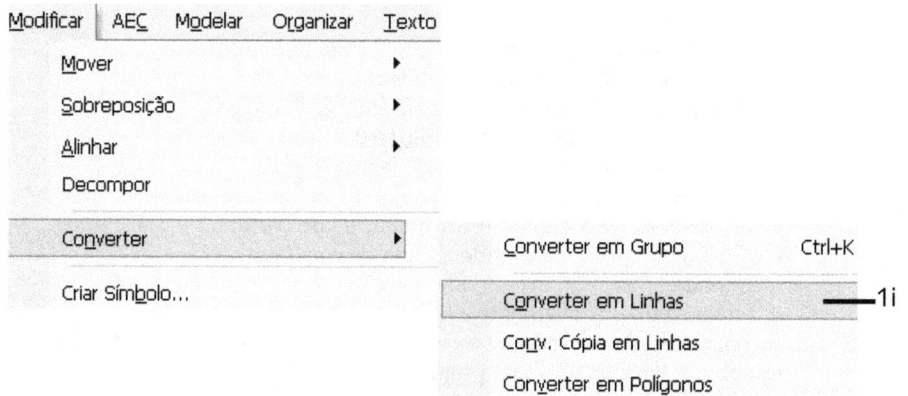

1i

j. Na janela que se abre, escolha a opção **Apresentação em Linhas Escondidas** (*Hidden Line Rendering*). Clique em **OK**;
k. Se necessário, selecione o corte (que é um grupo) e vá ao menu **Modificar/Editar Grupo** (*Modify/Edit Group*) **Ctrl+[**;
l. Ajuste o corte, retirando ou adicionando linhas e, quando terminar, clique em **Sair do Grupo** (*Exit Group*) **Ctrl+]**.

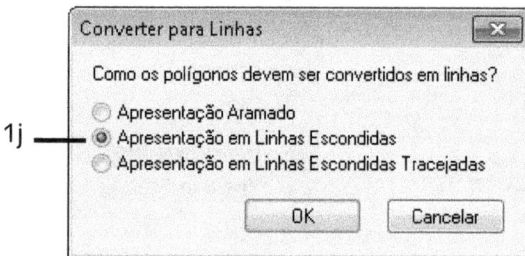

1j

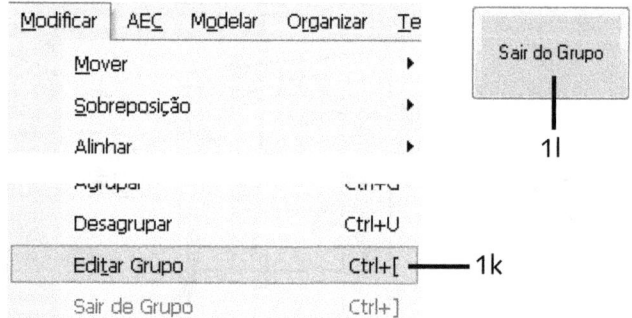

1k

1l

2ª Etapa – Corte 2D:

a. Na barra de visualização, clique no botão indicado para escolher a vista **Topo/ Planta** (*Top/ Plan*);

b. Vá o menu **Modelar/ Seção 2D** (*Model/Cut 2D Section*);

c. Clique onde você quer dar início à linha de corte (em cima do locus 3D, colocado anteriormente);

d. Mova o cursor e clique onde a linha de corte será terminada;

e. Mova o cursor novamente e clique para definir qual lado do corte será preservado. O corte é executado e colocado em uma nova camada, sem prejuízo do desenho original;

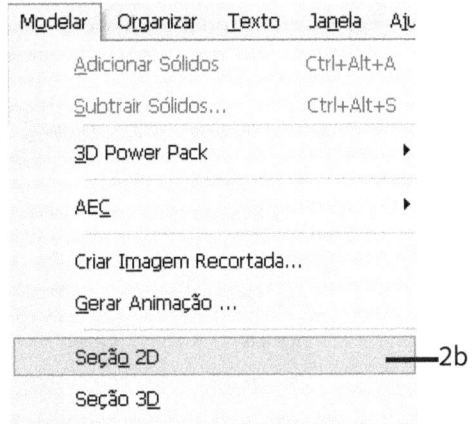

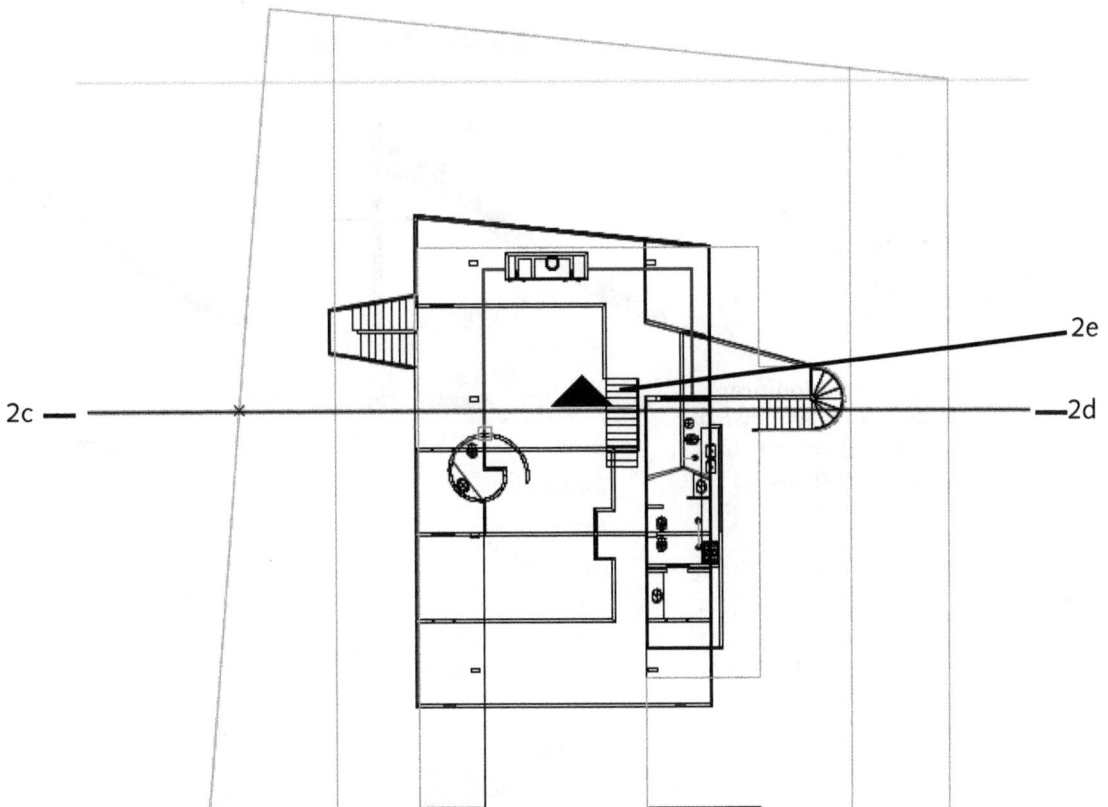

f. Para fazer com que o corte 2D fique preenchido (como é padrão na representação arquitetônica), selecione-o e vá ao menu **Modificar/Editar Grupo** (*Modify/Edit Group*) **Ctrl+[**;

g. Selecione todas as linhas e vá ao menu **Modificar/Compor** (*Modify/Compose*). Observe que o Vectorworks reconstrói todas as linhas em polígonos que podem ser preenchidos;

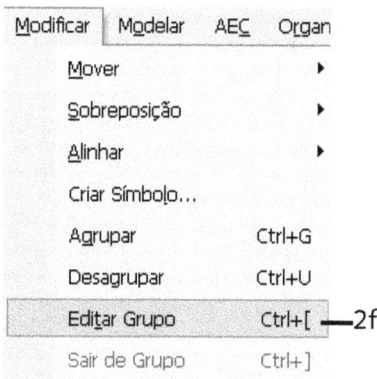

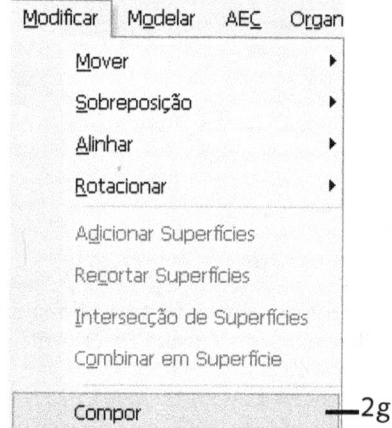

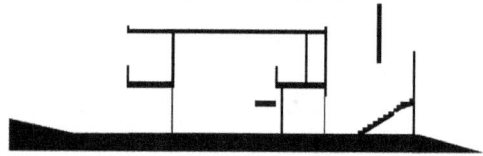

h. Os polígonos que não foram corretamente preenchidos terão de ser reconstruídos manualmente;

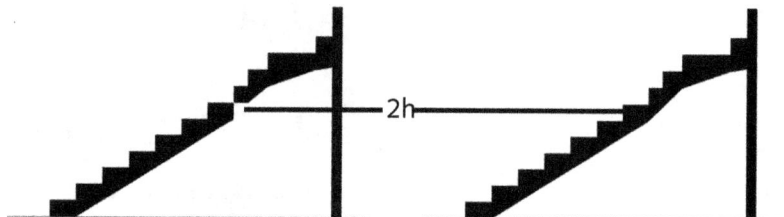

i. Vá ao menu **Modificar/ Sair do Grupo** (*Modify/Exit Group*) **Ctrl+]** para finalizar a edição do corte 2D.

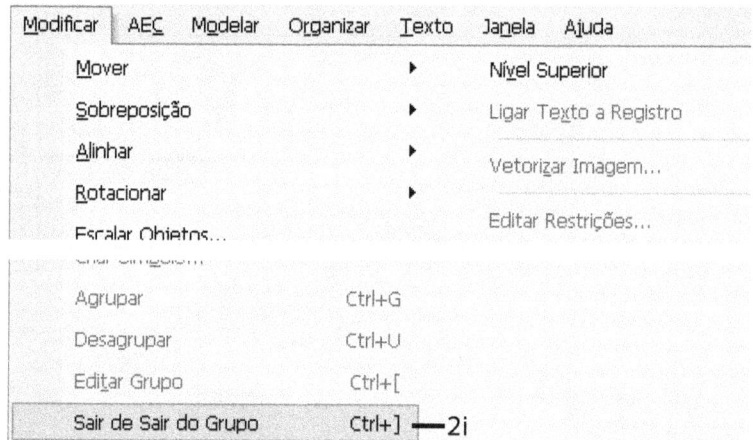

3ª Etapa – Sobreposição dos Cortes:

a. Se você estiver na camada do corte 2D, selecione-o e, pela paleta **Info de Objetos** (*Object Info*) **Ctrl+I**, mude-o de camada (para a mesma camada onde está o corte 3D). O objeto deve desaparecer;

b. Vá para a camada onde está corte 3D;

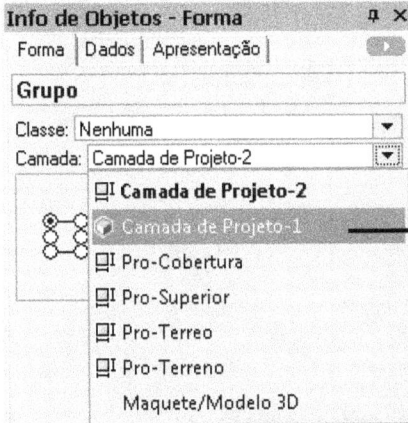

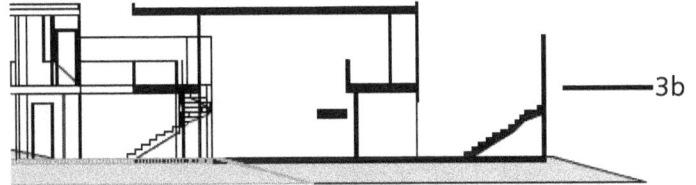

c. Selecione somente o corte 2D e mova-o, por um ponto coincidente nos dois cortes, até que a sobreposição esteja perfeita;

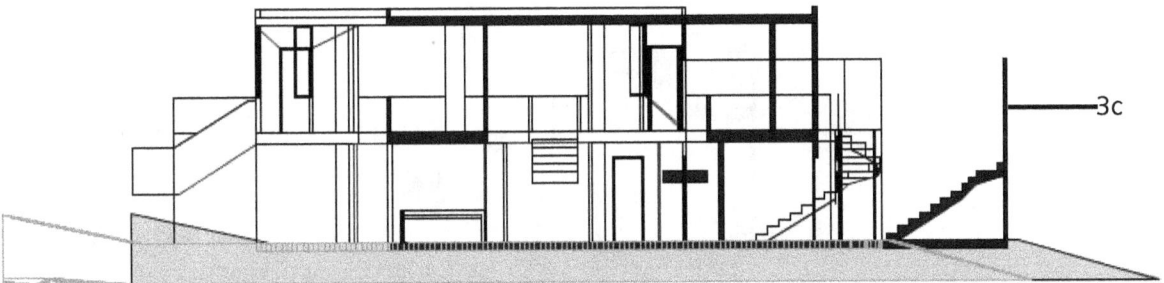

d. Selecione os dois desenhos (o corte 2D e o 3D) e agrupe-os pelo menu **Modificar/Agrupar** (*Modify/Group*) **Ctrl+G**.

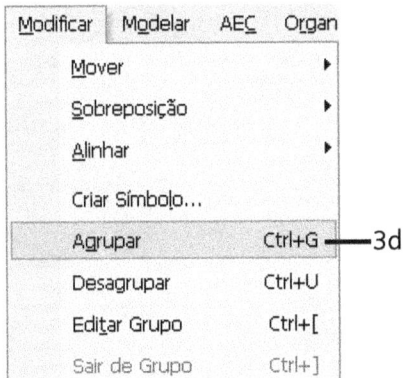

10.5 Documentação com viewports

Viewport é um objeto que permite ver, em qualquer camada (de folha ou de projeto), um desenho feito em uma camada de projeto. Você pode, através de viewports, montar pranchas que mostrem plantas de vários pavimentos, perspectivas, ampliações de ambiente, entre outros, simultaneamente e com atualização automática a partir dos desenhos originais nas camadas de projeto. Esse processo de documentação com referenciamento automático é uma parte importante do que se convencionou chamar de sistema BIM (*Building Information Modeling*). Se você prefere documentar o seu projeto usando técnicas menos automatizadas, pode utilizar os procedimentos do item **10.4 Documentação básica em camadas de projeto** a partir da pág. 267.

como criar um viewport de uma planta, elevação ou perspectiva em uma camada de folha

1. Vá à camada de projeto que deseja documentar.

2. Posicione o observador como desejar: em vista **Topo/Planta** (*Top/Plan*) para ver a planta (**a**), alguma vista lateral para obter uma elevação (**b**) ou alguma posição criada pelo menu **Visualizar/Definir Vista 3D** (*View/Set 3D View*) **Ctrl+0** (**c**).

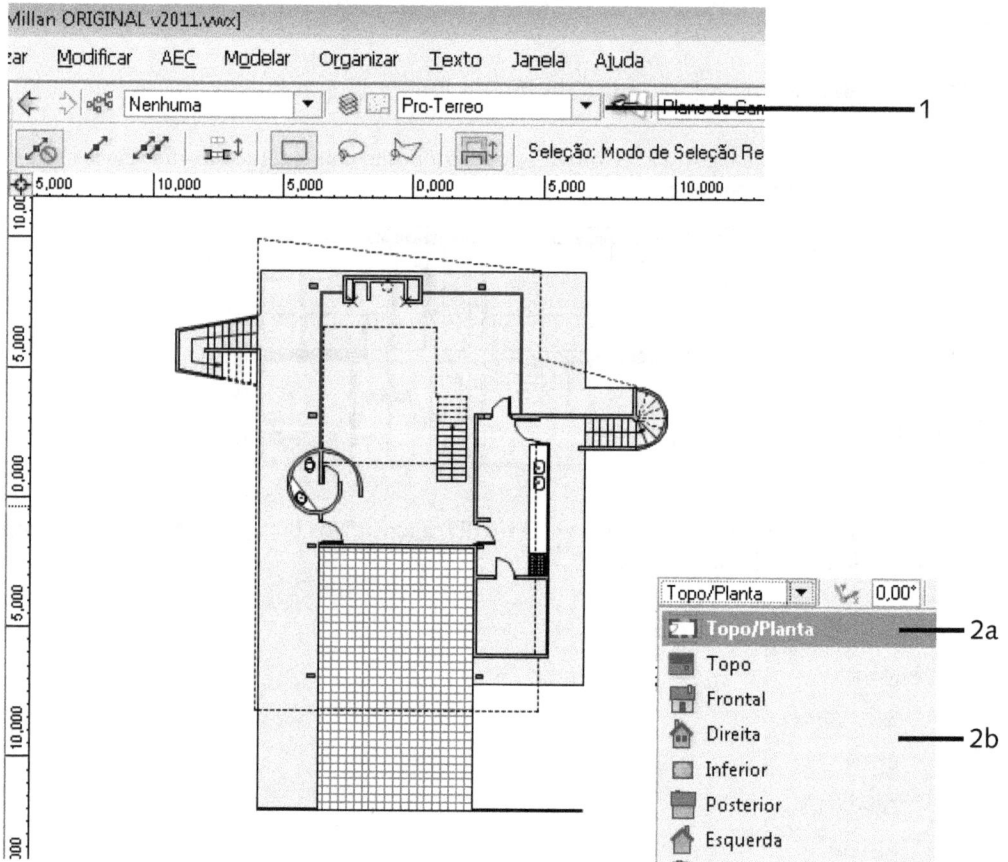

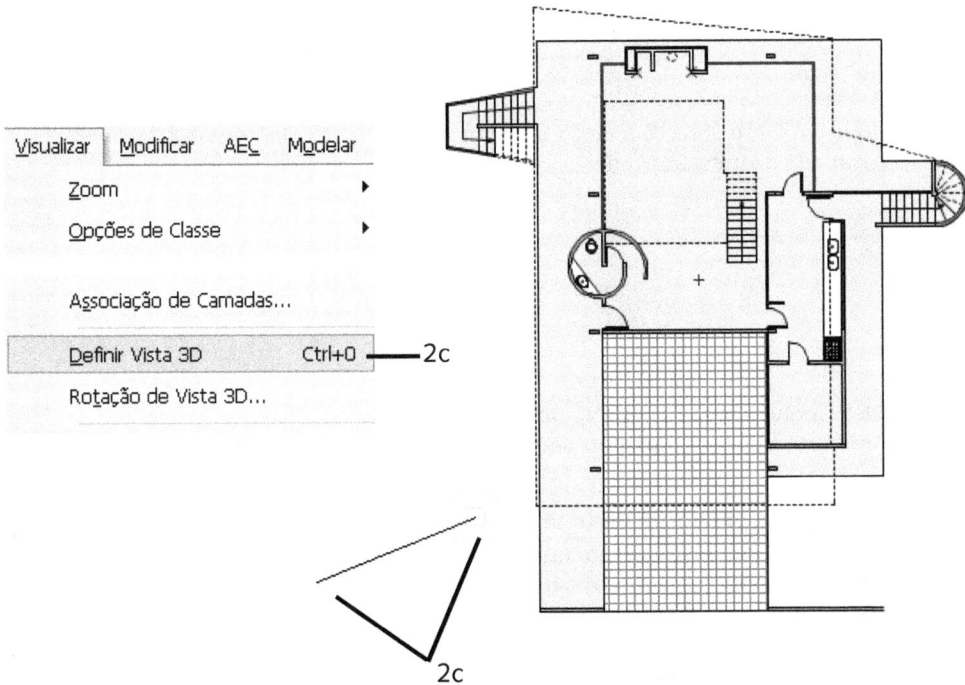

3. Vá ao menu **Visualizar/Criar Viewport...** (*View/Create Viewport...*).

4. Na janela que se abre, determine:

    a. **Nome do Viewport** (*Viewport Name*): Dê um nome ao seu viewport;

    b. **Título do Desenho** (*Drawing Title*): Dê um nome ao seu desenho;

    c. **Cria na Camada** (*Create on Layer*): Indique em que camada este viewport será colocado;

    d. **Escala** (*Scale*): Indique qual será a escala do viewport.

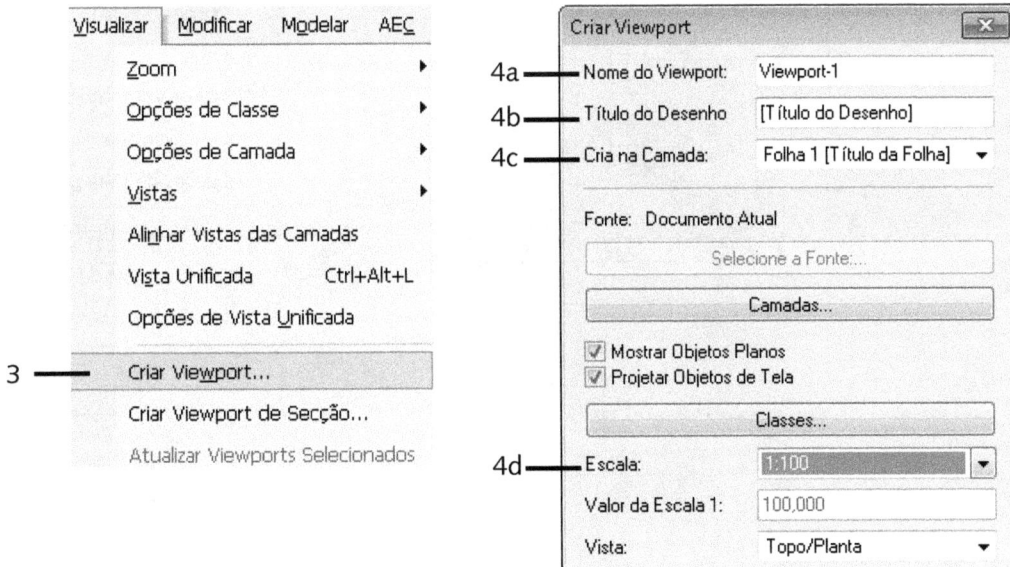

Projeção:	Plano 2D ▼
Tipo de Perspectiva:	Normal
Dist. da Perspectiva:	9,760

5. Clique em **OK** e observe o viewport colocado na camada de folha indicada.

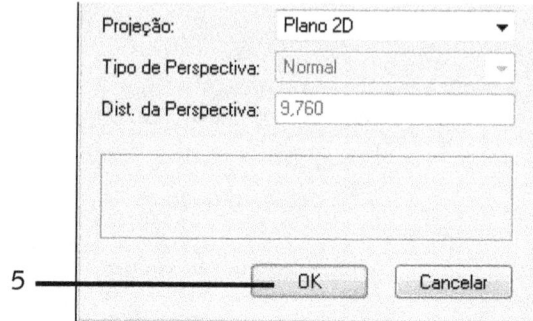

5 —————— [OK]   [Cancelar]

OBS Conheça todas as opções de configuração de um viewport observando o item as opções de configuração de um viewport na paleta **Info de Objetos** (*Object Info*), na pág. 289.

---

como criar um viewport de uma camada de projeto em outra

Você pode criar um viewport em uma camada de projeto para observar, a partir da camada em que está trabalhando, o desenho de uma outra camada de projeto (do seu arquivo ou de outro arquivo de Vectorworks). Para cada viewport em uma camada de projeto, você pode ajustar as classes e fazer recortes.

1. Vá à camada de projeto que será a base do viewport e posicione o observador como desejar.

2. Vá ao menu **Visualizar/Criar Viewport...** (*View/Create Viewport...*).

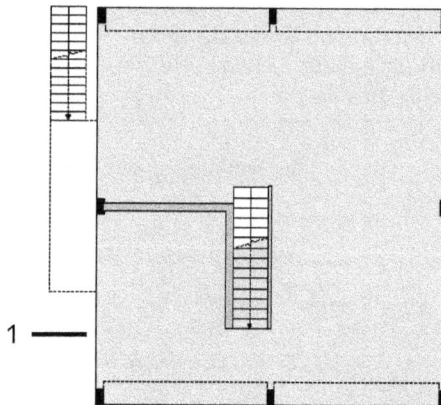

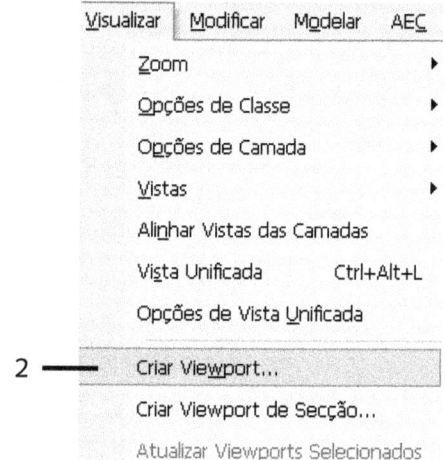

1 ———

2 ———

Visualizar	Modificar	Modelar	AEC

Zoom ▶
Opções de Classe ▶
Opções de Camada ▶
Vistas ▶
Alinhar Vistas das Camadas
Vista Unificada   Ctrl+Alt+L
Opções de Vista Unificada
Criar Viewport...
Criar Viewport de Secção...
Atualizar Viewports Selecionados

3. Na janela que se abre, determine:

    a. **Nome do Viewport** (*Viewport Name*): Dê um nome ao seu viewport;

    b. **Título do Desenho** (*Drawing Title*): Dê um nome ao seu desenho;

    c. **Cria na Camada** (*Create on Layer*): Indique em que camada este viewport será colocado;

    d. **Escala** (*Scale*): Indique qual será a escala do viewport.

4. Clique em **OK** e observe o viewport colocado na camada de folha indicada.

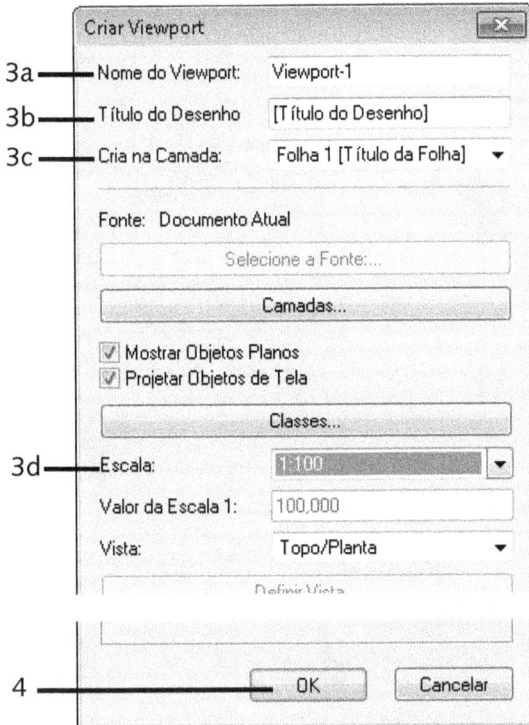

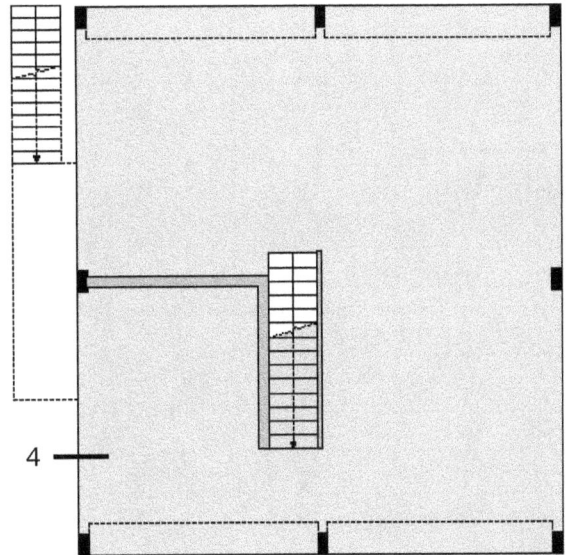

> **OBS** Os viewports criados em camadas de projeto não possuem ajustes de escala e apresentação, pois estes são determinados pela camada que receberá o viewport.

como montar um modelo em uma camada de projeto

O procedimento a seguir mostra como usar viewports em camadas de projeto para observar um modelo com diversos andares. Para isso, suponha que você tenha um arquivo com as camadas de projeto **térreo**, **superior** e **cobertura**.

1. Crie uma nova camada de projeto e dê a ela o nome de **Modelo**, por exemplo.

2. Vá à camada recém-criada e, em seguida, vá ao menu **Visualizar/Criar Viewport** (*View/Create Viewport*).

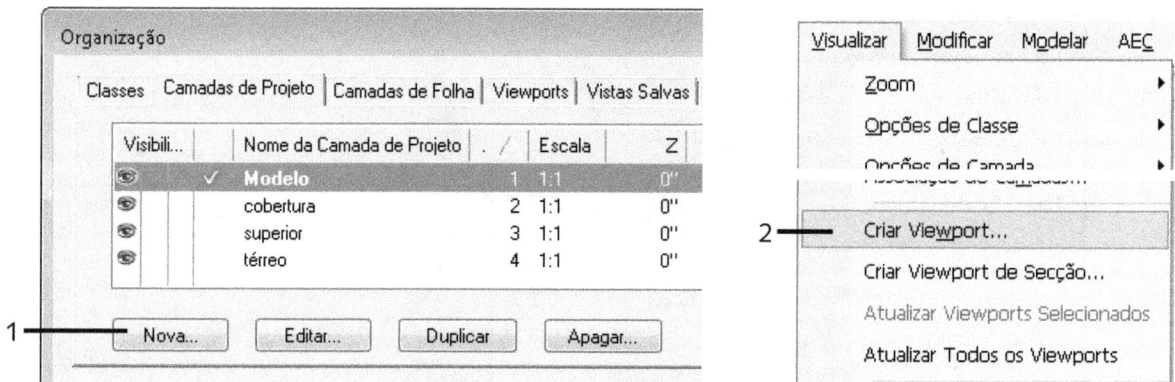

3. Na janela que se abre, dê um nome ao viewport (**a**) e um título a ele (**b**).

4. Clique em **Camadas...** (*Layers...*) para escolher as camadas de projeto que serão vistas. Observe as sugestões a seguir.

a. Se você quer montar todos os andares de uma vez, selecione as três camadas e dê OK. Dessa maneira você téra um único viewport que mostra todo o modelo;

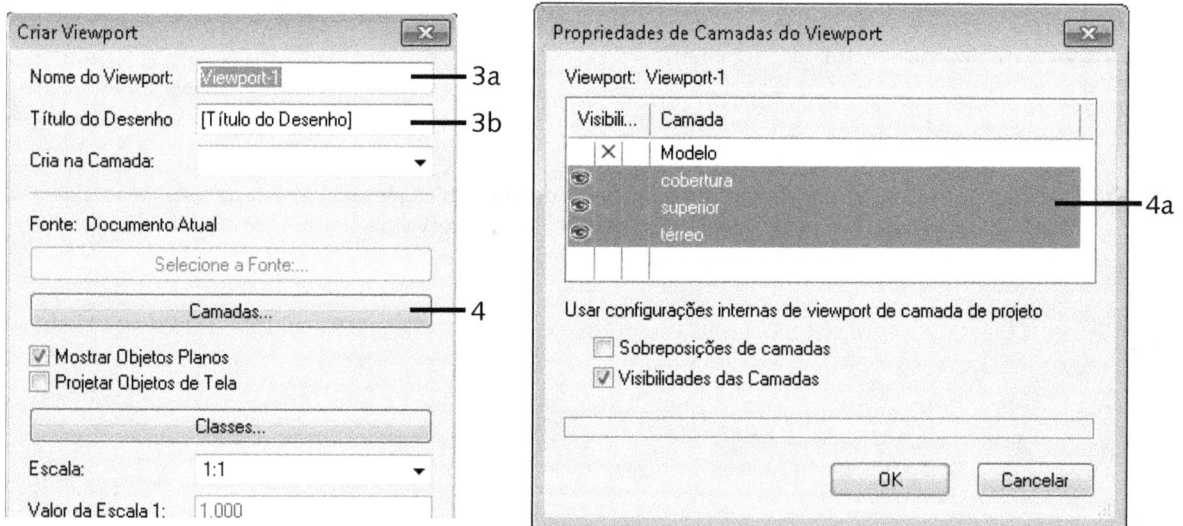

b. Pode ser que você queira colocar cada andar em um viewport isolado. Isso permite que você possa ligar e desligar diferentes classes para cada viewport (consequentemente, para cada andar);

c. Outra vantagem em ter um viewport para cada andar é a possibilidade de copiar um viewport de um mesmo andar diversas vezes, quando se trabalha com pavimentos-tipo, por exemplo. Para experimentar essa técnica, ou a descrita no item **b**, você só pode selecionar um andar para cada viewport criado.

5. Clique em **OK** para ver o seu modelo completo (de acordo com o descrito em **4a** e **4c**) ou para criar mais viewports (casos **4b** e **4c**).

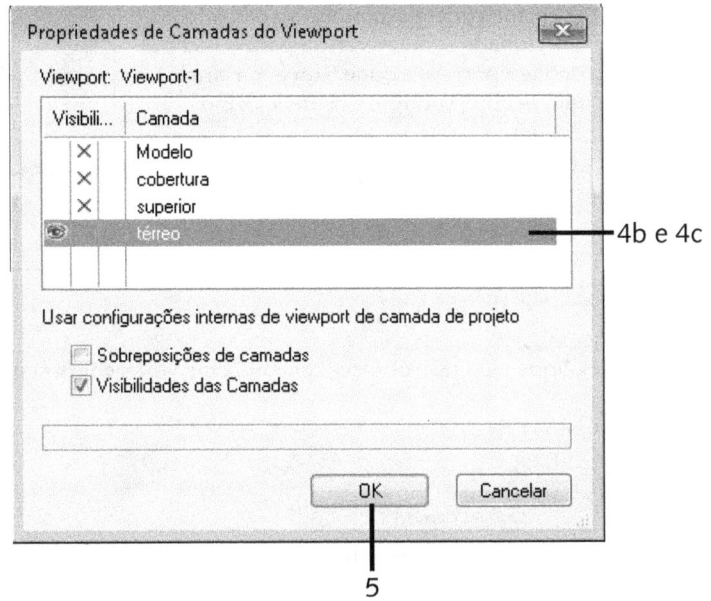

como criar um viewport recortado de uma camada de projeto

Um viewport recortado de uma camada de projeto é útil para mostrar um ambiente de um pavimento ampliado, por exemplo:

1. Ative a camada de projeto que você vai documentar.

2. Desenhe um objeto 2D fechado (retângulo, círculo, polígono ou polilinha) sobre a área que será documentada e selecione-o (o objeto, não o projeto todo).

3. Vá ao menu **Visualizar/Criar Viewport...** (*View/Create Viewport...*).

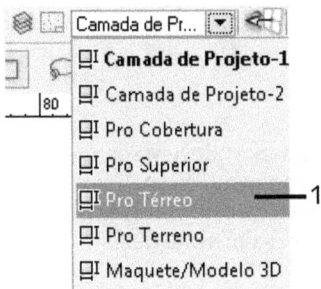

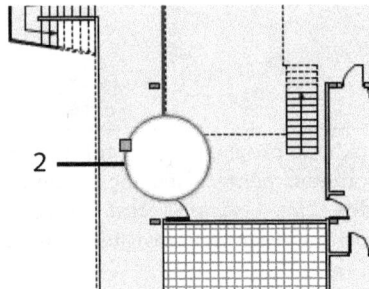

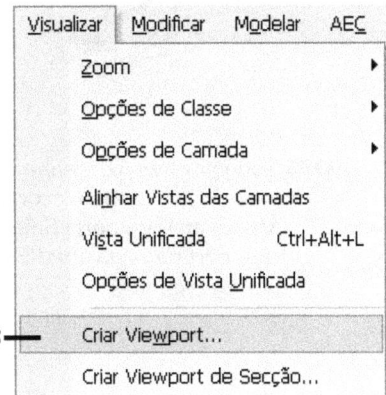

4. O Vectorworks perguntará se o objeto selecionado será referência para o recorte do viewport. Selecione **Sim** e, na janela que se abre, configure os itens como desejar.

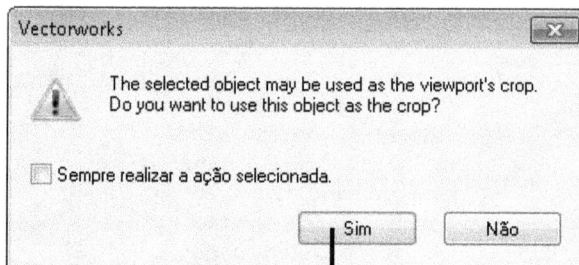

5. Clique em **OK** e observe que o Vectorworks colocou o viewport na camada indicada.

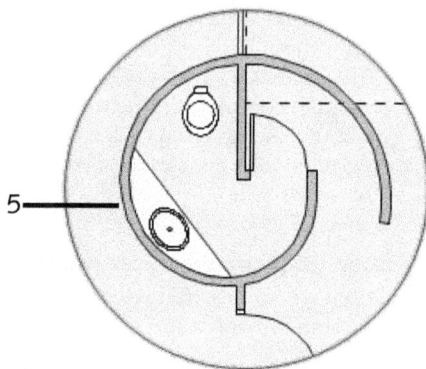

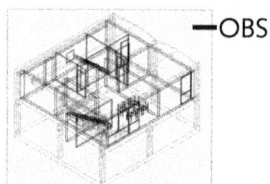

—OBS

OBS Toda vez que o desenho na camada de projeto original for alterado, o viewport deverá ser alterado também. Se isso não ocorrer automaticamente, selecione o viewport e vá ao menu **Visualizar/Atualizar Viewports Selecionados** (*View/Update Selected Viewports*). O Vectorworks informa qual viewport não está atualizado desenhando uma marcação vermelha e branca em volta dele.

como alterar o recorte de um viewport

Mesmo depois de pronto, você pode alterar o recorte de um viewport, tanto em relação aos seus atributos gráficos quanto à sua forma. Você pode inserir também um recorte em um viewport que originalmente não possuía nenhum.

1. Com a ferramenta **Seleção** (*Selection*) **X**, faça um duplo clique sobre o viewport que terá o recorte alterado.

2. Na janela que se abre, clique no botão **Recortes** (*Crop*).

3. Clique em **OK** para entrar no modo de edição de recorte.

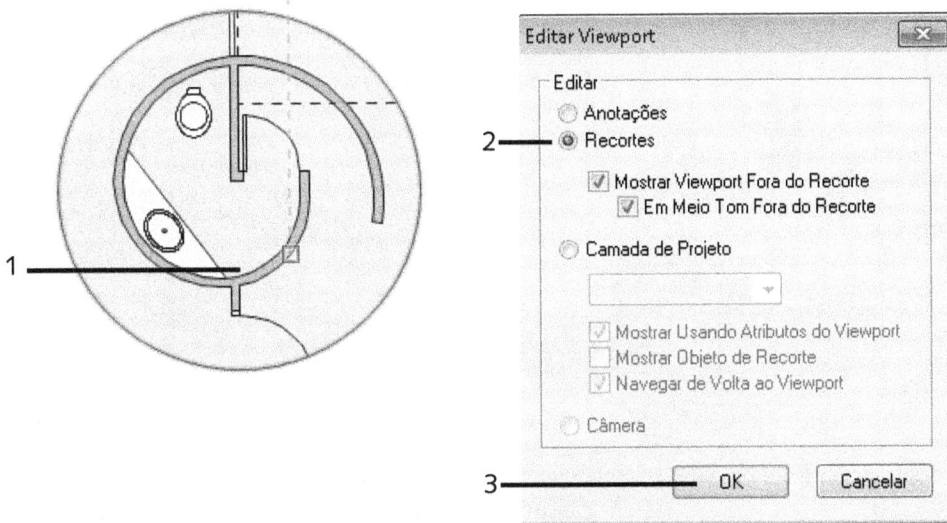

4. Altere o recorte como desejar (cores, espessura de linha e tipo de tracejado). Se quiser, você também pode alterar a forma do polígono de recorte ou mesmo substituí-lo por outro objeto 2D de referência.

5. Para sair da edição, clique no botão **Sair de Recorte de Viewport** (*Exit Viewport Crop*) e observe a mudança feita no viewport.

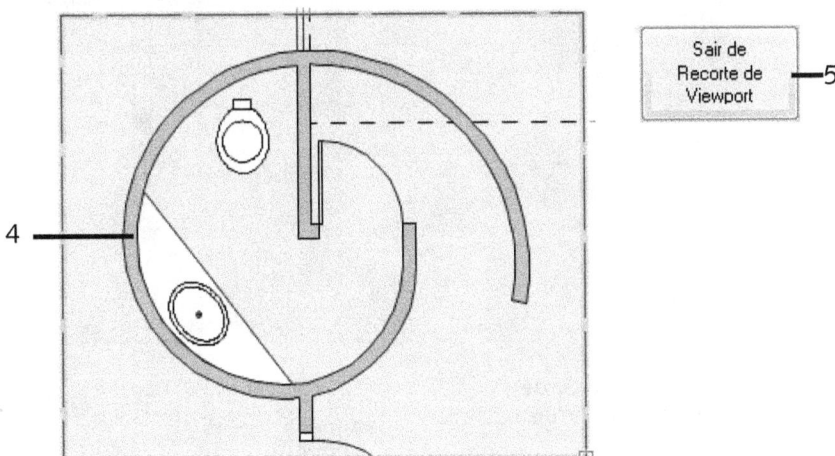

como inserir anotações em um viewport

Você pode usar o recurso de anotações para cotar e inserir informações que dizem respeito somente àquele viewport. Dessa maneira, a camada de projeto fica preservada e continua sendo usada apenas na sua finalidade original. Você só pode criar anotações em viewports que são colocadas em camadas de folha.

1. Com a ferramenta **Seleção** (*Selection*) **X**, faça um duplo clique sobre o viewport que irá receber as anotações (este viewport deverá estar em uma camada de folha).

2. Na janela que se abre, clique no botão **Anotações** (*Annotations*).

3. Clique em **OK** para entrar no modo de anotações.

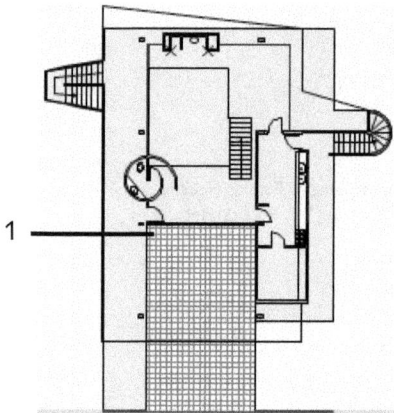

4. Desenhe cotas e insira todas as informações que desejar (inclusive figuras geométricas e símbolos, se precisar).

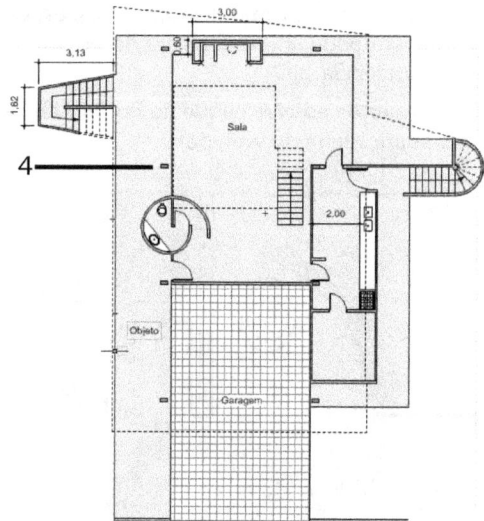

5. Para sair da edição, clique no botão **Sair de Anotação de Viewport** (*Exit Viewport Annotation*) e observe a mudança feita no viewport.

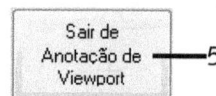

como criar um viewport de seção

O viewport de seção é uma outra maneira de obter o corte de um projeto (diferente da explicada no item **Como criar um corte a partir de um modelo**, pág. 271). Um viewport de seção é atualizado toda vez que o desenho original é alterado nas camadas de projeto originais.

1. Vá à camada de projeto que deseja documentar e posicione o observador na vista **Topo/Planta** (*Top/Plan*).

2. Vá ao menu **Visualizar/Criar Viewport de Secção...** (*View/Create Section Viewport...*).

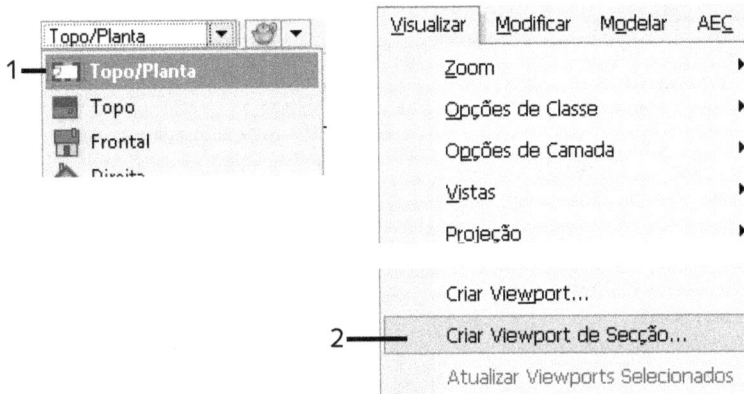

3. Clique onde você quer dar início à linha de corte.

4. Mova o cursor e clique para determinar o trecho de um corte.

5. Se precisar, continue movendo o cursor e clicando para definir mais referências de corte. Quando quiser terminar, faça um duplo clique onde será o ponto final do corte.

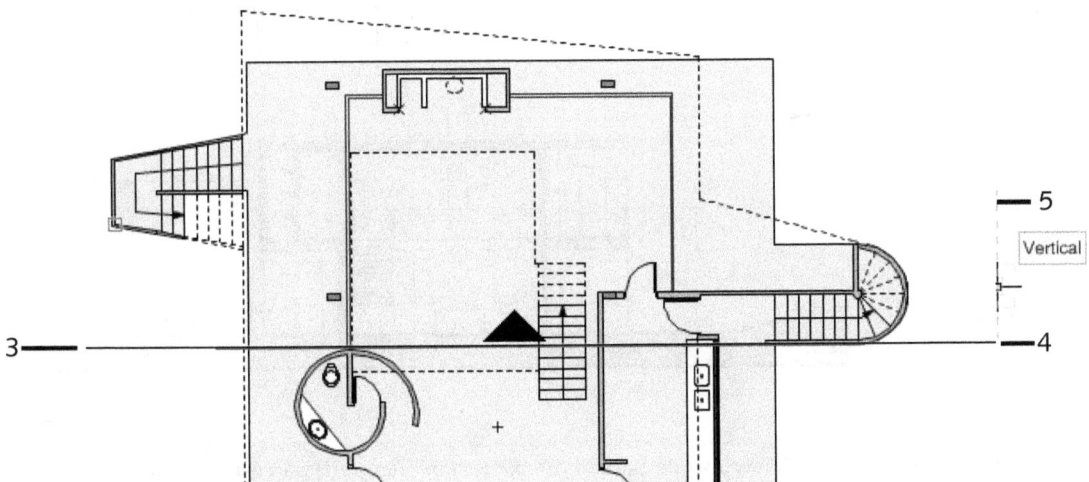

6. Na janela que se abre, determine:

a. **Nomeie o Viewport como No. Dwg./ No. de Folha** (*Name Viewport as Dwg. No./ Sheet No.*): Ative esta caixa para que o nome do viewport seja criado automaticamente a partir da junção entre o número do desenho (**6c**) e a camada onde o viewport será colocado (**6b**);

b. **Cria na Camada** (*Create on Layer*): Indique a camada que receberá o viewport;

c. **Número do Desenho** (*Drawing Number*): Digite um código que identifica seu desenho;

d. **Título do Desenho** (*Drawing Title*): Dê um nome ao seu desenho;

e. **Mostrar Objetos além do Plano de Corte** (*Display Objects beyond Section Plane*): Ative esta caixa se quiser mostrar os objetos que estão desenhados além do plano de corte;

f. **Escala** (*Scale*): Escolha a escala de representação do viewport;

g. **Apresentação** (*Rendering*): Determine o método de apresentação a ser usado no viewport;

h. **Propriedades Avançadas da Seção...** (*Advanced Section Properties...*): Abre uma janela de configuração de mais propriedades da seção.

7. Clique em **OK** e observe o viewport colocado na camada indicada.

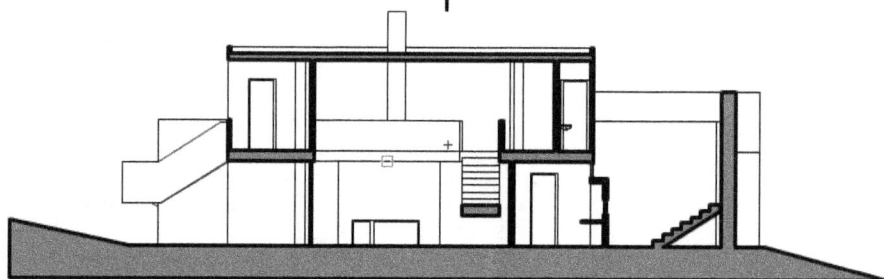

OBS O comando **Criar Viewport de Secção** (*Create Section Viewport*) não está disponível na versão Fundamentals do Vectorworks. Para fazer um corte usando o Vectorworks Fundamentals, veja o item **como criar um corte a partir de um modelo – método manual**, na pág. 271.

como alterar os atributos de uma classe em um viewport

Cada viewport tem o seu próprio ajuste de classes. Além de poder ligar e desligar as classes, você pode alterar também os seus atributos gráficos. Para isso:

1. Selecione o viewport que contém a classe que terá seus atributos mudados.

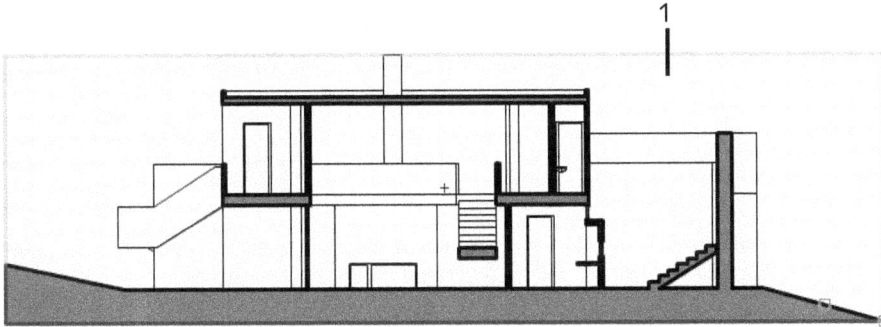

2. Na paleta **Info de Objetos** (*Object Info*) **Ctrl+I**, clique no botão **Classes...** (*Classes...*).

3. Na janela que se abre, faça um duplo clique sobre a classe que será editada.

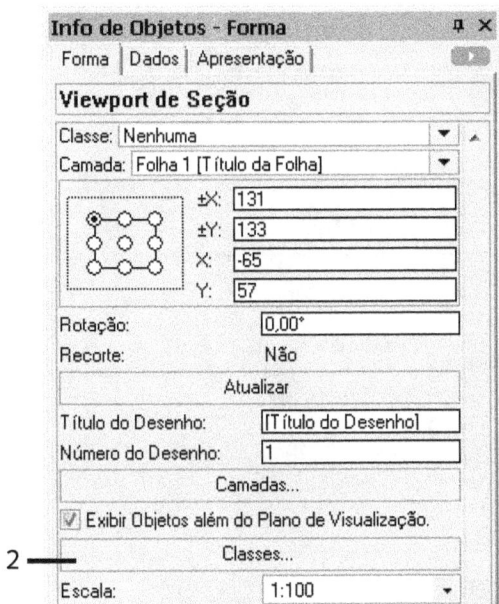

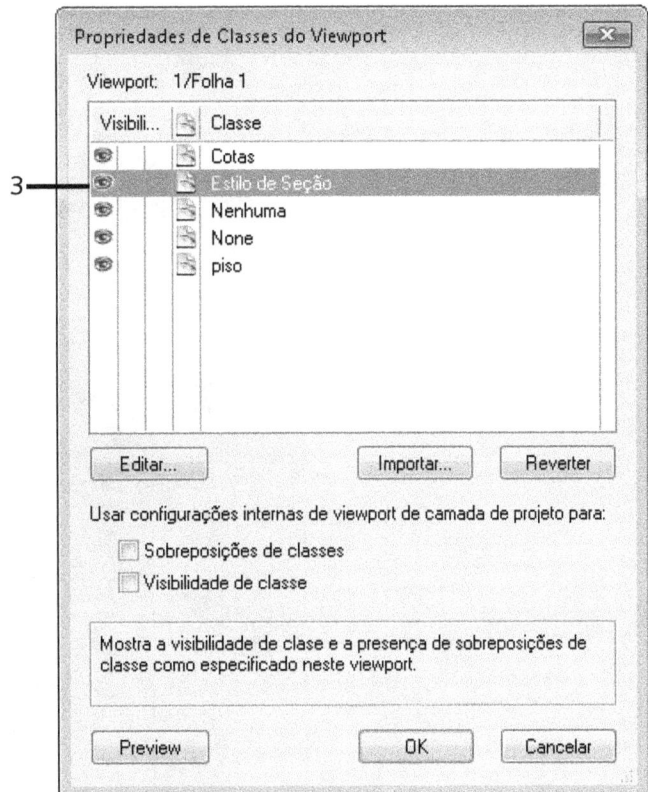

4. Na nova janela, configure os itens a seguir:

   a. **Preenchimento** (*Fill*): Altere os ajustes de preenchimento dos objetos que estão nesta classe, neste viewport;

   b. **Traço** (*Pen*): Regule os atributos de traço para esta classe neste viewport;

   c. **Opacidade** (*Opacity*): Escolha se e quanto de opacidade esta classe terá neste viewport;

5. Clique em **OK** para confirmar os ajustes desta classe para este viewport.

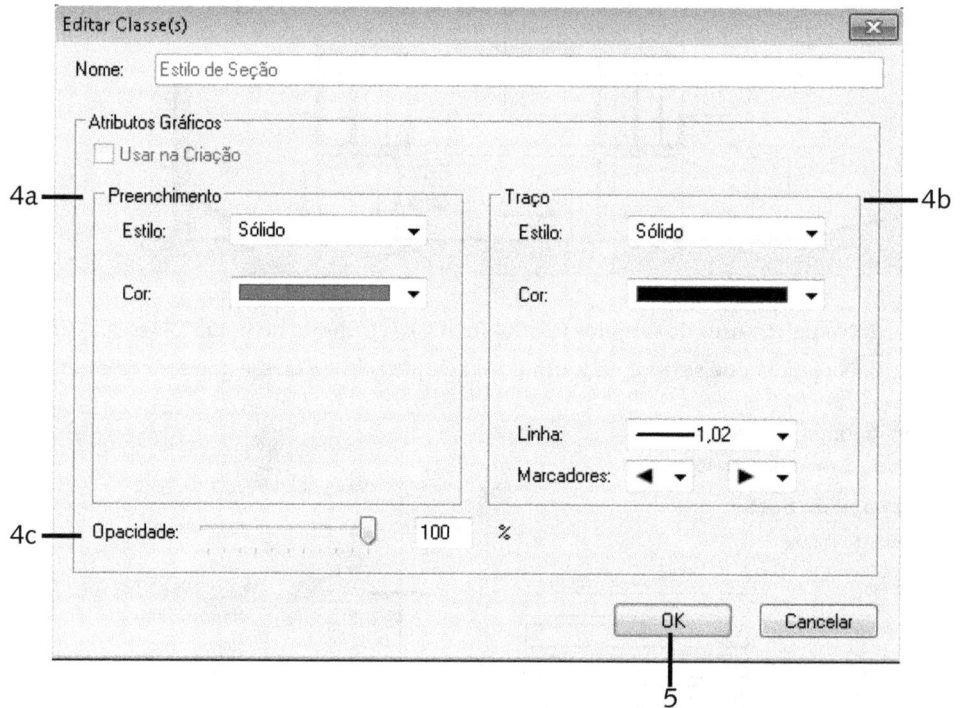

6. Clique em **OK** para confirmar todos os ajustes feitos para este viewport.

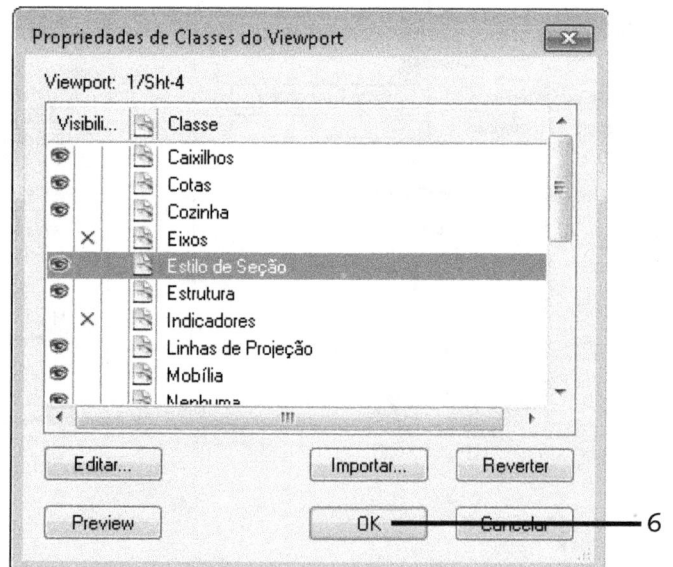

as opções de configuração de um viewport na paleta Info de Objetos

1. **Atualizar** (*Update*): Este botão atualiza a apresentação de um viewport, e você vai precisar clicar nele toda vez que alguma alteração for feita na(s) camada(s) que aparecem neste viewport.

2. **Título do Desenho** (*Drawing Title*): Dê um nome ao seu desenho;

3. **Camadas...** (*Layers...*): Permite configurar quais camadas de projeto irão aparecer neste viewport.

4. **Mostrar Objetos Planos** (*Display Planar Objects*): Clique para mostrar os objetos 2D que estão alinhados ao plano da camada, na camada de projeto – fonte do viewport.

5. **Projetar Objetos de Tela** (*Project Screen Objects*): Clique para exibir os objetos 2D alinhados ao plano de tela, na camada de projeto – fonte do viewport.

6. **Classes...** (*Classes...*): Permite configurar quais classes irão aparecer neste viewport.

7. **Escala** (*Scale*): Escolhe a escala do viewport.

8. **Escala Person. 1** (*Custom Scale 1*): Escolhe uma escala diferente da dos padrões do campo acima. Para habilitar este campo, escolha **Personalizado** (*Custom*) nas opções do campo **5**.

9. **Vista** (*View*): Para escolher a vista que será mostrada no viewport.

10. **Definir Vista...** (*Set View...*): Escolhe uma vista diferente da dos padrões do campo acima. Para habilitar este campo, escolha **Personalizado** (*Custom*) nas opções do campo **7**.

11. **Apresentação Superfícies** (*Background Render*): Define o método de apresentação de superfícies para o viewport.

12. **Config. de Apresentação de Superfícies...** (*Background Render Settings...*): Permite configurar a qualidade de alguns estilos de apresentação do Vectorworks. Só é habilitado em algumas das apresentações escolhidas no campo acima.

13. **Apresentação de Traços** (*Foreground Render*): Define o método de apresentação de traços para o viewport.

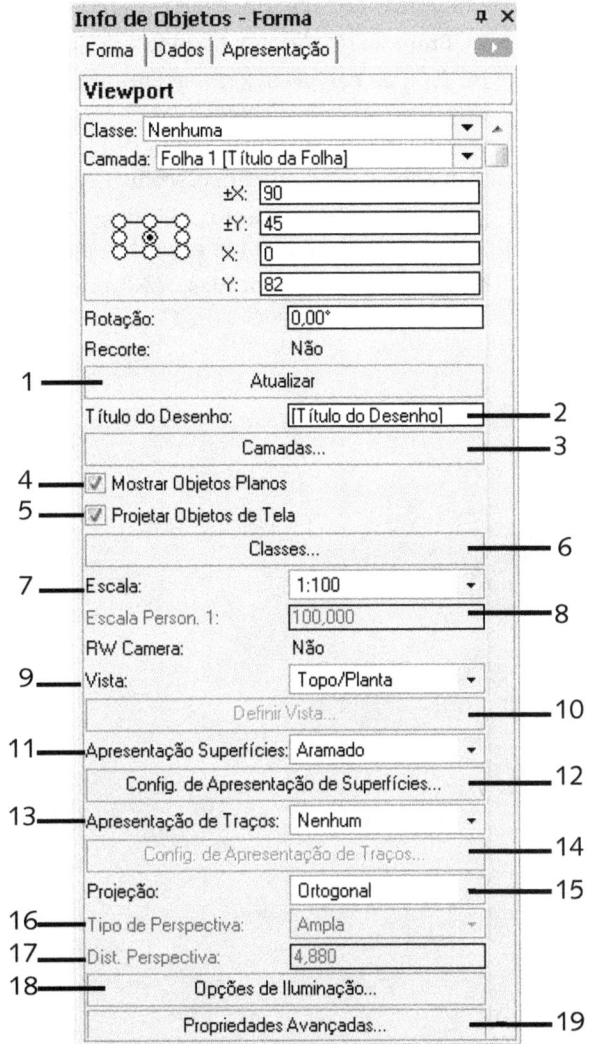

14. **Config. de Apresentação de Traços**...(*Foreground Render Settings...*): Permite configurar a qualidade de alguns estilos de apresentação de traços do Vectorworks. Só é habilitado em algumas das apresentações escolhidas no campo acima.

15. **Projeção** (*Projection*): Escolhe a projeção a ser usada no viewport.

16. **Tipo de Perspectiva** (*Perspective Type*): Escolhe o tipo de perspectiva, quando o campo acima estiver na opção **Perspectiva**.

17. **Dist. Perspectiva** (*Perspective Distance*): Permite regular a distância focal da lente da perspectiva, quando no campo acima escolhemos **Personalizado** (*Custom*).

18. **Opções de Iluminação...** (*Lighting Options...*): Regula o tipo de iluminação-padrão para este viewport, quando for apresentado nas configurações Renderworks.

19. **Propriedades Avançadas...** (*Advanced Propreties...*): Mostra as opções avançadas de configurações gráficas do viewport.

10.6 Como criar vistas 3D e renderizar

Todos nós sabemos que tão importante quanto criar um projeto em 3D para gerar documentação e quantificações automatizadas é de exterma importância saber apresentar bem o trabalho realizado. A seguir, você vai ver como se posicionar da melhor maneira (dentro ou fora) para ver um modelo 3D e dicas práticas de como renderizar as vistas, criando boas imagens.

como colocar o observador dentro do projeto

As vistas automáticas do Vectorworks permitem uma boa noção do projeto em 3D, mas nem sempre satisfazem todas as necessidades de visualização. Em vários momentos, desejamos nos colocar dentro do projeto para observar melhor o seu desenvolvimento. Para que isso aconteça, faça o seguinte:

1. Na barra de visualização, clique no botão indicado e escolha a opção **Topo/Planta** (*Top/Plan*).

2. Vá ao menu **Visualizar/Definir Vista 3D** (*View/Set 3D View*) **Ctrl+0**.

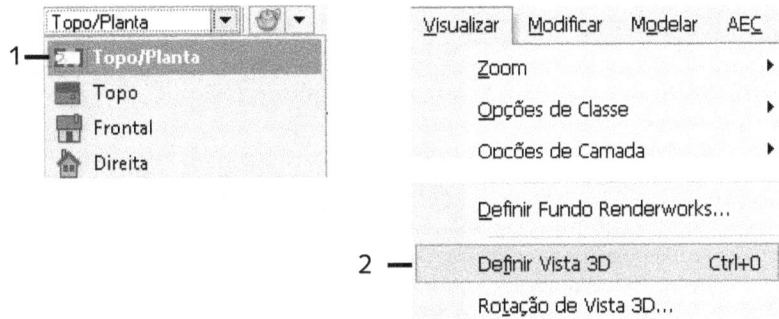

3. Clique onde você deseja colocar o observador.

4. Clique sobre o objeto a ser observado.

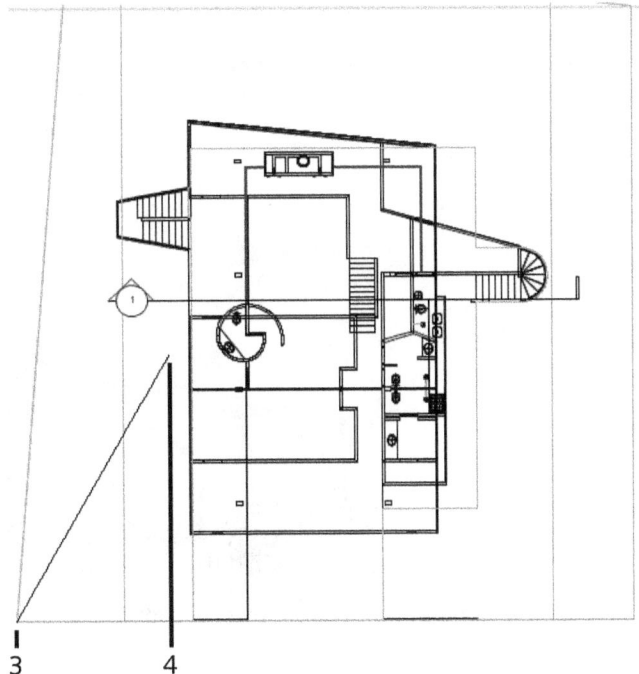

5. Na janela que se abre, regule:

a. **Altura do Observador** (*Viewer Height*): É a altura do olho do observador em relação ao nível zero da camada;

b. **Altura do Ponto Observado** (*Look Toward Height*): É a altura do objeto observado (definido no item **4**) em relação ao nível zero da camada;

c. **Perspectiva** (*Perspective*): Escolha o formato da "lente fotográfica" que vai ser usada (geralmente **Normal** para ambientes espaçosos ou externos ou **Grande** (*Wide*) para ambientes menores).

6. Clique em **OK** e veja que o Vectorworks abre uma janela de perspectiva na posição desejada.

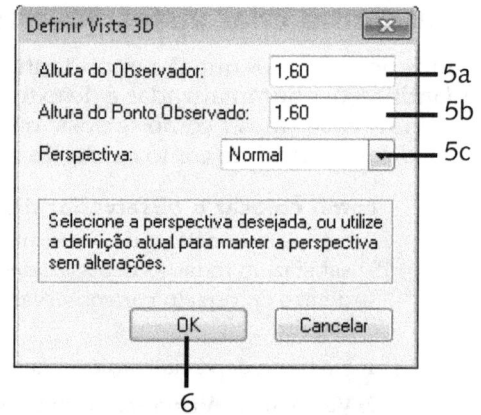

para caminhar pelo projeto

Uma vez que estamos observando o projeto através de uma janela de perspectiva, podemos caminhar por ele, dessa maneira:

1. Na paleta **Visualização** (*Visualization*), clique na ferramenta **Caminhar Através** (*Walkthrough*) **Shift+U**.

2. Leve o cursor ao centro da tela, clique e arraste para os lados para mover o observador, considerando as posições indicadas abaixo:

a. **Posição central**: O centro da tela é a área de descanso do observador; mantendo o mouse pressionado no centro, o observador fica parado;

b. **Posições para cima e para baixo**: Movimentam o observador para a frente e para trás;

c. **Posições à esquerda e à direita**: Fazem com que o observador olhe para a esquerda ou direita, girando sobre o próprio eixo.

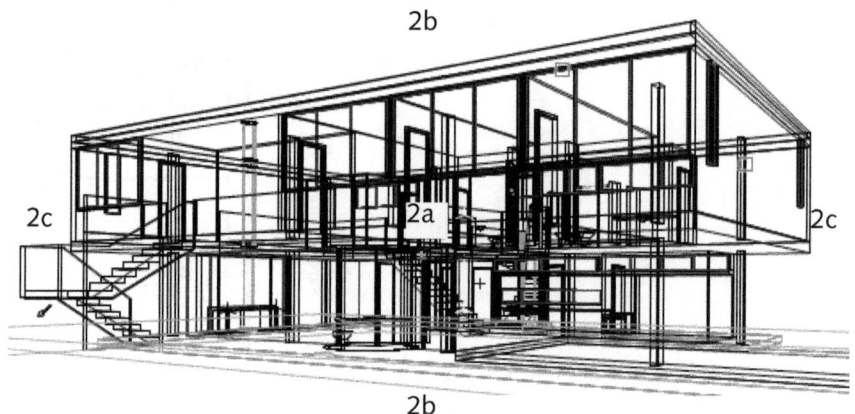

3. Para mover o observador em altura e obter vistas diferenciadas, usa-se a mesma ferramenta, mas segurando a tecla **Alt** (no Mac, a tecla é **Alt/Option**):

a. **Posições para cima e para baixo**: Movimentam o observador para o alto e para baixo;
b. **Posições à esquerda e à direita**: Fazem com que o observador movimente a cabeça para cima ou para baixo, sem que sua posição no espaço seja alterada.

3a

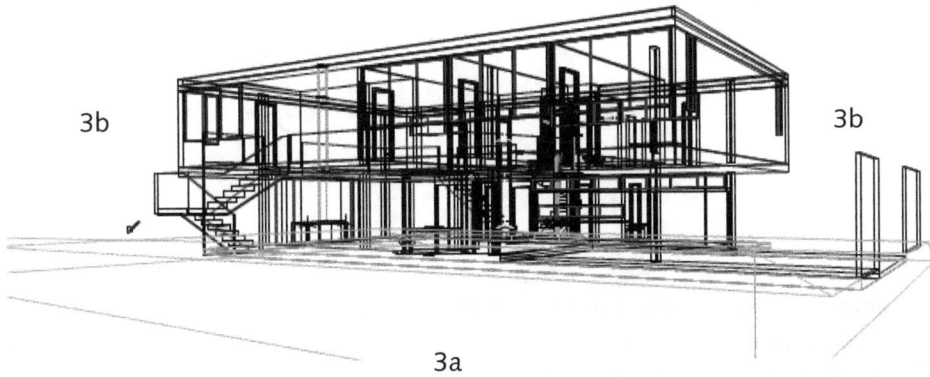

3b   3b

3a

OBS Nesta ferramenta, quanto mais nos afastamos do centro da tela, mais rápido o movimento é executado.

---

sobrevoando

1. Na paleta **Visualização** (*Visualization*), clique na ferramenta **Sobrevoo** (*Flyover*) **Shift+C**.

2. Na barra de modos, escolha uma das opções que definem o centro de giro do sobrevoo:

a. **Origem Interativa** (*Interactive Origin*): O centro de sobrevoo é definido por um clique em qualquer ponto do desenho;
b. **Centro do Objeto** (*Object Center*): O centro de sobrevoo é o centro de um objeto anteriormente selecionado. Geralmente esse é o modo mais usado;
c. **Origem do Plano da Camada Ativa** (*Active Layer Plane Origin*): O centro de sobrevoo é o centro do plano de chão **XYZ**;
d. **Origem do Plano de Trabalho** (*Working Plane Origin*): O centro de sobrevoo é o centro do plano de trabalho **JKI**.

Conjunto de Ferramentas   ×

Sobrevôo — 1
Caminhar Através
Translação de Vista
Rotação de Vista
Site Planning
Space Planning
Paredes/AEC
Modelagem 3D
Visualização
Mobiliário

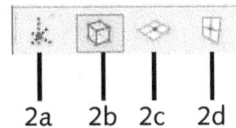

2a   2b   2c   2d

3. Leve o cursor ao centro da tela, clique e arraste para os lados para mover o observador.

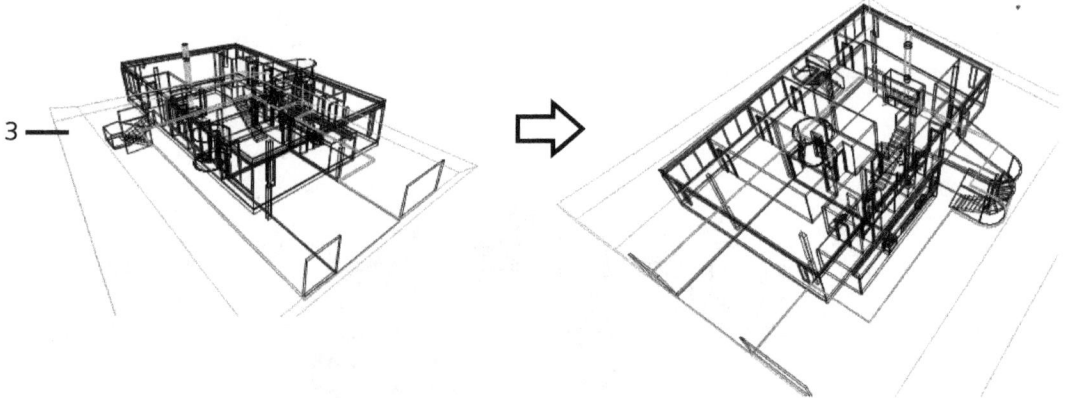

como configurar a apresentação (renderização) de uma vista

Depois de posicionar o observador corretamente, escolha o tipo de apresentação que quer usar.

1. Vá ao menu **Visualizar/Apresentação** (*View/Rendering*) e escolha:

a. **Aramado** (*Wireframe*) **Ctrl+Shift+W**: O projeto é mostrado apenas com traços, sem nenhum preenchimento. A navegação pelo modelo é bastante rápida;

b. Grupo **OpenGL** **Ctrl+Shift+G**: O projeto é mostrado com cores de preenchimento, e os objetos têm sombra própria, de acordo com a posição do sol. A navegação é boa;

c. Grupo **Renderworks**: O projeto é mostrado com texturas e sombras projetadas, com qualidade superior ao **OpenGL**. A imagem demora um pouco a ser formada e não há possibilidade de navegação;

d. Grupo **Renderworks Artístico** (*Artistic Renderworks*): São estilos de apresentação que simulam técnicas de desenho e pintura. Não há como navegar;

e. Grupo **Linhas Escondidas** (*Hidden Line*) **Ctrl+Shift+E**: Todas as faces são apresentadas em branco e as linhas em preto. Há uma opção em que as linhas escondidas aparecem tracejadas. Não é possível navegar pelo modelo nesse modo;

f. Grupo **Sólido** (*Solid*): O modelo é apresentado com suas cores originais e com as cores das suas linhas. Não há como navegar pelo projeto nesse modo.

2. De acordo com a opção escolhida acima, a apresentação será calculada automaticamente. Perceba que, toda vez que você mudar a posição do observador, a vista será recalculada (à exceção das opções **Aramado**/*Wireframe* e **OpenGL**).

como salvar uma vista e ativá-la

Agora que você já criou e renderizou uma vista, está na
hora de aprender a salvá-la. O Vectorworks é capaz
de guardar todas as informações sobre uma vista
atual (posição do observador, tipo de apresentação,
configuração de visibilidade de camadas e classes, etc.)
e guardar em um botão que pode ser usado a qualquer
momento para isso:

1. Na barra de visualização, clique no botão indicado (**a**)
e, em seguida, clique em **Salvar Vista**... (*Save View*...)
(**b**).

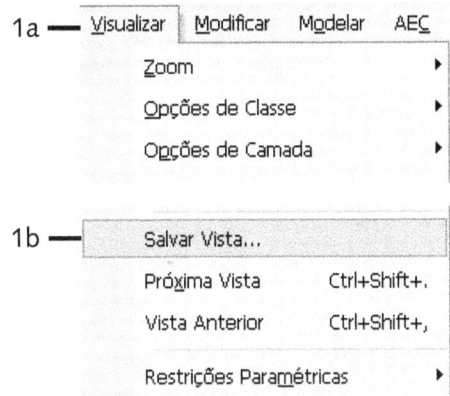

2. Na janela que se abre, configure o salvamento da vista:

    a. **Nome da Vista** (*View Name*): Dê um nome à vista;

    b. **Salvar Orientação de Vista** (*Save View Orientation*): Ative esta caixa para salvar a posição do
observador;

    c. **Salvar Zoom e Deslocamento de Vista** (*Save Zoom and Pan*): Ative esta caixa para salvar o zoom
e o deslocamento do observador em relação à janela de desenho;

    d. **Salvar Localização de Página** (*Save Page Location*): Clique para salvar a posição da página;

    e. **Salvar Vista Unificada** (*Save Unified View*): Clique para salvar o status de **Vista Unificada** (uma maneira de ver diferentes camadas ao mesmo tempo);

    f. **Salvar Opções de Apresentação** (*Save Render Settings*): Clique para salvar as regulagens internas do tipo de apresentação (*render*) que você está usando;

    g. **Salvar Visibilidade das Camadas** (*Save Layer Visibility*): Clique para salvar o atual estado de visibilidade das camadas;

    h. **Salvar Visibilidade das Classes** (*Save Class Visibility*): Clique para salvar o atual estado de visibilidade das classes.

3. Clique em **OK** para confirmar a criação do botão.

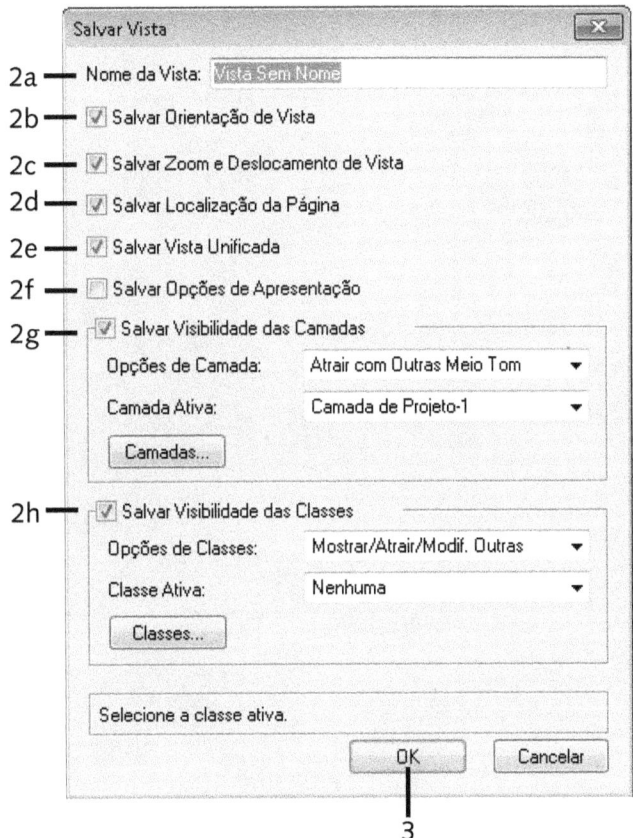

4. Para ativar uma vista salva a qualquer momento, clique no botão indicado (**a**) e, em seguida, clique no botão de vista que desejar (**b**).

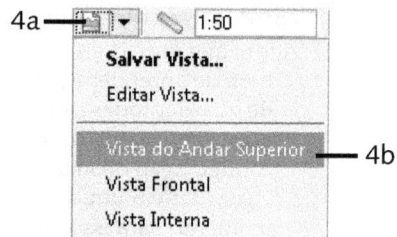

4a — [icon] ▼ [1:50]

Salvar Vista...
Editar Vista...

Vista do Andar Superior — 4b
Vista Frontal
Vista Interna

OBS Você pode salvar vistas não apenas de perspectivas, mas também vistas de planta, cortes ou elevações, enfim, qualquer posição que desejar.

11

Para que o meu projeto seja mais bem apresentado, eu preciso colocá-lo no terreno. Se eu tiver as curvas de nível em um desenho, no papel ou no computador, queria poder usá-las para fazer uma

modelagem digital do terreno*

O Vectorworks possui ferramentas para a criação e modificação de terrenos em 3D. Tendo as curvas de nível, é possível criar o volume do terreno e, a partir daí, fazer mudanças (platôs com corte e aterro), calcular volumes de terra resultantes dessas alterações, inserir vegetação, mobiliário urbano e edificações, entre outros elementos. Também é possível retirar seções do terreno para cálculo de declividade das vias propostas.

O que você vai ler neste capítulo

11.1 Como criar um terreno

11.2 Ajustes no terreno

* Todas as imagens e descrições de ferramentas e comandos deste capítulo estão em inglês, pois é desse modo que aparecem na versão brasileira do Vectorworks.

11.1 Como criar um terreno

Existem várias maneiras de criar um terreno 3D no Vectorworks. Você pode importar um arquivo com dados de topografia, usar o método de entrada de dados por grade ou então usar as curvas de nível do terreno (que é o método mais usado e que será explicado aqui). Depois que as curvas 3D estiverem criadas, o terreno é criado sob a forma de um objeto paramétrico, que pode ser alterado a qualquer momento pela paleta **Info de Objetos** (*Object Info*) **Ctrl+I**. As explicações a seguir são feitas com base na configuração Architect, presente nas versões brasileira e americana do Vectorworks.

para criar curvas de nível 3D a partir de polígonos ou polilinhas 2D

1. Crie uma camada apenas para receber as curvas de nível do terreno (você pode desenhá-las, trazer de outro arquivo de Vectorworks ou importar de um levantamento feito em AutoCAD, por exemplo).

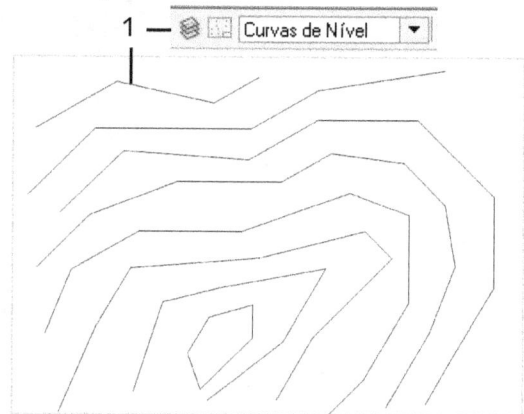

2. Vá ao menu **AEC/Survey Input/2D Polys to 3D Contours....**

3. Indique a cota inicial do terreno (**a**) e o intervalo entre as curvas de nível da camada (**b**). Escolha a opção **Create 3D Polygons** (**c**), como resultante da operação das curvas de nível. Clique em **OK** (**d**).

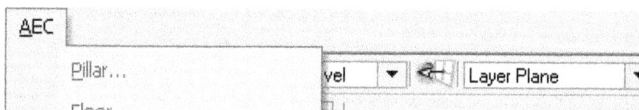

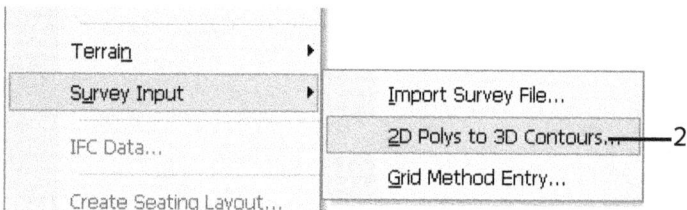

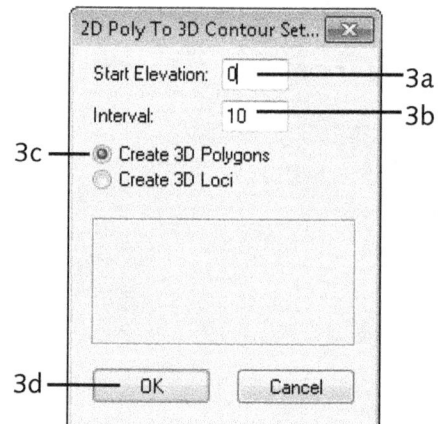

4. Neste momento, o programa escolhe uma das curvas do desenho, marcada em vermelho. Indique no painel qual a cota da curva em destaque, através dos botões **Up** e **Dn** (subir e descer, **a**). Quando encontrar o valor correto, clique em **Next**, e o Vectorworks passará para a próxima curva (**b**). Se quiser usar o mesmo valor da curva anterior para a atual, clique em **Use same height as prev.** (**c**). Se quiser terminar a operação sem indicar todas as cotas, clique em **Done** (**d**).

5. Depois de terminar de indicar as cotas, o programa pergunta se você quer apagar os polígonos originais. Se não precisar mais deles, responda **Sim**. Se quiser mantê-los para alguma modificação futura, clique em **Não**.

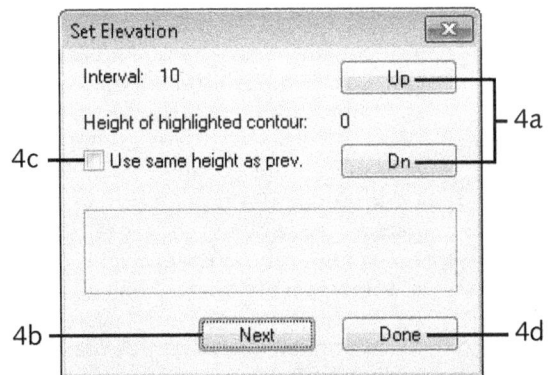

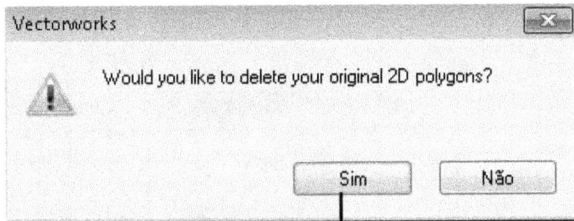

OBS1 Se possível, use somente polígonos 2D para a criação das curvas de nível. As polilinhas 2D, que podem operar com curvas, acrescentam uma grande quantidade de vértices na curva de nível em 3D, deixando o arquivo mais pesado e lento.

OBS2 As curvas de nível 2D originais não podem se cruzar. O cruzamento dos polígonos inviabiliza a correta apresentação do terreno 3D.

criando o terreno 3D a partir das curvas de nível

1. Selecione as curvas de nível 3D e use o menu **AEC/Terrain/Create Site Model....**

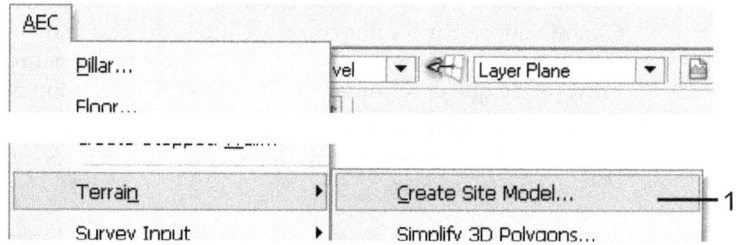

2. Configure as características do terreno a ser criado:

    a. **Site Model Name**: O nome do seu terreno;

    b. **Keep Original Source Data in Layer**: Apaga ou não as curvas de nível 3D da camada de referência;

    c. **Minor Contour Interval**: Intervalo entre as curvas de nível intermediárias;

    d. **Major Contour Multiplier**: Define quantas curvas intermediárias existirão entre as principais, que serão destacadas em negrito;

    e. **Start Contour Offset**: O valor da cota a ser colocado na curva de nível inicial;

    f. **Maximum Elevation**: Indica qual curva de nível será usada como referência máxima de altura para a criação do terreno (você pode ter um terreno que tem curvas até a cota 25, por exemplo, mas no momento só quer criar o terreno até a cota 10. É aqui que este valor é dado);

    g. **Minimum Elevation**: Análogo ao item anterior, dessa vez para a cota mínima para a criação do terreno;

    h. **Datum Elevation**: Elevação de referência para o cálculo de nivelamento do terreno;

    i. **Flow Arrow Spacing:** É usado para espaçar as setas de fluxo de água, quando ligadas em **n**;

    j. **3D Grid Spacing:** Valor usado para definir um módulo de malha, que pode ser acionado em **u**;

    k. **Smoothing Interval:** Determina o grau de suavidade do terreno, quando o método escolhido em **t** é o *3D Triangulated Contours*. Cuidado com valores pequenos, pois podem fazer com que a sua máquina fique muito lenta.

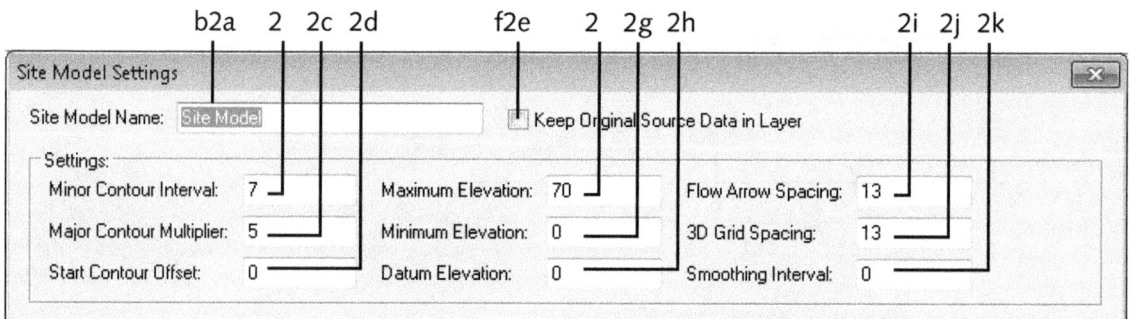

Vectorworks passo a passo

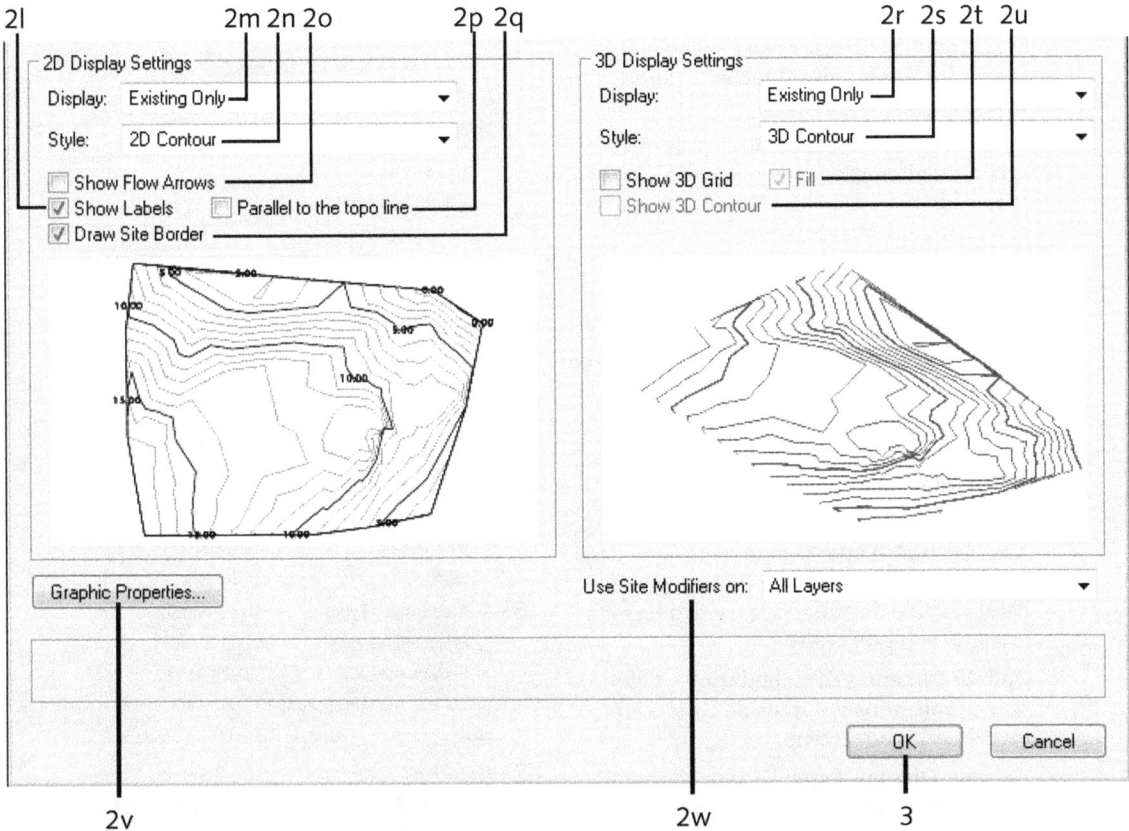

2D Display Settings: Definições para a parte 2D (ou seja, a representação em planta) do terreno:
l. **Show Labels**: Liga os textos que indicam o valor das cotas;
m. **Display**: Mostra a planta do terreno existente, proposto ou de ambos;
n. **Style**: Escolhe o tipo de desenho que representará o terreno em planta;
o. **Show Flow Arrows**: Liga as setas de fluxo de água. O campo **Spacing** define o espaçamento entre as setas;
p. **Parallel to the topo line**: Orienta os textos de acordo com o desenho das curvas de nível;
q. **Draw Site Border**: Desenha uma linha em volta de todo o terreno;
r. **Display**: Mostra ou esconde o terreno 3D existente ou proposto;
s. **Style**: Escolhe o tipo de desenho que representará o terreno 3D;
t. **Show 3D Grid**: Ativa a grade 3D de representação do terreno. O campo **Spacing** determina a medida do módulo, e o campo **Fill** ativa e desativa o preenchimento da grade;
u **Show 3D Contour**: Ativa e desativa os contornos 3D do terreno;
v. **Graphic Properties...**: Abre a janela de configuração dos atributos gráficos de todos os itens;
w. **Use Site Modifiers on**: Permite o uso de *Site Modifiers* (modificadores de terreno) em todas as camadas (**All Layers**) ou somente na camada do terreno (**Same Layer as Site Model**).
3. Clique em **OK**. Observe que o terreno foi criado na mesma camada das curvas originais. Este terreno agora é um objeto paramétrico e pode ser alterado pela paleta **Info de Objetos** (*Object Info*) **Ctrl+I**.

configurando o terreno na paleta Info de Objetos (Object Info) <u>Ctrl+I</u>

1. **Site Model Settings...**: Abre a janela de configurações gerais do terreno, para modificações.

2. **Update**: Clique neste botão depois que fizer qualquer alteração no terreno, seja nas opções gerais (item **1**), seja depois da colocação e edição de *Site Modifiers*.

3. **Create a Snapshot**: Cria uma cópia do terreno com os ajustes definidos naquele momento. Essa cópia é mais leve do que uma simples cópia normal, pode ser colocada em qualquer camada do projeto e é atualizada automaticamente quando o terreno original é alterado.

4. **2D Display**, **2D Style**, **3D Display**, **3D Style**: Configuram as mesmas opções do item **1**.

5. **Area Display Type**: Define a unidade usada para informar as áreas do terreno (áreas de projeção e da superfície, para o terreno existente e o proposto).

6. **Update Cut and Fill Calculations**: Clique para atualizar os volumes de corte e aterro relacionados ao terreno.

7. **Volume Display Type**: Escolhe a unidade de volume para o terreno (volumes de corte e aterro, além do volume de equilíbrio da movimentação de terra).

Info de Objetos - Forma	
Forma	Dados	Apresentação	
Site Model	
Classe:	None
Camada:	Design Layer-1
X:	0
Y:	0
Z:	0
Rotação:	0,00°
1 — Site Model Settings...	
2 — Update	
3 — Create a Snapshot	
2D Display:	Existing Only
2D Style:	2D Contour
4 — 3D Display:	Existing Only
3D Style:	3D Contour
5 — Area Display Type:	<Use Document Units>
Projected Area:	54.800 sq m
Surface Area (Existing):	193.883 sq m
Surface Area (Proposed):	193.883 sq m
6 — Update Cut and Fill Calculations	
7 — Volume Display Type:	<Use Document Units>
Volume (Existing):	<Volume needs updating>
Volume (Proposed):	<Volume needs updating>
Cut Volume:	<Volume needs updating>
Fill Volume:	<Volume needs updating>
Net CF Volume:	<Volume needs updating>
Total CF Volume:	<Volume needs updating>

11.2 Ajustes no terreno

para criar um Platô (Pad) e sua Área de Influência (Boundary)

1. Vá à paleta Site Planning (**a**) e clique na ferramenta **Site Modifiers** (**b**). Em seguida, crie o polígono referente à área do platô (**c**).

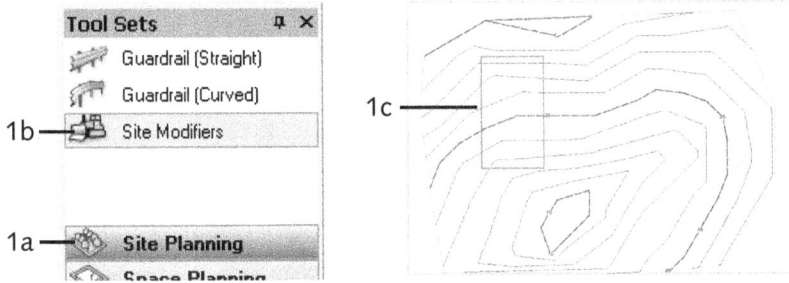

2. Se for a primeira vez que isso está sendo feito, uma janela se abrirá ao término do polígono, para perguntar qual tipo de *Site Modifier* é este. Escolha **Pad** (ou seja, o platô). Se não for a primeira vez, configure esta opção na paleta **Info de Objetos** (*Object Info*) **Ctrl+I**. Se você não alterou as opções gráficas-padrão, um *Pad* sempre aparece com o contorno vermelho.

3. Escolha também a elevação do *Pad*, no campo **Elevation**.

4. Se você quiser construir um plano inclinado (para acomodar uma rua, por exemplo), entre com um valor de inclinação (**Slope**) e defina se esse valor é dado em porcentagem ou em ângulo (**Slope Def.**) (**a**). Clique em **OK** (**b**).

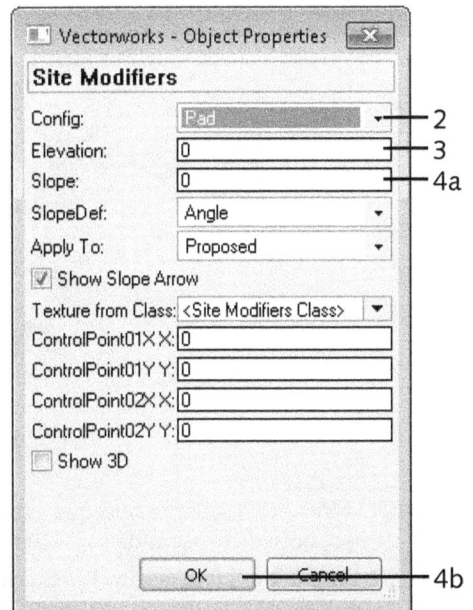

5. Use a ferramenta **Site Modifiers** novamente para criar um polígono que determina a área de influência (**Boundary**) do platô, onde haverá a acomodação das curvas de nível.

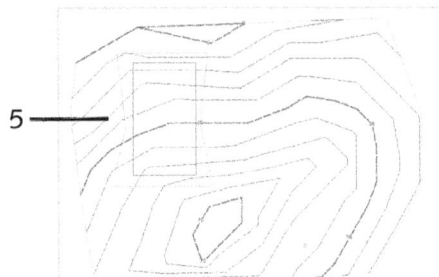

6. Com este **Site Modifier** selecionado, vá à paleta **Info de Objetos** (*Object Info*) **Ctrl+I** e escolha a opção **Boundary**. Se você não alterou as opções gráficas-padrão, o *Boundary* sempre aparece com o contorno tracejado em azul.

7. Selecione o terreno e clique em **Update (a)**, para que o terrreno seja alterado. Lembre-se de acionar as opções **2D Display/Proposed Only** ou **2D Display/Proposed + Existing (b)**, e também a opção **3D Display/Proposed Only (c)**.

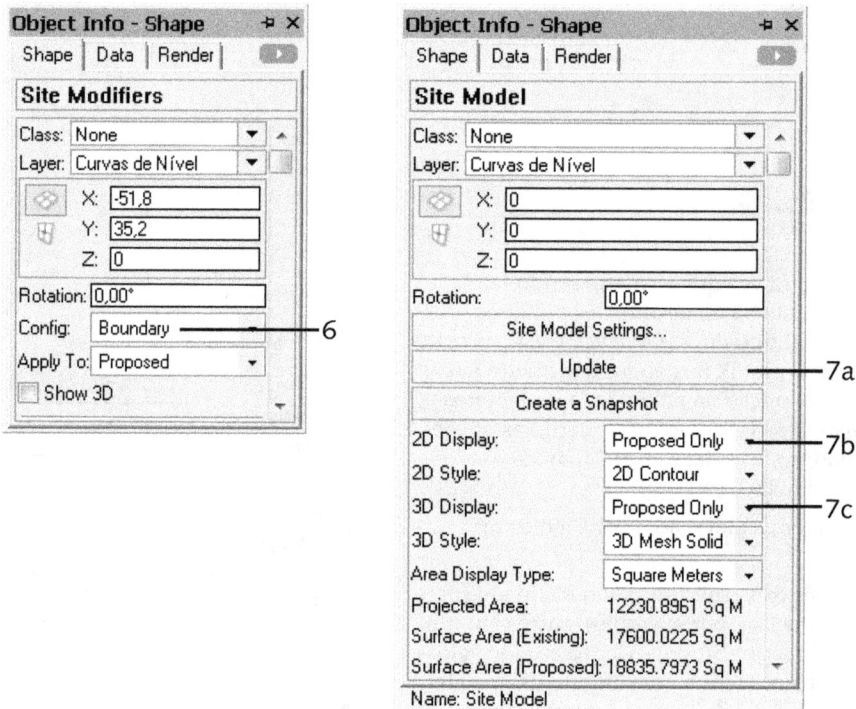

OBS1 O Vectorworks não consegue calcular um *Pad* sem um *Boundary* relacionado. Se você tentar fazer isso, uma mensagem de erro surgirá.

OBS2 Você pode construir um *Pad* ou um *Boundary* a partir de um polígono 2D. Para isso, selecione o polígono desejado e vá ao menu **Modificar/Objects from Polyline** (*Modify/Objects from Polyline*).

OBS3 É possível fazer vários *Pads* planos ou com inclinação e desenhar apenas um *Boundary* em volta de todos eles.

OBS4 Os polígonos que definem *Pads* ou *Boundaries* não podem se sobrepor.

para implantar objetos no terreno

Muitas vezes um projeto é desenvolvido a partir da planta, e além dos platôs, rampas e taludes, você vai planejar a vegetação e a implantação de residências ou edifícios. A seguir apresentamos como o Vectorworks insere automaticamente esses objetos nas cotas do terreno modelado. Essa técnica funciona apenas com símbolos ou com locus 3D.

1. Selecione os objetos desejados (**a**) e vá ao menu **AEC/Terrain/Send to Surface** (**b**).

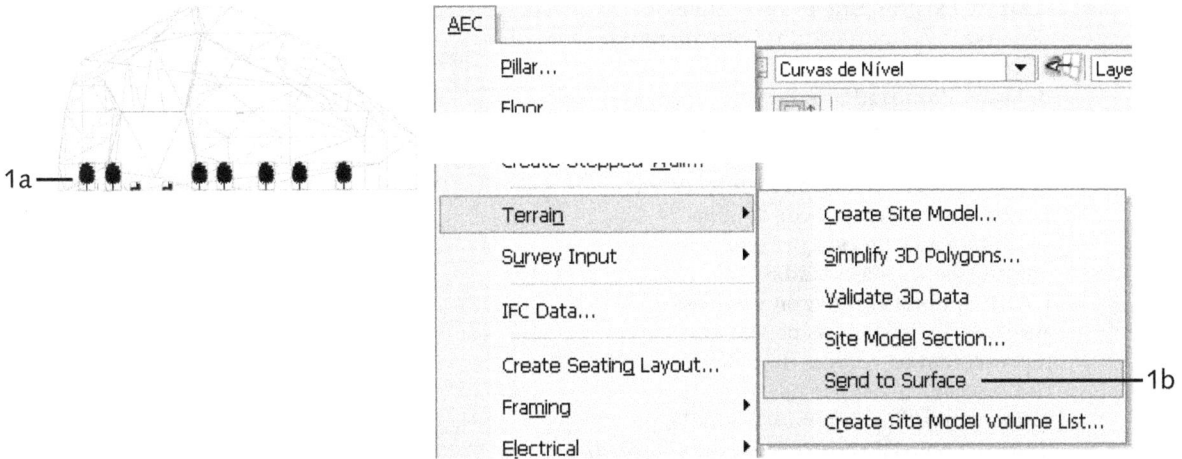

2. Perceba que cada objeto foi posto na sua altura correspondente, no terreno. Se precisar reposicionar os objetos em planta, ou se modificar o terreno, basta selecionar os objetos novamente e repetir o comando.

para obter uma seção do terreno

1. Desenhe um objeto 2D (polígono ou polilinha) em vista de planta, referente à seção do terreno que você quer obter.
2. Selecione esse objeto e vá ao menu **AEC/Terrain/Site Model Section....**

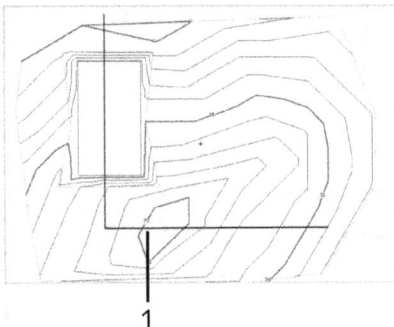

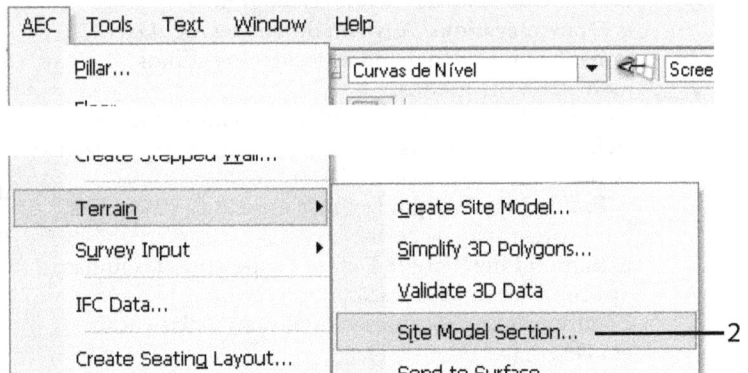

3. Configure as opções:

a. **Create section on layer**: Escolhe a camada em que o gráfico de seção será inserido;

b. **Draw Background Grid**: Ativa ou desativa, e regula a cor das linhas da grade de fundo do gráfico;

c. **Draw Existing Site Profile**: Ativa ou desativa, e define a cor da seção referente ao terreno existente;

d. **Draw Proposed Site Profile**: Ativa ou desativa, e controla a cor da seção referente ao terreno proposto;

e. **Draw Selected Station Profile**: Ativa ou desativa, e define a cor de uma seção baseada em estações (*stations*) anteriormente selecionadas;

f. **Draw points at polygon vertices**: Assinala, no gráfico, os pontos que representam os vértices do polígono usado como seção;

g. **Draw points at interval**: Assinala, no gráfico, pontos de acordo com um intervalo regular, definido ao lado;

h. **Draw points at existing stakes**: Marca, no gráfico, as posições relativas às estacas (*stakes*), quando existentes.

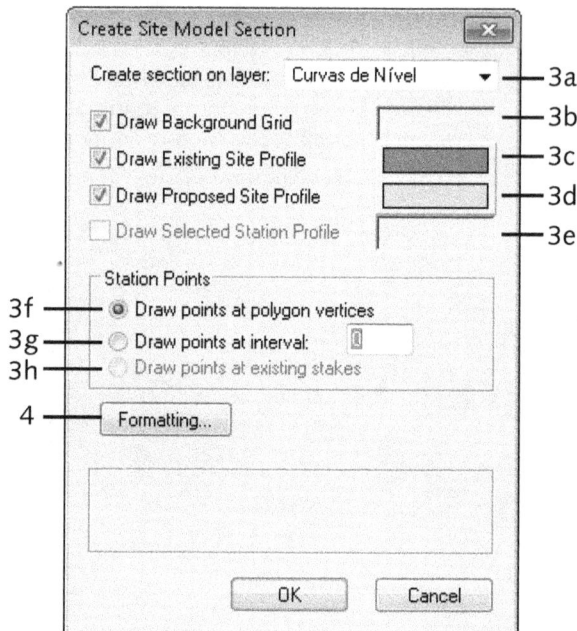

4. Clique no botão **Formatting...** para ter acesso às opções:

a. **Display Scale Factor**: A escala em que o gráfico será mostrado. Geralmente usamos o mesmo valor da escala da camada atual;

b. **Vertical Magnification Factor**: Fator de multiplicação do eixo vertical do gráfico;

c. **Vertical Margin**: Margem vertical (para baixo e para cima) do gráfico. O valor a ser dado tem a ver com as unidades da página (provavelmente em centímetros);

d. **Draw Legend Text**: Ativa ou desativa e controla o tamanho do texto das legendas do gráfico;

e. **Draw Elevations**: Ativa ou desativa e regula o tamanho do texto que indica a cota dos pontos assinalados no gráfico;

f. **Station Point Labels**: Escolhe quais informações (relativas a estacas previamente colocadas e que fazem parte da seção) serão exibidas no gráfico;

g. **Profile Line Weight**: Define a espessura das linhas que representam os perfis;

h. **Station Line Weight**: Define a espessura das linhas que representam as estacas.

5. Confirme as opções apresentadas nas janelas clicando em **OK**.

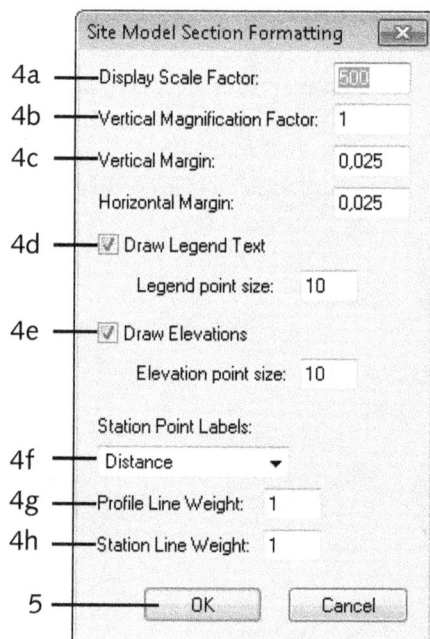

6. Observe que o Vectorworks criou um gráfico que mostra a seção do terreno existente, do proposto e também as marcações (por distância, pela posição das estacas ou de acordo com os vértices do polígono-base).

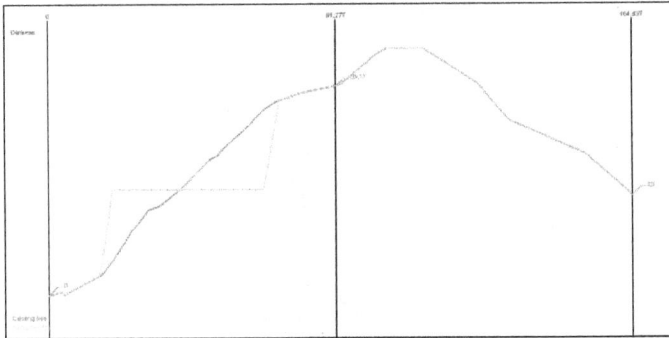

Uma das coisas mais interessantes, para mim, seria poder criar tabelas com a lista de objetos do projeto, obter áreas e até mesmo volumes automaticamente. Preciso saber como

12 integrar planilhas e bancos de dados ao projeto

Todos os objetos desenhados em um arquivo de Vectorworks podem ser contados. Desde polígonos, que podem representar áreas de piso, forração, canteiros e outros, até mesmo símbolos e outros objetos que representam cadeiras, portas e qualquer elemento de construção presente no desenho. Os dados obtidos são atualizados automaticamente, de acordo com o andamento do projeto, e podem ser exportados para programas como o Excel.

O que você vai ler neste capítulo

12.1 Como criar um relatório simplificado

12.2 Contando objetos, perímetros, áreas e volumes

12.3 Como criar banco de dados, cadastrar e contar objetos cadastrados

12.4 Edição e exportação de tabelas

12.1 Como criar um relatório simplificado

O Vectorworks tem uma maneira bastante simples de criar um relatório que conte símbolos de um projeto. Você poderá contar quantas portas, janelas, árvores, mesas, etc. existem no seu desenho. Também é possível mostrar em qual classe e/ou em que camada está cada símbolo listado.

para criar um relatório que conte símbolos

1. Use um arquivo que tenha vários símbolos, de preferência em classes diferentes, e até mesmo em camadas diferentes.

2. Vá ao menu **Organizar/Relatórios/Criar Relatório...** (*Tool/Reports/Create Report...*).

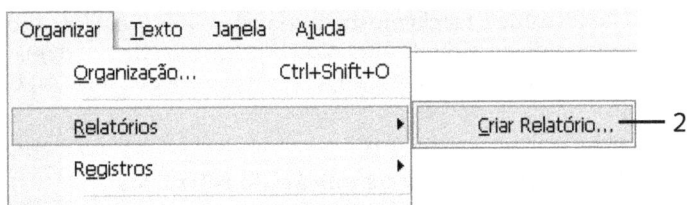

3. Na janela que se abre, ajuste os itens:

   a. Coloque um nome para sua planilha no campo **Título** (*Title*);
   b. No campo **Listar Todos** (*List All*), escolha a opção **Símbolos** (*Symbols*);
   c. Clique para ativar o campo **Resumir itens com o mesmo** (*Summarize items with the same*);
   d. Escolha a opção **Nome do Símbolo** (*Symbol Name*).

4. Clique em **OK**.

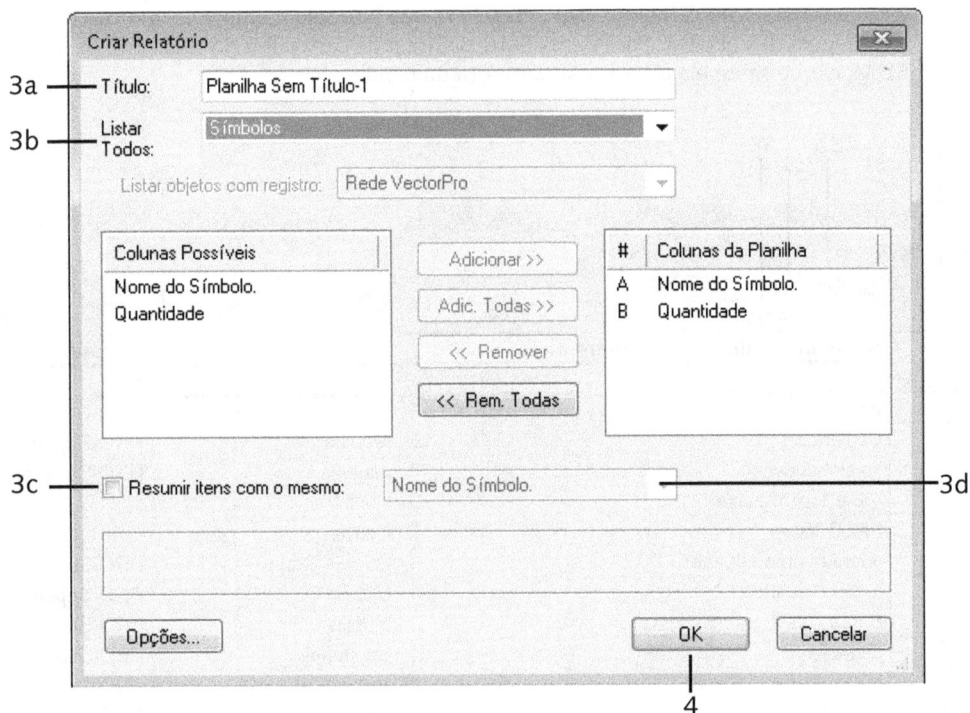

5a
5b

5. Observe que a tabela mostra a contagem de objetos em todo o arquivo. Se você alterar o projeto, colocando e retirando símbolos, é preciso pedir que o relatório faça a recontagem. Para isso, clique na seta que está na parte superior esquerda da tabela (**a**) e escolha a opção **Recalcular** (*Recalculate*) (**b**).

outras possibilidades de edição de relatórios

1. Observe na tabela a linha de cabeçalho do relatório. Esta linha apresenta um losango ao lado do número.

2. Se quiser que o relatório indique a classe de cada símbolo, escreva **=C** na linha ao lado da última coluna preenchida (**a**) e aperte **Enter**. Para indicar a camada onde cada um está, escreva **=L** (**b**) e aperte **Enter**.

3. Para ordenar alfabeticamente uma coluna, clique na linha de cabeçalho do relatório (**a**), localize a indicação, clique sobre ela (**b**) e arraste-a para dentro da coluna que você queira ordenar (**c**).

4. Se por acaso aparecer em algumas linhas uma indicação **---**, quer dizer que existem símbolos que estão em classes ou camadas diferentes. Para que isso seja melhorado, a única opção é separar a contagem dos objetos. Para isso, clique na linha de cabeçalho do relatório, localize a indicação **SUM**, clique sobre ela e arraste-a para fora da tabela.

12.2 Contando objetos, perímetros, áreas e volumes

Para você fazer a contagem de objetos de apenas uma camada, ou de uma classe, ou apenas de alguns tipos de objetos, assim como descobrir perímetros, áreas e volumes de vários elementos do desenho, siga as instruções a seguir:

para criar uma tabela nova

1. Abra a paleta **Administrador de Recursos** (*Resource Browser*) **Ctrl+R**.

2. Clique na seta ao lado da linha **Recursos** (*Resources*) (**a**) e escolha a opção **Novo Recurso em...** (*New Resource in...*) (**b**) **/Planilha/**(*Worksheet*) (**c**).

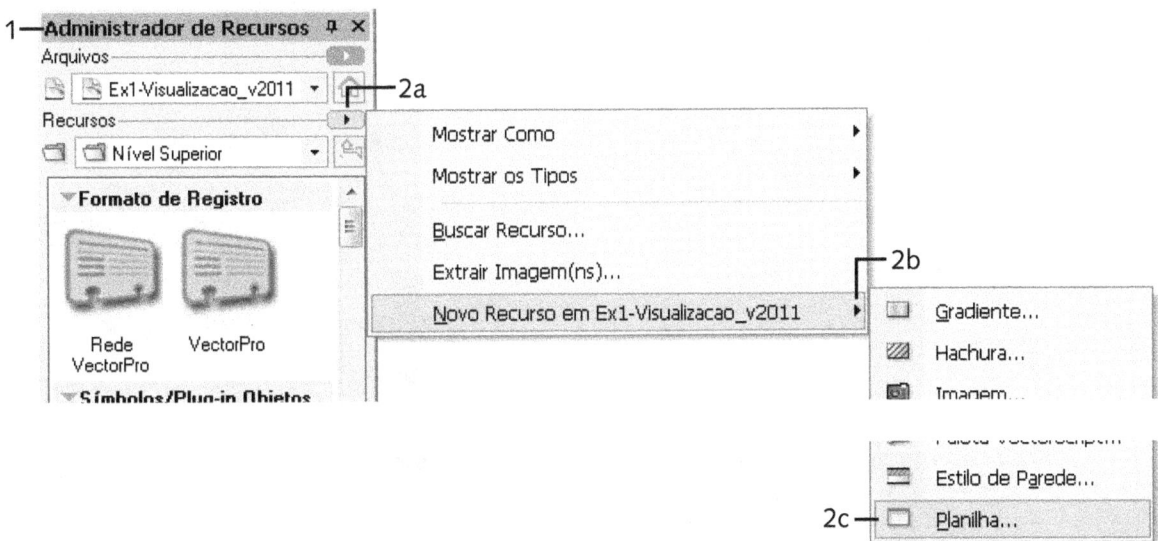

3. Coloque um nome para sua planilha no campo **Nome** (*Name*) (**a**) e escolha o número de linhas e colunas desejado. A sugestão inicial (10 linhas por 5 colunas) é adequada. Se quiser, pode modificar o número de linhas e colunas posteriormente. Clique em **OK** (**b**) para criar a tabela.

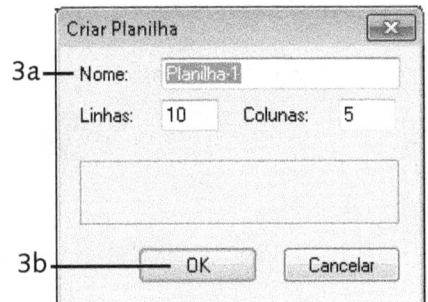

4. A tabela fica guardada no próprio arquivo e pode ser localizada (e aberta) na paleta **Administrador de Recursos** (*Resource Browser*) **Ctrl+R**. Para abri-la, é necessário clicar com o botão direito do mouse sobre o nome dela e escolher a opção **Abrir** (*Open*).

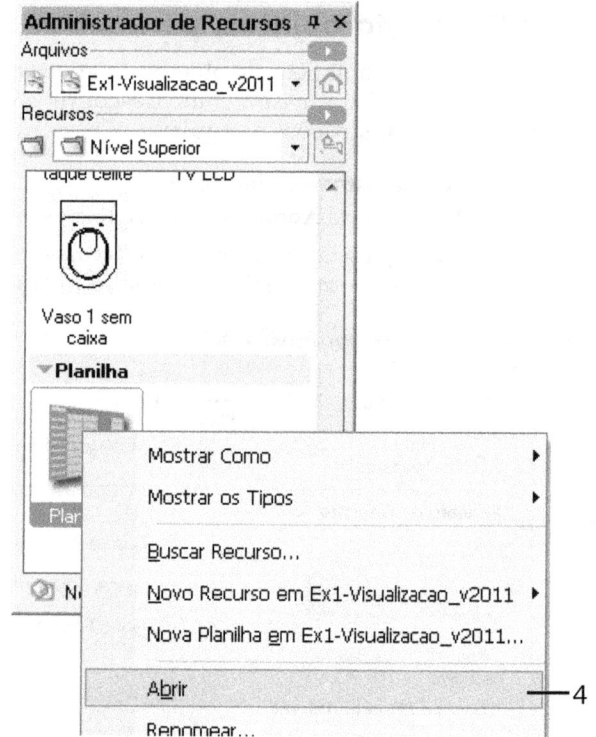

para contar quantos exemplares existem em um projeto

1. Use um projeto que tenha vários símbolos diferentes, de preferência. Crie uma tabela (ou abra uma já feita) e escreva os nomes dos símbolos que você vai querer contar, como na imagem abaixo.

2. Clique na célula da tabela que receberá a fórmula de contagem.

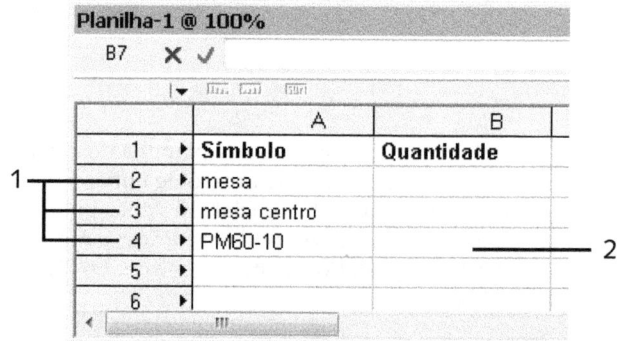

3. Clique na seta que está na parte superior esquerda da tabela (**a**) e escolha **Função...** (*Paste Function...*) (**b**).

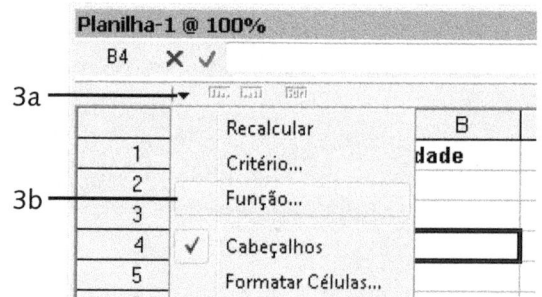

4. Na janela que se abre, escolha a opção **COUNT** (**a**) e clique em **OK** (**b**).

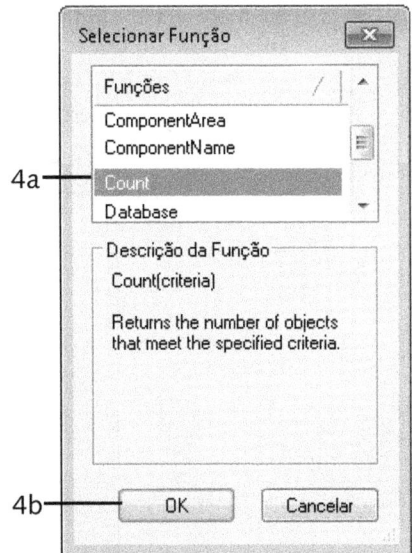

5. Clique novamente na seta que está na parte superior esquerda da tabela (**a**) e escolha **Critério...** (*Paste Criteria...*) (**b**).

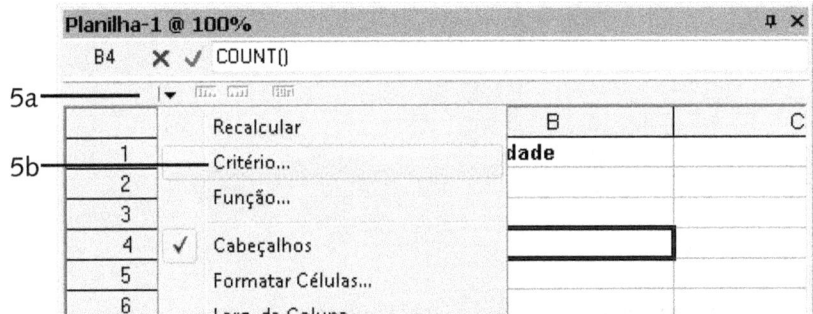

6. Escolha as opções **Símbolo** (*Symbol*) (**a**) **é** (*is*) (**b**) e, na terceira coluna, clique na caixa indicada em (**c**).

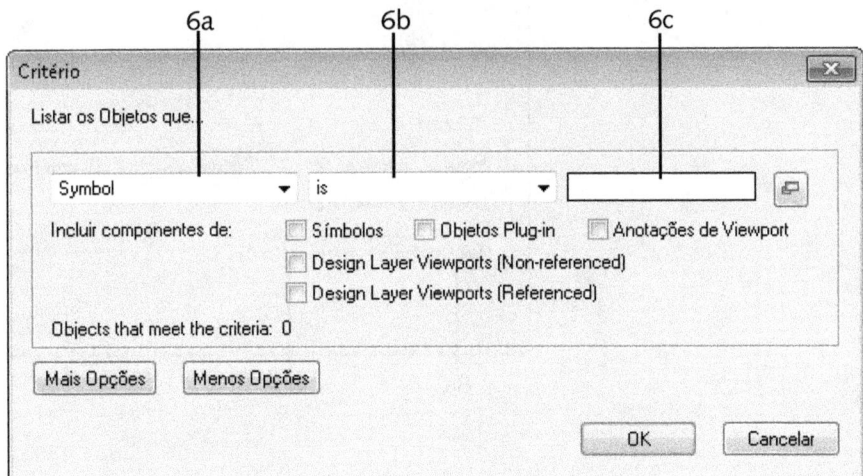

7. Na nova janela, clique sobre o nome do arquivo (**a**) e, em seguida, escolha o símbolo a ser contado (**b**). Clique em **OK** (**c**).

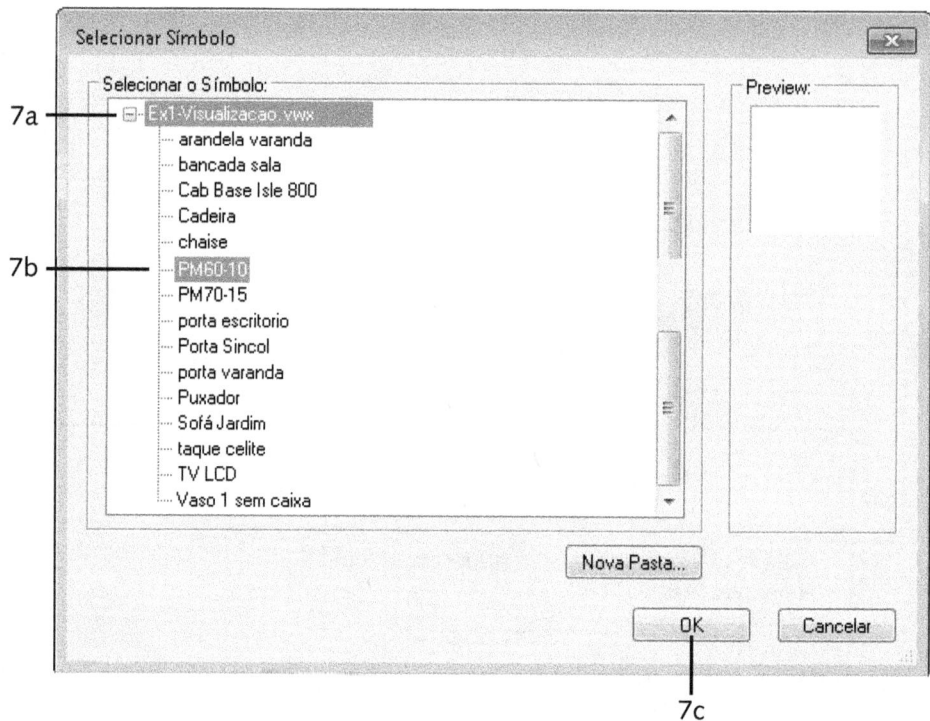

8. O Vectorworks volta à janela anterior para que você inclua ou retire critérios de seleção, usando os botões **Mais Opções** (*More Choices*) (**a**) e **Menos Opções** (*Fewer Choices*) (**b**). Depois clique em **OK** (**c**) novamente.

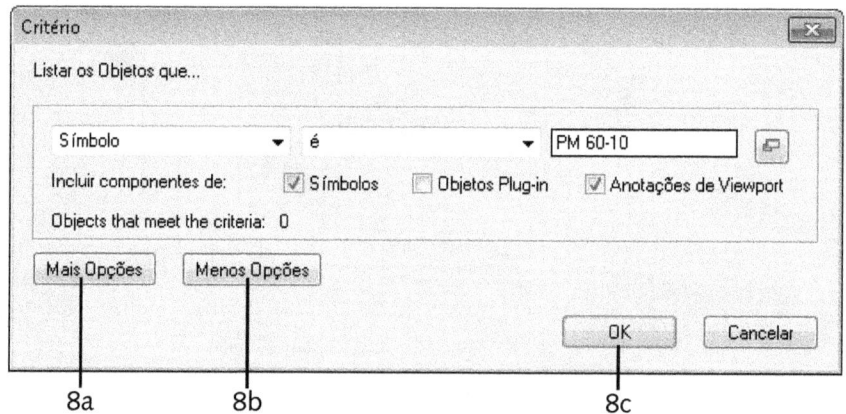

9. De volta à planilha, coloque um sinal de igual = (**a**) antes da fórmula escrita pelo Vectorworks e tecle **Enter**. Observe o valor apresentado (**b**).

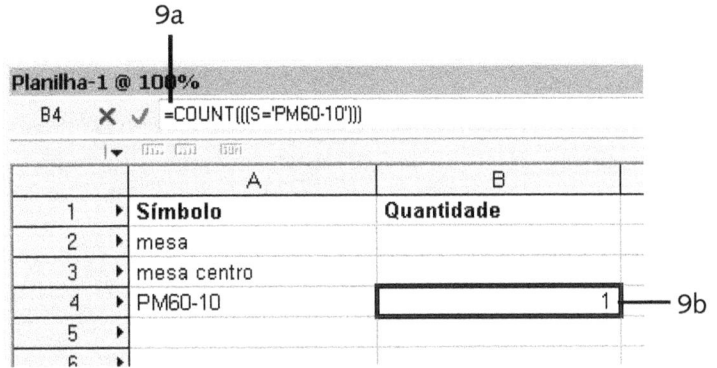

9a

Planilha-1 @ 100%

B4   ✕ ✓ =COUNT((((S='PM60-10')))

	A	B
1 ▸	**Símbolo**	**Quantidade**
2 ▸	mesa	
3 ▸	mesa centro	
4 ▸	PM60-10	1
5 ▸		
6 ▸		

9b

10. Se você alterar o projeto, colocando e retirando símbolos, é preciso pedir que o relatório faça a recontagem. Para isso, clique na seta que está na parte superior esquerda da tabela (**a**) e escolha a opção **Recalcular** (*Recalculate*) (**b**).

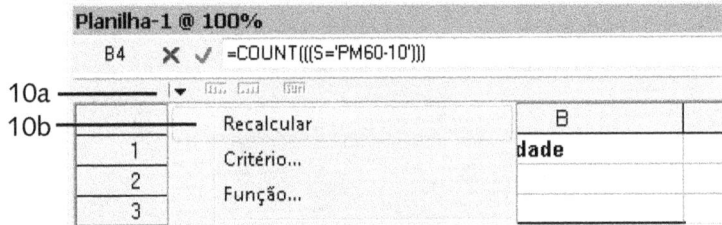

Planilha-1 @ 100%

B4   ✕ ✓ =COUNT((((S='PM60-10')))

10a
10b

	Recalcular	B
1	Critério...	**dade**
2	Função...	
3		

para contar o perímetro ou a área de um ou mais objetos 2D

1. Use um projeto que tenha vários objetos 2D (polígonos, polilinhas, etc.) ou até mesmo pisos, que são objetos híbridos (2D e 3D). Estes objetos devem estar separados por classes, de acordo com a sua conveniência. Crie uma tabela (ou abra uma já feita) e escreva os nomes das áreas que você vai querer contar, como na imagem abaixo:

2. Clique na célula da tabela que receberá a fórmula de contagem.

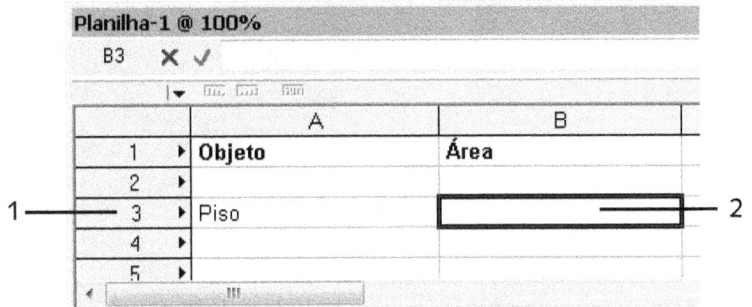

Planilha-1 @ 100%

B3   ✕ ✓

	A	B
1 ▸	**Objeto**	**Área**
2 ▸		
3 ▸	Piso	
4 ▸		
5 ▸		

1 — 3   2

3. Clique na seta que está na parte superior esquerda da tabela (**a**) e escolha **Função...** (*Paste Function...*) (**b**).

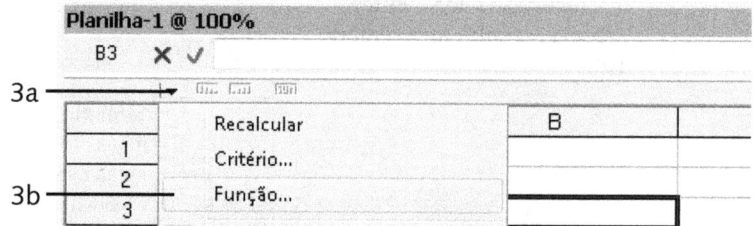

4. Na janela que se abre, escolha a opção (**PERIM** ou **AREA**) (**a**) e clique em **OK** (**b**).

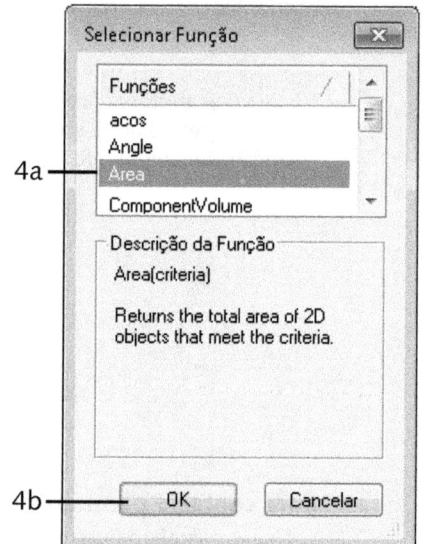

5. Clique novamente na seta que está na parte superior esquerda da tabela (**a**) e escolha **Critério...** (*Paste Criteria...*) (**b**).

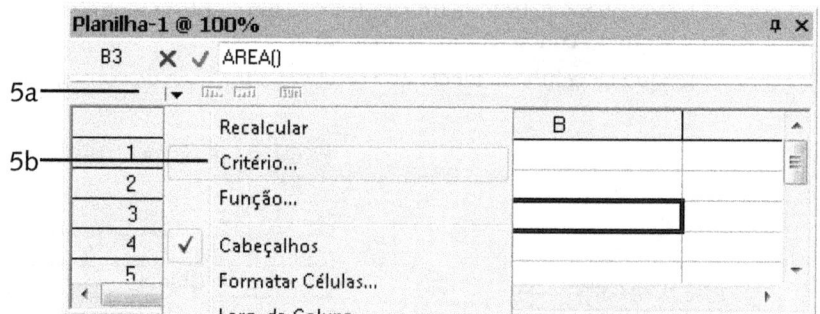

6. Escolha as opções **Classe** (*Class*) (**a**) **é** (*is*) (**b**) e na terceira coluna, clique na caixa indicada em (**c**).

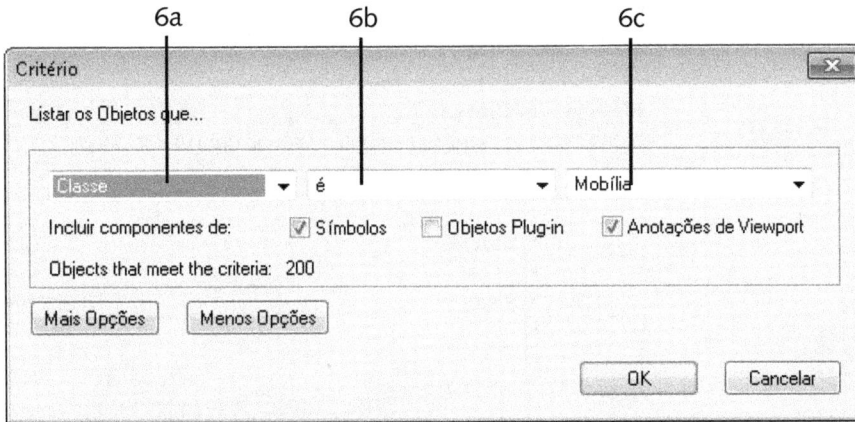

6a   6b   6c

Critério

Listar os Objetos que...

Classe ▼   é ▼   Mobília ▼

Incluir componentes de: ☑ Símbolos   ☐ Objetos Plug-in   ☑ Anotações de Viewport

Objects that meet the criteria: 200

Mais Opções   Menos Opções

OK   Cancelar

7. Escolha a classe dos objetos a serem totalizados.

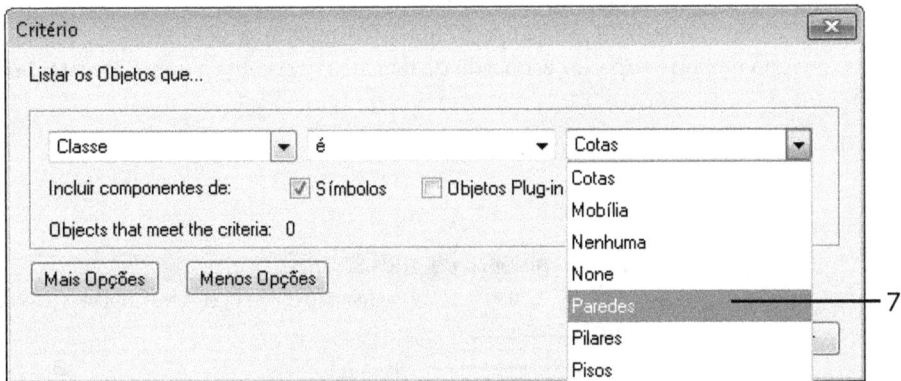

Critério

Listar os Objetos que...

Classe ▼   é ▼   Cotas ▼

Incluir componentes de: ☑ Símbolos   ☐ Objetos Plug-in

Objects that meet the criteria: 0

Mais Opções   Menos Opções

Cotas
Mobília
Nenhuma
None
Paredes ← 7
Pilares
Pisos

8. O Vectorworks volta à janela anterior para que você inclua outro critério (se quiser, em **Mais Opções**/*More Choices*). Depois de escolher os critérios, clique em **OK**.

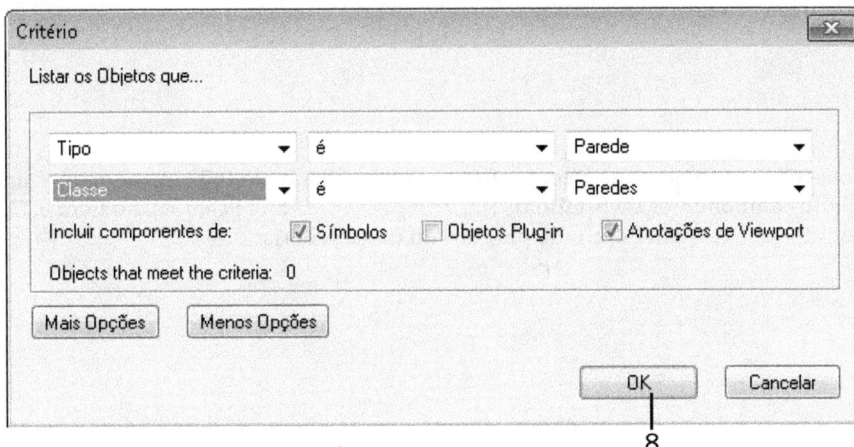

Critério

Listar os Objetos que...

Tipo ▼   é ▼   Parede ▼
Classe ▼   é ▼   Paredes ▼

Incluir componentes de: ☑ Símbolos   ☐ Objetos Plug-in   ☑ Anotações de Viewport

Objects that meet the criteria: 0

Mais Opções   Menos Opções

OK   Cancelar
8

9. De volta à planilha, coloque um sinal de igual = (**a**) antes da fórmula escrita pelo Vectorworks e tecle **Enter**. Observe o valor apresentado (**b**).

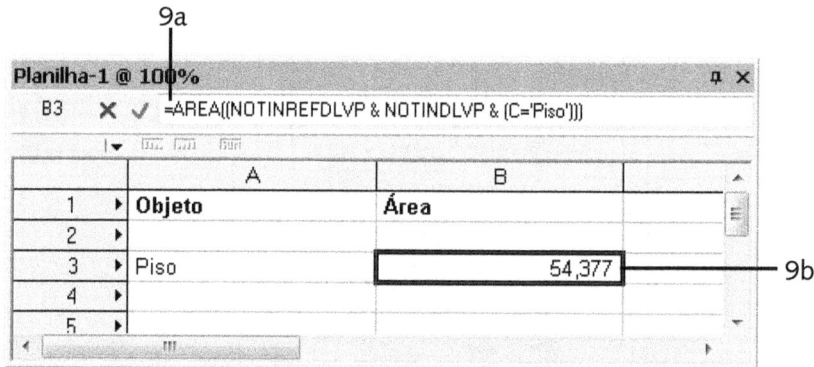

9a

Planilha-1 @ 100%			⊓ ✕
B3 ✕ ✓	=AREA((NOTINREFDLVP & NOTINDLVP & (C='Piso')))		

	A	B	
1 ▸	**Objeto**	**Área**	
2 ▸			
3 ▸	Piso	54,377	⎯ 9b
4 ▸			
5 ▸			

10. Se você alterar o projeto, é preciso pedir que o relatório faça a recontagem. Para isso, clique na seta que está na parte superior esquerda da tabela (**a**) e escolha a opção **Recalcular** (*Recalculate*) (**b**).

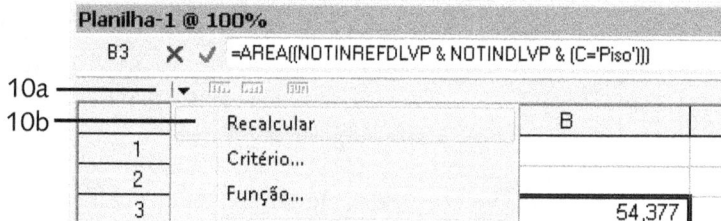

Planilha-1 @ 100%

| B3   ✕ ✓ | =AREA((NOTINREFDLVP & NOTINDLVP & (C='Piso'))) |

10a

10b

		B	
	Recalcular		
1	Critério...		
2	Função...		
3		54,377	

> **OBS** Se o objeto 2D que você quiser contar for parte de um símbolo (híbrido ou não), clique em **Incluindo componentes de Símbolos** (*Including components of Symbols*), no item **6**. O mesmo vale para objetos que estejam dentro de plug-ins ou de viewports.

outras sugestões para contagem

1. Você pode calcular o volume de vários objetos 3D. Para isso siga os passos do item anterior, **para contar o perímetro ou área de um ou mais objetos 2D**, a partir da pág. 315. A única alteração é no item **4**, em que você escolhe a opção **VOLUME** em vez de **AREA**.

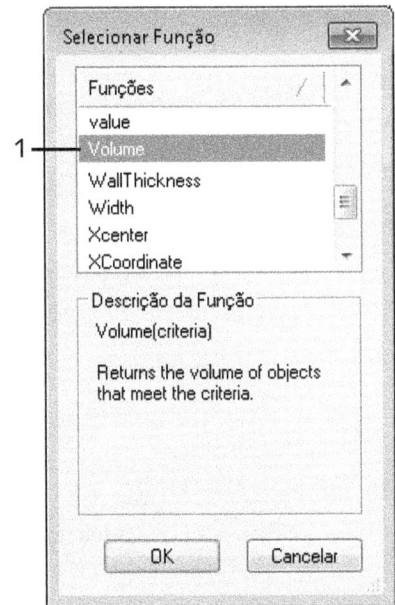

2. Você pode determinar também a camada a ser considerada, para contar ou totalizar objetos de um só andar, por exemplo. Para isso, escolha a opção **Camadas** (*Layers*), no item **6** anterior, ou, se for uma segunda escolha, no item **7**.

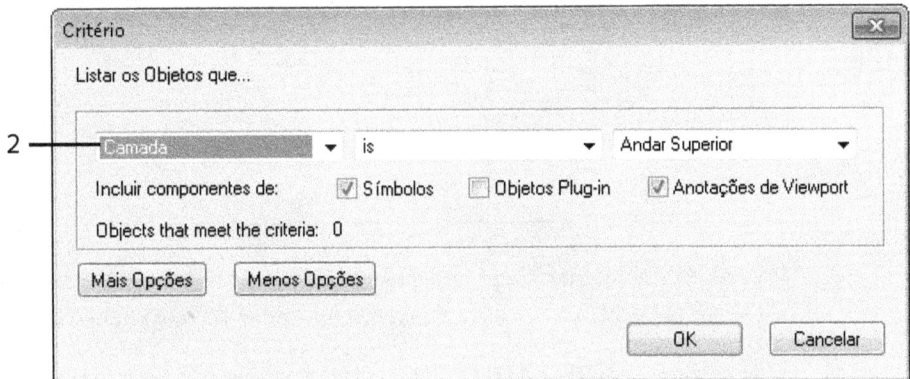

3. Se você tem vários objetos que estão em classes diferentes, mas têm a mesma cor de pena (ou contorno), você pode usar o critério **Cor Principal do Traço** (*Pen Fore Color*).

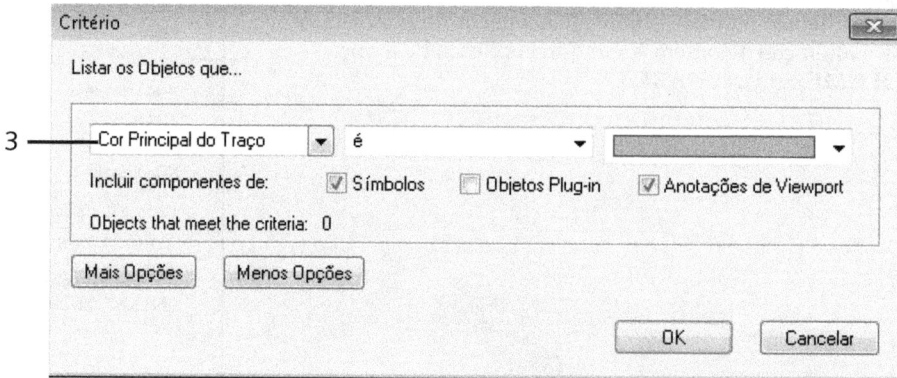

4. Se você tem vários objetos que estão em classes diferentes, mas têm a mesma cor de preenchimento, você pode usar o critério **Cor de Fundo de Preenchimento** (*Fill Back Color*).

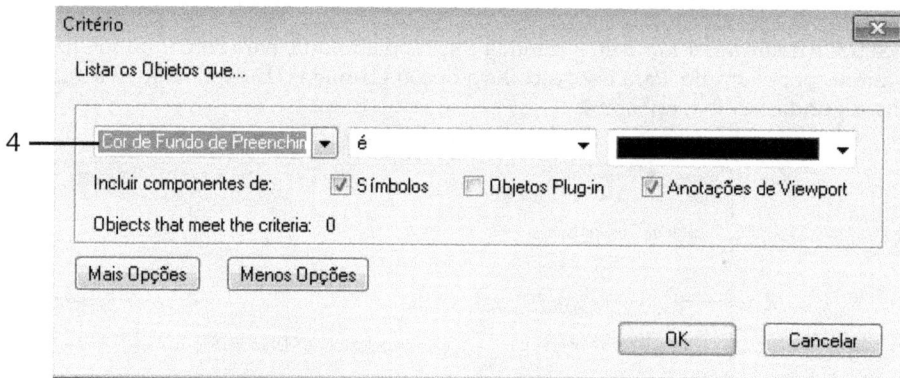

5. Experimente combinar vários critérios para fazer uma contagem. Por exemplo:

a. Contar (**COUNT**) todas as portas de 90 do Andar Térreo: Símbolo é "Porta de 90" + Camada é "Andar Térreo";

b. Totalizar a área (**AREA**) de todos os objetos verdes que estão na classe Piso: Classe é "Piso" + Cor de Fundo de Preenchimento é (escolha o "verde").

6. Se por acaso aparecer em algumas linhas uma indicação **---,** quer dizer que existem símbolos que estão em classes ou camadas diferentes. Para que isso seja melhorado, a única opção é separar a contagem dos objetos. Para isso, clique na Linha de Cabeçalho do relatório, localize a indicação **SUM**, clique sobre ela e arraste-a para fora da tabela.

12.3 Como criar bancos de dados, cadastrar e contar objetos cadastrados

O Vectorworks é capaz de associar várias informações a um objeto colocado no desenho, seja ele um símbolo, grupo ou até mesmo um objeto simples. Tais informações ficam armazenadas numa espécie de etiqueta presa ao objeto, podem ser visualizadas em tabela e aparecer junto a ele, no desenho. Por exemplo, no caso de uma porta, poderíamos criar uma etiqueta para guardar o nome do fabricante, telefone, modelo, preço e código de identificação na planta. O código da porta seria incluído automaticamente junto ao seu desenho. Cada etiqueta (ou banco de dados) é entendida pelo Vectorworks com o nome de Formato de Registro (*Record Format*).

para criar um novo formato de registro

1. Abra a paleta **Administrador de Recursos** (*Resource Browser*) **Ctrl+R**.

2. Clique na seta ao lado da linha **Recursos** (*Resources*) (**a**) e escolha a opção **Novo Recurso em...** (*New Resource in...*) (**b**) **Formato de Registro** (*Record Format*) (**c**).

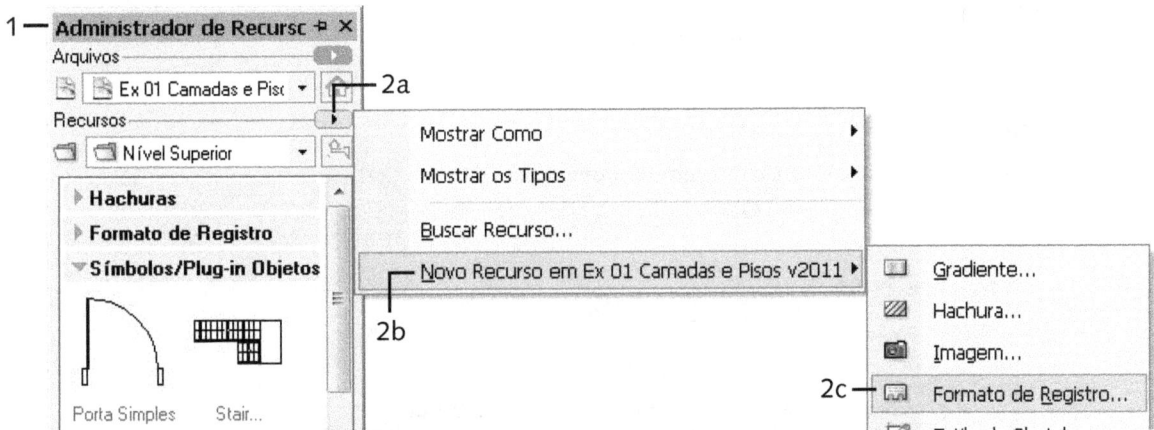

3. Coloque um nome para seu novo **Banco de Dados** no campo **Nome** (*Name*).

4. Clique em **Novo...** (*New...*) para criar um novo campo.

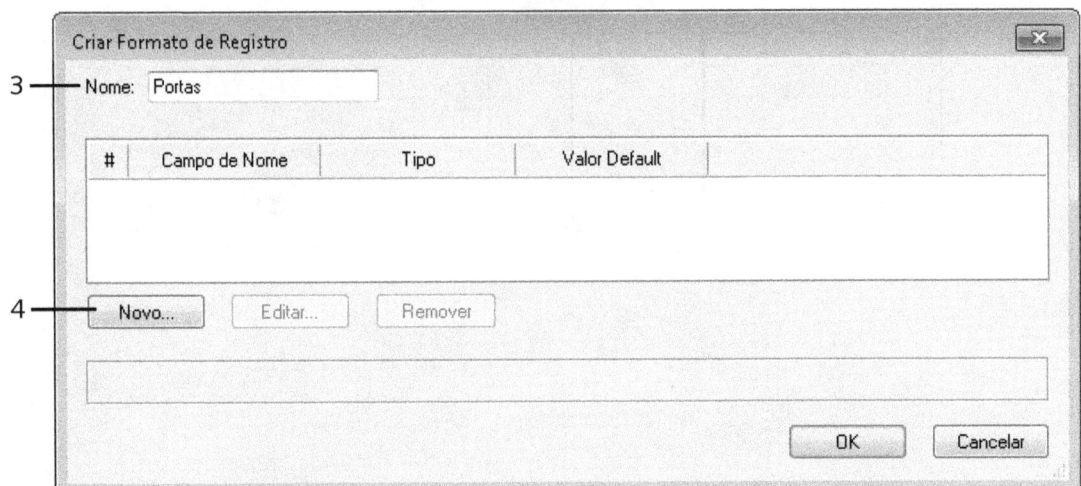

5. Na janela que se abre, coloque o nome do campo em **Nome** (*Name*).

6. Escolha o tipo de informação que este campo vai guardar: **Inteiro** (*Integer*), para guardar números entre –32.767 e 32.767. **Booleano** (*Boolean*), que só guarda os números 1 ou 0, referentes a verdadeiro e falso. **Texto** (*Text*) guarda qualquer texto ou número. **Número** (*Number*), que guarda números de acordo com algum critério específico.

7. O campo **Default** é usado para preencher automaticamente um campo com uma informação. Essa informação pode ser usada posteriormente.

8. Clique em **OK** para voltar à janela anterior.

9. Para criar mais campos, repita as operações **3** a **8**.

10. Para alterar a ordem dos campos, clique no número relacionado e arraste o mouse para cima ou para baixo.

11. Para editar os parâmetros de um campo, clique em **Editar...** (*Edit...*).

12. Para apagar um campo, clique em **Remover** (*Delete*).

13. Para finalizar, clique em **OK**.

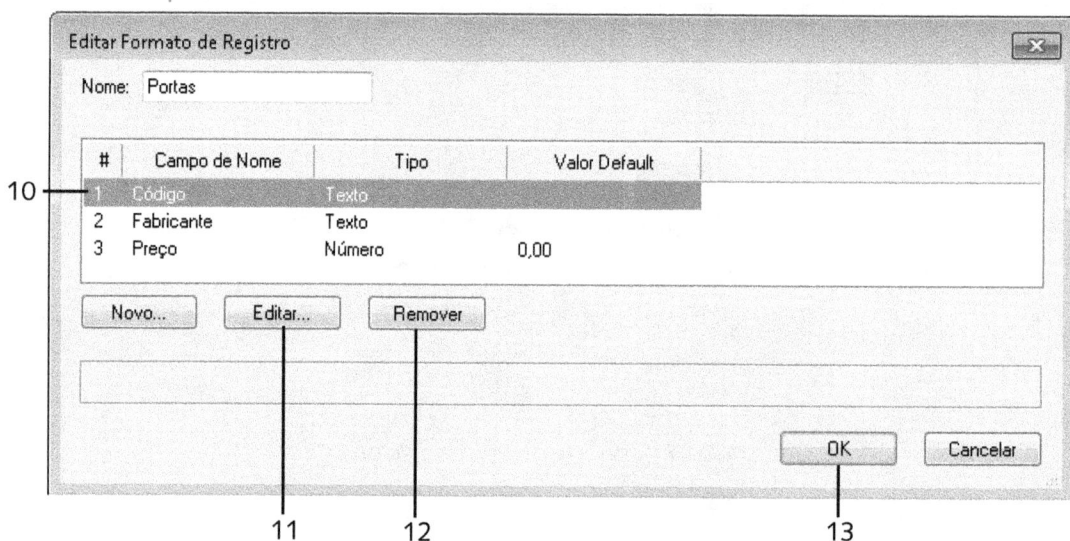

para cadastrar um objeto em um banco de dados

1. Selecione um objeto no desenho. Se a paleta **Info de Objetos** (*Object Info*) <u>**Ctrl+I**</u> não estiver aberta, abra-a.

2. Clique na aba **Dados** (*Data*).

3. Clique no quadrado ao lado do nome do banco de dados criado.

4. Observe que todos os campos aparecem listados abaixo. Clique no campo que deseja preencher.

5. Clique neste espaço e escreva a informação desejada. Aperte **Enter** e observe que o dado foi cadastrado.

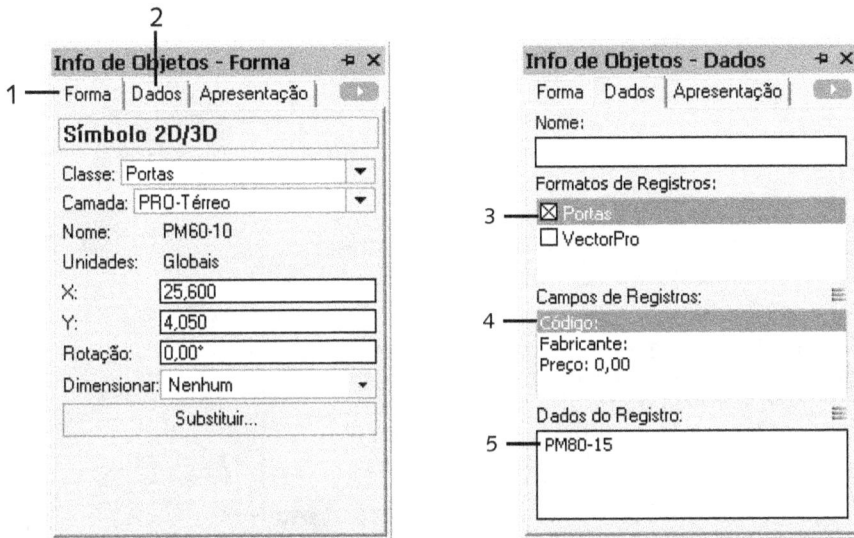

como mostrar uma informação do banco de dados em um símbolo no desenho

Além de inserir informações de um objeto em um banco de dados, como visto no item anterior, você pode fazer com que algumas (ou todas) sejam mostradas junto ao próprio símbolo no desenho. Essa situação é interessante quando você precisa mostrar o mesmo desenho com informações diferentes no mesmo projeto (como é caso de códigos de portas e esquadrias e informações em carimbos).

1. Clique com o botão direito do mouse sobre o símbolo e escolha a opção **Editar Componente 2D** (*Edit 2D Component*).

2. Crie quantos campos de texto forem necessários para mostrar as informações relacionadas ao símbolo que irão aparecer no desenho (no exemplo, foram criados dois campos, para o código e o fabricante). Perceba que o que você vai escrever aqui é usado apenas como referência (de fonte, tamanho e posição) para o texto que será mostrado no futuro.

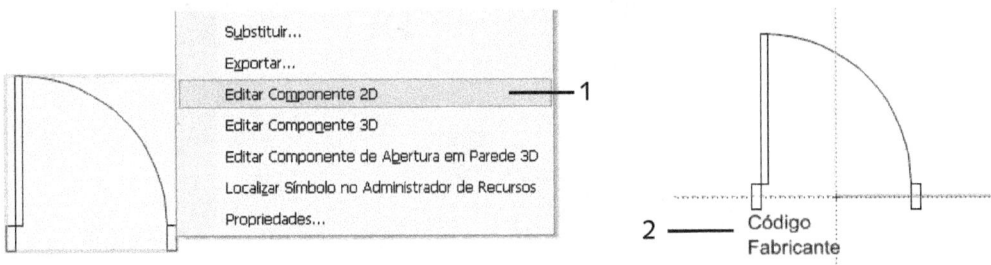

3. Selecione o texto que será relacionado ao campo do banco de dados (**a**) e vá ao menu **Organizar/Registros/Ligar Texto a Registro** (*Tools/Records/Link Text to Record*) (**b**).

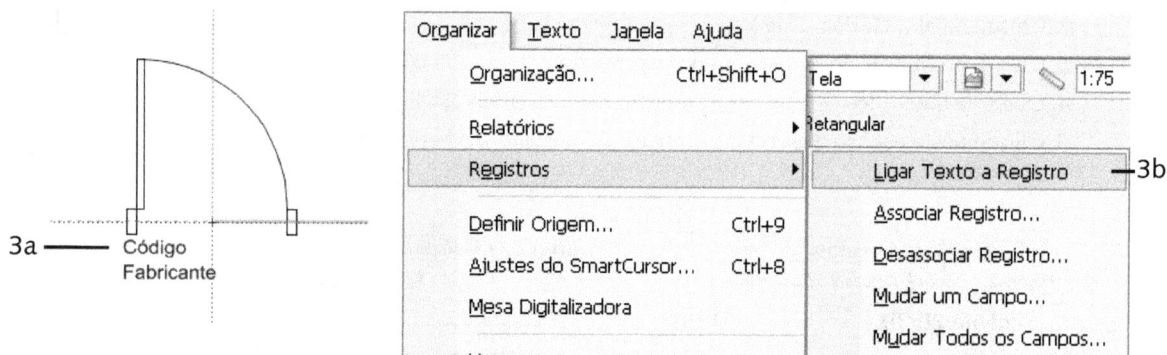

3a ——— Código Fabricante

3b

4. Na janela que se abre, escolha o banco de dados que você vai relacionar ao texto (**a**). Em seguida, clique no nome do campo que será ligado ao texto do símbolo (**b**). Clique em **OK** para fechar a janela (**c**).

5. Repita o procedimento descrito no item **4** para todos os textos que terão ligação com campos do banco de dados. Toda vez que esse procedimento for realizado, o Vectorworks retira o texto digitado (item **2**), que será substituído pelo preenchido nos itens **8a** e **8b** (a menos que o campo relacionado tenha um valor determinado).

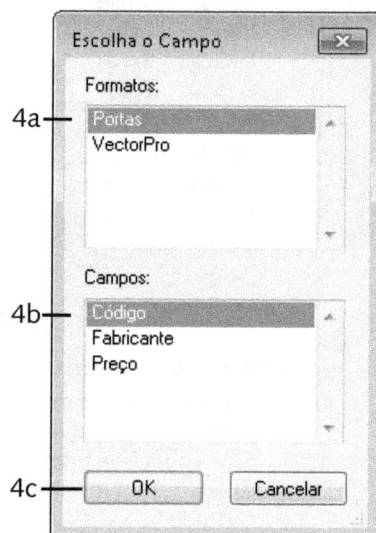

4a

4b

4c

6. Clique no botão do canto superior direito (**Sair do Símbolo**/*Exit Symbol*) para sair do símbolo.

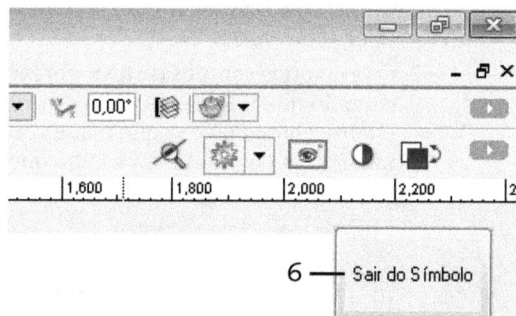

6 —— Sair do Símbolo

7. Selecione um símbolo que está no desenho (**a**) e, na paleta **Info de Objetos** (*Object Info*) <u>**Ctrl+I**</u>, clique na aba **Dados** (*Data*) (**b**).

8. Preencha os campos do símbolo clicando primeiro no nome do campo (**a**) e depois na área logo abaixo para escrever o texto desejado (**b**).

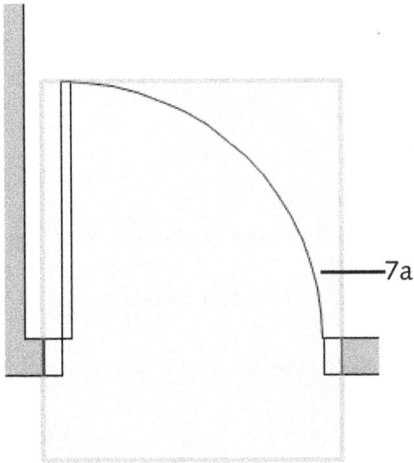

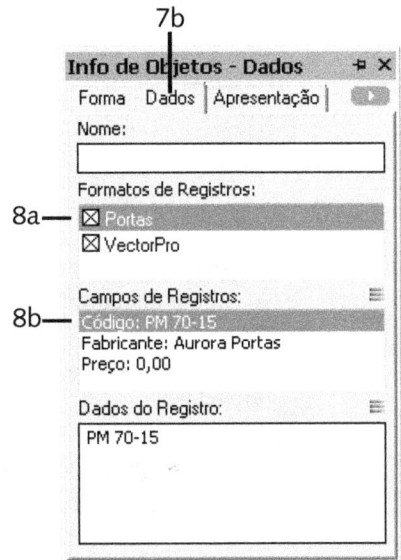

9. Observe que, no desenho, as informações que você inseriu em **5** aparecem junto ao símbolo.

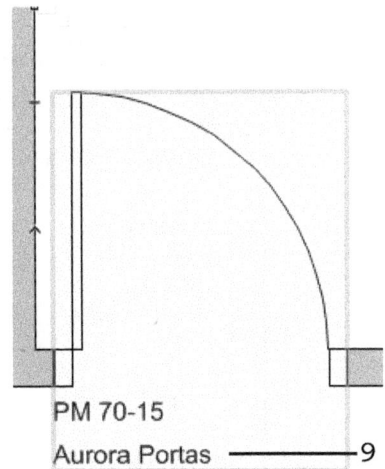

para criar um relatório a partir de um banco de dados

1. Use o menu **Organizar/Relatórios/Criar Relatório...** (*Tool/Reports/Create Report...*).

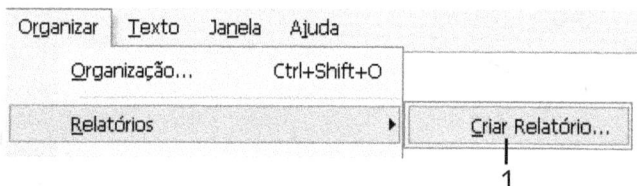

2. Coloque um nome para sua planilha no campo **Título** (*Title*).

3. No campo **Listar Todos** (*List All*), escolha a opção **Listar objetos associados aos registros** (*Objects with Record*).

4. No campo **Listar objetos com registro** (*List objects with record*), escolha o banco de dados a ser exibido.

5. Retire ou acrescente os campos do banco de dados que você deseja ver na tabela, nos controles indicados.

6. Se desejar, clique para ativar o campo **Resumir itens com o mesmo** (*Summarize items with the same*). Em seguida, escolha o campo que vai ser totalizado.

7. Clique em **OK** para montar a tabela.

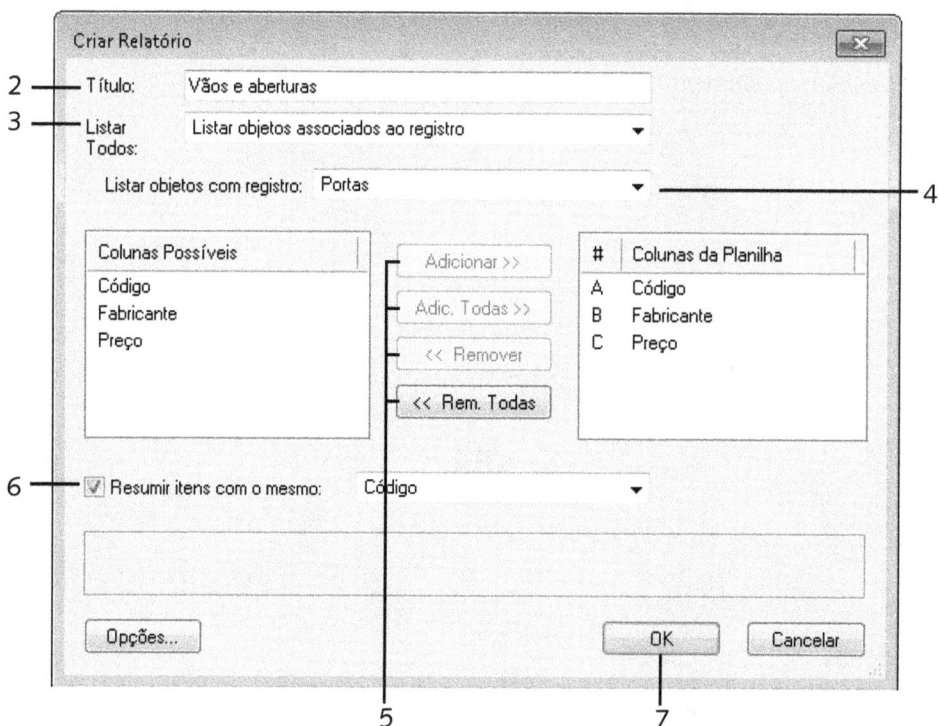

8. Observe que a tabela mostra a contagem do banco de dados em todo o arquivo. Se você alterar o projeto, colocando e retirando objetos ou alterando o cadastro deles, é preciso pedir que o relatório faça a recontagem. Para isso, clique na seta que está na parte superior esquerda da tabela (**a**) e escolha a opção **Recalcular** (*Recalculate*) (**b**).

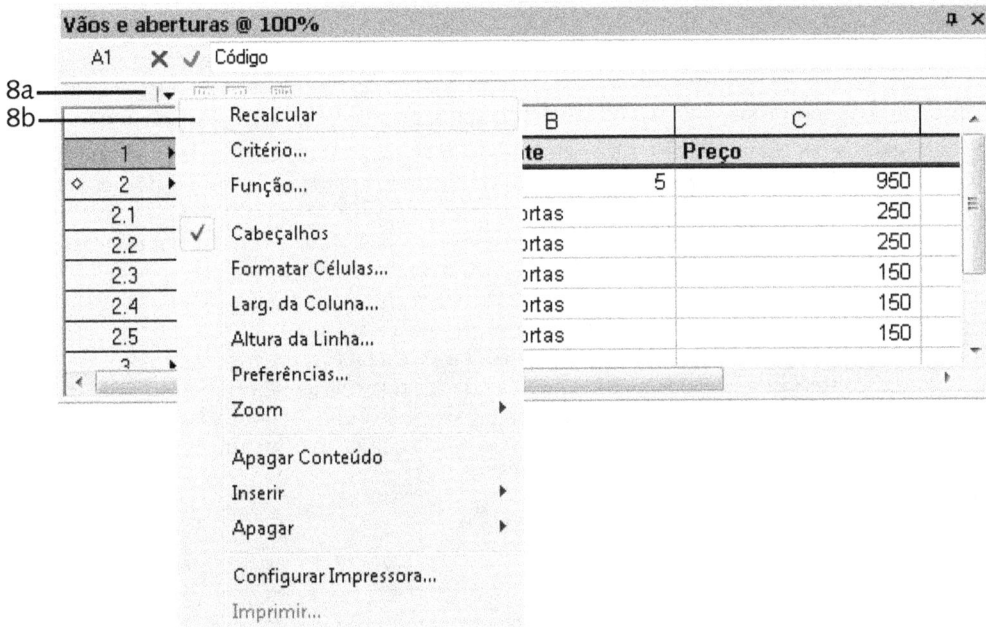

12.4 Edição e exportação de tabelas

Observe a seguir outras possibilidades de interação com uma tabela, desde alterá-la graficamente até exportá-la para outro programa.

para alterar graficamente uma tabela

1. Abra a tabela que você queira alterar.

2. Clique na seta indicada e observe os campos listado abaixo:

    a. **Cabeçalhos** (*Database Header*): Mostra ou esconde a linha do cabeçalho de um banco de dados;

    b. **Formatar Células...** (*Format Cells...*): Abre a janela de formatação de células. Os ajustes feitos nela irão afetar todas as células anteriormente selecionadas;

    c. **Larg. da Coluna...** (*Column Width...*): Altera a largura da coluna previamente selecionada;

    d. **Altura da Linha...** (*Row Height...*): Ajusta a altura da linha selecionada;

    e. **Preferências...** (*Preferences...*): Abre a janela de ajuste das preferências da tabela, como cabeçalhos e rodapé, margens, fonte-padrão, entre outros ajustes;

    f. **Zoom**: Afasta ou aproxima a visibilidade dos dados da tabela;

    g. **Apagar Conteúdo** (*Clear Contents*): Apaga os dados das células selecionadas;

    h. **Inserir** (*Insert*): Insere uma linha ou coluna a partir da célula selecionada;

    i. **Apagar** (*Delete*): Apaga linhas ou colunas a partir da célula selecionada.

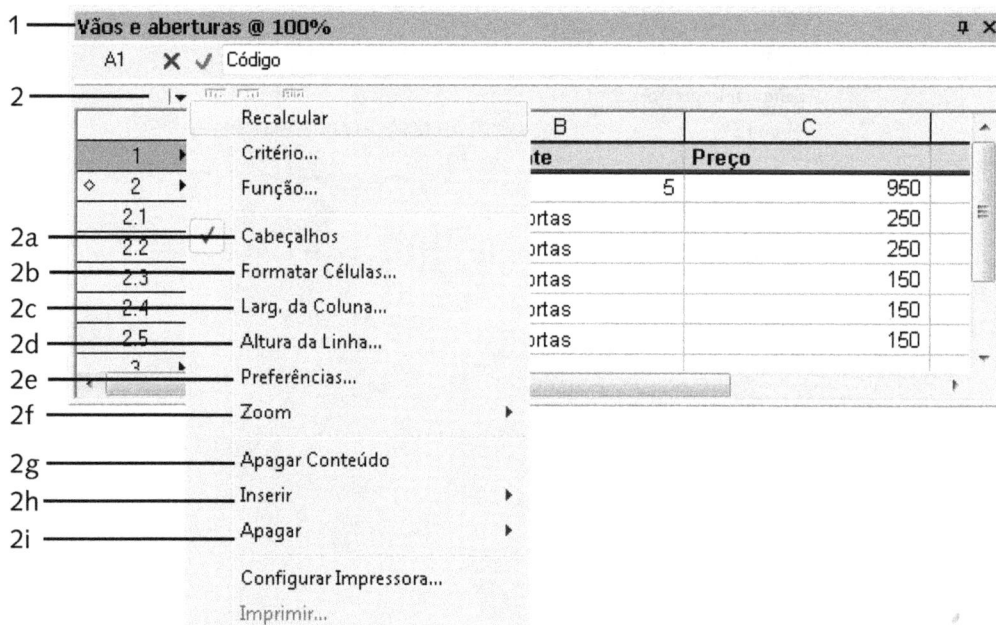

como exportar uma tabela para outro programa

1. Se a tabela que quer exportar estiver fechada, abra-a. Ela fica guardada dentro do próprio arquivo e pode ser localizada (e aberta) na paleta **Administrador de Recursos** (*Resource Browser*) **Ctrl+R**. Para abrir é necessário clicar com o botão direito do mouse sobre o nome dela e escolher a opção **Abrir** (*Open*).

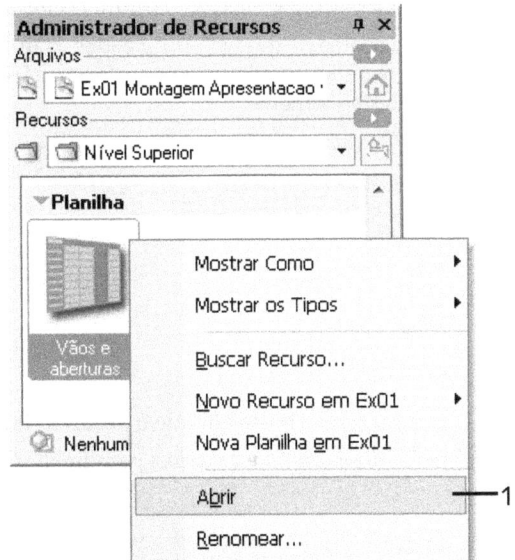

2. Vá ao menu **Arquivo/Exportar/Exportar Planilha...** (*File/Export/Export Worksheet...*).

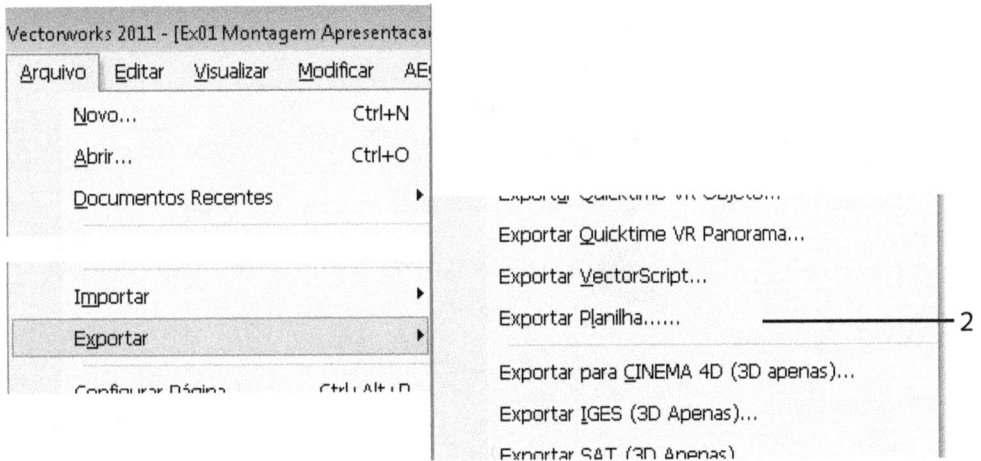

3. Escolha o formato de separação de campos. Geralmente usamos **Vírgula** (*Comma*) ou **Tab**.

4. Escolha se quer exportar todas as linhas da tabela ou somente as selecionadas anteriormente.

5. Clique em **OK**.

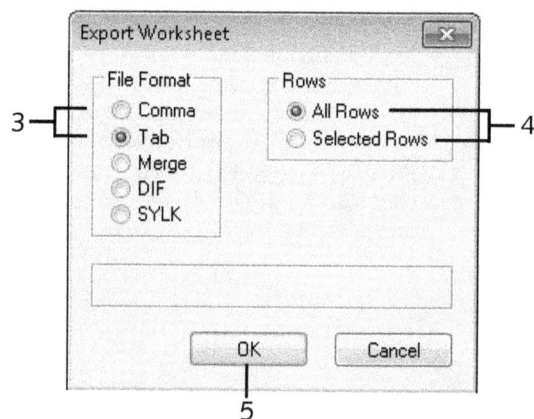

6. Escolha a pasta em que o arquivo será gravado (**a**). Escolha também o nome do arquivo (**b**).

7. Clique em **Salvar** (*Save*) para finalizar.

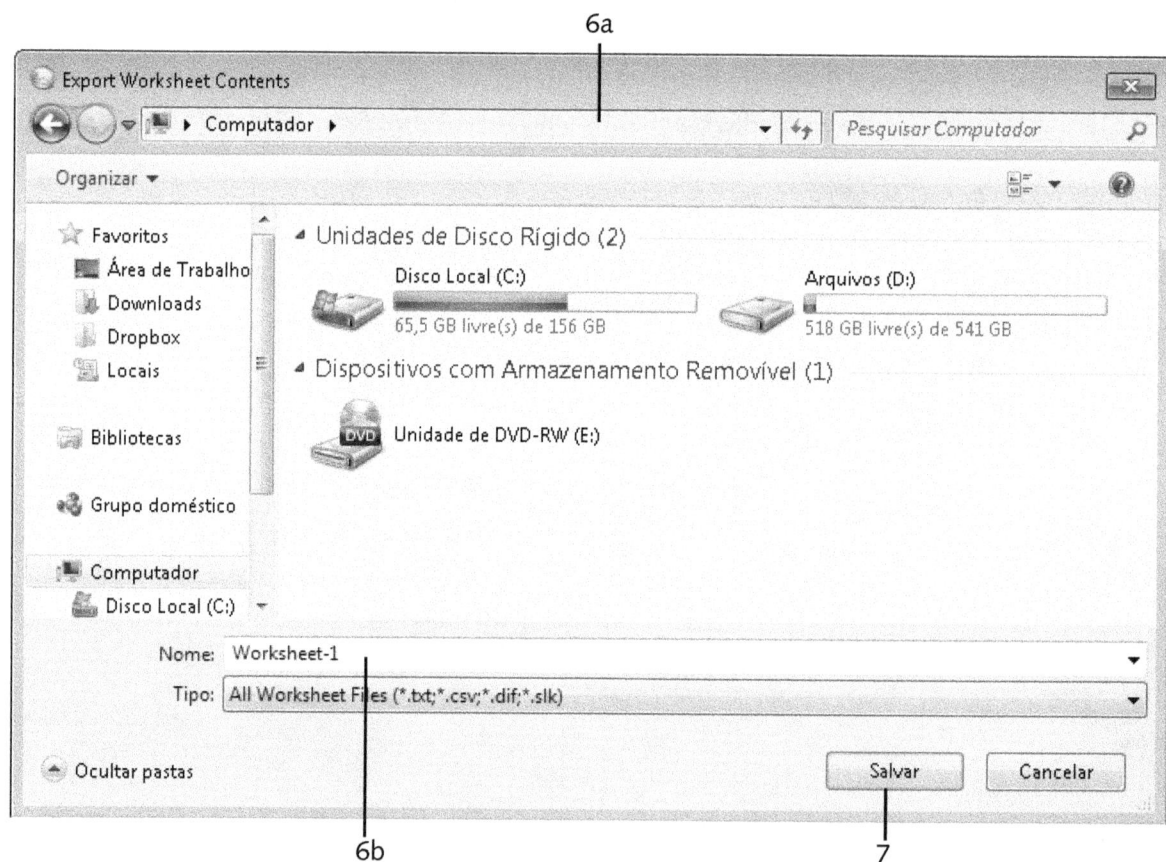

Frequentemente preciso enviar imagens e outros desenhos para clientes, fornecedores e profissionais. Por isso, tenho de aprender como se dá a

interação entre o Vectorworks e outros programas

O Vectorworks é muito bom quando se trata de importação e exportação de arquivos. O programa abre e exporta arquivos DXF e DWG, produz imagens bitmap de alta qualidade, e nas versões Architect e Designer existe a opção para a exportação de desenhos em PDF.

O que você vai ler neste capítulo

13.1 Opções de importação e exportação

13.2 Exportação de imagens bitmap

13.3 Exportação em formato PDF

13.4 Importação e exportação em DXF/DWG

13.5 Como importar arquivos do SketchUp e 3DS

13.1 Opções de importação e exportação

Os menus de importação e exportação de arquivos do Vectorworks permitem a troca de desenhos e dados entre ele e outros programas. Você pode importar e exportar textos, planilhas, imagens e também desenhos de CAD para programas como o Microsoft Word, Adobe Photoshop ou o AutoCAD, por exemplo. Para cada tipo de arquivo existe uma opção diferente de importação e exportação.

opções de importação

Para importar um arquivo de outro programa, vá ao menu **Arquivo/Impotar** (*File/Import*) e escolha entre as opções abaixo:

1 — Importar DXF/DWG...	
2 — Importar Apenas um DXF/DWG...	
3 — Import IFC...	
4 — Importar EPSF...	
5 — Importar Imagem...	
6 — Importar Metafile...	
7 — Importar Metafile como Figura	
8 — Importar PDF...	
9 — Importar Planilha...	
10 — Importar VectorScript...	
11 — Importar 3DS (3D apenas)...	
12 — Importar IGES (3D Apenas)...	
13 — Importar SAT (3D Apenas)...	
14 — Importar Parasolid X_T (3D Apenas)...	
15 — Import SketchUp...	

1. **Importar DXF/DWG...** (*Import DXF/DWG...*): Importa vários desenhos em DXF ou DWG de uma só vez.

2. **Importar Apenas um DXF/DWG...** (*Import Single DXF/DWG as Symbol...*): Importa apenas um desenho DXF ou DWG por vez.

3. **Importar IFC...** (*Import IFC...*): Importa arquivos no padrão IFC (*Industry Foundation Classes*), formato usado por diversos programas que adotam o sistema BIM (*Building Information Modeling*).

4. **Importar EPSF...** (*Import EPSF...*): Formato gráfico para programas como Freehand ou Adobe Illustrator.

5. **Importar Imagem...** (*Import Image File...*): Importa nos formatos JPG, BMP, TGA, TIF e Photoshop ou aplicações para Internet.

6. **Importar Metafile...** (*Import Metafile...*): Importa desenhos no formato de vetores.

7. **Importar Metafile como Figura** (*Import Metafile as Picture*): Importa desenhos vetoriais como bitmap.

8. **Importar PDF...** (*Import PDF...*): Importa um ou mais arquivos no formato PDF.

9. **Importar Planilha...** (*Import Worksheet...*): Importa planilhas que podem ser lidas pelo Microsoft Excel.

10. **Importar VectorScript...** (*Import VectorScript...*): Formato de linguagem de programação usado pelo Vectorworks.

11. **Importar 3DS (3D Apenas)...** [*Import 3DS (3D Only)...*]: Importa arquivos criados no 3D Studio Max.

12. **Importar IGES (3D Apenas)...** [*Import IGES (3D Only)...*]: Importa desenhos de formato IGES, usado em vários programas de modelagem 3D.

13. **Importar SAT (3D Apenas)...** [*Import SAT (3D Only)...*]: Importa desenhos de formato ACIS SAT, usado em vários programas de modelagem 3D.

14. **Importar Parasolid X_T (3D Apenas)...** [*Import Parasolid X_T (3D Only)...*]: Importa desenhos de formato Parasolid, usado em alguns programas de modelagem 3D.

15. **Importar SketchUp...** (*Import SketchUp...*): Importa desenhos do Google SketchUp.

> **OBS** As opções de importação **IFC**, **PDF**, **3DS** e **SketchUp** não existem na configuração AEC em português nem na Fundamentals em inglês, mas existem em todas as outras.

1 ——	Export DXF/DWG...
2 ——	Export IFC Project...
3 ——	Export Database...
4 ——	Export EPSF...
5 ——	Export High Dynamic Range Image (HDRI)...
6 ——	Export Image File...
7 ——	Export Metafile...
8 ——	Export PDF...
9 ——	Export PDF (Batch)...
10 ——	Export Quicktime VR Object...
11 ——	Export Quicktime VR Panorama...
12 ——	Export VectorScript...
13 ——	Export Worksheet...
14 ——	Export 3DS (3D only)...
15 ——	Export CINEMA 4D (3D only)...
16 ——	Export IGES (3D only)...
17 ——	Export KML (3D only)...
18 ——	Export SAT (3D only)...
19 ——	Export Simple VectorScript (3D only)...
20 ——	Export Stereo Lithography (3D only)...
21 ——	Export Parasolid X_T (3D only)...
22 ——	Export as Vectorworks 12 File...
23 ——	Export as Vectorworks 2008 File...
24 ——	Export as Vectorworks 2009 File...
25 ——	Export as Vectorworks 2010 File...
26 ——	Export as Vectorworks 2011 File...

opções de exportação

Para exportar um arquivo de outro programa, vá ao menu **Arquivo/Exportar** (*File/Export*) e escolha entre as opções abaixo:

1. **Exportar DXF/DWG...** (*Export DXF/DWG...*): Exporta desenhos para programas CAD, como o AutoCAD.

2. **Exportar IFC Project...** (*Export IFC Project*): Exporta o modelo no formato IFC, que pode ser aberto por vários programas que utilizam a tecnologia BIM (*Building Information Modeling*).

3. **Exportar Banco de Dados...** (*Export Database...*): Exporta registros dos bancos de dados do arquivo.

4. **Exportar EPSF...** (*Export EPSF...*): Formato gráfico para programas como Freehand ou Adobe Illustrator.

5. **Exportar Imagem High Dynamic Range (HDRI)...** [*Export High Dynamic Range Image (HDRI)...*]: Exporta a vista atual no formato HDRI.

6. **Exportar Imagem...** (*Export Image File...*): Exporta nos formatos JPG, BMP, TGA, TIF, Photoshop ou aplicações para Internet.

7. **Exportar Metafile...** (*Export Metafile...*): Exporta a vista atual no formato WMF.

8. **Exportar PDF...** (*Export PDF...*): Exporta a vista atual, ou uma camada de folha no formato PDF.

9. **Exportar PDF (Batch)...** [*Export PDF (Batch)...*]: Exporta mais de uma camada de folha em PDF de uma vez só.

10. **Exportar Quicktime VR Objeto...** (*Export Quicktime VR Object...*): Exporta no formato de Objeto VR, para visualização em sites na Internet.

11. **Exportar Quicktime VR Panorama...** (*Export Quicktime VR Panorama...*): Exporta no formato Panorama VR, para visualização em sites na Internet.

12. **Exportar VectorScript...** (*Export VectorScript...*): Formato de linguagem de programação usado pelo Vectorworks.

13. **Exportar Planilha...** (*Export Worksheet...*): Exporta planilhas que podem ser lidas pelo Microsoft Excel.

14. **Export 3DS...**: Exporta o seu modelo para o 3D Studio Max.

15. **Exportar para CINEMA 4D (Somente 3D)...** [*Export Cinema 4D (3D Only)...*]: Exporta desenhos para o software Cinema 4D.

16. **Exportar IGES (Somente 3D)...** [*Export IGES (3D Only)...*]: Exporta desenhos em IGES, usado em vários programas de modelagem 3D.

17. **Exportar KML...** (*Exportar KML...*): Exporta desenhos no formato KML, que podem ser abertos em programas como o Google Earth.

18. **Exportar SAT (3D Apenas)...** [*Export SAT (3D Only)...*]: Exporta desenhos no formato ACIS SAT, usado em vários programas de modelagem 3D.

19. **Exportar Simple VectorScript (3D Apenas)...** [*Export Simple VectorScript (3D Only)...*]: Usado para levar um desenho de Vectorworks para programas como o Strata Studio Pro.

20. **Exportar para Stereo Litografia (3D Apenas)...** [*Export Stereo Lithography (3D Only)...*]: Exporta no formato .stl, utilizado por máquinas extrusoras.

21. **Exportar Parasolid X_T (3D Apenas)...** [*Export Parasolid X_T (3D Only)...*]: Exporta no formato .x_t, desenvolvido pela Siemens e usado por vários programas 3D.

22. **Exportar para Vectorworks 12...** (*Export as Vectorworks 12 File...*).

23. **Exportar para Vectorworks 2008...** (*Export as Vectorworks 2008 File...*).

24. **Exportar para Vectorworks 2009...** (*Export as Vectorworks 2009 File...*).

25. **Exportar para Vectorworks 2010...** (*Export as Vectorworks 2010 File...*).

26. **Exportar para Vectorworks 2011...** (*Export as Vectorworks 2011 File...*).

13.2 Exportação de imagens bitmap

Qualquer desenho, em qualquer vista ou modo de apresentação, pode ser exportado como arquivo bitmap, para ser utilizado em relatórios, apresentações, ou enviado por e-mail, colocado em uma página da web ou gravado em CD.

como exportar uma imagem

1. Coloque o projeto na vista e com a apresentação desejada.

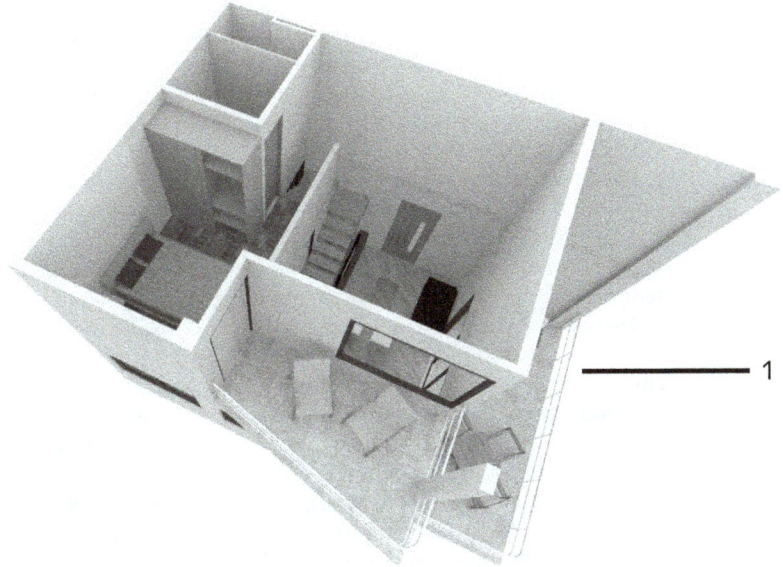

1

2. Vá ao menu **Exportar/ Exportar Imagem** (*Export/ Export Image File*).

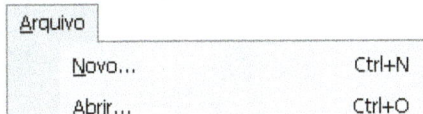

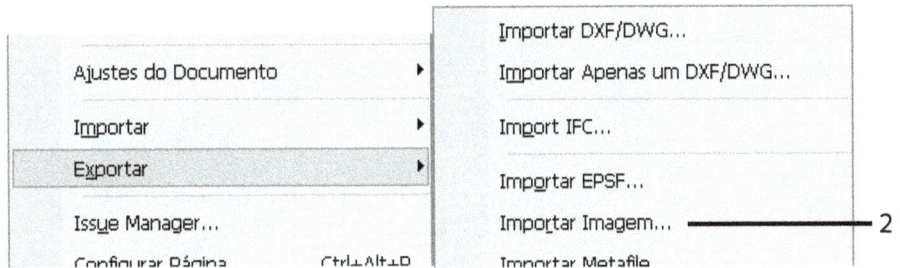

Arquivo	
Novo...	Ctrl+N
Abrir...	Ctrl+O

Ajustes do Documento	▶
Importar	▶
Exportar	▶
Issue Manager...	
Configurar Página	Ctrl+Alt+P

Importar DXF/DWG...
Importar Apenas um DXF/DWG...
Import IFC...
Importar EPSF...
Importar Imagem...
Importar Metafile

2

3. Na janela que se abre, configure:

a. **Área Exportada** (*Export Area*): Determina que parte do desenho será exportada: **Todos os Objetos Visíveis** (*All Visible Objects*), **Vista Atual** (*Current View*), **Todas as páginas como Única Imagem** (*All Pages as Single Image*), **Cada Página como Imagem Separada** (*Each Page as Separate Image*) ou **Cerca** (*Marquee*). Esta última opção requer que seja feita uma área de seleção, no botão **Definir Cerca** (*Draw Marquee...*);

b. **Manter Proporção** (*Lock Aspect Ratio*): Este botão trava a relação de proporção entre largura e altura da área de exportação determinada em **a**;

c. **Tamanho em Pixel** (*Pixel Dimensions*): Onde são colocadas as quantidades de pontos, em largura e altura, que irão compor a imagem exportada.

d. **Impressão** (*Print Size*): Determina o tamanho que terá a imagem exportada, quando for impressa. Todos esses valores, principalmente a **Resolução** (*Resolution*), têm relação direta com os valores determinados em **c**;

e. **Preview** (*Preview*): Clique nos botões **Apresentar** (*Render*) ou **Aramado** (*Wireframe*) para ter uma previsão da imagem que será gerada. Tem relação direta com os valores determinados em **c**;

f. **Atualizar** (*Update*): Clique neste botão para saber quanto de memória RAM será gasta no processamento da imagem e qual o espaço (em Kb) a imagem ocupará no computador. Também tem relação direta com os valores em **c** e **g**;

g. **Formato** (*Format*): Nestes campos é feita a escolha do formato da imagem (JPG, TGA, BMP, TIFF, etc.), e, assim, qual a qualidade de Compressão (*Compression*) que será usada. Tem relação com o tamanho (em Kb) final da imagem, interagindo com as definições explicadas em **c** e **f**.

h. **Atualizar viewports visíveis desatualizados antes de exportar** (*Update visible out of date viewports prior to exporting*): Ative esta caixa para que o Vectorworks atualize viewports que estão desatualizados antes de exportar a imagem.

i. **Atualizar todos os objetos plug-in que requeiram atualização antes da exportação** (*Reset All plug-in objects that require a reset prior to exporting*): Clique nesta caixa para que o Vectorworks atualize os plugins que aparecem na iamgem a ser exportada.

4. Clique em **Salvar...** (*Save...*) para que o Vectorworks exporte a sua imagem.

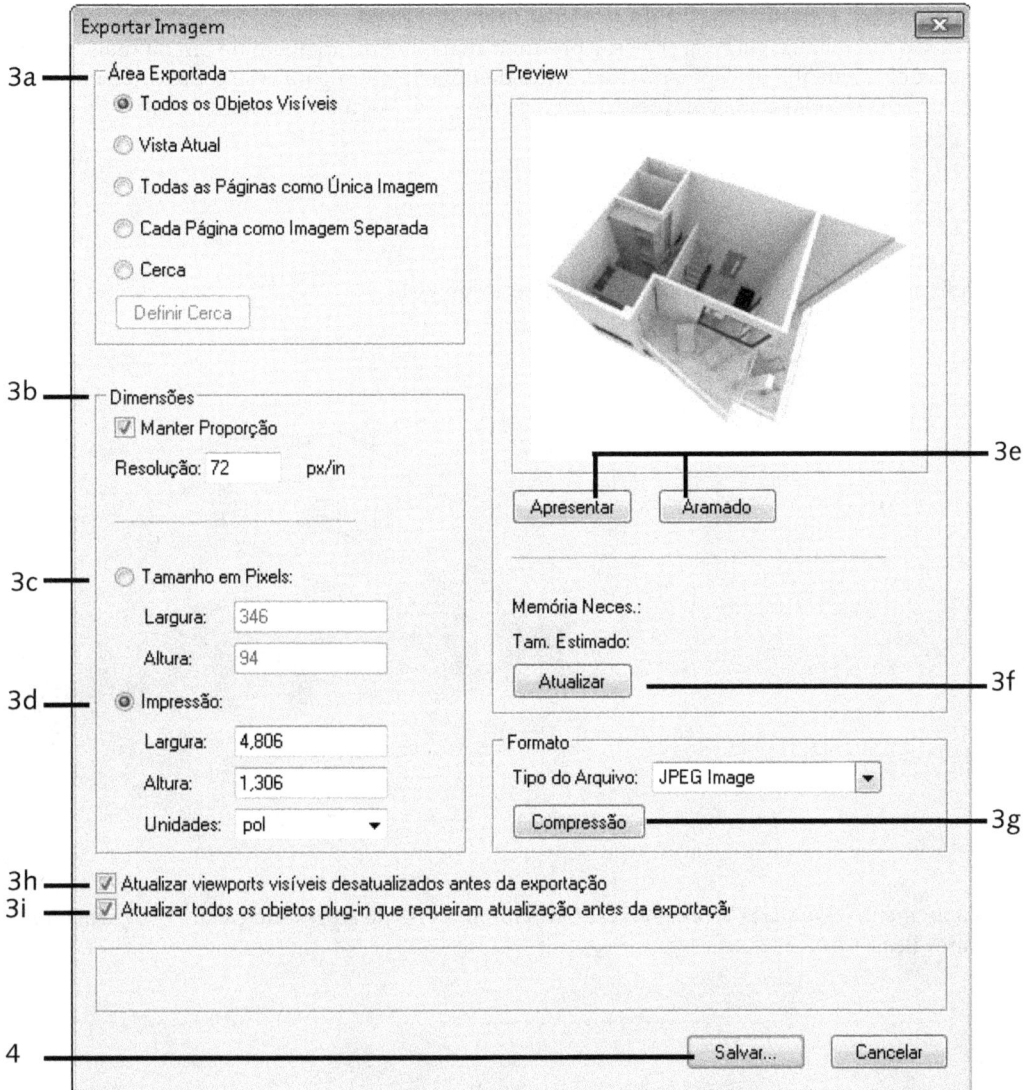

para agendar a renderização de uma ou mais imagens

Em vários momentos, você vai precisar produzir mais de uma imagem de um ou mais projetos. Para que você não tenha de esperar a finalização de uma imagem para criar a próxima, pode usar a técnica de agendar apresentações (*Batch Rendering*), da seguinte maneira:

1. Defina a maneira como você quer apresentar a sua vista.

2. Vá ao menu **Visualizar/Apresentação/Adicionar à Fila de Apresentação...** (*View/Rendering/Create Batch Render Job...*).

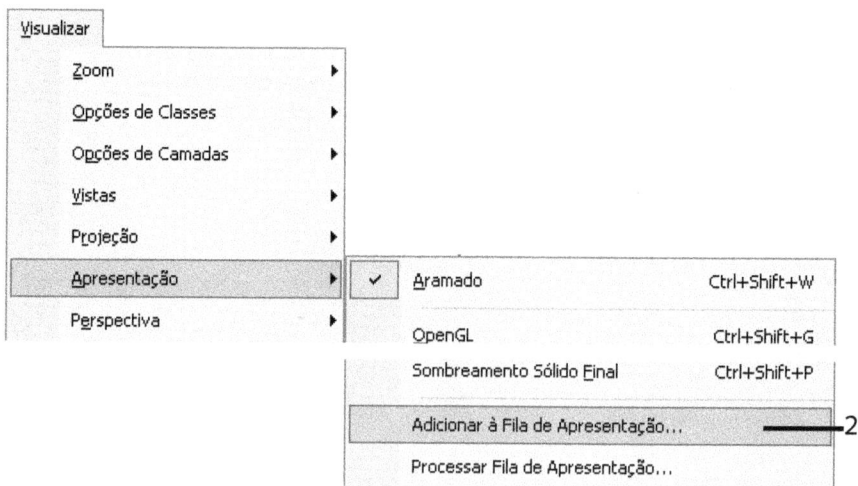

3. Na janela que se abre, configure:

a. **Nome** (*Name*): Dê um nome à imagem a ser formada;
b. **Modo de Apresentação** (*Render Mode*): Escolha o método de apresentação da imagem;
c. **Opções** (*Options*): Abre uma nova janela com opções de regulagem para alguns modos descritos no item **b**;
d. **Definir Opções de Imagem** (*Set Export Image File Options*): Abre a janela de configurações de saída da imagem. Veja os detalhes no item **13.2 Exportação de imagens bitmap**, na pág. **335**.

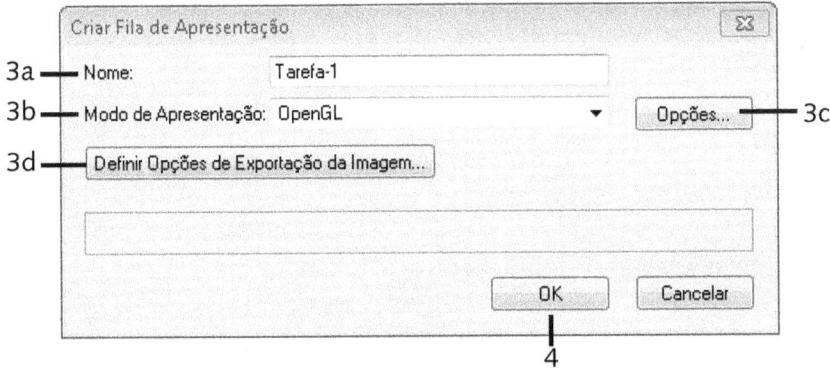

4. Clique em **OK** para confirmar os ajustes.

Depois de repetir este procedimento para todas as vistas que você quer, está na hora de fazer o Vectorworks transformá-las em imagem .JPG. Para isso:

5. Vá ao menu **Visualizar/Apresentação/Processar Fila de Apresentação...** (*View/Rendering/Start Render Job...*).

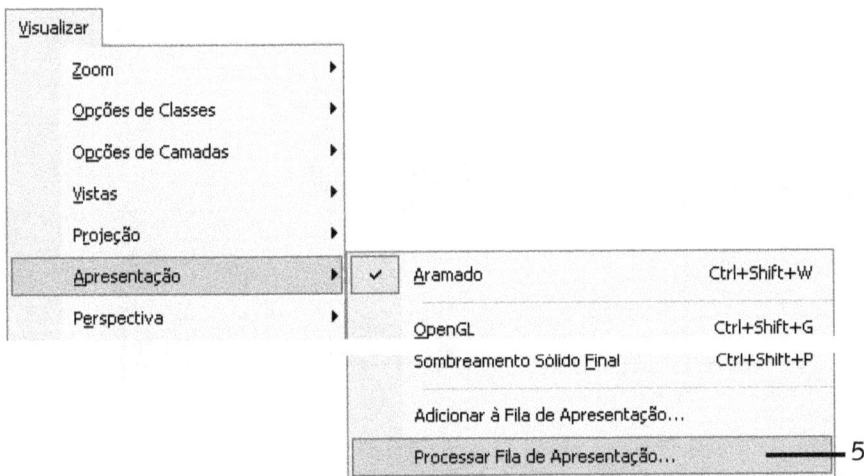

6. Na janela que se abre, configure:

    a. Clique na(s) vista(s) que você quer finalizar;

    b. Use este botão para incluir as vistas (ou trabalhos) na lista de **Tarefas Escolhidas** (*Chosen Jobs*);

    c. Use este botão para tirar as vistas (ou trabalhos) da lista de **Tarefas Escolhidas** (*Chosen Jobs*);

    d. **Duplicar** (*Duplicate*): Clique para duplicar o trabalho;

    e. **Editar...** (*Edit...*): Clique para alterar as configurações do trabalho;

    f. **Apagar** (*Delete*): Apaga o trabalho;

    g. **Procurar...** (*Browse...*): Clique para indicar a pasta em que os trabalhos serão salvos;

    h. **Iniciar** (*Start*): Inicia a produção dos trabalhos;

    i. **Cancelar** (*Cancel*): Cancela o andamento dos trabalhos.

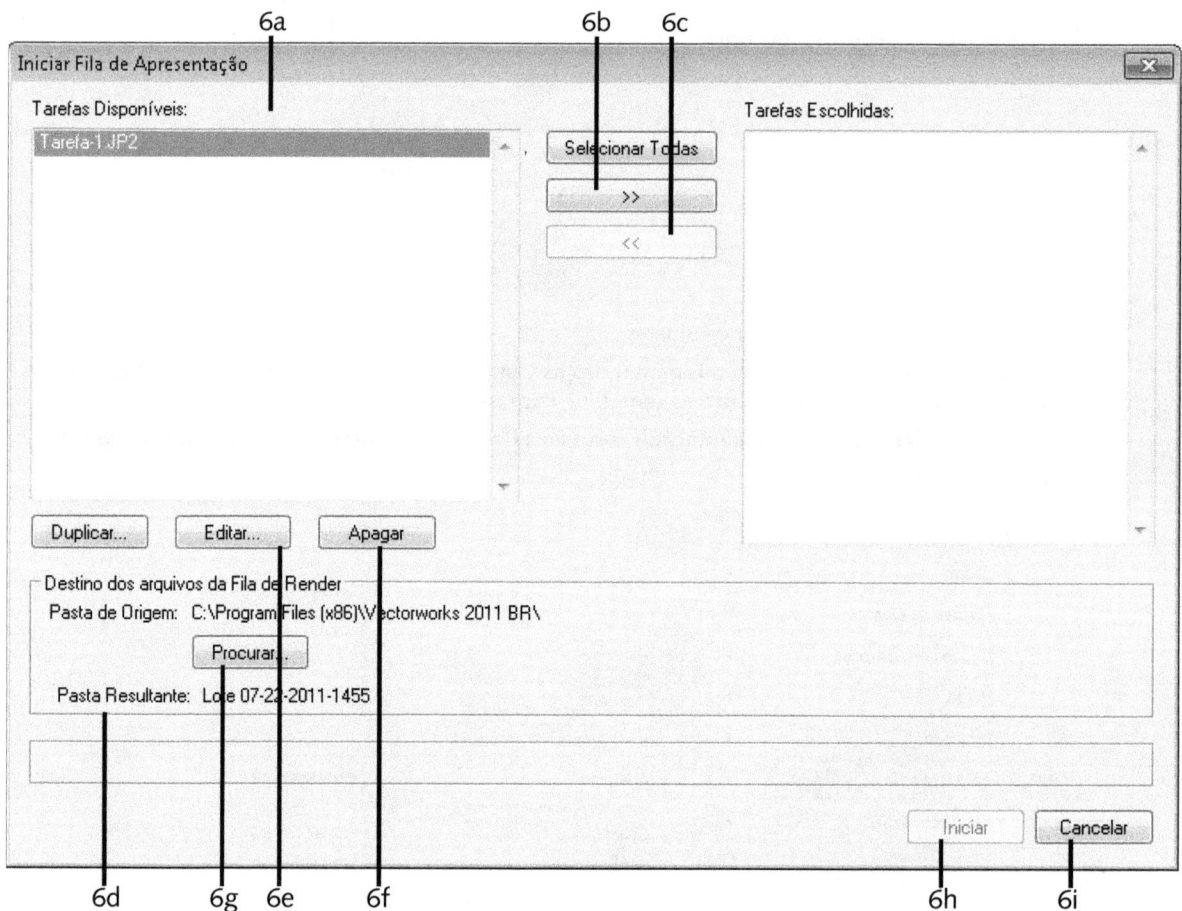

13.3 Exportação em formato PDF

O PDF (*Portable Document File*) é um formato de documento desenvolvido pela empresa Adobe Systems, com o objetivo de facilitar a comunicação e a impressão de documentos criados em diversos programas ou plataformas. Para abrir um documento PDF, basta ter instalado o programa Adobe Reader, disponível gratuitamente em *http://www.adobe.com*. O Adobe Reader pode ser instalado em PCs, Macs e até mesmo em alguns modelos de celulares. Para criar um documento PDF a partir do Vectorworks, você tem algumas alternativas:

1. Vá ao menu **Arquivo/Exportar/ Exportar PDF...** (*File/Export/ Export PDF...*), configure os itens a seguir e clique em **Exportar** (*Export*) para finalizar:

a. **Export Design Layers as PDF Layers**: Exporta cada camada de projeto como uma camada de PDF; não é recomendável para quem usa camadas de projeto como andares de uma edificação, como é o caso do método proposto neste livro;

b. **Export Classes as PDF Layers**: Exporta as classes da camada ativa como Layers PDF. Deve estar ativado de acordo com o método ensinado neste livro;

c. **Make grayed PDF Layers initially invisible**: Faz com que camadas ou classes que estavam com o ajuste em cinza estejam inicialmente invisíveis quando o arquivo PDF for criado;

d. **but appear with normal attributes when made visible**: Faz com que camadas inicialmente invisíveis apareçam com suas cores reais quando forem ativadas;

e. **Resolution**: Escolha a resolução de saída do PDF em DPI. Use o valor 300 se for usar uma impressora jato de tinta, ou 150 DPI, se for imprimir a laser;

f. **Export patterns at on-screen resolution**: Exporta preenchimentos feitos com padrão de acordo com o mostrado na tela no momento da criação do arquivo PDF;

g. **Downsample higher resolution raster images to**: Faz com que qualquer imagem bitmap que esteja dentro do seu arquivo seja exportada no máximo com a resolução máxima indicada neste campo;

h. **Gray level for grayed Layers and Classes**: Determina o tom de cinza usado para mostrar camadas e/ou classes convertidas em camadas de PDF;

i. **Open PDF in the default viewer**: Abre o arquivo recém-criado no visualizador de PDF padrão (por exemplo, o Acrobat Reader);

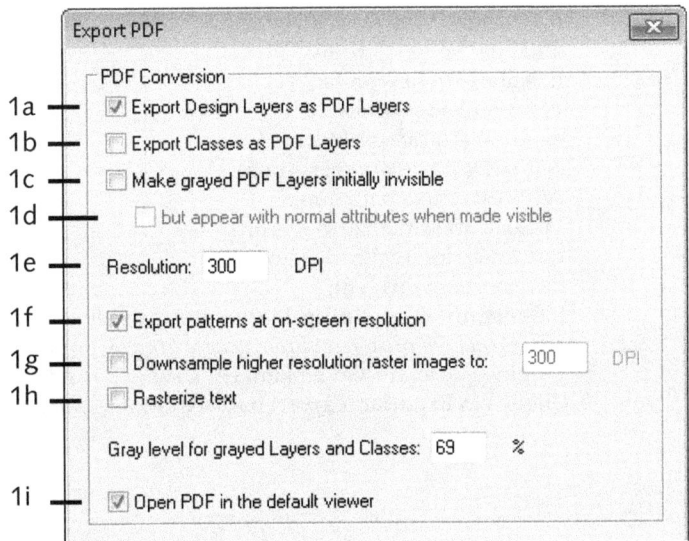

j. **Export the whole printable area as one page**: Exporta a área de impressão total como uma só página PDF;

k. **All Pages**: Exporta todas as páginas que compõem a área de impressão;

l. **Pages**: Exporta determinadas páginas em PDF;

m. **Current View**: Usa a vista atual para criar o arquivo PDF;

h. **Atualizar viewports desatualizados antes de exportar** (*Update visible out of date viewports prior to exporting*): Ative esta caixa para que o Vectorworks atualize viewports que estão desatualizados antes de exportar a imagem;

i. **Redefinir objetos plug-in que precisam de redefinidos antes de exportar** (*Reset All plug-in objects that require a reset prior to exporting*): Clique nesta caixa para que o Vectorworks atualize os plugins que aparecem na iamgem a ser exportada.

2. Clique em **Exportar** (*Export*) para exportar seu arquivo.

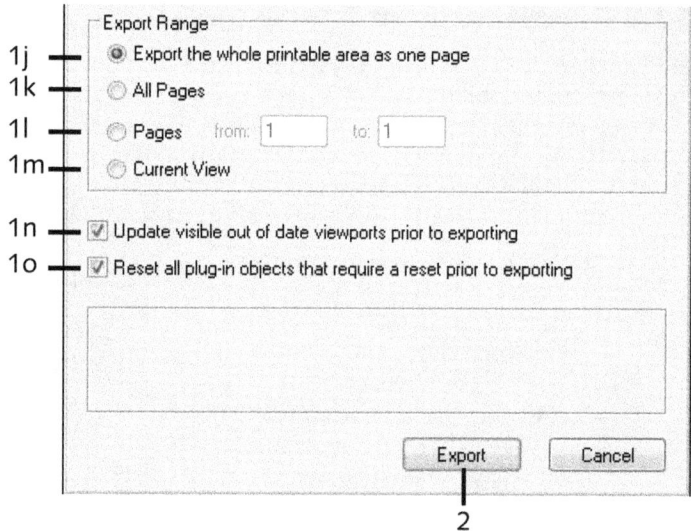

> **OBS** Se você tiver a versão Fundamentals do Vectorworks, a opção de exportação em PDF estará desabilitada. Neste caso, você pode instalar algum programa que crie um PDF a partir do menu **Imprimir** (*Print*). Existem programas gratuitos para criar PDFs (como o PDF995, *www.pdf995.com*, e o PrimoPDF, *www.primopdf.com*) e também o Adobe Professional, que é pago e pode ser encontrado em *www.adobe.com*.

13.4 Importação e exportação em DXF/DWG

O Vectorworks importa e exporta arquivos no formato DWG, da versão 2.5 até a 2011.

para importar um arquivo DXF/DWG

1. Configure o seu documento com as unidades em metros.

2. Vá ao menu **Arquivo/Importar/Importar Apenas um DXF/DWG...** (*File/Import/Import Single DXF/ DWG...*).

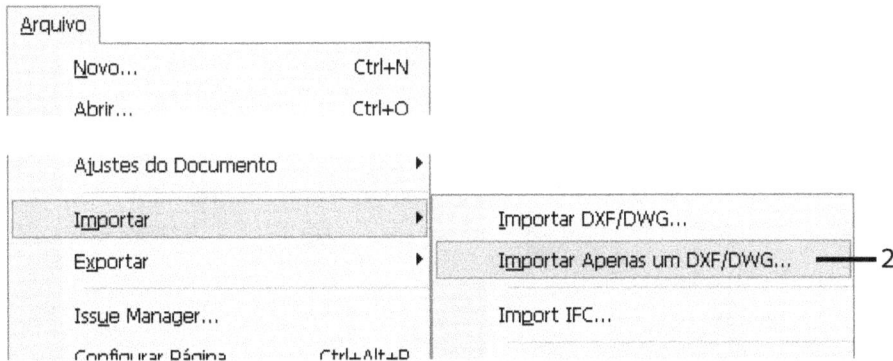

3. Na janela que se abre, escolha o arquivo que você vai importar e clique em **Abrir**.

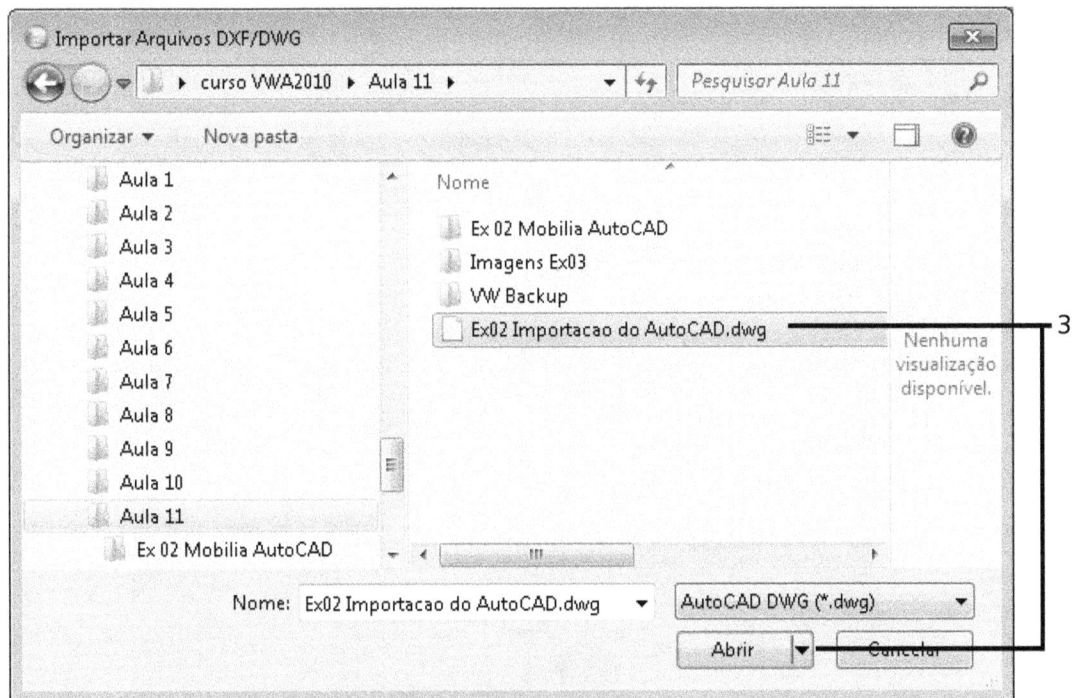

4. O Vectorworks, logo em seguida, mostra uma janela onde estão os parâmetros para a importação:

Ajustes Primários (*Primary Settings*)

a. **Unidades do Model Space** (*Model Space Units*): Informe qual foi a unidade de referência de desenho usada no AutoCAD (metros, centímetros, polegadas, etc.);

b. **Unidades do Paper Space** (*Paper Space Units*): Escolhe as unidades usadas para o Paper Space, se houver;

c. **Conversão 2D/3D** (*2D/3D Conversion*): Define como será feita a conversão dos objetos: 2D e 3D (*2D and 3D*), transforma todos os objetos feitos sem espessura e no nível "0" em 2D e os outros em 3D; **Tudo 2D** (*All 2D*): coloca todos os objetos em 2D; **Tudo 3D** (*All 3D*): deixa todos os desenhos em 3D, inclusive os feitos sem espessura e no nível "0";

d. **Model Space** (*Model Space*): Escala em que o desenho será colocado. Temos as opções **Encaixar na Página** (*Fit to Page*) e **Esta Escala** (*This Scale*), que pede um valor determinado pelo botão **Escala** (*Scale*).

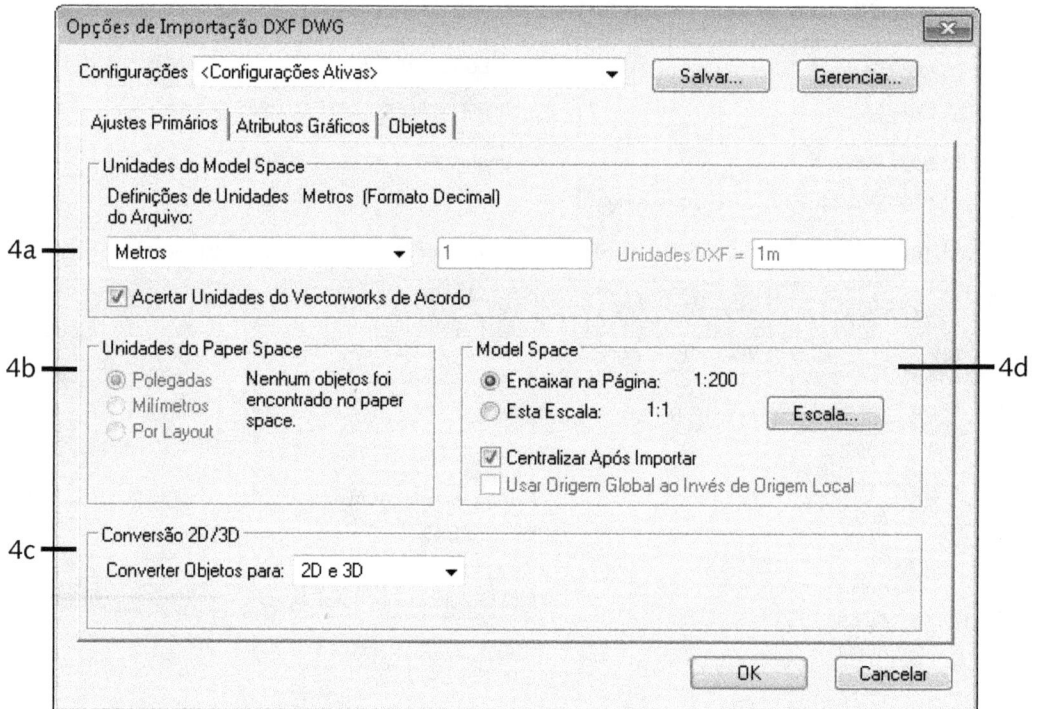

Atributos Gráficos (*Graphic Attributes*)
e. **Cores e Espessuras de Linhas** (*Colors and Line Weights*): Escolha se o Vectorworks
lerá as cores de linha do AutoCAD como peso gráfico da linha. Também pode colocar
automaticamente todas as linhas em preto;
f. **Padrões de Tracejados** (*Dash Pattern*): Define o fator de escala aplicado ao tracejado das linhas.
Melhor deixar na configuração automática;
g. **Classes/Camadas** (*Classes/Layers*): Permite escolher se os Layers do AutoCAD serão importados
como camadas ou classes. Melhor usar a opção de classes.

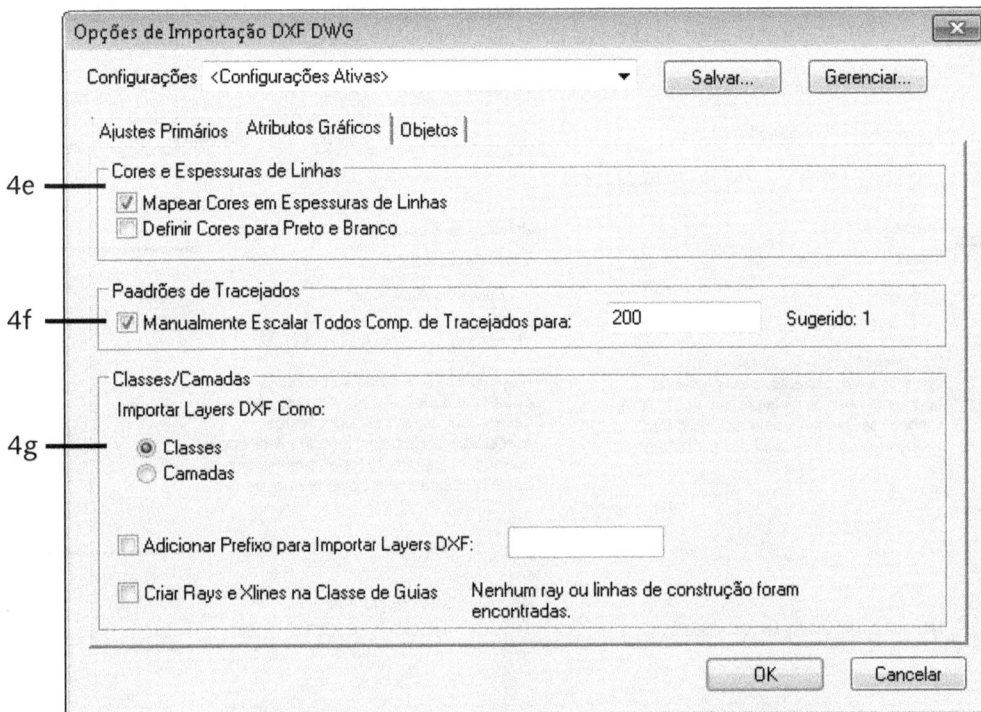

Objetos (*Objects*)

h. **Pontos** (*Points*): Determina em que a entidade "Points" será convertida, quando trazida para o Vectorworks. Recomendável deixar a opção **Loci** (*Loci*) e a caixa **Usar Classe Guias** (*Use Guides Class*) desativada;

i. **Multilinhas** (*MultiLines*): Determina em que a entidade "Multilines" será convertida, se em **Linhas Agrupadas** (*Grouped Lines*) ou em **Paredes** (*Walls*);

j. **Atributos de Blocos** (*Block Attributes*): Determina se e como os atributos de bloco serão convertidos em registros em banco de dados do Vectorworks;

k. **Cotas** (*Dimensions*): Determina como a entidade "Dimension" será trazida para o programa.

5. Clique em **OK** e observe que uma nova janela se abre para você fazer mais ajustes:

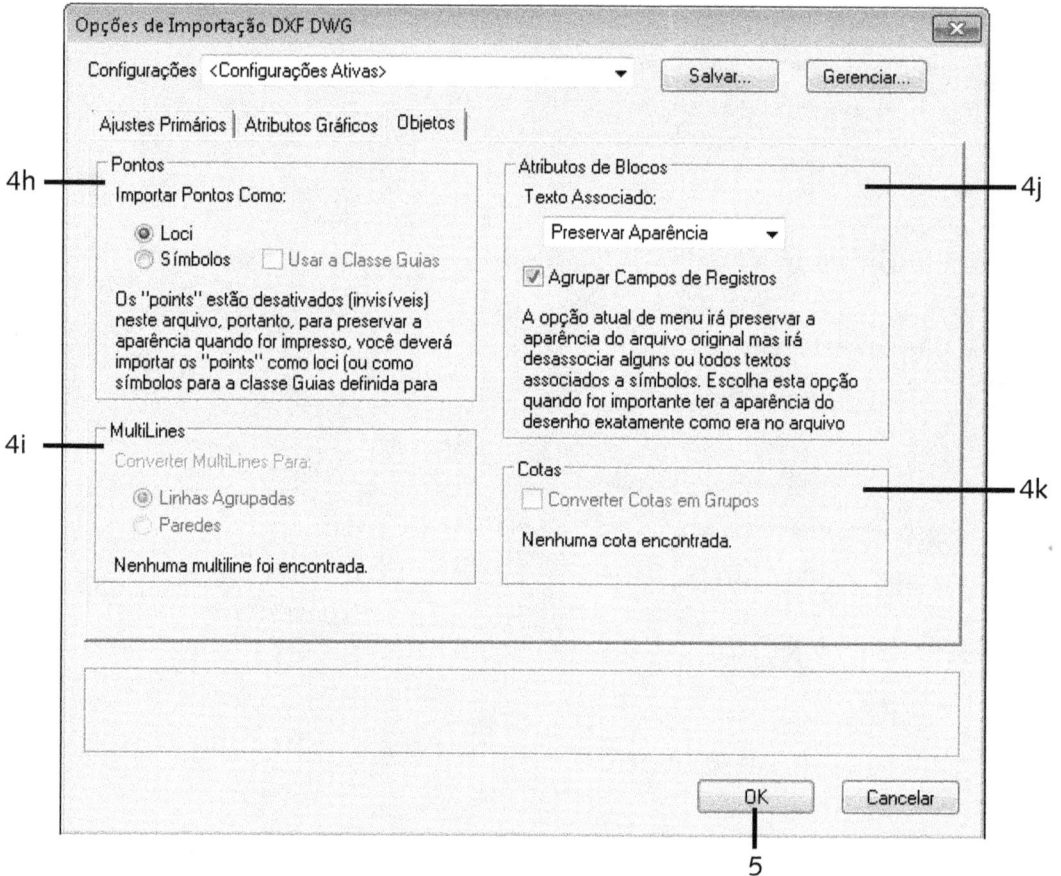

a. clique sobre a cor desejada se quiser mudar a sugestão de espessura de linha dada pelo Vectorworks;
b. para a linha selecionada em **a**, indique a cor e o peso correto;

6. Clique em **Concluído** (*Done*) e observe que outra janela se abre para você fazer mais ajustes:

a. clique sobre a fonte desejada se quiser mudar a sugestão de fonte dada pelo Vectorworks;
b. para a fonte selecionada em **a**, indique a fonte correta;
c. determine se esta troca de fontes será feita para os **Novos Mapeamentos** (*New Mappings*) ou para **Todos Mapeamentos** (*All Mappings*).

7. Clique em **OK** e aguarde a finalização da importação.

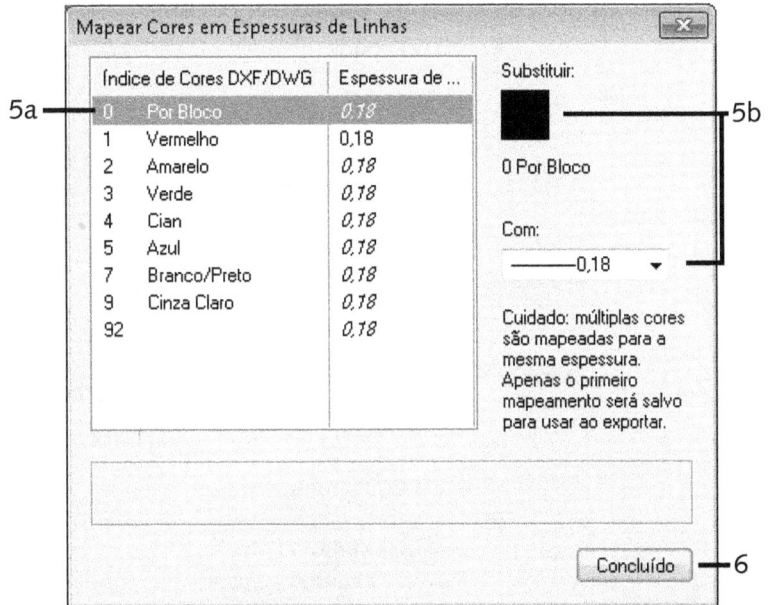

exportando arquivos no formato DXF/DWG

1. Vá ao menu **Arquivo/Exportar/Exportar DXF/DWG** (*File/Export/Export DXF/DWG*).

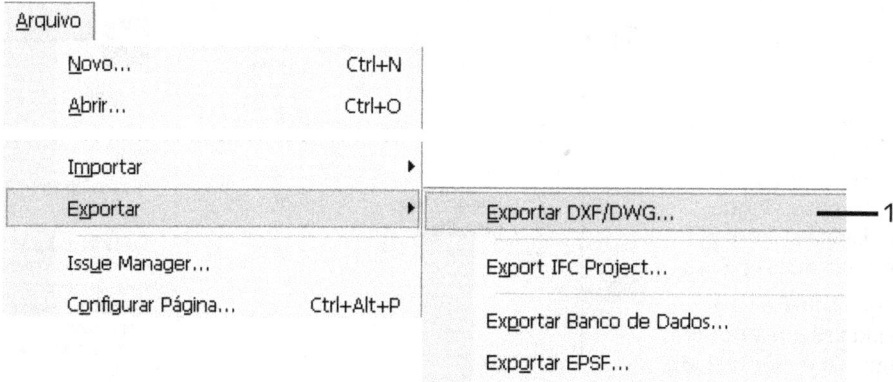

2. O Vectorworks, logo em seguida, mostra uma janela onde estão os parâmetros para a exportação:

a. **Configurações** (*Settings*): Clique para escolher entre as definições pré-configuradas de exportação no formato DXF/DWG;
b. **Salvar** (*Save*): Salva as definições abaixo, para que possam ser reutilizadas posteriormente;
c. **Gerenciar...** (*Manage...*): Abre a janela que gerencia as definições salvas;
d. **Formato do Arquivo** (*File Format*): Escolha qual formato será usado na exportação (DXF Texto, DXF Binário ou DWG) e para qual versão de AutoCAD o arquivo será escrito;
e. **Conversão Classes/Camadas** (*Class/Layer Conversion*): Determina se são classes ou camadas que serão convertidas em Layers de AutoCAD;
f. **As Classes Invisíveis** (*Invisible Classes Are*): Dá as opções **Serão Exportadas como Layers Invisíveis** (*Exported as Invisible Layers*) ou **Não serão Exportadas** (*Not exported*);
g. **Folhas a Incluir** (*Sheets to Include*): Escolha se e quais camadas de folha você vai exportar;

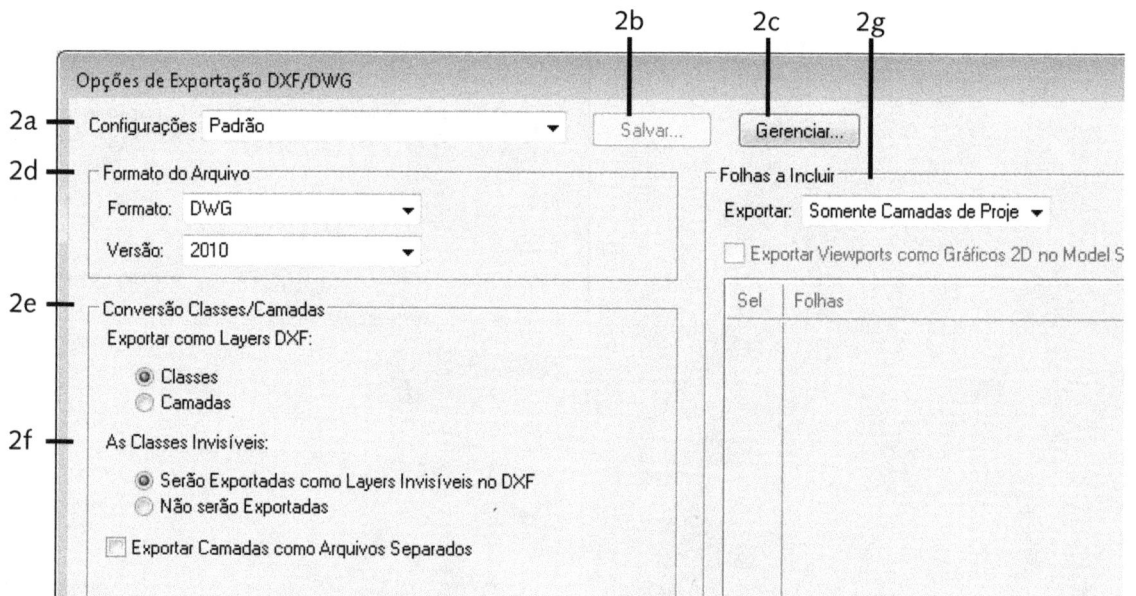

h. **Escala da Camada** (*Layer Scale*): Determina se todas as camadas do Vectorworks serão exportadas com a mesma escala para o AutoCAD;

i. **Exportar Viewports de Camada de Projeto como Arquivos Separados** (*Export Design Layer Viewports as Separate Files*): Exporta cada viewport de camada de projeto como um arquivo separado e referenciado por xRef;

j. **Exportar Apenas Objetos Selecionados** (*Export Only Selected Objects*): Exporta apenas os objetos selecionados;

k. **Exportar Preenchimentos 2D** (*Export 2D Fills*): Exporta os preenchimentos 2D como hachuras sólidas (válido para algumas versões de AutoCAD);

l. **Exportar Hachuras** (*Export Hatches*): Ative a caixa se quiser exportar as hachuras do arquivo;

m. **Exportar Arquivos Padrões de Hachuras** (*Export Hatch Pattern Files*): Exporta um arquivo .pat, com definições de padrões usados no arquivo de Vectorworks;

n. **Exportar Hachuras e Preench. 2D em Layers DXF Separados** (*Export Hatches and 2D Fills into Separate DXF Layers*): Exporta os preenchimentos 2D como hachuras sólidas (válido para algumas versões de AutoCAD);

o. **Exportar Imagens e Arquivos de Imagens** (*Export Images and Image Files*): Exporta as imagens que estão dentro do seu arquivo para que sejam abertas junto com o arquivo DWG;

p. **Exportar Sólidos como Sólidos ACIS**: Exporta sólidos 3D em formato ACIS;

q. **Triangular para Preservar Preenchimentos** (*Triangulate to Preserve Fills*): Converte faces de polígonos 3D com mais de três vértices em polígonos 3D com três vértices, para preservar o preenchimento destes;

r. **Decompor Símbolos 3D e Grupos** (*Decompose 3D Symbols and Groups*): Simplifica a descrição matemática de objetos 3D. Usado quando alguns objetos 3D não conseguem ser exportados para AutoCAD;

s. **Exportar Grupos como Blocos Anônimos** (*Export Groups as Anonymous Blocks*): Transforma grupos em blocos anônimos ao exportar;

t. **Mapear Espessuras de Linha em Cores** (*Map Line Weights to Colors*): Ativa ou desativa o mapeamento de espessuras de linhas para cores.

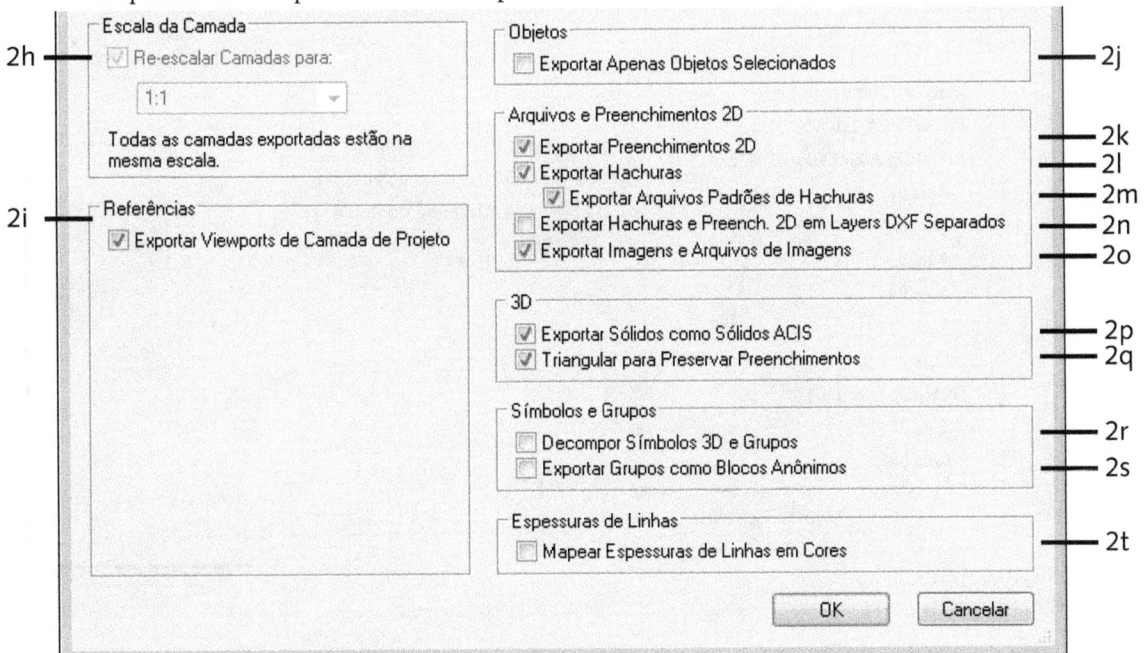

13.5 Como importar arquivos do SketchUp e 3DS

O Vectorworks é capaz de importar arquivos do SketchUp e também pode exportar e importar para o formato 3DS, usado pelo software 3D Studio Max.

para importar um arquivo de SketchUp

1. Vá ao menu **Arquivo/Importar/Importar SketchUp...** (*File/Import/Import SketchUp...*).

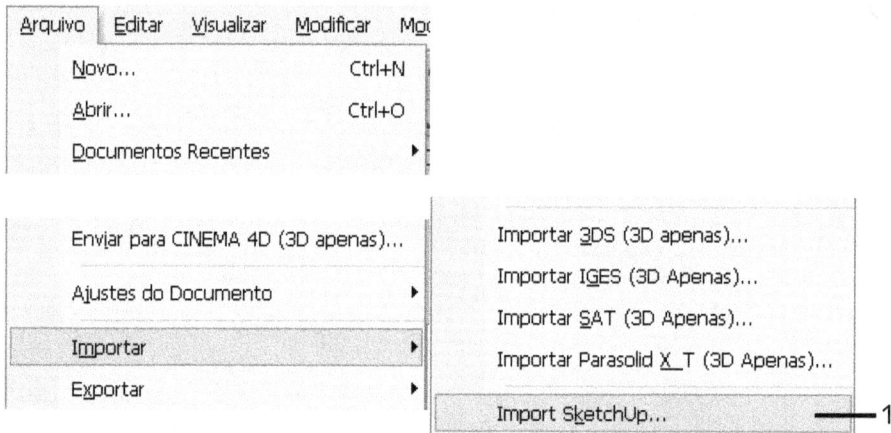

2. Na janela que se abre, escolha o arquivo que você vai importar e clique em **Abrir**.

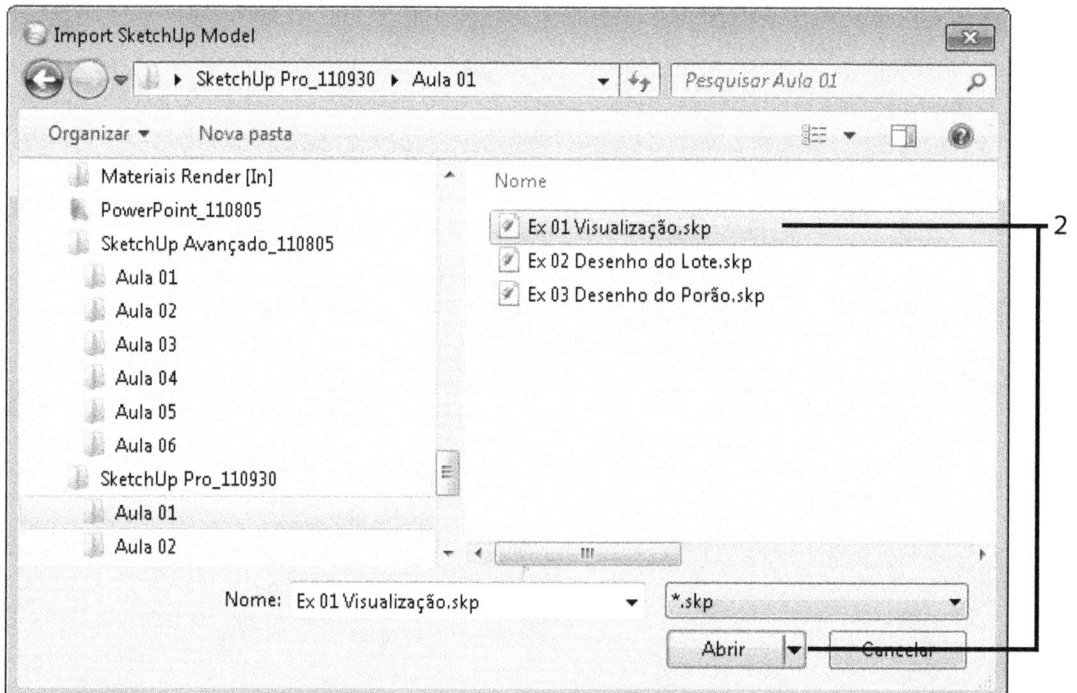

3. O Vectorworks, logo em seguida, mostra uma janela onde estão os parâmetros para a importação:

Default Styles

a. **Wall Thickness:** Este valor será usado para dar espessura às paredes, que são criadas automaticamente a partir das faces verticais do arquivos de SketchUp, se na aba **Geometry Mapping** a opção escolhida for **Automatic**;

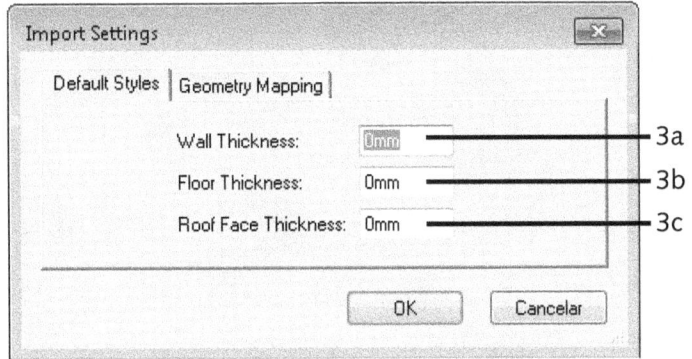

b. **Floor Thickness:** Este valor será usado para dar espessura aos pisos, que são criadas automaticamente a partir das faces horizontais do arquivos de SketchUp, se na aba **Geometry Mapping** a opção escolhida for **Automatic**;

c. **Roof Face Thickness:** Este valor será usado para dar espessura às faces de telhado, que são criadas automaticamente a partir das faces inclinadas do arquivos de SketchUp, se na aba **Geometry Mapping** a opção escolhida for **Automatic**.

Geometry Mapping

d. **None:** Todos os objetos do SketchUp serão convertidos em polígonos 3D no Vectorworks. As texturas usadas no SketchUp não serão importadas. O Vectorworks vai ler todos os seus componentes como símbolos e/ou camadas. É o método mais recomendado para importação. Para importar arquivos do SketchUp com texturas, você precisa (no SketchUp) salvar uma cópia do seu trabalho no formato 3DS, para então importá-lo no Vectorworks. Veja como importar um arquivo 3DS para o Vectorworks na página seguinte;

e. **Automatic:** Este método converte todas as faces verticais em paredes, as horizontais em pisos e as inclinadas em faces de telhado, usando as espessuras definidas na aba Default Styles. Não é um método adequado na grande maioria dos casos;

f. **Material** e **Camada:** Se você escolheu a opção Automatic, clique em cada um desses botões para ter acesso aos controles de aplicação automática de materiais e atribuição de camadas aos objetos importados, dessa maneira: todas as geometrias que o Vectorworks entender automaticamente como paredes serão importadas com um determinado material e em uma camada separada, se você configurar estas opções nas janelas **Material** e **Camada**.

4. Clique em **OK** para importar o arquivo.

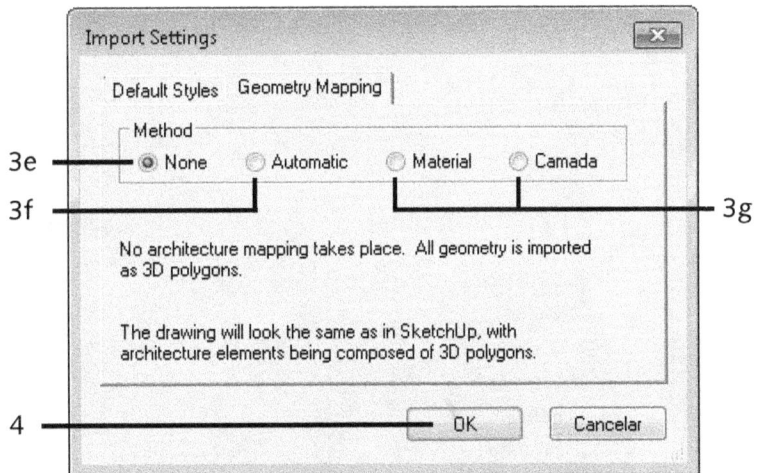

para importar um arquivo 3DS

1. Vá ao menu **Arquivo/Importar/Importar 3DS (3D Apenas)...** (*File/Import/Import 3DS...*).

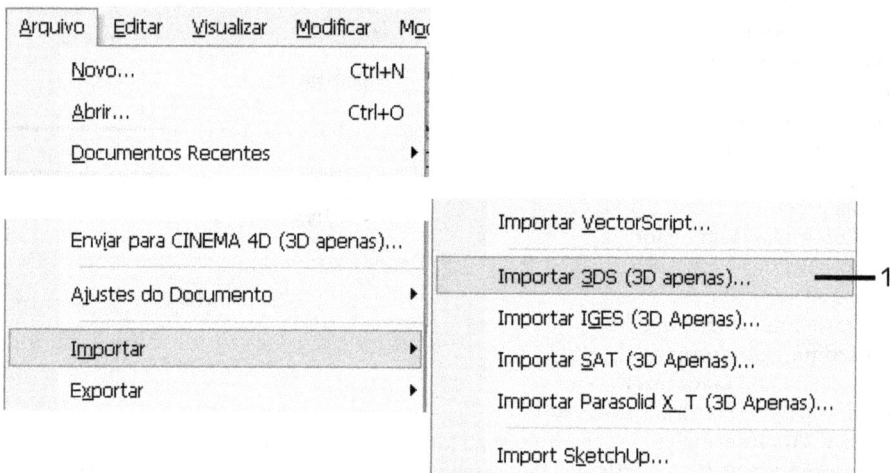

2. Na janela que se abre, escolha o arquivo que você vai importar e clique em **Abrir**.

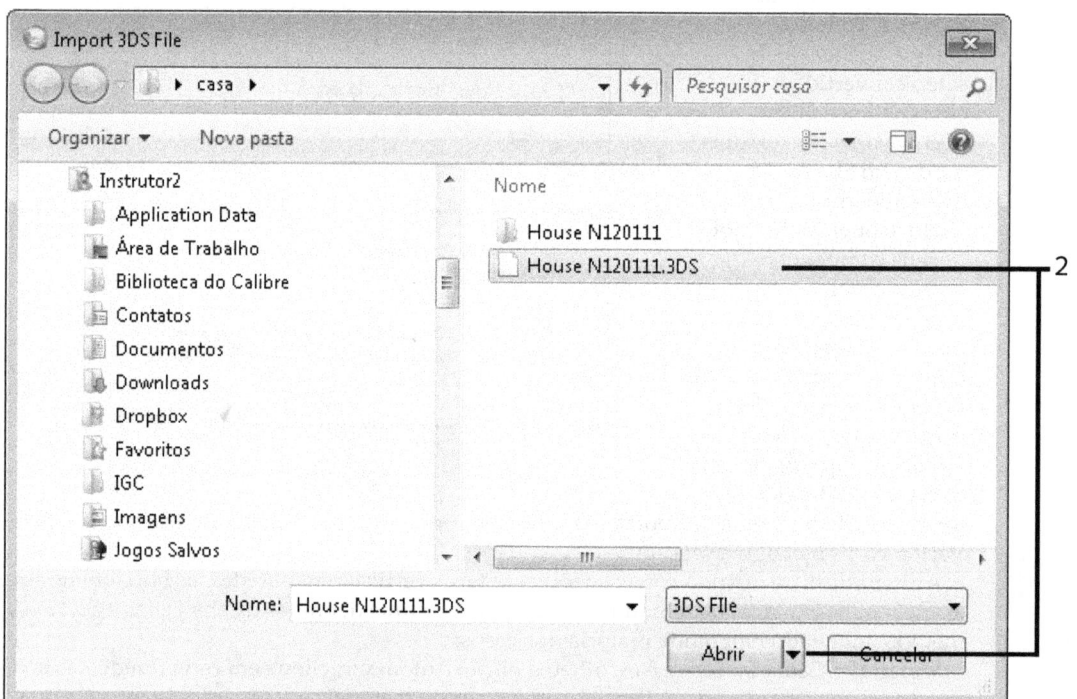

3. O Vectorworks, logo em seguida, mostra uma janela onde estão os parâmetros para a importação:

a. **Import Materials**: Ative esta caixa para que os materiais sejam importados;
b. **Import Textured Materials**: Ative esta caixa para os materiais com texturas sejam importados;
c. **Import Mesh Objects**: Ative esta caixa para importar a geometria 3D do arquivo;
d. **Import as Vectorworks Mesh Objects**: Escolha esta opção se quiser que os objetos a serem importados sejam entendidos pelo Vectorworks como malhas (*meshes*);
e. **Import as Groups of 3D Polygons**: Escolha esta opção se quiser que os objetos a serem importados sejam entendidos pelo Vectorworks como faces de polígonos 3D;
f. **Use Texture Materials to Texture**: Ative esta caixa para que as texturas aplicadas aos materiais sejam convertidas em texturas do Renderworks;
g. **Scale...**: Clique para abrir a janela onde você pode controlar a escala de visualização do desenho depois de importado;
h. **Import Light Objects**: Ative esta caixa para que o Vectorworks importe as luzes. Você pode escolher também se quer importar apenas as luzes Spot ou Omni, clicando nas caixas imediatamente a seguir;
i. **Import Camera Objetcs**: Ative esta caixa para que o Vectorworks importe as câmeras como vistas salvas. Você pode também escolher se quer importar apenas a câmera ativa ou se quer salvar uma vista para cada camera;

4. Clique em **OK** para importar o arquivo.

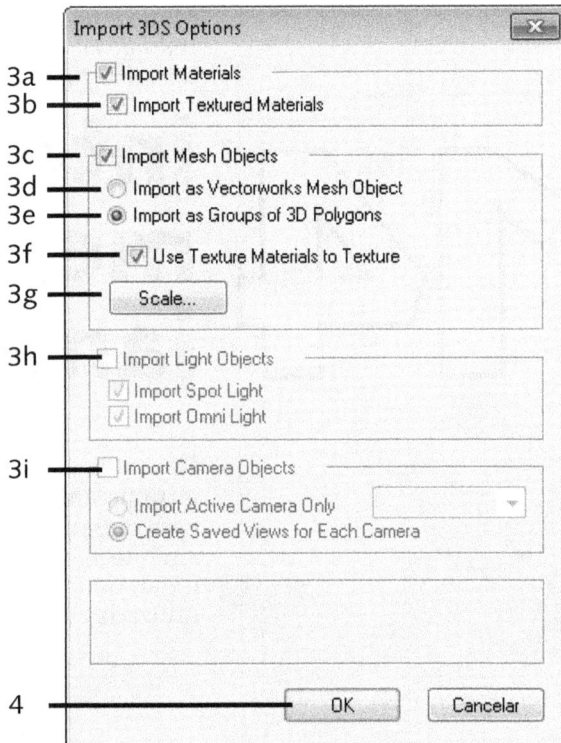

Muito bem, agora já sei todas as técnicas para desenvolver o meu trabalho no Vectorworks. Seria muito bom se eu tivesse um lugar para consultar tudo o que tem na

14

interface, menus, paletas e janelas

Nas páginas a seguir, estão descritos todos os comandos, ferramentas e ajustes do Vectorworks. Este livro foi feito com base nas configurações (*workspaces*) AEC, na versão brasileira, e Architect, na versão americana. Alguns itens podem mudar de lugar, ou mesmo desaparecer, dependendo da configuração utilizada.

O que você vai ler neste capítulo

14.1 A interface

14.2 Menus

14.3 Paletas

14.4 Janelas de Preferências

14.1 A interface

Estes são os principais elementos da interface do Vectorworks, quando a configuração AEC em português é usada. Os nomes em inglês de comandos e ferramentas foram extraídos da versão Architect:

barra de título

barra de menus   barra de visualização   janela de desenho

barra de modos

paletas   paletas

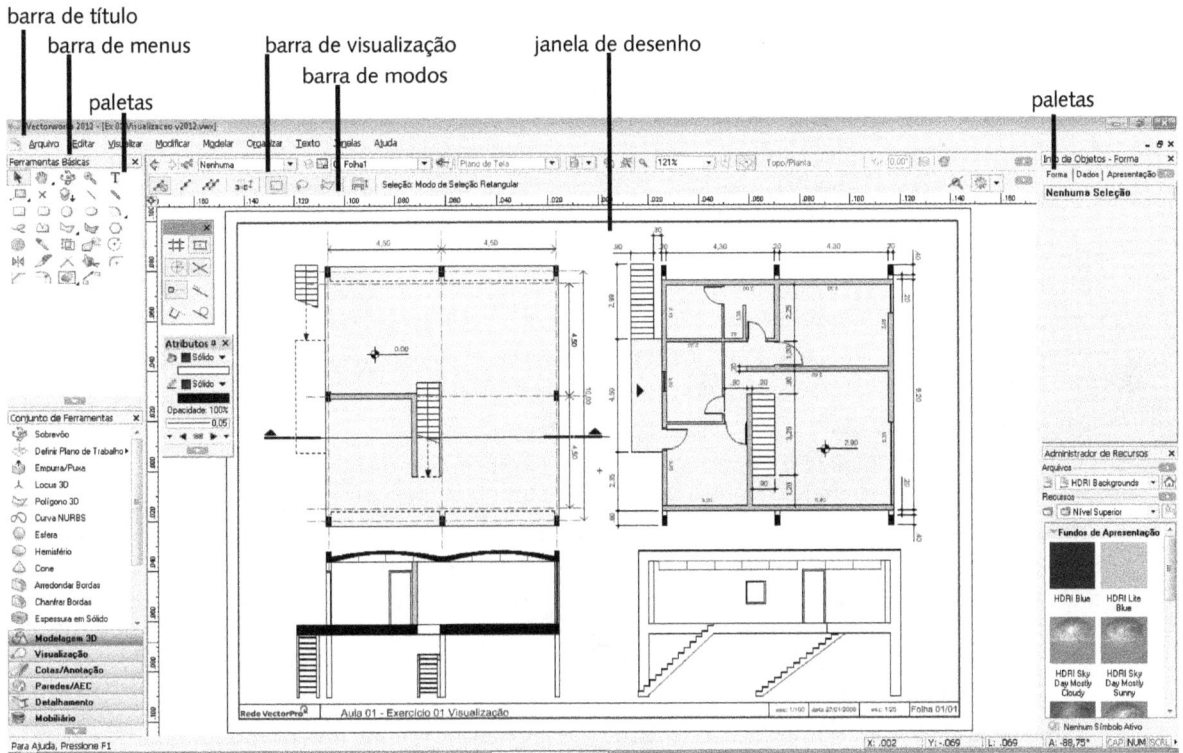

> **OBS** No Mac, a tecla **Ctrl** corresponde à tecla **Command** (ou "Maçã").

14.2 Menus

Arquivo	Editar	Visualizar	Modificar	Mo
Novo...			Ctrl+N	
Abrir...			Ctrl+O	
Documentos Recentes			▸	
Fechar			Ctrl+W	
Salvar			Ctrl+S	
Salvar Como...				
Salvar Cópia Como...				
Salvar como Gabarito...				
Reverter Versão Salva				
Conversão em Lotes...				
Enviar para CINEMA 4D (3D apenas)...				
Ajustes do Documento			▸	
Importar			▸	
Exportar			▸	
Configurar Página...			Ctrl+Alt+P	
Imprimir...			Ctrl+P	
Sair			Alt+F4 / Ctrl+Q	

Menu Arquivo (File)

O menu **Arquivo** (*File*) cuida da abertura, fechamento e gerenciamento dos arquivos do Vectorworks.

Novo... (*New...*) **Ctrl+N**: Cria um novo arquivo. O Vectorworks sempre usa um modelo para a criação de um novo arquivo. Escolha entre **Criar Documento em Branco** (*Create Blank Document*) ou **Usar Gabarito** (*Use Document Template*) existente. É possível criar modelos personalizados.

Abrir... (*Open...*) **Ctrl+O**: Abre um arquivo.

Documentos Recentes (*Recent Files...*): Lista que mostra os dez últimos arquivos abertos, permitindo sua fácil localização.

Fechar (*Close*) **Ctrl+W**: Fecha o arquivo ativo (o arquivo ativo é o que tem o nome aparecendo na barra de título).

Salvar (*Save*) **Ctrl+S**: Grava o arquivo ativo.

Salvar Como... (*Save As...*): Permite gravar o arquivo ativo com outro nome, ou ainda em outro local. O novo arquivo passa a ser o ativo.

Salvar Cópia Como... (*Save A Copy As...*): Faz quase o mesmo que o **Salvar Como**, porém o arquivo salvo não fica ativo.

Salvar como Gabarito... (*Save as Template...*): Cria um modelo de arquivo a partir do arquivo ativo.

Reverter Versão Salva (*Revert to Saved Version*): Reverte o arquivo para a última versão gravada. Todas as alterações posteriores à última gravação são perdidas.

Conversão em Lotes... (*Batch Convert...*): Realiza a conversão automática de todos os arquivos de Vectorworks que estiverem em determinada pasta.

Enviar para Cinema 4D (3D apenas)... [*Send to Cinema 4D (3D only)...*]: Exporta a geometria 3D do seu projeto para o Cinema 4D, programa especializado em criar animações e renderizações de alta qualidade.

Ajustes do Documento (*Document Preferences*): Comanda as preferências do arquivo ativo. Útil principalmente para configurar os padrões de dimensionamento e gerenciar a qualidade das imagens para impressão e exportação.

Importar (*Import*): Cuida da importação de arquivos de outros programas e formatos para Vectorworks. Aceita arquivos do AutoCAD, arquivos gráficos de formato .JPG, .GIF, .PICT, além de arquivos de texto e planilhas, por exemplo.

Exportar (*Export*): Exporta um desenho para ser aberto em outro programa, como o AutoCAD, Photoshop, Illustrator, entre outros.

Configurar Página... (*Print Setup...*) **Ctrl+Alt+P**: Cuida da forma como o arquivo ativo será impresso, assim como permite a configuração das preferências da impressora.

Imprimir... (*Print...*) **Ctrl+P**: Imprime o arquivo ativo.

Sair (*Quit*) **Alt+F4/Ctrl+Q**: Fecha o Vectorworks.

Editar	Visualizar	Modificar	Modelar	Orgar
Desfazer				Ctrl+Z
Refazer				Ctrl+Y
Recortar				Ctrl+X
Copiar				Ctrl+C
Colar				Ctrl+V
Colar na Posição				Ctrl+Alt+V
Colar Como Figura				
Apagar				
Duplicar				Ctrl+D
Matriz de Duplicação...				Ctrl+Shift+Alt+D
Duplicar ao Longo do Caminho...				
Selecionar Tudo				Ctrl+A
Selecionar Objetos Conectados				
Inverter Seleção				
Seleção Anterior				
Selecionar Plano de Trabalho				

Menu Editar (Edit)

Contém os comandos que controlam a edição do desenho, através de funções de cópia, colagem, duplicação, entre outras.

Desfazer (*Undo*) **Ctrl +Z**: Desfaz o último comando ou ferramenta utilizada. O Vectorworks tem capacidade para memorizar até 100 ações.

Refazer (*Redo*) **Ctrl+Y**: Refaz o último comando ou ferramenta desfeita.

Recortar (*Cut*) **Ctrl+X**: Faz com que um objeto, seleção de objetos ou grupo seja retirado do desenho e colocado na área de transferência do computador.

Copiar (*Copy*) **Ctrl+C**: Faz com que uma cópia de um objeto, seleção de objetos ou grupo seja colocado na área de transferência do computador.

Colar (*Paste*) **Ctrl+V**: Insere uma cópia de um objeto, seleção de objetos ou grupo que estava colocado na área de transferência do computador.

Colar na Posição (*Paste in Place*) **Ctrl+Alt+V**: Semelhante ao **Colar** (*Paste*), com a propriedade de colocar o objeto que estava na área de transferência exatamente na mesma posição em que estava o original (com relação à origem das coordenadas do sistema).

Colar Como Figura (*Paste as Picture*): Insere uma cópia de um objeto, seleção de objetos ou grupo que estava colocado na área de transferência do computador, com a diferença de inseri-lo como uma imagem que não pode mais ser alterada.

Apagar (*Clear*): Apaga o objeto, vários objetos ou grupos que estejam selecionados.

Duplicar (*Duplicate*) **Ctrl+D**: Faz a duplicação de um objeto, grupo ou objetos selecionados.

Matriz de Duplicação... (*Duplicate Array...*) **Ctrl+Shift+Alt+D**: Cria uma matriz de duplicação de um objeto ou seleção de objetos. Essa matriz pode ser linear, retangular ou circular, com opções de escalonamento e rotação dos objetos a serem criados.

Duplicar ao Longo do Caminho... (*Duplicate Along Path...*): Cria várias cópias de um objeto selecionado ao longo de um polígono ou polilinha.

Selecionar Tudo (*Select All*) **Ctrl+A**: Seleciona todos os objetos que pertecerem às classes e camadas ativas.

Selecionar Objetos Conectados (*Select Connected Objects*): Seleciona automaticamente linhas, arcos, polígonos e/ou polilinhas abertas, paredes e outros objetos lineares que estão conectados (ou seja, no mesmo ponto em que um objeto termina o próximo começa).

Inverter Seleção (*Invert Selection*): Inverte a seleção de objetos na(s) camada(s) ativa(s).

Seleção Anterior (*Previous Selection*): Refaz uma seleção de objetos desfeita acidentalmente. Tem efeito somente se utilizada após uma desseleção acidental.

Selecionar Plano de Trabalho (*Select Working Plane*): Seleciona o plano de trabalho ativo.

Visualizar	Modificar	Modelar	Organi
Zoom			▶
Opções de Classe			▶
Opções de Camada			▶
Vistas			▶
Projeção			▶
Apresentação			▶
Estilos Renderworks			▶
Perspectiva			▶
Iluminação			▶
Olhar para Plano de Trabalho			
Alinhar Vistas das Camadas			
Associação de Camadas...			
Definir Vista 3D			Ctrl+0
Rotação de Vista 3D...			
Criar Viewport...			
Atualizar Viewports Selecionados			
Atualizar Todos os Viewports			
Salvar Vista...			
Próxima Vista			Ctrl+Shift+.
Vista Anterior			Ctrl+Shift+,
Restrições Paramétricas			▶

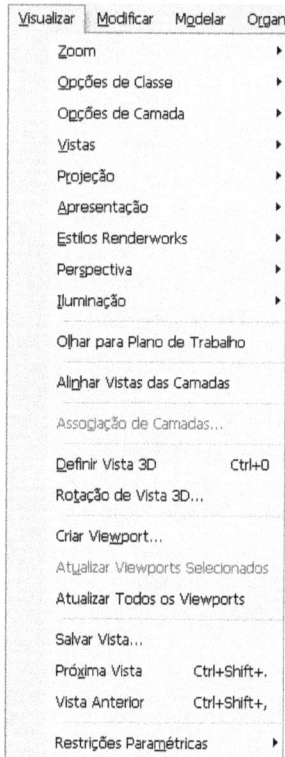

Menu Visualizar (View)

Este menu contém os comandos que cuidam da visualização do projeto, com ênfase na visibilidade em três dimensões.

Zoom: Permite escolher entre as opções **Escala Normal** (*Normal Scale*), **Enquadrar Página** (*Fit to Page Area*) e **Enquadrar Objetos** (*Fit to Objects*).

Opções de Classe (*Class Options*): Controla a visibilidade das classes do projeto.

Apenas Ativa (*Active Only*): Deixa visível somente a classe ativa.

Outras em Meio Tom (*Gray Others*): Coloca a classe ativa visível e as outras em tons de cinza.

Atrair com Outras Meio Tom (*Gray/Snap Others*): Coloca a classe ativa visível e as outras em tons de cinza; mantém as atrações (*snappings*) ligadas.

Mostrar Outras (*Show Others*): Deixa todas as classes visíveis, com suas cores originais. Não permite o alinhamento a pontos lógicos de outras classes que não a ativa. Não altera os objetos que não estão na classes ativa.

Mostrar/Atrair com Outras (*Show/Snap Others*): Mostra todas as classes e permite o alinhamento a pontos lógicos de outras classes que não a ativa. Não altera os objetos que não estão na classe ativa.

Mostrar/Atrair/Modif. Outras (*Show/Snap/Modify Others*): Mostra todas as classes e permite a alteração dos objetos que não estão na classe ativa.

Opções de Camada (*Layer Options*): Controla a visibilidade das camadas do projeto.

Apenas Ativa (*Active Only*): Deixa visível somente a camada ativa.

Outras em Meio Tom (*Gray Others*): Coloca a camada ativa visível e as outras em tons de cinza.

Atrair com Outras Meio Tom (*Show/Snap Others*): Coloca a camada ativa visível e as outras em tons de cinza; mantém as atrações (*snappings*) ligadas.

Mostrar Outras (*Show Others*): Deixa todas as camadas visíveis, com suas cores originais. Não permite o alinhamento a pontos lógicos de outras camadas que não a ativa. Não altera os objetos que não estão na camada ativa.

Mostrar/Atrair com Outras (*Show/Snap Others*): Mostra todas as camadas e permite o alinhamento a pontos lógicos de outras camadas que não a ativa. Não altera os objetos que não estão na camada ativa.

Mostrar/Atrair/Modif. Outras (*Show/Snap/Modify Others*): Mostra todas as camadas, permite o alinhamento a pontos lógicos de outras camadas que não a ativa e permite a alteração dos objetos que não estão na camada ativa.

Vistas (*Standard Views*): Permite a mudança na orientação da vista atual do projeto 3D para qualquer uma das 15 vistas programadas.

Topo/Planta (*Top/Plan*) **Ctrl+5**: Vista 2D do projeto, mostrando a representação dos objetos em planta.

Topo, Inferior (*Top, Bottom*): Vistas 3D, ortogonais, a partir de cima ou de baixo do projeto.

Direita, Esquerda, Frontal, Posterior (*Right, Left, Frontal, Back*): Vistas 3D ortogonais, nas quatro direções principais, muito usadas para a documentação de fachadas e cortes.

Isométrica Direita, Isométrica Esquerda, Isom. Direita Posterior, Isom. Esquerda Posterior (*Right Isometric, Left Isometric, Right Rear Isometric, Left Rear Isometric*): Vistas 3D isométricas nas quatro principais direções.

Isom. Direita Inferior, Isom. Esquerda Inferior, Inferior Posterior Dir., Inferior Posterior Esq. (*Lower Right Isometric, Lower Left Isometric, Lower Right Rear Isometric, Lower Left Rear Isometric*): Vistas 3D isométricas tomadas a partir de pontos abaixo do objeto.

Projeção (*Projection*): Muda o tipo de projeção usado na representação do projeto. Funciona em conjunto com qualquer vista ativa no momento.

Plano 2D (*2D Plan*): Projeção 2D plana do projeto. Esse tipo de projeção automaticamente coloca a vista em **Topo/Planta** (*Top/Plan*).

Ortogonal (*Orthogonal*): Projeção ortogonal, onde os objetos são mostrados em 3D com suas medidas reais.

Perspectiva (*Perspective*): Projeção em perspectiva.

Cavalera, Cabinet (*Cavalera, Cabinet*): Projeções oblíquas sem ponto de fuga análogas à projeção ortogonal, porém com alterações nos ângulos que determinam a representação do projeto e também na representação das medidas do projeto.

Apresentação (*Rendering*): Controla o método de apresentação a ser usado para a visualização do projeto 3D.

Aramado (*Wireframe*) **Ctrl+Shift+W**: Apresentação do projeto em 3D a partir das suas linhas de construção, sem preenchimento de superfícies sólidas.

Opções de Aramado... (*Wireframe Options...*): Exibe as opções de configuração da apresentação em aramado.

Sketch Ctrl+Shift+W: Apresentação do projeto 3D em que as linhas são apresentadas como se fossem desenhadas à mão livre.

Opções de Sketch... (*Sketch Options...*): Exibe as opções de configuração da apresentação em Sketch.

OpenGL (*OpenGL*) **Ctrl+Shift+G**: Método de apresentação 3D mais rápido e com melhor resultado gráfico que os métodos Sólido e Sombreamento Sólido Final. Tem ainda a vantagem de realizar o cálculo de luminosidade, levando em conta mais de uma fonte de luz.

Opções de OpenGL (*OpenGL Options*): Apresenta os controles de apresentação de OpenGL.

Renderworks Rápido, Renderworks Qualidade Final Ctrl+Shift+F, Renderworks Personalizado, Opções do Renderworks Personalizado... (*Fast Renderworks, Final Quality Renderworks, Custom Renderworks, Custom Renderworks Options*): Métodos de apresentação que levam em conta texturas incorporadas aos objetos com o pacote Renderworks, vendido separadamente pelo fabricante do software.

RenderWorks Artístico (*Artistic Renderworks*): Faz a apresentação de acordo com o escolhido em **Opções de RenderWorks Artístico**.

Opções de RenderWorks Artístico... (*Artistic Renderworks Options...*): Escolha entre os vários métodos de apresentação que simulam técnicas de desenho e pintura à mão.

Linhas Escondidas Ctrl+Shift+E, Linhas Escondidas Tracejadas Ctrl+Shift+D (*Hidden Lines, Dashed Hidden Lines*): Fazem a apresentação 3D, porém sem cálculo de luminosidade nem aplicação de cores. Todas as faces são apresentadas em branco e as linhas em preto. Há uma opção em que as linhas escondidas aparecem tracejadas. Não é possível navegar pelo modelo neste modo.

Opções de Apres. com Linhas... (*Line Render Options...*): Abre a janela de configuração das apresentações com Linhas.

Sólido, Sombreamento Sólido (*Unshaded Polygon, Shaded Polygon*): Métodos rápidos de apresentação 3D, porém com bastante imprecisão no resultado final. O método Sólido não calcula diferenças de luminosidade causadas pelas fontes de luz.

Sombreamento-Sem Linhas, Sombreamento Sólido Final Ctrl+Shift+P (*Shaded Polygon No Lines, Final Shaded Polygon*): Métodos de apresentação 3D que possuem mais qualidade e por isso são mais lentos. A opção **Sombreamento-Sem Linhas** não mostra as linhas que definem os objetos. A opção **Sombreamento Sólido Final** tem um resultado melhor que a opção **Sombreamento-Sem Linhas**.

Adicionar à Fila de Apresentação (*Creat Batch Render Job*): Abre a janela de configuração de trabalhos de apresentação.

Processar Fila de Apresentação (*Start Batch Render*): Dá início aos trabalhos de apresentação configurados em Adicionar à Fila de Apresentação.

Estilos Renderworks (*Renderworks Style*): Contém estilos de Renderworks já configurados e prontos para usar.

Perspectiva (*Perspective*): Faz o controle do ponto de fuga utilizado na projeção em perspectiva.

> **Estreito** (*Narrow Perspective*): Simula uma lente teleobjetiva, para ver objetos de longe.
> **Normal** (*Normal Perspective*): Simula uma lente normal, usada em câmeras comuns.
> **Ampla** (*Wide Perspectivce*): Simula uma lente grande angular, para criar imagens em ambientes menores.

Iluminação (*Lighting*): Contém comandos que definem a iluminação do projeto.

> **Definir Iluminação** (*Set Lighting Options...*): Define a quantidade de luz ambiente existente na camada, através de sua cor e brilho.

Olhar para Plano de Trabalho (*Look to Working Plane*): Coloca o observador de frente para o plano de trabalho ativo.

Alinhar Vistas das Camadas (*Align Layer Views...*): Alinha as vistas de todas as camadas ativas.

Associação de Camadas (*Create Layer Links*): Permite que você veja várias camadas de projeto em uma outra camada de projeto.

Definir Vista 3D (*Set 3D View*) **Ctrl+0**: Comando que permite o posicionamento exato da vista 3D em um projeto.

Rotação de Vista 3D... (*Rotate 3D View...*): Rotaciona em 3D a vista atual em um projeto.

Criar Viewport... (*Create Viewport...*): Abre a janela de criação e configuração de viewports.

Atualizar Viewports Selecionados (*Update Selected Viewports...*): Atualiza os viewports selecionados da camada ativa.

Atualizar todos os Viewports (*Update All Viewports...*): Atualiza todos os viewports na camada ativa.

Salvar Vista... (*Save View...*): Abre o menu de salvamento de vistas.

Próxima Vista (*Next View*) **Ctrl+Shift+.**: Vai à próxima vista, se houver.

Vista Anterior (*Previous View*) **Ctrl+Shift+,**: Mostra a vista anterior do desenho.

Restrições Paramétricas/Mostrar-Esconder Restrições (*Show/Show-Hide Constraints*): Faz aparecer ou desaparecer as atrações coincidentes aplicadas aos objetos do desenho.

Modificar	Modelar	Organizar	Texto	Janelas	Ajuda
Mover	▸		Nível Superior		
Sobreposição	▸		Ligar Texto a Registro		
Alinhamento	▸				
Rotação	▸		Vetorizar Imagem...		
Escalar Objetos...			Editar Restrições...		
			Guias	▸	
Plano de Trabalho	▸		Suavização	▸	
Hachura...			Apoio de Desenho	▸	
Aparar	Ctrl+T		Zerar Rotação Ctrl+Shift+0		
Unir	▸		Travar		
Adicionar Superfícies			Destravar		
Recortar Superfícies					
Intersecção de Superfícies					
Combinar em Superfície					
Gerar Polígonos a Partir de Paredes...					
Gerar Paredes em Polígono					
Compor					
Decompor					
Converter	▸				
Criar Símbolo...					
Agrupar	Ctrl+G				
Desagrupar	Ctrl+U				
Editar Grupo	Ctrl+[				
Sair do Grupo	Ctrl+]				

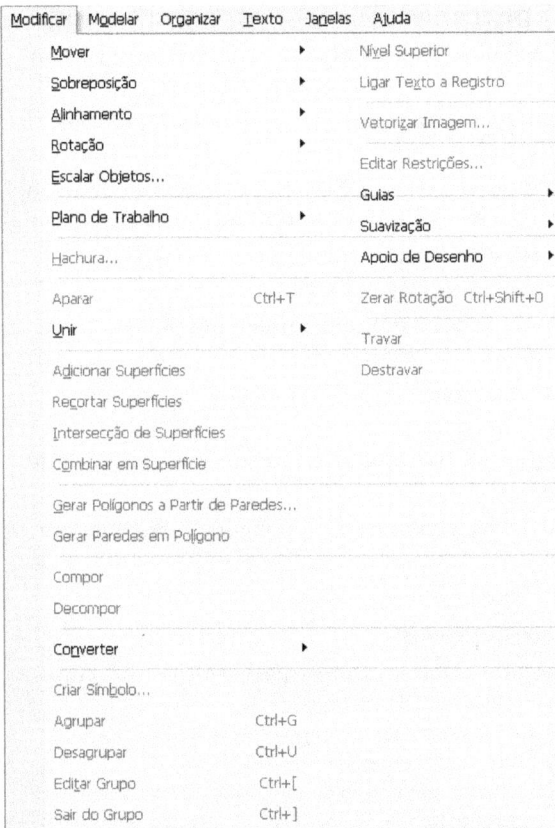

Menu Modificar (Modify)

Contém os comandos que interferem diretamente na natureza, no aspecto e no posicionamento dos objetos no desenho.

Mover (*Move*): Comando que contém opções para a movimentação de objetos 2D e 3D, de acordo com os subcomandos:

Mover (*Move*) **Ctrl+M**: Move os objetos nos eixos X e Y (2D).
Mover em 3D (*Move 3D...*) **Ctrl+Alt+M**: Move os objetos segundo os eixos XYZ (plano de chão) ou JKI (plano de trabalho).

Sobreposição (*Send*): Controla a ordem de visibilidade dos objetos no desenho, enviando-os para cima e para baixo, com as seguintes opções:

Adiantar Posição (*Send Forward*): Envia um objeto um nível acima.
Afastar Posição (*Send Backward*): Envia um objeto um nível abaixo.
Enviar para Frente (*Send to Front*) **Ctrl+F**: Coloca o objeto acima de todos os outros.
Enviar para Trás (*Send to Back*) **Ctrl+B**: Coloca o objeto abaixo de todos os outros.

Alinhamento (*Align*): Controla as opções de alinhamento de objetos, entre si e com as grades:

Alinhar com a Grade (*Align to Grid*) **Ctrl+-**: Alinha um ou mais objetos de acordo com a grade, que deve estar previamente ativada.
Alinhar/Distribuir 3D... (*Align/Distribute 3D...*): Alinha e/ou distribui uma seleção de objetos entre si, de acordo com seus centros e/ou suas extremidades, nas três dimensões.
Alinhar/Distribuir... (*Align/Distribute...*) **Ctrl+=**: Alinha e/ou distribui uma seleção de objetos entre si, de acordo com seus centros e/ou suas extremidades, nas três dimensões.

Rotação (*Rotate*): Permite a rotação dos objetos 2D e 3D:

Rotação... (*Rotate...*): Rotaciona o objeto 2D segundo o ângulo desejado.
Rotação 3D... (*Rotate 3D...*): Rotaciona o objeto 3D de acordo com os ângulos dados.
Rotação 90° Esquerda e **Rotação 90° Direita** (*Rotate Left 90°* **Ctrl+L** *e Rotate Right 90°* **Ctrl+Shift+R**): Rotaciona automaticamente o objeto 90° à esquerda ou à direita.
Inversão Horizontal e **Inversão Vertical** (*Flip Horizontal* e *Flip Vertical*): Realiza o espelhamento de um objeto horizontal ou verticalmente.

Escalar Objetos... (*Scale Objects...*): Modifica o tamanho dos objetos, escalando-os simétrica ou assimetricamente.

Plano de Trabalho (*Working Plane*): Reúne todos os comandos relacionados à criação e gerenciamento de planos de trabalho.

Hachura... (*Hatch...*): Dá acesso ao menu de edição de hachuras, que serve para criar, editar e aplicar hachuras no desenho.

Aparar (*Trim*) **Ctrl+T**: Corta uma ou mais linhas, a partir de uma linha previamente selecionada.

Unir (*Join*) **Ctrl+J**: Une duas linhas não paralelas. As linhas selecionadas se estendem ou encurtam até se tocarem, formando um vértice.

Adicionar Superfícies (*Add Surface*): Gera uma superfície a partir da adição de duas superfícies selecionadas.

Recortar Superfícies (*Clip Surface*): A partir de duas ou mais superfícies selecionadas, este comando retira da(s) superfície(s) que está(ão) embaixo o equivalente à área da superfície que está em cima.

Intersecção de Superfícies (*Intersect Surface*): A partir de duas superfícies selecionadas, este comando cria uma nova superfície com a forma da intersecção entre elas.

Combinar em Superfície (*Combine into Surface*): A partir de objetos que fecham um polígono, o comando transforma o contorno desses objetos numa superfície.

Gerar Polígonos a Partir de Paredes (*Create Polygon from Walls*): Cria um polígono a partir de paredes previamente selecionadas.

Gerar Paredes em Polígono (*Create Walls from Polygons*): Cria paredes automaticamente a partir de um polígono previamente selecionado.

Compor (*Compose*): Transforma uma sequência de linhas, polilinhas e/ou polígonos contínuos em um objeto só.

Decompor (*Decompose*): Decompõe um objeto em vários objetos menores.

Converter (*Convert*): Contém as opções de conversão de objetos:

> **Converter em Grupo** (*Convert to Group*) **Ctrl+K**: Converte um símbolo ou objeto paramétrico em um grupo.
> **Converter em Linhas** (*Convert to Lines*): Converte um objeto 2D ou 3D em linhas.
> **Conv. Cópia em Linhas** (*Convert Copy to Lines*): Converte uma cópia de um objeto 2D ou 3D em linhas.
> **Converter em Polígonos** (*Convert to Polygons*): Converte objetos 3D em polígonos 2D.
> **Conv. Cópia em Polígonos** (*Convert Copy to Polygons*): Converte uma cópia de um objeto 3D em polígonos 2D.
> **Converter em Malha** (*Convert to Mesh*) **Ctrl+Alt+R**: Converte polígonos 3D ou objetos extrudados em malhas, para a edição personalizada de seus vértices em 3D.
> **Converter em Polígonos 3D** (*Convert to 3D Polys*) **Ctrl+Alt+O**: Converte linhas, polilinhas e polígonos 2D em polilinhas 3D.
> **Converter em NURBS** (*Convert to NURBS*) **Ctrl+Alt+N**: Converte linhas, polilinhas ou polígonos em curvas NURBS.
> **Converter em Sólido Genérico** (*Convert to Generic Solids*): Converte qualquer volume 3D em um objeto genérico, não sendo mais possível editá-lo com duplo clique.
> **Converter em Luz Linear...** (*Convert to Line Light*): Converte uma linha em uma fonte de luz.
> **Converter em Luz Área...** (*Convert to Area Light*): Converte um polígono em uma fonte luminosa.
> **Converter Linha em Cota** (*Convert Line to Dimension*): Converte uma linha em uma cota.

Criar Símbolo... (*Create Symbol...*): Transforma um objeto, seleção de objetos ou grupo em um símbolo, que fica armazenado em uma biblioteca e pode ser usado posteriormente.

Agrupar (*Group*) **Ctrl+G**: Agrupa uma seleção de objetos. Também pode reunir grupos dentro de outros grupos.

Desagrupar (*Ungroup*) **Ctrl+U**: Desagrupa os objetos, ou outros grupos, pertencentes a um grupo.

Editar Grupo ou Editar Símbolo (*Edit Group ou Edit Symbol*) **Ctrl+[**: Entra no modo de edição de objetos que pertencem a um grupo ou símbolo.

Sair de Grupo ou Sair de Símbolo (*Exit Group ou Exit Symbol*) **Ctrl+]**: Sai do modo de edição de grupos ou símbolos.

Nível Superior (*Top Level*): Quando são criados grupos que contêm outros grupos, e assim por diante, este comando nos leva ao grupo que contém todos os outros, durante a edição destes grupos.

Ligar Texto a Registro (*Link Text to Record*): Vincula um campo de texto a um símbolo. Para uso com banco de dados.

Vetorizar Imagens... (*Trace bitmap...*): Cria um desenho vetorizado a partir de uma imagem bitmap (mapa de bits) selecionada.

Editar Restrições... (*Edit Constraints...*): Abre a janela de edição de comportamento de atrações paramétricas que estejam inseridas no desenho.

Guias (*Guides*): Controla a criação e edição de guias de projeto.

Suavização (*Smoothing*): Converte polilinhas e polígonos em curvas, de acordo com o método de suavização desejado: Bézier, arco ou cúbico.

Apoio de Desenho (*Drafting Aids...*): Apresenta ferramentas de apoio ao desenho.

Zerar Rotação (*Unrotate 3D Objects*): Coloca em sua posição original objetos 3D que tenham sido rotacionados.

Travar (*Lock*): Trava a posição e não permite apagar um objeto, grupo ou objetos selecionados.

Destravar (*Unlock*): Destrava a posição e não permite apagar um objeto, grupo ou objetos selecionados.

Modelar	Organizar	Texto	Janela	Aju
Adicionar Sólidos			Ctrl+Alt+A	
Subtrair Sólidos...			Ctrl+Alt+S	
Interseccionar Sólidos			Ctrl+Alt+I	
Seccionar Sólidos...			Ctrl+Alt+T	
Extrusão...			Ctrl+E	
Extrusão Múltipla...			Ctrl+Alt+E	
Extrusão por Caminho			Ctrl+Alt+X	
Extrusão Convergente...			Ctrl+Alt+U	
Varredura...			Ctrl+Alt+W	
3D Power Pack			▶	
AEC			▶	
Criar Imagem Recortada...				
Gerar Animação ...				
Seção 2D				
Seção 3D				
Propriedades de Engenharia...				
Propriedades Volumétricas...				

Menu Modelar (Model)

Reúne comandos utilizados na criação e edição de objetos em três dimensões.

Adicionar Sólidos... (*Add Solids...*) **Ctrl+Alt+A**: Faz a soma ou junção de dois sólidos.

Subtrair Sólidos... (*Subtract Solids...*) **Ctrl+Alt+S**: Retira de um sólido o volume de outro sólido que o intersecciona.

Interseccionar Sólidos (*Intersect Solids*) **Ctrl+Alt+I**: Cria um objeto sólido que é resultado da intersecção de dois objetos sólidos.

Seccionar Sólidos... (*Section Solids...*) **Ctrl+Alt+T**: Secciona um objeto sólido usando como referência outro sólido ou uma superfície 3D (polígono 3D ou Superfície NURBS).

Extrusão... (*Extrude...*) **Ctrl+E**: Cria um objeto 3D a partir de um objeto 2D.

Extrusão Múltipla... (*Multiple Extrude...*) **Ctrl+Alt+E**: Cria um objeto 3D a partir de dois ou mais objetos 2D selecionados.

Extrusão por Caminho (*Extrude Along Path*) **Ctrl+Alt+X**: Faz uma extrusão pelo caminho, tendo dois objetos selecionados: o perfil e o caminho propriamente dito.

Extrusão Convergente (*Tapered Extrude...*) **Ctrl+Alt+U**: Faz a extrusão de um objeto 2D com variação de ângulo. Ideal para fazer cones ou pirâmides.

Varredura... (*Sweep...*) **Ctrl+Alt+W**: Cria um objeto 3D a partir de um objeto 2D que gira em torno de determinado eixo.

3D Power Pack: Contém ferramentas para criação e edição avançada de desenhos em três dimensões.

AEC: O menu **AEC** tem comandos para a criação de objetos 3D com características arquitetônicas.

Pilar... (*Pillar*): Cria uma coluna ou pilar 3D a partir de um objeto 2D (retângulo, círculo, etc.).
Piso... (*Floor...*): Cria um piso 3D a partir de um objeto 2D.
Gerar Água de Telhado... (*Roof Face...*): Menu de criação da águas de telhado a partir de um objeto 2D.
Gerar Telhados (*Create Roofs*): Cria um telhado automaticamente a partir de paredes ou polígonos previamente selecionados.

Criar Imagem Recortada... (*Create Image Prop...*): Abre a janela de criação de uma imagem recortada (imagem bitmap que fica "em pé", usada para representar, pessoas, quadros ou vegetações).

Gerar Animação... (*Create Animation*): Abre o menu de configuração e criação de animações dentro do Vectorworks.

Seção 2D (*Cut 2D Section*): Realiza o corte automático de um objeto 3D, tendo como resultado um grupo de objetos 2D referentes à seção do corte.

Seção 3D (*Cut 3D Section*): Realiza o corte automático de um objeto 3D, tendo como resultado um grupo de objetos 3D, referente aos objetos seccionados e os que estavam além destes.

Propriedades de Engenharia (*Engineering Properties*): Abre a janela que mostra propriedades de engenharia para o objeto selecionado.

Propriedades Volumétricas... (*Volumetric Properties...*): Mostra as características volumétricas (área de superfície, volume e centro de massa) do objeto selecionado.

Organizar	Texto	Janelas	Ajuda

Organização...   Ctrl+Shift+O

Relatórios   ▸
Registros   ▸

Definir Origem...   Ctrl+9
Ajustes do SmartCursor...   Ctrl+8
Mesa Digitalizadora

Limpar...
Comprimir Imagens...

Seleção Personalizada...
Personal. Ferram./Atributos...

Scripts   ▸
Utilitários   ▸

Ajustes do Vectorworks   ▸
Configurações   ▸

Menu Organizar (Organize)

Contém os comandos que interferem diretamente na natureza, no aspecto e no posicionamento dos objetos no desenho.

Organização... (*Organization...*) **Ctrl+Shift+O**: Abre uma janela que dá acesso rápido à configuração de classes, camadas de projeto, camadas de folha, viewports, vistas salvas e referências externas.

Relatórios (*Reports*): Mostra as opções para criar e editar relatórios.

Registros (*Records*): Mostra diferentes opções para criar e editar registros e seus campos.

Definir Origem... (*Set Origin...*) **Ctrl+9**: Permite a modificação da origem das coordenadas X e Y na área de desenho.

Ajustes do Smart Cursor... (*Smart Cursor Settings...*) **Ctrl+8**: Abre a janela que ajusta o tipo de informação que o cursor pode mostrar na tela, ao mover e clicar com o mouse sobre os objetos.

Mesa Digitalizadora (*Tablet*): Comando que permite o trabalho do Vectorworks com mesas digitalizadoras.

Limpar (*Purge...*): Retira do arquivo objetos que não estão sendo utilizados, como camadas e classes vazias, hachuras não aproveitadas, tabelas sem registro, etc.

Comprimir Imagens... (*Compress Images...*): Abre uma janela que define como o Vectorworks vai lidar com imagens dentro de seus arquivos.

Seleção Personalizada... (*Custom Selection...*): Comando de seleção personalizada de objetos, possibilitando a seleção de objetos por cor, tipo, classe, entre outros critérios.

Personal. Ferram./Atributos... (*Custom Tool/Atribute...*): Abre a janela de personalização de ferramentas e atributos.

Scripts (*Scripts*): Controla a criação e edição de plug-ins escritos em VectorScript.

Utilitários (*Utilities*): Apresenta comandos que auxiliam no uso do programa.

Ajustes do Vectorworks (*Vectorworks Preferences*): Controla as preferências do Vectorworks, válidas para qualquer documento aberto, como parâmetros de visibilidade das ferramentas, controles de tempo e uso do programa, etc.

Configurações (*Workspaces*): Configura a maneira como os menus e paletas são apresentados na área de trabalho.

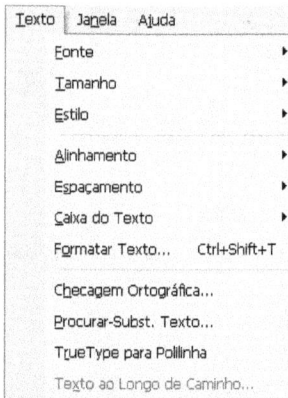

Menu Texto (Text)

Esse menu cuida da configuração dos textos, ou blocos de texto, existentes no Vectorworks.

Fonte (*Font*): Permite a escolha da fonte a ser usada. As fontes disponíveis são as mesmas usadas por outros programas que estão no seu computador.

Tamanho (*Size*): Usado para definir o tamanho do corpo de texto.

Estilo (*Style*): Determina um estilo para o texto, sublinhado, negrito, sombreado, entre outros.

Alinhamento (*Alignment*): Controla o alinhamento do texto (à esquerda, centralizado, à direita, etc.).

Espaçamento (*Spacing*): Ajusta o espaçamento entre linhas de um bloco de texto.

Caixa do Texto (*Capitalization*): Coloca o texto em minúsculas, maiúsculas ou caixa alta.

Formatar Texto... (*Format Text...*) **Ctrl+Shift+T**: Abre a janela de formatação de texto.

Checagem Ortográfica... (*Check Spelling...*): Aciona a janela que contém as opções de checagem e correção ortográfica.

Procurar-Subst. Texto... (*Find-Replace Text...*): Encontra e substitui variáveis de texto no arquivo.

TrueType para Polilinha (*TrueType to Polyline*): Converte em polilinhas textos escritos com fontes do tipo *TrueType*.

Texto ao Longo de Caminho... (*Text Along Path...*): Faz com que um texto seja aplicado ao longo de um caminho, que pode ser um polígono ou uma polilinha.

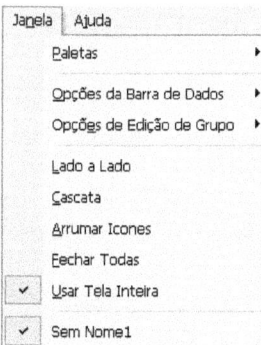

Menu Janela (Windows)

Contém os comandos que ativam e desativam as paletas e controlam a visibilidade das janelas de documento.

Paletas (*Palletes*): As paletas contêm a maior partes das ferramentas práticas de desenho. Também reúnem comandos que dão acesso a informações específicas sobre o andamento e o gerenciamento do trabalho.

Opções da Barra de Dados (*Data Bar Options*): Permite ativar as opções da barra de dados, que regulam quais informações aparecem nesta barra.

Opções de Edição de Grupo (*Edit Group Options*): Regula as opções de controle de edição de grupo e outras entidades que contêm objetos editáveis.

Lado a Lado (*Tile*): Coloca todos os arquivos abertos lado a lado na janela de desenho.

Cascata (*Cascade*): Organiza os arquivos em cascata (o arquivo à frente fica sempre um pouco abaixo e à direita do arquivo que está atrás).

Arrumar Icones (*Arrange Icons*): Organiza os arquivos no lado esquerdo inferior da tela, quando todos estiverem minimizados.

Fechar Todas (*Close All*): Fecha todos os arquivos.

Usar Tela Inteira (*Use Full Screen*): Aumenta a área útil do desenho diminuindo a barra de título da janela.

Lista de Documentos: Nomes dos documentos abertos no momento. Se mais arquivos estiverem abertos, o arquivo ativo é o que tem o *Check Mark* ao lado.

14.3 Paletas

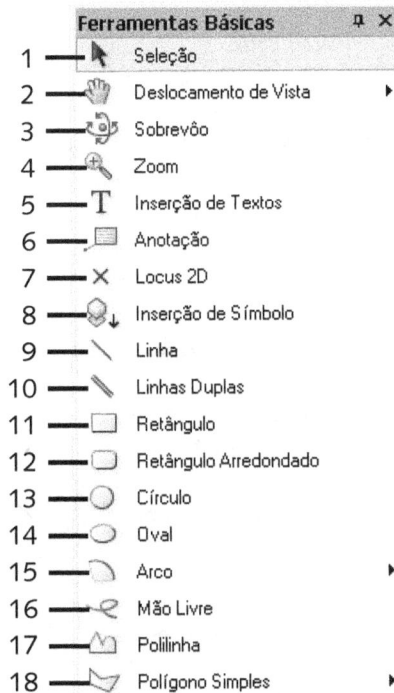

Ferramentas Básicas (Basic)

Contém as principais ferramentas de criação de desenho em duas dimensões. Também abriga comandos básicos de visualização.

Ferramentas Básicas (ícone da paleta)

1. Seleção
2. Deslocamento de Vista
3. Sobrevôo
4. Zoom
5. Inserção de Textos
6. Anotação
7. Locus 2D
8. Inserção de Símbolo
9. Linha
10. Linhas Duplas
11. Retângulo
12. Retângulo Arredondado
13. Círculo
14. Oval
15. Arco
16. Mão Livre
17. Polilinha
18. Polígono Simples

1. **Seleção** (*Selection*) **X**: Usada para selecionar, mover e deformar um objeto ou um grupo de objetos.

2. Ferramentas de **Deslocamento de Vista** (*Pan*) **Z** e **Mover Página Alt+Z**.

a. **Deslocamento de Vista** (*Pan*) **Z**: Desloca a vista pela área de desenho. Não modifica a posição dos objetos no desenho.
b. **Mover Página** (*Move Page*) **Alt+Z**: Permite o deslocamento da página. Não modifica a posição dos objetos no desenho (ferramenta oculta).

3. **Sobrevoo** (*Flyover*) **Shift+C**: Faz um Sobrevoo com o foco no centro do eixos XYZ, JKI ou no centro de um objeto selecionado.

4. **Zoom** (*Zoom*) **C**: Aproxima a vista do desenho.

5. **Inserção de Textos** (*Text*) **1**: Insere textos.

6. **Anotação** (*Callout*) **Alt+1**: Insere uma linha de chamada.

7. **Locus 2D** (*Locus*): Insere um locus 2D, usado para marcar referências em um desenho.

8. **Inserção de Símbolos** (*Symbol Insertion*) **Alt+0**: Insere o símbolo ativo na paleta **Administrador de Recursos** (*Resource Browser*) **Ctrl+R**.

9. **Linha** (*Line*) **2**: Ferramenta que cria linha simples.

10. **Linhas Duplas** (*Double Line*) **Alt+2**: Ferramenta que cria linhas duplas.

11. **Retângulo** (*Rectangle*) **4**: Ferramenta que cria retângulos.

12. **Retângulo Arredondado** (*Rounded Rectangle*) **Alt+4**: Ferramenta que cria retângulos com as pontas arredondadas.

13. **Círculo** (*Circle*) **6**: Cria círculos.

14. **Oval** (*Oval*): Cria ovais.

15. **Arco**: Arcos pelo raio e arcos quadrantes.

a. **Arco pelo Raio** (*Arc by Radius*) **3**: Ferramenta que cria arcos.
b. **Arco Quadrante** (*Quarter Arc*) **Alt+3**: Ferramenta que cria arco quadrante.

16. **Mão Livre** (*Freehand*) **Alt+5**: Desenha polígono a partir do movimento do mouse.

17. **Polilinha** (*Polyline*): Ferramenta que cria polilinhas.

18. **Polígono Simples** (*Polygon*) **8**: Ferramenta que cria polígonos e triângulos.

a. **Polígono Simples** (*Polygon*) **3**: Ferramenta que cria polígonos.
b. **Triângulo** (*Triangle*) **Alt+3**: Ferramenta que cria triângulos.

19 — Polígono Duplo	
20 — Polígono Regular	
21 — Espiral	
22 — Conta Gotas	
23 — Mapeamento de Atributos	
24 — Remodelagem	
25 — Rotação	
26 — Espelhamento	
27 — Dividir	
28 — Ferram. Conectar/Combinar	
29 — Aparar	
30 — Filete	
31 — Chanfro	
32 — Deslocamento	
33 — Recorte	
34 — Mover por Pontos	

19. **Polígono Duplo** (*Double Polygon*) **Alt+8**: Ferramenta que cria polígonos de linhas duplas.

20. **Polígono Regular** (*Regular Polygon*): Cria polígonos regulares inscritos, circunscritos ou alinhados por uma face.

21. **Espiral** (*Spiral*): Cria espirais.

22. **Conta-Gotas** (*Eyedropper*): Ferramenta que copia os atributos de um objeto para depois colocá-los em um outro objeto.

23. **Mapeamento de Atributos** (*Attribute Mapping Tool*): Permite a edição interativa de recursos de imagem ou gradiente.

24. **Remodelagem** (*Reshape*): Permite a edição de vértices de objetos, polígonos e polilinhas 2D.

25. **Rotação** (*Rotate Selection*) **Alt+ =**: Executa a rotação de um ou mais objetos a partir de um ponto de referência.

26. **Espelhamento** (*Mirror*) **=**: Faz o espelhamento ou uma cópia espelhada de um ou mais objetos, a partir de uma linha de referência.

27. **Dividir** (*Split Tool*) **L**: Divide um objeto tendo como referência uma linha ou um ponto.

28. **Ferram. Conectar/Combinar** (*Connect/Combine*) **Alt+L**: Faz objetos distantes se estenderem até se tocarem, ou então combina vários objetos em um só.

29. **Aparar** (*Trim*): Corta uma ou mais linhas a partir de uma linha previamente selecionada.

30. **Filete** (*Fillet*): Cria filetes.

31. **Chanfro** (*Chamfer*): Cria chanfros.

32. **Deslocamento** (*Offset*) **Alt+ -**: Cria uma linha ou superfície a certa distância, como se fosse uma margem, a partir de um objeto previamente selecionado.

33. **Recorte** (*Clip*): Recorta objetos do desenho a partir de um retângulo ou polígono desenhado com esta ferramenta.

34. **Mover por Pontos** (*Move by Points*): Move objetos selecionados tendo outros objetos do desenho como referência.

Modelagem 3D (3D Modeling)

As ferramentas dessa paleta são utilizadas na criação de objetos 3D complexos, através da modelagem de curvas e superfícies NURBS, em sua maioria.

1 — Sobrevôo
2 — Definir Plano de Trabalho
3 — Remodelagem (3D)
4 — Empurra/Puxa
5 — Inserção de Símbolo (3D)
6 — Locus 3D
7 — Polígono 3D
8 — Curva NURBS
9 — Círculo NURBS
10 — Arco NURBS
11 — Retângulo Extrudado
12 — Polígono Extrudado
13 — Cilindro
14 — Esfera
15 — Hemisfério
16 — Cone
17 — Arredondar Bordas
18 — Chanfrar Bordas
19 — Espessura em Sólido
20 — Superfície Loft
21 — Extrair
22 — Criar Contornos
23 — Projetar
24 — Análise NURBS

Conjunto de Ferramentas

Modelagem 3D

1. **Sobrevoo** (*Flyover*) **Shift+C**: Faz um Sobrevoo com o foco no centro do eixos XYZ, JKI ou no centro de um objeto selecionado.

2. **Definir Plano de Trabalho** (*Set Working Plane*) **Shift+1**: Muda o plano de trabalho a partir de três pontos clicados.

3. **Remodelagem (3D)** (*3D Reshape*) **Shift+2**: Remodela polígonos 3D.

4. **Empurra/Puxa** (*Push/Pull*) **Shift+R**: Empurra ou puxa uma face de um objeto sólido.

5. **Inseção de Símbolo (3D)** (*3D Symbol Insertion*) **Alt+Shift+0**: Permite inserir símbolos 3D em outras vistas que não a 2D Plana.

6. **Locus 3D** (*3D Locus*) **Shift+0**: Coloca um locus 3D no projeto.

7. **Polígono 3D** (*3D Polygon*): Cria um polígono 3D.

8. **Curva NURBS** (*NURBS Curve*): Desenha uma curva do tipo NURBS.

9. **Círculo NURBS** (*NURBS Circle Creation*) **Alt+Shift+7**: Desenha um círculo NURBS.

10. **Arco NURBS** (*NURBS Arc Creation*): Permite o desenho de um arco NURBS.

11. **Retângulo Extrudado** (*Extruded Rectangle*) **Shift+4**: Cria um polígono 3D com o formato de um paralelepípedo.

12. **Polígono Extrudado** (*Extrude Polygon*) **Alt+Shift+4**: Cria um polígono 3D formado por uma sequência de faces perpendiculares ao plano de trabalho.

13. **Cilindro** (*Cylinder Creation*): Cria um cilindro.

14. **Esfera** (*Sphere Creation*) **Shift+3**: Cria uma esfera.

15. **Hemisfério** (*Hemisphere Creation*) **Alt+Shift+3**: Cria um hemisfério.

16. **Cone** (*Cone Creation*): Cria um cone.

17. **Arredondar Bordas** (*Fillet Edge*) **Shift+F**: Cria filetes 3D em um objeto sólido.

18. **Chanfrar Bordas** (*Chamfer Edge*) **Shift+J**: Cria chanfros 3D em um objeto sólido.

19. **Espessura em Sólido** (*Shell Solid*) **Shift+G**: Transforma um sólido ou superfície NURBS em um objeto com espessura em todas as suas faces.

20. **Superfície Loft** (*Loft Surface*) **Shift+K**: Cria uma superfície do tipo loft a partir de várias curvas NURBS.

21. **Extrair** (*Extract*) **Shift+L**: Extrai um ponto, uma curva ou uma superfície NURBS de um objeto sólido.

22. **Criar Contornos** (*Creat Contours*) **Shift+H**: Cria várias curvas NURBS, em um intervalo regular, a partir de um objeto sólido.

23. **Projetar** (*Project*) **Shift+**: Retira ou cria uma superfície NURBS a partir da projeção de um polígono ou curva NURBS sobre um sólido ou outra superfície NURBS.

24. **Análise NURBS** (*Analysis*) **Shift+A**: Cria curvas NURBS a partir de um Locus 3D ou do relacionamento entre curvas e/ou superfícies NURBS já existentes no desenho.

Conjunto de Ferramentas ⏸ ✕

1 — 🐦 Sobrevôo
2 — 🚶 Caminhar Através
3 — ◄▲▼► Translação de Vista
4 — 🔄 Rotação de Vista
5 — 💡 Luz
6 — 🖼 Ferram. Apresentar Imagens
7 — 📷 Câmera Renderworks
8 — 🔲 Mapeamento de Atributos
9 — 🌱 Plantas VBvisual

🔷 **Modelagem 3D**
🔍 **Visualização**
✏️ **Cotas/Anotação**
🏠 **Paredes/AEC**
📐 **Detalhamento**
🛋 **Mobiliário**

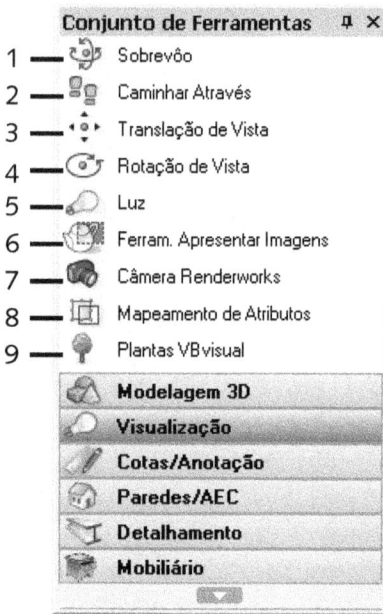

Visualização (Visualization)

1. **Sobrevoo** (*Flyover*) **Shift+C**: Faz um Sobrevoo com o foco no centro dos eixos **XYZ**, **JKI** ou no centro de um objeto selecionado.

2. **Caminhar Através** (*Walktrough*) **Alt+Shift+C**: Permite caminhar através do modelo.

3. **Translação de Vista** (*Translate View*) **Shift+Y**: Desloca o observador lateralmente pelo projeto em 3D.

4. **Rotação de Vista** (*Rotate View*) **Alt+Shift+Y**: Rotaciona a visibilidade do projeto 3D.

5. **Luz** (*Light Creation*) **Shift+Z**: Controla a criação e edição de luzes no projeto.

6. **Ferram. Apresentar Imagens** (*Render Bitmap*): Faz a apresentação em Renderworks apenas de uma área selecionada, e não de toda a área do desenho visível no monitor.

7. **Câmera Renderworks** (*Renderworks Camera*): Insere uma câmera Renderworks no desenho.

8. **Mapeamento de Atributos** (*Attribute Mapping Tool*): Permite edição interativa de recursos de imagem ou gradiente.

9. **Plantas VBvisual** (*VBvisualPlant*): Insere objetos de vegetação criados por uma empresa chamada VBvisual.

	Conjunto de Ferramentas # ×
1	Cota Linear
2	Cota Linear Inclinada
3	Cota Angular
4	Cota de Comprimento de Arco
5	Cota Radial
6	Marca de Centro
7	Linha de Quebra
8	Restrição Coincidente
9	Fita Métrica
10	Transferidor
11	Balão de Revisão
12	Borda de Folha
13	Refer do Desenho
14	Indicador de Refer
15	Marcador de Corte-Elevação
16	Carimbo de Dados
17	Identif Espaços
18	Barra de Escala
19	Linha Ponte
20	Grade - Polar
21	Grade - Retangular

- Cotas/Anotação
- Paredes/AEC
- Detalhamento
- Mobiliário

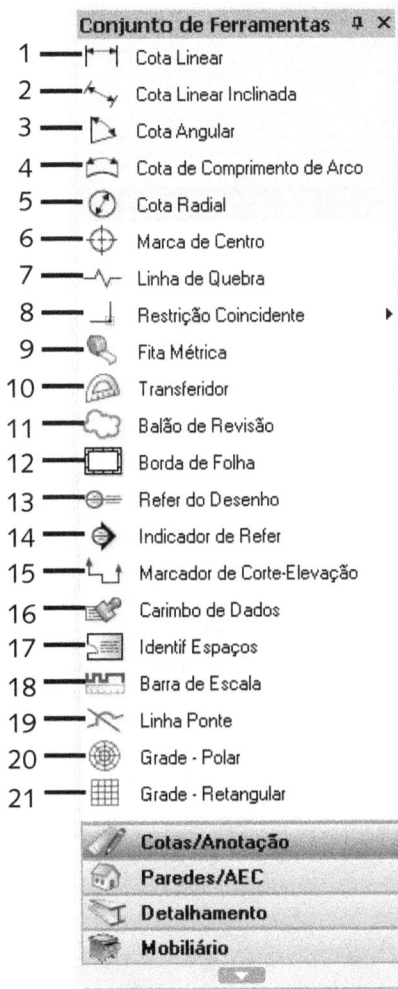

Cotas/Anotação (Dims/Notes)

Ferramentas para a conferência e registro de dimensões dos objetos no desenho.

1. **Cota Linear** (*Constrained-Line Dimensioning*) **N**: Permite a criação de cotas em objetos na vertical e na horizontal.

2. **Cota Linear Inclinada** (*Unconstrained-Line Dimension*) **M**: Cria cotas que seguem objetos inclinados.

3. **Cota Angular** (*Angular Dimension*): Cria cotas que informam a abertura angular entre duas linhas, dois objetos, linha e objeto, ou ainda entre um objeto e um ponto de referência.

4. **Cota de Comprimento de Arco** (*Arc Lenght Dimension*): Cria cota que informa o comprimento de um arco.

5. **Cota Radial** (*Radial Dimension*): Realiza o dimensionamento de círculos, elipses, arcos e quadrantes, informando o valor do raio ou do diâmetro.

6. **Marca de Centro** (*Center Mark*): Insere marcas de centro em polígonos regulares, círculos e elipses.

7. **Linha de Quebra** (*Break Line*): Ferramenta que desenha a linha de quebra.

8. **Restrição Coincidente** (*Constrain Coincident*): Permite fixar relações dimensionais ou geométricas de um objeto ou entre objetos.

9. **Fita Métrica** (*Tape Measure*): Obtém a medida entre dois ou mais pontos, sem criar cotas.

10. **Transferidor** (*Protractor*): Obtém o valor de um ângulo sem criar nenhuma cota angular para isso.

11. **Balão de Revisão** (*Revision Cloud*): Insere balões de revisão.

12. **Borda de Folha** (*Drawing Border - Universal*): Insere um desenho de Borda de Folha que pode ser configurado pela paleta **Info de Objetos** (*Object Info*) **Ctrl+I**.

13. **Refer do Desenho** (*Drawing Label*): Insere uma etiqueta de referência de desenho.

14. **Indicador de Refer** (*Reference Marker*): Insere um marcador de referência, usado para indicar elevações, cortes e detalhes.

15. **Marcador de Corte-Elevação** (*Section-Elevation Marker*): Insere um marcador que identifica corte ou elevações.

16. **Carimbo de Dados** (*Data Stamp*): Insere um marcador de dados do desenho.

17. **Identif Espaços** (*Room Name Simple*): Insere um marcador para a identificação de salas ou espaços.

18. **Barra de Escala** (*Scale Bar*): Insere um indicador de barra de escala.

19. **Linha Ponte** (*Bridge Line*): Faça, com dois cliques, um arco que é usado como Linha-Ponte, em documentação de projeto.

20. **Grade - Polar** (*Table*): Desenha uma grade circular.

21. **Grade - Retangular** (*Wall Cabinet*): Desenha uma grade retangular.

Conjunto de Ferramentas ⊓ ✕

1 — Parede
2 — Parede Curva
3 — Junção de Paredes
4 — Duplicar Símbolo na Parede
5 — Correção de Quebras em Paredes
6 — Escada Simples
7 — Porta
8 — Janela
9 — Coluna
10 — Campanário

Paredes/AEC
Detalhamento
Mobiliário

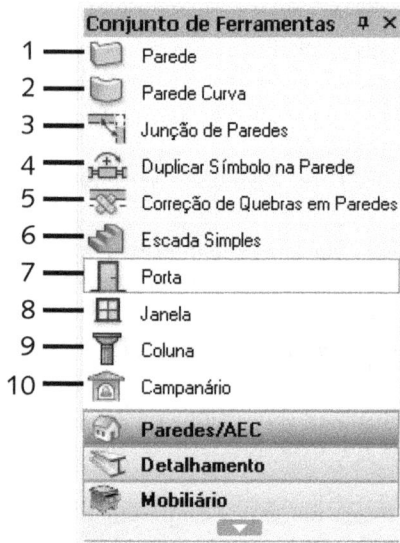

Paredes/AEC (Building Shell)

Esta paleta é específica para a criação e edição de paredes, que são fundamentalmente úteis num projeto em três dimensões.

1. **Parede** (*Wall*) **9**: Cria e configura paredes retas.

2. **Parede Curva** (*Round Wall*) **Alt+9**: Cria e configura paredes curvas, que seguem o mesmo princípio de funcionamento dos arcos.

3. **Junção de Paredes** (*Wall Join*): Comando que executa a junção de paredes.

4. **Duplicar Símbolo na Parede** (*Duplicate Symbol in Wall*): Duplica símbolos (portas, janelas) segundo parâmetros configurados pelo usuário.

5. **Correção de Quebras em Paredes** (*Remove Wall Breaks*): Ferramenta que faz a correção de quebras e extremos de paredes que sofreram modificações.

6. **Escada Simples** (*Simple Stair*): Insere uma escada 3D, que possui diversos ajustes.

7. **Porta** (*Door*): Cria um porta 3D.

8. **Janela** (*Window*): Insere uma janela 3D.

9. **Coluna** (*Column*): Cria uma coluna, com base e capitel 3D.

10. **Campanário** (*Campanile*): Cria um campanário (torre de igreja) 3D.

Conjunto de Ferramentas ⊓ ✕

1 — Isolador Térmico
2 — Angle
3 — Channel
4 — I-Beam
5 — Rectangular Tubing
6 — Round Tubing
7 — Square Tubing
8 — Tee
9 — Flange Larga
10 — Slot
11 — Shaft Break

Detalhamento
Mobiliário

Detalhamento (Detailing)

1. **Isolador Térmico** (*Batt Insulation*): Cria o desenho que representa um isolador térmico.

2. **Angle**: Cria o perfil 2D de uma viga L.

3. **Channel**: Cria o perfil 2D de uma viga C.

4. **I-Beam**: Cria o perfil 2D de uma viga I.

5. **Rectangular Tubing**: Cria o perfil 2D de uma viga tubo retangular.

6. **Round Tubing**: Cria o perfil 2D de uma viga tubo cilíndrica.

7. **Square Tubing**: Cria o perfil 2D de uma viga tubo quadrada.

8. **Tee**: Cria o perfil 2D de uma viga T.

9. **Flange Larga** (*Wide Flange*): Cria o perfil 2D de uma viga I larga.

10. **Slot**: Insere um objeto *Slot* no desenho.

11. **Shaft Break**: Insere um objeto *Shaft Break* no desenho.

1 —— ▯	Conjunto de Ferramentas ⊓ ✕
	Armário
2 —— ▯	Gabinete
3 —— ▯	Gabinete Suspenso
4 —— ▯	Mesa
5 —— ▯	Mesa com Cadeiras
6 —— ▯	Mesa de Trabalho
7 —— ▯	Módulo - Divisória
8 —— ▯	Módulo - Estante
9 —— ▯	Módulo - Gaveteiro
10 —— ▯	Módulo - Tampo Mesa
	Mobiliário

Mobiliário (Furn/Fixtures)

1. **Armário** (*Utility Cabinet*): Insere um armário 3D.

2. **Gabinete** (*Base Cabinet*): Insere um gabinete 3D.

3. **Gabinete Suspenso** (*Wall Cabinet*): Insere um gabinete suspenso em 3D.

4. **Mesa** (*Table*): Insere uma mesa 3D.

5. **Mesa com Cadeiras** (*Table and Chairs*): Insere uma mesa com cadeiras 3D.

6. **Mesa de Trabalho** (*Desk*): Insere uma mesa de trabalho 3D.

7. **Módulo - Divisória** (*Workstation Panel*): Insere uma divisória de mesa 3D.

8. **Módulo - Estante** (*Workstation Overhead*): Insere uma estante de mesa 3D.

9. **Módulo - Gaveteiro** (*Workstation Pedestal*): Insere um gaveteiro 3D.

10. **Módulo - Tampo Mesa** (*Workstation Counter*): Insere um tampo de mesa 3D.

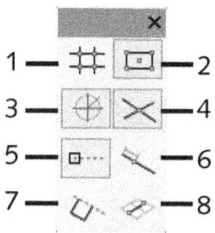

Atrações (Snapping)

1 — ⊞ | 🔲 — 2
3 — ⊕ | ✕ — 4
5 — 🔲 | ✎ — 6
7 — ⬡ | ✎ — 8

Abriga as ferramentas que ativam e desativam as **Atrações** (*Constraints*) do Vectorworks. As Atrações facilitam o uso do programa, fazendo-o entender conceitos como pontos lógicos, ângulos notáveis, etc.

1. **Atrair à Grade** (*Snap to Grid*) **A**: Ativa, desativa e configura opções de alinhamento do cursor a uma grade.

2. **Atrair ao Objeto** (*Snap to Objects*) **Q**: Controla o alinhamento automático do cursor em relação a pontos lógicos do desenho, como extremos e centros de um retângulo, por exemplo.

3. **Atração Angular** (*Constrain Angle*) **S**: Ativa, desativa e configura como serão dados os alinhamentos angulares, por exemplo, avisando quando uma reta está a 30, 45, 60 graus ou um outro valor determinado.

4. **Atrair à Intersecção** (*Snap to Intersection*) **W**: Ativa e desativa o alinhamento à intersecção, para que o Vectorworks informe o cruzamento entre linhas, linhas e objetos ou ainda entre objetos.

5. **Ponto Referencial** (*Smart Points*) **D**: Opção de alinhamento que puxa linhas provisórias de extensão, ajudando na criação de objetos.

6. **Atrair por Distância** (*Snap to Distance*) **E**: Ativa, desativa e configura o alinhamento à distância, que informa quando o cursor está a certa distância dos extremos de uma linha ou de um segmento integrante de um objeto.

7. **Bordas Referenciais** (*Smart Edge*) **F**: Ativa, desativa e configura o alinhamento a bordas, útil para a construção de objetos que devem ter alguma relação geométrica com a face de um outro objeto ou linha.

8. **Atração Tangencial** (*Constrain Tangent*) **R**: Alinhamento à tangente, utilizado para a construção de objetos que tangenciam elipses ou círculos.

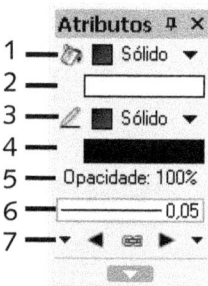

Atributos (Attributes)

Atributos ⚲ ✕
1 — 🖋 ■ Sólido ▾
2 —
3 — ✎ ■ Sólido ▾
4 —
5 — Opacidade: 100%
6 — ▭ 0,05
7 — ▾ ◀ ⊟ ▶ ▾
▽

A paleta **Atributos** (*Attributes*) **Ctrl+Shift+A** tem a função de permitir modificações nos atributos gráficos de um objeto.

1. **Tipo de Preenchimento**: Configure o tipo de preenchimento a ser usado em um objeto: **Nenhum** (*None*), **Sólido** (*Solid*), **Padrão** (*Pattern*), **Hatch** (*Hachura*), **Imagem** (*Image*), **Gradiente** (*Gradient*). Não funciona em linhas.

2. **Cor de Preenchimento**: Escolha como será feito o preenchimento. As opções desse botão variam de acordo com o escolhido no item **1**.

3. **Tipo de Traço**: Define os atributos do traço que envolve o objeto. Tem as mesmas opções da função **Tipo de Preenchimento**.

4. **Cor de traço**: Funciona da mesma maneira que a função **Cor de Preenchimento**, só que aplicada ao traço que envolve o objeto.

5. **Opacidade** (*Opacity*): Regula o grau de opacidade aplicada a um objeto.

6. **Espessura do traço**: Controla a espessura do traço que envolve o objeto e também configura a aparência desse traço (pontilhado, contínuo, tracejado, etc.).

7. **Setas**: Os cinco botões no fim da paleta configuram o uso de setas ou outros apontadores que podem ser colocados nos extremos de uma linha, polilinha ou polígono.

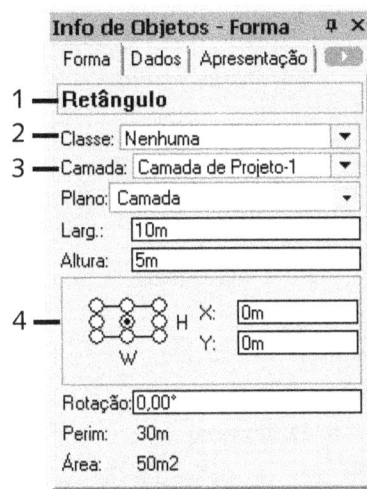

Info de Objetos (Object Info)

A paleta **Info de Objetos** *(Object Info)* **Ctrl+I** mostra todas as informações e dados existentes a respeito de um ou mais objetos, quando selecionados. Como os campos desta paleta mudam de acordo com a seleção, comentaremos os que aparecem com mais frequência.

1. **Nome do objeto:** Onde está a informação sobre a natureza do objeto selecionado. Na figura ao lado, a paleta mostra informações de um objeto **Retângulo** *(Rectangle)*.

2. **Classe** *(Class)*: Informa e permite a mudança da classe a que pertence o objeto.

3. **Camada** *(Layer)*: Informa e possibilita a mudança da camada a que pertence o objeto.

4. **Dados específicos:** Os próximos campos da paleta mostram os dados e valores específicos do objeto selecionado. Todos esses dados podem ser alterados, mudando automaticamente a aparência do objeto no desenho.

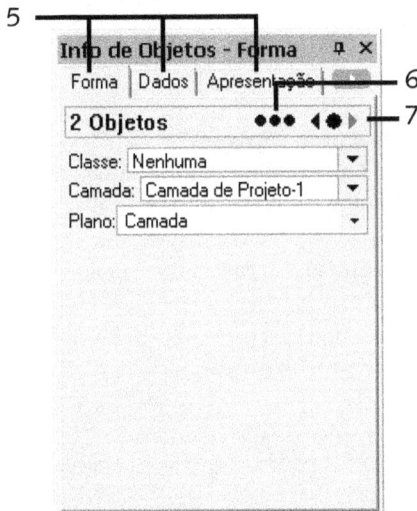

5. **Forma, Dados** e **Apresentação** *(Shape, Data e Render)*: São tipos de informação que o objeto carrega. A aba **Forma** mostra informações que dizem respeito ao seu formato e aparência, enquanto **Data** trata de informações do objeto que podem ser usadas em planilhas ou como registro em banco de dados. A aba **Apresentação** guarda as opções de aplicação e regulagem de texturas do objeto. É necessário que o pacote Renderworks esteja instalado.

6. Mostra os dados específicos de um ou de todos os objetos selecionados.

7. **Próximo Objeto Selecionado:** Mostra os dados específicos do próximo objeto.

Plano de Trabalho (Working Planes)

Contém os comandos necessários para a criação e edição de planos de trabalho, que auxiliam o desenvolvimento de projetos complexos em três dimensões.

1. **Plano de Trabalho**: Lista os planos de trabalho existentes no arquivo.

2. **Anterior/Próximo**: Troca o plano de trabalho ativo dentre os últimos 10 utilizados.

3. **Adicionar** (*Add*): Adiciona um plano de trabalho à lista.

4. **Apagar** (*Delete*): Apaga um plano de trabalho.

5. **Renomear** (*Rename*): Renomeia um plano de trabalho.

6. **Vista Perpendicular**: Coloca a vista perpendicular ao plano de trabalho ativo.

7. **Modo Plano de Trabalho**: Faz com que ferramentas como **Sobrevoo** e **Caminhar Através** adotem o **plano de trabalho ativo** como referência.

8. **Modo Plano da Camada Ativa**: Faz com que ferramentas como **Sobrevoo** e **Caminhar Através** adotem o **plano da camada ativa** como referência.

Administrador de Recursos (Recurce Browser)

Esta paleta incorpora elementos de trabalho que funcionam como auxiliares no projeto, agilizando sua produção e organização.

1. **Arquivos** (*Files*): Clique para ter acesso a ferramentas que adicionam, abrem ou removem arquivos ou pastas da lista de favoritos.

2. **Lista de Arquivos Favoritos**: Seleciona, dentro da lista de arquivos favoritos, arquivo a ser usado. Os arquivos podem conter objetos e outros plug-ins.

3. **Recursos** (*Resources*): Controla opções de visualização, modificação, procura e importação de recursos do arquivo ativo.

4. Navega entre as subpastas do arquivo ativo.

5. **Visualização dos Objetos/Recursos**: Permite o controle da visualização dos objetos do arquivo selecionado.

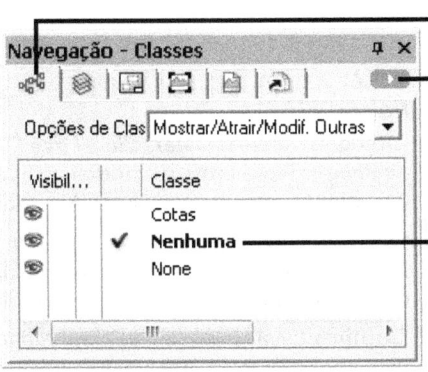

1 Navegação (Navigation)
(menos no Vectorworks Fundamentals)

1. Os botões desta barra alternam a navegação entre classes, camadas de projeto, camadas de folha, viewports, vistas salvas e referências.

2. Botão que contém opções de edição que variam de acordo com o escolhido em **1**.

3. Lista que mostra todos os itens que podem aparecer de acordo com o escolhido em **1**.

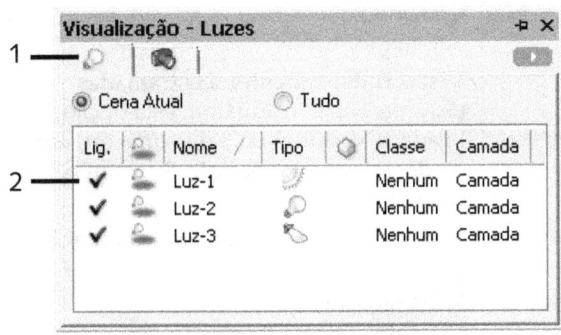

Visualização (Visualization)
(só com Renderworks)

1. Clique para alternar entre as opções de visualização de luzes e câmeras Renderworks.

2. Lista de itens que aparecem de acordo com o escolhido em **1**.

14.4 Janelas de Preferências

Preferências do Vectorworks (Vectorworks Preferences)

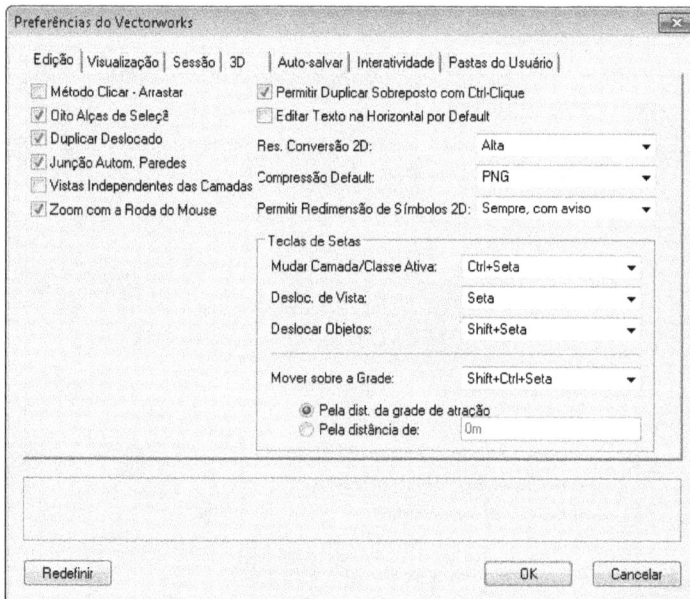

Edição (Edit)

Método Clicar-Arrastar (*Click-Drag Drawing*): Troca entre os modos de desenho Clicar-Clicar e Clicar-Arrastar.

Oito Alças de Seleção (*Eight Selection Handles*): Alterna entre quatro e oito alças de seleção, quando uma seleção for feita.

Duplicar Deslocado (*Offset Duplications*): Esta opção faz com que objetos duplicados com o comando **Editar/Duplicar** (*Edit/ Duplicate*) fiquem deslocados em relação ao original. Caso contrário, o Vectorworks faz a cópia em cima do original.

Junção Autom. Paredes (*Auto Join Walls*): Comando que permite a junção de paredes automaticamente.

Vistas Independentes das Camadas (*Separate Sheet Views*): Com esta opção ligada, o Vectorworks salva uma origem do desenho e uma posição de zoom para cada camada.

Zoom com a Roda do Mouse (*Mouse Wheel Zooms*): Ativa o comando de zoom feito com a roda do mouse.

Permitir Duplicar Sobreposto com Ctrl-Clique (*Allow ctrl-click in-place duplication*): Ative esta caixa para permitir que um objeto duplicado com Ctrl-clique fique imediatamente sobreposto ao original.

Editar Texto na Horizontal por Default (*Edit text horizontally by default*): Clique nesta caixa se quiser que um texto sempre apareça na horizontal, ao ser editado, mesmo que sua orientação no desenho seja diferente.

Res. Conversão 2D (*2D Conversion Res*): Determina a qualidade do cálculo utilizado na criação de objetos 2D curvos.

Compressão Default (*Default Compression*): Estipula qual o método de compressão interno utilizado para o armazenamento de imagens bitmap.

Permitir Redimensão de Símbolos 2D (*Allow interactive 2D symbol scaling*): Configure se e como você quer que instâncias de símbolos 2D tenham tamanhos diferentes do símbolo original.

Teclas de Setas (*Arrow Keys*): Configura os atalhos de teclado para as ferramentas **Mudar Camada/ Classe Ativa** (*Switch active layer/class*), **Desloc. de Vista** (*Pan Drawing*) **Deslocar Objetos** (*Nudge Objects*) e **Mover sobre a Grade** (*Move objects*).

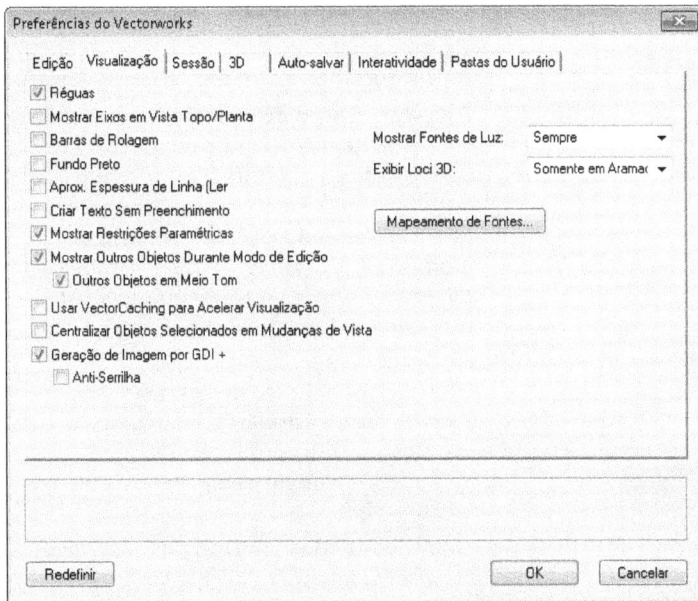

Visualização (Display)

Réguas (*Rulers*): Liga as réguas na janela de desenho.

Mostrar Eixos em Vista Topo/Planta (*Colored Axes in Top/Plan View*): Mostra os eixos coloridos em vista **Topo/Planta** (*Top/Plan*).

Barras de Rolagem (*Scroll Bars*): Liga e desliga as barras de rolagem na janela de desenho.

Fundo Preto (*Black Background*): Coloca o fundo da janela de desenho em preto.

Aprox. Espessura de Linha (*Zoom Line Thickness*): Liga a apresentação das linhas com espessura na janela de desenho.

Criar Texto Sem Preenchimento (*Create text without fill*): Ativa e desativa a opção de colocar um fundo opaco atrás dos campos de texto.

Mostrar Restrições Paramétricas (*Show Parametric Constraints*): Ativa e desativa as opções de restrições paramétricas.

Mostrar Outros Objetos Durante Modo de Edição (*Show Other Objects While in editing modes*): Mostra ou esconde objetos durante os modos de edição de grupos, símbolos, extrusões e outros.

Usar VectorCaching para Acelerar Visualização (*Use VectorCaching for faster drawing*): Aumenta a velocidade de desenhos complexos, mas exige mais memória RAM do computador utilizado.

Centralizar Objetos Selecionados em Mudanças de Vista (*Center on objects after view change*): Centraliza a vista do objeto que estiver selecionado, quando você mudar a vista.

Geração de Imagem por GDI + (*GDI + imaging*): Mecanismo que mostra linhas de espessuras iguais com extremos arredondados e fornece transparência em camadas.

Anti-Serrilha (*Anti-aliasing*): Suaviza bordas em elementos qua aparecem inclinados ou curvos.

Mostrar Fontes de Luz (*Display Light Objects*): Mostra as fontes de luz **Sempre** (*Always*), **Somente em Aramado** (*Only in Wireframe*) ou **Nunca** (*Never*).

Exibir Loci 3D (*Display 3D Loci*): Mostra os loci 3D de acordo com as opções **Sempre** (*Always*), **Somente em Aramado** (*Only in Wireframe*) ou **Nunca** (*Never*).

Mapeamento de Fontes... (*Edit Font Mapping...*): Abre a janela de mapeamento de fontes.

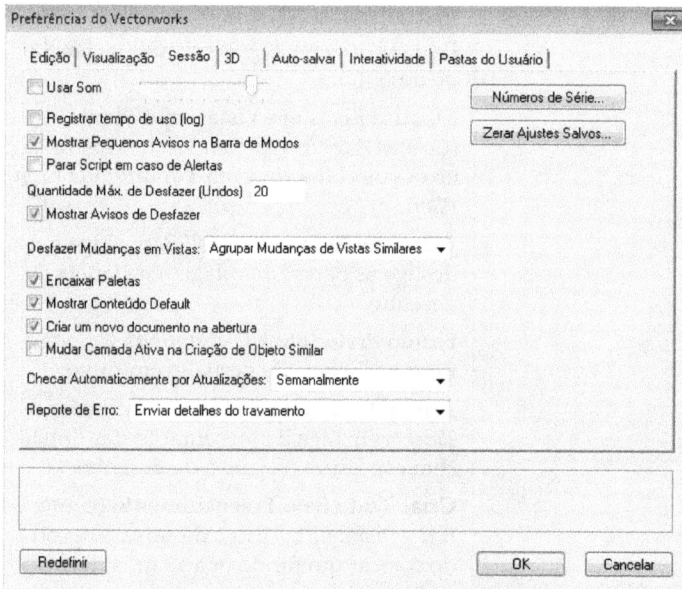

Sessão (Session)

Usar Som (*Use sound*): Liga e desliga os sons associados a ferramentas.

Registrar tempo de uso (log) (*Log time in program*): Registra, em um arquivo de texto, o momento de abertura e fechamento dos arquivos.

Mostrar Pequenos Avisos na barra de modos (*Display minor alerts on message bar*): Mostra avisos de pouca importância na barra de modos, em vez de usar janelas para isso.

Parar Script em caso de Alertas (*Stop VectorScript on warnings*): Interrompe a execução de um Script caso um alerta apareça. Para quem está programando em VectorScript.

Quantidade Máx. de Desfazer (*Maximum number of undos*): Regula a quantidade de operações que podem ser desfeitas.

Mostrar Avisos de Desfazer (*Issue undo warnings*): Mostra um aviso sempre que uma operação não puder ser desfeita posteriormente.

Desfazer Mudanças (*Undo view changes*): Configura as opções de desfazer para as mudanças de vista.

Encaixar Paletas (*Enable palette docking*): Permite o encaixe das paletas nos cantos da tela.

Mostrar Conteúdo Default (*Display default content*): Mostra o conteúdo da pasta **Default** em todos os lugares em que podem aparecer (paleta **Atributos** (*Attributes*) **Ctrl+Alt+A** e menu **Organizar/ Organização...** (*Tools/Organizations...*).

Criar um novo documento na abertura (*Create a new document on startup*): Ative esta caixa para que o programa abra um arquivo em branco, mesmo que não haja nenhum gabarito pré-selecionado.

Mudar Camada Ativa na Criação de Objeto Similar (*Change active layer for Similar Object Creation*): Clique para fazer com que o Vectorworks mude a camada ativa para a camada do objeto clicado, quando você usa o comando **Criar Objeto Similar** (*Similar Object Creation*).

Checar Automaticamente por Atualizações (*Check for updates*): Escolhe se, e como, o Vectorworks vai procurar atualizações nos servidores da Nemetschek, fabricante do programa.

Reporte de Erro (*Error reporting*): Escolha se, e como, o Vectorworks vai mandar relatórios de travamento do programa ao fabricante.

Números de Série... (*Serial Numbers...*): Controla os números de série do programa que estão registrados em seu computador.

Zerar Ajustes Salvos... (*Reset Saved Settings...*): Coloca modos de ferramentas, posições de janelas, valores digitados e escolhas do tipo "sempre realizar este tipo de ação" para o padrão do programa na próxima vez que você iniciá-lo.

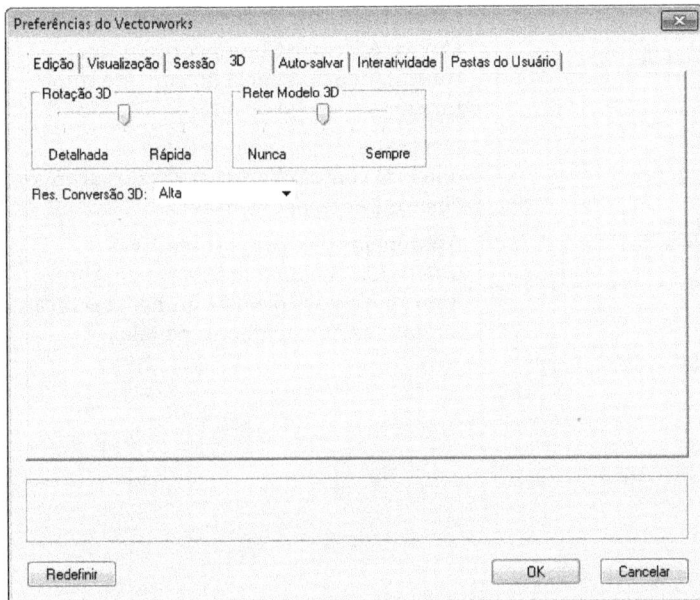

3D

Rotação 3D (*3D Rotation*): Determina a qualidade da aparência dos objetos 3D durante a rotação.

Reter Modelo 3D (*Retain Rendering Model*): Determina a quantidade de memória RAM gasta para manter um modelo renderizado durante visualização deste em movimento.

Res. Conversão 3D (*3D conversion res*): Determina a qualidade do cálculo utilizado na criação de objetos 3D curvos.

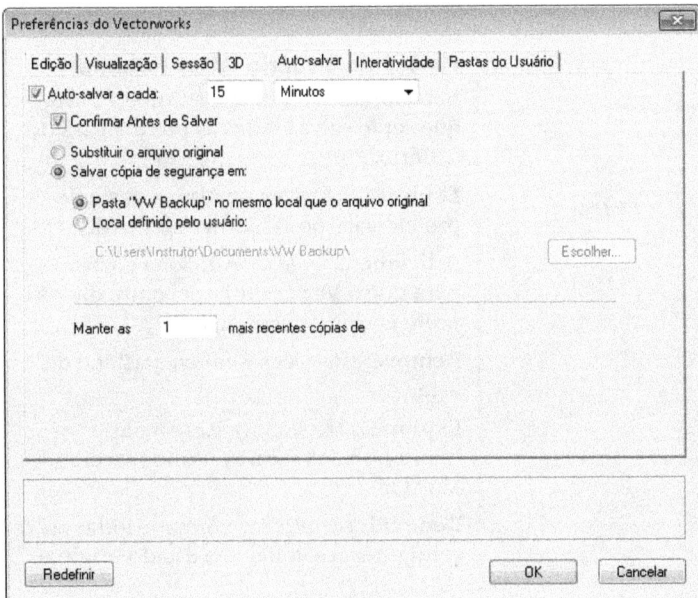

Auto-salvar (Autosave)

Auto-salvar a cada (*Autosave every*): Faz com que o Vectorworks salve automaticamente o seu arquivo de acordo com o intervalo em minutos digitado neste campo.

Confirmar Antes de Salvar (*Confirm before save*): Faz com que uma janela de confirmação apareça antes de cada salvamento automático.

Substituir o arquivo original (*Overwrite original file*): Faz com que cada salvamento automático substitua o arquivo original.

Salvar cópia de segurança em (*Autosave a backup copy to*): Faz um cópia de segurança em outra pasta, escolhida pelo usuário.

Manter as X mais recentes cópias de segurança (*Keep the X most recent backup*): Faz com o Vectorworks mantenha determinada quantidade de cópias de segurança na pasta indicada.

Interatividade (Interactive)

Cursor (*Cursor*): Contém opções que controlam a aparência do cursor e como funciona a região de atração ao redor dele.

Destaque (*Highlighting*): Controla a maneira como o Vectorworks destacará os objetos selecionados na tela.

Aparências das Dicas Interativas... (*Interactive Appearance Settings...*): Abre uma janela para o ajuste gráfico das dicas interativas que aparecem na tela.

Pastas do Usuário (User Folders)

Selecionar... (*Choose...*): Escolhe a pasta em que serão salvas todas as preferências do usuário.

Explorar... (*Explore...*): Abre a pasta de preferências no Windows ou no Mac OS.

Adicionar... (*Add...*): Adiciona pasta(s) para que o Vectorworks encontre dados e preferências de usuários.

Remover (*Remove*): Remove pasta(s) da lista.

Explorar... (*Explore...*): Abre a pasta selecionada na lista, no Windows ou no Mac OS.

Redefinir (*Reset*): Faz com que todas as configurações voltem ao estado original.

Preferências do Documento (Document Preferences)

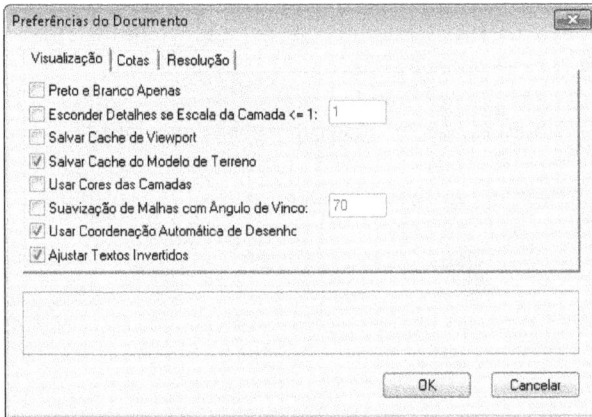

Visualização (Display)

Preto e Branco Apenas (*Black and white Only*): Faz com que todos os desenhos sejam mostrados em preto e branco.

Esconder Detalhes se Escala da Camada <=1 (*Hide details when layer scale <=1*): Viewports que tenham escala menor ou igual à desse ajuste não irão mostrar os componentes das paredes e lajes.

Salvar Cache de Viewport (*Save viewport cache*): Ative esta opção para que o documento guarde a imagem produzida pelo viewport. Útil para quando o arquivo for impresso em uma gráfica.

Salvar Cache do Modelo de Terreno (*Save site model cache*): Ative esta opção para que o documento guarde uma cópia interna de um modelo de terreno, facilitando sua recuperação em caso de travamento.

Usar Cores das Camadas (*Use layer colors*): Faz com que cada camada use obrigatoriamente apenas uma cor.

Suavização de Malhas com Ângulo de Vinco (*Mesh smoothing with crease angle*): Faz desaparecer linhas de contorno em faces que têm angulação menor que a indicada.

Usar Coordenação Automática de Desenho (*Use automatic drawing coordination*): Ativa a caixa para fazer com que bordas e referências de desenho, assim como marcadores de seção, tenham sua numeração coordenada com os nomes e números de camadas de folha.

Ajustar Textos Invertidos (*Adjust Flipped Text*): Sempre corrige a orientação de textos rotacionados.

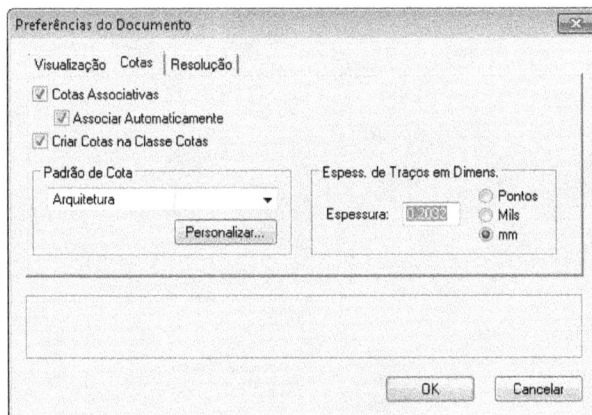

Cotas (Dimension)

Cotas Associativas (*Associate Dimensions*): Ativa e desativa o mecanismo de associação de cotas a objetos.

Associar Automaticamente (*Auto associate*): Faz com que o Vectorworks automaticamente associe uma cota a um de dois ou mais objetos que tem o ponto cotado coincidente.

Criar Cotas na Classe Cotas (*Create dimensions in dimension class*): Coloca todas as cotas automaticamente na classe correspondente.

Padrão de Cota (*Dimension Standard*): Escolha o padrão que será adotado em todas as cotas a serem desenhadas a partir deste momento.

Personalizar (*Custom*): Abre as janelas de configuração de cotas personalizadas.

Espess. de Traços em Dimens. (*Dimension Slash Thickness*): Configura a espessura do traço diagonal usado nas linhas de chamada.

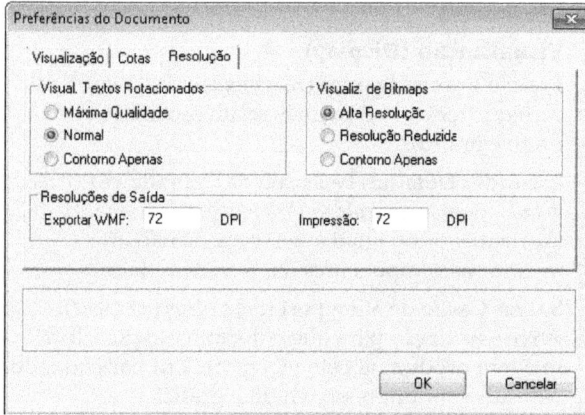

Resolução (Resolution)

Visual. Textos Rotacionados (*Rotated Text Display*): Configura a qualidade da visualização de textos rotacionados na tela.

Visualiz. de Bitmaps (*Bitmap Display*): Regula a qualidade da visualização dos bitmaps mostrados em tela.

Resoluções de Saída (*Output*): Regula as resoluções, em DPI, para imagens exportadas em WMF e também para imagens que forem impressas.

índice remissivo

Método – 14 a 16, 40, 54, 58, 61, 75, 221, 271, 286, 289, 298, 300, 339, 341, 351, 359, 363, 378

Metro, Metros – 17, 21, 343, 344

Medição – 21

Microsoft Word – 332

MiniCAD – 15

Modelar, Modelagem – 15, 37, 104 a 106, 108 e 109, 111, 113 e 114, 116, 118, 126, 140, 152, 271, 273, 297, 332 a 334, 364, 368 e 369

Modelo, Modelos – 140, 247, 256, 268 e 269, 271, 280 e 281, 285, 286, 291, 294, 321, 333, 341, 356, 359, 370, 381, 383

Modificar, Modificação – 75, 77 a 81, 92 a 97, 101 e 102, 119, 123, 133 e 134, 140, 147 e 148, 152, 154, 177 e 178, 217, 223, 225 e 226, 228, 243 a 245, 253, 269 e 272, 274, 275, 297, 299, 301 e 302, 304 e 305, 311, 361, 365, 367, 367, 372, 374, 376

Montagem – 16, 256, 268

Mosaico – 170, 187 a 189, 193, 207 e 208, 214 a 217

Mostrar – 14, 21, 24 e 23, 28, 34, 43 e 44, 46, 89, 177, 182, 239, 292, 252 e 253, 281, 286, 289, 309, 323, 34, 358, 360, 365, 379 e 380, 383

Mover – 74 a 76, 86 e 87, 98, 119, 142, 145, 245, 266, 292 a 294, 361, 365, 367 e 368, 378

Movimentar – 75 e 76, 262, 266

Mudar – 39, 87, 143, 163, 169, 177, 183, 217, 224 a 226, 266, 294, 347, 354, 378 a 380

Múltipla, Múltiplas – 39, 48, 77, 111 e 112, 364

N

Nemetschek – 15, 380

Número – 21, 70 e 71, 76, 99, 111, 137, 166, 169, 181, 246, 258, 260 e 261, 286, 310, 311, 322, 380, 383

NURBS – 16, 126, 362, 364, 369

O

Observado, Obervador – 39, 114, 117 a 119, 276, 278, 285, 291 a 295, 360, 370

Offset – ver **Deslocamento**

Opacidade – 26, 128, 131, 194, 249, 258, 288, 274

Opacity – ver **Opacidade**

OpenGL – 213, 294, 359

Ordenada – 44, 46 e 47, 172, 261, 267, 357, 365, 383

Organizar, Organização – 16, 43 a 48, 93, 98, 178, 180 e 181, 201 e 202, 207 e 208, 247 a 253, 256 e 257, 259, 262 a 266, 309, 324, 326, 365, 366, 376, 380

Ovais – 16, 50, 61, 78, 367

Oval – 49, 61 e 62, 367

P

Padrão, Padrões – 22, 26 e 27, 166 e 167, 170 a 181, 184 e 185, 200 e 201, 203, 206, 208, 227, 262, 264 e 265, 274, 289, 290, 303 e 304, 328, 332, 341, 345, 349, 356, 374, 380, 383

Página, Páginas – 23 a 26, 34, 43, 215, 223, 261, 295, 306, 335 e 336, 341 e 342, 344, 351, 354, 356, 358, 367

Pan – 33, 67, 73, 295, 367, 378

Papel – 17, 24, 27, 42, 112, 297

Paralelepípedo, Paralelepípedos – 104, 369

Paramétrico, Paramétricos – 45, 206 e 207, 226, 234 a 236, 238, 240, 243, 298, 301, 362

Parede, Paredes – 16, 28, 35, 51, 68, 76, 84, 90, 126 a 143, 145 a 147, 149, 152 e 153, 156 e 157, 159, 208, 215, 223 a 225, 227, 229, 230 a 233, 235 a 238, 240, 245e 246, 248 e 249, 258, 262, 264, 266, 346, 351, 357, 362, 364, 372, 378, 383

Parede Curva – 130, 132, 372

Patamar – 239

Path – ver **Caminho**

PDF – 26, 163, 331 a 333, 341 e 342

Perfil – 109 e 110, 112 a 117, 157, 159, 364, 372

Perímetro, Perímetros – 308, 311, 315, 319

Perspectiva, Perspectivas – 16, 117, 247, 256, 276, 290, 292, 296, 359, 360

Photoshop – 332 e 333, 356

Pilar, Pilares – 109, 127, 156, 364

Pillar – ver **Pilar**

Pintar – 183 e 184, 186 e 187, 189, 219

Piso, Pisos – 16, 127, 144 e 145, 207, 239, 241, 248, 262, 308, 315, 320, 351, 364

Planilha, Planilhas – 168 e 169, 208, 223, 308 e 309, 311, 315, 318, 326, 329, 332 e 333, 336, 375

Plano – 32, 35 a 38, 43, 46, 51, 99, 104, 106, 109, 111 e 112, 114, 116 e 117, 119, 162, 177, 223 a 225, 239, 258, 286, 289, 293, 303 e 304, 357, 359 a 361, 369, 376

Plano de Chão – 99, 258, 293, 361

Plano de Desenho – 35 a 37, 46, 51, 109, 111, 112, 116, 162

Plano de Trabalho – 36, 43, 99, 106, 109, 111 e 112, 114, 116, 119, 293, 357, 360 e 361, 369, 376

Planta, Plantas (*desenho*) – 35 a 38, 110, 112, 114 e 115, 117, 144, 156, 159, 226, 235, 237, 244 e 245, 252, 256, 259, 271, 273, 276, 285, 291, 296, 301, 305, 321, 358 e 359, 370, 379

Platô – 297, 303, 305

Polegada, Polegadas – 17, 21, 261, 344

Polígono 3D (*3D Polygon*) – 108, 364, 369

Polígono Extrudado (*Extruded Polygon*) – 369

Poligonal – 40

Polilinha, Polilinhas – 42, 45, 50, 72 e 73, 78, 84, 87 a 100, 109, 112, 114, 122, 159, 163, 170, 281, 298 e 299, 305, 315, 357, 362 e 363, 366 a 368, 374

Porcentagem – 48, 159, 303

Conheça os outros livros da **ProBooks**!

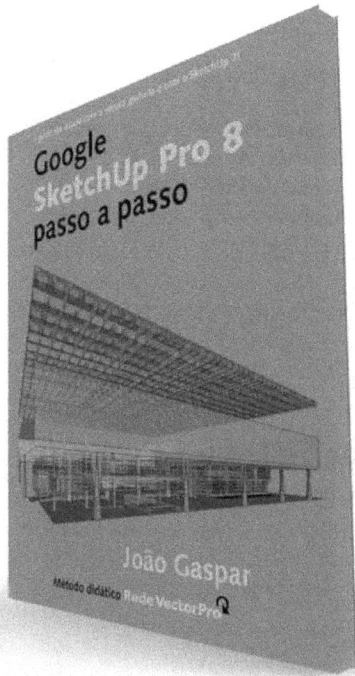

Google SketchUp Pro 8 passo a passo

O livro **Google SketchUp Pro 8** passo a passo tem o objetivo de proporcionar um aprendizado de alta qualidade. Todos os procedimentos descritos são ilustrados, e ao final de cada capítulo há um resumo com os principais temas abordados, e Atividades Propostas, exercícios que você pode baixar neste site. Você ainda pode participar do nosso fórum, que conta com a participação do autor, sobre o livro e o programa.

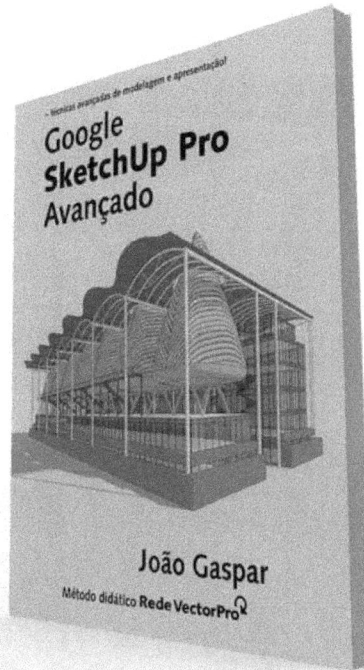

Google SketchUp Pro Avançado

O SketchUp é um programa de modelagem simples de aprender e usar, mas existem diversas técnicas avançadas de modelagem, apresentação e organização para SketchUp, além de ferramentas especiais que facilitam a criação de diversos objetos.Consultando o livro **Google SketchUp Pro** Avançado você vai conhecer muito mais sobre todos assuntos e assim melhorar a sua performance no programa, criando desenhos melhores e mais organizados em menos tempo.

à venda nas principais livrarias ou no site www.livrosketchup.com.br

para desenhar melhor

Hoje em dia não basta saber fazer o que todo mundo faz. É preciso fazer melhor.

Na **Rede AEC Pro** você aprende os softwares mais importantes da atualidade para **arquitetura** e **design**. Importantes pela facilidade, racionalidade e pela qualidade do resultado final.

Cursos criados por **arquitetos**, **paisagistas** e **designers** especialistas em projetar com o computador. Material didático próprio, 6 meses de plantão de dúvidas presencial, telefônico e por e-mail. Exercícios e espaço de discussão pela internet para alunos e ex-alunos.

curso SketchUp Pro

Use texturas e sombras para enriquecer seu projeto
Apresente seu projeto usando Animações
Crie um modelo 3D a partir de uma foto
Compatível com Vectorworks, AutoCAD, Artlantis Studio e muitos outros programas.

curso Render[in]

O Render[in] é um plugin, ou seja, é um programa instalado dentro do SketchUp. Com ele você vai criar imagens foto-realistas de alta qualidade em pouco tempo e com ajustes muito fáceis de aprender.

curso Vectorworks

Desenhe em 3D, aprimore seu projeto
Faça cortes, fachadas e perspectivas das plantas
Veja na tela cores e espessuras dos objetos como serão impressos.
Compatível com SketchUp e AutoCAD.

conheça os cursos da REDE ⊙ AEC PRO

Vectorworks • SketchUp • Artlantis • Photoshop • PowerPoint • Excel
Arquitetura • Interiores • Paisagismo • Produto
tel 11 3814 8145 • www.redeaecpro.com.br

www.ingramcontent.com/pod-product-compliance
Lightning Source LLC
Chambersburg PA
CBHW080702220326
41598CB00033B/5284